# LES
# GRANDS ÉCRIVAINS
## DE LA FRANCE

NOUVELLES ÉDITIONS

PUBLIÉES SOUS LA DIRECTION
### DE M. AD. REGNIER
membre de l'Institut

SUR LES MANUSCRITS, LES COPIES LES PLUS AUTHENTIQUES
ET LES PLUS ANCIENNES IMPRESSIONS
AVEC VARIANTES, NOTES, NOTICES, PORTRAITS, ETC.

## J. DE LA FONTAINE

TOME IV

## PARIS
LIBRAIRIE HACHETTE ET Cⁱᵉ
BOULEVARD SAINT-GERMAIN, 79

M DCCC LXXXVII

# LES
# GRANDS ÉCRIVAINS
## DE LA FRANCE

### NOUVELLES ÉDITIONS

PUBLIÉES SOUS LA DIRECTION

**DE M. AD. REGNIER**

Membre de l'Institut

ŒUVRES

DE

J. DE LA FONTAINE

TOME IV

PARIS. — IMPRIMERIE A. LAHURE
Rue de Fleurus, 9

# OEUVRES

DE

# J. DE LA FONTAINE

#### NOUVELLE ÉDITION
REVUE SUR LES PLUS ANCIENNES IMPRESSIONS
ET LES AUTOGRAPHES

ET AUGMENTÉE

de variantes, de notices, de notes, d'un lexique des mots
et locutions remarquables, de portraits, de fac-simile, etc.

### PAR M. HENRI REGNIER

TOME QUATRIÈME

## PARIS
LIBRAIRIE HACHETTE ET C<sup>ie</sup>
BOULEVARD SAINT-GERMAIN, 79

1887

# AVERTISSEMENT.

Nous avons suivi pour les deux premières parties des *Contes* le texte de Paris, 1669; pour la troisième, celui de Paris, 1671; pour la quatrième, celui de Mons, 1674; pour la cinquième, le tome I, p. 137-189, des *Ouvrages de prose et de poésie des sieurs de Maucroix et de la Fontaine*, Paris, 1685, où se trouvent les cinq premiers contes de cette partie, le recueil de Paris, 1682, où *la Matrone d'Éphèse* et *Belphégor* sont imprimés à la suite du *Poème du Quinquina*, et les *OEuvres posthumes de M. de la Fontaine*, Paris, 1696, où a été publié pour la première fois le conte des *Quiproquo*, p. 151.

Nous avons rapproché de ces textes les variantes des autres éditions du temps et des manuscrits de Conrart qui sont à la Bibliothèque de l'Arsenal.

Réservant pour la *Notice bibliographique* l'énumération des titres complets de ces recueils et des réimpressions anciennes et nouvelles, nous nous proposons d'y joindre les renseignements et observations utiles qu'il nous sera possible de recueillir.

## AVERTISSEMENT.

Nous avions pensé à réserver de même le relevé des expressions antiques ou populaires, des locutions pittoresques, énergiques, empruntées aux vieux écrivains, qui contribuent au charme de ces contes, qui ajoutent à leur style tant de couleur, de gaieté et de naturel, mais c'eût été grossir démesurément ce magasin de mots et de figures qu'on appelle un Lexique; il était nécessaire de joindre à notre texte non seulement les éclaircissements, comparaisons, rapprochements, indispensables, mais encore la citation des mots vieillis, des tours archaïques, qu'aimait, que rassemblait de tous côtés la Fontaine. Nous n'avons fait que repasser sur ses traces, en lisant après lui ses livres de chevet, ses auteurs de prédilection, Rabelais, des Périers, Villon, Coquillart, Marot, du Bellay, Brantôme, du Fail, Montaigne, Regnier, *les Cent Nouvelles nouvelles*, *l'Heptaméron*, etc., etc., dont on retrouve la fleur et le suc dans ses contes.

Avec les détails de langue, il y avait aussi à noter beaucoup de détails de mœurs, qui témoignent également du commerce habituel de la Fontaine avec nos vieux auteurs, et du soin qu'il apportait à la composition de ces œuvres charmantes qui n'en semblent pas moins avoir coulé de source.

Pour les *Contes* comme pour les *Fables*, nous avons laissé de côté tout le fatras apocryphe dont quelques éditeurs anciens et modernes ont surchargé leurs recueils.

Il nous reste à remercier notre dévoué auxiliaire, M. Lequesne, de la diligente assistance qu'il nous a

## AVERTISSEMENT.

prêtée pour la collation des textes, la correction des épreuves, et aussi pour les nombreuses lectures et les investigations de toute sorte, que nous a paru exiger cette nouvelle édition des *Contes*.

Henri REGNIER.

# CONTES ET NOUVELLES

## PREMIÈRE PARTIE

(1665)

# AVERTISSEMENT[1].

Les nouvelles en vers dont ce livre fait part au public, et dont l'une est tirée de l'Arioste[2], l'autre de Boccace[3], quoique d'un style bien différent, sont toutefois d'une

1. Cet Avertissement parut en tête des *Nouvelles en vers tirée* (sic[a]) *de Boccace et de l'Arioste. Par M. de L. F.*, à Paris, chez Claude Barbin, vis-à-vis le portail de la Sainte-Chapelle, au Signe de la Croix, 1665, in-12. Le Privilège est du 14 janvier 1664; l'Achevé d'imprimer du 10 décembre de la même année. Il est probable que l'ouvrage fut mis en vente dans le courant de ce mois de décembre, puisque Denis de Sallo, dans le *Journal des Savants* du 26 janvier 1665 (p. 39-41), l'annonce et en donne l'analyse. Ce volume contient cet Avertissement (1 feuillet non chiffré), *le Cocu battu et content* (p. 5-11), qui précède l'extrait du Privilège (non paginé), *Joconde ou l'infidélité des femmes* (p. 1-32), et, en outre, pour le grossir, *la Matrone d'Éphèse* (p. 33-60), imitation de Pétrone par Saint-Evremond, en prose mêlée de vingt vers[b]. Il est aussi dans le troisième recueil de 1665, de 104 pages, in-12, contenant dix contes, *la Matrone d'Éphèse* de Saint-Évremond (où un des vers insérés est passé, le 14ᵉ), et trois poésies.
2. *Joconde.*
3. *Le Cocu battu et content.*

[a] Remarquons que l's du mot *Nouvelles*, du moins dans l'exemplaire de la Bibliothèque nationale, semble avoir été ajoutée après coup; que la pagination recommence avec *Joconde;* et que le Privilège ne mentionne pas *le Cocu :* ce conte aura donc été tardivement intercalé dans le recueil.
[b] Cette imitation est très différente dans les éditions de Saint-Évremond publiées par Barbin, par des Maizeaux, ou données d'après celui-ci, où elle est beaucoup plus courte et ne contient que deux vers.|

même main. L'auteur a voulu éprouver lequel caractère est le plus propre pour rimer des contes. Il a cru que les vers irréguliers ayant un air qui tient beaucoup de la prose, cette manière pourroit sembler la plus naturelle, et par conséquent la meilleure[1]. D'autre part aussi le vieux langage, pour les choses de cette nature, a des grâces que celui de notre siècle n'a pas. Les Cent Nouvelles nouvelles[2], les vieilles traductions de Boccace[3]

1. Ce fut aussi pour la Fontaine un utile exercice qui le prépara à la manière des fables : il s'accoutuma ainsi à la narration en vers libres, à cette fusion de tous les rythmes où personne, sauf Molière dans *Amphitryon*, n'a réussi comme lui.

2. Les Cent Nouvelles. (1665 C.) — *Les Cent Nouvelles nouvelles composées et récitées par nouvelles gens*, auxquelles collabora, croit-on, Louis XI, alors qu'il n'était encore que dauphin, furent racontées de 1456 à 1461, dans les États de Philippe, duc de Bourgogne, où il s'était réfugié, après sa rupture avec son père, au château de Genappe, près de Bruxelles : c'est ce que dit la note insérée par l'imprimeur Antoine Vérard à la fin de la dédicace du volume (Paris, 1486, in-fol.). Chaque nouvelle porte le nom du narrateur prétendu, et quelques-unes celui de *Monseigneur*, c'est-à-dire du Dauphin, et de *Monseigneur le duc*, à savoir du fils du vieux duc Philippe, le comte de Charolais, connu plus tard sous le nom du duc Charles, Charles le Téméraire. Mais on est porté à croire que le véritable auteur du recueil, celui qui a rédigé et mis en œuvre tous ces récits d'un style uniforme, est Antoine de la Sale, un des narrateurs désignés dans le livre, premier maître d'hôtel du duc de Bourgogne, à qui l'on doit un autre célèbre ouvrage, *le Petit Iehan de Saintré*, et probablement *les Quinze Ioyes de mariage*.

3. Comme celle de Laurens du Premierfait, Paris, 1485, in-fol., réimprimée en 1521, 1534, 1537, etc., traduction très infidèle; ou celle d'Antoine le Maçon, Paris, 1545, in-fol., qu'il dédia à la reine Marguerite de Navarre, sœur de François Ier, et que le savant abbé de Longuerue, cité par Walckenaer, regardait comme un chef-d'œuvre (*Longueruana*, Paris, 1754, in-12, p. 32). Les passages les plus scabreux de cette version, très exacte à reproduire les gravelures, sinon littérale pour les termes, furent adoucis ou retranchés dans les éditions postérieures. — On sait, et on le verra par les notices de ces contes, que Boccace s'est inspiré des fabliaux de nos

## AVERTISSEMENT.

et des Amadis[1], Rabelais, nos anciens poètes, nous en fournissent des preuves infaillibles. L'auteur a donc tenté ces deux voies[2] sans être encore certain laquelle est la bonne. C'est au lecteur à le déterminer là-dessus; car il ne prétend pas en demeurer là, et il a déjà jeté les yeux sur d'autres nouvelles pour les rimer. Mais auparavant il faut qu'il soit assuré du succès de celles-ci[3], et du goût de la plupart des personnes qui

vieux conteurs français dans plusieurs de ses nouvelles; il était trop voisin de l'époque où ces fabliaux étaient récités dans toute l'Europe occidentale pour n'en avoir pas eu connaissance.

1. La traduction, par exemple, des quatre premiers livres en prose espagnole du roman d'*Amadis* (attribués à Vasco de Lobeira, Saragosse, 1508, in-fol.), par Nicolas de Herberay, seigneur des Essars (Paris, 1540-1543, in-fol.), version complétée de 1544 à 1615 par Herberay lui-même, puis par G. Boileau, Colet, Gohorry, Aubert, Tyron, Chappuys, etc. Le roman d'*Amadis*, composé par divers auteurs, traduit, imité, continué en plusieurs langues, et qui comprend vingt-quatre livres, sans parler du *Thresor de tous les liures d'Amadis*, qui en est un résumé, un extrait (Paris, Lyon, Anvers, in-8° et in-16, années 1559 et suivantes), traite en effet de plusieurs Amadis : de l'Amadis de Gaule proprement dit (dans les quatre premiers livres), puis de ses descendants : Esplandian, Lisvart, Amadis et Flores de Grèce, Amadis de Trébizonde, Florisel de Niquée, etc. Voyez l'intéressant ouvrage de M. Eugène Baret sur l'*Amadis de Gaule* (Paris, 1873, in-8°). *Don Quichotte* est la parodie de ce type du chevalier errant, « courant, comme dit Hamilton, après l'amour, la guerre et les enchantements, » et habitué, pour rappeler « le vieux langage » que vante la Fontaine, à *pourfendre géants*, à *dérompre harnois* et à *porter en croupe belles damoiselles sans leur parler de rien*[a].

2. « Ces deux voies », c'est-à-dire *Joconde*, en « vers irréguliers », mais en style à peu près moderne, et *le Cocu*, en vers réguliers, mais en « vieux langage » : voyez les premières lignes de cet Avertissement, et l'extrait du *Journal des Savants* cité dans la notice du *Cocu* (ci-après, p. 84-85).

3. De celle ci. (1665 C.)

[a] *Mémoires du comte de Grammont*, chapitre IV.

les liront. En cela, comme en d'autres choses, Térence lui doit servir de modèle. Ce poète n'écrivoit pas pour se satisfaire seulement, ou pour satisfaire un petit nombre de gens choisis; il avoit pour but :

*Populo ut placerent quas fecisset fabulas*[1].

[1]. Prologue de *l'Andrienne*, vers 3. Comparez la Préface de la II<sup>e</sup> partie, p. 149-150. — Voltaire a dit, en parlant des fables de la Fontaine, mais sa remarque pourrait aussi s'appliquer à beaucoup des contes (*Mélanges littéraires*, tome XLIII des *Œuvres*, p. 71) : « Je ne connais guère de livre plus rempli de ces traits qui sont faits pour le peuple, et de ceux qui conviennent aux esprits les plus délicats; aussi je crois que de tous les auteurs la Fontaine est celui dont la lecture est d'un usage plus universel. » Ajoutons : et celui qui vieillira le moins; et rapprochons ces jolis vers de la poésie d'Alfred de Musset intitulée *Silvia* :

> Que ne demandez-vous un conte à la Fontaine ?
> C'est avec celui-là qu'il est bon de veiller :
> Ouvrez-le sur votre oreiller,
> Vous verrez se lever l'aurore.
> Molière l'a prédit, et j'en suis convaincu,
> Bien des choses auront vécu
> Quand nos enfants liront encore
> Ce que le bonhomme a conté,
> Fleur de sagesse et de gaîté.

Par *sagesse*, cela va sans dire, il faut entendre ici la « sagesse pratique », et par *enfants* nos « arrière-neveux ».

# PRÉFACE[1].

J'avois résolu de ne consentir à l'impression de ces contes qu'après que j'y pourrois joindre ceux de Boccace qui sont le plus à mon goût; mais quelques personnes m'ont conseillé de donner dès à présent ce qui me reste de ces bagatelles, afin de ne pas laisser refroidir la curiosité de les voir, qui est encore en son premier feu. Je me suis rendu à cet avis sans beaucoup de peine, et j'ai cru pouvoir profiter de l'occasion. Non seulement cela m'est permis, mais ce seroit vanité à moi de[2] mépriser un tel avantage. Il me suffit de ne pas vouloir

---

1. Cette Préface, pour laquelle nous suivons l'édition de Paris 1669, revue par l'auteur, est en tête du second recueil de 1665 qui parut, peu de semaines après le premier, sous ce titre : *Contes et Nouvelles en vers de M. de la Fontaine*, Paris, chez Claude Barbin, vis-à-vis le portail de la Sainte-Chapelle, au Signe de la Croix, 1665, petit in-12, de 11 pages liminaires, plus 92 pages, et un feuillet pour le Privilège. Le nom de l'auteur est écrit cette fois, comme on le voit, en toutes lettres. L'Achevé d'imprimer est du 10 janvier 1665. Ce second recueil, où cette Préface n'est pas précédée d'un Avertissement, contient dix contes, y compris *Joconde* et *le Cocu battu et content*, déjà publiés (*la Matrone d'Éphèse* de Saint-Évremond a été retranchée), et, en outre, comme la Fontaine le dit lui-même dans cette Préface, trois poésies d'un caractère différent, que, dans les éditions suivantes, on a bien fait de placer ailleurs.

2. Que de. (1665, 1667, 1668, 1669 Amsterdam.) L'édition de Leyde de la même date (1669) n'a pas cette Préface.

qu'on impose en ma faveur à qui que ce soit, et de suivre un chemin contraire à celui de certaines gens, qui ne s'acquièrent des amis que pour s'acquérir des suffrages par leur moyen : créatures de la cabale[1], bien différents de cet Espagnol qui se piquoit d'être fils de ses propres œuvres[2]. Quoique j'aie autant de besoin[3] de ces artifices que pas un autre, je ne saurois me résoudre à les employer : seulement je m'accommoderai, s'il m'est possible, au goût de mon siècle, instruit que je suis par ma propre expérience qu'il n'y a rien de plus nécessaire. En effet, on ne peut pas dire que toutes saisons soient favorables pour toutes sortes de livres. Nous avons vu les Rondeaux[4], les Métamor-

1. *La cabale*, personnifiée, et prise dans un sens absolu : c'est ainsi que Beaumarchais en parle, par la bouche de Figaro (*le Barbier de Séville*, acte I, scène II). — Voyez tome III, p. 126 et note 10.
2. Est-ce une allusion à Cervantès, ou à Calderon, qui, comme bien d'autres écrivains du reste, prétendent dans leurs préfaces ou prologues n'avoir jamais eu recours à l'intrigue, aux sonnets, aux « épigrammes », aux éloges de leurs amis ? — « Vous ne savez peut-être pas ce proverbe castillan : « Chacun est fils de ses « œuvres » (*Cada uno es hijo de sus obras*), écrit Voiture à Costar (tome II de l'édition Ubicini, p. 150), ni le mot d'un brave de ce pays-là, parlant à un seigneur italien : « Moi et mon bras droit, « que je reconnois à cette heure pour mon père, valons mieux « que vous. »
3. Autant besoin. (1665, 1667, 1668, 1669 Amsterdam.)
4. Les rondeaux n'étaient pas encore passés de mode, puisque Benserade publia en 1676, onze ans après cette Préface, une traduction des *Métamorphoses* d'Ovide en rondeaux, qui fut imprimée à l'Imprimerie royale, avec grand luxe, et dont s'est moqué Chaulieu, aussi dans trois rondeaux (*Poésies diverses*, tome II de l'édition de 1757, p. 9-11), dont le premier commence ainsi :

Pour des rondeaux, chants royaux et ballade
Le temps n'est plus, etc.

Un nommé Stardin, qui n'était pas poëte de métier, a également raillé les *Métamorphoses* de Benserade, dans un rondeau, faussement

phoses¹, les Bouts-rimés², régner tour à tour; maintenant ces galanteries³ sont hors de mode, et personne ne s'en soucie : tant il est certain que ce qui plaît en un temps peut ne pas plaire en un autre !

Il n'appartient qu'aux ouvrages vraiment solides, et d'une souveraine beauté, d'être bien reçus de tous les

attribué à Chapelle*a*, qui se termine par ces vers :

<blockquote>
De ces rondeaux un livre tout nouveau<br>
A bien des gens n'a pas eu l'heur de plaire;<br>
Mais, quant à moi, j'en trouve tout fort beau,<br>
Papier, dorure, images, caractère,<br>
Hormis les vers, qu'il falloit laisser faire<br>
A la Fontaine.
</blockquote>

On peut dire du moins que cette vieille forme, cultivée par Charles d'Orléans, Marot, Voiture, Sarasin, etc., redevint vite à la mode, mais pour peu de temps.

1. Imitées des métamorphoses mythologiques. Une des plus célèbres avait paru en 1639 : *les Métamorphoses des yeux de Philis en astres*, par Germain Habert de Cérisy, abbé de Saint-Vigor, qui fut un des premiers membres de l'Académie française.

2. Les bouts-rimés firent longtemps fureur en France au dix-septième siècle; on sacrifia beaucoup à cette mode à l'hôtel de Rambouillet, et les plus illustres écrivains, les plus grands seigneurs et les plus grandes dames, ne dédaignèrent pas de s'amuser à ces badinages. Sarasin combattit cet engouement dans *Dulot vaincu, ou la Défaite des bouts-rimés*, poème héroï-comique en quatre chants (1649*b*), réimprimé dans le tome IV de la *Nouvelle Encyclopédie poétique*, Paris, 1830. Dulot, poète ridicule, passait pour être l'inventeur des bouts-rimés.

3. *Galanterie* se disait de toute fantaisie littéraire, galante ou non, en vers ou en prose : « .... La manière indigne dont vos auteurs parlent des choses saintes, soit dans leurs railleries, soit dans leurs galanteries, soit dans leurs discours sérieux. » (PASCAL, XI* lettre à un Provincial*, tome I, p. 158, de l'édition de 1659.) Voyez deux autres exemples, dans la Fontaine (tome III *M.-L.*, p. 339) et dans Corneille (tome II, p. 432) : « Je dirai peu de choses de cette pièce (*l'Illusion*) : c'est une galanterie extravagante. »

*a* Boileau, lettre à Brossette du 12 mars 1706 ; Walckenaer, *Histoire de la Fontaine*, tome I, p. 268.
*b* Voyez les *OEuvres de M. Sarasin*, édition de 1656, in-4°, p. 133-134.

esprits et dans tous les siècles, sans avoir d'autre passe-port[1] que le seul mérite dont ils sont pleins. Comme les miens sont fort éloignés d'un si haut degré de perfection, la prudence veut que je les garde en mon cabinet[2], à moins que de bien prendre mon temps pour les en tirer. C'est ce que j'ai fait ou que j'ai cru faire dans cette seconde édition[3], où je n'ai ajouté de nouveaux contes que parce qu'il m'a semblé qu'on étoit en train d'y prendre plaisir. Il y en a que j'ai étendus, et d'autres que j'ai accourcis[4], seulement pour diversifier et me rendre moins ennuyeux. On en trouvera même quelques-uns que j'ai prétendu mettre en épigrammes[5]. Tout cela n'a fait qu'un petit recueil aussi peu considérable par sa grosseur que par la qualité des ouvrages qui le composent. Pour le grossir, j'ai tiré de mes pa-

1. Comparez les nombreux exemples de cette expression figurée, que cite Littré dans son Dictionnaire.

2. Secrétaire à plusieurs compartiments. Voyez une lettre de Mme de Sévigné à sa fille du 22 juillet 1685 (tome VII, p. 428); et *le Misanthrope* de Molière, acte I, scène II, vers 376 (tome V, p. 467 et note 1, et addition à cette note, p. 552).

3. Dans cette édition. (1685 Amsterdam, 1686, 1705.) — Ce n'est point précisément une seconde édition (sauf pour *Joconde* et *le Cocu*), puisque le premier recueil ne contenait que trois contes, dont l'un de Saint-Évremond, et que celui-ci en contient dix. C'est une publication presque entièrement nouvelle, et qui a été longtemps appelée « la première édition », sans qu'il en faille conclure, comme Walckenaer (tome III de son édition de 1827[a], p. III), que le premier recueil de 1665 a été inconnu avant lui à tous les éditeurs ou biographes de la Fontaine.

4. Comparez tome II, p. 427 et note 6.

5. Au sens général, que ce mot avait autrefois, de petite pièce de vers, de petit poème très court : rapprochez ci-dessus la note 2 de la page 8, et la Préface de la II<sup>e</sup> partie, p. 147 et note 4.

[a] MDCCCXXVI, par erreur, sans doute, sur la plupart des exemplaires de ce tome III.

piers je ne sais quelle *Imitation des Arrêts d'amours*, avec un fragment où l'on me raconte le tour que Vulcan[1] fit à Mars et à Vénus, et celui que Mars et Vénus lui avoient fait[2]. Il est vrai que ces deux pièces n'ont ni le sujet ni le caractère du tout[3] semblables au reste du livre; mais, à mon sens, elles n'en sont pas entièrement éloignées. Quoi que c'en soit, elles passeront[4] : je ne sais même si la variété n'étoit point plus à rechercher en cette rencontre qu'un assortissement[5] si exact[6].

1. Sur cette orthographe, voyez tome II, p. 317 et note 18.
2. L'*Imitation d'un livre intitulé les Arrêts d'amours*, arrêts rassemblés par Martial d'Auvergne (*Arresta amorum*, etc., Lugduni, 1533, petit in-4°), qui est aux pages 72-75 du second recueil de 1665, a été classée par les éditeurs de la Fontaine dans les *Poésies diverses ou mêlées* (tome V M.-L., p. 57); *les Amours de Mars et de Vénus* sont un fragment du *Songe de Vaux* (tome III M.-L., p. 230), et se trouvent p. 76-86 du recueil, lequel contient en outre (p. 87-92) la *Ballade* dont le refrain est : « Je me plais aux livres d'amour » (tome V M.-L., p. 59). On lit (p. 85-86) à la fin de ce fragment du *Songe de Vaux* : « Comme le dessein de ce recueil (de 1665) a été fait à plusieurs reprises, je me suis souvenu d'une ballade (la ballade citée) qui pourra encore trouver sa place parmi ces contes, puisqu'elle en contient un en quelque façon.... »
3. Absolument. Voyez ci-dessous, p. 68 et note 2.
4. Elles seront acceptées. Comparez le vers 215 de *la Coupe enchantée* :

> Mais ceci, c'est un point qui d'abord me surprit :
> Il passera pourtant, j'en ai fait passer d'autres;

et le vers 23 du *Tableau* :

> Qui pense finement et s'exprime avec grâce
> Fait tout passer, car tout passe.

5. Tel est bien le texte des éditions de 1665, 1667, 1669 Paris. — Assortiment. (1668, 1669 Amsterdam.)
6. La plupart des éditeurs de Hollande (1685, 1686, 1705), et plusieurs éditeurs modernes, ont retranché tout ce passage depuis : « On en trouvera », tout en maintenant la phrase qui suit,

Mais je m'amuse à des choses auxquelles on ne prendra peut-être pas garde, tandis que j'ai lieu d'appréhender des objections bien plus importantes. On m'en peut faire deux principales : l'une, que ce livre est licencieux[1] ; l'autre, qu'il n'épargne pas assez le beau sexe. Quant à la première, je dis hardiment que la nature du conte le vouloit ainsi; étant une loi indispensable, selon Horace[2], ou plutôt selon la raison et le sens commun, de se conformer aux choses dont on écrit. Or, qu'il ne m'ait été permis d'écrire de celles-ci, comme tant d'autres l'ont fait, et avec succès, je ne crois pas qu'on le mette en doute ; et l'on ne me sauroit condamner que l'on ne condamne aussi l'Arioste devant moi, et les anciens devant[3] l'Arioste. On me dira que j'eusse mieux fait de supprimer quelques circonstances, ou tout au moins de les déguiser. Il n'y avoit rien de plus facile ; mais cela auroit affoibli le conte, et lui auroit ôté de sa grâce. Tant de circonspection n'est nécessaire que dans les ouvrages qui promettent beaucoup de retenue dès l'abord, ou par leur sujet, ou par la manière dont on les[4]

laquelle peut se rattacher aussi, il est vrai, à celle qui précède les lignes qu'ils ont supprimées.

1. Rapprochez l'*Envoi* de la ballade *au Roi* (tome V M.-L., p. 153).
2. Voyez l'*Épître aux Pisons*, vers 86 et suivants.
3. *Devant*, pour *avant*.

> Je ne vous dis ici que ce qu'a dit Voiture.
> L'ami de Mécénas, Horace, dans ses sons,
> L'avoit dit devant lui ; devant eux la Nature
> L'avoit fait dire en cent façons.
> (*Poésies diverses*, tome V M.-L., p. 167.)

Voyez aussi les fables xi du livre VI, vers 2, vii du livre XII, vers 26, etc. ; et les divers *Lexiques* de la Collection.

4. Le. (1665, 1667.)

traite. Je confesse qu'il faut garder en cela des bornes, et que les plus étroites sont les meilleures : aussi faut-il m'avouer[1] que trop de scrupule gâteroit tout[2]. Qui voudroit réduire Boccace à la même pudeur que Virgile ne feroit assurément rien qui vaille, et pécheroit contre les lois de la bienséance[3], en prenant à tâche de les observer. Car, afin que l'on ne s'y trompe pas, en matière de vers et de prose, l'extrême pudeur et la bienséance[4] sont deux choses bien différentes. Cicéron fait consister la dernière à dire ce qu'il est à propos qu'on die[5] eu égard au lieu, au temps[6], et aux personnes qu'on entretient[7]. Ce principe une fois posé, ce n'est pas une faute de jugement que d'entretenir les gens d'aujourd'hui de contes un peu libres[8]. Je ne pèche pas non

1. Mais il faut m'avouer, m'accorder aussi.
2. Comparez les vers 28-30 du conte 1 de la IIIe partie :

> Contons, mais contons bien : c'est le point principal;
> C'est tout; à cela près, censeurs, je vous conseille
> De dormir, comme moi, sur l'une et l'autre oreille, etc.

La décence publique, ou du moins la pudeur officielle, plus scrupuleuse, ne s'accommodait guère de la licence de ces contes, et le pouvoir royal, d'abord indulgent, finit par les interdire (1675). Mais la bonne compagnie, à vrai dire, n'en était point offusquée, et en faisait même ses délices. Voyez notre tome I, p. cxiii-cxiv; et la note 8 de la fable xiii du livre VIII (tome II, p. 275).

3. Comparez la Préface de la IIe partie, p. 150.
4. *Non enim pudendo, sed non faciendo id quod non decet, impudentiæ nomen effugere debemus.* (CICÉRON, *de Oratore*, livre I, chapitre xxvi.)
5. *Die*, encore usité pour *dise* au dix-septième siècle : voyez tome III, p. 147 et note 25; et les *Lexiques de Malherbe, de Corneille, de Racine.* — Qu'on dise. (1685 Amsterdam, 1686, 1705.)
6. Et au temps. (1665, 1667, 1668, 1669 Amsterdam.)
7. Voyez Cicéron, *ibidem*, chapitres xix, li, lii, livre II, chapitre iv, *Orator*, chapitre xxi; et *passim*.
8. Si ce n'est pas une faute de jugement, comme le remarque

plus en cela contre la morale. S'il y a quelque chose dans nos écrits qui puisse faire impression sur les âmes, ce n'est nullement la gaieté de ces contes; elle passe[1] légèrement : je craindrois plutôt une douce mélancolie, où les romans les plus chastes et les plus modestes sont très capables de nous plonger, et qui est une grande préparation pour l'amour. Quant à la seconde objection, par laquelle on me reproche que ce livre fait tort aux femmes, on auroit raison si je parlois sérieusement : mais qui ne voit que ceci est jeu, et par conséquent ne peut porter coup[2]? Il ne faut pas avoir peur que les mariages en soient[3] à l'avenir moins fréquents, et les maris plus fort sur leurs gardes. On me peut encore objecter que ces contes ne sont pas fondés, ou qu'ils ont partout un fondement aisé à détruire; enfin, qu'il y a des absurdités, et pas la moindre teinture de vraisemblance[4]. Je réponds en peu de mots que j'ai mes

très bien la Fontaine, il est plus difficile de soutenir, ainsi qu'il le fait, que ce ne soit point pécher contre la morale.

1. Elle glisse, sans faire une impression profonde.
2. Ne peut leur nuire. — Rapprochez le début des *Oies de frère Philippe* :

    Je dois trop au beau sexe; il me fait trop d'honneur
    De lire ces récits, si tant est qu'il les lise.
    Pourquoi non? etc.

Cependant il ne le ménage guère : sans parler des ruses, des « bons tours », des fourberies qu'il lui attribue, voyez comme il raille à la fin du conte du *Faucon* « le sexe en général » :

    Sous le ciel n'est un plus bel animal;
    Je n'y comprends le sexe en général :
    Loin de cela, j'en vois peu d'avenantes, etc.

3. N'en soient. (1665, 1667, 1668, 1669 Amsterdam, 1685, 1686.) — Ne soient. (1705.)
4. Comparez les vers 286-299 de *Joconde* :

    J'entends déjà maint esprit fort

# PRÉFACE.

garants[1]; et puis ce n'est ni le vrai ni le vraisemblable qui font la beauté et la grâce de ces choses-ci; c'est seulement la manière de les conter[2].

Voilà les principaux points sur quoi[3] j'ai cru être obligé de me défendre. J'abandonne le reste aux censeurs : aussi bien seroit-ce une entreprise infinie que de prétendre répondre à tout[4]. Jamais la critique ne

> M'objecter que la vraisemblance
> N'est pas en ceci tout à fait, etc.

1. Aux vers 110-112 du *Remède*, il dit aussi : « J'ai mes garants », et assure qu'il n'a « rien avancé qu'après des gens de foi. »

2. Le poète semble être d'un avis contraire au début du même conte :

> Si l'on se plaît à l'image du vrai,
> Combien doit-on rechercher le vrai même?
> J'en fais souvent dans mes contes l'essai,
> Et vois toujours que sa force est extrême,
> Et qu'il attire à soi tous les esprits.

Mais dans le conte 1 de la III<sup>e</sup> partie (vers 28 déjà cité), il dit comme ici :

> Contons, mais contons bien : c'est le point principal;
> C'est tout ;

et au début de *la Fiancée du roi de Garbe* il définit très clairement les récits où la feinte est permise :

> Il n'est rien qu'on ne conte en diverses façons;
> On abuse du vrai comme on fait de la feinte :
> Je le souffre aux récits qui passent pour chansons;
> Chacun y met du sien sans scrupule et sans crainte.
> Mais aux événements de qui la vérité
>     Importe à la postérité,
>     Tels abus méritent censure.

Comme en ces divers passages il ne fait que badiner, il y aurait trop de simplicité à s'y inquiéter des apparentes contradictions.

3. Comparez la fable III du livre IV, vers 34-35 :

> .... Est-ce un sujet pour quoi
> Vous fassiez sonner vos mérites?

Voyez aussi tome III, p. 299 et note 11.

4. Sans répondre aux censeurs, car c'est chose infinie....
(*La Matrone d'Éphèse*, vers 9.)

demeure court, ni ne manque de sujets de s'exercer : quand ceux que je puis prévoir lui seroient ôtés, elle en auroit bientôt trouvé d'autres[1].

1. Rapprochez la fable 1 du livre II, vers 14 et suivants, et particulièrement la fin :

> « Maudit censeur ! te tairas-tu
> Ne saurois-je achever mon conte
> C'est un dessein très dangereux
> Que d'entreprendre de te plaire. »
> Les délicats sont malheureux
> Rien ne sauroit les satisfaire.

Voyez aussi *les Oies de frère Philippe*, vers 29 et suivants, et la fin du *Remède* (vers 98-113).

# CONTES ET NOUVELLES

## PREMIÈRE PARTIE
(1665)

## I

### JOCONDE[1].

#### NOUVELLE TIRÉE DE L'ARIOSTE[2].

Comme la Fontaine le dit dans son Avertissement, c'est à l'Arioste qu'il a emprunté le sujet de son premier conte (*Orlando furioso*, xxviii⁰ chant, stances 4-74); mais le fond même de ce conte est, on peut le dire, celui d'un grand nombre de nouvelles et de fabliaux. Si nous remontons à l'Orient, c'est une aventure analogue qui sert de prologue aux *Mille et une Nuits*. C'est l'éternelle histoire des ruses, des artifices, et de l'infidélité des femmes. Ajoutons que dans l'Arioste et dans la Fontaine, comme dans le conte oriental, les époux trompés finissent par se résigner après avoir reconnu que cette infidélité est générale. Cette histoire est donc la plus sanglante satire de la vertu féminine. Ajoutons aussi que dans *les Mille et une Nuits* cette résignation prend des formes cruelles : c'est la résignation de Barbe-Bleue, qui se résout à épouser une femme chaque nuit et à l'égorger le lendemain : excellente manière de prévenir ses trahisons.

On peut rapprocher de l'aventure de la femme de Joconde avec son « lourdaud de valet » et de la reine avec le nain du roi, la nouvelle xxiv de Morlini (*Novellæ*, Naples, 1520, in-4⁰) : *de Moniali in flagranti [crimine] cum auriga reperta*, nouvelle très cynique; ou, plu-

---

1. La Joconde. (1668, 1669 Amsterdam et Leyde.)
2. Dans la première et la troisième édition de 1665 (1665 A et C) : *Joconde ou l'infidélité des femmes. Nouvelle, par M. de L. F.*

tôt encore, l'anecdote de la jeune et belle veuve et du hideux esclave maure, dans *la Précaution inutile* de Scarron (*Nouvelles tragicomiques*, 1717, tome I, p. 25-36), et le conte xx de *l'Heptaméron :*
« Un gentilhomme est inopinement guari du mal d'amour, trouuant sa damoiselle rigoureuse entre les bras de son palefrenier. »

Avant la Fontaine, M. Bouillon, secrétaire du duc Gaston d'Orléans, avait écrit une traduction libre en vers français d'une partie du xxviiie chant du *Roland furieux*[1]. L'apparition presque simultanée des deux imitations donna lieu à des querelles littéraires, à des contestations assez vives, comme nous l'apprend le *Journal des Savants* du 26 janvier 1665 (p. 39-41). Boileau rédigea même une longue dissertation pour prouver la supériorité de la Fontaine non point seulement sur M. Bouillon, mais aussi sur l'Arioste.

« Il parut en 1663, dit Brossette, deux traductions en vers françois de *la Joconde*[2], l'une desquelles étoit du célèbre la Fontaine (la date n'est pas exacte pour le conte de la Fontaine, à moins qu'il n'ait d'abord couru manuscrit), et l'autre du sieur Bouillon, très méchant poète. Il y eut une gageure considérable sur la préférence de ces deux ouvrages entre M. l'abbé le Vayer et M. de Saint-Gilles. Molière étoit leur ami commun ; ils le prirent pour juge, mais il refusa de dire son sentiment pour ne pas faire perdre la gageure à Saint-Gilles, qui avoit parié pour *la Joconde* du sieur Bouillon. M. Despréaux, jeune alors, décida le différend par cette dissertation. » (*OEuvres de Mr Boileau Despréaux*, Genève, 1716, tome II, p. 337.)

La dissertation de Boileau fut publiée et sans doute imprimée pour la première fois (elle avait circulé auparavant manuscrite) dans les éditions des contes de la Fontaine données à Leyde, en 1669, par Jean Sambix, et à Paris, la même année, par Louis Billaine. Nous la reproduisons en appendice, à la suite des vers de M. Bouillon. Voyez sur cette querelle célèbre notre tome I, p. LXXXI-LXXXIII.

Contrairement à l'avis de Boileau, Voltaire proclame la supériorité de l'Arioste sur la Fontaine[3]. Les deux génies sont trop

---

1. *Les OEuvres de feu M. Bouillon* (il était mort en 1662) *contenant l'histoire de Joconde, le Mari commode..., portraits, mascarades, airs de cour, etc.;* Paris, Jean Guignard, 1663, in-12.

2. *La Joconde*, pour la nouvelle de *Joconde*, comme au titre donné par les éditions de 1668, 1669 Amsterdam et Leyde.

3. Voyez le *Discours aux Welches*, tome XLI, p. 561, et la *Lettre de M. de la Viselède*, tome XLVIII, p. 277-279.

différents pour que cette discussion ne soit pas quelque peu vaine. Le mieux est de jouir de ce que chacun des deux poètes offre de plaisant et d'agréable, sans chercher à mettre l'un au-dessus de l'autre, et de se contenter de les rapprocher quelquefois, comme nous l'avons fait dans le commentaire. Bornons-nous à remarquer que l'Arioste est beaucoup plus indécent que la Fontaine; et ajoutons, avec le *Journal des Savants* (p. 39 du numéro cité), que notre auteur « n'a pas seulement usé de la liberté qu'ont prise les traducteurs de s'éloigner quelquefois du tour et des manières qui se trouvent dans les livres qu'ils traduisent, mais qu'il a même changé beaucoup des principales circonstances des événements qu'il rapporte. »

Ce conte a fourni, entre autres pièces de théâtre :

*Joconde*, comédie en un acte, en prose, par Fagan, suivie d'un divertissement de Grandval, représentée le 5 décembre 1740 au Théâtre-Français, imprimée en 1742, in-12. Cette pièce, où le sujet est traité avec décence, est analysée dans le *Dictionnaire dramatique* (Paris, 1776, in-8°), tome II, p. 121.

*Joconde*, opéra-comique en deux actes et en vaudevilles, précédé d'un prologue, par Ch. Collé, joué sur un théâtre de société, en 1756.

*Joconde*, opéra en trois actes, représenté le 14 septembre 1790 au théâtre de Monsieur; paroles de Desforges, musique de Jadin.

*Joconde*, opéra en vaudevilles, en deux actes, par Léger, représenté au théâtre du Palais, en 1793.

*Joconde ou les Coureurs d'aventures*, le célèbre et charmant opéra-comique, en trois actes, de Nicolo, paroles d'Étienne, joué le 28 février 1814, à Feydeau, et repris tant de fois depuis, d'où Aumer a tiré un ballet dansé à l'Opéra en 1827.

Nous avons déjà dit (p. 3, note 1) dans quel recueil a paru pour la première fois *Joconde*. Il est aussi dans les manuscrits de Conrart, à la Bibliothèque de l'Arsenal (n° 5418, p. 237-249), avec quelques variantes.

> Jadis régnoit en Lombardie
> Un prince aussi beau que le jour[1],

---

1. Dans *Roland furieux*, l'auteur commence par s'excuser auprès des dames du récit qu'il va faire, et qui les couvrira de honte; il les engage même à passer son XXVIII<sup>e</sup> chant.

Et tel que des beautés qui régnoient[1] à sa cour
  La moitié lui portoit envie,
 L'autre moitié brûloit pour lui d'amour[2].    5
Un jour, en se mirant : « Je fais, dit-il, gageure
  Qu'il n'est mortel dans la nature
  Qui me soit égal en appas[3],
Et gage, si l'on veut, la meilleure province[4]
  De mes États ;    10
Et, s'il s'en rencontre un, je promets, foi de prince,
De le traiter si bien, qu'il ne s'en plaindra pas. »

A ce propos s'avance un certain gentilhomme
  D'auprès de Rome :
 « Sire, dit-il, si Votre Majesté    15
  Est curieuse de beauté[5],

---

1. Cette répétition *régnoit, régnoient,* si elle n'est pas une simple négligence, est certainement ironique.

2. Bussy Rabutin, dans une lettre à Mme de Sévigné du 9 juin 1668 (tome I, p. 504), dit, en parlant d'un de ces maris « dont la tête n'est pas incommodée des corniches », car « ce qu'il y porte va dans le superlatif » : « Il n'est pas si beau qu'Astolphe ni que Joconde ; mais, en récompense, il est quatre fois plus malheureux. » Voyez aussi une allusion, mais peu claire, à *Joconde* dans une lettre de Mme de Sévigné à sa fille, du 26 novembre 1684 (tome VII, p. 321).

3. Voyez ci-dessous, le vers 32 et la note.

4. Un jour qu'il se miroit dans le cristal d'une onde :
 « Je gage, ce dit-il, qu'il n'est point d'homme au monde
 Qui me puisse égaler en matière d'appas ;
 J'y mettrai [a], si l'on veut, la meilleure province.... »
  (1665 A et C, et manuscrit de Conrart.)

5. Rapprochez le vers 14 de la fable XVII du livre XII :
  Le Cheval....,
 Assez peu curieux de semblables amis... ;

et voyez les *Lexiques de la Rochefoucauld, de la Bruyère, de Racine, de Sévigné.*

[a] Comme enjeu : comparez tome III, p. 279 et note 24.

## PREMIÈRE PARTIE.

Qu'Elle fasse venir mon frère.[1] :
Aux plus charmants il n'en doit guère[2] ;
Je m'y connois un peu, soit dit sans vanité.
Toutefois, en cela pouvant m'être flatté,
Que je n'en sois pas cru, mais les cœurs de vos dames.
Du soin de guérir leurs flammes
Il vous soulagera, si vous le trouvez bon :
Car de pourvoir vous seul au tourment de chacune,
Outre que tant d'amour vous seroit importune[3],
Vous n'auriez jamais fait[4] ; il vous faut un second[5]. »

1. Qu'Elle fasse venir à sa cour un mien frère.
(Manuscrit de Conrart.)

2. Il n'en doit guère en fait de beauté ; il ne cède guère. Comparez tome II, p. 386 et note 4; un autre exemple dans un opuscule en prose de notre auteur (tome III *M.-L.*, p. 255); Brantôme *Dames galantes* (tome IX des *OEuvres complètes*, éditées par M. Lalanne, p. 510) : « .... Encor qu'elles ne se deussent rien l'une à l'aultre de la beauté » ; cette phrase de la fable II de la XIIᵉ nuit de Straparole traduite par Larivey : « Combien qu'elle fust mariée auec un beau ieune homme..., elle ne laissoit d'auoir encor un amy qui ne luy deuoit gueres en beauté et gentillesse » ; et celle-ci de Scarron, dans *le Roman comique* (livre II, chapitre XIX) : « Sans répandre leur sang comme Pyrame et Thysbé, ils ne leur en durent guère en tendresse impétueuse. »

3. Voyez le vers 53 et la note.

4. Jamais fini : rapprochez, ci-dessous, le vers 298 ; et les vers 20 de *Belphégor* et 12 des *Lunettes* :

Je n'aurois jamais fait.

5. Voyez les vers 196-197 :

Astolphe y perd mainte pratique :
Cela n'en fut que mieux ; il en avoit assez.

C'est Astolphe, dans l'Arioste, qui de lui-même témoigne le désir de voir Joconde, sur l'éloge que fait son frère de sa beauté ; celui-ci allègue l'amour que Joconde a pour la solitude, son peu d'ambition, sa tendresse pour sa femme, qui lui rendra la séparation bien pénible. Mais il fera, ajoute-t-il, l'impossible pour satisfaire le roi.

Là-dessus Astolphe répond
(C'est ainsi qu'on nommoit ce roi de Lombardie¹) :
« Votre discours me donne une terrible envie
De connoître ce frère : amenez-le-nous donc.     30
Voyons si nos beautés en seront amoureuses,
   Si ses appas² le mettront en crédit ;
     Nous en croirons les connoisseuses³,
   Comme très bien vous avez dit. »

Le gentilhomme part, et⁴ va quérir Joconde     35
(C'est le nom que ce frère avoit⁵).

1. Astolphe, roi des Lombards, qui succéda, en 749, à son frère Rachis, et mourut, en 756, de blessures reçues à la chasse. Il n'est ici qu'un personnage de pure fantaisie.

2. Employer *appas*, que nous avons déjà vu ci-dessus au vers 8, en parlant de la beauté, de la grâce, de la bonne tournure d'un homme, rien ne paraissait plus naturel, lorsque ce mot n'avait pas encore subi, dans les dictionnaires, tant d'altérations de sens : voyez l'*Essai sur la langue de la Fontaine* de M. Marty-Laveaux, p. 23-27 ; son *Lexique de Corneille*, tome I, p. 64 ; deux exemples empruntés au poème d'*Adonis*, vers 41 :

.... Tant d'autres héros, fameux par leurs appas ;

vers 530 (mort de l'amant de Vénus) :

        L'aveugle trépas
Parcourt tous les endroits où régnoient tant d'appas ;

et un à *Psyché* (tome III *M.-L.*, p. 70) : « les appas d'un Hercule ». Comparez « les *charmes* du sire » au vers 290 du *Petit Chien*, et « les *attraits* du garçon » au vers 48 du *Cas de conscience*. On disait du reste *appas*, même en parlant d'un beau pays, de beaux lambris (tome III *M.-L.*, p. 35 et 329), de beaux habits (vers 485 du *Misanthrope*) ; etc.

3. « Notre enfant fut transporté.... de voir ces hommes faits exprès, choisis par vous, qui êtes la bonne connoisseuse. » (Mme de Sévigné, lettre du 3 janvier 1689, tome VIII, p. 373.) Rapprochez les vers 26 du *Roi Candaule*, et 49 du *Pâté d'anguille* :

  Je m'en rapporte aux connoisseurs.

4. Il y a bien aussi *et* dans le manuscrit de Conrart, et non *il*, comme l'ont lu quelques éditeurs.

5.       C'est le nom que le frère avoit. (1665 A et C.)

A la campagne il vivoit,
  Loin du commerce¹ et du monde :
Marié depuis peu ; content, je n'en sais rien.
  Sa femme avoit de la jeunesse,
  De la beauté, de la délicatesse² :
Il ne tenoit qu'à lui qu'il ne s'en trouvât bien.
  Son frère arrive, et lui fait l'ambassade ;
  Enfin il le persuade.
Joconde d'une part regardoit³ l'amitié
  D'un roi puissant, et d'ailleurs fort aimable ;
Et d'autre part aussi sa charmante moitié
  Triomphoit d'être inconsolable⁴,
  Et de lui faire des adieux⁵
  A tirer les larmes des yeux :
  « Quoi ! tu me quittes ! disoit-elle.
  As-tu bien l'âme assez cruelle
  Pour préférer à ma constante amour⁶

1. Loin de toute société, de toute relation. Comparez les contes v, vers 155, et x, vers 2, de la II<sup>e</sup> partie ; et les divers *Lexiques* de la Collection.

— Loin du commerce du monde. (1705.)

2. Le terme s'applique ici au physique, non au moral, comme on le verra plus bas.

3. Considérait, pensait de quel profit lui serait. Voyez les *Lexiques de Malherbe, de Corneille, de Sévigné*.

4. Ce mot *triomphoit* semble être une première critique indirecte des sentiments de la dame : on y voit plus d'ostentation et de vanité que d'amour. — Rapprochez le vers 30 de *la Gageure des trois commères*, et le vers 58 des *Troqueurs*. — Dans l'Arioste, on peut démêler aussi une intention de satire dans la facilité avec laquelle elle consent tout d'abord à la demande de son beau-frère, quitte à se répandre ensuite en lamentations.

5.      Et se distilloit en adieux.
       (1665 A, B et C, 1668, 1669 Amsterdam et Leyde
       et manuscrit de Conrart.)

6. Vaugelas, dans ses *Remarques* (1647), dit de ce mot : « Il est

Les faveurs de la cour?
Tu sais qu'à peine elles durent un jour ; 55
Qu'on les conserve avec inquiétude,
Pour les perdre avec désespoir[1].
Si tu te lasses de me voir,
Songe au moins qu'en ta solitude
Le repos règne jour et nuit ; 60
Que les ruisseaux n'y font du bruit
Qu'afin de t'inviter à fermer la paupière.
Crois-moi, ne quitte point les hôtes de tes bois[2],
Ces fertiles vallons, ces ombrages si cois[3],
Enfin moi, qui devrois me nommer la première : 65
Mais ce n'est plus le temps ; tu ris de mon amour :

indifférent de le faire masculin ou féminin.... Il est vrai pourtant qu'ayant le choix libre j'userois plutôt du féminin que du masculin, selon l'inclination de notre langue qui se porte d'ordinaire au féminin plutôt qu'à l'autre genre, et selon l'exemple de nos plus élégants écrivains qui ne s'en servent guères autrement. » Les *Observations* de Ménage (1672) nous apprennent que l'usage avait changé : « Aujourd'hui, dit-il, dans la prose il n'est plus que masculin...; en poésie il est toujours hermaphrodite; mais néanmoins plutôt mâle que femelle. » Voyez tome II, p. 325 et note 8.

1. Nous rencontrons la même idée dans les vers 25-30 de la fable IX du livre X (tome III, p. 49 et note 17) :

Défiez-vous des rois ;
Leur faveur est glissante : on s'y trompe ; et le pire
C'est qu'il en coûte cher : de pareilles erreurs
Ne produisent jamais que d'illustres malheurs, etc.

2. Même expression aux livres I, fable II, vers 9 ; II, fable XIX, vers 15 ; XII, fable XIII, vers 10, etc. : « Hôtes des bois ; hôtes des forêts. »

3. *Si cois*, si paisibles, si tranquilles : mot familier à la Fontaine ; voyez les contes VI de la II<sup>e</sup> partie, vers 79, et XI, vers 11 : « arrêter coi » ; tomes I, p. 215, et II, p. 224 et 271 : « se tenir coi » ; III, p. 343, note 29 : « un lieu coi » ; tome V *M.-L.*, p. 53 : « antres cois » ; etc. — Ce contraste entre le repos des champs et le bruit, le faux éclat des cours est éloquemment exprimé dans l'élégie *pour M. Foucquet*, vers 38-44.

Va, cruel, va montrer ta beauté singulière[1];
Je mourrai, je l'espère, avant la fin du jour. »

L'histoire ne dit point[2] ni de quelle manière
Joconde put partir, ni ce qu'il répondit,      70
    Ni ce qu'il fit, ni ce qu'il dit;
Je m'en tais[3] donc aussi, de crainte de pis faire[4].
Disons que la douleur l'empêcha de parler :
C'est un fort bon moyen de se tirer d'affaire[5].
Sa femme, le voyant tout prêt de s'en aller,      75
L'accable de baisers, et, pour comble, lui donne
    Un bracelet de façon fort mignonne,
    En lui disant : « Ne le perds pas,
    Et qu'il soit toujours à ton bras,
Pour te ressouvenir de mon amour extrême;      80
Il est de mes cheveux, je l'ai tissu[6] moi-même ;
    Et voilà de plus mon portrait
    Que j'attache à ce bracelet[7]. »

---

1. Au sens propre du mot : « unique ».

2. C'est l'inverse de l'hémistiche, fréquent chez notre auteur « à ce que dit l'histoire » (tome III, p. 310 et note 6).

3. Voyez, pour cette locution, tome III, p. 184 et note 13.

4. De crainte de faire pis que Joconde qui ne répondit que par le silence.

5. C'est un fort bon moyen pour se tirer d'affaire.
                            (Manuscrit de Conrart.)

6. *Tissu*, participe passé de l'ancien verbe, aujourd'hui inusité, *tistre* (voyez Marot, édition de 1873, tomes I, p. 133, 136, 169, 203, 212 ; II, p. 27, 271 ; III, p. 59). Comparez le vers 25 de la fable VIII du livre III :
                    Autre toile tissue.

7. « Ces bracelets, dit M. Despois dans son annotation du *Dépit amoureux* de Molière (vers 1343, tome I, p. 489), étaient des gages que les hommes recevaient des femmes, et que sans doute ils portaient secrètement. « Les amants, dit Furetière, tiennent à grande « faveur d'avoir des bracelets de cheveux de leur maîtresse. » C'é-

Vous autres, bonnes gens, eussiez cru que la dame
      Une heure après eût rendu l'âme;      85
Moi, qui sais ce que c'est que l'esprit d'une femme,
    Je m'en serois à bon droit défié[1].
Joconde partit donc; mais ayant oublié
      Le bracelet et la peinture,
      Par je ne sais quelle aventure.      90
    Le matin même il s'en souvient :
   Au grand galop sur ses pas il revient,
Ne sachant quelle excuse il feroit à sa femme.
Sans rencontrer personne, et sans être entendu,
Il monte dans sa chambre, et voit près de la dame  95
Un lourdaud de valet sur son sein étendu[2].

---

tait un ancien usage : Agrippa d'Aubigné raconte une de *ses vanitez*, qu'il se permit dans un combat des guerres civiles; c'est « qu'au « milieu du peril, ayant dans le bras gauche un brasselet de che- « ueux de sa maistresse, il mit l'espée à la main gauche, pour « trouuer ce brasselet, qui brusloit d'une harquebuzade. » (*Mémoires*, édition Lalanne, p. 43.) — Dans l'Arioste, la femme donne à son mari un collier où pend une croix enrichie de pierreries et contenant de saintes reliques, et c'est également l'oubli de ce reliquaire, qu'il a laissé sous le chevet de son lit, qui amène le prompt retour de Joconde.

   1. *Mulier cupido quod dicit amanti,*
     *In vento et rapida scribere oportet aqua.*
                      (Catulle, lxx, vers 3-4.)

   2. *La cortina levo senza far motto,*
     *E vide quel che men veder credea,*
     *Che la sua casta e fedel moglie sotto*
     *La coltre, in braccio a un giovine giacea.* (Stance 21.)

« Il ouvre les rideaux sans bruit et il voit, il ne peut en croire ses yeux, il voit sa chaste, sa fidèle moitié, couchée entre les draps dans les bras d'un jeune homme. » — Dans les nouvelles de Morlini et de *l'Heptaméron* citées à la notice, un amant, non un mari, a la même désagréable surprise : « Il entra fort soudainement, lisons-nous dans *l'Heptaméron*, comme celuy à qui tardoit de voir ce qu'il aimoit. Mais il trouua, à son entrée, la damoiselle couchée sur l'herbe entre les bras d'un palefrenier de la maison, aussi laid, ord et infame que le gentilhomme estoit beau, honneste et aimable. »

Tous deux dormoient¹. Dans cet abord, Joconde²
Voulut les envoyer dormir en l'autre monde :
    Mais cependant il n'en fit rien ;
    Et mon avis est qu'il fit bien.         100
    Le moins de bruit que l'on peut faire
      En telle affaire
    Est le plus sûr³ de la moitié.

1.               La Chasteté même
Sous ce beau nom d'épouse entrât-elle chez toi,
De retour d'un voyage, en arrivant, crois-moi,
Fais toujours du logis avertir la maîtresse.
Tel partit tout baigné des pleurs de sa Lucrèce,
Qui, faute d'avoir pris ce soin judicieux,
Trouva.... tu sais. — Je sais que d'un conte odieux
Vous avez comme moi sali votre mémoire.
Mais laissons là, dis-tu, Joconde et son histoire....
            (BOILEAU, satire x, vers 46-54.)

Le poète-chanoine Coquillart, dans le chapitre VII de ses *Droictz nouueaulx* (1515), tome I, p. 193, de la réimpression de 1857, recommande aux maris de crier, en rentrant chez eux : « Qui est leans ? Ne bougez, faictes à vostre aise ! »

2. *Dans cet abord*, pour *dès cet abord*, *d'abord*. Voyez tome I, p. 156 et note 8, et le vers 124 du conte III de la IIᵉ partie.

—        De prime abord, Joconde.
        (1665 A et C, et manuscrit de Conrart.)

Rapprochez la locution *de prime face* (Bonaventure des Périers, édition de 1874, tome I, p. 28 ; Marot, tome I, p. 75, etc. ; *la Mandragore*, vers 186 ; etc.).

3. C'est le plus court. (Manuscrit de Conrart.)

—        Pensez, pour ung gentil coqu
        Qui veult viure en perseuerence,
        Il n'y a si belle vertu
        Au monde que de pacience.
        Car, posé qu'on parle ou qu'on tance,
        On n'en tient riens ; ce n'est que glose.
            (COQUILLART, *ibidem*, p. 193-194.)
        Sur telles affaires toujours
        Le meilleur est de ne rien dire.
(MOLIÈRE, *Amphitryon*, acte III, scène x, vers 1942-1943.)

Comparez les vers 33-35 du *Pâté d'anguille* :
        Bien sot de faire un bruit si grand

> Soit par prudence, ou par pitié,
> Le Romain ne tua personne¹.     105
D'éveiller ces amants², il ne le falloit pas,
   Car son honneur l'obligeoit, en ce cas,
      De leur donner le trépas.
   « Vis, méchante, dit-il tout bas ;
   A ton remords je t'abandonne³. »     110

Joconde là-dessus se remet en chemin,
Rêvant à son malheur tout le long du voyage⁴.
Bien souvent⁵ il s'écrie, au fort⁶ de son chagrin :
   « Encor si c'étoit un blondin⁷,
      Pour une chose si commune ;
      Dieu nous gard de plus grand'fortune ! »

Voyez aussi le début de *la Coupe enchantée*, etc., etc. — La même idée est exprimée presque de la même façon dans l'*Histoire amoureuse des Gaules* de Bussy Rabutin (1665), tome III, p. 272, de la réimpression de 1856 : « Le moins de bruit qu'on peut faire dans ces sortes de choses est toujours le meilleur. »

1. C'est plus que la prudence ou la pitié : c'est l'amour qui dans l'Arioste retient son bras ; et s'il n'éveille pas sa femme, c'est de crainte que la confusion où elle serait de son crime ne cause trop de chagrin à la perfide.

2. Pour ce qui était d'éveiller... ; il ne fallait pas avoir l'idée, l'imprudence d'éveiller. Tours analogues au livre VIII, fable VIII, vers 24 ; dans *Richard Minutolo*, vers 120, dans le *Conte d'un paysan*, vers 17, etc.

3. Dans le prologue des *Mille et une Nuits*, le roi de la Grande-Tartarie, auquel arrive la même aventure, tire son sabre, tue sa femme et son complice, un des bas officiers de sa maison, et les jette tous deux dans un fossé, dénouement beaucoup plus conforme aux mœurs orientales.

4. On disait plutôt alors, et on dirait plutôt aujourd'hui : « tout le long du chemin. »

5. Quelque fois. (Manuscrit de Conrart.)

6. *Au fort*, dans le fort, au plus fort, dans le plus fort : voyez les *Lexiques de Corneille, de Racine, de la Rochefoucauld*.

7. Rapprochez, entre autres exemples, les contes II, vers 153, 199, IV, vers 143, 170, XIII, vers 65, de la IIIᵉ partie, le conte XII

Je me consolerois d'un si sensible outrage ;   115
    Mais un gros lourdaud de valet[1] !
    C'est à quoi j'ai plus[2] de regret :
    Plus j'y pense et plus j'en enrage[3].
Ou l'Amour est aveugle, ou bien il n'est pas sage
    D'avoir assemblé ces amants.   120
  Ce sont, hélas ! ses divertissements[4] !

de la IV<sup>e</sup>, vers 20, etc. ; et *l'École des femmes*, de Molière, acte II, scène v, vers 596 : « ....ces beaux blondins ».

1. Voyez le vers 96. — « Lourd et de peu » (*la Mandragore*, vers 134) ; « lourd d'ailleurs et de très court esprit » (*le Tableau*, vers 122). Rappelons aussi ces deux vers (3-4) de la fable v du livre IV :

    Jamais un lourdaud, quoi qu'il fasse,
    Ne sauroit passer pour galant,

quoique la citation ne soit pas très à propos ici. — La Fontaine écrit partout *lourdaut*, par un *t*, comme les trois premières éditions du *Dictionnaire de l'Académie*, qui donne cependant dans toutes les trois le féminin *lourdaude*.

2. *Plus* pour *le plus* : voyez ci-dessous, les contes III, vers 54, VI, vers dernier ; et *passim* ; et les *Lexiques de Malherbe, de Corneille, de Racine, de la Bruyère, de la Rochefoucauld*.

3.     Plus j'y pense et plus j'enrage.
    (1665 A, B et C, 1668, 1669 Amsterdam et Leyde.)

—  *Estimasi il fratel che dolor abbia*
   *D'aver la moglie sua sola lasciata,*
   *E per contrario duolsi egli ed arrabbia*
   *Che rimasa era troppo accompagnata.*  (Stance 25.)

« Son frère (quand il le rejoint) pensait qu'il était affligé d'avoir laissé son épouse toute seule ; et au contraire l'époux s'affligeait, enrageait d'avoir trouvé trop accompagnée cette délaissée. »

4. Les divertissements de l'Amour aveugle et conduit par la Folie (livre XII, fable XIV). Le poète a dit ailleurs (livre IX, fable VII, vers 45-46) :

    C'est de ces coups
    Qu'Amour fait ;

et dans *Clymène* (tome IV M.-L., p. 148) :

    Amour en fait ainsi ; ce sont coups de sa main.

Dans *le Tableau* (vers 164-169) il appelle l'Amour « un étrange garçon », « un fripon » :

    Dès qu'il entre en une maison,

Et possible¹ est-ce par gageure
Qu'il a causé cette aventure. »

Le souvenir fâcheux d'un si perfide tour
    Altéroit fort la beauté de Joconde :
    Ce n'étoit plus ce miracle d'amour²
    Qui devoit charmer tout le monde³.
Les dames, le voyant arriver à la cour,
    Dirent d'abord : « Est-ce là ce Narcisse
    Qui prétendoit tous nos cœurs enchaîner ?
    Quoi ! le pauvre homme a la jaunisse⁴ !
    Ce n'est pas pour nous la donner.
    A quel propos nous amener
    Un galant⁵ qui vient de jeûner

    Règles et lois en sont bannies ;
    Sa fantaisie est sa raison.

1. *Possible*, adverbialement, « peut-être ». Voyez tome I, p. 220 ; et *passim* ; et les *Lexiques de Malherbe, de Corneille, de la Rochefoucauld*.

2. Comparez, dans Malherbe, tome I, p. 102 : « ce miracle de guerre », en parlant d'Henri IV ; *ibidem*, p. 305 : « ce miracle d'armes », en parlant d'Achille.

3. « Il était semblable, dit l'Arioste (stance 27), à une rose qu'on a cueillie durant l'ardeur du soleil » :

    *Come al sol colta rosa.*

Et plus haut (stance 24), il dit moins poétiquement : « On pensait qu'il était retourné à Rome tandis qu'il avait été à *Corneto* » :

    *Credeano che da lor si fosse tolto*
    *Per gire a Roma, e gito era a Corneto.*

Ce qui justifie ce jeu de mots, que Boileau, dans sa *Dissertation*, appelle « une sottise », et qui est aussi dans Brantôme, *Dames galantes*, p. 51, c'est qu'il y a en effet une ville de ce nom, voisine de Rome, près de l'ancienne Tarquinies.

4.     Bien paroist à sa color
    Qu'ele auoit au cuer grant dolor,
    Et sembloit auoir la iaunisse.
    (*Roman de la Rose*, vers 293-295.)

5. *Galant*, ici, par un *t*, dans l'édition de 1669 Paris. Comparez

    La quarantaine[1]?       135
On se fût bien passé de prendre tant de peine[2]. »
Astolphe étoit ravi[3]; le frére étoit confus,
  Et ne savoit que penser là-dessus;
Car Joconde cachoit avec un soin extrême
    La cause de son ennui.       140
   On remarquoit pourtant en lui,
Malgré ses yeux cavés[4] et son visage blême,
  De fort beaux traits, mais qui ne plaisoient point,
    Faute d'éclat et d'embonpoint.

Amour en eut pitié : d'ailleurs cette tristesse   145
Faisoit perdre à ce dieu trop d'encens et de vœux;
L'un des plus grands suppôts de l'empire amoureux[5]
Consumoit en regrets la fleur de sa jeunesse.
Le Romain se vit donc à la fin soulagé

tome III, p. 322 et note 20. Nous suivrons désormais, pour ce mot, l'orthographe, variable, de cette édition.

1. « La sainte quarantaine », comme on disait; qui vient de jeûner pendant quarante jours : tout le temps du carême. Même locution : « ieusner la quarantaine », dans la *Ballade des poures housseurs* de Villon, vers 28.

2. Tour semblable au vers 17 de la fable VI du livre VII :

   Il se fût bien passé de faire cette mine.

3. Il y a toute une stance dans l'Arioste pour exprimer sa joie.

4. Littré ne cite que cet exemple du participe *cavé* (creusé), appliqué aux yeux. Nous le rencontrons aussi, au propre, dans l'*Épitaphe* de Villon, vers 23 :

   Pies, corbeaulx, nous ont les yeux cauez;

et au figuré, comme ici, dans les *OEuvres* de Remy Belleau (tome I, 1878, p. 141, 205, 236):

   Regardez ses yeux tous cauez,
   Qui de viure n'ont plus d'enuie;

dans celles de des Portes (1858, p. 101, 103); dans les *Contes d'Eutrapel* de du Fail (tome I, 1875, p. 117); etc.; et dans le *Lexique de Racine*.

5. Livre III, fable VII, vers 5 : « un suppôt de Bacchus ». Voyez aussi conte VI de la IVᵉ partie, vers 101; et *passim*. — Au tome V

Par le même pouvoir qui l'avoit affligé[1].  150
Car un jour, étant seul en une galerie,
    Lieu solitaire et tenu fort secret[2],
    Il entendit en certain cabinet,
Dont la cloison n'étoit que de menuiserie[3],
    Le propre discours que voici :  155
    « Mon cher Curtade[4], mon souci[5],
J'ai beau t'aimer, tu n'es pour moi que glace :
    Je ne vois pourtant, Dieu merci,
    Pas une beauté qui m'efface :
Cent conquérants voudroient avoir ta place ;  160
    Et tu sembles la mépriser,
    Aimant beaucoup mieux t'amuser
    A jouer avec quelque page
      Au lansquenet,

*M.-L.*, p. 58, 181, 215, même locution : « l'empire amoureux. »

1. Le pouvoir de l'Amour ou plutôt du dieu Cocuage dont il sera question plus loin. — Rapprochez les vers 395 et suivants de *la Coupe enchantée*.

2. Écarté, reculé : *secretus*; et qu'on « tenait » exprès ainsi.

3. Menuserie. (1665 A, B et C, 1668, 1669 Amsterdam et Leyde.) Comparez Brantôme, tomes IX, p. 579 : « menues menuzeries », II, p. 250 : « menuzailles »; et la xviiie nouvelle de des Périers : « De Gillet le menuzier. » C'était, c'est encore la prononciation de certaines provinces. « Menuserie », ou « menuiserie », se dit par opposition à « grosserie », autre terme de métier.

4. Ou courtaud (*cortaldo*). Ce nom, qui n'est pas dans l'Arioste, non plus que celui de la suivante Dorimène (vers 166), s'applique très bien à un nain, à un avorton.

5. Comparez Malherbe (tome I, p. 36) :

    Beauté, mon beau souci...;

Corneille (*la Suite du Menteur*, vers 221) :

    Touche, je veux t'aimer, tu seras mon souci;

le conte v de la IIe partie, vers 264 :

    Vous rappelez en moi la souvenance
    D'un qui s'est vu mon unique souci;

et les autres exemples de cette expression, employée autrefois même dans le style élevé, qui sont cités dans le *Lexique de Corneille*.

Que me venir trouver seule en ce cabinet.   165
Dorimène tantôt t'en a fait le message ;
    Tu t'es mis contre elle à jurer,
    A la maudire, à murmurer,
Et n'as quitté le jeu que ta main étant faite[1],
Sans te mettre en souci de ce que je souhaite[2] ! »   170

Qui fut bien étonné? ce fut[3] notre Romain.
    Je donnerois jusqu'à demain
    Pour deviner qui tenoit ce langage,
    Et quel étoit le personnage
    Qui gardoit tant son quant à moi[4].   175
Ce bel Adon[5] étoit le nain du roi,
    Et son amante étoit la reine[6].

    1. Qu'après avoir gagné, non sans tricher un peu ; car cette expression : *faire sa main*, implique l'idée de profit, mais de profit illicite. Comparez livre VIII, fable VII, vers 33 (tome II, p. 246) :

        Échevins, prévôt des marchands,
        Tout fait sa main....;

et cette phrase de des Périers (nouvelle XXIX, tome I, p. 149) : « Un regnard, voleur.... s'enfuit aux champs.... Pensez que ce ne fut pas sans faire la meilleure derniere main qu'il pust. » — Dans l'Arioste la suivante répond à la reine que le drôle est en perte d'un sou et ne veut pas venir avant de l'avoir regagné :

        *E per non stare in perdita d'un soldo,*
        *A voi niega venire il manigoldo.*

    2. Ce discours n'est pas dans l'Arioste ; mais Joconde aperçoit à travers une fente, comme dans notre conte, de quoi le convaincre très suffisamment de l'infidélité de la reine.
    3. Même tour dans *les Cent Nouvelles nouvelles*, p. 90, 162, 174 ; dans *l'Heptaméron*, p. 40 ; dans Brantôme, tome IX, p. 486, 487, 678, etc. : « Qui fut bien esbahy? qui fut estonné? ce fut.... »
    4. Dans *Psyché*, livre II (tome III M.-L., p. 117) : « Si elle se tient tant sur son quant à moi, je vas au-devant. » Voyez aussi *l'Eunuque*, acte III, scène V. Nous dirions plutôt aujourd'hui *son quant à soi*.
    5. Adonis. Même forme : « Adon », dans des Portes, p. 436, dans Remy Belleau, tome I, p. 121. En grec : Ἄδων ou Ἄδωνις.
    6. Comparez *le Blasme des fames* (Bibliothèque nationale, manu-

Le Romain, sans beaucoup de peine,
Les vit, en approchant les yeux
Des fentes que le bois laissoit en divers lieux.            180
Ces amants se fioient au soin de Dorimène;
Seule elle avoit toujours la clef de ce lieu-là;
Mais, la laissant tomber[1], Joconde la trouva,
  Puis s'en servit, puis en tira
  Consolation non petite[2];            185
  Car voici comme il raisonna :
« Je ne suis pas le seul; et puisque même on quitte
Un prince si charmant pour un nain contrefait,
  Il ne faut pas que je m'irrite
  D'être quitté pour un valet[3]. »            190

Ce penser[4] le console; il reprend tous ses charmes;

scrit français 837, fol. 193), où l'empereur Constantin surprend ainsi sa femme Fausta avec le nain Segoron, « un nain de si laide figure ».

1. Mais comme celle-ci l'avait laissée tomber : participe absolu à la façon des Latins; voyez tome III, p. 307 et note 14.

2. Dans le prologue des *Mille et une Nuits*, le roi de la Grande-Tartarie, qui est resté seul, pour mieux se livrer à son chagrin, tandis que le sultan son frère allait à la chasse, s'assoit à une fenêtre, d'où il a vue sur le jardin, et il aperçoit vingt femmes qui sortent d'une porte secrète du palais; de ces vingt femmes, au milieu desquelles est la sultane, dix sont des nègres déguisés; quant à l'amant de la sultane, il est caché dans un arbre d'où sa maîtresse ne tarde pas à le faire descendre. Assis derrière sa fenêtre, le roi de Tartarie contemple à loisir les ébats de cette troupe amoureuse, et en voit assez pour juger que son frère n'est pas moins à plaindre que lui. Puis il fait à peu près les mêmes réflexions que Joconde, demande à souper, et mange de très bon appétit.

3. C'est moins la faute de ma femme, dit-il dans l'Arioste, que celle de tout son sexe, de ce sexe à qui un seul homme ne peut suffire :

  *Non era colpa sua piu che del sesso,*
  *Chè d'un solo uomo mai non contentosse.* (Stance 36.)

4. *Penser*, pour *pensée*. Voyez tomes I, p. 200, II, p. 341 et

## PREMIÈRE PARTIE.

  Il devient plus beau que jamais [1] :
  Telle pour lui verse des larmes,
  Qui se moquoit de ses attraits.
C'est à qui l'aimera : la plus prude s'en pique [2] ;  195
  Astolphe y perd mainte pratique.
Cela n'en fut que mieux ; il en avoit assez.
Retournons aux amants que nous avons laissés.

Après avoir tout vu, le Romain se retire,
  Bien empêché [3] de ce secret.  200
Il ne faut à la cour ni trop voir, ni trop dire [4] ;

note 2, III, p. 345 et note 34; le conte de *la Gageure*, vers 264, *le Calendrier*, vers 53; et *passim*. Furetière accueille sans réserve le substantif *penser*; Richelet et l'Académie (1694) ne l'admettent qu'en poésie.

 1.  *A si strano spettacolo Giocondo*
   *Rasserena la fronte, e gli occhi, e il viso;*
   *E, quale in nome, divento giocondo*
   *D'effetto ancora, e torno il pianto in riso.*
   *Allegro torna, e grasso, e rubicondo,*
   *Che sembra un cherubin del Paradiso;*
   *Che'l re, il fratello, e tutta la famiglia*
   *Di tal mutazion si maraviglia.* (Stance 39.)

« A ce spectacle étrange, le front, les yeux, tout le visage de Joconde se rassérènent. Il devient joyeux d'effet aussi bien que de nom, et ses larmes se changent en rire. La gaieté, l'embonpoint, les riches couleurs lui reviennent : on dirait un chérubin du Paradis. Le roi, le frère de Joconde, toute la cour sont émerveillés d'un tel changement. »

2. En fait vanité : voyez tome I, p. 87 et note 5; ci-dessus, p. 8; ci-dessous, le vers 216; les vers 3 du *Berceau*, 51 de *l'Oraison de saint Julien*, 118 des *Rémois*, 130 du *Roi Candaule*, etc.

3. Embarrassé, gêné; même expression au tome III, p. 213 et note 7 :

   Empêché d'un monde d'ennemis.

4. C'est l'avis de l'Aigle de la fable XI du livre XII, qui ne veut ni « espion » ni « babillarde » à sa cour. Voyez aussi la fable VII du livre VII, vers 34-36.

Et peu se sont vantés du don qu'on leur a fait
          Pour une semblable nouvelle.
Mais, quoi! Joconde aimoit avecque trop de zèle
Un prince libéral¹ qui le favorisoit,                        205
Pour ne pas l'avertir du tort qu'on lui faisoit.
Or, comme avec les rois il faut plus de mystère
Qu'avecque d'autres gens sans doute il n'en faudroit,
Et que de but en blanc leur parler² d'une affaire
          Dont le discours³ leur doit déplaire,             210
          Ce seroit être maladroit,
Pour adoucir la chose, il fallut que Joconde,
          Depuis l'origine du monde,
Fît un dénombrement des rois et des Césars
Qui, sujets comme nous à ces communs hasards⁴,   215
     Malgré les soins dont leur grandeur se pique⁵,
          Avoient vu leur femme tomber
          En telle ou semblable pratique,
          Et l'avoient vu sans succomber
     A la douleur, sans se mettre en colère,                220
          Et sans en faire pire chère⁶.

1. *Libéral*, généreux. Comparez la fable 1 du livre X, vers 74, où la même épithète est appliquée à un arbre.

2. Rapprochez cette phrase de Molière (*le Malade imaginaire*, acte II, scène 1) : « On ne parle pas comme cela de but en blanc à Angélique. »

3. Le récit, la révélation. « ..... Et lui conta tout le discours de son entreprise bien au long. » (*L'Heptaméron*, nouvelle LIX, p. 390.)

4. Mêmes rimes aux vers 19-20 de la fable XXIV du livre VIII.

5. Malgré le désir, l'ambition qu'ils ont de ne pas tomber dans les mêmes infortunes que le vulgaire, et malgré les précautions qu'ils prennent, malgré leurs gardes et leurs eunuques. — Pour cette expression : *se piquer de*, faire vanité de, voyez ci-dessus, p. 35 et note 2.

6. Au sens propre : rapprochez ci-dessus, la fin de la note 2 de la page 34. Nous allons retrouver la même expression plus bas (vers 476), mais au figuré. — Semblable philosophie dans Mon-

« Moi qui vous parle, Sire, ajouta le Romain,
Le jour que¹ pour vous voir je me mis en chemin,
   Je fus forcé, par mon destin,
   De reconnoître Cocuage²             225

taigne (livre III, chapitre v, tome III, p. 305) : « Lucullus, Cesar, Pompeius, Antonius, Caton, et d'aultres braues hommes, feurent cocus, et le sceurent, sans en exciter tumulte; il n'y eut, en ce temps là, qu'un sot de Lepidus qui en mourut d'angoisse. »

1. *Que* pour « où », « dans lequel ». Rapprochez *la Vie d'Ésope*, tome I, p. 40; la fable XXII du livre IV, vers 6-7; etc.

2. Dans un autre conte de la Fontaine, *le Cuvier* (vers 17 et suivants), Cocuage est également représenté comme un dieu :

      De l'aller voir Amour n'eut à mépris,
      Y conduisant un de ses bons amis,
      C'est Cocuage; il fut de la partie :
      Dieux familiers et sans cérémonie.

Voyez aussi les contes VII, vers 261, X, vers 15, de la II⁰ partie, IV de la III⁰, vers 14; et *passim*. Cocuage, dans le conte en vers de Voltaire qui porte ce titre, est fils de Vulcain; il est sorti de son cerveau comme Minerve est sortie du cerveau de Jupiter; ce conte se termine ainsi :

      A Cocuage il faut que je m'adresse;
      C'est le seul dieu dans qui j'ai de la foi.

Rabelais parle longuement du « paouure diable Coqüage » au chapitre XXXIII du tiers livre (tome II, p. 162-163) : « .... Feut toutes fois (Jupiter) tant importuné par Messer Coqüage que en fin le mist en l'estat et catalogue, et luy ordonna en terre honneur, sacrifices et feste. Sa feste feut, pource que lieu vuide et vacant n'estoit en tout le calendrier, en concurrence et au iour de la deesse Ialousie ; sa domination, sus les gens maricz, notamment ceulx qui auroient belles femmes ; ses sacrifices, soubson, defiance, malengroin, guet, recherche, et espies des mariz sus leurs femmes. Auecques commandement rigoureux à un chascun marié, de le reuerer et honorer, celebrer sa feste à double, et luy faire les sacrifices susdictz. » Il est personnifié également dans des Périers (tome I, p. 85), dans Marot (tome I, p. 223), etc. Mentionnons enfin un opéra-comique, en deux actes, de Piron, mêlé de prose et de vaudevilles, *l'Ane d'or d'Apulée*, joué sur le théâtre de la foire Saint-Laurent en 1725 : Cocuage paraît à la scène IV du Divertissement final. (Œ*uvres complètes* de Piron, tome III, Paris, 1776, in-8°, p. 432-437.)

Pour un des dieux du mariage¹,
Et, comme tel, de lui sacrifier. »
Là-dessus, il conta, sans en rien oublier,
Toute sa déconvenue² ;
Puis vint à celle du roi. 230

« Je vous tiens, dit Astolphe, homme digne de foi ;
Mais la chose, pour être crue,
Mérite bien d'être vue :
Menez-moi donc sur les lieux. »
Cela fut fait ; et de ses propres yeux 235
Astolphe vit des merveilles³,
Comme il en entendit de ses propres oreilles⁴.

1. « Coqüage est naturellement des apennages de mariage. L'umbre plus naturellement ne suyt le corps que Coqüage suyt les gens mariez. Et quand vous oirez dire de quelqu'un ces trois motz : « Il est marié », si vous dictes : « Il est doncques, ou a esté, ou « sera, ou peult estre coqu », vous ne serez dict imperit architecte de consequences naturelles. » (RABELAIS, chapitre XXXII du tiers livre, tome II, p. 156.)

2. C'est ce que le poète appelle dans *les Cordeliers de Catalogne*, vers 221 : « conter sa chance ».

3. *Cosi dicendo e al bucolin venuto,*
*Gli dimostro il bruttissimo omicciuolo*
*Che la giumenta altrui sotto si tiene,*
*Tocca di sproni, e fa giocar di schiene.* (Stance 43.)

« En parlant ainsi il s'approche de la fente, et montre au roi 'horrible petit homme qui caracole sur la monture d'autrui, la pique de l'éperon, et la fait jouer de la croupe. » On voit que l'Arioste est, comme nous l'avons dit, beaucoup plus indécent que la Fontaine.

4. Dans *les Mille et une Nuits*, le roi de Tartarie rend également le sultan témoin de son infortune conjugale, dont, selon l'ordinaire, il n'avait aucun soupçon, mais c'est à l'aide d'un stratagème : ils feignent tous deux de partir pour la chasse, reviennent secrètement dans la nuit, s'assoient à la fenêtre, au lever du jour, et bientôt assistent aux mêmes ébats amoureux dont la vue consolante avait rasséréné l'âme du roi (p. 34, note 2).

L'énormité du fait¹ le rendit si confus
Que d'abord tous ses sens demeurèrent perclus ;
Il fut comme accablé de ce cruel outrage :                      240
Mais bientôt il le prit en homme de courage,
  En galant homme, et, pour le faire court²,
  En véritable homme de cour³.

« Nos femmes, ce dit-il⁴, nous en ont donné d'une⁵,
  Nous voici lâchement trahis :                       245

 1. Rapprochez, au livre XII, fable xiv, vers 23 : « l'énormité du cas ».
 2. Pour abréger. Comparez des Périers (tome I, p. 29) : « Pour faire court, elle s'apperceut qu'elle en auoit dedans le dos, dy ie dedans le ventre »; Marot, tome I, p. 250; Regnier, satire iii, vers 139-140, etc. La même locution a été employée par la Fontaine aux contes viii de la I<sup>re</sup> partie, vers 7, v de la II<sup>e</sup>, vers 241, et *passim*. Dans une ballade (tome V M.-L., p. 60) il a écrit : « Pour vous trancher court.... »
 3. Où l'on n'est pas habitué à demeurer affligé pour si peu. — Astolphe, dans l'Arioste, est moins accommodant; mais comme il s'est obligé par serment à ne pas punir les coupables, il est contraint de réprimer son courroux. Quant au sultan, dans le conte oriental, il ne fait que différer sa vengeance. — *Cour* dans le manuscrit de Conrart corrige *cœur*.
 4. C'est là ce qu'il dit : voyez tome III, p. 95 et note 1; ci-dessous, p. 73 et note 5; et le *Lexique de Corneille*, au mot Ce.
 5. Nous ont trompé; la préposition *de* est employée partitivement. La même locution est dans *l'Étourdi* de Molière (acte I, scène viii, vers 366), dans le *Dépit amoureux* (acte III, scène vii, vers 946), dans *le Tartuffe* (acte IV, scène vii, vers 1544), etc. Comparez : « la donner belle », dans *le Berceau*, vers 195, et « la donner bonne », dans *le Magnifique*, vers 167. — « Patience, s'escria l'homme de bien; quiconque s'est meslé de cecy en auoit deux, il m'en a donné d'une. » (Noël du Fail, conte xii, tome I, p. 163.) Voyez aussi Brantôme, *Dames galantes*, p. 477 : « Les dictes dames, cognoissans alors qu'il y auoit de la fourbe et raillerie, et que M. d'Albanie leur en auoit donné d'une.... » D'où la locution : « en auoir d'une » (B. des Périers, tome I, p. 22, 134; Noël du Fail, tome II, p. 198), ou « pour une » (Villon, *OEuvres complètes*, édition Jannet, p. 162).

Vengeons-nous-en, et courons le pays[1] ;
　　Cherchons partout notre fortune.
　　Pour réussir dans ce dessein,
Nous changerons nos noms ; je laisserai mon train[2] ;
　　Je me dirai votre cousin,　　　　　　　　　250
Et vous ne me rendrez aucune déférence :
Nous en ferons l'amour avec plus d'assurance,
　　Plus de plaisir, plus de commodité[3],
Que si j'étois suivi[4] selon ma qualité. »

Joconde approuva fort le dessein du voyage.　　255
　　« Il nous faut dans notre équipage[5],
Continua le prince, avoir un livre blanc,
　　Pour mettre les noms de celles
　　Qui ne seront pas rebelles,
　　Chacune selon son rang[6].　　　　　　　260

1. C'est Joconde dans *Roland furieux* qui fait cette proposition.
2. Ma suite, mon gros équipage, sinon tout mon équipage : voyez ci-dessous le vers 256, les vers 704 de *la Fiancée du roi de Garbe*, 382 du *Petit Chien*, et *l'Eunuque*, acte II, scène IV :

　　Leur train ? — Je n'ai vu qu'eux.

— « Il laissa tout son train. » « Ie laissai mon train. » (*L'Heptaméron*, p. 344, 345.) — Dans l'Arioste le roi a une suite, du moins des écuyers, *duo scudieri* (stance 47), des pages (fin de la stance 65) :

　　Sorse Fiammetta, e fece entrare i paggi.

3. Rapprochez, ci-dessous, le vers 314.
4. Que si j'avais une suite. Comparez *la Fiancée du roi de Garbe*, vers 768 ; et Corneille, *l'Imitation de Jésus-Christ*, livre II, chapitre IX :

.... Et devant ce grand Juge où le plus hardi tremble,
Le roi le mieux suivi se va seul présenter.

5. Pour ce mot, voyez les vers 431 et 715 de *la Fiancée du roi de Garbe* ; et tome III, p. 354 et note 12.
6. Ce livre blanc n'est pas dans l'Arioste ; il n'est pas non plus dans le *Don Juan* de Molière qui est de la même année que *Joconde* (1665) ; mais dans le scenario tracé par Gueullette d'après les notes de l'Arlequin Dominique[a] il est question d'une liste semblable :

[a] Voyez le Molière de notre collection, tome V, p. 27-28.

Je consens de perdre la vie,
Si, devant que sortir[1] des confins d'Italie,
Tout notre livre ne s'emplit,
Et si la plus sévère à nos vœux ne se range.
Nous sommes beaux ; nous avons de l'esprit ; 265
Avec cela bonnes lettres de change :
Il faudroit être bien étrange
Pour[2] résister à tant d'appas,
Et ne pas tomber dans les lacs[3]

« La pêcheuse (c'est Dominique qui parle).... dit à don Juan qu'elle compte qu'il lui tiendra la parole qu'il lui a donnée de l'épouser; il lui répond qu'il ne le peut, et que je lui en dirai la raison. Il s'en va, et cette fille se désespère. Alors je lui remontre qu'elle n'est pas la centième qu'il a promis d'épouser : « Tenez, « lui dis-je, voilà la liste de toutes celles qui sont dans le même « cas que vous, et je vais y ajouter votre nom. » Je jette alors cette liste roulée au parterre, et j'en retiens un bout, en disant : « Voyez, Messieurs, si vous n'y trouverez pas quelqu'une de vos « parentes. » Ce catalogue est également déroulé dans *le Festin de Pierre* de Dorimond (1659), et dans celui de Villiers (1660), et probablement dans la pièce introuvable de Giliberto[a] qu'ils avaient traduite; il est également dans *il Convitato di pietra* de Cicognini. On le retrouve dans le *Don Giovanni*, mis en musique par Mozart (acte I, scène v) :

*Madamina, il catalogo è questo
Delle belle ch'amio 'l padron mio, etc.*

C'est lui enfin qu'Alfred de Musset appelle la « liste homicide,

Cette liste d'amour si remplie et si vide,
Et que ta main peuplait des oublis de ton cœur. »
(*Namouna*, chant II, strophe XL.)

Semblable registre est tenu par une femme dans Coquillart (tome II, p. 33), pour y inscrire ses « amis », ses « mignons ».

1. Même tour, avec « avant », dans *l'Oraison de saint Julien*, vers 215; et *passim*.
2. Dans le conte des *Lunettes*, vers 91-93 :
Je les tiendrai créatures étranges
Si, etc.
3. *Laqs* ou *lacqs* dans nos anciennes éditions; *lacs* dans le ma-

Voyez tome V de Molière, p. 15.

De gens qui sèmeront l'argent et la fleurette[1], 270
Et dont la personne est bien faite[2]. »

Leur bagage étant prêt, et le livre surtout,
Nos galants se mettent en voie[3].
Je ne viendrois jamais à bout
De nombrer[4] les faveurs que l'amour leur envoie : 275

nuscrit de Conrart : voyez sur l'orthographe de ce mot, tomes II, p. 255, 325, 437, III, p. 282. — Comparez les « filets », les « rets », dans le *Faiseur d'oreilles*, vers 8 et 10 : c'est la même image.

1.   En beaux louis se content les fleurettes.
(Conte ix de la II<sup>e</sup> partie, vers 4.)

2. Rapprochez le début du *Magnifique :*

Qu'on soit bien fait, qu'on ait quelque talent,
Que les cordons de la bourse ne tiennent,
Je vous le dis, la place est au galant.

— « Il ne faudra pas revenir, dit Joconde, dans l'Arioste, que nous n'ayons fait notre proie d'un millier des femmes d'autrui. »

*Non vo che torni, che non abbi prima
Di mille mogli altrui la spoglia opima.*   (Stance 46.)

Ce sont les *mille e tre* de Don Juan, devenus « trois mille noms de femmes » dans Alfred de Musset (*Namouna*, chant II, strophe XLI).

3. *Il re.... si mette in via* (stance 47), terme de chasse, qui est très bien à sa place ici, et que nous rencontrons aussi chez Coquillart, tome II, p. 283; chez Baïf (édition de 1883), tome II, p. 270; et dans *les Cent Nouvelles nouvelles*, p. 122 : « Bien lui semble qu'il la ratteindra, et se met à la voye. » — Dans le conte oriental le sultan et son frère partent également en voyage, mais avec des intentions moins folâtres. C'est pour cacher leur infortune et traîner une vie obscure qu'ils abandonnent leurs États. Ils conviennent cependant de revenir s'ils rencontrent quelqu'un qui soit plus malheureux qu'eux.

4. Dans *Psyché*, livre I (tome III *M.-L.*, p. 24) :

Quand d'une voix de fer je frapperois les cieux,
Je ne pourrois nombrer les charmes de ces lieux.

Même verbe dans les *Contes d'Eutrapel*, tome II, p. 130, 212; dans Marot, tomes I, p. 75, III, p. 111, 152, IV, p. 96, 146 ; dans Brantôme, tome IX, p. 673; etc. Voyez aussi les *Lexiques de Malherbe, de la Bruyère, de Sévigné.*

Nouveaux objets, nouvelle proie :
Heureuses les beautés qui s'offrent à leurs yeux !
Et plus heureuse encor celle qui peut leur plaire[1] !
    Il n'est, en la plupart des lieux,
    Femme d'échevin, ni de maire,         280
    De podestat, de gouverneur[2],
    Qui ne tienne à fort grand honneur
    D'avoir en leur registre[3] place.
    Les cœurs que l'on croyoit de glace[4]
    Se fondent tous à leur abord.         285
    J'entends déjà maint esprit fort
    M'objecter que la vraisemblance
    N'est pas en ceci tout à fait.
    « Car, dira-t-on, quelque parfait[5]
Que puisse être un galand dedans cette science,   290
Encor faut-il du temps pour mettre un cœur à bien[6]. »
        S'il en faut, je n'en sais rien;
Ce n'est pas mon métier de cajoler personne.

---

1. *Travestiti cercaro Italia, e Francia,*
*Le terre de' Fiaminghi e degl' Inglesi;*
*E quante ne vedean di bella guancia,*
*Trovavan tutte a i preghi lor cortesi.* (Stance 48.)

« Ils parcourent, déguisés, l'Italie, la France, la Flandre et l'Angleterre, et de toutes les beautés qu'ils rencontrent aucune n'est rebelle à leurs désirs. » Souvent même, ajoute l'Arioste, les femmes leur font les premières avances, et payent leur besogne.

2. Remarquons l'exactitude de cette gradation hiérarchique.

3. Ce registre se retrouve dans les contes de la Fontaine, mais on y inscrit aussi les hommes ; c'est donc un registre en partie double : voyez l'état des *Rémois*, vers 190, l' « époux du grand *catalogue* » (vers 99 du *Roi Candaule*). Dans *les Cent Nouvelles nouvelles* (nouvelle xv), une belle nonnain, « tres charitable », tient aussi un *livre* de même sorte que celui de la femme citée p. 41, fin de la note 6.

4. Voyez ci-dessus, le vers 157.

5. Ce mot doit être considéré ici plutôt comme participe passé que comme adjectif.

6. Onze vers plus bas, nous trouverons : « mettre des cœurs à bout. » *Mettre à bien* est une expression piquante. En pareil cas

Je le rends comme on me le donne¹;
Et l'Arioste ne ment pas². 295
Si l'on vouloit à chaque pas
Arrêter un conteur d'histoire,
Il n'auroit jamais fait³ : suffit qu'en pareil cas
Je promets à ces gens quelque jour de les croire.

Quand nos aventuriers⁴ eurent goûté de tout 300
(De tout un peu, c'est comme il faut l'entendre) :
« Nous mettrons, dit Astolphe, autant de cœurs à bout⁵
Que nous voudrons en entreprendre⁶ ;

celle qui est plutôt d'usage est « mettre à mal ». Comparez le vers 9 des *Cordeliers de Catalogne* :

> Telles gens, par leurs bons avis,
> Mettent à bien les jeunes âmes.

1. C'est-à-dire : Je ne fais que traduire.
2. Rapprochez les vers 20 et suivants de la fable I du livre IX :

> .... Que tous tant que nous sommes
> Nous mentions, grand et petit,
> Si quelque autre l'avoit dit,
> Je soutiendrois le contraire.
> Et même qui mentiroit
> Comme Esope et comme Homère,
> Un vrai menteur ne seroit, etc.;

et le conte IV de la V<sup>e</sup> partie, vers 96-113.
3. Voyez les vers 51-52 de la fable I du livre II, déjà cités plus haut, p. 16 ; et pour cette locution : *faire*, signifiant *finir*, ci-dessus, le vers 26 et la note ; Brantôme, *passim*, notamment tomes III, p. 127, 155, IV, p. 73, 314, IX, p. 4, 35, 85, 115, 277, 403, 458, 646, 673, 710 ; des Périers, tome I, p. 180 : « Il y ha des gens qui ont un esprit de contradiction dedans le corps; et qui voudroit contester auec eulx, ce ne seroit iamais faict. »
4. Chercheurs d'aventures : rapprochez la fable XIII du livre X : *les deux Aventuriers et le Talisman*, et particulièrement les notes 1 et 17 ; *la Fiancée du roi de Garbe*, vers 620, 654, 708 ; etc.
5. Comparez, ci-dessus, le vers 291 ; le vers 22 de la fable I du livre II ; et le Prologue de l'*Amphitryon* de Molière, vers 58 :

> .... Pour mettre à bout les plus cruelles.

6. Voyez l'exemple, emprunté à Sénecé, que cite Littré, 3°, de

Mais je tiens qu'il[1] vaut mieux attendre.
Arrêtons-nous pour un temps quelque part,        305
Et cela plus tôt que plus tard[2];
Car en amour, comme à la table,
Si l'on en croit la Faculté,
Diversité de mets peut nuire à la santé[3].
Le trop d'affaires nous accable.                 310
Ayons quelque objet[4] en commun;
Pour tous les deux c'est assez d'un[5].

— J'y consens, dit Joconde; et je sais une dame
Près de qui nous aurons toute commodité.
Elle a beaucoup d'esprit, elle est belle, elle est femme
D'un des premiers de la cité[6].

cette locution : *entreprendre*, attaquer, tâcher de gagner, *un cœur*. On disait aussi : « entreprendre quelqu'un, quelqu'une », et ce mot était fort en honneur auprès des coureurs de ruelles (Brantôme, tome V, p. 274; et *Lexique de Corneille*).

1. Pour ce verbe et pour ce tour, voyez tome III, p. 85 et note 25.
2. Locution déjà rencontrée dans la fable II du livre II, vers 15.
3. La Fontaine n'est pas ou du moins ne semble pas être de l'avis de la Faculté quand il écrit (vers 5 de *la Servante justifiée*) :

Il faut manger de plus d'un pain;

et (vers 1 des *Troqueurs*) :

Le changement de mets réjouit l'homme,

idée qu'il développe dans le *Pâté d'anguille* :

Diversité c'est ma devise, etc.

4. Voyez tome III, p. 67, et p. 331 et note 14.
5. Ou : Quand il y en a pour un il y en a pour deux.
6. Cette proposition de Joconde n'est pas dans l'Arioste. Las de tant d'intrigues et effrayé des dangers auxquels ils s'exposent de la part des maris trompés, Astolphe est d'avis que lui et son compagnon prennent une maîtresse en commun, mais il ne se prononce pas d'abord en faveur de la grisette. Nous pourrons, ajoute-t-il, tout en ménageant nos forces, satisfaire cette maîtresse commune, puisqu'il « n'y a pas une femme qui se contente d'un seul amant » (stance 50).

— Rien moins¹, reprit le roi ; laissons la qualité :
Sous les cotillons² des grisettes
Peut loger autant de beauté
Que sous les jupes³ des coquettes⁴.          320

1. *Rien moins :* il ne nous faut rien moins ; c'est ce qui nous convient le moins. Comparez Rabelais, *Gargantua*, chapitre XL : « Voyre mais, dit Grandgousier, ilz prient Dieu pour nous. — Rien moins, respondit Gargantua. » C'est ce qu'ils font le moins.

2. Le cotillon des paysannes, des servantes, des petites bourgeoises ; le cotillon de la laitière dans la fable X du livre VII, de la chambrière du curé et de sa nièce dans la fable XI du même livre. Voyez aussi le conte VI de la II⁰ partie, vers 94.

3. Les jupes des belles dames : voyez tome II, p. 310 et note 13 ; les contes V, vers 246, IX, vers 30, de la seconde partie, et VII, vers 174, de la cinquième :

Le jeu, la jupe, etc.

— *Desine matronas sectarier, unde laboris*
*Plus haurire mali est quam ex re decerpere fructus.*
*Nec magis huic niveos inter viridesque lapillos,*
*Sit licet hoc, Cerinthe, tuum, tenerum est femur, aut crus*
*Rectius, atque etiam melius persæpe togatæ est.*

(HORACE, livre I, satire II, vers 78-82.)

4. Vers souvent cités, imités, paraphrasés : particulièrement par Béranger, dans *Roger Bontemps*, dans *Jeannette*, dans *la Vertu de Lisette*, etc. C'est le vieux proverbe, qui se trouve dans le *Roman de la Rose* (vers 4347-4348) :

Car ausinc bien sunt amoretes,
Soubz buriaus comme soubz brunetes ;

c'est-à-dire, sous la bure que sous la soie (la brunette était un fin drap de soie de couleur brune). Panurge est du même avis dans Rabelais : « Ie vous affie que plus me plaisent les guayes bergerottes escheuelées, esquelles le cul sent le serpoullet, que les dames des grandes cours auecques leurs riches atours, et odorans parfums de maulioinct. » (Chapitre XLVI du tiers livre, tome II, p. 216.) Et aussi Regnier (épître II, vers 41 et suivants) :

J'aime une amour facile et de peu de défence.
Si je vois qu'on me rit, c'est là que je m'avance.
. . . . . . . . . . . . . . . . . . . . . . . .
C'est pourquoi je recherche une jeune fillette, etc.

Rapprochez les vers 142-145 du *Pâté d'anguille*.

D'ailleurs il n'y faut point faire tant de façon,
  Être en continuel soupçon[1],
Dépendre d'une humeur fière, brusque ou volage :
  Chez les dames de haut parage[2]
Ces choses sont à craindre et bien d'autres encor[3]. 325
   Une grisette[4] est un trésor,
   Car, sans se donner de la peine,
   Et sans qu'aux bals on la promène,
   On en vient aisément à bout[5];

1. Dans le manuscrit de Conrart : *pas faire tant de façons*, et *continuels soupçons.*

2. De grande race ou de haut rang : comparez « la bête de haut parage », l'éléphant de cour, de la fable xv du livre VIII, vers 13.

3.    Fi du plaisir
  Que la crainte peut corrompre.
   (Livre I, fable ix, vers 27-28.)

— Comparez la fin de la satire ii, déjà citée, du livre I d'Horace :

.... *Parabilem amo Venerem facilemque,*
. . . . . . . . . . . . . . . . . . . . . . . . . . . . . .
*Nec vereor ne, dum futuo, vir rure recurrat,*
*Janua frangatur, latret canis, undique magno*
*Pulsa domus strepitu resonet,* etc.

Voyez aussi la satire vii du livre II, vers 46 et suivants.

4. Proprement, étoffe grise, de peu de valeur; du contenant le terme a passé au contenu : voyez sur ce mot une note du commentaire du *Bourgeois gentilhomme*, tome VIII, p. 212, du Molière de notre collection; et Fléchier, *Mémoires sur les Grands-Jours d'Auvergne en 1665*, édition de 1862, p. 185 : « Les grisettes.... sont de jeunes bourgeoises de la ville (de Clermont) qui ont une galanterie un peu hardie, et qui se piquent de beaucoup de liberté. »

5. Ronsard a dit à peu près de même dans une de ses élégies (la xive) :

  Mon Dieu! que sert d'aimer es villes ces Princesses?
  Iamais telle grandeur n'apporta que tristesses,
  Querelles et debats : il faut aller de nuit,
  Il faut craindre un mary, toute chose leur nuit :
  Puis, pour leur recompense, ils ne reçoiuent d'elles
  Que le mesme plaisir des simples pastourelles.
  Ils n'ont pas ny le sein ny le ventre meilleur,

On lui dit ce qu'on veut, bien souvent rien du tout. 330
Le point est d'en trouver une qui soit fidèle :
  Choisissons-la toute nouvelle[1],
Qui ne connoisse encor ni le mal ni le bien.

— Prenons, dit le Romain, la fille de notre hôte ;
  Je la tiens[2] pucelle sans faute[3],    335
  Et si pucelle qu'il n'est rien
  De plus puceau que cette belle[4] :

  Ny les cheueux plus beaulx, ny plus belle couleur,
  Ny, quand on vient au poinct, des graces plus friandes.
  « Il n'est, ce disent-ils, que d'aimer choses grandes,
  Que d'aimer en grand lieu. » Au diable la grandeur
  Qui tousiours s'accompaigne et de crainte et de peur !

Regnier a imité ces vers de Ronsard dans son épître II déjà citée, particulièrement dans ce passage (vers 49 et suivants) :

  Aimer en trop haut lieu une dame hautaine,
  C'est aimer en soucy le travail et la peine,
  C'est nourrir son amour de respect et de soing.
  Je suis saoul de servir le chapeau dans le poing,
  Et fuis plus que la mort l'amour d'une grand'dame.
  . . . . . . . . . . . . . . . . . . . . . . . . . . . . . . . . .
  La grandeur en amour est vice insupportable,
  Et qui sert hautement est toujours misérable.

1.   Les plus nouvelles sans manquer
  Etoient pour lui les plus gentilles.
    (*Pâté d'anguille*, vers 140-141.)

2. Pour ce verbe, avec régime direct, voyez tome III, p. 85, fin de la note 25 ; et le vers du conte des *Lunettes* cité p. 41, note 2.

3. Comparez livre V, fable x, vers 4 ; ci-dessous, vers 392 ; dans la *Fiancée du roi de Garbe*, vers 678 : « sans nulle faute » ; dans une des lettres (tome III *M.-L.*, p. 427) : « sans point de faute » ; etc.

4. Voltaire, dans sa *Lettre de M. de la Visclède* (tome XLVIII, p. 277), cite ces quatre vers comme un exemple d'expressions basses : « Les bons critiques, dit-il, réprouvent ce ton de la rue Saint-Denis, ce ton bourgeois auquel l'Arioste ne s'asservit jamais. » Cette dernière assertion n'est pas exacte : ce qui ne veut pas dire que nous approuvions non plus Boileau lorsqu'il reproche à l'auteur italien certaines familiarités très justifiées, très naturelles, dans ces sortes d'histoires.

Sa poupée en sait autant qu'elle¹.
— J'y songeois, dit le roi; parlons-lui dès ce soir.
Il ne s'agit que de savoir 340
Qui de nous doit donner à cette jouvencelle,
Si son cœur se rend à nos vœux,
La première leçon du plaisir amoureux.
Je sais que cet honneur est pure fantaisie;
Toutefois, étant roi, l'on me le doit céder² : 345
Du reste il est aisé de s'en accommoder³.
— Si c'étoit, dit Joconde, une cérémonie,
Vous auriez droit de prétendre le pas⁴;
Mais il s'agit d'un autre cas :
Tirons au sort, c'est la justice⁵; 350
Deux pailles en feront l'office⁶. »

1. ....Vous (*les Muses*) êtes pucelles,
Au joli jeu d'amour ne sachant A ni B.
(*Le Tableau,* vers 37-38.)

Rapprochez aussi les vers 88 du *Calendrier:* « des esprits de poupée », et 28 de *Comment l'esprit vient aux filles :*

Lise songeoit autant que sa poupée.

2. ....Et la raison,
C'est que je m'appelle Lion.
(Livre I, fable VI, vers 11-12.)

3. De s'accommoder de cette cession, puisque ce n'est qu'une « fantaisie »; voyez tome I, p. 226. — Dans l'Arioste, cette « innocente » ne reste pas à l'hôtellerie, mais va courir le pays avec eux.

4. *Prétendre* dans le manuscrit de Conrart, et non *prendre* comme l'ont lu quelques éditeurs. — Comparez tome III, p. 310 et note 1ᵃ; et le conte des *Quiproquo,* vers 135-136 :

Les amis contestèrent
Touchant le pas, et longtemps disputèrent.

5. Cette légère contestation n'est pas dans l'Arioste, où on ne dit même pas qui du roi ou de Joconde prit le pas.

6. Dans le conte des *Quiproquo* (vers 139-140) les deux associés tirent aussi au sort :

A trois beaux dés, pour le mieux, ils réglèrent
Le précurseur, ainsi que de raison.

ᵃ Où on a, par erreur, imprimé XVI pour XVII.

De la chape à l'évêque[1], hélas! ils se battoient,
　　　Les bonnes gens qu'ils étoient!
　Quoi qu'il en soit, Joconde eut l'avantage
　　　Du prétendu pucelage.　　　　　　355

La belle étant venue en leur chambre le soir
　　　Pour quelque petite affaire,
Nos deux aventuriers près d'eux la firent seoir,
Louèrent sa beauté, tâchèrent de lui plaire,
　　Firent briller une bague à ses yeux.　　360
　　　A cet objet si précieux
　　Son cœur fit peu de résistance :
Le marché se conclut; et dès la même nuit,
Toute l'hôtellerie étant dans le silence,
　　Elle les vient trouver sans bruit.　　　365
　Au milieu d'eux ils lui font prendre place,
　　　Tant qu'enfin[2] la chose se passe
Au grand plaisir des trois, et surtout du Romain,
　　　Qui crut avoir rompu la glace[3].
　　Je lui pardonne, et c'est en vain　　　370

1. Ancienne construction, pour *au sujet de la chape de l'évêque;* c'est-à-dire : ils se battaient pour une chose qu'ils ne pouvaient avoir, qui ne pouvait appartenir ni à l'un ni à l'autre. Est-ce une allusion à une ancienne coutume du Berri que rappelle Quitard dans son *Dictionnaire des Proverbes ?* Lorsque l'archevêque de Bourges faisait sa première entrée dans la cathédrale, le peuple, qui attendait le prélat à la porte, lui enlevait sa chape attachée sur ses épaules par un simple fil de soie et s'en disputait les lambeaux : la chape n'appartenait donc à personne. Le proverbe en tout cas était fort ancien : *De capa ordinarii litigare* (voyez du Cange, p. 120); *ordinarii,* c'est-à-dire de l'évêque diocésain.

2. Même tour au livre IV, fable IV, vers 30; et ci-dessous, au conte IV, vers 3.

3. On lit dans Conrart, au lieu des quatorze vers suivants :

　　　Et ne trouva dans le chemin,
　　　Ce lui sembloit, aucune trace,
Encor qu'un jeune gars l'eût quelque peu frayé.

Que de ce point on s'embarrasse ;
Car il n'est si sotte, après tout,
Qui ne puisse venir à bout
De tromper à ce jeu le plus sage du monde :
Salomon, qui grand clerc étoit, 375
Le reconnoît en quelque endroit [1],
Dont il ne souvint pas au bon homme [2] Joconde.
Il se tint [3] content pour le coup [4],

Le temps, cette nuit-là, fut fort bien employé.

Mêmes locutions figurées dans *la Mandragore*, vers 127 : « tenter la voie » ; dans *le Tableau*, vers 198 : « suivre son *chemin* » ; dans Brantôme (*Dames galantes*, p. 95) : « Il y a aucuns marys qui cognoissent aussi à leur premiere nuict le pucellage de leurs femmes, s'ilz l'ont conquis ouy ou non, par *la trace qu'ilz y trouuent* » ; et *ibidem*, p. 172, 182, 488, 503, 718 : « *chemin* ouuert, *frayé*, battu, fait, tracé », etc. ; dans des Périers (tome I, p. 34) : « Le *chemin* est battu ! » Rapprochez Tallemant des Réaux (tome I, 1854, p. 9) : « Quand on lui produisit la Fanuche qu'on lui faisoit passer pour pucelle, il trouva le *chemin* assez *frayé*, et il se mit à siffler : « Que veut dire « cela ? lui dit-elle. — C'est, répondit-il, que j'appelle ceux qui ont « passé par ici. — Piquez, piquez, dit-elle, vous les attraperez. »

1. *Tria sunt difficilia mihi, et quartum penitus ignoro : viam aquilæ in cœlo, viam colubri super petram, viam navis in medio mari, et viam viri in adolescentia.* (Liber Proverbiorum, chapitre xxx, versets 18, 19.) Le *Dictionnaire de Trévoux*, à l'article Pucelage, cite cet adage d'Érasme : *Virginitatis probatio non minus difficilis quam custodia.* — Sur les inventions et fourbes des femmes pour convaincre qu'il n'a jamais été fait brèche à leur vertu, voyez l'acte I, scène IV, de *la Célestine* de Fernando de Rojas ; Brantôme, déjà cité, p. 92-95, et p. 567-568 ; *le Moyen de parvenir* (édition de 1870), p. 57 et suivantes ; etc.

2. *Bon homme* se disait aussi des maris trompés : « Ce bon homme de mari » ; « Telle femme a fait son mari bon homme. » Joconde avait donc droit à cette qualification. Rapprochez *le Cocu*, vers 141, *le Mari confesseur*, vers 44, *le Cuvier*, vers 51. — « Ainsi, dit Fleury de Bellingen dans son *Étymologie des Proverbes* (la Haye, 1656, in-12, p. 240), le mot de *bon* ne signifie pas ici un homme sage, ou vertueux et débonnaire, ains plutôt un homme sans ressentiment. »

3. Il se tient. (1665 C, et manuscrit de Conrart.)

4. « Ceste partie pour le coup fut rompue. » (Brantôme, *ibidem*, p. 348.) Même locution dans *les Cordeliers*, vers 160, dans *l'Oraison de saint Julien*, vers 101 ; etc.

Crut qu'Astolphe y perdoit beaucoup.
Tout alla bien, et maître Pucelage¹              380
    Joua des mieux son personnage².
Un jeune gars pourtant en avoit essayé.
Le temps, à cela près, fut fort bien employé,
Et si bien que la fille en demeura contente³.

Le lendemain elle le fut encor,              385

1. Rapprochez une autre personnification de Pucelage au vers 242 de *Nicaise* :
> Mon Pucelage dit qu'il faut
> Remettre l'affaire à tantôt ;

et comparez celle de Cocuage, ci-dessus, vers 225.

2. Ces vers rappellent ceux de Joachim du Bellay dans sa *Vieille Courtisane*ᵃ, vers 23-40 :

> Pour ne laisser dessus l'arbre vieillir
> Ma belle fleur, ie la laissai cueillir.
> . . . . . . . . . . . . . . .
> Bien tost apres, ie vins entre les mains
> De deux ou trois gentilzhommes romains,
> Desquelz ie fus aussi vierge rendue,
> Comme i'auois pour vierge esté vendue :
> De main en main ie fus mise en auant
> A cinq ou six, vierge comme deuant.
> Depuis, suiuant une meilleure voye,
> D'un grand prelat ie fus faicte la proye,
> Qui cherement ma ieunesse achepta
> Comme pucelle, etc....

et ce passage du *Diable en enfer* (vers 185-186) :

> Cette chartre est faite de façon
>  Qu'on n'y voit goutte, et maint geôlier s'y trompe.

Rapprochez aussi les vers 30-37 et 776-780 de *la Fiancée du roi de Garbe*; dans Coquillart, *Droictz nouueaulx* (tome I, p. 168) : « les marchandes qui vendent trois fois leur pucellage » ; Boileau, satire IV, vers 33-34, où il est question d'une semblable « marchande » ; etc.

3. Comparez la II<sup>e</sup> partie de la V<sup>e</sup> histoire du *Printemps d'hiver*, par Jacques Yver (Paris, 1572, in-16), où deux gentilshommes font commune entre eux une jeune et jolie meunière.

ᵃ *Diuers ieux rustiques et autres œuures poetiques* de Joachim du Bellay, angevin, Paris, 1558, in-4°, p. 60 ; tome II, p. 382-383, de l'édition de 1867.

Et même encor la nuit suivante¹.
Le jeune gars² s'étonna fort
Du refroidissement qu'il remarquoit en elle :
Il se douta du fait, la guetta, la surprit,
Et lui fit fort grosse querelle.
Afin de l'apaiser la belle lui promit, 390
Foi de fille de bien³, que, sans aucune faute⁴,
Leurs hôtes délogés, elle lui donneroit
Autant de rendez-vous qu'il en demanderoit.
« Je n'ai souci, dit-il, ni d'hôtesse ni d'hôte ; 395
Je veux cette nuit même, ou bien je dirai tout⁵.
— Comment en viendrons-nous à bout ?
Dit la fille fort affligée :
De les aller trouver je me suis engagée⁶ ;
Si j'y manque, adieu l'anneau 400
Que j'ai gagné bien et beau⁷.

1. Ainsi possédée tour à tour par les deux amis, sans que rien vînt troubler leur accord.

*Come a vicenda i mantici, che danno,*
*Or l'uno, or l'altro, fiato a la fornace.* (Stance 54.)

« Comme deux soufflets de forge qui allument tour à tour le feu d'une fournaise. »

2. Ce jeune gars. (1665 A et C.)
3. Livre IX, fable XIX, vers 18 :
Foi de peuple d'honneur.
4. Voyez ci-dessus, le vers 335 et la note.
5. *Je dirai tout :* aux deux jeunes gens et peut-être aussi au père de la belle ; celui-ci en effet ne leur a pas vendu sa fille, comme dans l'Arioste, moyennant un bon prix, et sur l'assurance qu'elle serait très heureuse avec eux ; aussi chez le conteur italien l'amant de Fiammetta prie au lieu de menacer.
6. Pour l'emploi de ce réfléchi avec *de*, comparez Molière, *les Précieuses ridicules*, scène IX : « Je me suis engagé de faire valoir la pièce » ; Saint-Simon, tome II (1873), p. 354 ; les *Lexiques de Racine, de la Rochefoucauld, de Sévigné ;* et un exemple de *s'offrir de*, dans notre tome III, p. 339.
7. Voyez tome II, p. 437 et note 11 ; ci-dessous, *le Cocu,*

— Faisons que l'anneau vous demeure[1],
Reprit le garçon tout à l'heure[2].
Dites-moi seulement, dorment-ils fort tous deux?
— Oui, reprit-elle, mais entre eux      405
Il faut que toute nuit[3] je demeure couchée;
Et tandis que je suis avec l'un empêchée[4],
L'autre attend sans mot dire, et s'endort bien souvent,
Tant que[5] le siège soit vacant;
C'est là leur mot. » Le gars dit à l'instant :     410
« Je vous irai trouver pendant leur premier somme. »
Elle reprit : « Ah! gardez-vous-en bien;
Vous seriez un mauvais homme.
— Non, non, dit-il, ne craignez rien,
Et laissez ouverte la porte. »      415

La porte ouverte elle laissa :
Le galant vint et s'approcha
Des pieds du lit, puis fit en sorte
Qu'entre les draps il se glissa;

vers 33; *le Calendrier*, vers 107; *la Mandragore*, vers 204; et *passim*. On peut rapprocher de cette expression, fréquente chez nos vieux conteurs, le vers 18 de la fable x du livre VII :

J'aurai, le revendant, de l'argent bel et bon.

1. Nous demeure. (1665 A, B et C.)
2. A l'instant : voyez tomes I, p. 89; II, p. 74, 105, 209, 409; etc.
3. Toute la nuit. Comparez *le Berceau*, vers 193 :

Je n'ai bougé toute nuit d'auprès d'elle;

Corneille, *le Menteur*, vers 884; et cinq autres exemples cités dans son *Lexique*; Molière, *l'Étourdi*, vers 1244; etc.

— *Come potro, diccagli la fanciulla,*
*Che sempre in mezzo a due la notte giaccio ? etc.* (Stance 61.)

4. Occupée; même mot dans *l'Eunuque*, vers 1, et au commencement de la scène II de l'acte I; dans *le Songe de Vaux* (tome III *M.-L.*, p. 232) : « Elle (Vénus) est trop empêchée (avec Mars) »; et *passim*.
5. Jusqu'à ce que : expression blâmée par l'Académie, qui l'a cependant employée elle-même dans ses *Sentiments sur* le Cid (1638, p. 52)

Et Dieu sait comme il se plaça[1], 420
Et comme enfin tout se passa ;
Et de ceci ni de cela
Ne se douta le moins du monde
Ni le roi lombard, ni Joconde.
Chacun d'eux pourtant s'éveilla[2], 425
Bien étonné de telle aubade[3].
Le roi lombard dit à part soi :
« Qu'a donc mangé mon camarade ?
Il en prend trop; et, sur ma foi,
C'est bien fait s'il devient malade. » 430
Autant en dit de sa part[4] le Romain.
Et le garçon, ayant repris haleine,
S'en donna pour le jour, et pour le lendemain,
Enfin pour toute la semaine :
Puis, les voyant tous deux rendormis à la fin, 435
Il s'en alla de grand matin,
Toujours par le même chemin,
Et fut suivi de la donzelle,

1. *Fra l'una e l'altra gamba di Fiammetta,*
*Che supina giacea, diritto venne;*
*E quando le fu a par, l'abbraccio stretta,*
*E sopra lei sin presso al di si tenne.*
*Cavalco forte, e non ando a staffetta,*
*Che mai bestia mutar non gli convenne :*
*Che questa pare a lui che si ben trotte,*
*Che scender non ne vuol per tutta notte.* (Stance 64.)

« Il se glisse entre les jambes de Fiammetta couchée sur le dos ; quand sa tête est au niveau de la sienne, il l'embrasse étroitement, et reste étendu sur elle jusqu'à la pointe du jour. Il chevauche, ferme sur la selle, et sans changer de monture; elle trotte même si bien qu'il n'en descend de toute la nuit. »

2. Sur dix vers, sept de même rime, ce qui donne beaucoup de vivacité au récit.

3. « Tous les matins la belle aubade! » (COQUILLART, tome II, p. 270.)

4. De son côté : voyez tome III, p. 208 et note 6.

Qui craignoit fatigue nouvelle.

Eux éveillés, le roi dit au Romain : 440
« Frère, dormez jusqu'à demain ;
Vous en devez avoir envie,
Et n'avez à présent besoin que de repos[1].
— Comment! dit le Romain : mais vous-même, à propos[2],
Vous avez fait tantôt une terrible vie. 445
— Moi? dit le roi, j'ai toujours attendu ;
Et puis, voyant que c'étoit temps perdu,
Que sans pitié ni conscience
Vous vouliez jusqu'au bout tourmenter ce tendron[3],
Sans en avoir[4] d'autre raison 450
Que d'éprouver ma patience,
Je me suis, malgré moi, jusqu'au jour rendormi.
Que s'il vous eût plu, notre ami,
J'aurois couru volontiers quelque poste[5] ;
C'eût été tout, n'ayant pas la riposte[6] 455

1. *Frate, molto cammin fatto aver dei ;*
*E tempo è ben che ti riposi, quando*
*Stato a cavallo tutta notte sei.* (Stance 66.)
« Frère, vous avez fait certes beaucoup de chemin, et il est bien temps que vous preniez du repos, car vous êtes resté à cheval toute la nuit. »

2. Et n'avez de présent besoin que de repos.
— Voire, dit le Romain, mais vous-même, à propos.
1665 A et C; et manuscrit de Conrart, où *de présent* est remplacé par *maintenant*.)
Même locution : *de présent*, dans des Périers, tome II, p. 41.

3. « Auez-vous deliberé de ne dormir iamais, et ne faire que me tourmenter? » (*L'Heptaméron*, p. 341.)

4. N'en ayant point. (1665 A et C, et manuscrit de Conrart.)

5. Semblable figure ci-dessous, p. 213.

6. N'étant pas toujours prêt. Il y a ici une sorte de jeu de mots sur *poste, riposte*, que nous trouvons aussi dans une variante des *Poésies* de Voltaire (tome XI, p. 358) :

A ses baisers il veut que l'on riposte,
Et qu'on l'invite à courir chaque poste.

Ainsi que vous : qu'y feroit-on[1]?
— Pour Dieu, reprit son compagnon,
Cessez de vous railler et changeons de matière.
Je suis votre vassal; vous l'avez bien fait voir.
C'est assez que tantôt il vous ait plu d'avoir 460
    La fillette toute[2] entière :
Disposez-en ainsi qu'il vous plaira;
Nous verrons si ce feu toujours vous durera.
— Il pourra, dit le roi, durer toute ma vie,
Si j'ai beaucoup de nuits telles que celle-ci. 465
— Sire, dit le Romain, trêve de raillerie;
Donnez-moi mon congé, puisqu'il vous plaît ainsi. »
Astolphe se piqua de cette repartie;
Et leurs propos s'alloient de plus en plus aigrir,
    Si le roi n'eût fait venir 470
    Tout incontinent la belle.
    Ils lui dirent : « Jugez-nous »,
    En lui contant leur querelle.
    Elle rougit, et se mit à genoux,
    Leur confessa tout le mystère[3]. 475

1. *Qu'y feroit-on :* qu'y faire? Il faut se résigner. Même locution dans une lettre de la Fontaine à sa femme du 12 septembre 1663 : « Ce ne sera pas ici une lettre, mais un volume : qu'y feroit-on? » et dans une ballade et une épître (tome V *M.-L.*, p. 28 et 194).

2. Telle est l'orthographe de nos anciennes éditions et du manuscrit de Conrart : voyez tome I, p. 40 et note 4.

3. Pour le récit de cette contestation galante, la Fontaine suit d'assez près l'Arioste. — Dans le conte oriental, les deux voyageurs rencontrent une dame, d'une beauté majestueuse, qui, malgré les précautions et la vigilance d'un Génie qui ne la quitte pas, et la tient même presque toujours renfermée dans une caisse, sous quatre serrures, a trouvé le moyen de le tromper quatre-vingt-dix-huit fois; et, tandis que le Génie dort à côté d'elle, elle se livre aux deux princes pour compléter la centaine. « Vous voyez par là, dit la dame, que, quand une femme a un dessein en tête, il n'y a point de mari ni d'amant qui puisse l'empêcher de l'exécuter. » Les deux princes font là-dessus à peu près les mêmes

Loin de lui faire pire chère¹,
Ils en rirent tous deux² : l'anneau lui fut donné³,
　　Et maint bel écu couronné⁴,
Dont⁵ peu de temps après on la vit mariée,
　　Et pour pucelle employée⁶.                    480

réflexions qu'Astolphe et Joconde; mais, comme on le verra plus loin, le résultat de leurs réflexions est très différent.

1. Loin de lui faire mauvaise mine et de se montrer moins généreux à son égard. Comparez Brantôme (*Dames galantes*, p. 596) : « Elle ne luy en fit iamais pire chere, ny ne luy en dist pire parolle »; la xxxiii° des *Cent Nouvelles nouvelles*, p. 164 : « Son tour vint, et se tourna vers la gouge qui ne luy fit pas moins de chere qu'elle auoit de coustume »; des Périers, tome II, p. 87 : « Les hommes de respect prennent garde à la bonne chere des personnes plus qu'à l'exquisition des viandes »; *l'Heptaméron*, p. 427 : « L'apothicaire, pour la consoler, luy dit qu'il sçauoit une poudre, laquelle si elle donnoit.... à son mary, il luy feroit la plus grande chere du monde »; les *Contes d'Eutrapel*, tome II, p. 180 : « Faites leur bonne chere, bon visage et riant »; Regnier, élégie iv, vers 130 :

　　Elle couvrit son front d'une meilleure chère.

2. *Scoppiaro egualmente in tanto riso,*
　　*Che con la bocca aperta, e gli occhi chiusi,*
　　*Potendo a pena il fiato aver dal petto,*
　　*A dietro si lasciar cader su'l letto.* (Stance 71.)

« Ils éclatent tous deux d'un tel rire que, la bouche ouverte, les yeux fermés, et pouvant à peine respirer, ils se laissent tomber à la renverse sur leur lit. »

3. La bague qu'ils lui avaient promise. Dans *les Mille et une Nuits*, ce sont également des bagues que la dame reçoit des deux princes : elle les leur demande comme souvenir, afin de les joindre aux quatre-vingt-dix-huit qu'elle a déjà reçues.

4. Écu à la couronne, sur lequel la couronne royale était gravée.

5. *Dont*, par suite de quoi, grâce à cette dot : voyez le *Conte du Juge de Mesle*, vers 8, *le Muletier*, vers 129, *les Lunettes*, vers 23; et *passim;* et comparez Rabelais, tome I, p. 360, 361, 369, 375, etc.; Marot, tome III, p. 89; Desportes, p. 54; et à l'article Dont, les exemples de tours analogues cités par Littré, 3°.

6. Voyez ci-dessus, vers 370 et suivants, et *le Diable en enfer*, vers 201-203 : « On donna telle somme

　　　　Qu'avec les traits de la jeune Alibech
　　　　Il prit pour bon un enfer très suspect. »

Ce fut par là que nos aventuriers
Mirent fin à leurs aventures,
Se voyant chargés de lauriers
Qui les rendront fameux chez les races futures;
Lauriers d'autant plus beaux qu'il ne leur en coûta 485
Qu'un peu d'adresse et quelques feintes larmes,
Et que, loin des dangers et du bruit des alarmes[1],
L'un et l'autre les remporta[2].

Tout fiers d'avoir conquis les cœurs de tant de belles,
Et leur livre étant plus que plein[3], 490
Le roi lombard dit au Romain :
« Retournons au logis par le plus court chemin.
Si nos femmes sont infidèles,
Consolons-nous : bien d'autres le sont qu'elles[4].
La constellation[5] changera quelque jour; 495
Un temps viendra que le flambeau d'Amour [6]

1. Même locution, bien rapprochée de son sens étymologique :
« au bruit de ces alarmes », tome III, p. 77 et note 21, et tome V
M.-L., p. 208 (*Prise d'Ypres*) :
Près d'Ypres menacée on vit les champs couverts
D'escadrons accourus sur le bruit des alarmes.

2. Sur l'accord avec *l'un et l'autre*, voyez tome II, p. 311 et
note 16; et ci-dessous, le vers 516; etc.
3. Voyez les vers 257-260 et la note 6.
— Presque plein. (1665 A et C.)
4. C'est ce qui a déjà consolé Joconde (vers 191), ce qui consolera
Damon dans *la Coupe enchantée* (vers 395 et suivants), et « l'époux » des
*Cordeliers de Catalogne* (vers 194-196) : « Ce lui fut consolation. »
5. La constellation, l'étoile, qui préside aux destinées des maris
et des femmes. Comparez Marot, élégie xv (tome II, p. 34) :
Que ne faisons-nous donques
De deux cueurs un? Brief, nous ne feismes onques
OEuvre si bon. Noz constellations,
Aussi l'accord de noz conditions
Le veult et dit.
6. Le « brandon » de « Messer Cupidon », vers 14-15 du *Muletier*.

Ne brûlera les cœurs que de pudiques flammes :
A présent on diroit que quelque astre malin¹
Prend plaisir aux bons tours des maris et des femmes.
  D'ailleurs tout l'univers est plein     500
De maudits enchanteurs, qui des corps et des âmes
Font tout ce qu'il leur plaît : savons-nous si ces gens,
  Comme ils sont traîtres et méchants,
Et toujours ennemis soit de l'un, soit de l'autre,
N'ont point ensorcelé mon épouse et la vôtre² ?   505
  Et si par quelque étrange cas
Nous n'avons point cru voir chose qui n'étoit pas ?
Ainsi que bons bourgeois³ achevons notre vie,
Chacun près de sa femme, et demeurons-en là.
Peut-être que l'absence, ou bien la jalousie,    510
Nous ont rendu leurs cœurs, que l'hymen nous ôta. »
Astolphe rencontra⁴ dans cette prophétie.

 1. Boileau s'est servi de cette même expression dans sa satire I (1661), vers 62 : « l'influence des *astres malins* », de ces signes « portans cornes, comme Aries, Taurus, Capricorne », dont Herr Trippa fait connaître à Panurge les déplorables effets (Rabelais, le tiers livre, chapitre xxv).
 2. Il n'est question ici dans l'Arioste ni de constellations ni d'enchanteurs ; mais on sait que son poème est plein de magiciens, de magiciennes, de démons, de malins esprits, de prestiges et d'enchantements, et notre poète paraît s'en souvenir dans ces derniers vers.
 3. Même locution : « bons bourgeois », aux contes IV, vers 144, 234, et VII, vers 7, de la III<sup>e</sup> partie, et au conte V de la V<sup>e</sup>, vers 48. — Rapprochez ces deux vers (234-235) du conte IV, cité plus haut, de la III<sup>e</sup> partie :

   Laissez les bons bourgeois se plaire en leur ménage :
   C'est pour eux seuls qu'Hymen fit les plaisirs permis.

 4. Rencontra bien, rencontra juste. Littré ne cite que deux exemples, tous deux de Voltaire, de ce verbe pris ainsi absolument, et qui ne s'emploie guère de la sorte que comme terme de chasse : « C'est un drôle qui a quelque esprit..., et qui rencontre quelquefois. » (Lettre à Bordes du 4 avril 1768 ; voyez aussi le début du v<sup>e</sup> dialogue d'Évhémère.) Ajoutons cet exemple de Brantôme, tome IX, p. 387 : « Le fol, rencontrant là-dessus, disoit, etc. » ; un

c. 1]                PREMIÈRE PARTIE.                           61

Nos deux aventuriers, au logis retournés[1],
Furent très bien reçus, pourtant un peu grondés,
  Mais seulement par bienséance.    515
L'un et l'autre se vit[2] de baisers régalé[3] ;
On se récompensa[4] des pertes de l'absence.
  Il fut dansé, sauté, ballé[5],
  Et du nain nullement parlé,
  Ni du valet, comme je pense[6].    520

de Voiture (tome II, p. 117) : « Vous tâchez de rencontrer aux étymologies » ; et un autre de la Bruyère (tome I, p. 123) : « Il y a un terme dans votre ouvrage qui est rencontré. »

1. « Il dit aux siens, retourné qu'il fut. » (Du Fail, tome II, p. 206.) Rapprochez le vers 131 des *Troqueurs* : « Tiennette retournée », où ce verbe, il est vrai, a une double signification ; et (tome III *M-L.*, p. 426) :

  Je vois ces héros retournés
  Chez eux avec un pied de nez.

2. Voyez ci-dessus, le vers 488 et la note.
3. Même locution, au même sens, dans les contes viii, vers 82, et ix, vers 50, de la II<sup>e</sup> partie :

  Le lendemain elle le régala
  Tout de son mieux.

Voyez aussi *Mazet*, vers 172, et *le Cas de conscience*, vers 83.

4. On se dédommagea ; *récompenser de* signifiait proprement « donner l'équivalent de » : voyez tome II, p. 458 et note 12 ; et les *Lexiques de Malherbe, de la Rochefoucauld, de Sévigné*.

5. *Baller*, danser ; proprement : se secouer. Comparez, entre autres exemples, la fable iii du livre IX, vers 21 :

  Il sait danser, baller ;

Marot, tome I, p. 107 (*balleur, balladin*), tome II, p. 87 (*dansez, ballez*), et *passim ;* le chapitre lvii du quart livre de Rabelais (tome II, p. 472) : « Il faict danser, baller, voltiger » ; des Périers (tome I, p. 33) : « Ilz espousent, ilz font grand chere, ilz ballent » ; Ronsard, *Hymne à Bacchus* : « baller, sauteler » ; Brantôme, tome III, p. 134 : « danser et baller » ; une lettre de Chapelain de 1639 (tome I, p. 374, du recueil des *Lettres*, 1883) : « faire baller les Muses » ; etc.

6. Ici le manuscrit de Conrart ajoute :

  Pas le moindre soupçon qu'on en eût connoissance.

— Dans le prologue des *Mille et une Nuits*, le sultan est moins in-

Chaque époux, s'attachant auprès de[1] sa moitié,
Vécut en grand soulas[2], en paix, en amitié,
   Le plus heureux, le plus content du monde.
La reine à son devoir ne manqua d'un seul point :
   Autant en fit la femme de Joconde :     525
   Autant en font d'autres qu'on ne sait point[3].

dulgent : il fait étrangler la sultane et coupe la tête de sa propre main aux femmes qui partageaient ses débauches; puis, comme nous l'avons dit, il se décide à s'unir chaque nuit à une nouvelle épouse et à la faire périr le lendemain. Quant au roi de Tartarie, on a vu plus haut qu'il n'avait pas attendu pour se venger de nouvelles preuves de la perversité des femmes.

  1.   Marcelle n'est pas loin et je me persuade
      Que son amour l'attache auprès de sa malade.
         (CORNEILLE, *Théodore*, acte II, scène 1, vers 347-348.)

2. *Soulas*, soulagement (*solatium*), et aussi plaisir, c'est-à-dire soulas du désir. Soulagés de leur ressentiment, ils vécurent en paix, en joie. « Dame, ie n'ai nul soulaz de mon seingneur, dit une femme à sa mère. Sçachiez que ie veil amer (aimer). » (*Roman des Sept sages*, édition le Roux de Lincy, p. 43.) — « Par le blanc tout le monde a entendu ioye, liesse, soulas, plaisir, et delectation. » (RABELAIS, tome I, p. 40.) « L'homme seul n'a iamais le soulas qu'on veoyd entre gens mariez. » (*Ibidem*, tome II, p. 50.)

—      Ne blasmez point doncques nostre ieunesse,
      Car noble cueur ne cherche que soulas.
         (MAROT, ballade 1, tome II, p. 61.)

On trouve aussi dans Marot : *solacieux* (tome I, p. 14 et 16), et *se soulacer* (tome I, p. 251). Voyez la ballade *sur le mal d'Amour*, vers 12 : « joie et soulas »; *la Gageure des trois commères*, vers 276 :

      En grand soulas cette nuit se passa;

*le Diable de Papefiguière*, vers 120 (*se solacier*); et dans le *Lexique* de Corneille deux exemples de *soulas* tirés des premières éditions; il a remplacé, en 1660, ce vieux mot par *soulagement*.

3. Si la conclusion de la Fontaine est quelque peu ironique, celle de l'Arioste est d'un scepticisme très dégagé :

   .... *Ed a le mogli lor se ne tornaro,*
   *Di ch'affanno mai piu non si pigliaro.*   (Stance 74.)

« Et ils retournèrent auprès de leurs femmes dont ils ne prirent plus souci. »

## II

### RICHARD MINUTOLO.

#### NOUVELLE TIRÉE DE BOCCACE[1].

*Richard Minutolo* est imité de la vi[e] nouvelle de la IIIe journée du *Décaméron* de Boccace, dont voici le sommaire : *Ricciardo Minutolo ama la moglie di Philippello Fighinolfi, laquale sentendo gelosa, col mostrare Philippello il di seguente con la moglie di lui dover essere ad un bagno, fa che ella vi va, et credendosi col marito essere stata, si trova che con Ricciardo è dimorata*[2].

Il a été ainsi traduit par le Maçon : « Richard Minutolo ayma la femme de Phelippes Fighinolfy, et congnoissant qu'elle estoit ialouse de son mary, il luy donna à entendre qu'il deuoit venir le iour en suyuant en unes estuues auecques sa femme, ausquelles il feit venir celle dudict Phelippes ; laquelle pensant estre auecques Phelippes son mary, trouua qu'elle est auecques Richard[3]. »

Rapprochons, sans parler d'autres substitutions de même sorte, la ccvi[e] des *Nouvelles* de Franco Sacchetti[4], qui est comme l'inverse de ce quiproquo, et aussi notre conte viii de la Ve partie ; et Giraldi Cinthio, *Gli hecatommithi*[5], dec. iv, nov. 4 : le plan du récit est le même et plusieurs détails sont très ressemblants, mais l'aventure tourne au tragique comme dans la plupart de ses nou-

---

1. Elle est dans les manuscrits de Conrart (n° 5418, p. 147-152), sous ce titre unique : *Conte tiré de Boccace*.
2. *Il Decamerone di M. Giovanni Boccaccio nuovamente corretto et con diligentia stampato;* Firenze, 1527, in-4°. Nous suivons l'orthographe de cette édition.
3. *Le Decameron de Messire Iehan Bocace Florentin*, nouuellement traduict d'Italien en Francoys par Maistre Anthoine le Macon, conseiller du Roy et tresorier de l'extraordinaire de ses guerres. Paris, 1545, in-fol. — La Fontaine connaissait bien cette traduction.
4. Ouvrage de la fin du quatorzième siècle, imprimé pour première fois à Naples, sous la rubrique de Florence, en 1724; 2 vol. in-8°.
5. Nel Monte Regale, 1565, 2 volumes in-8°.

velles; la dame qui a été trompée, non par un gentilhomme, mais par un serf, le poignarde et se poignarde ensuite elle-même. Le recueil de Giraldi Cinthio a été traduit par Gabriel Chappuys, sous ce titre : *Les Facetieuses Iournées, contenant cent certaines et agreables nouuelles*, etc.[1].

*Richard Minutolo* a fourni le sujet d'une comédie en un acte, en prose, portant le même titre, par Houdart de la Motte (1705).

    C'est de tout temps qu'à Naples on a vu
    Régner l'amour et la galanterie :
    De beaux objets[2] cet État est pourvu
    Mieux que pas un qui soit en Italie[3].
    Femmes y sont qui font venir l'envie     5
    D'être amoureux quand on ne voudroit pas.

    Une surtout ayant beaucoup d'appas
    Eut pour amant un jeune gentilhomme
    Qu'on appeloit Richard Minutolo.
    Il n'étoit lors de Paris jusqu'à Rome     10
    Galant qui sût si bien le numéro[4].
    Force lui fut[5]; d'autant que cette belle
    (Dont sous le nom de madame Catelle
    Il est parlé dans le Décaméron)
    Fut un long temps si dure et si rebelle,     15

---

1. Paris, 1584, 2 volumes in-8°.
2. Voyez le vers 311 de *Joconde* et la note.
3. Chez Boccace : *Come ne sia alcuna altra (citta) in Italia*.
4. Plus expérimenté, plus fin, plus habile : locution qui vient originairement des loteries d'Italie, des jeux de blanque, de hasard : proprement, qui fût si bien informé, qui eût si bien connaissance des choses. Cette locution : « savoir, entendre le numéro », est restée dans le langage populaire. — Comparez les vers 27 et suivants de *la Mandragore* :

    Il sut dans peu la carte du pays,
    Connut les bons et les méchants maris,
    Et de quel bois se chauffoient leurs femelles, etc.

5. Force lui fut d'être habile. Même tournure dans *l'Heptaméron*, p. 397; et, sans ellipse, aux vers 105 du *Cocu*, 56 de *Mazet*, etc.

Que Minutol n'en sut tirer raison¹.
Que fait-il donc? Comme il voit que son zèle
Ne produit rien, il feint d'être guéri;
Il ne va plus chez madame Catelle;
Il se déclare amant d'une autre belle²;               20
Il fait semblant d'en être favori :
Catelle en rit; pas grain de jalousie :
Sa concurrente³ étoit sa bonne amie.
Si bien qu'un jour qu'ils étoient en devis⁴,
Minutolo, pour lors de la partie⁵,                    25
Comme en passant⁶, mit dessus⁷ le tapis
Certain propos de certaines coquettes,
Certain mari, certaines amourettes,
Qu'il controuva⁸ sans personne nommer;

1. Rapprochez l'expression « écouter raison » au vers 307 de *la Coupe enchantée* :

> Caliste enfin l'inexpugnable
> Commença d'écouter raison.

2. *Et comincio a mostrarsi dell' amor di Catella disperato, et percio in un' altra gentil donna haverlo posto.*

3. *Concurrente*, et non précisément « rivale », puisqu'il n'y avait pas « grain de jalousie » entre elles. Comparez tome III, p. 339 et note 4; *le Magnifique*, vers 41; etc.

4. En conversation; tandis qu'ils devisaient.

5. Voyez ci-dessous, *le Cocu*, vers 100, *la Courtisane*, vers 179, *le Cuvier*, vers 17; et dans une lettre à Bonrepaus du 31 août 1687 : « .... Ceux de vos amis qui doivent être de la partie. »

6. Même locution dans *la Coupe enchantée*, vers 80 :

> Ce n'est pas en passant qu'on traite cette chose.

7. L'emploi archaïque de *dessus*, comme préposition, et, semblablement, de *dessous*, *dedans*, *devers*, est fréquent chez la Fontaine.

8. Imagina, inventa, verbe dont on se sert encore souvent au participe passé, fait controuvé, chose controuvée : « Un deguisement d'adultere finement et dextrement controuué », dans Noël du Fail (nouvelle xii). « Elle luy dit.... qu'il auoit controuué contre elle une mensonge si vilaine qu'elle mettroit peine de l'en faire repentir. » (*L'Heptaméron*, nouvelle xliii.) « Voyez le peuple; il controuve, il augmente, il charge. » (LA BRUYÈRE, *des Esprits forts*,

Et fit si bien que madame Catelle 30
De son époux commence à s'alarmer,
Entre en soupçon, prend le morceau pour elle[1].
Tant en fut dit, que la pauvre femelle [2],
Ne pouvant plus durer en tel tourment[3],
Voulut savoir de son défunt[4] amant, 35
Qu'elle tira dedans[5] une ruelle[6],
De quelles gens il entendoit parler,
Qui, quoi, comment, et ce qu'il vouloit dire[7].

tome II, p. 244.) Ce verbe, que nous verrons aussi dans le conte des *Quiproquo* (vers 41), est dans toutes les éditions du *Dictionnaire de l'Académie*; dans la première, aux Additions.

1. Mord à l'hameçon. Comparez, pour cette image familière, Molière, *l'École des femmes*, vers 377 :

Mais je ne suis pas homme à gober le morceau.

2. Même désignation irrévérencieuse de la jeune Babeau au vers 5 de *l'Anneau d'Hans Carvel*; au vers 56 de *la Matrone d'Éphèse*, de la veuve et de sa suivante; aux vers 23 et 199 du *Magnifique*, de la femme d'Aldobrandin ; etc.

3. *Non potendo piu tenersi.* — Voyez le vers 18 du *Cocu*.

4. Autre emploi figuré de cette épithète dans *le Faucon*, vers 95 :

Défunt marquis s'en alloit, sans valets ;

vers 196 : « défunt amant », comme ici ; et dans *les Troqueurs*, vers 112 :

Étienne vit toute fine seulette
Près d'un ruisseau sa défunte Tiennette,
Qui, par hasard, dormoit sous la coudrette.

5. Voyez le vers 26 et les vers 46 et 71. — Dans Boccace : *Tirati adunque da una parte che da altrui uditi non fossero.*

6. Ruelle, ou « venelle » du lit (Rabelais, tome II, p. 509). Au vers 622 du *Menteur* de Corneille : « Elle me cache en sa ruelle », proprement dans l'espace laissé entre les rideaux du lit et la muraille; dans son alcôve; dans sa garde-robe. Voyez les vers 122 et 125 du *Faiseur d'oreilles*, 296 du *Petit Chien*, etc., etc. Dans *les Cent Nouvelles nouvelles*, nouvelle IV : « Comme ung champion venu sur les rancs de bonne heure et attendant son ennemy, en lieu de pauillon, se va mectre derriere ung tapis en la ruelle de son lit. »

7. Vivacité piquante. Comparez le vers 82 de la fable xv du

« Vous avez eu, lui dit-il, trop d'empire
Sur mon esprit pour vous dissimuler[1].        40
Votre mari voit madame Simonne[2] ;
Vous connoissez la galande[3] que c'est :
Je ne le dis pour offenser personne ;
Mais il y va tant de votre intérêt,
Que je n'ai pu me taire davantage.        45
Si je vivois dessous votre servage[4],
Comme autrefois, je me garderois bien
De vous tenir un semblable langage,
Qui de ma part ne seroit bon à rien :
De ses amants toujours on se méfie ;        50
Vous penseriez que par supercherie
Je vous dirois du mal de votre époux.
Mais, grâce à Dieu, je ne veux rien de vous :

livre XII. — Dans le *Décaméron*, c'est durant une partie de plaisir sur les bords de la mer, où sa compagnie rencontre celle de dame Catelle, que Richard trouve l'occasion de l'entretenir.

1. Pour feindre avec vous. Emploi à remarquer de « dissimuler » avec un régime indirect. — *Voi mi havete scongiurato* (ensorcelé) *per persona, che io non oso negar cosa che voi mi domandiate.*

2. *Simonne* dans toutes nos éditions, sauf dans celle de 1669 Paris et dans les hollandaises qui ont *Simone*. — Dans Boccace, c'est sa propre femme que Minutolo dit être l'objet des poursuites amoureuses du mari de dame Catelle ; et il fait semblant d'être d'intelligence avec elle pour tromper ce mari volage. Dans la Fontaine, il ne paraît pas que notre amant soit marié.

3. Sur les diverses significations de ce mot, voyez le tome VII de Molière, p. 297, note 5. Comparez aussi, pour ce féminin, le vers 30 de la fable XI du livre IV, les vers 77 du conte VI et 19 du conte XII de la II⁰ partie, etc., etc. C'est un changement du *t* en *d*, comme dans *friand, friande* (participe présent du verbe *frire*).

4. Pour cette locution : « servage » en amour, autrefois très usitée, voyez la ballade *sur le mal d'Amour*, vers 16 ; et les exemples de Marot, Malherbe, Voiture, Corneille, cités par Littré, auxquels nous ajouterons celui-ci de Regnier (épître II, vers 110) :

Il faut un peu baisser le cou sous le servage.

Ce qui me meut[1] n'est du tout[2] que bon zèle[3].
Depuis un jour j'ai certaine nouvelle[4]  55
Que votre époux, chez Janot le baigneur[5],
Doit se trouver avecque sa donzelle[6].

1. Comparez *les Cent Nouvelles nouvelles*, p. 147 : « Ie ne sçay qui vous meut » ; p. 166 : « aultre raison aussi vous meut » ; Coquillart, tome I, p. 36 : « Les dames m'ont meu à, etc. » ; et Corneille, *OEdipe*, vers 1615 : « L'or mouvoit ce fantôme.... »

2. Absolument ; en dégageant la chose de tout. Comparez des exemples de cette locution, encore très fréquemment employée, isolément, mais en réalité au même sens, dans Marot, tomes I, p. 144, 168, II, p. 155, 180, III, p. 184, IV, p. 49, 150 ; dans Ronsard, tome II des *Poésies*, 1862, p. 174 ; dans les *Lexiques de Malherbe, de Corneille, de Racine*; ci-dessus, p. 11 ; et dans une lettre de la Fontaine à sa femme du 12 septembre 1663 (tome III *M.-L.*, p. 355) : « Nous ne laissâmes pas de nous renfoncer en d'autres allées non du tout si sombres que les précédentes. »

3. *Se io gia v' amassi come io gia amai, io non havrei ardire di dirvi cosa che io credessi che noiar vi dovesse ; ma, percio che quello amore è passato, me ne curero meno d'aprirvi il vero d'ogni cosa.*

4. Lisez : « nouvelle certaine », et rapprochez « certaine science », dans le *Discours à Mme de la Sablière* (tome II, p. 463 et note 33), et dans Montaigne, tome I, p. 242 ; et ci-dessus, p. 64, le titre de la traduction de Gabriel Chappuys.

5. Les baigneurs tenaient des sortes d'hôtels garnis ; c'étaient, comme la plupart des anciennes *étuves*, comme celle, par exemple, dont il est question dans la LXVIe des *Cent Nouvelles nouvelles*, de véritables maisons de débauche de jour et de nuit, plus ou moins élégamment aménagées, ou, si l'on veut, des lieux de plaisir, des centres d'intrigues galantes et de rendez-vous. Voyez les *Lettres de Mme de Sévigné*, tome I, p. 392 : « Je suis trop raisonnable, écrit-elle à Bussy, pour trouver étrange que la veille d'un départ (pour la guerre) on couche chez des baigneurs. Je suis d'une grande commodité pour la liberté publique, et pourvu que les bains ne soient pas chez moi, je suis contente, et mon zèle ne me porte pas à trouver mauvais qu'il y en ait dans la ville. » — « .... J'ai été coucher chez un baigneur : autre action de grand homme, » écrit le jeune marquis de Grignan à sa mère (*ibidem*, tome VIII, p. 310). Voyez aussi les *Mémoires* de Walckenaer *sur Mme de Sévigné*, tome II, p. 37-40. Ces *bains* garnis sont encore en usage en mainte contrée.

6. *Donzelle*, alors comme aujourd'hui, se disait familièrement de

Comme Janot[1] n'est pas fort grand seigneur[2],
Pour cent ducats vous lui ferez tout dire ;
Pour cent ducats il fera tout aussi.  60
Vous pouvez donc tellement[3] vous conduire,
Qu'au rendez-vous trouvant votre mari,
Il sera pris sans s'en pouvoir dédire[4].
Voici comment : la dame a stipulé
Qu'en une chambre où tout sera fermé  65
L'on les[5] mettra ; soit craignant qu'on ait[6] vue
Sur le baigneur[7] ; soit que, sentant son cas[8],
Simonne encor n'ait toute honte bue[9].

femmes de toute condition : ici il est appliqué à une dame, à madame Simonne ; dans *Joconde* (vers 438), et ci-dessous, au conte VII (vers 6), à une jeune fillette, à un tendron ; dans *les Cordeliers* (vers 129), à des bourgeoises ; dans *l'Oraison de saint Julien* (vers 174 et 216), à une veuve galante ; etc.

1. Chez Boccace, c'est une bonne femme, *una buona femina*, qui est la maîtresse des bains et qui sert d'entremetteuse.

2. N'est pas bien riche et n'est pas non plus bien scrupuleux.

3. De telle sorte : voyez les *Lexiques de Racine* et *de Sévigné*.

4. Sans qu'il puisse nier sa faute, chercher un subterfuge, échapper. Rapprochez le vers 258 de *la Mandragore* :

Vous ne sauriez ce coup vous en dédire.

5. Pour ce voisinage de *l'on* et de *les*, qui paraissait moins choquant autrefois qu'aujourd'hui, comparez tome III, p. 10.

6. Qu'on n'ait. (1665 B et C, 1667, 1668, 1669 Amsterdam et Leyde, 1705, et manuscrit de Conrart.)

7. Craignant qu'on n'ait vue du dehors sur la maison du baigneur.

8. Ayant conscience de sa faute : rapprochez les vers 5-6 du conte X de la III<sup>e</sup> partie :

Qu'à père André l'on aille de ce pas,
Car il entend d'ordinaire mon cas ;

et le vers 88 du conte IV de la IV<sup>e</sup> intitulé *le Cas de conscience*.

9. Comparez le 2<sup>d</sup> vers du *Grand testament* de Villon :

En l'an trentiesme de mon eage,
Que toutes mes hontes i'eus beues ;

ci-dessous, *le Calendrier des Vieillards*, vers 244 :

Bartholomée ayant ses hontes bues ;

CONTES.

Prenez sa place, et ne marchandez pas¹ :
Gagnez Janot ; donnez-lui cent ducats ;                    70
Il vous mettra dedans la chambre noire,
Non pour jeûner², comme vous pouvez croire ;
Trop bien³ ferez tout ce qu'il vous plaira.
Ne parlez point, vous gâteriez l'histoire,
Et vous verrez comme tout en ira. »                        75

L'expédient plut très fort à Catelle.
De grand dépit⁴, Richard elle interrompt :
« Je vous entends, c'est assez, lui dit-elle,
Laissez-moi faire, et le drôle et sa belle
Verront beau jeu, si la corde ne rompt⁵.                   80

et, pour la tournure, la fable XII du livre X, vers 14 et note 7, et le conte du *Petit Chien*, vers 259.

1. Et allez-y franc jeu. Malgré le vers suivant, ce n'est pas précisément, uniquement du moins, de l'argent à donner au baigneur qu'il s'agit ici. Comparez les vers 384 et 588 de *la Fiancée du roi de Garbe*, 32 des *Cordeliers*, 201 de *la Coupe*, et 128 de *la Jument*.

— Prenez sa place, et n'y marchandez pas.

(1665 B et C, 1668, 1669 Amsterdam et Leyde, et ms. de Conrart.)

2. Allusion plaisante à la « chambre noire » des monastères, lieu sombre destiné à la retraite ou à la pénitence, *conclave piacularibus pœnis destinatum*.

3. Bien mieux : voyez le vers 111 des *Cordeliers de Catalogne* et la note. Mais le mot est peut-être pris ici dans son sens le plus ordinaire : « Vous ne ferez que trop bien.... », avec une expression de regret dans la bouche du « défunt amant ».

4. Avec un grand dépit : voyez tome III, p. 202 et note 7. — « De beau depit, M. de Lorge la quitta. » (BRANTÔME, *Dames galantes*, p. 391.)

5. Expression proverbiale, empruntée, non aux danseurs de corde, croyons-nous, ni à la pendaison, mais plutôt aux tireurs d'arc. — « Il y aura bien beau jeu, si la chorde ne rompt. » (RABELAIS, le quart livre, chapitre VI, tome II, p. 289.) Voyez aussi Noël du Fail, tome II, p. 56 ; le conte des *Lunettes*, vers 160, qui est exactement le vers 80 de ce conte-ci ; Molière, tome I, p. 187 et note 4 ; et cette curieuse phrase de Saint-Simon (tome VIII, p. 284), qui semble justifier notre application de cette métaphore aux tireurs d'arc : « .... Un Dauphin si peu connu, qui n'a jamais été rien ni de rien en une

Pensent-ils donc que je sois quelque buse? »
Lors pour sortir elle prend une excuse,
Et tout d'un pas¹ s'en va trouver Janot,
A qui Richard avoit donné le mot.
L'argent fait tout² : si l'on en prend en France 85
Pour obliger en de semblables cas,
On peut juger avec grande apparence
Qu'en Italie on n'en refuse pas.
Pour tout carquois, d'une large escarcelle
En ce pays le dieu d'amour se sert³. 90
Janot en prend de Richard, de Catelle;
Il en eût pris du grand diable d'enfer⁴.
Pour abréger, la chose s'exécute
Comme Richard s'étoit imaginé.
Sa maîtresse eut d'abord quelque dispute 95
Avec Janot qui fit le réservé;
Mais, en voyant bel argent bien compté⁵,
Il promet plus que l'on ne lui demande.

si longue et si vaine attente de la couronne, et sur qui enfin la corde a cassé de tant d'espérances, de craintes et de projets. »

1. Voyez tome III, p. 216 et note 12 ᵃ; ci-dessous, p. 109 et note 6; le vers 165 de *la Gageure;* et *passim;* et rapprochez l'expression « tout d'un saut », au vers 41 des *Aveux indiscrets.*

2.      .... Un métal qui fait tout. (*Le Faucon*, vers 13.)

3. Comparez le début du conte du *Petit Chien* :

La clef du coffre-fort et des cœurs, c'est la même.
    Que si ce n'est celle des cœurs,
    C'est du moins celle des faveurs :
    Amour doit à ce stratagème
    La plus grand'part de ses exploits;
    A-t-il épuisé son carquois,
Il met tout son salut en ce charme suprême....

Voyez aussi les vers 3-4 du conte ix de la IIᵉ partie, et la note.

4. Même locution dans la fable iv de la Xᵉ nuit de Straparole, traduite par Larivey (tome II, p. 260) : « Ie laisse et recommande mon ame au grand diable d'enfer. »

5. « Beaux écus bien comptés », au vers 66 des *Quiproquo.*

ᵃ Où il faut lire : « le vers 6 de la fable ıı du livre VI ».

Le temps venu d'aller au rendez-vous,
Minutolo s'y rend seul de sa bande[1],   100
Entre en la chambre, et n'y trouve aucuns trous
Par où le jour puisse nuire à sa flamme[2].
Guère n'attend : il tardoit à la dame
D'y rencontrer son perfide d'époux[3],
Bien préparée à lui chanter sa gamme[4].   105
Pas n'y manqua; l'on peut s'en assurer.
Dans le lieu dit Janot la fit entrer;
Là ne trouva ce qu'elle alloit chercher :
Point de mari, point de dame Simonne,
Mais au lieu d'eux Minutol en personne,   110
Qui sans parler[5] se mit à l'embrasser.
Quant au surplus, je le laisse à penser[6] :
Chacun s'en doute assez sans qu'on le die[7].
De grand plaisir notre amant s'extasie.

1. Ne doutez pas qu'il n'y fût (*au rendez-vous*) sans escorte. (*La Confidente*, vers 179.)

2. Aucunes « fentes » indiscrètes : voyez *Joconde*, vers 180.

3. Pour cet emploi de la préposition *de*, rapprochez le vers 34 de la fable XVI du livre VII : « un saint homme de chat »; le vers 54 de la fable II du livre IX : « un fripon d'enfant »; Brantôme, *Dames galantes*, p. 409 : « son pauure mary de cocu »; etc.

4. A lui dire son fait : comparez *le Psautier*, vers 119; *les Troqueurs*, vers 173; et *les Quiproquo*, vers 96 :
Elle auroit lieu de lui chanter sa gamme.

5. Comme le bon compagnon du *Berceau*, vers 111, comme *le Muletier*, vers 69, comme les deux associés des *Quiproquo*, vers 118, comme l'ami dans *la Fiancée du roi de Garbe*, vers 508. — Dans la nouvelle de Boccace, ce qui est moins vraisemblable, il lui souhaite la bienvenue : *Ben vegha, l'anima mia*, tout bas, il est vrai, *pianamente*.

6. Pour ce tour familier, voyez tome III, p. 83 et note 14, et le vers 114 des *Cordeliers*. — *Abbracio et bascio lui, et fecegli la festa grande*.

7. Sur cette ancienne forme de subjonctif, voyez ci-dessus p. 13 et note 5.

—   Ils en étoient sur un point, sur un point....
C'est dire assez de ne le dire point.
(*Le Cuvier*, vers 23-24.)

Que si le jeu plut¹ beaucoup à Richard, 115
Catelle aussi, toute rancune à part,
Le laissa faire, et ne voulut mot dire².
Il en profite, et se garde de rire;
Mais toutefois ce n'est pas sans effort.
De figurer³ le plaisir qu'a le sire, 120
Il me faudroit un esprit bien plus fort :
Premièrement il jouit de sa belle ;
En second lieu il trompe une cruelle,
Et croit gagner les pardons⁴ en cela.

Mais à la fin Catelle s'emporta. 125
« C'est trop souffrir, traître, ce lui dit-elle⁵ :

1. Comparez le conte de *l'Ermite*, vers 174 :
 Le jeu d'amour commençoit à lui plaire ;
*le Faiseur d'oreilles*, vers 44 ; *la Coupe enchantée*, vers 257 ; etc.
2. Prenons ceci, puisque Dieu nous l'envoie :
 Nous n'aurons pas toujours tel passe-temps.
 (*Le Berceau*, vers 119-120.)
Cependant le plaisir, remarque Boccace, ne fut pas partagé tout à fait également : .... *Con maggior diletto et piacere dell' una parte che dell' altra.* — « La chambriere.... luy ouvroit la porte sans chandelle et sans lanterne, et se faisoit tout le mistere sans parler », comme dit des Périers (nouvelle LIV, tome I, p. 227).
3. De peindre, de représenter. — Sur ce tour, très fréquent chez la Fontaine : *de* en tête de la phrase, devant un infinitif, voyez Littré, à l'article DE, 21°.
4. Bien mériter de Dieu, gagner les *pardons* de l'Église, des indulgences. Voyez le chapitre XVII de *Pantagruel* intitulé : *Comment Panurge guaingnoyt les pardons, etc.*; Marot, *le Temple de Cupido*, tome I, p. 13 ; le début du conte suivant ; *la Gageure*, vers 233-237 ; *le Petit Chien*, vers 330 ; *la Chose impossible*, vers 36. — Il y a une plaisanterie analogue au vers 272 de *la Gageure* :
 Tout domestique en trompant un mari
 Pense gagner indulgence plénière.
5. Voyez ci-dessus, p. 39 et note 4. — Thomas Corneille a fait la note suivante sur la remarque où Vaugelas permet cette tournure dans le style bas : « Je ne crois pas que l'on puisse dire en aucun style *ce dit-il*, et *ce dit-on*, si ce n'est qu'on affecte exprès

Je ne suis pas celle que tu prétends.
Laisse-moi là, sinon à belles dents
Je te déchire et te saute à la vue[1].
C'est donc cela que tu te tiens en mue[2],   130
Fais le malade et te plains tous les jours,
Te réservant sans doute à tes amours?
Parle, méchant[3], dis-moi, suis-je pourvue
De moins d'appas, ai-je moins d'agrément[4],

de le mettre dans la bouche d'un homme que l'on peint d'un caractère à ne pas savoir parler purement. »

1. Aux yeux.
>     Dedans l'esprit il me vint aussitôt
>     De l'étrangler, de lui manger la vue.
>             (*Le Cocu battu et content*, vers 60-61.)

2. Cage où l'on engraisse les volailles, proprement, où on les enferme quand elles changent de plumes, quand elles *muent*. « O que fortes sont et bien en poinct (ces murailles) pour garder les oysons en mue! » dit Rabelais dans le chapitre xv de *Pantagruel* : en mue, c'est-à-dire à ne rien faire que manger, boire et dormir. Nous avons rencontré le même terme dans la fable ix du livre XI (tome III, p. 164, vers 31, et note 15). Coquillart (tome II, p. 109) parle d'un « tres reuerend pere en Dieu, lequel estoit fort coustumier

>     En chambre natée, loing de rue,
>     De tenir des garces en mue. »

Comparez aussi, dans la Curne, cet extrait d'une vieille poésie du treizième siècle :

>     Amis, vous m'auez perdue :
>     Li jalous m'a mis en mue;

et Jean Passerat (seizième siècle), *Métamorphose d'un homme en coucou* (vers 50) :

>     Sot, il voulut tenir sa femme en mue.

3. Épithète qui ne vaut pas, il s'en faut de beaucoup, le « lâche! » que, pour un motif analogue, lance Cléanthis à Sosie, dans l'*Amphitryon* de Molière, acte II, scène III, vers 1136.

4. Même emploi de ce mot au singulier, dans *les Quiproquo*, vers 58 :

>     La dame avoit un peu plus d'agrément.

Comparez Corneille, *le Menteur*, acte V, scène IV, vers 1620

>     Sa compagne, ou je meure! a beaucoup d'agrément.

Moins de beauté, que ta dame Simonne?  135
Le rare oiseau[1] ! ô la belle friponne !
T'aimois-je moins? Je te hais à présent ;
Et plût à Dieu que je t'eusse vu pendre[2] ! »

1. Nous rencontrons la même expression, appliqué aux femmes, dans *le Faiseur*, vers 10 ; dans *le Psautier*, vers 25 ; dans *le Diable en enfer*, vers 62 ; dans *le Tableau*, vers 10 ; dans *le Calendrier*, vers 40 :

.... Un tel oiseau qu'étoit Bartholomée,

sans parler des *Oies de frère Philippe*.

2. Les plaintes de dame Catelle sont plus plaisantes dans Boccace ; elle s'exprime, il est vrai, beaucoup plus librement : .... *Io son Catella, non son la moglie di Ricciardo, traditor disleale che tu se. Ascolta se tu riconosci la voce mia, io son ben dessa, e parmi mille anni, che noi siamo al lume, che io ti possa svergognare, come tu se degno, sozzo cane vituperato, che tu se. Oime, misera me, a cui ho io cotanti anni portato cotanto amore, a questo can disleale, che credendosi in braccio havere una donna strana, m' ha piu di carezze et d' amorevolezze fatte in questo poco di tempo, che qui stata son con lui, che in tutto l' altro rimanente, che stata son sua. Tu se bene hoggi, can rinnegato, stato gagliardo, che a casa ti suoli mostrare cosi debole et vinto et senza possa. Ma lodato sia Iddio, che il tuo campo non l'altrui hai lavorato, come tu ti credevi. Non maraviglia che sta notte tu non mi li appressasti : tu aspettavi di scaricar le some altrove, et volevi giugnere molto fresco cavaliere alla battaglia ; ma lodato sia Iddio et il mio advedimento, l' acqua è pur corsa alla in giu, come ella doveva. Che non rispondi reo huomo? che non di qualche cosa? Se tu divenuto mutolo udendomi? In fe di Dio io non so a che io mi tengo che io non ti ficcho le mani negli occhi et traggogliti. Credesti molto celatamente saper far questo tradimento ; per Dio, tanto sa altri quanto altri, non t'è venuto fatto. Io t' ho havuti miglior bracchi alla coda, che tu non credevi*[a]*.*

[a] « Ie suis Catelle et non la femme de Richard, traistre et desloyal que tu es. Escoute si tu recongnois ma voix : c'est moymesmes ; et me tarde de mil ans que nous ne sommes à la clarté pour te deshonnorer comme tu en es digne, laid chien vituperé que tu es. Hé ! miserable que ie suis d'auoir porté tant d'ans si grande amytié à ce chien desloyal, lequel, cuydant auoir entre ses braz une aultre femme, m'a plus faict de caresses et de demonstrations d'amytié en ce peu de temps que i'ay icy demouré auecques luy, que en tout l'aultre remanant de temps que i'ay esté sienne ! Tu te es bien montré au iourd'huy, o chien renié, gentil compaignon ; et à la maison tu as de coustume de te montrer foyble, recreu, et sans puissance. Mais loué soit Dieu que tu as labouré ton champ, et non celuy d'aultruy, comme tu pensois ! Ie ne m'esbahis pas si, ceste nuict passée, tu ne t'aprochas point

Pendant cela Richard, pour l'apaiser,
La caressoit, tâchoit de la baiser;   140
Mais il ne put, elle s'en sut défendre.
« Laisse-moi là! se mit-elle à crier;
Comme un enfant penses-tu me traiter?
N'approche point, je ne suis plus ta femme;
Rends-moi mon bien[1] : va-t'en trouver ta dame; 145
Va, déloyal, va-t'en, je te le dis!
Je suis bien sotte et bien de mon pays[2]
De te garder la foi de mariage[3]!
A quoi tient-il que, pour te rendre sage,
Tout sur-le-champ je n'envoie[4] querir   150

1. « Rends-moi la liberté de mes charmes »; ou peut-être : « Rends-moi ma dot ». Voyez tome I, p. 35; et Boileau, satire x, vers 710.

2. *Et bien de mon pays* : c'est-à-dire bien neuve, bien simple, bien niaise. Cette jeune dame parle un peu comme une paysanne.

3. Même locution dans *le Petit Chien*, vers 271. *Foi*, en ce sens, s'emploie d'ordinaire absolument.

> Sur mon devoir je suis trop scrupuleuse :
> J'en ai regret; et si je faisois bien....
> (*Belphégor*, vers 167-168.)

4. Cet *e* muet ne serait plus compté aujourd'hui comme une syllabe, et le vers serait considéré comme faux. Au contraire, dans le second des vers suivants, également faux pour nous, le poète n'a pas compté l'*e* muet (*Poésies diverses*, tome V M.-L., p. 51) :

> Un partisan nous ruine tout net :
> Ce partisan c'est la Vallée-Cornay.

C'est un nom propre indivisible, il est vrai; donc à peine une licence.

de moy. Tu attendois de descharger ta charge ailleurs, et voulois arriuer moult fraiz cheualier à la bataille : mais, graces à Dieu et mon bon aduis, l'eauę a neanmoins prins son cours en bas, comme elle deuoit. Que ne repondz tu, meschant homme? Que ne diz tu quelque chose? Es tu deuenu muet quant tu m'as ouy? Par la foy de Dieu, ie ne sçay à quoi il tient que ie ne te fiche les ongles dans les yeulx, et que ie ne te les arrache de la teste. Tu pensois bien faire secretement ceste trahison ; mais, par Dieu, autant sçait aultruy comme aultruy; et t'ay mis de meilleurs bracques à la queue que tu ne cuydois. »

Minutolo, qui m'a si fort chérie¹?
Je le devrois, afin de te punir;
Et, sur ma foi, j'en ai presque l'envie. »

A ce propos, le galand éclata².
« Tu ris, dit-elle : ô Dieux ! quelle insolence³ ! 155
Rougira-t-il ? Voyons sa contenance. »
Lors de ses bras la belle s'échappa,
D'une fenêtre à tâtons approcha,
L'ouvrit de force, et fut bien étonnée
Quand elle vit Minutol son amant :       160
Elle tomba plus d'à demi⁴ pâmée.
« Ah ! qui t'eût cru, dit-elle, si méchant !
Que dira-t-on ? me voilà diffamée⁵ !
— Qui le saura ? dit Richard à l'instant :
Janot est sûr ; j'en réponds sur ma vie.       165
Excusez donc si je vous ai trahie ;
Ne me sachez mauvais gré d'un tel tour⁶ :

1. *Et non so a che io mi tengo che io non mando per Ricciardo, il qual piu che se m'ha amata.*
2. De rire. Comparez la Bruyère (tome I, p. 137) : « Est-il moins dans la nature de s'attendrir sur le pitoyable que d'éclater sur le ridicule ? » ; et *ibidem*, p. 212, et tome II, p. 11.
3.             Elle ose encore rire !
    Quelle insolence !
                (*Le Psautier*, vers 112-113.)
4. Même expression : « plus d'à demi », dans *le Muletier*, vers 62 :
    La dame ouvrit dormant plus d'à demi ;
dans *les Rémois*, vers 154, dans *le Diable en enfer*, vers 50, etc.
5. Déshonorée : de *fame* (renommée, réputation), *diffame*. « O las, dit-elle, ie suis diffamée ! » (B. DES PÉRIERS, nouvelle XVI, tome I, p. 93.) Voyez aussi Villon, p. 43, Coquillart, tome II, p. 53 : « femmes diffamées » ; et Rabelais (tome II, p. 123) : « Coqu scandalé et diffamé ».
6. Comparez une situation analogue dans *la Mandragore*, vers 255 et suivants, où Callimaque dit à Lucrèce :
    Pardon..., Madame,
    Ne vous fâchez du tour qu'on vous a fait, etc.

Adresse, force, et ruse, et tromperie,
Tout est permis en matière d'amour¹.
J'étois réduit avant ce stratagème  170
A vous servir sans plus² pour vos beaux yeux :
Ai-je failli de me payer moi-même ?
L'eussiez-vous fait³ ? Non, sans doute ; et les Dieux⁴
En ce rencontre⁵ ont tout fait pour le mieux.
Je suis content ; vous n'êtes point coupable :  175
Est-ce de quoi paroître inconsolable ?
Pourquoi gémir ? J'en connois, Dieu merci,
Qui voudroient bien qu'on les trompât ainsi⁶. »
Tout ce discours n'apaisa point Catelle ;
Elle se mit à pleurer tendrement⁷.  180

1. Tout artifice est libre en amours ; toute chose est permise pour se tirer de l'amoureux tourment (*la Clochette*, vers 44-45 et 64-65).

2. Même locution aux tomes I, p. 258 et 309, II, p. 124, III, p. 70 ; dans les contes II de la IIᵉ partie, vers 192, II de la IIIᵉ, vers 185, v de la IVᵉ, vers 111, et XI, vers 107 ; elle est aussi dans Marot, tome II, p. 107, 117 ; dans Regnier, satire v, vers 63, etc.

3. J'en étais réduit à vous servir pour vos beaux yeux (expression proverbiale très justement employée ici). Ai-je été coupable de me payer moi-même ? M'eussiez-vous payé, vous ? — Pour le verbe *faillir*, en ce sens, rapprochez le vers 16 de *la Clochette*.

4. Et les Cieux. (Manuscrit de Conrart.)

5. Comparez le conte du *Berceau*, vers 110 :

Le compagnon, dedans un tel rencontre....

Sur le double genre de ce mot, voyez les divers *Lexiques* de notre collection. « On dit *rencontre d'affaires*, pour dire conjoncture. Quelques-uns le faisoient autrefois masculin, et il l'est encore en cette phrase : *En ce rencontre*. » (*Dictionnaire de l'Académie* de 1694.) Vaugelas se prononce en faveur du féminin, et la Fontaine le fait plus ordinairement de ce genre : voyez ci-dessous, vers 224 ; *le Faiseur*, vers 70 ; et *passim*.

6. Heureux sont ceux qu'on trompe à leur profit.
(*La Mandragore*, vers 288.)

7. Comme Lucrèce, dans *la Mandragore*, vers 271-272 :

Pleine de honte et d'amour tout ensemble,
Elle se met aussitôt à pleurer.

c. II]     PREMIÈRE PARTIE.                          79

>    En cet état, elle parut si belle [1],
>    Que Minutol, de nouveau s'enflammant,
>    Lui prit la main. « Laisse-moi, lui dit-elle ;
>    Contente-toi[2] : veux-tu donc que j'appelle
>    Tous les voisins, tous les gens de Janot ?           185
>    — Ne faites point, dit-il, cette folie ;
>    Votre plus court[3] est de ne dire mot :
>    Pour de l'argent, et non par tromperie
>    (Comme le monde est à présent bâti[4]),
>    L'on vous croiroit[5] venue en ce lieu-ci.           190
>    Que si d'ailleurs cette supercherie
>    Alloit jamais jusqu'à votre mari,
>    Quel déplaisir[6] ! songez-y, je vous prie :

1. Là, se fondant en pleurs, on voit croître ses charmes.
             (*Adonis*, vers 199.)
Voyez aussi *la Matrone d'Éphèse*, vers 146-152.
2. Restes-en là, modère-toi, sois satisfait. Comparez Marot, épître XLVI, tome I, p. 231 : « Adieu celle qui se contente.... » Saint-Gelais (édition de 1873), tome I, p. 114 : « O femme fortunée, contente-toi » ; d'Aubigné, *les Aventures du baron de Fæneste* (livre II, chapitre XVI) : « Lou maire, moi, qui faisoit l'accord, havile homme, m'alegue que..., s'il estoit moi, il se contenteroit » ; les *Lexiques de Malherbe et de Racine*; celui *de la Bruyère* : « Cependant, mes disciples, contentez-vous » (tome I, p. 19) ; et rapprochez une variante de la fable XXV du livre XII (tome III, p. 343, note 29) :
    Pour mieux vous contenter habitez un lieu coi.
3. Livre IV, fable XXII, vers 61 :
    C'est là notre plus court.
Dans Molière, *Sganarelle*, vers 13-14 :
    Votre plus court sera, Madame la mutine,
    D'accepter sans façons l'époux qu'on vous destine.
4. Comparez *l'Eunuque*, acte V, scène II ; et la fable VII du livre XI, vers 18, où le mot est pris au propre :
    Cet homme ainsi bâti....
5. On vous croira. (Manuscrit de Conrart.)
6. On sait que ce mot avait autrefois un sens beaucoup plus fort qu'aujourd'hui : voyez les divers *Lexiques* de la Collection. Amyot,

En des combats n'engagez point sa vie ;
Je suis du moins aussi mauvais que lui¹. »   195
A ces raisons enfin Catelle cède.
« La chose étant, poursuit-il, sans remède,
Le mieux sera que vous vous consoliez.
N'y pensez plus. Si pourtant vous vouliez....
Mais bannissons bien loin toute espérance :   200
Jamais mon zèle² et ma persévérance
N'ont eu de vous que mauvais traitement.
Si vous vouliez, vous feriez aisément
Que le plaisir de cette jouissance
Ne seroit pas, comme il est, imparfait :   205
Que reste-t-il ? le plus fort en est fait. »

Tant bien sut dire et prêcher, que la dame,
Séchant ses yeux, rassérénant son âme,
Plus doux que miel à la fin l'écouta³.
D'une faveur en une autre il passa,   210
Eut un souris, puis après autre chose,

traducteur de Plutarque, écrit, à propos d'une ville prise d'assaut (tome I, p. 550, de l'édition de 1578) : « Marcellus ne fit aucun desplaisir aux naturelz habitans. »

1. Aussi méchant que lui. (Manuscrit de Conrart.)

— Ne l'exposez point à périr dans un duel : j'ai *du moins*, tout au moins, la tête aussi chaude que lui ; ou : je suis aussi redoutable que lui, l'épée à la main. Rapprochons cette phrase de Brantôme (*Dames galantes*, p. 5) : « Ilz (les galants) estoient aussi mauuais que les aultres (que les maris) » ; et ce vers de Corneille (*la Veuve*, acte I, scène III, vers 243) :

Il n'est pas si mauvais que l'on n'en vienne à bout.

2. Voyez ci-dessus, le vers 17.

3. D'un air et d'un cœur plus doux que miel ; « trop plus doulce que miel », comme dit Marot (tome I, p. 113).

— Il en usa selon sa passion,
Et plus ne fut de larme répandue.
Honte cessa ; scrupule autant en fit.
(*La Mandragore*, vers 285-287.)

Puis un baiser, puis autre chose encor[1] :
Tant que la belle, après un peu d'effort,
Vient à son point[2], et le drôle en dispose[3],
Heureux cent fois plus qu'il n'avoit été : 215
Car, quand l'Amour d'un et d'autre côté
Veut s'entremettre, et prend part à l'affaire[4],
Tout va bien mieux, comme m'ont assuré
Ceux que l'on tient savants en ce mystère[5].

1. Rapprochez *l'Oraison de saint Julien*, vers 297 et suivants :

    Au demeurant, je n'ai pas entrepris
    De raconter tout ce qu'il obtint d'elle, etc.

2. Au point où il voulait l'amener, au point d'être cueillie comme un fruit mûr. Nous rencontrons cette locution, employée absolument : *venir au point*, dans Bonaventure des Périers, nouvelle CII (tome II, p. 134) :

    Il me vault trop mieux n'aymer point
    Qu'attendre sans venir au poinct;

au vers 9 du passage cité de Ronsard, ci-dessus, p. 47 et note 5; dans Regnier, satire XII, vers 59 :

    Car pour elles, depuis qu'elles viennent au poinct,
    Elles ne voudroient pas que l'on ne le sceust point;

dans *la Coupe enchantée*, vers 201 et 342, et dans *les Troqueurs*, vers 117. Comparez Marot, épigramme CCLXXXVI (tome III, p. 115) :

    Ie ne veiz onc plus paisible monture,
    Ne plus aysée à se renger au poinct;

et cette phrase de la LXVe des *Cent Nouvelles nouvelles* : « Il commença de faire ses approches quand il vit son poinct », l'instant favorable, l'heure du berger, « le poinct d'amours » dont parle Remy Belleau dans une de ses chansons (tome I, p. 137) :

    ....Qu'on ne demande point,
    Mais qu'on prend en temps et en lieu.

3.     Tant qu'à son point, après un peu d'effort,
    La belle vient, et du tout il dispose.
               (Manuscrit de Conrart.)

4.     Veut s'entremettre et conclure une affaire. (*Ibidem.*)

— Voyez le conte suivant, vers 47 et la note.

5. La même idée est agréablement développée dans les derniers vers de *la Courtisane amoureuse* :

    Ce que, possible, on ne croira pas vrai,

Ainsi Richard jouit de ses amours, 220
Vécut content, et fit force bons tours,
Dont celui-ci peut passer à la montre[1].
Pas ne voudrois en faire un plus rusé :
Que plût à Dieu qu'en certaine rencontre[2]
D'un pareil cas[3] je me fusse avisé[4] ! 225

> C'est que Camille, en caressant la belle,
> Des dons d'Amour lui fit goûter l'essai.
> L'essai? je faux : Constance en étoit-elle
> Aux élémens ? Oui, Constance en étoit
> Aux élémens ; ce que la belle avoit
> Pris et donné de plaisir en sa vie,
> Compter pour rien jusqu'alors se devoit.
> Pourquoi cela? Quiconque aime le die.

1. .... Là, faute de mieux, un sot passe à la montre.
(Corneille, *le Menteur*, acte I, scène 1, vers 66.)
« Expression figurée empruntée de l'art militaire. *Montre* signifiait proprement revue de troupes. C'est ce qu'ignorait un certain traducteur italien de *l'Illustre Bassa* [de Mlle de Scudéri], qui, à en croire Tallemant (*Historiettes*, tome VII, p. 437), « pour dire que « Soliman donna deux *montres* à son armée, a mis *due orologi*. » (*Lexique de Corneille*.) Voyez aussi le *Lexique de Malherbe*; Regnier, satire x, vers 257 ; et ces vers du *Différend de beaux yeux et de belle bouche* (tome V M.-L., p. 79) :

.... Maint objet tel quel, en plus d'une rencontre,
Par ce moyen passe à la montre.

2. Voyez ci-dessus, p. 78, note 4.
3. Au sens de tour, bon tour, comme au vers 68 du conte ix de la II<sup>e</sup> partie. — Rapprochez le vers 192 de *la Confidente* : « s'aviser d'un tour »; et le vers 129 du *Muletier* : « s'aviser d'un secret ».
4. Voici comment le conte se termine dans Boccace : *Et conoscendo alhora la donna quanto piu saporiti fossero i basci dello amante, che quegli del marito, voltata la sua durezza in dolce amore verso Ricciardo, tenerissimamente da quel giorno innanzi l'amo, et savissimamente operando, molte volte goderono del loro amore. Iddio faccia noi goder del nostro.* « Et congnoissant à lors la dame combien estoient plus sauoureux les baisers de l'amy que ceulx du mary, changea sa cruaulté en doulce amytié vers Richard ; et l'ayma tres tendrement de ce iour là en auant; et tres saigement iouyrent beaucoup de fois de leur amour. Dieu nous face ainsi iouyr de la nostre. »

## III

### LE COCU BATTU ET CONTENT[1].

#### NOUVELLE TIRÉE DE BOCCACE.

Le sujet de ce conte, qui est dans les manuscrits de Conrart (n° 5418, p. 161-165), sous ce titre unique : *Conte tiré de Boccace*, est emprunté à la viie nouvelle de la VIIe journée du *Décaméron*, dont voici le sommaire :

*Lodovico discuopre a madonna Beatrice l' amore il quale egli le porta; laqual manda Egano suo marito in un giardino in forma di se, et con Lodovico si giace; il quale poi levatosi, va et bastona Egano nel giardino.*

Il a été ainsi traduit par le Maçon : « Loys descouurit à madame Beatrix sa maistresse l'amour qu'il luy portoit : laquelle enuoya pour ceste cause Egano son mary en ung iardin ou lieu d'elle : et puis se coucha auec Loys; lequel, aprez qu'il fut leué, s'en alla au iardin, et battit tres bien Egano son maistre. »

La même histoire est sous ce titre : *De la Borgoise d'Orliens ou de la fame qui fist batre son mary*, dans nos fabliaux français (Barbazan, *Fabliaux et contes des poëtes françois*, etc., nouvelle édition augmentée et revue par Méon, Paris, 1808, tome III, p. 161; Montaiglon et Raynaud, *Recueil.... des fabliaux des treizième et quatorzième siècles*, Paris, 1872, tome I, p. 117). Legrand d'Aussy en a donné une analyse dans ses *Fabliaux ou contes*, fables et romans du xiie et du xiiie siècle, etc., Paris, 1829, tome IV, p. 294. Comparez *la Vraye pierre philosophale, ou le Moyen de deuenir riche à bon conte*, nouvelle qu'a dû connaître la Fontaine, et qui, malgré son titre, est tout à fait semblable à notre anecdote (*Variétés historiques et littéraires*, tome V, p. 359); *le Chevalier, la Dame et son Clerc* (*Romania*, tome I, p. 69), et le *Castiagilos* (le Châtie-jaloux) du troubadour Raimon Vidal, publié dans le *Choix de poésies originales des troubadours* de Raynouard (Paris, 1816-1821, tome III, p. 398), et dans

---

[1]. Ce titre fait songer, entre autres saillies, au mot connu de Louis XV sur le prince de Soubise, dont la femme était fort légère, et qui venait d'être battu à Rosbach : « Ce pauvre Soubise, il ne lui manque plus que d'être content. »

les *Provençalisches Lesebuch* de Bartsch (voyez d'ailleurs le curieux chapitre d'Édelestand du Méril : « Des sources du *Décaméron*, et de ses imitateurs », dans son *Histoire de la poésie scandinave*, 1838, qui suit ce conte sous ses différentes formes en Angleterre, en Italie, en Provence, en Espagne ; il le retrouve dans une vieille romance : *Poesias escogidas de nuestros cancioneros y romanceros antiguos*, tome XVII, p. 178) ; une poésie en vieil allemand, transcrite par Hagen : *Vrouwen Staetikeit* (ou *Frauen Beständigkeit*), « la constance des femmes » (tome II, p. XIII-XIV, et p. 105-121, de ses *Gesammtabenteuer*, etc., Stuttgart et Tubingue, 1850) ; et, dans les *Contes secrets russes*, s. l. n. d., publiés récemment en Allemagne, le conte 77, p. 198 (Montaiglon, tome III, p. 335).

Elle se trouve aussi dans les recueils suivants : Poge, *Facetiarum libri IV* (Ferrare, 1741, in-4°), *Fraus mulieris* (tome I, p. 20, de l'édition de Londres, 1798) ; Sabadino, *Settanta novelle dette le Porrettane* (Venise, 1484, in-fol.), nov. 39 ; *Convivalium sermonum liber* (Bâle, 1542, in-8°), p. 198 ; Burkhard Waldis, *Esopus* (Francfort, 1548, in-8°), livre IV, fable 81, *vom alten Mann und seinem Weibe* : voyez, tome II, p. 178, de l'édition de Leipzig, 1862, quelques renvois de l'éditeur à des recueils allemands de récits et de chansons populaires ; Bandello, *Novelle* (Lucques, 1554, in-4°), nov. 25 ; ser Giovanni Fiorentino, *il Pecorone* (Milan, 1558, in-8°), giorn. III, nov. 22 ; Domenichi, *Facetie, motti e burle*, etc. (Florence, 1564, in-8°), p. 204 ; Lope de Rueda, *las Quatro comedias y dos coloquios pastoriles* (Valence, 1567, in-8°), *Cornudo y contento* ; Malespini, *Ducento novelle* (Venise, 1609, in-4°), nov. 21 ; *les Cent Nouvelles nouvelles*, nouv. 88 ; Henri Estienne, *Apologie pour Hérodote* (1566, in-8°), chapitre XV, *le Colombier* (tome II, p. 294, de la réimpression de la Haye, 1735) ; *les Facetieuses Iournées, contenant cent certaines et agreables nouuelles*, etc., par Gabriel Chappuys, p. 168 ; *Roger Bontems en belle humeur*, etc. (Cologne, 1670, in-12), p. 64 ; *l'Élite des contes*, du sieur d'Ouville (Rouen, 1680, in-8°), « d'un Homme qui fut cocu, battu et content » : deux contes sur le même sujet, tome I, p. 201-216, et p. 216-220. Citons encore les *Nouveaux contes à rire*, etc., édition de Cologne, 1722, in-8°, tome I, p. 105 ; et *le Cocu content, ou le Véritable miroir des amoureux, histoire nouvelle et galante*, Amsterdam, 1702, in-12. Mais la plupart de ces récits, comme ceux du Poge, des *Cent Nouvelles nouvelles*, d'Henri Estienne, etc., diffèrent, par les circonstances, de celui-ci ; c'est ce qu'on verra par l'extrait que nous donnons plus loin de l'*Apologie pour Hérodote*.

Voici ce que le *Journal des Savants* (p. 41 du numéro cité à la note 1 de notre page 3) dit du *Cocu* de la Fontaine : « Cette traduction est du même auteur que celle de *Joconde*; mais elle est traitée d'une manière bien différente. Car la première est en vers libres, et l'autre en vers imités du temps de Marot. Aussi cet auteur fait-il l'essai dans ces deux pièces de ces espèces de vers, qu'il a jugés plus propres pour rimer des contes; et il se propose, selon que l'un ou l'autre plaira davantage, de s'en servir dans d'autres ouvrages de cette nature, qu'il a dessein de donner au public[1]. »

Ce conte a fourni le sujet de trois comédies : *Le Cocu battu et content*, comédie de Raimond Poisson, jouée à l'Hôtel de Bourgogne au mois d'août 1672 ; *le Tuteur*, de Dancourt, comédie en un acte, en prose, représentée au Théâtre-Français le 13 juillet 1695 (Paris, Th. Guillain, 1695, in-12), analysée au tome III du *Dictionnaire dramatique* (Paris, 1776), p. 340; et dont une reprise est mentionnée par Piron dans une épître au comte de Livry du 13 octobre 1733[2]; *le Mari cocu, battu, content*, comédie en un acte, en vers, par de Castre de Wiege, officier au régiment de la Marine (Metz, veuve Brice Antoine, 1738, in-12).

Pour la date de la publication du *Cocu*, voyez ci-dessus la fin de la notice sur *Joconde*.

N'a pas longtemps[3] de Rome revenoit
Certain cadet[4], qui n'y profita guère,
Et volontiers en chemin séjournoit,
Quand par hasard le galant rencontroit
Bon vin, bon gîte, et belle chambrière[5].  5

1. Voyez ci-dessus, p. 5 et note 2.
2.  Le fond est un conte plaisant
    Intitulé par un grand maître
    *Le Cocu battu et content.*
    Le parterre m'a paru l'être.

3. Même locution, même ellipse : « N'a pas longtemps », « N'a pas cent ans », chez nos vieux conteurs : dans *les Cent Nouvelles nouvelles*, p. 8, 107, 123, 135, etc.; dans des Périers, tome II, p. 191; etc.; voyez *ibidem*, p. 25 : « Longtemps auoit ».

4. Un cadet de famille, un gaillard, un bon vivant.

5. Bon soupé, bon gîte, et le reste. (Livre IX, fable II, vers 17.)

Avint¹ qu'un jour, en un bourg arrêté,
Il vit passer une dame jolie,
Leste, pimpante, et d'un page suivie² ;
En la voyant, il en fut enchanté,
La convoita, comme bien savoit faire.            10
Prou³ de pardons⁴ il avoit rapporté ;
De vertu peu : chose assez ordinaire.
La dame étoit de gracieux maintien⁵,
De doux regard, jeune, fringante⁶ et belle,
Somme qu'⁷ enfin il ne lui manquoit rien,        15

1. Même forme archaïque au livre IX, fable 1, vers 78; aux vers 124, 145 du conte II, 17 du conte III, et 56 du conte V de la IIᵉ partie, etc. L'Académie n'a que *avenir* dans ses cinq premières éditions; dans la sixième elle ajoute : « Quelques-uns disent *advenir*. » Richelet donne *avenir* seul; Furetière, *advenir*; le *Dictionnaire de Trévoux*, les deux. — Ce tour *Avint que* est familier à Marot.

2.   Vous souffrez que la vôtre aille leste et pimpante :
     Je le veux bien; qu'elle ait et laquais et suivante, etc.
         (Molière, *l'École des maris*, acte I, scène II, vers 111-112.)

3. *Beaucoup;* le mot signifie aussi *assez, suffisamment.* « Il ne se dit qu'en riant et dans le comique », selon le *Dictionnaire de Trévoux*. Nous avons déjà rencontré cet adverbe dans la fable XVIII du livre V, vers 4; il est pris substantivement dans le *Conte d'un paysan qui avoit offensé son seigneur*, vers 46 : « Bon prou vous fasse. »

4. Voyez ci-dessus, p. 73 et note 4.

5. Comparez *les Quiproquo*, vers 55 :
     Une suivante, ainsi qu'elle mignonne,
     De même taille et de pareil maintien.

— Semblable expression : « maintien gracieux », dans la nouvelle CXXV de des Périers, en parlant de deux courtisanes.

6. Voyez ci-dessous, le vers 137 des *Cordeliers de Catalogne* et la note; rapprochez le vers 196 du *Magnifique* :
     La dame étoit jeune, fringante et belle;
le vers 256 de *la Coupe enchantée* :
     Une épouse fringante, et jeune, et dans son feu.

7.         ....Le jeu lui sembla beau,
     Somme que l'herbe en fut encor froissée.
                 (*La Servante justifiée*, vers 59.)
Voyez aussi *les Troqueurs*, vers 74. Cette locution, comme *fors que*

Fors que[1] d'avoir un ami digne d'elle.
Tant se la mit le drôle en la cervelle,
Que dans sa peau peu ni point ne duroit[2],
Et s'informant comment on l'appeloit :
« C'est, lui dit-on, la dame du village ; 20
Messire Bon l'a prise en mariage,
Quoiqu'il n'ait plus que quatre cheveux gris :
Mais, comme il est des premiers du pays,
Son bien supplée au défaut de son âge[3]. »

du vers suivant, est très fréquente chez nos anciens écrivains. Voyez, entre autres exemples, le chapitre VII de *Pantagruel* (tome I, p. 257), et une lettre de Chapelain de 1640 (tome I, p. 639, du recueil cité).

1. Si ce n'est, hors, excepté.

.... N'oublia rien fors qu'à me dire adieu.
(MAROT, épître XXIX, tome I, p. 196.)

Malherbe blâme cette expression chez des Portes ; il veut qu'on dise *sinon que* (tome IV, p. 333). Comparez des Périers, tomes I, p. 115, II, p. 14 ; le conte du *Muletier*, vers 64 ; etc.

2. C'est ce que les Italiens appellent : *non capire in se stesso*. Voltaire reprend ces deux vers. « Boccace, dit-il, n'a point de ces expressions basses et incorrectes. » Voyez ce que nous avons répondu plus haut, p. 48, à une semblable critique, qui n'était pas plus juste, au sujet de l'Arioste ; et ci-dessous, le vers 4 de *la Servante justifiée* et la note. Citons de cette image très familière un exemple de Voiture (tome II, p. 387) :

Les vieillards les plus honorables,
Les vieilles les plus détestables,
Ressentant l'amoureux flambeau,
Ne pouvoient durer dans leur peau ;

un de Molière (*Pastorale comique*, scène II) :

Auprès de lui, les plus cruelles
Ne pourront tenir dans leur peau ;

un autre de Saint-Simon (tome IV, p. 25) : « La Feuillade en partant ne tenoit pas dans sa peau » ; et rapprochons les vers 34 de *Richard Minutolo* et 50 du *Roi Candaule* :

Notre examinateur soupiroit dans sa peau.

3. A son manque de jeunesse. — Comparez *le Calendrier* :

Les père et mère ont pour objet le bien :

Notre cadet tout ce détail apprit, 25
Dont il conçut espérance certaine¹.
Voici comment le pèlerin² s'y prit.
Il renvoya³ dans la ville prochaine
Tous ses valets, puis s'en fut au château ;
Dit qu'il étoit un jeune jouvenceau 30
Qui cherchoit maître, et qui savoit tout faire.
Messire Bon, fort content de l'affaire,
Pour fauconnier⁴ le loua bien et beau⁵,
Non toutefois sans l'avis de sa femme.
Le fauconnier plut très fort à la dame ; 35
Et n'étant homme en tel⁶ pourchas⁷ nouveau,

> Tout le surplus, ils le comptent pour rien ;
> Jeunes tendrons à vieillards apparient, etc. (vers 5-7).

1. Sûre : voyez ci-dessus, p. 68 et note 4.

2. Le galant, le bon apôtre. « On appelle figurément *pèlerin*, dit l'Académie (1694), un homme fin, adroit, dissimulé. » La même locution est employée dans *l'Heptaméron*, p. 85 : « Ils ne connoissoient l'humeur du pelerin » ; et dans la scène 1 de l'acte I du *Don Juan* de Molière : « Si tu connoissois le pèlerin.... »

3. Envoya. (1665 A et C.) Voyez le vers 69 de *la Servante justifiée*.

4. Chez Boccace, le jeune homme est pris comme serviteur, sans charge ni désignation spéciales. — Même ruse d'un jeune seigneur, qui se loue comme palefrenier, dans la nouvelle XXVI de *l'Heptaméron* : « La dame alla visiter les cheuaulx, et regarda le palefrenier nouueau qui lui sembla homme de bonne grace, etc. »

5. Voyez ci-dessus, p. 53 et note 7. — 6. Tels. (1665 A et C.)

7.            Mais pourquoy est ce, à ton aduis,
              Que la mienne m'est si estrange,
              Et qu'elle prise moins que fange
              Ma peine et moy et mon pourchas ?

(MAROT, *Dialogue de deux Amoureux*, tome I, p. 37.)

Dans des Périers, tome II, p. 198, « pourchas d'amour ». Ce terme (on dit encore *pourchasser*) revient souvent chez nos vieux auteurs. Il n'est dans aucune des éditions du *Dictionnaire de l'Académie*. — Comparez, pour le tour, le vers 371 de *la Fiancée du roi de Garbe* :

N'étant novice en tels cas ;

et le vers 273 de *la Courtisane amoureuse* :

N'étant novice en semblables affaires.

Guère ne mit à déclarer sa flamme.
Ce fut beaucoup; car le vieillard étoit
Fou de sa femme, et fort peu la quittoit,
Sinon les jours qu'il alloit à la chasse.              40
Son fauconnier[1], qui pour lors le suivoit,
Eût demeuré volontiers en sa place.
La jeune dame en étoit bien d'accord[2];
Ils n'attendoient que le temps de mieux faire[3].
Quand je dirai qu'il leur en tardoit fort,             45
Nul n'osera soutenir le contraire.

Amour enfin, qui prit à cœur l'affaire[4],
Leur inspira la ruse que voici :
La dame dit un soir à son mari :
« Qui croyez-vous le plus rempli de zèle              50
De tous vos gens ? » Ce propos entendu,
Messire Bon lui dit : « J'ai toujours cru
Le fauconnier garçon sage et fidèle ;
Et c'est à lui que plus[5] je me fierois[6].

1. Le fauconnier. (1665 A et C, et manuscrit de Conrart.)
2. C'est-à-dire ils étaient bien d'accord ensemble à cet égard ; ils n'attendaient qu'une occasion. Comparez les vers 81 de *l'Oraison*, 142 du *Magnifique*; et *Ragotin*, acte III, scène 1 :

    Isabelle est d'accord de cet enlèvement.

3. Rapprochez *l'Oraison de saint Julien*, vers 175 :

    .... Étant donc la donzelle
    Prête à bien faire ;

et *le Calendrier*, vers 117. La même locution, au même sens, est dans des Périers, tome I, p. 48 : « afin qu'elle eust meilleur courage de bien faire »; *ibidem*, p. 246: « tout prest à bien faire »; et p. 93 : « Ils eurent assez bon loisir de bien faire. »

4. Comparez les vers 216-217 du conte précédent ; et le vers 80 du *Fleuve Scamandre* :

    On dit même qu'Amour intervint à l'affaire.

5. *Plus* pour *le plus* : voyez ci-dessus, p. 29 et note 2.
6. Dans Boccace : *Io non ho ne hebbi mai alcuno di cui io tanto*

— Vous auriez tort, repartit cette belle ; 55
C'est un méchant : il me tint l'autre fois
Propos d'amour, dont je fus si surprise,
Que je pensai tomber tout de mon haut[1] ;
Car qui croiroit une telle entreprise ?
Dedans l'esprit il me vint aussitôt[2] 60
De l'étrangler, de lui manger la vue[3] :
Il tint à peu ; je n'en fus retenue
Que pour n'oser un tel cas publier[4] ;
Même, à dessein qu'il ne le pût nier,
Je fis semblant d'y vouloir condescendre[5] ; 65

*mi fidassi, o fidi, o ami, quant' io mi fido et amo Anichino ; ma perche me ne domandi tu ? etc.*

1. Rapprochez, pour cet emploi de *tout*, le vers 52 de *l'Ermite* :

Tout du haut de la tête.

— Locution semblable dans *les Cent Nouvelles nouvelles*, p. 226 : « Il se laissa cheoir du hault de luy »; dans *l'Heptaméron*, p. 187 et 153 : « Il tomba tout de son hault »; et au vers 352 du *Menteur* de Corneille :

A vous dire le vrai, je tombe de bien haut.

2. ....Il me vient une chose
Dedans l'esprit.
(*Mazet*, vers 97-98.)

3. Et lui manger la vue. (Manuscrit de Conrart.)

— De lui arracher les yeux. Dans le conte précédent, vers 128-129 :

Laisse-moi là, sinon à belles dents
Je te déchire et te saute à la vue.

Voyez aussi *la Gageure*, vers 93 : « donner à quelqu'un dans la vue ».

4. Que par la crainte d'éventer ce secret. Le tour est à remarquer.

—       Gulphar alla tout droit
Conter ce cas, le corner par la ville
Le *publier*, le prêcher sur les toits.
(*A Femme avare Galant escroc*, vers 67-69.)

5.      Par pitié donc elle condescendit
Aux volontés, etc.
(*La Fiancée du roi de Garbe*, vers 346.)

— Chez Boccace, Béatrice fait à son mari cette fausse confidence (qui n'est fausse qu'à demi), tandis qu'elle est couchée auprès de

Et cette nuit, sous un certain poirier,
Dans le jardin je lui dis de m'attendre.
« Mon mari, dis-je, est toujours avec moi,
« Plus par amour que doutant de ma foi ;
« Je ne me puis dépêtrer de cet homme[1], 70
« Sinon la nuit pendant son premier somme :
« D'auprès de lui tâchant de me lever,
« Dans le jardin je vous irai trouver[2]. »
Voilà l'état où j'ai laissé l'affaire. »

Messire Bon se mit fort en colère. 75
Sa femme dit : « Mon mari, mon époux,
Jusqu'à tantôt cachez votre courroux ;
Dans le jardin attrapez-le[3] vous-même :
Vous le pourrez trouver fort aisément ;
Le poirier est à main gauche en entrant. 80
Mais il vous faut user de stratagème :
Prenez ma jupe et contrefaites-vous[4] ;
Vous entendrez son insolence extrême :

lui ; et elle retient par la main l'amoureux caché dans la ruelle du lit, pour qu'il ne se croie pas dénoncé, trahi, et ne prenne pas la fuite.

1. Du bonhomme. (1665 B, 1668, 1669 Amsterdam et Leyde.) — Même locution dans *l'Heptaméron*, p. 334 : « L'homme ne se peut depestrer de la femme » ; et dans Regnier, satire VIII, vers 99. Comparez *le Diable en enfer*, vers 171 :

Rustic voudroit être dépêtré d'elle ;

et rapprochez cette phrase de Mme de Sévigné (tome VI, p. 447) : « Je vois l'embarras de son fils.... empêtré d'une jeune femme. »

2. Dans le conte 1 de la I<sup>re</sup> partie, vers 411 :

Je vous irai trouver pendant leur premier somme.

Voyez aussi *la Confidente*, vers 153.

3. Même locution : « attraper le galant », ci-dessous, vers 91 ; dans *le Faiseur d'oreilles*, vers 106 ; et *passim*.

4. Déguisez-vous : même terme dans Coquillart, tome I, p. 66 : « Le monde se contrefera », et p. 67 ; dans la fable IX du livre XII, vers 61 ; et dans la comédie de *Clymène* (tome IV M.-L., p. 122) :

....Nous nous savons (*les Muses*) toutes neuf contrefaire.

Lors d'un bâton donnez-lui tant de coups,
Que le galant demeure sur la place.      85
Je suis d'avis que¹ le friponneau² fasse
Tel compliment à des femmes d'honneur ! »
L'époux retint cette leçon par cœur.
Onc³ il ne fut une plus forte dupe
Que ce vieillard, bon homme⁴ au demeurant.   90

Le temps venu d'attraper⁵ le galant,
Messire Bon se couvrit d'une jupe,
S'encorneta⁶, courut incontinent⁷

1. Voyez ci-dessous, *le Berceau*, vers 164 ; *la Gageure*, vers 90 ; *la Mandragore*, vers 155, etc. : « J'en suis d'avis » ou « Je suis d'avis que ».
2. Le petit fripon. Nous rencontrons de semblables diminutifs : « bonhommeau », au vers 141 du même conte ; « diableteau », dans le conte v de la IV° partie, vers 82, 112, et 150 ; « volereaux », dans la fable xvi du livre II, vers 24 ; « mâtineau », dans le xviii° du livre VIII, vers 43 ; « enfanteau », chez Marot (tome II, p. 74) ; « advocaceaux, mugueteaux », dans *l'Eugène* de Jodelle (acte II, scène ii) ; « mangereaux, procuraceaux », dans *la Reconnue* de Belleau (acte V, scène iii) ; « poétereau », chez Scarron, cité par Littré, etc.
3. *Onc*, jamais, archaïsme fréquent dans ces contes. Malherbe, dans son commentaire sur des Portes, traite *onc*, *oncques* de « vieux mot » (tome IV, p. 392, note 2, et p. 397, note 2), bien qu'il l'ait lui-même employé (tome I, p. 290, et p. 53, dans une variante).
4. Voyez *Joconde*, vers 377 et la note.
5. Même tour dans *Richard Minutolo*, vers 99 : « Le temps venu d'aller.... », et dans *le Diable de Papefiguière*, vers 109. Comparez ci-dessous, le conte vii, vers 9 : « Le temps venu que.... », etc.
6. Mit une cornette : bonnet de femme, en déshabillé, coiffure de nuit, qui se nouait sur la gorge. Dans Boccace : *una guarnaccha..., un velo in capo*. — Comparez les vers 75 de *la Gageure* :

Elle en cornette et dégrafant sa jupe...,

61 du *Gascon puni*, et 133 des *Quiproquo* ; et, chez des Périers (tome II, p. 151), chez Brantôme (VIII, p. 187), chez du Fail (I, 86, 191, 217), l'expression : *embéguiné*.
7. S'encorneta, s'en fut incontinent.
(1665 A, B et C, 1668, 1669 Amsterdam et Leyde, et manuscrit de Conrart.)

Dans le jardin, où ne trouva personne :
Garde n'avoit¹ ; car tandis qu'il frissonne,     95
Claque des dents, et meurt quasi de froid²,
Le pèlerin³, qui le tout observoit,
Va voir la dame, avec elle se donne
Tout le bon temps⁴ qu'on a, comme je croi,
Lorsqu'Amour seul étant de la partie,     100
Entre deux draps⁵ on tient femme jolie,
Femme jolie, et qui n'est point à soi⁶.
Quand le galant, un assez bon espace⁷,
Avec la dame eut été dans ce lieu,
Force lui fut⁸ d'abandonner la place ;     105
Ce ne fut pas sans le vin de l'adieu⁹.
Dans le jardin il court en diligence.
Messire Bon, rempli d'impatience,

1. Il n'y avait pas de danger qu'il rencontrât quelqu'un.
2. Rapprochez le vers 146 de *l'Oraison de saint Julien* :

.... Claque des dents, se plaint, tremble et frissonne ;

et, pour une situation analogue, les vers 273-277 de *la Gageure* :

Tandis qu'ainsi Berlinguier fait le guet,
La bonne dame et le jeune muguet
En sont aux mains, et Dieu sait la manière, etc.

3. Voyez ci-dessus, p. 88 et note 2.
4. Tout le plaisir. (Manuscrit de Conrart.) — Ci-dessous, p. 100, ligne 9 : « ung sien amy, auec lequel elle se donna du bon temps. »
5. Pour cette locution : « être de la partie », comparez le vers 25 de *Richard Minutolo* et la note, et pour cette autre : « entre deux draps », les vers 323 de *l'Oraison de saint Julien*, 267 du *Roi Candaule*, et 34 de la ballade *sur le mal d'Amour*.
6. C'est l'idée développée aux vers 120 et suivants des *Troqueurs*.
7. De temps : comparez le conte du *Berceau*, vers 95 ; Molière, *l'École des femmes*, vers 1388 ; etc. ; et les Lexiques de Malherbe et de la Rochefoucauld. — Dans Boccace : *per un buono spatio di tempo*.
8. Voyez le vers 12 du conte précédent et la note.
9. Figurément : le coup de l'étrier, « le vin de l'étrier », comme dit Vergier (conte de *la Culotte*, vers 107). — Même tour au livre XII, fable VI, vers 11 : « Ce ne fut pas sans boire un coup. »

A tous moments¹ sa paresse² maudit.
Le pèlerin, d'aussi loin qu'il le vit,   110
Feignit de croire apercevoir la dame,
Et lui cria : « Quoi donc! méchante femme,
A ton mari tu brassois³ un tel tour!
Est-ce le fruit de son parfait amour?
Dieu soit témoin que pour toi j'en ai honte⁴!   115
Et de venir ne tenois quasi compte⁵,
Ne te croyant le cœur si perverti
Que de vouloir tromper un tel mari.
Or bien, je vois qu'il te faut un ami⁶;
Trouvé ne l'as en moi, je t'en assure.   120
Si j'ai tiré⁷ ce rendez-vous de toi,
C'est seulement pour éprouver ta foi;

1. A tout moment. (Manuscrit de Conrart.)
2. La paresse du galant, sa lenteur à venir.
3. Tu tramais. Expression figurée, que nous rencontrons dans Villon, p. 106; dans Coquillart, tome II, p. 191; dans le LII° rondeau de Marot, dans sa traduction du psaume L de David :

> Ta langue brasse et fraudes et nuysances;

etc., qui était restée d'un usage habituel au dix-septième siècle, et se trouve dans toutes les éditions du *Dictionnaire de l'Académie*. Comparez le vers 59 du conte XIII de la IV° partie. — *Brasseur* était également employé autrefois au figuré : « Plato vouloit qu'il y eust des brasseurs de mariage, qui sceussent par art cognoistre les qualitez des personnes qui se marient. » (GUILLAUME BOUCHET, III° serée.) On dit encore un « brasseur d'affaires ».

4. *Ahi! malvagia femmina, dunque ci se' venuta, et hai creduto che io volessi o voglia al mio signore far questo fallo? tu sii la mal venuta per le mille volte.*

5. Et je ne tenais guère à venir, j'étais sur le point de ne pas venir, persuadé que je me dérangerais pour rien.

6. Voyez ci-dessus, le vers 16.

7. Rapprochez le conte IX de la II° partie, vers 36; et une phrase de Mme de Sévigné (tome VII des *Lettres*, p. 27) où ce verbe est employé à peu près au même sens, obtenir par adresse : « Je tirai l'autre jour à Rennes, du milieu du tourbillon, une heure de conversation avec M. de Chaulnes. »

c. iii]  PREMIÈRE PARTIE.  95

> Et ne t'attends de [1] m'induire à luxure :
> Grand pécheur suis ; mais j'ai, la Dieu merci [2],
> De ton honneur [3] encor quelque souci.      125
> A Monseigneur ferois-je un tel outrage ?
> Pour toi, tu viens avec un front de page [4] !
> Mais, foi de Dieu ! ce bras te châtiera ;

1. Voyez, pour ce tour, tome III, p. 14 et note 8.

2. Tel est le texte de 1665 A, B et C, de 1668, 1669 Amsterdam et Leyde, de 1685, 1686, et du manuscrit de Conrart. — Mais j'ai là, Dieu merci. (1667, 1669 Paris, 1705.) — Dans une partie du tirage de l'édition de 1669 Paris : « Mais j'ai las! Dieu merci. » — Le manuscrit de la Fontaine portait très probablement *la Dieu merci*. Si le texte a été modifié, c'est par suite d'une faute d'impression. — « Seigneur, la Dieu mercy, nos nos sommes tuit acordé de faire empereour. » (VILLEHARDOUIN, édition de la Société de l'Histoire de France, p. 85.) « Seigneur, nos auons ceste ville conquise, la mercy Dieu et par la vostre. » (*Ibidem*, p. 27.) Ajoutons huit exemples des *Cent Nouvelles nouvelles*, p. 181, 242, 245, 390, 397, 901, 406, 410 ; et celui-ci de Marot (épître LVIII, tome I, p. 265) :

> Et de moy, la mercy à Dieu,
> Ie puy bien aller en tout lieu.

— Rapprochez « la grace à Dieu » dans Brantôme (*Dames galantes*, p. 691), et dans les *Mémoires* de du Bellay (Paris, 1582, tome I, p. 40).

3. De mon salut. (Manuscrit de Conrart.)

4. Effrontée, cynique comme un page. Les pages avaient la réputation, justifiée du reste, d'être de très mauvais sujets. « Un messer venitien, rapporte du Fail (tome I, p. 106), trouuoit les François gens honnestes et humains ; toutesfois ne se contentoit aucunement d'une espece de petits hommes qu'il auoit veu en la cour habillez de diuerses couleurs. « Ie ne sçay, disoit-il, quels « offices ils ont..., mais ces petits diabloteaux, qu'ils appellent « pages, vous tireront tantost par la cape, puis d'un costé, puis « de l'autre, faisant semblant regarder ailleurs et demander quelle « heure il est, » etc. Dans une lettre à Foucquet, du 26 août 1660, le poète dit, parlant de ceux de Mazarin :

> .... Et puis ses pages
> Se papadoient en bel arroi,
> Montés sur chevaux aussi sages
> Que pas un d'eux, comme je croi.

Et Monseigneur puis après¹ le saura. »

Pendant ces mots l'époux pleuroit de joie,　　130
Et, tout ravi, disoit entre ses dents :
« Loué soit Dieu, dont la bonté m'envoie
Femme et valet si chastes, si prudents ! »
Ce ne fut tout, car à grands coups de gaule
Le pèlerin vous lui froisse² une épaule³ :　　135
De horions laidement⁴ l'accoutra⁵ ;
Jusqu'au logis ainsi le convoya⁶.

1. Après, plus tard : expression souvent employée, même en prose, qui ne surprend un peu ici que parce qu'elle est au milieu de la phrase au lieu d'être au commencement. Voyez *l'Heptaméron*, p. 375 : « Ils sont puis apres punis » ; Brantôme, tome IX, p. 329, 477 : « Le Roy puis apres aussi en rit » ; les contes v de la Iʳᵉ partie, vers 28, XVI de la IIᵉ, vers 146 ; et les *Lexiques de Malherbe et de Corneille*.
2. Dans Boileau, satire VI, vers 33 :

　　L'un me heurte d'un ais dont je suis tout froissé.

Voyez aussi Malherbe, tome II, p. 397 : « Les uns seront froissés, les autres donneront du nez à terre. »
3. *Et alzato il bastone, lo incomincio a sonare.*
4. « De manière à le rendre laid. » Comparez *le Roman des sept sages*, p. 65 : « Ie la vis escheuelée et descirée laidement » ; et Rabelais (tome I, p. 99) : « Marquet.... estoit villainement blessé », expression que nous retrouvons à la scène II de l'acte IV de *Ragotin*.
5. Proprement : l'habilla. « Ç'auoit esté d'une verge souple comme un pied de selle dont il auoit accoustré tellement le leurier que le gentilhomme ne mangea depuis lieure de sa prise. » (B. DES PÉRIERS, tome I, p. 100.) *Ibidem*, p. 215 : « Par Dieu!... c'est mon homme, ie le vais un petit accoustrer. » Voyez aussi tome II, p. 166 et 258 ; Noël du Fail, tome II, p. 117, 170 ; *l'Heptaméron*, p. 76 : « Comme mon visage est accoustré ! » et *Ragotin*, acte IV, scène X :

　　La pauvre Cléopâtre est bien défigurée ;
　　Vous voyez comme on l'a dans ces lieux accoutrée.

6. L'escorta, l'accompagna : tel est le sens que l'Académie donne à ce verbe dans la Iʳᵉ édition de son *Dictionnaire* (1694), et elle ajoute qu'il n'est pas d'un grand usage. De la 2ᵉ à la 5ᵉ elle le restreint au langage maritime ; les deux dernières l'étendent au langage militaire. Voyez *les Cent Nouvelles nouvelles*, p. 62 : « L'er-

Messire Bon eût voulu que le zèle
De son valet n'eût été jusque-là ;
Mais, le voyant[1] si sage et si fidèle,                140
Le bonhommeau[2] des coups se consola.
Dedans le lit sa femme il retrouva[3] ;
Lui conta tout, en lui disant : « M'amie,
Quand nous pourrions vivre cent ans encor,
Ni vous ni moi n'aurions de notre vie              145
Un tel valet ; c'est sans doute un trésor[4].
Dans notre bourg je veux qu'il prenne femme :
A l'avenir traitez-le[5] ainsi que moi.

mite.... en sa chapelle les conuoye » ; et l'*Appendice* de notre tome II, p. 489, vers 8 : « Iupiter vous conuoye ! » Il est dans Villon, p. 197, au sens d'*inviter* : « conuoyer à disner ».

1. Mais, le croyant. (Manuscrit de Conrart.)

2. Comme, plus haut, *le friponneau*, vers 86 et note. Voyez Marot, tome II, p. 247 : « le bonhommeau Labeur » ; Passerat, *Métamorphose d'un homme en coucou*, vers 25 et 29 : « ce bon vieillot », ce « bonhommeau » ; et les exemples transcrits dans le Dictionnaire de M. Godefroy. Nous rencontrons *bonhommet* dans Rabelais, tomes I, p. 357, et II, p. 21 : « C'estoit le meilleur petit et grand bonhommet que oncques ceigneït espée » ; et dans Tallemant des Réaux, tome I, p. 348 : « un petit bonhommet comme moi. » On disait également *bonhommel* et *bonhommiau*. *Hommeau* est dans le *Dictionnaire français-anglais* de Cotgrave (1632) ; Nicot (1606) a *hommet* et *hommelet*. M. Delboulle[a] cite aussi de ces deux mots un exemple d'Henri Estienne ; et Littré, du second, un de Montaigne, dans son *Supplément*. — Sur le sens qu'a ici *bonhommeau*, voyez *Joconde*, vers 377 et la note, et le conte suivant, vers 44.

3. Qui, chez Boccace, lui demande ce qui s'est passé.

4. Même locution dans *Joconde*, vers 326, dans *le Tableau*, vers 127.

5. Élision à remarquer : rapprochez le vers 51 de l'*Élégie* [pour *M. Foucquet* :

Du titre de clément rendez-*le* ambitieux.

Voyez aussi livres V, fable III, vers 10, VI, fable I, vers 17 ; ci-après, p. 111, note 7 ; *le Diable de Papefiguière*, vers 124 ; etc. — Semblable recommandation du mari à la femme dans la nouvelle, déjà citée, de *l'Heptaméron* : « Ma mie, traitez-le comme moy-mesme. »

*Matériaux pour servir à l'historique du français*, Paris, 1880.

— Pas n'y faudrai[1], lui repartit la dame ;
Et de ceci je vous donne ma foi[2]. »                     150

1. N'y manquerai. « Il ne failliroit à retourner » ; « il ne failloit point à entrer » (des Périers, tome I, p. 241, 243). Comparez *la Gageure des trois commères*, vers 284 ; et *passim*.

2. « Et vous jure ma foi », aux vers 71 de *l'Oraison de saint Julien*, 105 de *la Gageure*, 8 du *Roi Candaule*. « Je vous iure et promets ma foy. » (*L'Heptaméron*, p. 339.) — Le stratagème, comme nous l'avons dit, n'est pas le même dans Poge et les conteurs qui ont imité ou transcrit son récit. Ainsi nous lisons dans l'*Apologie pour Hérodote* d'Henri Estienne, au chapitre intitulé *le Colombier* : « .... Ceste-ci donc, ayant faict mettre son chaland sous le lict, s'en vint incontinent au deuant de son mary, qui estoit suruenu à l'heure qu'elle ne l'attendoit pas, et commença à le tancer bien fort, disant qu'il sembloit qu'il ne demandast autre chose que de se mettre entre les mains des sergeans, lesquels ne faisoyent que de sortir de la maison, apres l'auoir cerché par tous les coins d'icelle. » Comme son mari a quelque raison de les craindre, elle lui conseille de se cacher dans le colombier. « Et quelque temps apres l'auoir là enfermé, et osté l'eschelle, pour luy faire auoir encore plus grand peur, fit contrefaire le sergeant par son dict paillard ; et, apres auoir mené grand bruit, en la fin s'en alla coucher auec luy en seureté, tenant en prison celuy duquel elle auoit eu crainte. » (Chapitre xv, tome I, p. 274-275, de l'édition de 1879.) — Voici la moralité du *Castiagilos* de Raimon Vidal :

Elas an be tant gran poder
Que messonia fan semblar ver,
E ver messonia eissamen,
Can lor plai, tan an sotil sen.

« Les femmes ont tant de ruse et tant de puissance que, dès qu'elles le veulent, elles donnent au mensonge l'apparence de la vérité, et à la vérité l'air du mensonge. »

# IV

## LE MARI CONFESSEUR.

#### CONTE TIRÉ DES CENT NOUVELLES NOUVELLES.

Ce conte est emprunté à la 78ᵉ des *Cent Nouvelles nouvelles;* mais son origine est bien plus ancienne; c'est un de nos vieux fabliaux : *Du Chevalier qui fist sa fame confesse* (Barbazan-Méon, tome III, p. 229; Legrand d'Aussy, tome IV, p. 132; Montaiglon, tome I, p. 178), fabliau dont on retrouve les vestiges dans Boccace (vᵉ nouvelle de la VIIᵉ journée, qui rappelle également les ruses de l'héroïne du conte précédent et de la troisième commère dans le conte vii de notre IIᵉ partie); dans Malespini (nov. 92); dans Bandello (nov. 40); dans la reine de Navarre (nouv. 35); mais le récit, chez ces quatre conteurs, n'a qu'un rapport éloigné avec celui des *Cent Nouvelles nouvelles* et de la Fontaine.

Voyez aussi le petit livre de Thibauld d'Anguilbert, écrit au quinzième siècle : *Mensa philosophica*, in-4º de 49 feuillets, publié à Cologne, sans nom d'auteur et sans date, où une anecdote analogue est racontée avec une spirituelle concision (fol. 35 vº) : *Quidam miles voluit audire confessionem uxoris sue, que rennuit dicens quippe non haberet suppellicium neque stolam. Qui querens eà, eam vocavit ad confitendum. Que ait* : « *Iuvenis fui, et dilexi iuvenem armigerum, postea militem, postea fatuum, deinde sacerdotem.* » *Tunc ille, projiciens suppellicium et stolam, quesivit si sacerdos adhuc viveret. Que dixit quod sic, et rogavit ne ista revelaret. Post triduum, cum promisisset eum affligi, vocavit eum ad se dicens* : « *Scitote quod ea que vobis in confessione retuli ex industria dixi et verum protuli. Vos enim accepi domicellum; post habui vos militem, post fatuum, quia talia volebatis audire, et modo sacerdotem, quia confessiones audivistis.* » Ici, on le voit, le mari ne cherche pas à se cacher : cette confession est plutôt un jeu, mais un jeu qui cache peut-être un piège.

Voici le sommaire du conte de Boccace qui n'a, nous l'avons dit, qu'une similitude lointaine avec le nôtre :

*Un geloso in forma di prete confessa la moglie, alquale ella da a vedere che ama un prete, che viene allei ogni notte, diche mentre che il geloso nascosamente prende guardia all' uscio, la donna per lo tetto si fa venire un suo amante, et con lui si dimora.*

« Ung ialoux, en habit de prestre, confessa sa femme, auquel elle feit accroyre qu'elle aymoit ung prestre, qui venoit toutes les nuictz coucher auec elle : au moyen de quoy, ce pendant que le ialoux faisoit le guet à la porte pour surprendre le prestre, la dame feit venir par dessus la couuerture de son logis ung sien amy, auec lequel elle se donna du bon temps. »

Dans la 40ᵉ nouvelle de Bandello : *Inganno usato da una scaltrita donna al marito con una subita astutia*, le dénouement n'est pas moins gai ; mais il a été dénaturé par Belleforest dans ses *Histoires tragiques* (Paris, 1580, in-16), traduites ou plutôt imitées très librement des nouvelles de Bandello, et très gâtées par les additions et changements qu'il s'est permis d'y faire : « Comment ung ialoux, à Milan, par le moyen d'un cordelier, ouyt la confession de sa femme, et, ayant entendu plus qu'il ne vouloit d'elle, l'occit cruellement. »

Le conte IV de Doni (*Novelle*, Venise, 1815, in-8°) se rapproche beaucoup plus de celui de la Fontaine : surprise par un baron tandis que, pendant l'absence de son mari, elle se livrait à un page, l'épouse infidèle achète son silence en se livrant également à lui ; elle a la même complaisance pour un prêtre qui la surprend, à son tour, avec le baron. Son mari revient, la soupçonne, et cherche à la confesser. Elle lui avoue qu'elle a reçu dans son lit un page, un baron et un prêtre, puisque lui-même a été page, baron, et en ce moment est prêtre, car il la confesse.

Il y a, dans la fable XII du livre III du *Pantschatantra*, traduit par M. Lancereau (Paris, 1871, p. 246) : *le Charron, sa Femme, et le Galant*, un subterfuge différent, mais employé par une femme avec la même souplesse et la même soudaineté, pour rassurer son mari : ce conte offre par là une grande analogie avec celui-ci ; le mari qui l'écoute, caché sous le lit, est tellement enchanté d'entendre les douces paroles que son épouse dit à son adresse qu'il met la femme et le galant sur ses épaules et danse avec son fardeau. Ce récit a été reproduit avec quelques variantes dans le *Kathâsaritsâgara*, livre X, chap. LXII ; dans l'*Hitopadésa* (livre III, fab. VII) ; dans *Calila et Dimna*, chap. VIII ; dans le *Livre des lumières*, chap. IV ; dans l'*Exemplario contra los engaños*, chap. V ; dans *la Filosofia mo-*

*rale* de Doni (Venise, 1606, in-4°), trattato II, fol. 75 v°; etc. : voyez, p. 337-338 de la traduction de l'*Hitopadésa* de M. Lancereau (Paris, 1882), l'indication d'autres versions de cette fable.

On peut citer comme inspirés de notre conte : *le Mari curieux*, comédie en un acte, en prose, avec divertissements, par d'Allainval, jouée au Théâtre-Français le 7 juillet 1731 ; et *la Fontaine des Béni-Menad*, comédie mauresque en un acte, en vers libres, par M. Ernest d'Hervilly, donnée au théâtre de l'Odéon le 21 septembre 1878.

Il est dans les manuscrits de Conrart (n° 5418, p. 159-160), sous ce titre unique : *Conte tiré des Cent Nouvelles nouvelles*.

<pre>
Messire Artus, sous le grand roi François[1],
Alla[2] servir aux guerres d'Italie ;
Tant qu'il[3] se vit, après maints beaux exploits,
Fait chevalier en grand'cérémonie[4].
Son général lui chaussa l'éperon :                       5
Dont[5] il croyoit que le plus haut baron
Ne lui dût plus[6] contester le passage[7].
Si s'en revient tout fier en son village,
Où ne surprit sa femme en oraison[8].
Seule il l'avoit laissée à la maison ;                  10
</pre>

1. « Dessous le roi François », dans les éditions de 1665 B et C, dans celles de 1668, 1669 Amsterdam et Leyde, et dans le manuscrit de Conrart.

2. S'en fut. (1665 A et C, 1668, 1669 Amsterdam et Leyde, et manuscrit de Conrart.)

3. Voyez ci-dessus, le vers 367 de *Joconde* et la note.

4. On sait que François Ier, après les deux journées de Marignan, fut fait chevalier par Bayard, et qu'on vit renaître alors l'usage de ces cérémonies, de ces sacres ou ordinations militaires sur le champ de bataille. — « On y couroit (à ces guerres delà les monts).... pour gaigner l'honneur de cheuallerie. » (BRANTÔME, tome IV, p. 312 ; et tome II, p. 311-313.)

5. Par suite de quoi : voyez *Joconde*, vers 479 et la note.

6. Ne lui dût pas. (Manuscrit de Conrart.)

7. Disputer le pas. — *Baron* était jadis un très haut titre : les grands barons en France se montrèrent longtemps jaloux de la puissance des rois.

8. Dans *le Psautier*, vers 57 : « Madame n'étoit en oraison. » — *Si*

Il la retrouve en bonne compagnie,
Dansant, sautant[1], menant joyeuse vie,
Et des muguets[2] avec elle à foison[3].

au vers précédent, *aussi* et *cependant*, avec une nuance affirmative; on trouve encore plusieurs exemples de cette locution, autrefois très usitée, dans les premières éditions des comédies de Corneille :

Si vous veux-je pourtant remettre bien ensemble.
(*Mélite*, acte V, scène v, vers 1700, *var.*)
Si faut-il pour ce nom que je vous importune.
(*La Galerie du Palais*, acte V, scène v, vers 1690, *var.*)

Un exemple est même resté dans son texte définitif :

Quoi? tu veux te sauver à l'autre bord sans moi?
Si faut-il qu'à ton cou je passe malgré toi.
(*Mélite*, acte IV, scène vi, vers 1342.)

Voyez d'autres exemples dans *le Juge de Mesle*, vers 3, dans *le Muletier*, vers 38 et 140; et *passim*; et ceux de Molière, Pascal, Bossuet, etc., cités par Littré.

1. Dans *Joconde*, vers 518 : « Il fut dansé, sauté, ballé. »
2. Proprement jeunes galants parfumés de muguet. Voyez ci-dessous *la Gageure des trois commères*, vers 274. « Mot de satire ou de comédie », dit Malherbe (*Commentaire sur des Portes*, tome IV, p. 369). Il est dans Rabelais (tomes I, p. 33, II, p. 61, 231, 419), où nous rencontrons aussi *mugueter* (tome II, p. 115, 472); dans du Fail : « un petit mignon de couchette, un muguet, un godronné, un cocardeau » (tome II, p. 95); et a été employé plusieurs fois par Molière, une fois même adjectivement :

Et vous verrez ces visites muguettes...?
(*L'École des maris*, acte I, scène ii, vers 228.)

Voyez aussi *ibidem*, vers 24 et la note.

3. Dans la lxxviii[e] des *Cent Nouvelles nouvelles*, ce qui excite les soupçons du mari, lorsqu'il revient de Jérusalem, où il a également été fait chevalier, c'est l'abondance de toutes choses qu'il trouve chez lui : « Bref, tout estoit bien net et plaisant, fors elle seulement, qui en l'ostel estoit, car du butin qu'elle auoit à la force de ses reins conquesté, auoit acquis vaisselle et tapisserie, linge et aultres meubles en bonne quantité. » Mais, comme le dit philosophiquement Coquillart dans ses *Droictz nouueaulx* (tome I, p. 87) :

Il ne fault point auoir de soing
Dont leur peult cest argent venir;
Puis, qu'il vient de pres ou de loing,
C'est le plus fort que d'y fournir.

Messire Artus ne prit goût à l'affaire[1] ;
Et ruminant[2] sur ce qu'il devoit faire :   15
« Depuis que j'ai mon village quitté,
Si j'étois crû, dit-il, en dignité
De cocuage[3] et de chevalerie?
C'est moitié trop : sachons la vérité. »

Pour ce s'avise, un jour de confrérie[4],   20
De se vêtir en prêtre, et confesser[5].
Sa femme vient à ses pieds se placer.
De prime abord[6] sont par la bonne dame

---

1. Comparez le conte des *Rémois*, vers 105 :

   Cela ne plut aux maris nullement.
   . . . . . . . . . . . . . . . .
   Ils ne prenoient aucun goût à la chose.

2. Rapprochez le vers 113 du conte III de la V⁰ partie : « Il rumine, il repense.... »

3. Ici *cocuage* n'est plus un dieu comme dans *Joconde*, mais une qualité, une façon d'être, un « benoît état », comme il est dit dans *le roi Candaule*, vers 289. Comparez *le Magnifique*, vers 206-207 :

   .... Conclusion, qu'il prit en cocuage
   Tous ses degrés : un seul ne lui manqua;

dans *la Coupe enchantée* (vers 437) :

   Les différents degrés où monte Cocuage;

et, dans *la Mandragore*, irrévérencieusement, « l'ordre de Cocuage » (vers 38).

4. Proprement, ici, association de laïques rassemblés pour une œuvre de charité, de dévotion, de propagande ; il arrivait d'ordinaire que les jours de confrérie, les jours de fêtes de l'Église où les confréries se réunissaient, on se confessât et communiât. Nous verrons plus loin, dans *les Cordeliers*, vers 25, ce mot au sens de couvent, monastère, communauté, admettant des sortes de correspondantes, de pénitentes affidées, de zélatrices ; et employé au figuré dans *le Diable de Papefiguière*, vers 129, et dans *Belphégor*, vers 298.

5. Et de confesser. — Dans Boccace et dans la LXXVIII⁰ des *Cent Nouvelles nouvelles* il s'entend avec le curé, qui « l'adouba de son habit, » et « pour estre son lieutenant l'enuoya deuers sa femme. »

6. Voyez ci-dessus, la variante du vers 97 de *Joconde*.

Expédiés tous les péchés menus ;
Puis à leur tour les gros étant venus, 25
Force lui fut qu'elle changeât de gamme¹.
« Père, dit-elle, en mon lit sont reçus²
Un gentilhomme, un chevalier, un prêtre. »
Si le mari ne se fût fait connoître³,
Elle en alloit enfiler⁴ beaucoup plus ; 30
Courte n'étoit, pour sûr⁵, la kyrielle.
Son mari donc l'interrompt là-dessus,
Dont bien lui prit. « Ah ! dit-il, infidèle !
Un prêtre même ! A qui crois-tu parler ?
— A mon mari, dit la fausse⁶ femelle, 35
Qui d'un tel pas se sut bien démêler⁷.
Je vous ai vu dans ce lieu vous couler⁸,

1. Voyez ci-dessus, le conte II, vers 105 et la note.
2. En mon lit j'ai reçus. (Manuscrit de Conrart.)
3. Dans le conte de Boccace la dame reconnaît son mari avant même qu'il ait commencé à la confesser.
4. Enfiler, comme les grains d'un chapelet. Comparez la comédie de *l'Eunuque*, acte V, scène II (tome IV M.-L., p. 82) :

.... Quand un plaideur s'en vient m'enfiler son procès.

5. *Pour sûr* ou *pour le sûr*, locution populaire qui est devenue ou redevenue très usitée.
6. Hypocrite. Comparez le conte du *Petit Chien*, vers 289 : « la fausse vieille ; » Rabelais, tome I, p. 293 ; et *les Cent Nouvelles nouvelles*, p. 169 et 338 : « Faulse et desloyale que vous estes.... »
7. Mêmes emplois de ce verbe au figuré dans Malherbe, Corneille, Sévigné : voyez les *Lexiques* ; et ce curieux exemple de Molière (*l'Impromptu de Versailles*, scène 1) : « Et qui fait les rois parmi vous ? — Voilà un acteur qui s'en démêle parfois », s'en tire assez bien. Cette locution est prise au propre chez Brantôme (tome IV, p. 63) : « Il s'en sceut fort bien desmeller (de la défaite de ses chevau-légers) et faire sa retraicte de loup, tournant tousiours visage. »
8. Vous glisser furtivement.

En son quartier souvent je me coulois sans bruit.
(Corneille, *le Menteur*, acte II, scène V, vers 615.)

« Voilà un traître..., qui s'est coulé chez moi sous le titre de domestique. » (Molière, *l'Avare*, acte V, scène V.) Dans les deux

> Ce qui m'a fait douter[1] du badinage[2].
> C'est un grand cas[3] qu'étant homme si sage[4]
> Vous n'ayez su l'énigme débrouiller[5] !                40
> On vous a fait, dites-vous, chevalier;
> Auparavant vous étiez gentilhomme;

exemples suivants ce verbe signifie se glisser, non dedans, mais dehors, s'esquiver :

> Quitte-moi, je te prie, et coule-toi sans bruit.
> (CORNEILLE, *la Place Royale*, acte III, scène VI, vers 847.)

« Il est sorti un autre conseiller, qui a dit à M. d'Aiguebonne qu'il avoit perdu son procès; je l'ai vu se couler doucement sans dire un seul mot. » (MME DE SÉVIGNÉ, tome VIII, p. 526.) Saint-Simon dit au même sens : « Je m'écoulai » (tome I, p. 118), locution que nous rencontrons aussi dans du Fail : « s'estans ainsi escoulez et eschapez.... » (tome I, p. 234).

1. Ce qui m'a fait me douter : voyez tome III, p. 5 et note 12.
2. La « fausse femelle » affecte de ne voir là qu'une plaisante supercherie. Comparez *le roi Candaule*, vers 181 :

> Une vieille viendra, qui, faite au badinage,
> Vous saura ménager un secret entretien;

et *la Gageure*, vers 260.

3. C'est un grand hasard, il est bien singulier que. Tour analogue dans Marot (tome II, p. 266) :

> C'est un grand cas, dy-ie lors, s'il n'adquient
> Quelque meschef bien tost en cestuy regne;

dans *les Cordeliers de Catalogne*, vers 172-173 :

> ....C'est un grand cas
> Que toujours femme aux moines donne !

et dans *le Cas de conscience*, vers 76-78 :

> ....C'eût été grand cas
> Qu'après de semblables idées
> Amour en fût demeuré là.

Voyez aussi Brantôme, tomes I, p. 106, IV, p. 307, IX, p. 460; Ronsard, tome II, p. 398; Belleau, tome II, p. 400, 435; Regnier, satire V, vers 1; Malherbe, tomes I, p. 472, II, p. 725; etc.

4. *Sage*, dans le sens d'habile, perspicace. Voyez la fin de la note 13 de la page 245 du tome II.

5. Dans *la Confidente*, vers 94 :

> Rien ne lui peut débrouiller le mystère.

Vous êtes prêtre avecque ces habits¹.
— Béni soit Dieu! dit alors le bon homme²;
Je suis un sot³ de l'avoir si mal pris. »           45

1. « Pouure coquard, qui ainsi vous tourmentez, sçauez vous bien au moins pour quoy?... De l'escuier me suis accusée, et c'estes vous, mon doulx amy; quand vous m'eustes en mariage, vous estiez escuier, et lors feistes de moy ce qu'il vous pleut, et me fournistes, vous le sauez, Dieu scet comment. Le cheualier aussi dont i'ay touché et m'en suis encoulpit, par ma foy, vous estes celuy, car à vostre retour vous m'auez faict dame. Et vous estes aussi le prestre, car nul, si prestre n'est, ne peut oyr confession. » (*Les Cent Nouvelles nouvelles*, nouvelle LXXVIII.) Rapprochez la fin de la nouvelle citée de Boccace : *Io ti dissi che io amaua un prete; et non cri tu, ilquale io a gran torto amo, fatto prete? Dissiti che niuno uscio della mia casa gli si potea tenere serrato quando meco giacer volea; et quale uscio ti fu mai in casa tua tenuto, quando tu cola dove io fossi se voluto venire? Dissiti che il prete si giaceva ogni notte con meco; et quando fu che tu meco non giacessi?* « Ie te dy que i'aymoye ung prestre; n'estoit ce pas toy que i'aime, qui à grant tort t'estoys faict prestre? Ie te dyz encores qu'il n'y auoit huys en ma maison qui se peust tenir fermé contre luy, quant il vouloit venir coucher auecques moy; or dy moy, quel huys te fut iamais fermé en ta maison, quant tu as voulu venir en lieu ou i'ay esté? Ie te dy que le prestre couchoit toutes les nuictz auec moy; et quant fut ce que tu n'y as point couché? »

2. Voyez le vers 132 du conte précédent : « Loué soit Dieu! » et, pour le sens qu'a ici *bon homme*, le vers 141 du même conte et la note.

3. Sot en effet, plus sot qu'il ne le pense : si du moins on prend ici le mot dans la double acception, qu'il avait autrefois, de niais, d'imbécile et de mari trompé. On disait très bien « sot » ou « sottard » pour « cornard ». L'expression revient, avec ce dernier sens, bien caractérisé, dans *la Coupe enchantée*, vers 17 :

Il veut, à toute force, être au nombre des sots;
Il se maintient cocu, du moins de la pensée.

Voyez les exemples de Molière, de Boileau, de Montfleury, cités par Littré, 6°, auxquels il aurait pu joindre les vers 82 de *l'École des femmes* :

Épouser une sotte est pour n'être point sot;

et 537 du *Tartuffe* :

Elle? elle n'en fera qu'un sot, je vous assure;

le titre même d'une comédie de Raimond Poisson : *Lubin ou le Sot vengé* (1661); une épigramme de Malherbe (tome I, p. 308) :

> .... Cocu de long et de travers,
> Sot au delà de toutes bornes, etc.;

et celle-ci de Sarazin :

> Un jour un curé querelloit
> Un homme proche de sa femme,
> Et, s'emportant fort, l'appeloit
> Traître, larron, coquin, infâme.
> A tout cela la bonne dame
> Écoutoit et ne disoit mot.
> Mais venant à l'appeler sot,
> Tout soudain, dans l'excès de zèle
> D'une sainte dévotion :
> « Ah ! Messieurs, ce méchant, dit-elle,
> Révèle ma confession. »

Voyez aussi les *Poésies de F. de Maucroix* (édition de 1825), p. 316 :

> Faut-il que votre époux, la belle,
> Soit si sot sans être cocu?

Citons enfin ce passage du *Moyen de parvenir* (p. 341) : « Je suis vraiment un grand sot. — Vous avez menti, mon père; ma mère étoit femme de bien »; et cette ancienne formule injurieuse, transcrite dans le *Dictionnaire de Trévoux*, qui en dit autant et plus peut-être que toutes nos citations : « Vous êtes un sot en trois lettres, un sot, respect de votre femme. »

## V

## CONTE D'UNE CHOSE

### ARRIVÉE A CHATEAU-THIERRY.

Cette nouvelle est intitulée *Conte d'une chose arrivée à C.* dans les éditions de 1665 B et C, 1667, 1668, 1669 Amsterdam et Leyde. Dans celle de 1669 Paris, ce titre est comme dans les éditions que nous venons de citer; mais le *C.* est remplacé par *Château-Thierry;* et il est ainsi intitulé dans le manuscrit de Conrart (n° 5418, p. 160-161); ce qui nous indique, remarque Walckenaer, que la Fontaine a mis ici en vers un fait arrivé dans la ville qu'il habitait. En 1685, dans l'édition in-12 publiée à Amsterdam avec les gravures de Romain de Hooge, le libraire Henri Desbordes remplaça ce titre par le suivant : *le Savetier*, qui fut depuis adopté par presque tous les autres éditeurs.

La Fontaine a traité le même sujet dans un ballet mêlé de chant et de danses, qu'il représenta vers 1659 avec quelques parents et amis pour divertir la société de Château-Thierry, et qui a été publié pour la première fois par Walckenaer en 1827 (tome IV, p. 125-146). Ce ballet est intitulé *les Rieurs du Beau-Richard*. Beau-Richard est une place ou carrefour de Château-Thierry où l'on se rassemblait pour causer, pour échanger des nouvelles.

Un opéra-comique a été imité de ce conte : *Blaise le savetier*, en un acte, paroles de Sedaine, musique de Philidor, joué le 9 mars 1759. On peut en lire l'analyse dans le *Dictionnaire dramatique*, tome I, p. 177, et dans l'*Histoire du théâtre de l'Opéra-Comique* (Paris, 1769, in-12), tome II, p. 102.

> Un savetier, que nous nommerons Blaise,
> Prit belle femme, et fut très avisé.
> Les bonnes gens, qui n'étoient à leur aise [1],

1. Dans la IIIe entrée du Ballet dont nous avons parlé dans la

S'en vont prier un marchand peu rusé
Qu'il leur prêtât, dessous bonne promesse, 5
Mi-muid¹ de grain; ce que le marchand fait.

Le terme échu, ce créancier les presse,
Dieu sait pourquoi : le galant, en effet,
Crut que par là baiseroit la commère.
« Vous avez trop de quoi me satisfaire, 10
Ce lui dit-il², et sans débourser rien :
Accordez-moi ce que vous savez bien.
— Je songerai, répond-elle, à la chose. »
Puis vient trouver Blaise tout aussitôt,
L'avertissant de ce qu'on lui propose. 15

Blaise lui dit : « Par bieu³! femme, il nous faut,
Sans coup-férir⁴, rattraper⁵ notre somme.
Tout de ce pas⁶ allez dire à cet homme
Qu'il peut venir, et que je n'y suis point⁷.

notice, le marchand demande au savetier si « le ménage est à son aise », et le savetier répond :

> Las! nous vivons cahin-caha,
> Étant sans blé, ne vous déplaise, etc.

1. Un demi-muid; le muid, mesure de capacité (environ 19 hectolitres), variait suivant les provinces. A Château-Thierry, il valait quarante-huit bichets; mais le bichet (à peu près deux boisseaux de Paris) variait lui-même d'une province à l'autre.
2. Voyez ci-dessus, le conte II, vers 126 et la note.
3. *Par bieu*, dans nos anciennes éditions; c'est, ainsi que *parbleu*, une altération de *par Dieu* : voyez tome I, p. 202, note 22; le conte VII, ci-après, vers 15; etc. — « Eh! vertu bieu! pensez que c'estoit par un D » (des Périers, tome I, p. 246). Comparez : mort bieu, corps bieu, maugré bieu, ventre bieu, sang bieu, etc.
4. Au vers 21 : « Avant le coup.... »
5. « Raccrocher », dans le manuscrit de Conrart.
6. Voyez le vers 83 de *Richard Minutolo* et la note.
7. Comme dans *le Faiseur d'oreilles*, vers 109-110, comme dans *les Rémois*, vers 60-63 : c'est un moyen qui réussit toujours.

Je veux ici me cacher tout à point[1]. 20
Avant le coup[2] demandez la cédule[3] ;
De la donner je ne crois qu'il recule[4] ;
Puis tousserez, afin de m'avertir,
Mais haut et clair[5], et plutôt deux fois qu'une.
Lors de mon coin vous me verrez sortir 25
Incontinent, de crainte de fortune[6]. »

Ainsi fut dit, ainsi s'exécuta ;

1. Même locution dans la fable xii du livre IV, vers 36 :
    Nous nous rencontrons tout à point.
2. Rapprochez le vers 132 de *Mazet* :
    C'est s'alarmer avant que le coup vienne ;
et Brantôme, *Dames galantes*, p. 694 : « Quelle humeur de n'auoir point esté sage, sinon apres le coup ! »
3. Le billet, la reconnaissance, la « bonne promesse » du vers 5. Comparez *la Vie d'Ésope*, tome I, p. 50 : « Ésope écrivit une cédule, etc. » ; Marot, épître xxix (tome I, p. 197) : « Ie vous feray une belle cedulle » ; et Retz (tome III, p. 191) : « Monsieur signa son traité comme il auroit signé la cédule du sabbat. » La cédule, le billet, se faisaient sous seing privé, l'obligation par-devant notaire.

— Ma femme, il vous faut l'abuser,
Car c'est un homme un peu crédule.
Sous l'espérance d'un baiser
Faites-lui rendre ma cédule.
    (*Les Rieurs du Beau-Richard*, Prologue.)

4. Inversion fréquente chez la Fontaine : voyez ci-dessus, le conte ii, vers 120 ; le vers 70 du conte ix de la IIe partie ; etc.
5. Même locution chez des Périers : « parler hault et cler » (tome I, p. 165) ; chez Noël du Fail : « confesser hault et cler » (tome I, p. 161) ; dans Brantôme « publier hault et cler » (tome III, p. 278) ; et dans les *Poésies diverses* (tome V *M.-L.*, p. 60) : « Je soutins haut et clair. » — Au Prologue du Ballet, qui en est comme le sommaire :
    Toussez, toussez encore un coup,
    Et toussez plutôt deux fois qu'une.
6. De crainte d'accident. Dans le *Pâté d'anguille*, vers 35 :
    Dieu nous gard de plus grand'fortune !
— « De crainte de quelque infortune », au Prologue du ballet cité. La situation est la même dans la viie entrée de ce ballet ; et dans

Dont le mari puis après[1] se vanta ;
Si que[2] chacun glosoit sur ce mystère[3].
« Mieux eût valu tousser après l'affaire,           30
Dit à la belle un des plus gros bourgeois[4] ;
Vous eussiez eu votre compte tous trois[5].
N'y manquez plus, sauf après de se taire.
Mais qu'en est-il, or çà[6], belle, entre nous[7] ? »
Elle répond : « Ah ! Monsieur, croyez-vous           35
Que nous ayons tant d'esprit que vos dames ? »
Notez qu'illec[8], avec deux autres femmes,

la scène v de l'acte IV du *Tartuffe* (1664), où Elmire tousse également pour avertir son mari qui est sous la table ; mais chez Molière, il est vrai, cette toux feinte n'a pas été convenue, préméditée : elle n'en est que plus comique.

1. Voyez ci-dessus, le vers 129 du *Cocu* et la note.
2. Si bien que, tellement que.

> (*Le flambeau*) ne fut pas plus subit allumé
> Que Leander ne fust tout enflammé
> Du feu d'amour, si que son cueur rauy
> Et le flambeau s'allumoient à l'envy.
> (MAROT, *Leander et Hero*, tome III, p. 260.)

Comparez Ronsard, tome II, p. 171, 218, etc. ; et un autre emploi de *si*, non suivi de *que*, au conte précédent, vers 8.

3. Même locution : « gloser sur le mystère », dans une épigramme de la Fontaine (tome V *M.-L.*, p. 15). Rapprochez les fables I du livre III, vers 59, VII du livre I, vers 16 : « Il glosa sur l'Éléphant » ; et ci-dessous, les contes II, vers 17, et XIV, vers 10, de la II<sup>e</sup> partie.

4. « Gros Messieurs », aux livres VII, fable XV, vers 28, XII, fable XVII, vers 24. « Gros Monsieur » dans le *Pâté d'anguille*, vers 45.

5.          Amour fait tant qu'enfin il a son compte. (*Le Cuvier*, vers 7.)
—          Vouliez ou non, elle aura son affaire. (*Les Rémois*, vers 196.)

6. Même interjection familière au vers 15 de la fable II du livre VIII ; aux contes IV, vers 140, et V, vers 63, de la II<sup>e</sup> partie, etc.

7. C'est-à-dire : mais n'avez-vous pas fait comme je dis ?
—          Mais qu'en est-il ? avouez-le, entre nous.
                              (Manuscrit de Conrart.)

8. Là : ce terme, qui est encore dans Nicot (1606), a été em-

Du gros bourgeois l'épouse étoit aussi.
« Je pense bien, continua la belle,
Qu'en pareil cas Madame en use ainsi : 40
Mais quoi! chacun n'est pas si sage[1] qu'elle. »

prunté, comme tant d'autres, par la Fontaine, au langage marotique :

> Escoute un peu et ne dors plus illec.
> (MAROT, ballade XI, tome II, p. 74.)

Voyez aussi *ibidem*, tome I, p. 52, et *passim; les Cent Nouvelles nouvelles*, p. 30, 282, 285, 370, 418, etc.; Noël du Fail, tomes I, p. 62, 131, 133, II, p. 13, 97, 176, etc. Voltaire a encore dit :

> Retenez bien qu'illec est son manoir.
> (*Le Bourbier*, vers 31.)

— Notez qu'ici. (1685 Amsterdam.)

1. *Sage* au sens d'habile, avisée, comme au vers 39 du conte précédent : comparez les vers 315-318 de *l'Oraison de saint Julien* :

> La dame, ne voulant
> Qu'il s'allât mettre au lit de sa servante,
> Le mit au sien. Ce fut fait prudemment,
> En femme sage, en personne galante;

et les derniers vers de *Comment l'esprit vient aux filles* :

> Vous voyez donc que je disois fort bien
> Quand je disois que ce jeu-là rend sage.

Même ironie dans la nouvelle CXXV de Bonaventure des Périers, où il parle de la « sage conduite » des courtisanes qui s'entretiennent « en honnestes compagnies » de bons seigneurs riches.

## VI

### CONTE TIRÉ D'ATHÉNÉE.

Mathieu Marais avait affirmé que ce conte était l'œuvre de la Fontaine[1] : « Le conte d'un temple d'une certaine Vénus a été mal à propos attribué à Rousseau[2] (sous le nom duquel, ajouterons-nous, d'autres pièces ont été placées à tort, comme, par exemple, l'épigramme de Racine contre la *Judith* de Boyer); il étoit fait avant qu'il fût au monde; aussi ne l'a-t-il point mis dans la magnifique édition de ses œuvres, en Angleterre, ni dans le supplément. On le trouve dans un recueil composé il y a plus de soixante ans (cela était écrit vers 1725), où il est attribué à notre auteur. » Marais veut parler des manuscrits de Conrart conservés à la Bibliothèque de l'Arsenal où il est inséré (n° 5418, p. 157-158), sous le titre unique de *Conte tiré d'Athénée*, avant celui d'Axiochus et d'Alcibiades, également tiré d'Athénée, et après celui du *Juge de Mesle*. La place qu'il occupe dans ce recueil, où il est donné sous son nom, semble prouver que ce conte, admis dans l'édition des œuvres complètes de la Fontaine de 1817, in-8° (tome II, p. 650), est bien réellement de lui, ainsi que l'affirme Mathieu Marais. Walckenaer l'avait d'abord rejeté des œuvres du poète, parce que, ignorant, lorsqu'il publia sa première édition (1822-1823), qu'il était dans les manuscrits de Conrart, il l'avait vainement cherché dans toutes les impressions de Hollande; il le rétablit dans son édition de 1827. Il est intitulé *les Belles Fesses* dans les Poésies de J.-B. Rousseau, et *la Vénus Callipyge* dans les éditions citées de 1817 et de Walckenaer. Ce dernier titre a été reproduit depuis par la plupart des éditeurs.

La même anecdote est rapportée dans Athénée, livre XII, chapitre XIII, et dans Palæphate, livre II, chapitre XII; et Érasme

---

1. *Histoire de la vie et des ouvrages de M. de la Fontaine*, Paris, 1811, in-12, p. 59.
2. Il est imprimé très inexactement, p. 267 des *OEuvres choisies du S<sup>r</sup> Rousseau, contenant ses poésies* (1 volume in-8°, Rotterdam, 1714).

la transcrit dans son Proverbe xv : *Callipygos* (Chiliadis quartæ centuria septima, p. 893 de l'édition in-folio de Paris, 1579), où il fait remarquer qu'on peut joindre, sinon substituer, à cette épithète celle de *Pygargos* ou *Leucopygos* (aux fesses blanches). Alciphron raconte un débat analogue dans la lettre xxxix de son livre I (p. 240-241 de l'édition in-8° de Leipzig, 1798).

« C'est à Syracuse, et non en Grèce, que ce fait eut lieu, dit Walckenaer. Il est attesté par Cercidas de Mégalopolis, et par Archelaüs, qui sont cités dans Athénée. C'est donc à tort que le savant auteur du *Dictionnaire de la Fable* [Fr. Noël], tome I, p. 276, 3e édition, attribue ce fait à deux jeunes Athéniennes. On sait du reste qu'il a exercé plus d'une fois le ciseau des sculpteurs anciens et modernes », sans parler des peintres. Contentons-nous de rappeler la charmante statue, trouvée dans la Maison dorée de Néron, dont l'original est au musée de Naples [1].

Voici le conte tel qu'il est rapporté dans Athénée :

.... *Voluptati sic incubuere ejus ætatis homines ut Callipygo Veneri templum ædificarint hac de causa : rustici viri formosæ duæ filiæ in publicam viam egressæ ambitiosius inter se decertabant utri pulchriores nates essent. Prætereunti juveni cujus pater senior erat, inspiciendas se ambæ obtulerunt. Utramque ille conspicatus natu majoris pulchriores esse indicavit et ejus amore captus est. Rursus in urbem, cum æger decubuisset, juniori fratri exposuit quod acciderat. Rus ille profectus et puellas contuitus alteram amavit. Juvenum pater cum instaret ut splendidius matrimonium sibi quærerent, idque persuadere non posset, puellarum non invito parente, illas evocat ex agro, et cum filiis collocat. Eas cives* καλλιπύγους *nominarunt, ut narrat in iambis Cercidas Megalopolitanus his verbis :*

*Syracusis Callipygon par fuit.*

*Amplas facultates nactæ illæ Veneri, quam et Callipygon nominarunt, ædem construxerunt. Hoc etiam in iambis Archelaus scripsit.* (Chapitre xiii et dernier du livre XII, édition in-folio de Lyon, 1612, p. 554 : texte grec avec la traduction latine en regard.)

1. Lucien, dans ses *Amours* (§ xiii), parle d'une autre Aphrodite aux belles fesses, de la Vénus de Praxitèle à Cnide, Vénus entièrement nue, que la disposition des portes du temple permettait d'admirer du dehors sous ses deux faces : Ἔστι δ' ἀμφίθυρος ὁ νεὼς τοῖς βέλουσι καὶ κατὰ νώτου τὴν θεὸν ἰδεῖν ἀκριβῶς, ἵνα μηδὲν αὐτῆς ἀθαύμαστον ᾖ.

On peut, à propos de cette historiette, rappeler un passage d'Horace (livre I, satire II, vers 90-93), qui montre aussi combien en effet les anciens estimaient cette sorte de charmes, *pulchras nates :*

>.... *Ne corporis optima Lynceis*
> *Contemplere oculis, Hypsea cæcior, illa*
> *Quæ mala sunt spectes! O crus! o brachia! Verum*
> *Depygis, nasuta, brevi latere ac pede longo est.*

Nous donnons le conte de la Fontaine d'après le manuscrit de Conrart et y joignons les variantes que nous avons tirées du recueil cité des *OEuvres choisies* de J.-B. Rousseau (1714), et de l'édition de 1817, non qu'elles aient aucune autorité, mais afin de mieux faire valoir la version du manuscrit.

>   Du temps des Grecs deux sœurs disoient avoir
>   Aussi beau[1] cul que fille de leur sorte ;
>   La question ne fut que de savoir[2]
>   Quelle des deux dessus l'autre[3] l'emporte.
>   Pour en juger[4] un expert étant pris,                5
>   A la moins jeune il accorde le prix,
>   Puis l'épousant lui fait don de son âme ;
>   A son exemple un sien frère[5] est épris
>   De la cadette, et la prend pour sa femme.
>   Tant fut entre eux à la fin[6] procédé[7],            10

1. Le plus beau. (1714, 1817.)
2. La question fut de savoir. (*Ibidem.*)
3. Laquelle sur l'autre. (1714.)
4. Sur ce débat. (1714, 1817.)
5. Pour cette locution, voyez tome III, p. 234 et note 17 ; la variante du vers 17 de *Joconde; le Berceau,* vers 44; etc.
6. Tant fut enfin sur ce point. (1714.) — Entre eux sur ce point. (1817.)
7. Ils firent entre eux de si bonne besogne, les choses en vinrent à un tel point que, etc. : comparez le vers 55 de *la Servante justifiée :*

>   La pauvre épouse au jardin est menée :
>   Là fut par lui procédé de nouveau ;

et, à la fois pour l'expression et le tour, le vers 64 du *Faiseur d'oreilles :*

Que par les sœurs un temple fut fondé
Dessous le nom de[1] Vénus belle fesse.
Je ne sais pas à quelle intention[2],
Mais c'eût été le temple de la Grèce[3]
Pour qui j'eusse eu plus[4] de dévotion.               15

   Tant fut ouvré, etc.;

et le vers 6 du conte qui suit :

   Tant bien exploite, etc.

— Nous rencontrons cette même locution : « Tant fut procédé que », chez Saint-Simon, deux fois dans la même page, tome I, p. 301; voyez aussi les *Lettres de Mme de Sévigné* (tomes X, p. 25, et XI, p. 71).

 1. Au nom de. (1714, 1817.)

 2. A quelle occasion. (*Ibidem.*) — *Intention* est le terme consacré pour les fondations pieuses.

 3. Mais c'eût été pour moi le temple de la Grèce.
          (1714.)

 4. *Plus* pour *le plus :* voyez ci-dessus, p. 89 et note 6.

## VII

### CONTE TIRÉ D'ATHÉNÉE.

Ce conte est intitulé ainsi dans les éditions de 1665 B et C, 1667, 1668, 1669 Paris, Amsterdam et Leyde, et dans le manuscrit de Conrart (n° 5418, p. 158). Le titre : *les Deux Amis*, est pour la première fois dans l'édition hollandaise de 1685.

L'anecdote est empruntée à Athénée qui la met dans la bouche de l'orateur Lysias :

*Lysias rhetor, cum de ejus (Alcibiadis) luxu sermonem habet, sic ait :* « *Navigio, communi sumptu, Hellespontum Axiochus et Alcibiades cum petivissent, et ambo forent Abydi, communibus nuptiis duxerunt Abydenam Medontiadem, e qua filia cum nata esset, ejus uter esset pater ignorare se dicebant. Ubi autem viro matura puella fuit, cum illa etiam consuetudinem habebant, et, si dormiret cum Alcibiade, gnatam Axiochi esse ille dicebat; si cum Axiocho, Alcibiadis vicissim prolem is esse cavillabatur.* (Livre XII, chapitre IX, p. 534-535 de l'édition, déjà citée, de Lyon, 1612.)

Athénée est, comme on le voit, plus cru que la Fontaine.

M. le baron de Ruble possède de ce conte et des trois suivants un manuscrit qui paraît être autographe, sans que nous puissions toutefois en garantir l'authenticité, et qu'il a bien voulu nous permettre de collationner.

> Axiochus avec Alcibiades,
> Jeunes, bien faits, galants[1], et vigoureux,
> Par bon accord[2], comme grands camarades,
> En même nid furent pondre tous deux[3].

1. *Galands*, dans le manuscrit de M. de Ruble.
2. Même locution dans *l'Heptaméron*, p. 126 : « ... Et s'en allèrent coucher ensemble par un bon accord. »
3. Comme Astolphe et Joconde ; comme Clidamant et son « associé » dans le conte VIII de la V<sup>e</sup> partie, etc. — Même image, très ordinaire du reste, dans les *Dames galantes* de Brantôme,

Qu'arrive-t-il? l'un de ces amoureux  5
Tant bien exploite¹ autour de la donzelle,
Qu'il en naquit une fille si belle
Qu'ils s'en vantoient tous deux également.
Le temps venu que² cet objet³ charmant
Put pratiquer les leçons de sa mère⁴,  10

p. 115 : « Il garde le lict et le nid du cocu, de peur qu'un aultre n'y vienne pondre. »

1. Le mot est employé ici figurément : *travailler avec ardeur, énergie, faire des exploits, des prouesses;* sans la préposition qui le suit, on le croirait plutôt pris au propre : *faire valoir, tirer le produit de*, comme on exploite, on laboure un champ. Peut-être le poète a-t-il voulu fondre les deux idées. — « Il auoit.... tellement exploicté que, pour gratifier la damoiselle, ce pauure paisant fut pendu. » (*Contes d'Eutrapel*, tome I, p. 98; même locution, *ibidem*, p. 222, et tome II, p. 162, 167.) « .... Auquel ieu elles exploicterent si bien que les enseignes en sortirent : car la plus agée, qui estoit meure et drue, ne se print garde que le ventre luy leua. » (BONAVENTURE DES PÉRIERS, nouvelle v, tome I, p. 28.) « Homme qui n'exploicte guere, dit Nicot, à l'article EXPLOICTER, *parum efficax homo*. » Et le *Dictionnaire comique* de le Roux : « *Exploiter*, pour dire ce que le mariage autorise de faire, mais aussi dont il diminue souvent l'envie. » Rapprochons aussi cette phrase de la XVI° des *Cent Nouvelles nouvelles* (p. 67), où ce verbe signifie « se hâter, faire diligence » : « Et si bien exploicta à l'ayde du grand desir qu'il a de se trouuer en sa maison et es braz de Madame que en pou de iours en Artois se trouua. » Voyez dans le Dictionnaire de M. Godefroy de nombreux exemples des diverses acceptions de ce verbe.

2. Voyez ci-dessus, p. 92 et note 5.
3. Rapprochez le vers 311 de *Joconde* et la note.
4. Les ruses et finesses, et aussi les prouesses d'amour.

*Utile porro
Filiolam turpi vetulæ producere turpem.*
(JUVÉNAL, satire VI, vers 240-241.)

.... Sur les douze ou treize ans,
Estant nourrie aux delices plaisans
Que peult gouster une fille legere
Dessoubs la main d'une impudique mere, etc.
(JOACHIM DU BELLAY, *la Vieille Courtisane*, déjà citée, vers 19-22.)

« Ainsi fit la belle Lays de la belle Tymandre, sa p..... de mere

Chacun des deux en voulut être amant ;
Plus n'en voulut l'un ni l'autre être père.
« Frère, dit l'un, ah ! vous ne sauriez faire
Que cet enfant ne soit vous tout craché[1].
— Par bieu[2], dit l'autre, il est à vous, compère : 15
Je prends sur moi le hasard du péché. »

tres insigne, [et] cent mille autres qui tiennent en cela de leurs bonnes vesses de meres, iusques là qu'elles n'attendent pas seullement l'aage de maturité qui peut estre à douze ou treize ans, etc. » (BRANTÔME, *Dames galantes*, p. 578.) Voyez aussi *Féronde*, vers 75-76.

.... Chacun sait que de race
Communément fille bâtarde chasse ;

et *la Coupe enchantée*, vers 95 et suivants.

1. « .... Deux tableaux, desquels l'un sembloit tout craché le feu roy. » « Elle sembloit toute crachée à la marquise. » (D'AUBIGNÉ, *les Aventures du baron de Fæneste*, p. 287 et 321.) « Le velà tout craché comme on nous l'a défiguré, » dit Lucas dans *le Médecin malgré lui* de Molière (acte I, scène v).

.... En le voyant l'esprit le plus bouché
Y reconnut mon portrait tout craché.
(VOLTAIRE, *la Crépinade*, vers 5-6.)

2. Voyez ci-dessus, p. 109 et note 3.

## VIII

### AUTRE CONTE TIRÉ D'ATHÉNÉE.

Tel est le titre de cette petite pièce dans les éditions de 1665 B et C, 1667, 1668, 1669 Paris, Amsterdam et Leyde, et dans le manuscrit de Conrart (n° 5418, p. 157), à l'exception du mot *autre*, supprimé dans ce dernier recueil, sans doute parce que les trois contes tirés d'Athénée y sont transcrits, tandis qu'il n'y en a que deux dans les recueils imprimés. Dans les éditions hollandaises de 1685, 1686, 1705, le titre est : *le Glouton*.

La Fontaine s'est inspiré de la citation faite par Athénée du poète comique Machon. Mais dans les vers de Machon le glouton est le poète Philoxène de Cythère, grand mangeur, profond connaisseur en sauces et en ragoûts, qui composa sur l'art culinaire un poème didactique intitulé *le Souper*, τὸ Δεῖπνον, dont il reste quelques fragments, et se distingua aussi dans le dithyrambe. L'indigestion dont il est victime est causée par un poulpe de deux coudées et non par un esturgeon.

Voici la traduction latine des vers de Machon cités par Athénée :

*De Philoxeno Cythereo dithyrambico poeta hæc comicus Machon scripsit :*

    *Supra modum aiunt Philoxenum,*
    *Dithyrambicum poetam, fuisse*
*Obsoniorum voracem* [1] *: cum igitur bicubitalem polypum*
*Aliquando Syracusis cum emisset ac præparasset, integrum*
*Fere, excepto capite, comedisse; ac cruditate correptum*
*Pessime habuisse : deinde medicum quemdam*
*Eum invisentem, graviter ut illum ægrotare vidit,*
*Dixisse : « Rerum tuarum si quid est de quo non statueris,*
*Statim, Philoxene, testamentum condito.*

1. Ὀψοφάγον, dans le texte grec. Les Grecs, en général, étaient très amateurs de poisson. Le poète comique athénien Antiphane (fragment 190 de l'édition Kock) recommande de faire escorter la marée de la barque des pêcheurs au marché, pour empêcher les gourmands de l'accaparer et de la faire porter directement chez eux.

*Hora namque septima tu moriturus es.* »
*Philoxenumque subjecisse :* « *Ad finem perducta m[ih]i sunt omnia,*
*O medice, ac jamdudum recte disposita.*
*Dithyrambos relinquo deorum virtute in ætatem*
*Virilem adultos ac coronatos omnes.*
*Hos Musis coalumnis meis dedico;*
*Curatores illorum esse volo Bacchum ac Venerem :*
*Testamenti mei tabulæ id declarabunt.*
*At quandoquidem Timothei ac Niobes Charon*[1] *mihi negotium exhibet*
*Et transvehendus ad Lethen ut fretum accedam inclamat,*
*Accersitque Parca tenebricosa, cui mos gerendus est,*
*Ut cum meis rebus omnibus procurram ad inferos,*
*Quod polypi reliquum est mihi vos date.* »
(Livre VIII, chapitre v, p. 341 de l'édition de Lyon, 1612.)

Athénée rapporte d'autres traits de gourmandise de ce même Philoxène de Cythère et, entre autres (livre I, chapitre vi), l'histoire du petit poisson interrogé par le parasite parce qu'il désire en avoir un gros, qui fait le sujet de notre fable viii du livre VIII : *le Rieur et les Poissons* (tome II, p. 248-250).

Le conte de la Fontaine a été transcrit par Richelet dans son traité de *la Versification françoise,* etc., Paris, 1677, in-12, p. 58.

A son souper un glouton[2]
Commande que l'on apprête

1. Puisque le même Charon qui a emporté Timothée (également auteur de dithyrambes) avec sa Niobé (une de ses tragédies) me vient relancer, etc., σχολάζειν ούκ έᾳ, dans le texte grec : tel est peut-être le sens de ce passage obscur. Il est vrai que les dates font mourir Philoxène avant Timothée; mais ces dates sont bien incertaines, et d'ailleurs Machon peut avoir commis un anachronisme. Ou bien Machon, aux épigrammes duquel Timothée fut souvent en butte, fait périr l'auteur, la renommée de l'auteur, avec sa pièce tombée sous les sifflets. On a supposé que « Timothée » et « Niobé » étaient des titres de dithyrambes de Philoxène; mais alors quel sens satisfaisant donner à ce vers? On ne peut, à cause de ceux qui précèdent, le considérer comme une raillerie du mourant sur ses propres œuvres.

2. Dans sa satire intitulée *le Florentin* (vers 13), où il raille, où il bafoue une autre espèce de glouton, l'intrigant et insatiable Lulli, notre poète se sert du vieux mot *glout :*

Donnez-lui, fourrez-lui, le glout demande encore.

Pour lui seul un esturgeon[1],
Sans en laisser que la tête[2].
Il soupe ; il crève[3], on y court ;
On lui donne maints clystères.
On lui dit, pour faire court[4],
Qu'il mette ordre à ses affaires.
« Mes amis, dit le goulu[5],
M'y voilà tout résolu ;
Et puisqu'il faut que je meure,
Sans faire tant de façon[6],

1. Sans croire que cet esturgeon fût « aussi gros qu'un buffle », comme celui dont parle le *Dictionnaire de Trévoux*, il n'est peut-être pas inutile de rappeler que le poids moyen de ce poisson est estimé à cent livres. Fort apprécié pour la saveur de sa chair, mais de digestion difficile, il était, dit Athénée (livre VII, chapitre XLIV), porté dans les festins, au son des flûtes, tout enguirlandé, par des esclaves eux-mêmes couronnés de fleurs.

2. Ces deux vers sont ainsi ponctués dans le manuscrit de Conrart, dans celui de M. de Ruble, et dans toutes nos anciennes éditions, et les deux derniers vers du conte semblent indiquer que cette ponctuation est préférable à celle qu'ont adoptée quelques éditeurs modernes :

      Sans en laisser que la tête,
      Il soupe, etc.

Après avoir mangé tout ce gros poisson, sauf la tête, le glouton, bien qu'il « crève », demande qu'on lui serve le reste, c'est-à-dire cette tête. C'est ce que fait aussi Philoxène dans les vers de Machon que nous avons transcrits.

3. Il éclate, pour être trop plein. « Monsieur est à table, qui se remplit, et, à peine de crever, se met des viandes au ventre. » (MALHERBE, traduction de l'épître XLVII de Sénèque, tome II, p. 428.)

4. Pour ne pas perdre de temps, pour parler brièvement, sans ambages. Voyez ci-dessus, p. 39 et note 2.

5. Le goulu est l'animal qui se jette sur sa proie, qui est acharné sur elle, comme notre homme sur son poisson; le glouton est un abîme, *altissimus gurges* : c'est le mot de Pline, parlant d'Apicius (livre X, § LXVIII).

6. Au vers 321 de *Joconde*, avec le substantif également au singulier :

      .... Il n'y faut point faire tant de façon.

Qu'on m'apporte tout à l'heure [1]
Le reste de mon poisson [2]. »

1. A l'instant même. Voyez ci-dessus, p. 54 et note 2.
2. Une autre victime, célèbre aussi, de son amour immodéré pour le poisson, est l'abbé Barthélemy, qui mourut, à ce que l'on rapporte, pour avoir mangé trop de thon. Voyez les *Mélanges de biographie et d'histoire* de M. de Lantenay (Bordeaux, 1885, in-8°), chapitre xxxv.

## IX

### CONTE DE ****.

Cette petite pièce porte le titre de *Conte de* **** dans les éditions de 1665 B et C, 1667, 1668, 1669 Paris, Amsterdam et Leyde. Elle a paru pour la première fois, avec le nom de notre auteur, et sous le titre d'*Historiette*, dans *les Plaisirs de la poésie galante, gaillarde et amoureuse* (p. 2, non chiffrée), recueil in-12 sans lieu ni date[1], mais antérieur, affirme Walckenaer, à la première édition des contes. Brunet donne la date approximative de 1660 ou 1665. C'est aussi ce dernier titre : *Historiette*, que porte notre dizain dans le manuscrit de M. de Ruble. Dans l'édition hollandaise de 1685 il a été intitulé pour la première fois Sœur Jeanne, titre répété depuis par la plupart des éditeurs.

> Sœur Jeanne[2], ayant fait un poupon,
> Jeûnoit, vivoit en sainte fille,
> Toujours étoit en oraison[3] ;
> Et toujours ses sœurs à la grille[4].

1. Nous avons trouvé ce petit volume, assez rare, à la Bibliothèque de l'Arsenal. Il contient une estampe encadrant le premier titre, 2 pages de dédicace à « Madame M*** la ieune » ; puis 4 pages non chiffrées ; ensuite un second titre : *Nouvelles poésies et prose galantes*, et 303 pages chiffrées.

2. *Sœur Claude*, ici et plus bas, dans *les Plaisirs de la poésie galante*, où, nous l'avons dit, le titre unique est : *Historiette*, et dans le manuscrit de M. de Ruble. — La Fontaine parle de ce conte au début du *Psautier* (vers 12) :

> .... Quant à sœur Jeanne ayant fait un poupon,
> Je ne tiens pas qu'il la faille rabattre.

3. Rapprochez, ci-dessus, le vers 9 du conte IV ; et le vers 143 du *Poème de la captivité de saint Malc* :

> La nuit se passoit toute en vœux, en oraison.

4. A la grille du parloir, pour s'entretenir avec les visiteurs. On

Un jour donc l'abbesse leur dit : 5
« Vivez comme sœur Jeanne vit ;
Fuyez le monde et sa séquelle. »
Toutes reprirent à l'instant :
« Nous serons aussi sages qu'elle
Quand nous en aurons fait autant. » 10

sait combien la règle était relâchée dans certaines communautés religieuses ; c'est pourquoi les sœurs pouvaient passer plus de temps *à la grille* qu'à la chapelle. Comparez le conte XVI de la IIe partie, vers 36-38 :

> Tant ne songeoient au service divin
> Qu'à soi montrer ès parloirs aguimpées
> Bien blanchement, comme droites poupées ;

et le vers 134 de la satire XIII de Regnier :

> On trouve bien la cour dedans un monastère.

Mme de Sévigné écrit à sa fille, le 30 septembre 1676, au sujet de la réforme de l'abbaye de Chelles : « Madame (l'abbesse) a défendu toutes les entrées de la maison, de sorte que ma sœur de Biron, mes nièces de Biron, ma sœur de la Meilleraye, ma belle-sœur de Cossé, tous les amis, tous les cousins, tous les voisins, tout est chassé. Tous les parloirs sont fermés ; tous les jours maigres sont observés ; toutes les matines sont chantées sans miséricorde ; mille petits relâchements sont réformés ; et quand on se plaint : « Hélas ! « je fais observer la règle. — Mais vous n'étiez pas si sévère. — « C'est que j'avois tort, je m'en repens. » Et Mme de Maintenon, dans une lettre à Mme de la Viefville, du 17 octobre 1705 : « Vous ne pouvez trop faire travailler vos filles : il faut les occuper et les réjouir au dedans pour les éloigner des parloirs qui font la honte et le scandale de tous les couvents. »

# X

## CONTE DU JUGE DE MESLE.

Dans le recueil manuscrit de Conrart (n° 5418), où sont renfermés tous les contes de la première partie, sauf le ix°, on trouve (p. 157) l'indication suivante : « Conte du Juge de Mesle, petite ville qui appartient à Monsieur le Prince. » Tel est aussi le titre du conte dans le manuscrit de M. de Ruble. Il s'agirait, prétend Walckenaer, de Mesle ou Mêle-sur-Sarthe, à six lieues d'Alençon, dans le département de l'Orne. Cette bourgade, dont il est fait mention dans les chartes du neuvième siècle, était une baronnie, de quatre-vingt-neuf feux, de la sergenterie ou châtellenie d'Essay ou Essey, et ressortissant, par appel, au bailliage de cette ville.

Mais c'est Mesle où Melle en Poitou (département des Deux-Sèvres), et non Mesle-sur-Sarthe, qui appartenait à Monsieur le Prince. Depuis 1545 cette baronnie, qui faisait partie du domaine royal, en était sortie, à titre d'engagement. La maison de Condé la tenait encore à ce titre en 1790. Ajoutons que des deux localités du même nom, Melle en Poitou était la seule qui eût un juge.

« Une singulière anecdote, dit Édouard Fournier[1], courait au Palais du temps de leur stage (du stage de Furetière et de la Fontaine[2]). On contait, et c'était vrai, que Messire Saturnin Houlges, conseiller du Roi, juge ordinaire civil et criminel au siège royal de Melle en Poitou, avait, le 24 septembre 1644, ne sachant quelles conclusions prendre entre deux parties, dont le droit lui semblait égal, tiré, pour en finir, sa sentence à la courte paille. La Fontaine et Furetière ne furent pas des derniers à en rire, et ni l'un ni l'autre ne l'oublia : Furetière fit de l'anecdote, en passant sur le nom du juge et de son siège, mais en conservant la date, l'amusant épisode de son *Roman bourgeois*, « le Jugement des bûchettes » (voyez tome I, p. 226, et ci-dessous, p. 129 et note 2); et la Fontaine, qui, plus indiscret, nomma la ville, en tira, pour une dou-

1. *Vie de la Fontaine*, Paris, 1876, p. xxvi.
2. Voyez notre tome I, p. xvi-xvii.

zaine de rimes marotiques, son petit conte : *le Juge de Mesle*. »
Nous devons faire remarquer que dans sa propre édition du *Roman bourgeois* (Paris, 1854, note de la page 271), Édouard Fournier avait été beaucoup moins affirmatif : il ne donnait pas le nom du juge, et croyait encore qu'il s'agissait de Mesle-sur-Sarthe.

Comme l'avait déjà dit Walckenaer, cette désignation particulière du poète : « Conte du Juge de Mesle », prouvait ou semblait prouver du moins qu'il avait mis en vers un fait connu. Peut-être se rappelait-il aussi le juge Bridoye, de Rabelais, « lequel, congnoissant les antinomies et contrarietez des loix, des edictz, des coustumes et ordonnances, sententioit les procez au sort des dez » (*Pantagruel*, le tiers livre, chapitres XXXIX-XLIV).

Morlini, dans sa LXVIII<sup>e</sup> nouvelle, raconte une histoire analogue sous ce titre : *de Jurista qui tenebat sententias in filzis*. Le même récit (presque identique pour la seconde moitié) est dans *les Facetieuses Nuits* de Straparole, XIII<sup>e</sup> nuit, fable x[1], dont voici le sommaire :

« Cesar, napolitain, est longtemps aux uniuersités de Bologne, prend le degré de docteur, et, retourné en sa maison, enfile les sentences, afin de mieux et plus à l'aise donner ses iugemens. »

Il s'agit d'un jeune homme riche, paresseux et ignorant, qui « soit par argent, faueur ou amitié », parvient à se faire receuoir docteur; de retour à Naples, il fait une liasse de belles sentences, « lesquelles, dit-il à son père, aydant Dieu, quand vous m'aurez faict president, sans beaucoup de peines ie prononceray aux parties », car « il est escrit es liures du droict ciuil que les sentences doiuent estre nombrées entre les choses fortuites et accidentales. » En entendant cela « le bon homme pensa mourir de douleur. »

Comparez ce médecin italien qui « escriuoit deux ou trois centz receptes pour diuerses maladies, desquelles il prenoit un nombre qu'il mettoit en la facque (poche) de son saye; puis, quand quelqu'un venoit à luy..., il tiroit l'une de ces receptes à l'aduanture comme on met à la blanque et la bailloit au porteur, en luy disant seulement : *Dio te la daga buona*. Et, s'il s'en trouuoit bien : *In buona hora;* s'il s'en trouuoit mal : *Suo danno*. Ainsi va le monde[2]. »

1. Straparola, *le Piacevoli Notti*, Vinegia, in-8°, 1550-1553, traduites par Jean Louveau et Pierre de Larivey, Paris, 1585, in-16.
2. Bonaventure des Périers, nouvelle LIX, tome I, p. 242.

Deux avocats qui ne s'accordoient point
Rendoient perplexe[1] un juge de province :
Si[2] ne put onc[3] découvrir le vrai point,
Tant lui sembloit que fût obscur et mince [4].
Deux pailles prend d'inégale grandeur[5] ;   5
Du doigt les serre : il avoit bonne pince[6].
La longue échet[7] sans faute[8] au défendeur[9],

1. « Assez perplex, confus et academié » (Noël du Fail, tome II, p. 107). — *Perplex* dans nos anciens textes, dans le manuscrit de Conrart et dans celui de M. de Ruble. Telle est aussi l'orthographe des trois premières éditions du *Dictionnaire de l'Académie*, de Nicot et de Furetière. Richelet écrit *perplexe*. Le mot est imprimé ainsi, pour la rime, au vers 77 des *Lunettes*.
2. Comparez ci-dessus, p. 101 et 111.
3. Jamais, *unquam* : voyez ci-dessous, p. 133, et *passim*.
4. *Mince*, difficile à saisir. — « Qu'il fût » dans le manuscrit de M. de Ruble. — Rapprochez le début de la fable III du livre II :

.... Thémis n'avoit point travaillé,
De mémoire de singe, à fait plus embrouillé.
Le magistrat suoit en son lit de justice.

— « Il trouua l'affaire tant ambigue qu'il ne sçauoit en quelle partie incliner.... Qui eust decidé le cas au sort des dez, il n'eust erré, aduint ce que pourroit. » (Rabelais, le tiers livre, chapitre XLIV.)
5. Dans *Joconde*, vers 350-351 :

Tirons au sort, c'est la justice ;
Deux pailles en feront l'office.

6. Habitué qu'il était sans doute, comme Perrin Dandin, à « tirer l'argent à lui » (livre IX, fable IX). Marot (épître XXIX, tome I, p. 196) qualifie « argent subiect à la pince » l'argent exposé à être volé. — Voyez la fin du chapitre XLIII du tiers livre de Rabelais, *Comment Pantagruel excuse Bridoye sus les iugemens faictz au sort des dez* : « .... Que diriez vous de cestuy heur des dez continué en succes de tant d'années? Pour un ou deux iugemens ainsi donnez à l'aduenture ie ne me esbahirois, mesmement en matieres de soy ambigues, intrinquées, perplexes, et obscures. »
7. On écrit et on prononce aujourd'hui plus ordinairement *échoit*. L'Académie n'a cette dernière orthographe qu'à partir de sa quatrième édition (1762), où elle dit qu'on prononce *échet*.
8. Voyez ci-dessus, p. 48 et note 3.
9. L'avocat défendeur opposé à l'avocat demandeur. Bien en-

Dont[1] renvoyé s'en va gai comme un prince[2].
La cour[3] s'en plaint, et le juge repart :
« Ne me blâmez, Messieurs, pour cet égard[4] :     10

tendu, l'avocat et son client ne font qu'un. Dans *les Plaideurs* de Racine, Dandin dit aux deux avocats improvisés (acte II, scène XIV) :

Vous, maître Petit Jean, serez le demandeur;
Vous, maître l'Intimé, soyez le défendeur.

1. Voyez ci-dessus, le conte 1, vers 479 et la note.

2. « .... Sur quoy, et apres que les parties respectiuement ont fait plusieurs et diuers sermens, chacune à ses fins, et voyant que la preuue des faits cy-dessus posez estoit impossible, nous auons ordonné que le sort sera presentement ietté, et à cet effect nous auons d'office pris deux courtes pailles ou buchettes entre nos mains, enioint aux parties de tirer chacun l'une d'icelles; et pour sçauoir qui commenceroit à tirer, nous auons ietté une piece d'argent en l'air et fait choisir pour le demandeur l'un des costez de ladite piece par nostre seruiteur domestique; lequel ayant choisi la teste de ladite piece, et la croix, au contraire, estant apparüe, auons donné à tirer à la deffenderesse l'une des buchettes, que nous auons serrées entre le pouce et le doigt index, en sorte qu'il ne paroissoit que les deux bouts par en haut, auec declaration que celle des parties qui tireroit la plus grande des buchettes gagneroit sa cause. Estant arriué que la deffenderesse a tiré la grande, nous, deferant le iugement de la cause à la prouidence diuine, auons enuoyé icelle deffenderesse de la demande du demandeur..., sans depens.... » (FURETIÈRE, *le Roman bourgeois*, p. 271-272 de l'édition citée.)

3. La cour devant laquelle on avait renvoyé la cause. « Anciennement, dit le *Dictionnaire de Trévoux*, au mot JUGE, les juges étoient personnellement responsables de leurs jugements. On les prenoit à partie et on les assignoit sur l'appel, et ils étoient condamnés à l'amende s'ils avoient mal jugé.... Cette coutume s'est entièrement abolie..., et la partie seule court le hasard de la sentence, et les juges ne sont plus appelés pour soutenir leur jugement.... Pasquier, en rapportant cet ancien usage, ajoute qu'il seroit à souhaiter qu'il fût rétabli pour réprimer les injustices des juges inférieurs qui, n'étant point garants de leurs sentences, hasardent tout et ne s'appliquent pas assez à bien administrer la justice. »

4. A cet égard : emploi inusité de la préposition *pour* devant ce mot. On disait aussi : « pour ce regard, pour le regard de ».

De nouveauté dans mon fait il n'est maille[1] ;
Maint d'entre vous souvent juge au hasard,
Sans que pour ce tire à la courte paille[2]. »

1. C'est-à-dire : il n'y a pas la moindre nouveauté dans mon fait ; la maille était une petite monnaie de cuivre. Voyez notre tome III, p. 22 et note 2 ; Villon, p. 151 : « Ie ne vous crains pas maille » ; *les Cent Nouvelles nouvelles*, p. 136 : « Ie ne donneroye pas maille du surplus » ; Marot, tomes I, p. 149, III, p. 12 ; Brantôme, tome VI, p. 270 : « Pas maille pour cela », il n'y a rien de vrai là-dedans, cela est absolument faux ; et Mme de Sévigné, tome II, p. 236 : « Vous ne valiez maille derrière moi. » — Rapprochez les expressions : *pour un sou* (livre IV, fable VIII, vers 11) ; et *pas grain* : « pas grain de philosophie » (livre IX, fable XII, vers 16), « pas grain de jalousie » (*Richard Minutolo*, vers 22).

2. Comparez ce que le juge Bridoye, « assis au milieu du parquet », répond à la cour souveraine devant laquelle il a été appelé pour s'entendre juger lui-même parce qu'il a rendu une sentence peu équitable : « Des quelz dez vous aultres Messieurs ordinairement usez en ceste vostre court souueraine, aussi font tous aultres iuges en decision des procez.... Le sort est fort bon, honneste, utile et necessaire à la vuidange des procez et dissentions. » (RABELAIS, le tiers livre, chapitre XXXIX.)

## XI

### CONTE D'UN PAYSAN QUI AVOIT OFFENSÉ SON SEIGNEUR.

Dans les manuscrits de Conrart (n° 5418, p. 167-169) ce conte a pour titre : *Conte d'un Gentilhomme espagnol et d'un Païsan, son vassal :* ce qui permettrait de supposer que le sujet est emprunté à quelque auteur espagnol. Mais il est probable que l'Espagne n'intervient dans ce titre, car elle est absente du conte, qu'à cause de l'orgueil, de la dureté, qu'on prêtait aux seigneurs de ce pays. C'est en Italie que nous trouvons l'idée première de cette anecdote, dans l'avant-dernière scène d'une comédie intitulée : CANDELAIO, *comedia del Bruno Nolano, achademico* (sic) *di nulla achademia, detto il Fastidito*, Parigi, G. Giuliano (Guillaume Julien), 1582, in-12, avec cette épigraphe : *In tristitia hilaris, in hilaritate tristis*. Cette pièce du célèbre Giordano Bruno Nolano, qui fut l'une des victimes de l'Inquisition romaine, fut réimprimée en 1589 et en 1632, et traduite en français sous ce titre : *Boniface et le Pédant*, comédie en prose, imitée de l'italien de Bruno Nolano, Paris, chez Pierre Ménard, 1633, petit in-8°.

Nous donnons à l'*Appendice* de ce volume la scène que nous avons citée, dont le principal personnage est le pédant Mamphurio, que Giordano Bruno, ou, du moins, les mauvais garçons qui l'étrillent, traite avec une grande brutalité. Cette scène a été reproduite aussi tout au long, avec son ancienne version, dans le tome IX de l'édition de Molière de notre collection, au III° appendice du *Malade imaginaire*, p. 493-499.

Molière s'est en effet souvenu de cet épisode à la fin du premier intermède de cette comédie, où le pédant est remplacé par le vieil usurier Polichinelle, lequel, condamné par les archers à payer six pistoles ou à recevoir trente croquignoles ou douze coups de bâton, finit par payer les six pistoles, faute de pouvoir supporter plus longtemps les croquignoles et les coups de bâton dont il a déjà reçu la moitié.

M. Moland fait observer que l'anecdote telle que la rapporte la Fontaine est beaucoup moins plaisante et plus odieuse que dans Giordano Bruno et dans Molière. « Il ne s'agit chez ceux-ci que d'un mauvais traitement exercé soit par des vauriens sur un pédagogue ridicule, soit par des archers sur un grotesque, tandis que ce mauvais traitement est, de la part du seigneur de la Fontaine, un abus de pouvoir, et prête fort médiocrement à rire aux hommes de notre temps. » Mais remarquons que ce conte est tout empreint d'une ironie sarcastique dont le poète s'est aussi inspiré aux vers 68-74 du *Diable de Papefiguière*, et qui n'exclut pas la pitié :

....Fais donc vite et travaille,
Manant, travaille, et travaille, vilain ;
Travailler est le fait de la canaille, etc.

Un paysan son seigneur offensa :
L'histoire dit[1] que c'étoit bagatelle ;
Et toutefois ce seigneur le tança
Fort rudement : ce n'est chose nouvelle.
« Coquin, dit-il, tu mérites la hart[2] ; 5
Fais ton calcul d'y venir[3] tôt ou tard :
C'est une fin à tes pareils commune.
Mais je suis bon ; et de trois peines l'une

1. Pour cette locution comparez ci-dessus, *Joconde*, vers 69 et la note ; et *le Diable en enfer*, vers 26.
2. Proprement, lien d'osier ou d'autre bois flexible qui sert à attacher les fagots, les bourrées ; figurément, la corde avec laquelle on étranglait les criminels. Rapprochez la fable XIX du livre VI, vers 24 :

Guindé, la hart au col, étranglé court et net ;

*Belphégor*, vers 271 :

D'un côté sont le gibet et la hart ;

et une définition ou interprétation de la « hart » dans la nouvelle XCVII de des Périers (tome II, p. 120-121) : « *De par le roy sur peine de la hart* vault autant à dire que sur peine de la corde, iadis qu'on s'aydoit des branches des arbres pour espargner le chanure.... *Sentir la hart* vault autant à dire que chatouilleux de la gorge. »

3. Comme on dit : « faire son compte de ou que ». Voyez les *Lexiques de Malherbe, de Racine, de Sévigné*.

Tu peux choisir : ou de manger trente aulx,
J'entends sans boire et sans prendre repos ;  10
Ou de souffrir trente bons[1] coups de gaules,
Bien appliqués sur tes larges épaules ;
Ou de payer sur-le-champ cent écus. »
Le paysan consultant[2] là-dessus :
« Trente aulx sans boire ! ah ! dit-il en soi-même,
Je n'appris onc[3] à les manger ainsi.
De recevoir[4] les trente coups aussi,
Je ne le puis sans un péril extrême.
Les cent écus c'est le pire de tous. »
Incertain donc il se mit à genoux, 20
Et s'écria : « Pour Dieu, miséricorde ! »
Son seigneur dit : « Qu'on apporte[5] une corde.
Quoi ! le galant[6] m'ose répondre encor ! »

Le paysan, de peur qu'on ne le pende,
Fait choix de l'ail ; et le seigneur commande 25
Que l'on en cueille, et surtout du plus fort.
Un après un lui-même il fait le compte :
Puis quand il voit que son calcul se monte
A la trentaine, il les met dans un plat ;

1. Dans le manuscrit de Conrart, *cinquante* a été écrit en interligne, d'une autre main, au-dessus de *trente bons*, et plus bas, deux fois (vers 17 et vers 55), au-dessus de *les trente*.

2. Se consultant, réfléchissant, délibérant :

> J'ai trop par vos avis consulté là-dessus ;
> Ne m'en parlez jamais, je ne consulte plus.
>     (Corneille, *Cinna*, acte IV, scène iii, vers 1219-1220.)

Comparez *la Gageure*, vers 111, et *Nicaise*, vers 237.

3. Ci-dessus, p. 92 et note 3.

4. Sur ce tour, voyez p. 73 et note 3.

5. Qu'on m'apporte. (1665 B et C, 1668, 1669 Amsterdam et Leyde.)

6. Le drôle. Voyez tomes II, p. 445 et note 7, et III, p. 322 et note 20.

Et cela fait, le malheureux pied-plat[1] 30
Prend le plus gros, en pitié[2] le regarde,
Mange, et rechigne[3], ainsi que fait un chat
Dont les morceaux sont frottés de moutarde[4];
Il n'oseroit de la langue y toucher[5].

1. Cette locution venait d'une différence de chaussure entre les gens du peuple et les gentilshommes : ces derniers portaient de hauts talons, les autres des souliers plats; et aussi d'une différence, plus ou moins réelle, de conformation du pied, selon la race, la naissance. L'Académie explique *pied-plat* par « un paysan, un lourdaud, un campagnard grossier; un homme d'une naissance basse, qui s'est rendu méprisable par ses mauvaises qualités. »—« Il dit.... qu'il le recusoit (son juge) parce qu'il auoit les pieds plats. » (Noël du Fail, tome I, p. 151; voyez *ibidem*, p. 57.)

> On sait que ce pied-plat, digne qu'on le confonde,
> Par de sales emplois s'est poussé dans le monde.
> (Molière, *le Misanthrope*, acte I, scène 1, vers 129-130; voyez aussi la première scène du *Tartuffe*, vers 59.)

Saint-Simon (tome III, p. 68) l'emploie au sens d' « homme sans naissance », et Lesage, dans *Turcaret* (acte I, scène vi), au sens d' « homme de rien ».

2. D'un air piteux (voyez le vers 77), en s'apitoyant sur lui-même. Rapprochez Noël du Fail (tome II, p. 11) : « .... Regardant en pitié tantost l'un, tantost l'autre, tout contrit et repentant »; le vers 152 de *la Courtisane amoureuse*:

> .... Un certain lit que d'un œil de pitié
> Elle voyoit;

« yeux, regards piteux », dans *l'Heptaméron*, p. 252, 417 et 433, « regarder piteusement », *ibidem*, p. 153 et 230, etc.

3. Comparez du Fail, tome II, p. 116 : « Ce seigneur diablassoit, rechignoit, et tordoit les machoüeres comme un tourneur de bottes »; et la satire v de Regnier, vers 188 : « .... Ce vieux resveur qui tousiours rechignoit. »

4. Ces vers et les suivants rappellent les plaintes plaisantes d'Horace (épode iii) sur les brûlants effets de l'ail :

> *Parentis olim si quis impia manu*
> *Senile guttur fregerit,*
> *Edat cicutis allium nocentius.*
> *O dura messorum ilia!*
> *Quid hoc veneni sævit in præcordiis?* etc.

5. Il y a aux vers 35-45 du conte x de la IV° partie une com-

> Son seigneur rit, et surtout il prend garde 35
> Que le galant n'avale sans mâcher.
> Le premier passe; aussi fait le deuxième;
> Au tiers[1] il dit : « Que le diable y ait[2] part[3] ! »
> Bref, il en fut à grand'peine au douzième
> Que s'écriant : « Haro[4] ! la gorge m'ard[5] ! 40
> Tôt, tôt, dit-il, que l'on m'apporte à boire ! »

paraison également empruntée à la façon dont un animal reçoit sa pitance :

> .... Comme un chien qui fait fête
> Aux os qu'il voit n'être pas trop chétifs, etc.

1. Au troisième. *Tiers, tierce*, reviennent fréquemment chez Marot, tomes II, p. 150, 215, III. p. 100, etc.

2. Dans une locution toute faite l'hiatus a pu être permis.

3. Que le diable partage avec moi, m'aide à en venir à bout; je lui donne ma part; ou simplement : Au diable! Même locution ou locutions analogues dans *les Cent Nouvelles nouvelles*, p. 250 et 356 (conte LXXXIV, intitulé *la Part au Diable*), dans Coquillart, tome II, p. 220, 227, dans Rabelais, tome II, p. 504, dans des Périers, tome I, p. 22, 49, 102, dans Brantôme, tomes III, p. 134, IV, p. 342, V, p. 73; etc. Comparez l'exclamation : « Le gibet y ait part ! », qui, dans la VIII° des *Cent Nouvelles nouvelles*, p. 39, est mise dans la bouche d'un mari parlant de sa femme.

4. Voyez la fable I du livre VII, vers 55 et la note; Marot, épître XIII, tome I, p. 163; Regnier, satire X, vers 397, où le mot est écrit *harault;* et cette phrase du conte II de Noël du Fail (tome I, p. 49) : « En Normandie, quand quelqu'un faict le haro sur vous, il faut par necessité, fussiez vous vestu de veloux verd, que vous faciez solennellement vostre entrée en prison, pour la memoire d'un bon duc Raoul de Normandie, qui durera eternellement pour la grande iustice qu'il faisoit; comme qui diroit : « Ha, Raoul, où « estes vous? » Mais *haro* n'était pas seulement un terme de pratique, pour faire arrêt sur quelqu'un ou quelque chose, c'était aussi un cri de détresse, comme ici, pour demander du secours.

5. La gorge me brûle ! Le même cri, la même interjection dans Villon, *Ballade et oraison* (p. 70) :

> .... Il n'eust sceu jusque à terre cracher;
> Tousiours crioit : « Haro ! la gorge m'ard ! »
> Et si ne sceut oncq sa soif estancher
> L'ame du bon feu maistre Iehan Cotard.

Son seigneur dit : « Ah! ah! sire Grégoire[1],
Vous avez soif! je vois qu'en vos repas
Vous humectez[2] volontiers le lampas[3].
Or buvez donc et buvez à votre aise ;  45
Bon prou[4] vous fasse! Holà, du vin, holà[5]!

1. C'est le nom qui a toujours le mieux rimé avec *boire*, depuis l'origine du théâtre, du conte et de la chanson en France jusqu'à Piron, Panard, Béranger, Nadaud, etc. Nous le rencontrons encore, appliqué à un curé, dans le conte III de la IV<sup>e</sup> partie, vers 27. C'est aussi le nom du savetier de la fable II du livre VIII, vers 15, où il rime également avec *boire*.

2. On s'attendrait plutôt ici au réfléchi : « Vous vous humectez.... », qui toutefois n'est pas nécessaire.

3. Vous arrosez volontiers la gorge : *lampas*, terme vieilli, qui ne s'emploie plus que dans la médecine vétérinaire pour désigner la tumeur inflammatoire qui survient quelquefois au palais des chevaux, derrière les pinces de la mâchoire supérieure ; le verbe *lamper*, au contraire, le substantif *lampée*, se sont conservés dans le langage du peuple. Cependant l'Académie, dans ses deux dernières éditions, cite cette locution : *humecter le lampas*, « se mouiller le palais, boire du vin. » Comme le remarque Walckenaer, la Fontaine, en employant *lampas* pour désigner le palais de la bouche de l'homme, usait d'une métaphore facile à comprendre de son temps. C'est ainsi qu'aujourd'hui, dans le style trivial, on applique souvent aux hommes les mots *gueule, bec, museau, groin, babines,* etc.

4. Bon profit : voyez ci-dessus, p. 86, note 2. « Grant prou vous fasse! » (Coquillart, tome I, p. 152.)

    Messieurs, bon prou vous fasse.
        (Marot, v<sup>e</sup> oraison, tome IV, p. 55.)

« Prou fasse à vous. » (*Boniface et le Pédant*, scène citée.)

5. On serait tenté de croire qu'il y a ici une réminiscence de Rabelais (*Pantagruel*, chapitre XXVIII) : « Pantagruel luy bailla (au prisonnier) une boette pleine de euphorbe et de grains de coccognide confictz en eau ardente en forme de compouste, luy commandant la porter à son roy et luy dire que s'il en pouuoit manger une once sans boire, qu'il pourroit à luy resister sans peur.... Tout soubdain qu'il (le roi) en eut auallé une cueilleree, luy vint un tel eschauffement de gorge auecque ulceration de la luette que la langue luy pela. Et pour remede qu'on lui feist ne trouua allegement quelconque, sinon de boire sans remission, car incontinent qu'il ostoit le guobelet de la bouche, la langue luy brus-

Mais, mon ami, qu'il ne vous en déplaise,
Il vous faudra choisir, après cela,
Des cent écus ou de la bastonnade,
Pour suppléer au défaut de l'aillade[2].   50
— Qu'il plaise donc, dit l'autre, à vos bontés
Que les aulx soient sur les coups précomptés[3];
Car, pour l'argent, par trop grosse est la somme :
Où la trouver, moi qui suis un pauvre homme ?
— Hé bien, souffrez les trente horions[4],   55
Dit le seigneur; mais laissons les oignons[5]. »

Pour prendre cœur, le vassal en sa panse
Loge un long trait[6], se munit le dedans[7],

loit. Par ce l'on ne faisoit que luy entonner vin en gorge auec un embut, etc. »

1. « Ne vous desplaise », dans Rabelais : voyez notre tome I, p. 60 et note 8; et l'exemple d'Alain Chartier cité par Littré à l'Historique.

2. Au défaut des aulx. — *Aillade*, du provençal *alhada* : « ragoût, sauce à l'ail ». Ce mot est dans Cotgrave, et dans le *Dictionnaire de l'Académie*, à partir de la 4ᵉ édition. Comparez Rabelais, tome I, p. 376 : « .... Une puante halaine, qui estoit venue de l'estomach de Pantagruel alors qu'il mangea tant d'*aillade*. » C'est le *Moretum* de Virgile (mets composé d'herbe, d'ail, d'oignon, de fromage et de vin, et si goûté des anciens), traduit par Joachim du Bellay dans la seconde pièce de ses *Ieux rustiques*; mais ici, comme on le voit, il s'agit d'aulx tout crus à manger. — On peut rapprocher le vers 24 du *Cocu* :

      Son bien supplée au défaut de son âge.

3. Terme de pratique : décomptés, rabattus.

4. Comparez, ci-dessus, le conte III, vers 136 et la note : « accoutrer de horions ».

5. Les oignons d'ail; n'en parlons plus. Vous en avez mangé douze, c'est vrai; mais vous n'en recevrez pas moins trente coups de gaule : voyez les vers 9-11.

6. *Trait*, en ce sens, ne s'emploie guère au singulier sans déterminatif, sauf dans les locutions : d'un trait, d'un seul trait.

7. Comparez « les dedans » d'une maison (livre IV, fable XVII,

Puis souffre un coup avec grande constance ;
Au deux, il dit : « Donnez-moi patience, 60
Mon doux Jésus, en tous ces accidents ! »
Le tiers[1] est rude ; il en grince les dents,
Se courbe tout[2], et saute de sa place.
Au quart il fait une horrible grimace ;
Au cinq, un cri. Mais il n'est pas au bout ; 65
Et c'est grand cas[3] s'il peut digérer tout ;
On ne vit onc si cruelle aventure :
Deux forts paillards[4] ont chacun un bâton,
Qu'ils font tomber par poids et par mesure,
En observant la cadence et le ton[5]. 70

vers 3), « les dedans » d'un château (*Psyché*, tome III *M.-L.*, p. 20 et 38). Corneille a dit plusieurs fois *le dedans* pour signifier le cœur, l'âme, mais non l'estomac et les entrailles (*Lexique*, tome I, p. 263-264).

1. Le troisième, comme plus haut (vers 38) ; précédemment *deux*, et plus bas, *quart*, *cinq*, pour *deuxième*, *quatrième*, *cinquième* : toutes ces formes sont chez Marot et chez nos anciens écrivains.

2. Tout entier, entièrement.

3. Grand hasard : il serait bien étonnant qu'il pût digérer tout ; voyez ci-dessus, *le Mari confesseur*, vers 39 et la note.

4. *Paillard*, proprement homme qui couche sur la paille, rustre, homme de rien ; *palhardus, homo nihili et infimæ conditionis*, dit du Cange. Voyez la fable VIII du livre VI, vers 10 et la note. Dans Eustache Deschamps (tome II de l'édition de 1880, p. 95) : « loger en poures draps et en paillarderie » ; dans Rabelais (tome I, p. 63) : « paillards de plat pays » ; c'est aussi le nom que le capitaine Loupgarou donne à ses compagnons (*ibidem*, p. 357), qu'on donnait souvent aux fantassins qui avaient été levés dans les campagnes ou aux goujats d'armées : « En nostre ost y eust grant sequelle de paillards et paillardes à pié, qui faisoient le dommage des morts. » (Comynes, livre VIII, chapitre XII.) « Massacreurs, sacquemens, pillards et paillards. » (Brantôme, tome I, p. 276.) Comparez Marot, tomes I, p. 191, II, p. 78 ; et *la Mandragore*, vers 164, 180.

5. Comme s'ils battaient le blé avec un fléau. — La cadence et le son. (1665 B et C, 1667, 1668, 1669 Amsterdam et Leyde, et manuscrit de Conrart.)

c. xi]  PREMIÈRE PARTIE.  139

 Le malheureux n'a rien qu'une chanson[1] :
« Grâce ! » dit-il. Mais, las ! point de nouvelle[2] ;
Car le seigneur fait frapper de plus belle,
Juge des coups[3], et tient sa gravité[4],
Disant toujours qu'il a trop de bonté[5].   75

 Le pauvre diable enfin craint pour sa vie.
Après vingt coups, d'un ton piteux il crie :
« Pour Dieu, cessez ; hélas ! je n'en puis plus. »
Son seigneur dit : « Payez donc cent écus,
Net[6] et comptant ; je sais qu'à la desserre   80
Vous êtes dur[7] : j'en suis fâché pour vous.

 1. Comparez *le Calendrier*, vers 214-215, *le Magnifique*, vers 45 ; et la comédie de *l'Eunuque*, acte IV, scène III :

  Il n'a qu'une chanson dont il nous étourdit.

 2. Cette locution, énergiquement négative, marque bien ici l'inutilité des cris du malheureux. Voyez *le Faucon*, vers 37 ; la fable XVII du livre I, vers 27 ; Noël du Fail, tome II, p. 178 : « Ie voulus executer ma commission, mais point de nouuelles » ; des Périers, tome II, p. 14 : « Quand ce fut à donner sus le deuant, point de nouuelles : elle ne fit que se rire de luy » ; Montaigne, tome I, p. 94 : « Ils vont, ils viennent, ils trottent, ils dansent ; de mort, nulles nouuelles » ; Regnier, épître III, vers 12 ; une lettre de notre poète au prince de Conti du 18 août 1689 (tome III *M.-L.*, p. 424) ; Mme de Sévigné (tome VI, p. 196) : « La Sen[neterre] a eu beau tortiller autour du Bourdaloue, point de nouvelles » ; etc.

 3. Autre emploi, plus plaisant, de cette locution dans *le Faiseur d'oreilles*, vers 196.

 4. Et garde son sérieux, son air sévère.

 5. Au vers 8 : « Mais je suis bon ».

 6. Sur *net*, adverbial, voyez, tome III, p. 190, la fin de la note 46 ; et comparez le vers 24 de la fable XIX du livre VI.

—   Cent beaux écus bien comptés clair et net.
     (*Les Quiproquo*, vers 66.)

 7. Dur à desserrer les cordons de votre bourse, dur à la détente. Nous rencontrons dans Malherbe (tome II, p. 163) cette locution : *être de fâcheuse desserre* : « Si je le connois de si fâcheuse desserre qu'il faille plus d'un simple avertissement pour en tirer quelque chose.... » Littré cite ce proverbe du seizième siècle :

Si tout n'est prêt[1], votre compère Pierre
Vous en peut bien assister, entre nous.
Mais pour si peu vous ne vous feriez tondre[2]. »
Le malheureux, n'osant presque répondre,                85
Court au mugot[3], et dit : « C'est tout mon fait[4]. »
On examine ; on prend un trébuchet[5].
L'eau cependant lüi coule de la face[6] :

« Il ressemble les arbalestes de Cognac, il est de dure desserre, se dit d'un avare. » On disait au contraire d'un prodigue : « Il ne tient serre, non plus qu'une vieille arbalète. » Comparez *l'Heptaméron*, p. 326 : un père « si serrant » ; et Molière, *l'Avare*, acte II, scène IV : « Le seigneur Harpagon est de tous les humains l'humain le moins humain, le mortel de tous les mortels le plus dur et le plus serré. »

1. Si vous n'avez pas le compte, la somme suffisante pour payer.
2. Mais vous n'êtes pas à cela près ; ce n'est pas pour si peu que vous diriez : « Je veux qu'on me tonde si je l'ai et si je le donne ! »
3. *Mugot*, dans les éditions de 1667 et de 1669 Paris (de *mucher* ou *musser*, cacher), et non *magot*, qui s'est dit par corruption[a] : lieu où l'on a serré son argent, l'argent lui-même. Ce mot est dans les dictionnaires de Richelet et de Trévoux. Voyez l'exemple de la *Satyre Ménippée* (édition de Ratisbonne, 1664, in-12, p. 52) que cite ce dernier dictionnaire : « Nous decouurismes.... le beau et ample *mugot* de Molan (trésorier de l'épargne), nonobstant ses demons gardiens..., que ledit Machault sçut religieusement coniurer, remplissant à cachette d'escus au soleil le fond de ses chausses. » *Faire sa mugot* en Normandie signifie faire sa provision de fruits et les serrer pour l'hiver. Il se dit aussi au figuré, en mauvaise part. — « Il mugote », en patois picard, « il cache son argent ».
4. C'est tout ce que j'ai. Comparez Brantôme, tome IV, p. 309 : « La pluspart de son argent il le mist en pierreries.... pour mieulx porter son faict » ; *Féronde*, vers 61 : « manger son fait » ; et la fable XI du livre X, vers 62 :

Son fait, dit-on, consiste en des pierres de prix.

5. Petite balance fort délicate, que le moindre poids fait trébucher : on s'assure que la monnaie du paysan est de poids. « Ie serois d'opinion que..., portant avec nous un tresbuchet..., nous pezissions nos escuz. » (B. DES PÉRIERS, nouvelle CIV, tome II, p. 137.)
6. Une sueur d'angoisse.

[a] On écrivait aussi *magaut*, *mascot*, ou *mascaut* : « Il auoit trouué le mascaut et argent de son pere bien enflé. » (DU FAIL, conte XI, tome I, p. 153.)

Il n'a point fait encor telle grimace [1].
Mais que lui sert? il convient[2] tout payer.            90
C'est grand'pitié quand on fâche son maître[3].

Ce paysan eut beau s'humilier;
Et, pour un fait assez léger peut-être [4],
Il se sentit enflammer le gosier,
Vuider la bourse, émoucher[5] les épaules,            95
Sans qu'il lui fût dessus les cent écus,

1. Il en a pourtant fait de laides (vers 32 et suivants et vers 64). Mais comment se résoudre à tirer cette somme de ses entrailles? Cent écus qu'on lui demande sont justement cent « coups de poignard qu'on lui donne », comme dit Molière (*les Fourberies de Scapin*, acte III, scène III).

2. Il fallut. (Manuscrit de Conrart.) — « Dans les démêlés que les petits ont avec les grands, dit Ménage, il faut toujours que les petits demandent pardon : *qui finis apud imperantes.* » (*Menagiana*, tome III, p. 304, de l'édition de 1715.)

3. Car
      Notre ennemi, c'est notre maître:
      Je vous le dis en bon françois.
        (Livre VI, fable VIII, vers 15-16, et la note.)

Ce mot, vrai de tout temps, l'était surtout autrefois, quand le pauvre « ahanier », comme on l'appelait, taillable et corvéable, soumis à des vexations de toute sorte, ne pouvait même jouir en paix des fruits du sol qu'il fouillait avec opiniâtreté. Comme le dit M. Crouslé à propos de la fable citée (*Revue des cours littéraires*, 1868, p. 131), mais sa remarque peut s'appliquer également à ce conte, on n'a jamais exprimé d'une manière plus vive, plus touchante que la Fontaine, la misère des paysans. Nous ne répéterons pas le passage si connu de la Bruyère[a], peinture « plus pleine d'amertume que de sympathie »; tandis que la Fontaine, en nous peignant leur détresse, souffre évidemment pour eux. Voyez aussi la fable de *la Mort et le Bûcheron* et celle du *Jardinier et son Seigneur*.

4. Voyez ci-dessus, vers 2 :
      L'histoire dit que c'étoit bagatelle.

5. Proprement : battre, comme si les coups étaient donnés pour

a *De l'Homme*, tome II, p. 61.

Ni pour les aulx, ni pour les coups de gaules,
Fait seulement grâce d'un carolus¹.

chasser les mouches. C'est un euphémisme. « Bien esmoucher »,
bien battre (Coquillart, tomes I, p. 52, II, p. 112). « Il me fit
émoucher les épaules et bannir du royaume. » (LESAGE, *Guzman
d'Alfarache*, livre IV, chapitre IX.) Nous avons rencontré le substantif *émoucheur* dans la fable x du livre VIII, vers 45 (tome II,
p. 262 et note 21). On dit encore *épousseter*, au même sens de
« rosser » : voyez *l'Étourdi* de Molière, vers 1577.

1. Ancienne monnaie de petite valeur : du nom de Charles VIII,
qui le premier la fit frapper; elle était marquée de son nom et d'une
croix couronnée d'une fleur de lis à ses quatre branches. Elle valait dix deniers d'argent. Le denier était la 240ᵉ partie d'une livre
d'argent. Cette épigramme de Mellin de Saint-Gelais (tome II,
p. 243), citée par des Périers dans sa nouvelle XVII (tome I, p. 97),
par Antoine du Verdier, dans sa *Bibliothèque françoise* (Lyon, 1585,
in-fol., p. 866), par Ménage dans son *Dictionnaire étymologique*, etc.,
montre, comme le dernier vers de notre conte, le peu de prix attaché à cette monnaie :

>Chatelus donne à desiuner
>A six, pour moins d'un carolus;
>Et Jaquelot donne à disner
>A plus pour moins que Chatelus.
>Apres tels repas dissolus,
>Chascun s'en va gay et falot.
>Qui me perdra chez Chatelus
>Ne me cherche chez Jaquelot.

FIN DE LA PREMIÈRE PARTIE.

# CONTES ET NOUVELLES

## DEUXIÈME PARTIE

(1666-1667)

# PRÉFACE[1].

Voici les derniers ouvrages de cette nature qui partiront des mains de l'auteur[2], et par conséquent la der-

---

1. Cette Préface est en tête de la *Deuxième partie des Contes et Nouvelles en vers de M. de la Fontaine*, à Paris, chez Claude Barbin, au Palais, sur le second perron de la Sainte-Chapelle, ou chez Louis Billaine, dans la grand'salle du Palais, au second pilier, à la Palme et au Grand César, 1646 (par erreur, pour 1666), in-12. Le Privilège est du 30 octobre 1665; l'Achevé d'imprimer du 21 janvier 1666. Les deux premières parties ont reparu reliées ensemble, en 1667, accompagnées des deux Préfaces, mais, dans presque tous les exemplaires, par la faute du relieur, avec des interversions de titres, de préfaces, de première et de deuxième partie : le premier cahier (titre et préface) de la I<sup>re</sup> partie est au commencement du volume, en tête de la II<sup>e</sup> partie; et le premier cahier (titre et préface) de la II<sup>e</sup>, au milieu, en tête de la I<sup>re</sup>. Cette édition ne porte qu'un privilège, à la fin, qui est celui de la II<sup>e</sup> partie.

2. Cependant trois nouveaux contes : *les Cordeliers de Catalogne, l'Ermite*, et *le Muet de Boccace* (Mazet de Lamporechio), ne tardèrent pas à courir manuscrits, sans parler de tous ceux qui suivirent, et ils furent publiés, dès 1667, dans un volume intitulé : *Recueil contenant plusieurs discours libres et moraux, et quelques nouvelles en vers non encore imprimées*, à Cologne (à la Sphère), 1667, in-12, p. 48-68. Tous les trois étaient la satire de gens d'Église, et c'est pourquoi, sans aucun doute, ils ne parurent pas d'abord en France, à moins que Cologne ne soit une fausse rubrique. — Sur cette espèce d'amende honorable de l'auteur et sur ses incorrigibles rechutes dans le péché des contes, voyez la Notice en tête de notre tome I, p. xcix, civ, cxvi, cxxxiii, cxxxiv.

nière occasion de justifier ses hardiesses et les licences qu'il s'est données. Nous ne parlons point des[1] mauvaises rimes[2], des vers qui enjambent, des[3] deux voyelles sans élision, ni en général de ces sortes de négligences qu'il ne se pardonneroit pas lui-même en un autre genre de poésie, mais qui sont inséparables, pour ainsi dire, de celui-ci. Le trop grand soin de les éviter jetteroit un faiseur de contes en de longs détours, en des récits aussi froids que beaux, en des contraintes fort inutiles, et lui feroit négliger le plaisir du cœur[4] pour travailler à la satisfaction de l'oreille. Il faut laisser les narrations étudiées pour les grands sujets, et ne pas faire un poëme épique des aventures de Renaud d'Ast[5]. Quand celui qui a rimé ces nouvelles y auroit apporté tout le soin et l'exactitude qu'on lui demande, outre que ce soin s'y remarqueroit d'autant plus qu'il y est moins nécessaire, et que cela contrevient aux préceptes de Quintilien[6], encore l'auteur n'auroit-il pas satisfait au principal point, qui est d'attacher le lecteur, de le réjouir[7], d'attirer mal-

1. De. (1666.)
2. Rapprochez de ce passage sur le style des Contes le début de l'Avertissement de la I<sup>re</sup> partie; et les vers 86-98, déjà cités, de l'*Épître aux Pisons*, d'Horace.
3. De. (1686.)
4. Le plaisir du *cœur*, au sens le plus général du mot : tout ce qui plaît, touche, attache ; voyez neuf lignes plus bas.
5. Le héros du conte v de cette seconde partie : *l'Oraison de saint Julien*.
6. Qui recommande la simplicité dans les sujets simples : *quia simplicitas illa, et velut securitas inaffectatæ orationis, mire tenues causas decet.* (Livre XI, chapitre I, § 93 ; voyez aussi livre IX, chapitre IV, § 21 ; et *passim*.)
7. Comparez une autre citation de Quintilien dans notre tome I, p. 14, note 2.

gré lui son attention, de lui plaire enfin : car, comme
l'on sait, le secret de plaire ne consiste pas toujours en
l'ajustement, ni même en la régularité ; il faut du piquant[1] et de l'agréable, si l'on veut toucher[2]. Combien
voyons-nous de ces beautés régulières qui ne touchent
point, et dont personne n'est amoureux[3] ? Nous ne voulons pas ôter aux modernes la louange qu'ils ont méritée.
Le beau tour de vers, le beau langage, la justesse, les
bonnes rimes, sont des perfections en un poète : cependant, que l'on considère quelques-unes de nos épigrammes[4] où tout cela se rencontre, peut-être y trouvera-t-on beaucoup moins de sel, j'oserois dire encore

1. « ....Ce n'est pas une beauté régulière, mais elle est assez piquante, ma foi, elle est assez piquante. » (LESAGE, *Turcaret*, acte I, scène II.)
2. C'est « le charme secret, la grâce plus belle encore que la beauté », dont il est parlé aux vers 77-78 d'*Adonis*.
3. « Un roi de Lydie.... pria autrefois les Grecs de lui donner femme.... On lui envoya deux jeunes filles : l'une s'appeloit Myrtis, l'autre Megano. Celle-ci étoit fort grande, de belle taille, les traits du visage très beaux et si bien proportionnés qu'on n'y trouvoit que reprendre, l'esprit fort doux ; avec cela, son esprit, sa beauté, sa taille, sa personne ne touchoit point, faute de Vénus qui donnât le sel à ces choses. Myrtis au contraire excelloit en ce point-là. Elle n'avoit pas une beauté si parfaite que Megano, même un médiocre critique y auroit trouvé matière de s'exercer. En récompense, il n'y avoit si petit endroit sur elle qui n'eût sa Vénus, et plutôt deux qu'une, outre celle qui animoit tout le corps en général. Aussi le roi la préféra-t-il à Megano, et voulut qu'on la nommât Aphrodisée. » (*Psyché*, livre II, tome III *M.-L.*, p. 134-135.)
4. On sait que ce mot, dont le sens est aujourd'hui très restreint, s'appliquait autrefois, chez les anciens et chez les modernes, à toute sorte de petites pièces de vers, de petits poèmes, quelle qu'en fût d'ailleurs la nature : il y avait des épigrammes tumulaires, amoureuses, votives, descriptives, triomphales, aussi bien que des épigrammes satiriques. Voyez la Préface de la I<sup>re</sup> partie, p. 10 et note 5.

bien moins de grâces¹, qu'en celles de Marot et de Saint-Gelais ; quoique les ouvrages de ces derniers soient presque tout pleins² de ces mêmes fautes qu'on nous impute. On dira que ce n'étoient pas des fautes en leur siècle et que c'en sont de très grandes au nôtre. A cela nous répondons par un même raisonnement, et disons, comme nous avons déjà dit, que c'en seroit³ en effet dans un autre genre de poésie, mais que ce n'en sont point dans celui-ci. Feu M. de Voiture⁴ en est le garant : il ne faut que lire ceux de ses ouvrages où il fait revivre le caractère de Marot⁵. Car notre auteur ne prétend pas que la gloire lui en soit due⁶, ni qu'il ait mérité non plus de grands applaudissements du public pour avoir rimé quelques contes. Il s'est véritablement engagé dans une carrière toute nouvelle, et l'a fournie le mieux qu'il a pu, prenant tantôt un chemin, tantôt l'autre⁷, et marchant toujours plus assurément quand il a suivi la manière de nos vieux poètes, *quorum in hac re imitari neglegentiam exoptat potius quam istorum diligentiam*⁸.

1. De grâce. (1666, 1667.) — 2. Tous pleins. (1685, 1686.)
3. C'en seroient. (1666, 1667.)
4. Il était mort en 1648. Comparez la lettre de la Fontaine à Saint-Évremond du 18 décembre 1687, et ces vers si connus :

   J'ai profité dans Voiture, etc.

5. Voyez particulièrement ses « Vers en vieux langage », tome II, p. 140-144, de l'édition des *OEuvres de Monsieur de Voiture* (Paris, 1672, in-12) ; et aussi ses « Lettres en vieux langage », *ibidem*, tome I, p. 470-480.
6. Ne prétend pas avoir inventé cette manière d'écrire, cette aimable négligence.
7. Rapprochez les « deux voies » dont il est question dans l'Avertissement, p. 5 et note 2.
8. La Fontaine modifie ici, « sans doute par pure politesse », comme le remarque M. Marty-Laveaux, ce passage de Térence :

## DEUXIÈME PARTIE.

Mais, en disant que nous voulions passer ce point-là, nous nous sommes insensiblement engagés à l'examiner. Et possible[1] n'a-ce pas été inutilement ; car il n'y a rien qui ressemble mieux à des fautes que ces licences.

Venons à la liberté que l'auteur se donne de tailler dans le bien d'autrui ainsi que dans le sien propre, sans qu'il en excepte les nouvelles même les plus connues, ne s'en trouvant point d'inviolable pour lui. Il retranche, il amplifie, il change les incidents et les circonstances, quelquefois le principal événement et la suite ; enfin, ce n'est plus la même chose, c'est proprement une nouvelle nouvelle[2] ; et celui qui l'a inventée auroit bien de la peine à reconnoître son propre ouvrage. *Non sic decet contaminari fabulas*[3], diront les critiques. Et comment ne le diroient-ils pas ? ils ont bien fait le même reproche à Térence ; mais Térence s'est moqué d'eux, et a prétendu avoir droit d'en user ainsi. Il a mêlé du

> *Quorum æmulari exoptat neglegentiam*
> *Potius quam istorum obscuram diligentiam.*
>          (Prologue de *l'Andrienne*, vers 20-21.)

1. Peut-être : voyez le vers 122 de *Joconde* et la note.

2. Son « imitation » n'est point « un esclavage », comme il dit dans l'épître à Huet (tome V M.-L., p. 177). Rapprochez ci-dessous, le conte VI, vers 14-16 :

> J'y mets du mien selon les occurrences,
> C'est ma coutume, etc.

3. Autre citation du Prologue de *l'Andrienne* (vers 15-16) :

> .... *Atque in eo disputant*
> *Contaminari non decere fabulas.*

Voyez aussi, pour la réponse de Térence aux critiques, le Prologue de *l'Eunuque*, notamment les vers 41-43 :

> *Nullum est jam dictum quod non dictum sit prius.*
> *Quare æquum est vos cognoscere atque ignoscere,*
> *Quæ veteres factitarunt, si faciunt novi.*

sien parmi les sujets qu'il a tirés de Ménandre[1], comme Sophocle et Euripide ont mêlé du leur parmi ceux qu'ils ont tirés des écrivains qui les précédoient, n'épargnant histoire ni fable où il s'agissoit de la bienséance[2] et des règles du dramatique[3]. Ce privilège cessera-t-il à l'égard des contes faits à plaisir? et faudra-t-il avoir dorénavant plus de respect et plus de religion, s'il est permis d'ainsi dire, pour le mensonge, que les anciens n'en ont eu pour la vérité[4]? Jamais ce qu'on appelle un bon conte ne passe d'une main à l'autre sans recevoir quelque nouvel embellissement.

D'où vient donc, nous pourra-t-on dire, qu'en beaucoup d'endroits l'auteur retranche au lieu d'enchérir? Nous en demeurons d'accord[5]; et il le fait pour éviter la longueur et l'obscurité[6], deux défauts intolérables dans ces matières, le dernier surtout[7] : car, si la clarté est recommandable en tous les ouvrages de l'esprit, on peut dire qu'elle est nécessaire dans les récits où une chose,

1. Rapprochez ce que le poète dit de Térence et de sa poétique à la fin de l'Avertissement de la I<sup>re</sup> partie (ci-dessus, p. 6).
2. Voyez comment il définit « la bienséance » dans la Préface de la I<sup>re</sup> partie, p. 13.
3. Ne se faisant aucun scrupule de changer, d'altérer ces histoires, ces fables, dans l'intérêt de la bienséance, ou lorsque les règles dramatiques étaient en jeu. — Même expression : « le dramatique », chez la Bruyère (des Ouvrages de l'esprit, tome I, p. 115). Elle est aussi chez Fénelon, appliquée au grand pouvoir de l'art du dialogue sur les hommes : « la force du *dramatique* », dans le mandement qui est en tête de son *Instruction pastorale sur le système de Jansénius* (tome XV, 1823, p. 127).
4. Ou pour ce qu'ils regardaient comme la vérité.
5. Qu'il agit ainsi. — 6. Ou l'obscurité. (1666.)
7. Il paraît cependant que quelques critiques trouvaient de l'obscurité dans les contes de la Fontaine; c'était aussi l'avis de Mlle de Sillery : voyez tome II, p. 275 et note 8.

DEUXIÈME PARTIE. 151

la plupart du temps, est la suite et la dépendance d'une autre, où le moindre[1] fonde quelquefois le plus important ; en sorte que si le fil vient une fois à se rompre, il est impossible au lecteur de le renouer. D'ailleurs, comme les narrations en vers sont très malaisées, il se faut charger de circonstances le moins qu'on peut ; par ce moyen vous vous soulagez vous-même, et vous soulagez aussi le lecteur, à qui l'on ne sauroit manquer[2] d'apprêter des plaisirs sans peine. Que si l'auteur a changé quelques incidents et même quelque catastrophe, ce qui préparoit cette catastrophe et la nécessité de la rendre heureuse l'y ont contraint[3]. Il a cru que dans ces sortes de contes chacun devoit être content à la fin : cela plaît toujours au lecteur, à moins qu'on ne lui ait rendu les personnes trop odieuses[4]. Mais il n'en faut point venir là, si l'on peut, ni faire rire et pleurer dans une même nouvelle[5]. Cette bigarrure[6] déplaît à Horace

1. « Le moindre », « le plus important », sont pris ici substantivement.
2. C'est-à-dire : l'on ne doit pas manquer.
3. Nous aurons en effet, nous avons déjà eu, dans les notices de certains contes, à signaler chez les précurseurs des dénouements tragiques que la Fontaine a pris soin de modifier.
4. La seule « catastrophe », le seul dénouement tragique est celui des *Cordeliers de Catalogne*, où il a « rendu », comme il dit, « les personnes odieuses » ; ce qui ne l'empêche pas de raconter cette catastrophe de la façon la plus plaisante. Il y a bien encore dans *l'Oraison de saint Julien* un « trio » de voleurs qui est « branché », et dans *le Calendrier des Vieillards* le pauvre Richard de Quinzica qui meurt de chagrin ; mais le lecteur ne s'apitoie non plus ni sur ce vieil époux, ni sur les trois brigands.
5. Parce que ce mot a pour la Fontaine un sens très restreint et qu'il désigne à ses yeux un genre où il convient surtout d'être gai, enjoué.
6. Rapprochez un autre emploi de ce mot dans la fable III du livre IX, vers 10.

sur toutes choses; il ne veut pas que nos compositions ressemblent aux crotesques[1], et que nous fassions un ouvrage moitié femme[2], moitié poisson[3]. Ce sont les raisons générales que l'auteur a eues. On en pourroit encore alléguer de particulières, et défendre chaque endroit; mais il faut laisser quelque chose à faire à l'habileté et à l'indulgence des lecteurs. Ils se contenteront donc de ces raisons-ci. Nous les aurions mises un peu plus en jour et fait valoir davantage, si l'étendue des préfaces[4] l'avoit permis.

1. La Fontaine écrit encore *crotesque* : voyez le vers 1809 de *l'Étourdi* de Molière et la note.

2. Moitié naïade. (1666.)

3. Voyez le début de l'*Épître aux Pisons*, vers 1-5. « .... Que sont-ce icy aussi, à la verité, que crotesques et corps monstrueux, rappiecez de diuers membres, sans certaine figure, n'ayans ordre, suitte, ny proportion que fortuite :
    *Desinit in piscem mulier formosa superne.* »
    (MONTAIGNE, livre I, chapitre XXVII, tome I, p. 245.

4. L'étendue qu'il est permis de donner aux préfaces. Rapprochez, tome I, p. 18 : « J'ai déjà passé la longueur ordinaire des préfaces. » — D'une lettre où Chapelain (12 février 1666), remerciant la Fontaine de l'envoi de son nouveau volume de contes, le loue d'avoir « damé le pion à Boccace », nous extrayons le passage suivant : « .... Votre préface se sent bien de votre érudition et de l'usage que vous avez du monde, et rien ne m'y a déplu que ce que vous semblez y protester au commencement que les historiettes enjouées dont ce volume est formé seront les dernières qu'on verra de vous, car je ne crois pas qu'on doive jamais renoncer à un travail où on réussit comme vous faites en celui-ci. » (*Lettres de Jean Chapelain*, tome II, p. 439.)

# CONTES ET NOUVELLES

## DEUXIÈME PARTIE
(1666-1667)

## I

### LE FAISEUR[1] D'OREILLES
ET
### LE RACCOMMODEUR DE MOULES.

CONTE TIRÉ[2] DES CENT NOUVELLES NOUVELLES
ET D'UN CONTE DE BOCCACE.

C'est aux *Cent Nouvelles nouvelles* (nouvelle III) et au *Décaméron* de Boccace (journée VIII, nouvelle VIII) que la Fontaine, comme le dit le titre, a emprunté le sujet de ce conte.

Dans la IIIᵉ des *Cent Nouvelles nouvelles* les détails diffèrent quelque peu : là, point d'oreille à fabriquer, point de moule à raccommoder; mais le seigneur se met en devoir de « recoigner et cheuiller le deuant[3] de la musnière », à laquelle il « baille à entendre qu'il luy cherroit s'il n'estoit recoigné, et ainsi par plusieurs fois le

---

1. Nous rencontrons ce mot, au même sens plaisant et grivois, dans des Périers, nouvelle v (tome I, p. 30) : « .... De les faire prendre (pour femmes) à ceulx qui estoient les *faiseurs*, ce n'estoit chose qui se peust bonnement faire; car possible qu'il y en auoit plus d'un, et que l'un auoit faict les piedz, l'aultre les oreilles, et quelque aultre encore le nez : que sçait-on comme les choses de ce monde vont? »

2. Nouvelle tirée. (1668, 1669 Amsterdam et Leyde.)

3. Même expression dans *les Cent Nouvelles nouvelles* (p. 51, 331, etc.); chez Brantôme (*Dames galantes*, p. 554) : C'est « une

luy recoigna¹ », et le meunier s'efforce, en revanche, de repêcher un diamant que la femme du seigneur a perdu au bain, c'est-à-dire qu'il a lui-même dérobé : il a fait croire à celle-ci que le diamant est entré dans son corps et qu'il sait comment l'en tirer : « Et le musnier pescha si bien et si auant qu'il le trouua, comme bien sceut depuis le cheualier; si l'appela pescheur, et le musnier recoigneur le nomma. » Rapprochez la jolie farce du « Gentilhomme, Lison, Naudet, et la Damoyselle » dans l'*Ancien Théâtre françois*, tome I, p. 250.

Voici maintenant le sommaire de la vIII⁰ nouvelle de la VIIIᵉ journée de Boccace; on verra que, sauf pour le fond, ce récit diffère beaucoup de celui de la Fontaine : *Due usano insieme. L'uno con la moglie dell'altro si giace. L'altro avedutosene fa con la sua moglie, che l'uno è serrato in una cassa, sopra laquale, standovi l'un dentro, l'altro con la moglie de l'un si giace.*

« Deux hommes mariez frequentantz iournellement ensemble, l'ung coucha auecques la femme de l'aultre : lequel s'en estant aperceu feit si bien auec la femme de son compaignon qu'ilz l'enfermerent dedans ung coffre, sur lequel il iouyt de sa femme. »

Citons également la fin du conte de Boccace : « Spinellosse, quand il fut sorty du coffre, sans user trop de parolles, deit : « Seppe, nous sommes l'ung comme l'aultre, et par ainsi ie treuve « bon, comme tu disois tantost à ma femme, que nous soyons « amys comme nous soulions, et n'estant autre chose à partir « entre nous deux que noz femmes, ie suis d'aduis que nous les « mections à butin »; dont Seppe fut content : et disnerent tous quatre ensemble en la meilleure paix du monde, et de là en auant chacune de ces femmes eut deux mariz, et chascun d'eulx deux

grand' sottise aux filles de mettre leur honneur à leur deuant », et *passim;* chez Marot (tome I, p. 265) :

>....Une belle dame cache
> Tous les iours et le plus souuent
> Son biau tetin et son deuant.

1. Comparez Rabelais, Prologue du quart livre, tome II, p. 262 : « .... Et veidz que tout bon compaignon appelloit sa guarse fille de ioye, ma Coingnée. Car auecques cestuy ferrement (cela disoit exhibant son coingnouoir dodrental) ilz leur coingnent si fierement et d'audace leurs emmanchouoirs, qu'elles restent exemptes d'une paour epidemiale entre le sexe feminin : c'est que du bas ventre ilz leurs tombassent sus les talons, par default de telles agraphes. »

femmes, sans que iamais ilz en eussent pour cela autre question ne debat. »

Straparole, dans la première fable de sa sixième nuit, raconte cette même histoire, plus longuement, et sa conclusion est la même : « Deux comperes, dit le titre, s'aymans infiniment, se deçoiuent l'ung l'autre ; en fin font leurs femmes communes entre eux. » Mais dans son récit il n'est pas question de bain, comme dans le premier recueil cité, et ce n'est point un seul diamant, mais plusieurs bagues et anneaux qu'il s'agit de repêcher.

La Fontaine a emprunté aux *Cent Nouvelles nouvelles* et à Boccace l'idée des représailles, de la revanche du mari trompé. Mais la vraie source de son conte paraît être la IX° nouvelle de Bonaventure des Périers : « De celuy qui acheua l'oreille de l'enfant à la femme de son voisin », du moins pour la première partie. Non seulement le titre, le fond du récit, les incidents sont semblables, mais le nom même du rusé faiseur d'oreilles : André. Dans ce conte le mari ne se venge pas, mais il s'apaise « pour une couuerte de Cataloigne que luy donna le sire André ; à la charge toutesfois qu'il ne mesleroit plus de faire les oreilles de ses enfans, et qu'il les feroit bien sans luy. »

Des Périers avait sans doute pris son sujet dans Poge : *Nasi supplementum*, ou dans la vieille traduction française de 1484 : « Du frere mineur (frère Frappart) qui fist le nez à ung enfant » ; peut-être aussi dans la facétie intitulée *Talio*[1].

D'autres narrateurs ont écrit cette histoire, avec quelques différences, particulièrement avec la variante des *Cent Nouvelles nouvelles* et de Boccace. Citons, outre Straparole, dont il a déjà été fait mention, Masuccio, *il Novellino* (Naples, 1476, in-fol.), nouvelle XXXVI, dont voici l'argument : *Dui cari compagni, per uno strano e travigliato caso, l'uno conosce carnalmente la moglie dell'altro et l'altro de l'uno, divolgalse el fatto tra loro per non guastare l'amicitia, abbutinano le moglie et l'altri beni et con quiete et pace insieme godono.* — Malespini, nouvelle XLV. — Aloisio Cinthio, *Libro della origine delli volgari proverbi* (Venegia, 1526, in-fol.), proverbe XVI. — Gabriel Chappuys, traducteur d'*il Pecorone*, journée VII, nouvelle II des *Facetieuses Iournées* : « Valere, estant deuenu amoureux

[1]. Poggii *Facetiarum libri IV*, Ferrare, 1471, in-4°, première édition avec date, non paginée. Ces facéties sont aux pages 164 et 227 du tome I de l'édition de 1798.

de Beatrix, la requiert de son amour. Le mary d'icelle, sçachant cela, faict, en la presence de Valere, à la femme d'iceluy ce qu'il vouloit faire à la sienne. » Ce conte-là, plutôt tragique que plaisant, rappelle aussi, et mieux peut-être, le conte III de la IIIe partie, *les Rémois*. — Guillaume Bouchet, *les Serées* (Paris et Lyon, 1608, in-12), serée XXXII, dont la conclusion est semblable à celle de Boccace. — *Le Moyen de parvenir*, p. 52 et 90, où sont deux historiettes qui ont quelque analogie avec la nôtre.

Comparons *la Réponse imprévue* de Grécourt, et l'anecdote racontée par lui sous ce titre : *les Cheveux*, dont voici la fin :

>.... Il n'y manque que les cheveux;
>Mais sachez, Monsieur, que je veux
>Qu'on les plante l'un après l'autre.

Sire Guillaume, allant en marchandise[1],
Laissa sa femme enceinte de six mois,
Simple, jeunette[2], et d'assez bonne guise[3],
Nommée Alix, du pays champenois.
Compère André l'alloit voir quelquefois :     5
A quel dessein[4], besoin n'est de le dire,

1. Partant pour faire le commerce, « s'en allant en commerce », comme il est dit au vers 45 de la fable I du livre IX (tome II, p. 355 et note 18). Comparez la IIIe des *Cent Nouvelles nouvelles*, citée dans la notice : « Le musnier retourna de sa marchandise »; les XLIIIe et LXIe : « Ung bon marchant, lequel tres souuent alloit en marchandise », etc.; et Straparole, dans la nouvelle également citée : « .... L'autre, qui s'estoit du tout dedié à la marchandise. »

2. Diminutif que nous retrouverons dans *la Clochette*, vers 32 :

>Le malheur fut qu'elle étoit trop jeunette.

3. D'assez bonne façon. Le terme revient souvent chez notre auteur : voyez la fable XIII du livre X, vers 22 et la note. Il n'a pas vieilli dans les locutions : « faire, agir à sa guise », et « en guise de ». — Rapprochez les vers 6 et 123 du *Berceau:* « femme de bonne affaire », « dame de bonne emplette »; le vers 12 des *Troqueurs :* « femelle d'assez bon aloi »; et, dans Marot (tome III, p. 104), la locution : « de bonne mise ».

4. Pour ce tour, comparez ci-dessous, p. 284 et note 2; et Corneille, *Théodore*, acte V, scène III, vers 1601 :

>Mais elle-même vient, hélas! à quel dessein?

Et Dieu le sait¹. C'étoit un maître sire :
Il ne tendoit guère en vain ses filets ;
Ce n'étoit pas autrement² sa coutume.
Sage eût été l'oiseau³ qui de ses rets          10
Se fût sauvé sans laisser quelque plume⁴.
Alix étoit fort neuve sur ce point⁵ ;
Le trop d'esprit ne l'incommodoit point,
De ce défaut⁶ on n'accusoit la belle ;
Elle ignoroit les malices d'amour ;             15
La pauvre dame alloit tout devant elle⁷,
Et n'y savoit ni finesse ni tour⁸.

1. Dans le conte v de la Iʳᵉ partie, vers 8 : « Dieu sait pourquoi. »
2. *Pas autrement*, pas beaucoup.
3. Voyez sur l'application de ce mot *oiseau* à la femme, *Richard Minutolo*, vers 136 et la note ; et dans les Œuvres de Tabarin (réimpression de 1858), tome I, p. 151-153 : « Quelle différence il y a d'une femme à ung oyseau. »
4. « Elle dit : « L'oiseau m'est échappé, mais il y a laissé des « plumes. » (Tallemant des Réaux, tome I, p. 97 ; *ibidem*, tome IV, p. 221 et 465.) — Image semblable dans *Joconde*, vers 269 :

> Il faudroit être bien étrange
> Pour résister à tant d'appas,
> Et ne pas tomber dans les lacs, etc.

Voyez aussi *l'Ermite*, vers 91, et *les Rémois*, vers 56.
5. Livre VIII, fable VI, vers 11 : « La femme, neuve sur ce cas.... » Comparez *les Troqueurs*, vers 132 : « homme neuf en ce fait » ; *le Cocu*, vers 36 : « homme en tel pourchas nouveau » ; et *l'Oraison*, vers 199 : « homme en amour nouveau ».
6. C'est, selon la Fontaine, un des « trois défauts qui ont le plus accoutumé de nuire aux personnes du sexe : la curiosité, la vanité et le trop d'esprit. » (*Psyché*, livre I, tome III M.-L., p. 57.) Voyez *ibidem*, p. 423, dans une lettre : « Dieu me garde

> De maîtresse ayant trop d'esprit ! »

et, chez des Périers (tome I, p. 47), le proverbe : « Sage amy et sotte amye. »
7. Tout droit devant elle, sans détours.
8. Voyez tome III, p. 244 ; Montaigne, tome I, p. 106 ; et Molière, *le Malade imaginaire*, acte III, scène III : « Votre Monsieur Purgon n'y sait point de finesse. »

Son mari donc se trouvant en emplette¹,
Elle au logis, en sa chambre seulette²,
André survient, qui sans long compliment³
La considère, et lui dit froidement :
« Je m'ébahis comme⁴ au bout du royaume
S'en est allé le compère Guillaume
Sans achever l'enfant que vous portez⁵ ;
Car je vois bien qu'il lui manque une oreille :
Votre couleur⁶ me le démontre assez,
En ayant vu mainte épreuve pareille⁷.
— Bonté de Dieu ! reprit-elle aussitôt,
Que dites-vous ? quoi ! d'un enfant monaut⁸

1. En voyage pour acheter des marchandises. Rapprochez le vers 8 de la fable vii du livre XII, et le vers 1 de ce conte-ci.

2. Ce diminutif expressif revient aux vers 560 de *la Fiancée du roi de Garbe*, 120 des *Rémois*, 111 des *Troqueurs*, 32 des *Aveux indiscrets*, etc.

3. Vers 100-101 du *Magnifique* :

   ....Notre galant n'étale
   Un long narré.

4. Même locution dans *l'Heptaméron*, p. 179, 433, 458 ; chez des Périers, tome II, p. 165 ; chez Malherbe (tome II, p. 409) : « Il s'ébahissoit comme on faisoit cas de son éloquence. » Ce verbe, que Voltaire dit du bas comique (voyez le *Lexique de Corneille*), n'est qu'à partir de la 3ᵉ édition dans le *Dictionnaire de l'Académie*, avec la qualification de « vieux » ; et, plus tard, de « familier », dans les 6ᵉ et 7ᵉ.

5. Dans Straparole (tome II, p. 17-18) : « Ah ! ma commere m'amye, ie suis marry qu'Artile vous a ainsi laissée seule, encores sur le commencement de vostre grossesse ! » etc. Chez des Périers (tome I, p. 53) : « Eh ! mon Dieu, dit-elle, ie suis bien poure femme. Ie m'esbahy qu'il ne s'est aduisé de le faire tout deuant que de partir. »

6. Votre teint. Voyez Littré, 7° ; et les *Lexiques de Malherbe, de Corneille, de Racine, de Sévigné*.

7. Mainte épreuve de cette couleur, de ce teint ; c'est-à-dire ayant vu mainte femme dans une position semblable à la vôtre.

8. *Monaut*, qui n'a qu'une oreille, terme dont on ne se sert aujourd'hui qu'en parlant des animaux. Il vaudrait mieux écrire *monot* : μονὸς, seul ; οὖς, ὠτὸς, oreille. Ce mot n'est dans le *Diction-*

J'accoucherois ? N'y savez-vous remède[1] ?  30
— Si dea[2], fit-il, je vous puis donner aide
En ce besoin[3], et vous jurerai bien
Qu'autre que vous ne m'en feroit tant faire.
Le mal d'autrui ne me tourmente en rien[4],
Fors excepté[5] ce qui touche au compère ;  35
Quant à ce point je m'y ferois mourir[6].
Or essayons, sans plus en discourir,
Si je suis maître à[7] forger des oreilles.
— Souvenez-vous de les rendre pareilles,
Reprit la femme. — Allez, n'ayez souci,  40
Répliqua-t-il ; je prends sur moi ceci. »
Puis le galant montre ce qu'il sait faire.
Tant ne fut nice[8] (encor que nice fût)

naire de l'*Académie* qu'à partir de la quatrième édition, et toujours joint à des noms d'animaux. Nicot, Richelet, Oudin, Furetière, Ménage, ne l'ont pas. Le *Dictionnaire de Trévoux* ne cite que cet exemple de la Fontaine.

1. Dans Straparole (p. 18) : « Mais quel remede y pourroit-on faire pour amender ceste faute ? »

2. « Si, mais si, j'en sais un. » *Da, dea*, particule affirmative qu'on rencontre souvent chez Rabelais (tomes I, p. 53, 126, 362 ; II, p. 133, 159, 344, et *passim*). — *Oui dea* dans *l'Abbesse*, vers 90 ; *dea* tout court dans *Féronde*, vers 104 ; *Nenni da* dans *Mazet*, vers 16.

3. Voyez tome II, p. 356 et note 24 ; et *passim*.

4. C'est-à-dire : Je ne m'inquiète pas de le soulager. Même locution : « le mal d'autrui », au vers 13 de la fable XVII du livre IX ; et dans la comédie de *Ragotin* (acte II, scène XI) :

....Moi qui porte un bon cœur que le mal d'autrui touche.

5. Pléonasme emprunté au langage populaire, que nous trouvons dans une phrase de Pasquier, citée par M. Godefroy, et chez Nicot : « Fors et excepté toi. »

6. Mode réfléchi qui appartient au langage le plus familier, mais surtout avec *en*.

7. Pour ce tour, voyez tome III, p. 106 et note 16. — « Elle estoit maistresse et ouuriere de faire bon brouet. » (*Les Cent Nouvelles nouvelles*, p. 266.)

8. *Nice* (on disait aussi *niche* et *nisque*), simple, ignorant, niais,

Madame Alix, que le jeu ne lui plût[1].
Philosopher[2] ne faut pour cette affaire.     45

nigaud; proprement, qui ne sait pas : du latin *nescius*. Voyez le conte vii de la III⁰ partie, vers 2 et la note ; et le nom même d'un des personnages de *la Mandragore* : Messer Nicia ou Nice, « sot très insigne » (vers 10). L'épithète est chez Coquillart, tome I, p. 184, et p. 99 : « femmes nices »; et tome II, p. 68 ; chez Roger de Collerye (édition de 1855), p. 62 : « nice, nouice »; chez Marot (tome I, p. 282, et p. 56) : « l'oyseau nyce et foyblet »; dans *le Moyen de parvenir*, p. 263, et p. 52 : « servante assez belle, mais un peu nice »; et le diminutif *ibidem*, p. 278, et p. 90 : « cette nicette » ; chez Ronsard (*la Défloraison de Léda*) :

>            La nicette en son giron
>            Reçoit ses flammes secrettes;

et chez Regnier (épître ii, vers 114-120) :

>            .... Une simple maistresse...,
>       Qui soit douce et nicette, et qui ne sçache pas,
>       Apprentive au métier, que valent les appas.

*Nice* est encore usité dans le patois lorrain. L'Académie le donne à partir de sa 4⁰ édition. Voyez le Dictionnaire de Littré, les exemples du *Roman de la Rose* (auxquels on peut en ajouter un, celui du vers 19087) cités par Ménage dans son *Dictionnaire étymologique*, et celui du *Roman de Tristan*, transcrit par Walckenaer. Mais ce mot, du moins au seizième siècle, signifiait aussi « joli » (comme l'anglais *nice*), témoin ces premiers vers de l'épithaphe de dame Badebec à la fin du chapitre iii de *Pantagruel* :

>            Elle en mourut, la noble Badebec,
>            Du mal d'enfant, que tant me sembloit nice :
>            Car elle auoit visaige de rebec,
>            Corps d'Espaignole, et ventre de Souyce.

C'est toujours en somme le même sens, *nice* signifiant primitivement, dans cette seconde acception : « joli de simplicité, de naïveté, d'innocence ».

1. Voyez le conte ii de la I⁰ partie, vers 115 et la note.
2. Être savant, avoir de l'esprit, raisonner; nature instruit assez. — Dans le conte i de la IV⁰ partie, vers 3-4 :

>            .... Tant de cervelle
>       N'y fait besoin, et ne sert de deux clous.

>       ....Mais sans être savant et sans philosopher,
>       Amour en soit loué, je n'en suis point en peine.
>                 (MALHERBE, poésie xxix, tome I, p. 129.)

Rapprochez le vers 15 de la fable xvii du livre V.

André vaquoit de grande affection[1]
A son travail[2], faisant ore[3] un tendon,
Ore un repli, puis quelque cartilage,
Et n'y plaignant[4] l'étoffe et la façon[5].
« Demain, dit-il, nous polirons l'ouvrage,        50
Puis le mettrons en sa perfection,
Tant et si bien qu'en ayez bonne issue[6].
— Je vous en suis, dit-elle, bien tenue[7] :

1. De grand zèle: voyez des Périers, tomes I, p. 43, 95, 183, II, p. 86 : « aller d'affection », « plaider d'affection », etc.; Brantôme, tome V, p. 217 : « ouyr d'affection »; Montaigne, tome I, p. 429 : « aller d'affection à la besongne »; et les *Lexiques de Malherbe, de Corneille, de Sévigné*.

2. Comparez le vers 42 de la fable x du livre VIII :

L'homme pouvoit sans bruit vaquer à son ouvrage;

les vers 127 du conte suivant, 190 des *Quiproquo;* etc.; et, pour cette sorte de « travail », le conte des *Rémois*, vers 16 :

De son travail mainte dame amoureuse, etc.

3. Tantôt, maintenant, du latin *hora*. Nous retrouvons ce mot dans *la Clochette*, vers 23; chez Brantôme, tomes V, p. 325, X, p. 403, 423, 501, IX, p. 459 : « Ores bien en espoir de guerir et ores en desespoir »; chez des Portes, p. 23, 27, 30, 34, 48; etc. « *Or pour maintenant* ne se dit point. Ce mot est la cheville ordinaire des vieux poëtes françois; surtout du Bellay s'en est fort escrimé. » (MALHERBE, tome IV, p. 463.) Voyez *ibidem*, p. 308 et 402; et tome V, p. 428, où l'on remarque que lui-même s'en est servi en ce sens. L'Académie le qualifie de vieux dès la première édition de son Dictionnaire.

4. N'épargnant. Rapprochez le vers 13 du *Faucon :*

On ne doit plaindre un métal qui fait tout;

les vers 98 du *Petit Chien*, 86 de *Féronde*, 124 de *Belphégor;* et les *Lexiques de Corneille, de Racine, de Sévigné*.

5. « S'il vous plaist, ie vous feray ung beau petit moyne dont la façon ne vous coustera rien. » (DU FAIL, tome II, p. 7.)

— Dites-nous s'il devoit être fille ou garçon,
Et si c'est d'un Amour, ou si c'est d'une Grâce
Que vous avez perdu l'étoffe et la façon,
A quelque autre poupon laissant libre la place ?

(Ode anacréontique *à Mme la Surintendante*, vers 15.)

6. Bon succès : comparez *l'Heptaméron*, p. 21, 48, 82.

7. Bien reconnaissante, bien obligée; plus habituellement : rede-

Bon fait avoir ici-bas un ami[1]. »
Le lendemain, pareille heure venue,   55
Compère André ne fut pas endormi[2] :
Il s'en alla chez la pauvre innocente.
« Je viens, dit-il, toute affaire cessante[3],
Pour achever l'oreille que savez.
— Et moi, dit-elle, allois par un message   60
Vous avertir de hâter cet ouvrage[4] :
Montons en haut. » Dès qu'ils furent montés,
On poursuivit la chose encommencée[5].
Tant fut ouvré[6], qu'Alix dans la pensée

vable à. Même locution dans la III<sup>e</sup> des *Cent Nouvelles nouvelles*, imitée par la Fontaine : « Nous sommes bien tenuz à Monseigneur »; chez Coquillart, tome II, p. 94; dans *l'Heptaméron*, p. 48, 111, 136, 226, 311; et chez des Périers, tomes I, p. 49, 194, II, p. 196. Comparez Malherbe, tomes I, p. 74, II, p. 186; Corneille, *l'Illusion*, vers 188; Molière, *l'Étourdi*, vers 261; et ci-dessous, le vers 255 de *la Fiancée du roi de Garbe*.

1. Voyez ci-après, vers 81; et *le Cocu*, vers 16 et 119.

2. « Je n'ay garde d'estre endormy (quand je besogne). » (GRINGORE, tome I des *OEuvres*, 1858, p. 281.) « Incontinent que messire Iehan entendit battre à deux, il ne fut pas endormy. » (DES PÉRIERS, tome I, p. 246.) « Il n'est point endormi quand il faut qu'il travaille. » (TALLEMANT, tome VI, p. 340.)

3. Mot qu'elle répétera à son mari (ci-dessous, au vers 78). Locution analogue : « toutes choses cessantes », chez Noël du Fail (tome I, p. 126), et chez Mme de Sévigné (tome X, p. 381).

4. L'ouvrage dans Straparole plaît tant à la femme qu'elle prie « incessamment cest ouurier se donner garde de faillir comme auoit faict son mary ».

5. Terme de pratique, d'un usage général autrefois : voyez les *Cent Nouvelles nouvelles*, p. 98, 209, 251, 304, 316, 326, 332; et les exemples du *Roman de la Rose* et de Comynes que cite Littré. Malherbe (tome IV, p. 379) blâme ce mot chez des Portes.

6. Rapprochez le titre d'une ancienne facétie : *La Grande Confrarie des saoulx d'ouurer* (Paris, 1537, in-8°). — « Ouvrer.... n'est guère en usage, dit Furetière, qu'en cette phrase : « Il est défendu par les règlements de police d'*ouvrer* les « fêtes et les dimanches ». Richelet et l'Académie (1694) ne donnent que la forme *ouvré*, « participe passé du verbe *ouvrer*, qui n'est plus en usage », ajoute

Sur cette affaire un scrupule se mit ;             65
Et l'innocente au bon apôtre[1] dit :
« Si cet enfant avoit plusieurs oreilles,
Ce ne seroit à vous bien besogné[2].

le *Dictionnaire de l'Académie*. La Bruyère (tome II, p. 212-213) constate que « l'usage a préféré.... *travailler à ouvrer* ». — Comparez le mot *ouvrage*, ci-dessus, vers 50 et 61, et dans *les Rémois*, vers 204 ; le « jour *ouvrable* » ou jour *ouvrier*, ci-dessous, p. 342 ; le mot *ouvroir*, dans les *Cent Nouvelles nouvelles*, p. 362 : « L'on n'auoit encore rien besoigné en son ouurouer », et p. 368 : « Elle auoit tousiours ung homme qui.... entretenoit son ouurouer de paour que le rouil ne s'y prenist » ; « grand *ouurier* », *ibidem*, p. 50, appliqué à un homme qui travaillait fort bien dans cet ouvroir ; « *ouvrière* de Grâces et d'Amours », chez notre auteur (tome V *M.-L.*, p. 8) ; « grand *œuvre* », chez Brantôme, *Dames galantes*, p. 582 ; « mettre en *œuvre* », au vers 111 du *Berceau*; et, pour le tour, le vers 10 du conte VI de la I<sup>re</sup> partie : « Tant fut entre eux à la fin procédé » ; et les vers 6 du conte VII : « Tant bien exploite » ; 152 de *Mazet* : « Tant y resta » ; 158 du *Diable en enfer* : « Tant s'appliqua », etc., etc.

1. Voyez, pour cette locution, tome II, p. 190 et note 27 ; et ci-dessous, les contes V, vers 234, et VIII, vers 127.

2. Même expression, autrefois de la langue courante au sens lubrique (*besogne, besognette, besogner, embesogner*), chez Gringore, tome I, p. 271 et suivantes ; chez Villon, p. 211 :

      Il fist tres bien ses besongnettes,
      Il contenta ses amourettes ;

chez Coquillart, tome II, p. 127, 133 ; chez Marot : « besongner une femme » (tomes III, p. 96, 115, IV, p. 28) ; dans *les Cent Nouvelles nouvelles*, p. 188 : « Mon mary est si tres rude à ses besongnes de nuict » ; *ibidem*, p. 45, 98, 149, 162, 193, 342, 362, etc. ; dans des Périers, tomes I, p. 243, 245, II, p. 180 ; chez Brantôme, tomes IV, p. 81, VII, p. 48, VIII, p. 149, IX, p. 544, 564, 712, et *passim*; chez Rabelais, tome I, p. 31 : « Les lingieres, lors que la poincte de leur agueille estoit rompue, ont commencé besoingner du cul » ; *ibidem*, p. 304, et tome II, p. 263 : « Quand gros Ian me vient besoingner.... » ; dans la nouvelle citée de Straparole, p. 20 : « A quoy s'efforcent la gratifier, il prenoit tant de peine que iour et nuict ne cessoit d'y besongner » ; dans l'*Ancien Théâtre françois*, tomes VI, p. 130, VIII, p. 258 : « besongner en creué, à beau cul leué », et IX, p. 96 : « Tu feras comme les sauetiers, tu trauailleras en vieille besongne », c'est-à-dire sur une femme experte ; chez

— Rien, rien, dit-il; à cela j'ai soigné[1]:
Jamais ne faux[2] en rencontres pareilles. »             70
Sur le métier l'oreille étoit encor[3]
Quand le mari revient de son voyage;
Caresse Alix, qui du premier abord[4]:
« Vous aviez fait, dit-elle, un bel ouvrage!.
Nous en tenions[5] sans le compère André,             75
Et notre enfant d'une oreille eût manqué.

Montaigne, tomes I, p. 43, et II, p. 349: « la lasseté de la besongne »; etc., etc. Voyez le vers 1 des *Cordeliers de Catalogne* et la note.

1. J'ai pris garde à cela. Cette locution a vieilli; voyez les exemples de Voiture et de Rotrou que cite Littré; « se soigner de » chez Montaigne (tome II, p. 100), au même sens; et dans la comédie de *l'Eunuque*, acte I, scène III (tome IV M.-L., p. 22), un emploi de *soigner* avec la conjonction *que :*

Soigne, avant que l'offrir, qu'il soit mieux ajusté.

Au reste *soigner* est marqué verbe neutre, aussi bien qu'actif, dans les quatre premières éditions du *Dictionnaire de l'Académie*.

2. Jamais je ne me trompe. Dans *le Berceau*, vers 113, et dans *la Courtisane amoureuse*, vers 292, absolument : «je faux ».. — « Et à une des fois la ieune femme luy disoit : « Voire mais, si vous luy « faictes quattre ou cinq oreilles? Arriere, ce sera une mauuaise be- « soigne. — Non, non, ce dit le sire André, ie n'en feray qu'une; « mais pensez-vous qu'elle soit si tost faicte? Vostre mary a de- « meuré si long temps à faire ce qu'il y a de faict! Et puis on « peult bien faire moins, mais on ne sçauroit en faire plus : car « quand une chose est acheuée, il n'y fault plus rien. » (BONA- VENTURE DES PÉRIERS, nouvelle citée.)

3. Pour tous les fruits d'hymen qui sont sur le métier....
(Ode anacréontique *à Mme la Surintendante*, vers 17.)

4. Comparez la locution : « d'abord », « dans l'abord », « dans cet abord » (*Joconde*, vers 97 et la note). — L'enfant est fait, chez Straparole, quand le mari revient à sa maison; et comme il caresse « le petit mignon », et le trouve « beau, gentil, accomply » : « Certes, mon amy, luy dit sa femme, rien ne luy manque voirement », mais nous « auons bien à remercier nostre compere Li- beral qui, songneux et diligent, a, de sa grace, suruenu à l'imperfection de l'enfant, suppleant en tout ce où auiez failly. »

5. Nous étions attrapés; il nous serait arrivé quelque chose

Souffrir n'ai pu chose tant indécente ;
Sire André donc, toute affaire cessante,
En a fait une : il ne faut oublier
De l'aller voir, et l'en remercier[1] ;   80
De tels amis on a toujours affaire[2]. »

Sire Guillaume, au discours qu'elle fit,
Ne comprenant comme il se pouvoit faire
Que son épouse eût eu si peu d'esprit[3],
Par plusieurs fois lui fit faire un récit   85
De tout le cas ; puis, outré de colère,
Il prit une arme à côté de son lit,
Voulut tuer la pauvre Champenoise,
Qui prétendoit ne l'avoir mérité.
Son innocence et sa naïveté   90
En quelque sorte[4] apaisèrent la noise[5].

de fâcheux. Comparez le dernier vers de *la Servante justifiée* :

Vous en tenez, ma commère m'amie ;

le 7e de *l'Ermite* et le 175e du *Magnifique*.

1. Rapprochez de ces vers ce passage de la IIIe des *Cent Nouvelles nouvelles* : « Pendant le temps que nostre cheualier recoignoit et cheuilloit le deuant de ceste musniere, le musnier retourna de sa marchandise, et fist grand chere, et aussi fist sa femme. Et comme ilz eurent deuisé de leurs affaires et besoignes, la tres sage musniere va dire à son mary : « Par ma foy, sire, nous sommes « bien tenuz à Monseigneur de ceste ville. — Voire, m'amye, dist « le musnier, en quelle fasson ? — C'est bien raison que le vous « dye, affin que le sçachez remercier, car vous y estes bien tenu.... »
2. Voyez ci-dessus, le vers 54.
3. La situation est la même ci-dessous, au conte II, vers 187 et suivants :

L'époux, rempli d'étonnement,
Eut cent pensers en un moment :
Il ne sut que dire et que croire, etc.

4. Un peu, quelque peu.
5. Noise : querelle, mais querelle bruyante ; notre auteur a également employé ce mot dans *le Diable en enfer*, vers 166, et *les Aveux indiscrets*, vers 57 ; dans la comédie de *l'Eunuque*, acte III,

« Hélas! Monsieur, dit la belle en pleurant,
En quoi vous puis-je avoir fait du dommage?
Je n'ai donné vos draps ni votre argent,
Le compte y est; et quant au demeurant[1]   95
André me dit, quand il parfit[2] l'enfant,
Qu'en trouveriez plus que pour votre usage :
Vous pouvez voir; si je mens, tuez-moi;
Je m'en rapporte à votre bonne foi. »
L'époux, sortant quelque peu de colère[3],   100
Lui répondit : « Or bien, n'en parlons plus;
On vous l'a dit; vous avez cru bien faire;
J'en suis d'accord[4] : contester là-dessus
Ne produiroit que discours superflus.
Je n'ai qu'un mot : faites demain en sorte   105
Qu'en ce logis j'attrape le galant :
Ne parlez point de notre différend;
Soyez secrète[5], ou bien vous êtes morte.

---

scène VII; dans les fables XIV du livre IX, vers 20, et VII du livre X, vers 2 : voyez la note de ce vers. On ne s'en sert plus guère aujourd'hui que dans la locution « chercher noise ».

1. « .... Et se bouta au lict auecques madame qui le repeut du demeurant de l'escuier. » (*Les Cent Nouvelles nouvelles*, p. 70.) « Son compagnon le pria, vu qu'il auoit esté du marché, d'en auoir le demeurant. » (*L'Heptaméron*, p. 37.) Comparez les vers 36-40 et 49 du conte qui suit :

        De vos restes
  Rendez grâce aux bontés célestes.

2. Rapprochez ci-dessus, le vers 51.
3. Même emploi du verbe *sortir* avec un nom abstrait, au tome III, p. 53.
4. Semblable locution dans *le Cocu*, vers 43, et ci-dessous, dans *les Cordeliers*, vers 163.
5. Sachez vous taire. « Femme de bien loyalle et secrete » (*les Cent Nouvelles nouvelles*, p. 184); *ibidem*, p. 126 : « Ses femmes estoient si bonnes et si secrettes que rien ne leur estoit celé de ses affaires »; Coquillart, tome II, p. 12, 15 : « amy loyal, secret »; *l'Heptaméron*, p. 348 : « Il y a plus d'hommes secrets que de femmes »; Brantôme, tome IX, p. 529 et 563 : « discret en propos et secret »,

Il vous le faut avoir[1] adroitement ;
Me feindre absent en un second voyage,　　110
Et lui mander, par lettre ou par message[2],
Que vous avez à lui dire deux mots.
André viendra ; puis de quelques propos
L'amuserez, sans toucher à l'oreille ;
Car elle est faite, il n'y manque plus rien[3]. »　　115

Notre innocente exécuta très bien
L'ordre donné. Ce ne fut pas merveille :
La crainte donne aux bêtes de l'esprit.
André venu, l'époux guère ne tarde,
Monte, et fait bruit[4]. Le compagnon[5] regarde　　120
Où se sauver : nul endroit il ne vit
Qu'une ruelle[6], en laquelle il se mit.
Le mari frappe : Alix ouvre la porte,
Et de la main fait signe incontinent
Qu'en la ruelle est caché le galant.　　125
Sire Guillaume étoit armé de sorte

« escandaleux, grands vanteurs, et peu secrets » ; et Montaigne, tome III, p. 275 : « Pour estre bien secret, il le fault estre par nature. »

1. Emploi particulier à remarquer de ce verbe : vous le procurer, le faire venir. C'est ce qu'on dit très fréquemment en parlant de telle personne, plus ou moins agréable, importante, ou célèbre, qu'on cherche à *avoir* dans une réception, dans une fête.

2. Message verbal : rapprochez le vers 60. — Il y a une situation analogue dans le conte v de la I<sup>re</sup> partie (vers 18 et suivants) :

　　Tout de ce pas allez dire à cet homme
　　Qu'il peut venir, et que je n'y suis point.

3. Dans la III<sup>e</sup> des *Cent Nouvelles nouvelles* : « Et aussi puisque vous estes bien garie, il n'est ià mestier que vous traueillez (fatiguiez) plus Monseigneur. »

4. Non pas gronde, tempête, comme s'il était averti du rendez-vous (vers 136-137), mais a soin seulement qu'on l'entende monter.

5. Voyez tome III, p. 299 et note 14. Ce mot revient souvent dans les contes.

6. Ci-dessus, p. 66 et note 6.

Que quatre Andrés n'auroient pu l'étonner[1].
Il sort pourtant, et va querir main-forte,
Ne le voulant sans doute assassiner,
Mais quelque oreille au pauvre homme couper,
Peut-être pis[2], ce qu'on coupe en Turquie,
Pays cruel et plein de barbarie :
C'est ce qu'il dit à sa femme tout bas ;
Puis l'emmena, sans qu'elle osât rien dire ;
Ferma très bien la porte sur le sire.  135

André se crut sorti d'un mauvais pas,
Et que l'époux ne savoit nulle chose.
Sire Guillaume, en rêvant à son cas,
Change d'avis, en soi-même propose
De se venger avecque moins de bruit,  140
Moins de scandale, et beaucoup plus de fruit.
« Alix, dit-il, allez querir la femme
De sire André[3] ; contez-lui votre cas
De bout en bout[4] ; courez, n'y manquez pas :

1. Lui faire peur : sens alors fréquent de ce verbe ; *étonnement* vouloit dire aussi souvent « stupeur, épouvante », acceptions rapprochées du latin *attonitus*.
2. Comparez la LXIV° des *Cent Nouvelles nouvelles*, le Curé rasé, la LXXVI°, le Laqs d'amour, la LXXXV°, le Curé cloué ; *les Baliuerneries* de du Fail (édition de 1874, p. 166), Actiénus chastré ; la nouvelle CVIII de des Périers ; *les Aventures du baron de Fœneste* de d'Aubigné, livre IV, chapitre XI ; et Saint-Simon, tome I, p. 57-58, où il raconte comment « un pauvre abbé en fut pour ses plaisirs ».
3. On peut rapprocher la vengeance imaginée par Guillaume de celle, beaucoup moins justifiée, du peintre dans *les Rémois*.
4. Même locution au conte I de la IV° partie, vers 110 :

    Sans rien cacher, Lise de bout en bout,
    De point en point, lui conte le mystère.

Voyez aussi le conte XIV de la même partie, vers 43 ; le *Poême du Quinquina*, chant II, vers 289, etc. ; et des Périers (tome I, p. 240) : « Le medecin luy demandoit de bout en bout toutes les choses susdites. »

Pour l'amener¹, vous direz à la dame           145
Que son mari court un péril très grand;
Que je vous ai parlé d'un châtiment
Qui la regarde, et qu'aux faiseurs d'oreilles
On fait souffrir en rencontres pareilles² :
Chose terrible, et dont le seul penser³         150
Vous fait dresser les cheveux à la tête;
Que son époux est tout prêt⁴ d'y passer;
Qu'on n'attend qu'elle afin d'être à la fête;
Que toutefois, comme elle n'en peut mais⁵,
Elle pourra faire changer la peine.             155
Amenez-la, courez; je vous promets
D'oublier tout, moyennant qu'elle⁶ vienne. »
Madame Alix, bien joyeuse⁷, s'en fut
Chez sire André, dont la femme accourut
En diligence et quasi hors d'haleine;           160
Puis monta seule, et, ne voyant André,
Crut qu'il étoit quelque part enfermé.

Comme la dame étoit en ces alarmes,

1. Pour l'emmener. (1666, 1667, 1668, 1669 Amsterdam et Leyde.)
2. Même hémistiche, avec même rime, ci-dessus, au vers 70.
3. Voyez *Joconde*, vers 191 et la note.
4. Tel est le texte de nos anciennes éditions : voyez tome II, p. 33 et note 4.
5. Du latin *magis*, plus, davantage; le vrai sens est ici, non « comme elle n'y peut rien », mais « comme ce n'est pas sa faute ». Comparez tomes I, p. 157, II, p. 10; le conte du *Faucon*, vers 97; et *Psyché*, livre II (tome III *M.-L.*, p. 129). — « Le poure loup fut brullé, qui ne pouoit mais du meffaict des aultres. » (*Les Cent Nouvelles nouvelles*, p. 257.) « Que peult il mais de vostre ignorance? » (MONTAIGNE, tome II, p. 54.)
6. A condition que, pourvu que. Cette préposition régit plus souvent un nom ou pronom : voyez ci-dessous, *le Calendrier*, vers 139.
7. Pourquoi bien joyeuse? par pitié pour le faiseur d'oreilles, ou simplement parce que son mari lui promet d'oublier tout?

Sire Guillaume, ayant quitté ses armes[1],
La fait asseoir, et puis commence ainsi :     165
« L'ingratitude est mère de tout vice[2] :
André m'a fait un notable service[3] ;
Par quoi[4], devant que vous sortiez d'ici,
Je lui rendrai, si je puis, la pareille.
En mon absence, il a fait une oreille            170
Au fruit[5] d'Alix ; je veux d'un si bon tour
Me revancher[6], et je pense une chose :
Tous vos enfants ont le nez un peu court ;

1. Les armes dont il s'était muni pour faire peur à André.
2. Comparez le conte suivant, vers 46-47.
3. Même locution : « faire un service à quelqu'un », chez Noël du Fail, tome II, p. 163 ; chez Saint-Gelais, tome II, p. 146 ; dans la satire 1 de Regnier, vers 144 ; etc.
4. C'est pourquoi.
5. Terme dont se sert encore souvent le peuple, surtout dans les campagnes. Rapprochez le conte IX de la IV° partie, vers 77 ; et le conte VI de la même, vers 198 :

        L'époux pour sien le fruit posthume tint.

Voyez aussi *l'Heptaméron*, p. 444 : « Elle iecta tant de larmes et de cris que le duc eut grand peur qu'elle perdist son fruict » ; Brantôme, *Dames galantes*, p. 337, et p. 567 : « Un apoticaire.... luy fit euader son fruict » ; et Remy Belleau, *la Reconnue*, acte III, scène IV :

        S'ils sont bien mariez ensemble,
        J'espere qu'ils feront du fruit.

Cette expression est fréquente dans la Bible : *fructus ventris tui, fructus uteri tui, fructus jumentorum tuorum* (*Genèse*, chapitre XXX, verset 2 ; et *passim*).
6. Rendre la pareille en bien ou en mal. A l'acte III, scène II, de *l'Eunuque* : « se revancher d'un trait plaisant » ; dans une lettre de notre poète à Bonrepaus (tome III *M.-L.*, p. 378) : « Pour me revancher de cet honneur, je vous place, etc. » ; dans *le Grand Testament* de Villon (octave XXIV) : « .... De ce ne me puis reuancher » ; dans *l'Heptaméron*, p. 17 : « Reuanchons nous, Madame » ; dans la nouvelle citée de Straparole (p. 28) : « Les galans comperes s'estoyent tant gentiment reuangez l'un de l'autre.... » ; chez du Fail (tome I, p. 223) : « Il happe, pour se reuancher de telle sottise et indignité, le bout de la nappe » ; chez Brantôme (tome II, p. 320) :

Le moule[1] en est assurément la cause.
Or je les sais des mieux raccommoder :     175
Mon avis donc est que, sans retarder[2],
Nous pourvoyions de ce pas à l'affaire. »
Disant ces mots, il vous prend la commère,
Et près d'André[3] la jeta sur le lit[4],
Moitié raisin, moitié figue[5], en jouit[6].     180

« Il luy fit si belle fezarde (peur) qu'il ne sçauoit comment s'en reuancher »; chez Montaigne (tomes IV, p. 260, 262, II, p. 413, et p. 6) : « Le soldat.... feit sur eulx, pour se reuancher, une belle entreprise. »

Et, puisque mon trépas conserve votre gloire,
Pour vous en revancher conservez ma mémoire.
(CORNEILLE, le Cid, acte V, scène VII, vers 1797-1798.)

Voyez six autres exemples au Lexique de Corneille, et les Lexiques de Malherbe et de Racine. Ce terme est devenu bas, comme le remarque Voltaire dans son commentaire du Cid.

1. Même locution figurée dans la xci<sup>e</sup> des Cent Nouvelles nouvelles : « Auancez vous, et commencez tout maintenant; ie suis preste pour liurer le moulle. »

2. Sans perdre de temps : voyez dans le Lexique de la Rochefoucauld deux exemples de ce verbe pris ainsi absolument.

3. Près d'André caché dans la ruelle du lit.

4. Mon Révérend la jette sur un lit.
(Comment l'esprit vient aux filles, vers 68.)

5. « Moitié forcée et moitié consentante, moitié peine et plaisir » (le Diable en enfer, vers 141-143). Chez Racan (tome I, édition de 1857, p. 222) : « Ma conscience est à la mode, moitié figue, moitié raisin. » Chez Tallemant des Réaux (tome I, p. 482) : « Comme il étoit beaucoup plus fort qu'elle, à la fin il en vint à bout, moitié figue, moitié raisin. » Ibidem (tome VI, p. 27) : « Moitié figue, moitié raisin, il en eut tout ce qu'il vouloit. » Dans une lettre de Mme de Sévigné à sa fille, du 22 avril 1671 : « Il courut chez Ninon, et moitié figue et moitié raisin, moitié par adresse, moitié par force, il retira les lettres de cette pauvre diablesse. » Voyez l'explication que donne Littré de ce proverbe.

6. Dans la xxxii<sup>e</sup> serée de Bouchet, la femme ne veut pas se laisser faire : « Ce qu'oyant le pauure prisonnier cria à sa femme et luy dit : « Hé! ma femme; aye pitié de moy! sauue moy la « vie ! — Quoy ? dit elle, faut il que ie fasse cela ? C'est une grand « honte. » Ce que disant, elle se laissa aller à sondict voisin qui la

La dame prit le tout en patience[1];
Bénit le Ciel de ce que la vengeance
Tomboit sur elle, et non sur sire André,
Tant elle avoit pour lui de charité[2].
Sire Guillaume étoit de son côté          185
Si fort ému, tellement irrité[3],
Qu'à la pauvrette il ne fit nulle grâce
Du talion, rendant à son époux
Fèves pour pois, et pain blanc pour fouace[4].

renuersa sur le mesme coffre et en prend par ce moyen la raison. »

1. « Ceste damoiselle print bien en pacience sa bonne aduenture. » (*Les Cent Nouvelles nouvelles*, p. 193.) Voyez *Comment l'esprit vient aux filles*, vers 75; *les Cordeliers*, vers 73; *le Berceau*, vers 119; et *la Fiancée du roi de Garbe*, vers 392 :

Elle se force donc, et prend en gré le tout.

2. Même emploi ironique de ce mot, ou du mot *charitable*, aux vers 5 et 143 du conte suivant, 306 du conte v et 601 du conte xiv de ce livre, 83 du conte i, 183 du conte vi, et 159 du conte ix de la IV<sup>e</sup> partie, etc.

3. Rapprochez les vers 79-80 du *Muletier*.

4. C'est-à-dire plus qu'il n'avait reçu, car *fouace* signifie ici une sorte de pain bis; mais ce mot avait aussi le sens de galette. « Avant-hier, écrit la Bruyère à Phélypeaux, sur les sept heures du soir, les plombs de la gouttière qui est sous la fenêtre de ma chambre se trouvèrent encore si échauffés du soleil qui avoit brillé tout le jour, que j'y fis cuire un gâteau, galette fouée [cuite au foyer, au four] ou *fouace* que je trouvai excellente. » (Lettre du 16 juillet [1695], tome III, 1<sup>re</sup> partie, p. 238.) Montaigne, dans le *Journal de son voyage en Italie* (p. 649 de l'édition de 1836), oppose la fouace au pain blanc : « des fouaces fort plates, dit-il, où il y a du fenouil. » Richelet explique le mot par « gros gâteau bis qui se fait ordinairement au village »; Furetière par « pain cuit sous les cendres »; Ménage, dans son *Dictionnaire étymologique*, par « certaine galette, ou tourteau cuit au feu »; et l'Académie le définit « sorte de pain broyé, fait de fleur de farine, et en forme de gâteau ». Voyez Rabelais, *Gargantua*, chapitre xxxii : *Comment Grandgousier pour achepter paix feist rendre les fouaces*, où il est question de « fouaces faictes à beau beurre, beau moyeux d'eufz, beau saffran et belles espices »; et *le Moyen de parvenir*, p. 308 : « Qu'est-ce qui épargne le plus le pain en une maison?... C'est la

Qu'on dit bien vrai que se venger est doux[1] !  190
Très sage fut d'en user de la sorte :
Puisqu'il vouloit son honneur réparer,
Il ne pouvoit mieux que par cette porte
D'un tel affront, à mon sens, se tirer.
André vit tout, et n'osa murmurer ;  195
Jugea des coups[2], mais ce fut sans rien dire[3],
Et loua Dieu que le mal n'étoit pire.
Pour une oreille[4] il auroit composé ;
Sortir à moins, c'étoit pour lui merveilles :
Je dis à moins ; car mieux vaut, tout prisé[5],  200
Cornes gagner que perdre ses oreilles.

miche, et le gâteau, et le tourteau, et la fouace, et le biscuit. » En somme c'était une galette, tantôt grossière, tantôt très fine, comme toutes les galettes, selon ce qu'on y mettait. On dit encore dans le Périgord, en Touraine, en Normandie, etc., *fouace, fougace, fouée,* galette à la fouée. — Dans la IIIᵉ des *Cent nouvelles :* « Et.... il aduisa une maniere par laquelle bien luy sembloit, s'il en pouuoit venir à chef, que Monseigneur raroit beurre pour œufs. »

1. « C'est un morceau de roi » (livre X, fable XI, vers 56-57).
2. Comparez le conte 1 de la IVᵉ partie, vers 13 :

    Le beau du jeu n'est connu de l'époux :
    C'est chez l'amant que ce plaisir excelle ;
    De regardants, pour y juger des coups,
    Il n'en faut point, etc.

3. Rapprochons, bien que le sujet diffère, le sommaire de la IVᵉ des *Cent Nouvelles nouvelles*, de « l'archier Escossois » qui « besoigna tant qu'il voulut » la femme « d'ung eschoppier..., present ledict eschoppier, qui de paour s'estoit caché en la ruelle de son lict, et tout pouoit veoir et ouyr pleinement... ; et l'enferra tres bien et à loysir, sans que le pauure coux (cocu) de la ruelle s'osast oncques monstrer, mais si grand paour auoit qu'à pou qu'il ne mouroit. » Même situation dans les *Discours facétieux et très récréatifs, pour oster des esprits d'un chacun tout ennuy, etc.*, Rouen, 1610, in-12, p. 150, petit livre très rare, qui est à la Bibliothèque de Versailles.

4. Pour une oreille que Guillaume lui aurait coupée : voyez le vers 130.

5. Tout compte fait.

## II

### LES CORDELIERS DE CATALOGNE.

NOUVELLE TIRÉE DES CENT NOUVELLES NOUVELLES.

Ce conte n'est pas dans la première édition de la seconde partie, publiée en 1666, ni dans celle de 1667 Paris. Il fut imprimé d'abord, d'après une copie manuscrite, dans le *Recueil contenant plusieurs discours libres et moraux*, Cologne, 1667[1]; puis dans l'édition d'Amsterdam, de Jean Verhoeven, 1668, in-16[2]; et enfin inséré par l'auteur lui-même dans la deuxième édition de sa seconde partie, Paris, 1669, mais avec des atténuations, des adoucissements qui étaient destinés à lui permettre d'échapper à la censure et de paraître avec le privilège du Roi. Nous ne pouvons donc les adopter, tous du moins, puisque la pensée de l'auteur s'y trouve altérée et qu'il n'a fait que contraint les corrections dont nous parlons. Nous les reléguons au bas des pages comme variantes et, contrairement à notre règle, que, cette fois, nous sommes obligé d'enfreindre, donnons, sauf aux endroits où la Fontaine a fait des améliorations évidentes, le texte de 1668 (celui de 1667 est incorrect) qui a été suivi assez fidèlement par l'autre impression hollandaise de 1685. Ce serait dérouter le lecteur, habitué à la version de 1668, et dénaturer l'œuvre du poète, que de reproduire trop exactement le texte adouci de l'édition de 1669.

Ce conte, comme l'indique le titre, avec plus de vérité que pour le conte précédent, est emprunté aux *Cent Nouvelles nouvelles*, nouvelle XXXII (*les Dames dismées*), qui est pleine de verve et d'esprit. Le point de départ, l'idée première est chez Poge, dans la facétie intitulée *Decimæ* (tome I, p. 163, de l'édition de 1798); voici la vengeance grossière que le mari tire du prêtre (un curé de paroisse de la ville de Bruges) : « *Postquam, inquit, tibi rerum omnium uxoris meæ debetur decima, et hanc quoque accipies!* » *Et simul vas*

1. Voyez ci-dessus, p. 145.
2. Il se trouve aussi dans le recueil manuscrit de Conrart (n° 5418, p. 551-558), sous le titre que nous lui conservons.

*stercore et urina uxoris plenum ori admotum in mensa bibere compulit.* Comparez la XXIII° nouvelle de Malespini.

On peut rapprocher du conte de la Fontaine, entre autres pièces satiriques où sont persiflés les gens d'Église, un fabliau de Rutebeuf : *De frere Denize, ou ci enconmence li diz de frere Denize le Cordelier* (Legrand d'Aussy, tome III, p. 380; Barbazan-Méon, tome III, p. 76; Jubinal, *OEuvres complètes de Rutebeuf*, 1874, tome II, p. 62; Montaiglon, tome III, p. 263), ainsi que la nouvelle IV de la III° journée du *Décaméron* de Boccace : *Don Félix et frère Puccio;* rappelons aussi les divers récits, plus ou moins licencieux, relatifs à l'incontinence, à la paillardise des moines, et particulièrement des Cordeliers, qui se trouvent dans l'*Histoire maccaronique de Merlin Coccaie,* et chez Rabelais; dans l'*Apologie pour Hérodote* d'Henri Estienne (tomes I, p. 422-426, II, p. 7-19, 25-31, 52-56; et *passim*); dans l'*Heptaméron* de la reine de Navarre (nouvelles V, XXXI, XLI, XLVIII, LVI; etc.); dans l'*Alcoran des Cordeliers, tant en latin qu'en françois* (Genève, 1578, in-8°), tomes I, p. 155, 209, 239, 325-327, II, p. 230, 314-315, de la réimpression de 1734; dans le *Sermon des frappe-culz nouueau et fort ioyeulx* (Paris, 1530, in-8°); ou dans le *Sermon du Cordelier aux Soldats, ensemble la Responce des Soldats au Cordelier* (Paris, 1612, in-8°); dans le *Journal de Henri III...,* par Pierre de l'Estoile, la Haye, 1744 (tomes I, p. 222, V, p. 257-258), où l'on apprend que l'histoire de frère Denize, cette fort belle fille déguisée en homme, s'est passée à Paris en 1577, mais que frère Denize s'appelait alors frère Antoine. Une histoire analogue est dans l'*Alcoran des Cordeliers* (tome I, p. 326-327), celle d'une « pucelle d'Angleterre », qui, enfermée dans un de leurs couvents, sous l'habit monacal, non seulement servait à distraire ces bons religieux, mais encore confessait souvent à leur place. On pourrait citer également, outre la nouvelle XXXII des *Cent Nouvelles nouvelles,* qui est, nous l'avons dit, la source de notre conte, la XIV° qui a inspiré le conte de *l'Ermite,* la XXX°, la XXXVIII°, la XL°, la LX°, etc.; mais il n'y a vraiment de commun entre ces divers récits et *les Cordeliers de Catalogne* que l'idée railleuse, l'imagination goguenarde qui les a tous inspirés, qui a dicté aussi à Villon plusieurs passages de son *Grand Testament* (p. 66, 82, etc.); à Marot sa ballade III, *de frere Lubin,* ses épigrammes XLIV, *de frere Thibault,* CCLVI, *d'un Cordelier,* CCLX, *d'Une qui alla veoir les beaux peres,* etc.; à du

Fail, dans ses *Propos rusticques* (édition de 1878, p. 177), ses plaisanteries contre « les moynes de Cunaud », d'où les femmes reviennent « sentans leur cordouan à pleine gorge, et si foupies (fripées, flétries) qu'il les faut mettre ung mois en mue deuant qu'elles reprennent leur ply »; à Maucroix une de ses lettres (*OEuvres diverses*, tome II, p. 94-96); à Vergier son conte VI, *le Mal d'aventure*, et la petite pièce intitulée *A une demoiselle en lui envoyant un Amour déguisé en Cordelier;* et à Piron, entre autres facéties, son *Chapitre des Cordeliers;* et son conte du *Moine bridé*, où il fait allusion à celui-ci (tome VI des *OEuvres complètes*, 1776, in-8°, p. 463) :

> C'étoient vraiment bien d'autres animaux ;
> C'étoient de ceux que Boccace nous vante,
> De ces matois connus par plus d'un tour,
> Ou de galant, ou d'espiègle, ou d'ivrogne ;
> De ces bons saints qui se firent un jour
> Martyriser et cuire en Catalogne :
> Deux Cordeliers, pour vous le trancher net, etc.

Remarquons que ce conte-ci, c'est le seul parmi ceux de notre auteur, est en rimes plates.

> Je vous veux conter la besogne [1]
> Des [Cordeliers] [2] de Catalogne :

1. Rapprochez le sens particulier du verbe « besogner », ci-dessus, au vers 68 du conte 1 de cette II<sup>e</sup> partie, et la note. — « Besogne » est le nom que Voltaire (tome XI, p. 173 et suivantes) donne à un bachelier déguisé en nonne (comme sœur Colette du conte des *Lunettes*),

> Qui d'un Hercule eut la force en partage,
> Et d'Adonis le gracieux visage.

2. Dans l'édition de 1669 Paris, on lit au titre « Les Frères de Catalogne », et ici « Des bons Frères ». La Fontaine a cru prudent de substituer aux « Frères mineurs ou Cordeliers » la désignation générale de « Frères » pour ne point paraître s'attaquer à un ordre monastique en particulier. — Dans la XXXII<sup>e</sup> des *Cent Nouvelles nouvelles* l'aventure est également attribuée aux Cordeliers et se passe « en la ville d'Ostellerie en Casteloigne », c'est-à-dire à Hostalrich, à 50 kilomètres S.-O. de Girone. — Comme on le voit, nous mettons entre crochets, quand nous les adoptons, les leçons de l'édition de 1668 et du manuscrit de Conrart afin que le

Besogne où ces [pères] en Dieu[1]
Témoignèrent en certain lieu
Une charité[2] si fervente,                    5
Que mainte femme en fut contente[3],
Et crut y gagner paradis[4].
Telles gens par leurs bons avis
Mettent à bien les jeunes âmes[5],
Tirent à soi filles et femmes[6],              10
Se savent emparer du cœur,
Et dans la vigne du Seigneur
Travaillent[7] ainsi qu'on peut croire,

lecteur puisse distinguer chaque texte et le rétablir au besoin.

1. Ces pères de Dieu. (1667 Cologne.) — Ces frères en Dieu. (1669 Paris.) — Comparez le vers 89 de *Féronde* : « le père en Dieu ». Même locution : « ce bon père en Dieu », dans Noël du Fail (tome I, p. 241), « le père en Dieu », dans Tallemant (tome VII, p. 202).

2. Voyez le vers 184 du conte précédent et la note.

3. Satisfaite, ne demanda pas plus. Dans *Joconde*, vers 383-384.

Le temps, à cela près, fut fort bien employé,
Et si bien que la fille en demeura contente.

Au vers 256 du *Calendrier* : « la dame est contente. »

4. Être sanctifiée : comme la fillette dans *l'Ermite*, et comme la jeune Alibech dans *le Diable en enfer*. — « Aux Cordeliers s'en va la vaillante femme pour gaigner les pardons. » (*Les Cent Nouvelles nouvelles*, nouv. XXXVIII.)

5. Même euphémisme au vers 291 de *Joconde* :

Encor faut-il du temps pour mettre un cœur à bien.

6. Tirant. (1668, 1669 Amsterdam et Leyde.) — Dans *l'Heptaméron*, p. 96 : « Nous tirons les cœurs des dames si auant, etc. » Chez Montaigne, tome III, p. 487 : « Ie me donne à mon amy plus que ie ne le tire à moy »; chez Olivier de Magny, p. 36 : « Ce chant tire à soy le cueur des hommes »; chez Brantôme, tome X, p. 465 : « ....Ce bel œil qui me tire »; même figure chez Ronsard, tome I, p. 91, 276. — Voltaire, déjà cité, appelle les bons pères (tome XI, p. 351) : « ces enfants des Cieux

Qu'un zèle ardent pour la paix des familles
Consacre au soin de soulager les filles. »

7. C'est-à-dire cultivent la vigne du Seigneur, s'appliquent à l'instruction et à la conversion des âmes (parabole du chapitre XX

Et qu'on verra par cette histoire.

Au temps que le sexe vivoit                               15
Dans l'ignorance[1], et ne savoit

de l'évangile de saint Matthieu). Nous rencontrons ce mot, pris
également au figuré, dans *les Aveux indiscrets* (vers 17) : « la vigne
de l'abbé ». Peut-être aussi est-ce une allusion au *Cantique des can-
tiques*, à la vigne de la Sulamite : .... *Posuerunt me custodem in vineis :
vineam meam non custodivi* (chapitre 1, verset 5); et plus bas : *Mane
surgamus ad vineas, videamus si floruit vinea : ibi dabo tibi ubera mea*
(chapitre VII, verset 12). Voyez aussi chapitres II, verset 15 ; VI, verset 10 ; VIII, versets 11 et 12. Cette assimilation de la femme à la
vigne est du reste fréquente : citons, entre autres exemples,
Gringore, tome I, p. 270-286 ; Brantôme, tome IX, p. 287-289, où
il s'agit d' « une belle vigne », c'est-à-dire « d'une fort belle dame »,
que « son mary ne cultiue plus », parce qu'il la croit infidèle ; mais
l'amoureux de la dame écrit au mari : « A la vigne que vous aultres
dittes ie suis esté certes, et y restay un peu ; i'en haussay le pampre
et en regarday le raisin ; mais Dieu ne me puisse ayder si iamais
i'y ay touché ! » Citons aussi le vieux proverbe français : « Femme
sans amant est une vigne sans pesseau » ; et ce proverbe espagnol :
*Viñas e niñas son muy malas a guardar*, « les vignes et les filles sont
fort difficiles à garder. » — Rapprochez les vers 6 du conte VII de
la I<sup>re</sup> partie, 14-16 du *Calendrier*, 248 de *la Mandragore*, 187 de *Féronde*, 264 du *Roi Candaule*, où il est parlé d'attelage, de charrue,
de terre ingrate, et des « façons » données à un mari, c'est-à-dire à
sa femme, comme à un champ, à une vigne. Ces métaphores : semer,
planter, labourer, arroser, défricher ou laisser en friche ; champ,
terroir, sillon, jardin, quartier de vigne ; bêche, pioche, houe,
échalas, soc de charrue ; etc., etc., reviennent très fréquemment
chez les auteurs anciens et modernes, lorsqu'ils comparent à la terre
la femme fécondée, développée par l'homme.

—       Travaillent tous comme on peut croire.
      (1667 Cologne, 1668, 1669 Amsterdam et Leyde.)

Moynes, prestres et cordelliers
Prennent auec elles (*avec les bourgeoises*) deduit,
Sans craindre en rien les escolliers ;
Car ilz ont leur beau sauf conduit.
    (Coquillart, *Monologue des Perruques*, tome II, p. 283.)

1. Dans l'innocence. (1667 Cologne, 1668, 1669 Amsterdam et
Leyde.)

Gloser[1] encor sur l'Évangile[2]
(Temps à coter[3] fort difficile),
Un essaim de frères [mineurs][4],
Pleins d'appétit et beaux dîneurs[5],   20
S'alla jeter[6] dans une ville
En jeunes beautés très fertile.
Pour des galants, peu s'en trouvoit[7] ;
De vieux maris, il en pleuvoit[8].
A l'abord une confrérie[9]   25

1. Commenter, épiloguer, critiquer. Comparez ci-dessus, le conte v de la I<sup>re</sup> partie, vers 29 et la note ; des vers de Gringore, tome I, p. 79-83, sur les « bigottes » qui « jeunes,..... anciennes, dessus les Euangilles glosent » ; de Villon, p. 79, sur « mademoyselle de Bruyeres » qui « sçait la Bible » ; de Coquillart, tome I, p. 61, contre une vieille sibylle « qui glose sur l'Euangille » ; une épigramme de Maynard sur le même sujet ; et chez des Périers (tome I, p. 165) : une femme bien entendue en la saincte Escripture. »

2. Comme à notre époque d'ennuyeuses controverses, sous-entend la Fontaine. Rapprochez ce passage d'une lettre à sa femme du 30 août 1663 (tome III *M.-L.*, p. 319) : « La Poitevine se mit aussitôt sur l'Ecriture.... M. Jeannart et moi nous endormimes. »

3. Indiquer exactement : rapprochez un exemple analogue dans la Curne : « coter ou le mois ou la semaine ou le jour ».

4.  Un essaim de frères dîmeurs. (1669 Paris.)

— *Mineurs* est le terme exact. Tous les religieux mendiants de saint François d'Assise, et particulièrement les Cordeliers, s'appelaient frères mineurs, par humilité ; et c'est par une sorte d'émulation que François de Paule appela les siens les minimes.

5. Double qualification qui doit être prise ici au propre et au figuré : voyez les vers 111 et suivants.

6. Comme font les essaims d'abeilles : l'image est très exacte.

7.  Peu de galants il s'en trouvoit.
    (1667 Cologne, 1668, 1669 Amsterdam et Leyde.)

8. Des vieux maris. (Manuscrit de Conrart.) — Il en plouvoit. (1669 Paris, et ms. de Conrart.) C'est l'ancienne forme du verbe.

9. Un monastère : le contenu pour le contenant ; ce qui amène le *en* du vers 28 : « Qui ne se mît de cette congrégation, qui ne s'y fit enregistrer, comme correspondante ou affiliée. » Voyez le vers 20 du *Mari confesseur* et la note. — C'était, on va le voir,

Par les bons pères[1] fut bâtie.
Femme n'étoit qui n'y courût[2],
Qui ne s'en mît, et qui ne crût
Par ce moyen être sauvée[3] :
Puis, quand leur foi fut éprouvée,   30
On vint au véritable point[4].
Frère André[5] ne marchanda point[6],

plutôt une « frérie » ou « frairie » qu'une confrérie : «.... Festes, banquets, confrairies, nopces, et p......, dont ils (les évêques) en faisoient des serrails. » (BRANTÔME, tome III, p. 110.)

1. Par ces bons pères. (1668.)

2. Qui ne courût. (1667 Cologne, 1668, 1669 Amsterdam et Leyde.) — Dans *les Cent Nouvelles nouvelles* : « Les femmes estoient du tout données à eulx. »

3. Voyez ci-dessus, le vers 7.

4. Ou « au point », tout court, comme dans Marot, CCLXXXVI° dixain, déjà cité à la note du vers 214 de *Richard Minutolo*. Ce mot est très élastique et se prête à bien des situations et à bien des sens : voyez Regnier, satire II, vers 158 ; et satire IV, vers 59, où cette locution : *venir au point*, s'applique au quart d'heure de Rabelais ; les vers 371 de *Joconde*, 3 du *Juge de Mesle*, 59 et 228 du *Calendrier*, 23 du *Cuvier*, etc., etc.

— La crainte donc d'être damnée
Fit qu'elles vinrent de bien loin.
(1667 Cologne, 1668, 1669 Amsterdam et Leyde.)

Ici, sans même parler de la rime, le texte de 1669 Paris est évidemment préférable.

5. Il est question aussi d'un « père André » au conte x de la III° partie ; et d'un « frere André, cordelier », chez Marot, tome II, p. 214), mais qui, lui, « preschoit assez mal », s'il besognait bien :

Cy gist qui assez mal preschoit,
Par ces femmes tant regretté,
Frere André, qui les chevauchoit
Comme un grand asne desbaté.

Le même Marot reconnait la supériorité des Cordeliers dans son épitaphe XVII, *du frere cordelier Semydieux* (tome II, p. 221), qui « *confessoit* mieulx les dames

Qu'Augustins, Iacobins ne Carmes. »

6. N'hésita point, ne barguigna point. Comparez le vers 69 de *Richard Minutolo* et la note.

Et leur fit ce beau petit prêche[1] :
« Si quelque chose vous empêche
D'aller tout droit en paradis,        35
C'est d'épargner[2] pour vos maris
Un bien dont ils n'ont plus que faire
Quand ils ont pris leur nécessaire,
Sans que jamais il vous ait plu
Nous faire part du superflu[3].        40
Vous me direz que notre usage
Répugne aux dons du mariage[4] :
Nous l'avouons; et, Dieu merci,
Nous n'aurions que voir en ceci,
Sans le soin de vos consciences[5].    45

1. Expression réservée d'ordinaire aux instructions des ministres ou « prêcheurs » huguenots. On pourrait croire que la Fontaine l'emploie ici par dérision, ou, pour mieux dire, par précaution, s'il ne se servait au vers 88 du mot « sermon ».
2. De garder en réserve, comme une épargne.
3. Rapprochez « les restes » du vers 49.
4. Ci-dessous (vers 66 et 178) : « œuvres de mariage ».
5. C'est à peu près le langage que tient frère Guillebert à ses ouailles dans la farce qui porte son nom :

> Ie vous recommande à mon prosne
> Tous nos freres de robe grise :
> Ie vous promectz, c'est belle aumosne
> Que faire bien à gens d'esglise.
> Grans pardons a, ie vous aduise,
> A leur prester boucham ventris,
> Foullando in calibistris.

(*Farce nouuelle de frere Guillebert* tres bonne et fort ioyeuse; dans l'*Ancien Théâtre françois*, tome I, p. 306-307.)

C'est aussi ce que dit le curé à sa pénitente dans *la Confession de Margot la benigne* (*ibidem*, p. 378) :

> Pour penitence, vous irez
> Visiter les lieux où sçaurez
> Que sont les freres de nostre ordre,
> Comme les freres de la Corde,
> Prescheurs, Carmes et Iacobins,
> Tous les soirs ou tous les matins,

La plus griève¹ des offenses,
C'est d'être ingrate² : Dieu l'a dit.
Pour cela Satan fut maudit³.
Prenez-y garde ; et de vos restes⁴
Rendez grâce aux bontés célestes⁵,                    50
Nous laissant dîmer⁶ sur un bien⁷
Qui ne vous coûte presque rien⁸.
C'est un droit, ô troupe fidèle,
Qui vous témoigne notre zèle⁹ ;
Droit authentique et bien signé,                      55

   Tant que vous serez en ieunesse....

Rapprochez enfin les vers du fabliau cité de Rutebeuf (tome II, p. 66), où le cordelier engage sa « doulce amie » à venir avec lui « mener la vie saint François ».

1. Du latin *gravis* : d'où le substantif *grief*.

   O grand' fortune ! o crevecueur trop gref !
     (Marot, *des Visions*, etc., tome III, p. 147.)

— « Plus grief luy est, en tant que par toy et les tiens ont esté ces griefz et tords faictz. » (Rabelais, *Gargantua*, chapitre xxxi.) Chez Montaigne, tome II, p. 62 : « griefues douleurs ».

2. C'est à peu près ainsi que commence le petit discours de Guillaume à la femme d'André dans le conte précédent (vers 166).

3.    Pour cela Satan fut maudit,
   C'est d'être ingrate : Dieu l'a dit.
  (1667 Cologne, 1668, 1669 Amsterdam et Leyde.)

4. Ces « restes » rappellent le « superflu » du vers 40, et « le demeurant » d'Alix, au conte 1 de cette partie, vers 95, et note.

5. Faites-en un sacrifice ; offrez-les en actions de grâces.

6. *Dîmer*, lever la dîme.

—    Nous laissant dîner. (1667 Cologne.)

Voyez ci-dessus le vers 20.

7. Sur le bien. (1667 Cologne, 1668, 1669 Amsterdam et Leyde.)

8. Qu'il ne vous coûte presque rien de donner, dîme qu'une femme a toujours toute prête (*le Calendrier*, vers 130). Comparez ci-dessous, le vers 66 du conte ix :

   Voyez un peu la perte que c'étoit !

9. Moins ce « droit » que leur ardeur à le revendiquer. — Rapprochez, pour cette sorte de *zèle*, ci-dessous, le vers 134, *Richard Mi-*

Que les papes nous ont donné[1];
Droit enfin, et non pas aumône[2]:
Toute femme doit en personne
S'en acquitter trois fois le mois
Vers[3] les [enfants de saint François][4].  60
Cela fondé sur l'Écriture :
Car il n'est bien dans la nature[5],
Je le répète, écoutez-moi,
Qui ne subisse cette loi
De reconnoissance et d'hommage[6].  65
Or, les œuvres de mariage[7]
Étant un bien, comme savez
Ou savoir chacune devez,
Il est clair que dîme en est due.
Cette dîme sera reçue  70
Selon notre petit pouvoir.
Quelque peine qu'il faille avoir,
Nous la prendrons en patïence[8]:
N'en faites point de conscience[9];

*nutolo*, vers 17, 201, *le Muletier*, vers 95, *la Gageure*, vers 236; et *passim*.

1. Les conciles, plutôt que les papes. On sait que la dîme ecclésiastique avait fini par s'étendre peu à peu à tous les fruits de la terre et du travail, à tous les revenus, à tous les héritages, à tous les biens, en un mot; meubles ou immeubles. Voyez, ci-dessous, les vers 62-65.

2. Au vers 174 :

    Mais cette dîme, ou cette aumône....

3. Envers : voyez les *Lexiques de Malherbe, Corneille, Racine, la Rochefoucauld*.

4. Vers les frères Catalanois (1669 Paris) : les frères de Catalogne.

5. Ce vers a été omis dans l'édition de 1667 Cologne et dans celles de 1668 et de 1669 Amsterdam et Leyde.

6. Deux termes de droit féodal.

7. Même locution : « l'œuvre de mariage », chez des Périers (tome II, p. 178 et 179).

8. Voyez *le Faiseur d'oreilles*, vers 181 et la note :

    La dame prit le tout en patience.

9. N'ayez point de scrupule là-dessus. Comparez *l'Heptaméron*,

> Nous sommes gens qui n'avons pas 75
> Toutes nos aises ici-bas[1].
> Au reste, il est bon qu'on vous dise
> Qu'entre la chair et la chemise
> Il faut cacher le bien qu'on fait[2] :
> Tout ceci doit être secret 80
> Pour vos maris et pour tout autre,
> Voici trois mots d'un bon apôtre
> Qui font à notre intention[3] :
> Foi, charité, discrétion. »

p. 460 et 394 : « En la ville de Paris y auoit ung homme de si bonne nature qu'il eust faict conscience de croire ung homme estre couché auec sa femme quand il l'eust vu »; Montaigne, tomes II, p. 493, III, p. 205, IV, p. 99 ; le conte des *Quiproquo*, vers 180 :

> Aucuns ont dit qu'Alix fit conscience
> De n'avoir pas mieux gagné son argent ;

et les *Lexiques de Corneille, Racine, Sévigné*.

1. Ne craignez point de nous donner de la peine, nous sommes habitués à la fatigue ; peut-être aussi : nous avons des besoins que vous devez soulager.

> Il faut qu'ilz viuent, les beaulx peres,
> Et mesmement ceulx de Paris.
> S'ilz font plaisir à noz commeres,
> Ils ayment ainsi les maris.
> (VILLON, *le Grand Testament*, octave CVII.)

2. Proverbe très expressif : employer tous ses soins pour qu'il ne soit pas divulgué.

3.
> Voici un beau mot de l'Apôtre
> Qui fait à notre intention.
> (1667 Cologne, 1668, 1669 Amsterdam et Leyde.)

Dans le manuscrit de Conrart et dans les éditions hollandaises de 1685, 1686, 1705, l'hiatus a été corrigé :

> Voici trois beaux mots de l'Apôtre
> Qui font, etc.

— *Font* est bien le texte. Rapprochez cette phrase de la *Comparaison d'Alexandre, de César et de Monsieur le Prince* (tome III M.-L., p. 256) : « Une chose fait pour Alexandre, c'est qu'il a formé je ne sais combien de capitaines »; celles-ci de Montaigne, tomes I, p. 390 : « Pourquoy de tant de discours..., n'en trouuons nous

Frère André, par cette éloquence, 85
Satisfit fort son audience[1],
Et passa pour un Salomon ;
Peu dormirent à son sermon.
Chaque femme, ce dit l'histoire,
Garda très bien dans sa mémoire, 90
Et mieux encor dedans son cœur[2],
Le discours du prédicateur.
Ce n'est pas tout : il s'exécute[3].
Chacune accourt ; grande dispute

quelqu'un qui face pour nous ? » ; II, p. 10 : « Nul vent ne faict pour celuy qui n'a point de port destiné » ; III, p. 2, et p. 256 : « Beaucoup fit pour L. Silanus celuy qui luy apporta sa condamnation » ; Brantôme, tomes V., p. 208, VI, p. 386, et p. 144 : « Ceste rodomontade estoit belle, faisant tant pour celuy là qui la profferoit que pour le comte » ; *ibidem*, p. 454, « faire contre » : « Le pape Iehan fit contre l'ame dudict Frederic » ; etc. — Ces vers sont-ils une allusion à ces mots de saint Paul dans ses *Épîtres à Timothée* (I, VI, verset 11 ; et II, II, verset 22) : *Sectare justitiam, fidem..., charitatem, et pacem cum iis qui invocant Dominum de corde puro ?*

1. Par extension, pour « les personnes à qui l'on donne audience, qui vous écoutent » ; très rare en ce sens. Comparez le début de la XCIII° des *Cent Nouvelles nouvelles* : « Tandiz que i'ai bonne audience, ie veil conter.... » ; *l'Heptaméron*, p. 353 : « plaisante audience » ; *la Fiancée du roi de Garbe*, vers 772 :

.... Ayant belle audience,
Alaciel conta tout ce qu'elle voulut ;

et cette phrase du livre II de *Psyché* (tome III M.-L., p. 160) : « Pluton fit cesser pour quelques moments les souffrances et les plaintes des malheureux, afin que Psyché eût une audience plus favorable. » Le mot a été employé par Voltaire dans l'*Épître dédicatoire* de *Zadig* : « une audience respectable ». — Rapprochez le mot *présence* à la fin de la nouvelle XIV de des Périers : « Elle appresta à rire à toute la presence, principalement quand ilz eurent entendu, etc. »

2. Et mieux encore dans son cœur.
(1667 Cologne, 1668, 1669 Amsterdam et Leyde, et manuscrit de Conrart.)

3. Ce discours est mis en pratique.

A qui la première payra¹ :  95
Mainte bourgeoise murmura
Qu'au lendemain on l'eût remise.
[Et notre mère sainte Église]²,
Ne sachant comme renvoyer
Cet escadron³ prêt à payer,  100
Fut contrainte enfin de leur dire :
« De par Dieu, souffrez qu'on respire ;
C'est en assez pour le présent ;
On ne peut faire qu'en faisant⁴.
Réglez votre temps sur le nôtre :  105
Aujourd'hui l'une, et demain l'autre⁵ ;
Tout avec ordre ; et, croyez-nous,

1. *Payra*, pour la mesure, dans nos anciens textes. Plus bas, *bourgeoisie*, au lieu de *bourgeoise*, dans 1669 Paris, faute évidente.

— Presse se met pour n'être la dernière
Qui feroit voir son zèle et sa ferveur....
(*L'Abbesse*, vers 124-125.)

2. Même locution : « Nostre mere saincte Eglise », dans *l'Heptaméron*, p. 398 ; dans *l'Apologie pour Hérodote*, tome I, p. 79, 427 ; dans *le Moyen de parvenir*, p. 283 ; etc.

— La gent qui n'aime pas la bise. (1669 Paris.)

Comparez Coquillart (tome I, p. 15) : « Ceulx qui craignent le grant vent de la byze » ; et ces vers de Rutebeuf (tome I, p. 111) :

Ahi ! prelat de sainte Yglise,
Qui, por garder les cors de bise,
Ne volez aler aus matines....

3. Même terme, appliqué à des femmes, dans le conte des *Lunettes*, vers 165, dans Boileau, satire x, vers 569. Voyez aussi un « escadron » d'hommes, qui est le pendant ou plutôt la contre-partie de celui-ci, dans le conte de *l'Abbesse*, vers 113, et dans *la Vieille Courtisane* de du Bellay.

4. Par conséquent on ne peut pas aller si vite. Ce vers, qui est d'ailleurs un proverbe, est textuellement chez Coquillart (*Droietz nouueaulx*, tome I, p. 194). « Cela se dit à un impatient qui nous presse », remarque Oudin.

5. Même vers au livre XI, fable ix, vers 22.

On en va mieux¹ quand on va doux². »
Le sexe suit cette sentence.
Jamais de bruit pour la quittance ;     110
Trop bien quelque collation³,
Et le tout par dévotion⁴.

1. Tout en va mieux. (1668, 1669 Amsterdam et Leyde.)
2. *Qui va piano va sano.* « Qui veut voyager loin ménage sa monture » ; mais ici c'est le cavalier qui demande grâce.
3. Bien mieux on faisait collation, et elles apportaient sans doute leur part de friandises, car « Dieu sçait les presents qu'ilz auoient d'elles ». Semblable « collacion » de bourgeoises et de moines dans les XL° et LX° des *Cent Nouvelles nouvelles*. Comparez aussi dans la XXXVIII° : « la belle et grosse lemproye » que la femme d'un marchand de Tours envoya à un cordelier « son amy », « et luy manda qu'elle viendroit ennuyt soupper et coucher auecques luy ». — *Trop*, pour *beaucoup* ou *très*. Voyez ci-dessous, les contes XVI de la II° partie, vers 69, III de la IV°, vers 57, VII, vers 58 ; une lettre de la Fontaine à sa femme du 19 septembre 1663 (tome III M.-L., p. 358) : « Trop bien me fit-on voir une grande fille.... » ; etc. ; et comparez *trop plus, trop mieux, trop meilleur*, chez Villon, p. 24 : « trop plus de biens que de santé », et p. 55, 80, 97 ; chez Noël du Fail, tome I, p. 203 ; chez Marot, tomes I, p. 49, 145, III, p. 5, etc. ; chez Rabelais, tome II, p. 147 : « Trop meilleur est soy marier que ardre on feu de concupiscence » ; chez Brantôme, tome II, p. 326 ; chez Ronsard, tome II, p. 124 :

Leur sort amoureux
Est trop plus que le mien en amour bien heureux ;

chez Jodelle, tome II, p. 344 ; chez Remy Belleau, tomes I, p. 10, 123, 209, II, p. 122, 232, 275, 281 ; chez du Bellay, tome II, p. 334 :

Quant est du teinct, ie le peindrois trop mieulx
Que le matin ne colore les cieulx.

4. Rapprochez les XXXII° et LX° des *Cent Nouvelles nouvelles* : « .... Tout soubz umbre de deuocion. »

Mes dames, sans aucun vacarme,
Vont en voiage bien matin
En la chambre de quelque carme
Pour aprendre à parler latin.
Frere Berufle et Damp Fremin
Les attendent en lieu celé ;
Sur la queue de leur parchemin
Leur baillent leur beau blanc scellé.
Ont ilz bien gaudy et gallé,

> Puis de trinquer à la commère[1].
> Je laisse à penser quelle chère
> Faisoit alors frère Frappart[2].    115

>> En lieu de dire leurs matines,
>> Le vin blanc, le iambon sallé
>> Pour festoier ces pelerines.
>> (COQUILLART, *Monologue des Perruques*, tome II, p. 282.)

Voyez aussi *l'Eugène* de Jodelle (acte I, scène III), où sont énumérées quelques-unes des bonnes choses, « flan, pain blanc, pain de roses, eaux de senteur », que les femmes rapportaient des couvents qu'elles fréquentaient, en récompense de celles qu'elles y avaient apportées.

1. Comparez *les Rémois*, vers 110-111 :

> « Je bois, dit-il, à la santé des dames. »
> Et de trinquer;

et les *Troqueurs*, vers 71-72 :

> A toi compère. Et de prendre la tasse,
> Et de trinquer....

2. « Les dévotes sont le partage des frères Frapparts. » (TALLEMANT DES RÉAUX, tome III, p. 387.) — Le nom de frère Frappart ou Frappecul revient souvent chez nos vieux auteurs, cinq ou six fois, par exemple, dans les *Facéties* de Poge, chez Henri Estienne, et dans *l'Alcoran des Cordeliers*, comme celui d'un bon drôle de moine, toujours dans les tavernes ou courant après les filles, d'un frappeur robuste, d'un rude jouteur, grand chercheur d'aventures, grand prêcheur et débrideur de nonnes. Il personnifie ici le couvent, comme ce *Frater fecisti* dont il est question dans le conte XX de Noël du Fail, qui n'avait jamais fini, qui, forgeant toujours sur l'enclume, frappait sous lui comme un casseur d'acier. Comparez la IIIᵉ épitaphe de Marot : *de frere Iehan l'Euesque, cordelier* (tome II, p. 213); et ces vers du *Monologue des Perruques* de Coquillart (tome II, p. 282) :

> Aprez on reclost les courtines,
> On accole frere Frappart ;
> En baisant ilz ioingnent tetines.
> Le grant diable y puist auoir part!

Voyez aussi Rabelais, tome I, p. 249, 383, et le chapitre XV du quart livre (tome II, p. 324-325), où il est en outre synonyme, comme le nom l'indique, de « violent, brutal », étrillant l'un, assommant l'autre, faisant toujours quelque folie : « Il tient ie ne sçay

> Tel d'entre eux[1] avoit pour sa part
> Dix jeunes femmes bien payantes,
> Frisques[2], gaillardes, attrayantes;
> Tel aux douze et quinze passoit[3];

quoy du frere Frappart. Ie boy à luy de bien bon cœur....—Mais, disoit sa femme, à quel propous, et sus quelle querelle, m'a il tant et trestant festoyée à grands coups de poing? » Et, plus haut, un écuyer, s'adressant à un des recors qui l'ont battu : « Estes vous des Frappins, des Frappeurs ou des Frappars? » Ajoutons que par ce nom de Frapparts, « Frappars escorniflez », c'est-à-dire au capuchon écorné (Rabelais, tome I, p. 195), on désignait particulièrement autrefois les Cordeliers. Il est encore, appliqué à toute la communauté des Cordeliers, dans le conte VI de Vergier, déjà cité. Rapprochons de ce nom celui de « frere Tappecoue », sacristain des Cordeliers de Saint-Maixent, qui est tué par sa jument (au chapitre XIII du quart livre de *Pantagruel*).

1. Ce pronom montre bien le sens collectif qu'a ici « Frappart ».
2. Vives, fraîches, lestes, fringantes (vers 137), du bas latin *friscus*, de l'allemand *frisch* : d'où *frisquet* ou *fricquet*, *frisquelet*, *frisquand*, *frisqueté*, *frisquement*, *frisquandinement*. Dans Rabelais (tome II, p. 141) : « La fille du baillif Concordat, ieune, belle, frisque, guallante, aduenante. » Dans Marot (tome I, p. 20) :

> Les hayes (*danses*) d'Allemaigne frisques.

Comparez Coquillart, tome I, p. 30 :

> Frisques mignons, bruyans enfans,
> Monde nouueau, gens triumphans;

*ibidem*, p. 69, 139 :

> Ung gorgias
> Frisque, bien en poinct, et mignon;

tome II, p. 12, 185, 212, 291 ; et *les Rieurs du Beau-Richard* (tome IV M.-L., p. 105) :

> Le galant vient frisque et de hait (*gaillard*).

Ce mot s'appliquait aussi au vin :

> Ie vous souhaide entre vous, gens de mer,
> Qui auez chaut dedenz vostre galée,
> De ce bon vin frisque, friant et cler
> Dont à la court est ma guenle arrousée.
> (Eustache Deschamps, LXXXIVᵉ ballade.)

3. Dans la XXXIIᵉ des *Cent Nouvelles nouvelles* : « Ainsi furent toutes les femmes de la ville appaties (livrées en pâture) à ces vail-

Frère Roc[1] à vingt se chaussoit[2].  120
Tant et si bien que les donzelles[3],
Pour se montrer plus ponctuelles,
Payoient deux fois assez souvent :
Dont il avint[4] que le couvent[5],
Las enfin d'un tel ordinaire[6],  125
Après avoir à cette affaire[7]
Vaqué[8] cinq ou six mois entiers,
Eût fait crédit bien volontiers :
Mais les donzelles, scrupuleuses,
De s'acquitter étoient soigneuses,  130

lans moynes; et n'y auoit celuy d'eulx qui n'eust à sa part de quinze à seize femmes le disme à receuoir. »

1. Ferme, dur comme un roc, nom aussi expressif que celui de frère Frappart (vers 115). Il est dans le livre VIII de l'*Histoire maccaronique de Merlin Coccaie* (version de 1606), où on le représente comme « un vray soldat, plus digne de porter la rondache ou l'espieu que non pas de porter une croix ou dire la messe. » Il est aussi dans les chansons de Piron :

Tic toc, chic choc, cric croc!
Chantons frère Roc,
En vidant ce broc, etc.

L'abbé de Voisenon s'est souvenu de ce nom dans son conte intitulé : *Les exercices de dévotion de M. Roc avec Mme la duchesse*, etc. (1747).

2. Verbe plaisant ici, et qui, comme *chausson, sabot, savate, galoche, pantoufle, vieux soulier, vieil étrier, vieille botte* (femme de mauvaise vie), est resté dans la langue populaire : « se chausser, trouver chaussure à son pied. » Figure semblable chez Regnier, satire XIII, vers 119 : « se chausser au fait d'amour ».

3. Tant et si bien que ces donzelles. (1667 Cologne, 1668, 1669 Amsterdam et Leyde.)

4. Advint. (1667 Cologne, 1669 Amsterdam et Leyde, ici et au vers 145.)

5. Le convent. (1668, 1669 Amsterdam et Leyde, et manuscri de Conrart.)

6. Rapprochez les vers 80 de *la Gageure*, et 57 du *Pâté d'anguille*.

7. En cette affaire. (1668, 1669 Amsterdam et Leyde.)

8. Même verbe, appliqué à un « travail » semblable, aux vers 46 du conte précédent, 743 de *la Fiancée du roi de Garbe*; et passim.

> Croyant faillir[1] en retenant
> Un bien à l'Ordre appartenant.
> Point de dîmes accumulées.
> Il s'en trouva de si zélées,
> Que par avance elles payoient[2].     135
> Les beaux pères[3] n'expédioient
> Que les fringantes[4] et les belles,
> Enjoignant aux sempiternelles[5]

1. Emploi analogue du verbe *faillir* au vers 172 de *Richard Minutolo*.
2. Dans la nouvelle citée : « Quatre ou six belles ieunes femmes dirent qu'elles auoient si bien payé qu'on leur deuoit, sur le temps aduenir, à l'une quatre foiz, à l'aultre six, à l'aultre dix. »
3. Voyez ci-dessous, p. 200, note 4.
4. Participe présent du vieux verbe *fringuer*, qui signifiait non seulement faire la belle, faire la brave, comme un brillant coursier, mais aussi folâtrer, faire l'amour :

> ....A la parfin se fera
> Bien fringuer à d'autres qu'à luy.
>   (*Les Tenebres de mariage*, tome I, p. 30, du *Recueil
>   de poésies françoises des XV<sup>e</sup> et XVI<sup>e</sup> siècles*.)

Dans Rabelais (tome I, p. 276) : « Mettez la dame au coing du lict, *fringuez* la toureloura la la. » « Elle vouloit encor *fringuer* sur les lauriers », dit Brantôme d'une vieille dame, c'est-à-dire lutter sur cette même couche déjà jonchée des lauriers de ses exploits passés (tome IX, p. 681). On disait également *fringueur, fringart, fringuet, fringueret, fringueux, fringotieux, fringuereau, fringantif, fringue, fringuerie, fringade, fringoter, fringueloter, fringaler, fringamment* : voyez Villon, p. 165, et *passim*; les Œuvres de Coquillart, tomes I, p. 31, 45, 64, 72, 77, 86, 114, 155, 160, 161, II, p. 55, 181, 185, 191, 205, 287, 288, 289, 290, 292, etc.
5. Proprement aux vieilles ; mais ici le mot s'applique certainement aussi aux laides. Comparez « la bonne vieille sempiternelle », dans *la Nouvelle fabrique des excellents traits de vérité*, 1579 (réimpression de 1853, p. 150) ; « une vieille sempiterneuse » chez Rabelais (tome I, p. 291), et les « grandes vieilles sempiterneuses qui n'auoyent dentz en gueulle » (*ibidem*, p. 303). Même locution chez des Périers, tome II, p. 11 : « Allez, vieille sempiterneuse ! — Va, ruffien ! » — Voltaire s'est servi de ce mot dans sa comédie de *la Prude*, acte II, scène VIII :

> Je vais, je vais de ces sempiternelles
> Tout de ce pas égayer les cervelles.

Chez Gresset, cité par Littré : « une nonne sempiternelle. »

De porter en bas leur tribut[1] ;
Car dans ces dîmes de rebut                140
Les lais[2] trouvoient encore à frire[3].
Bref, à peine il se pourroit[4] dire
Avec combien de charité[5]
Le tout étoit exécuté.

Il avint qu'une de la bande,               145
Qui vouloit porter son offrande,
Un beau soir, en chemin faisant,
Et son mari la conduisant,
Lui dit : « Mon Dieu ! j'ai quelque affaire
Là dedans avec certain frère ;             150
Ce sera fait dans un moment. »
L'époux répondit[6] brusquement :
« Quoi ? quelle affaire ? êtes-vous folle ?
Il est minuit, sur ma parole :
Demain vous direz vos péchés ;             155
Tous les bons pères sont couchés.
— Cela n'importe, dit la femme.
— Et, par Dieu, si[7] ! dit-il, Madame,

1. Dans *les Cent Nouvelles nouvelles*, les vieilles convertissent, par traité fait avec les moines, la dîme qu'elles doivent, en toile, drap, etc.; mais « nous aimerions mieulx, disent-elles, à payer comme les aultres. »
2. Les frères servants. — Les laïcs. (1667 Cologne, 1668, 1669 Amsterdam et Leyde, et manuscrit de Conrart.)
3. Trouvèrent de quoi frire. (1667 Cologne, 1668, 1669 Amsterdam et Leyde.) Même locution familière au tome III, p. 218.
4. Pouvoit. (1667 Cologne, 1669 Amsterdam et Leyde.)
5. Voyez ci-déssus, le vers 5 et la note.
6. Repartit. (1667 Cologne, 1668, 1669 Amsterdam et Leyde, et manuscrit de Conrart.)
7. Et, parbleu, si ! (1667, Cologne, 1668, 1669 Amsterdam et Leyde.) Toute cette partie est disposée en dialogue dans les recueils de 1667 Cologne, de 1668, de 1669 Amsterdam et Leyde, et dans le manuscrit de Conrart : *Le mari*. — *La femme*.

Je tiens qu'il¹ importe beaucoup ;
Vous ne bougerez pour ce coup². 160
Qu'avez-vous fait ? et quelle offense³
Presse ainsi votre conscience ?
Demain matin, j'en suis d'accord⁴.
— Ah ! Monsieur, vous me faites tort,
Reprit-elle ; ce qui me presse, 165
Ce n'est pas d'aller à confesse,
C'est de payer⁵, car, si j'attends,
Je ne le pourrai de longtemps :
Le frère aura d'autres affaires⁶.
— Quoi payer ? — La dîme aux bons pères. 170
— Quelle dîme ? — Savez-vous pas ?
— Moi, je le sais ? C'est un grand cas⁷
Que toujours femme aux moines donne⁸ !

1. Voyez p. 45 et note 1 ; et *l'Oraison de saint Julien*, ver 3-4.
2. Comparez Brantôme, tome II, p. 7, et 151 : « C'est assez pour ce coup » ; et *Joconde*, vers 378 et la note :

   Il se tint content pour le coup.

3. Péché, offense à Dieu. Dans Malherbe, tome I, p. 17 : « faire une offense » ; dans Corneille, *Polyeucte*, vers 702 : « les punitions qu'attirent mes offenses ».
4. Voyez *le Faiseur d'oreilles*, vers 103 et la note.
5. Mais de payer. (1667 Cologne, 1669 Amsterdam et Leyde. — « Mais ie veil aller payer. » (*Les Cent Nouvelles nouvelles*.)
6. Dans *Joconde*, vers 310, au même sens :

   Le trop d'affaires nous accable.

Chez des Périers (tome I, p. 53) : « Ie suis content de le vous acheuer (votre enfant), chose que ie ne ferois pas si c'estoit un aultre, car i'ay assez d'affaires enuiron les miens. » Chez Tallemant des Réaux, tome V, p. 311 : « Le mari, voyant que Neufchâtel avoit plus d'affaires que jamais, demandoit à coucher quelquefois avec sa femme, mais en vain. »

7. Il est bien singulier, bien étonnant : rapprochez le vers 39 du *Mari confesseur* et la note. — Tour analogue dans *l'Heptaméron*, p. 420 : « C'est grande chose qu'en quelque sorte que ce soit, il faut tousiours que les femmes fassent mal ! »
8. « Ces gens de bien qui s'appellent deuorateurs et mangeurs

Mais cette dîme, ou cette aumône[1],
La saurai-je point à la fin[2] ?   175
— Voyez, dit-elle, qu'il est fin !
N'entendez-vous pas ce langage ?
C'est des œuvres de mariage[3].
— Quelles œuvres ? reprit l'époux.
— Et, là ! Monsieur, c'est ce que nous....   180
Mais j'aurois payé depuis l'heure ;
Vous êtes cause qu'en demeure[4]
Je me trouve présentement ;
Et cela, je ne sais comment,
Car toujours je suis coutumière   185

des pechez du peuple, faisans leurs questes et visites anniuersaires par chacun an deux et trois fois, sçauent si dextrement endormir ces pauures femmes, principalement (car les hommes commencent à sçauoir de quel bois ils se chauffent, ayans eu bon terme, d'enuiron deux cens soixante ans que telles gens sont venus au monde, de s'en enquerir), qu'il n'y a andouille à la cheminée ne iambon au charnier, qui ne tremble à la simple pronontiation et voix d'un petit et harmonieux *Aue Maria*. La bonne femme a beau dire : « Iehan (ou Gautier) n'y est pas, il est au marché, a porté les clefs « de tout » ; car ce fin regnard, qui a tant esté battu de telles eschappatoires, croit ce qu'il en veut, grippant ce qu'il peut, auec toutes les honnestetez que son guide et porte poche lui a sceu apprendre, et peut estre guignant sous son capuchon à la pauure femmelette, luy demandant, d'un ris courtisan, cinq sols à prest sur un gage naturel. » (Noël du Fail, conte xx, tome II, p. 8.)

1. Voyez ci-dessus, le vers 57 :

.... Droit enfin, et non pas aumône.

2.        Ne la saurai-je point enfin ?

(1667 Cologne, 1668, 1669 Amsterdam et Leyde.)

3. Même expression : « œuures de mariage », dans Montaigne, tome II, p. 85. —Elle a bien retenu le sermon de frère André mot pour mot : voyez ci-dessus le vers 66. — La réponse est plus plaisante dans la xxxiie des *Cent Nouvelles nouvelles*. Lorsque son mari lui demande quelle espèce de dîme elle veut aller payer : « Quoy payer ? quel disme ? — ....Hé, le disme de nuyt de vous et de moy ; vous auez bon temps, il faut que ie le paye pour nous deux ! »

4. En retard : terme de Palais. Nous rencontrons aussi *demeure*,

De[1] payer toute la première[2]. »

L'époux, rempli d'étonnement,
Eut cent pensers[3] en un moment :
Il ne sut[4] que dire et que croire.
Enfin, pour apprendre l'histoire,                    190
Il se tut, il se contraignit ;
Du secret, sans plus[5], se plaignit[6] ;
Par tant d'endroits tourna sa femme[7],
Qu'il apprit que mainte autre dame
Payoit la même pension.                              195
Ce lui fut consolation[8].

au même sens, dans *le Berceau*, vers 77, dans *la Fiancée du roi de Garbe*, vers 643, dans *les Troqueurs*, vers 116, dans *la Chose impossible*, vers 13 ; et *passim*.

1. Même locution dans Malherbe (tome II, p. 644) : « .... Un homme qui est coutumier de s'enivrer. » Il y a une note sur ce mot au tome II de la Bruyère, p. 210.

2.         Elle estoit adez coustumiere
           De chanter en tous leus premiere.
                    (*Roman de la Rose*, vers 759-760.)

3. Voyez *Joconde*, vers 191 et la note.

4. Il ne sait. (1667 Cologne, 1668, 1669 Amsterdam et Leyde.) — Comparez les vers 82 et suivants du conte précédent.

5. Tant plus. (1667 Cologne, 1669 Amsterdam et Leyde.) — Pour cette locution, voyez *Richard Minutolo*, vers 171 et la note.

6. Ces quatre derniers vers se trouvent dans les éditions de 1667 Cologne, 1668, 1669 Paris, 1669 Amsterdam et Leyde, et dans le manuscrit de Conrart, mais manquent dans les textes de 1685, 1686, 1705.

7. Comparez *la Gageure des trois commères*, vers 67 :

       Mais tôt après il tourna tant la belle...;

le conte 1 de la IV<sup>e</sup> partie, vers 107 ; et *Psyché*, livre 1 (tome III *M.-L.*, p. 64) : « A la fin elles la tournèrent de tant de côtés que la pauvre épouse avoua, etc. » — Dans *les Cent Nouvelles nouvelles*, p. 153 : « Le mary, qui estoit subtil, interrogea sa femme de longue main. »

8. « Consolation non petite », comme dans *Joconde* (vers 185).

« Sachez, dit la pauvre innocente[1],
Que pas une n'en est exempte :
Votre sœur[2] paie à frère Aubry[3] ;
La baillie[4] au père Fabry ;                        200
Son Altesse[5] à frère Guillaume,
Un des beaux moines du royaume[6].
Moi, qui paie à frère Girard[7],
Je voulois lui porter ma part. »

Voyez aussi les vers 493-494 du même conte, et 391 et suivants de la *Coupe enchantée*.

1. Même expression, ci-dessus, au conte précédent, vers 57.
2. Notre sœur. (Manuscrit de Conrart.)
3. Un frère Aubry, « aussi bien fourny de ce que ung homme doibt auoir que nul du royaume », est le héros des xlvi<sup>e</sup> et xcv<sup>e</sup> des *Cent Nouvelles nouvelles*.
4. La baillive. (1667 Cologne, 1668, 1669 Amsterdam et Leyde.) Comme dans des Périers (tome I, p. 182) : « la dame bailliue » ; et dans *le Tartuffe* (acte II, scène III, vers 662) : « Madame la baillive et Madame l'élue. » Voyez aussi la Bruyère, tome II, p. 450. — *Baillie* vouloit dire proprement, non la femme du bailli, puisqu'on disoit anciennement *baillif*, mais le pouvoir, l'autorité du bailli : « Ie ne vueil estre en ta baillie et gouuernement. » (*Thresor de la langue françoise* de Nicot.) La leçon de l'édition de 1667 est donc ici préférable à la nôtre. L'Académie n'admet que *baillive* dans toutes les éditions de son Dictionnaire. Comparez l'orthographe *apprentie* et *apprentive* (tome II, p. 468 et note 54). — Un chanoine Fabri est le champion le plus robuste du chant V du *Lutrin* de Boileau.
5. La femme de Monseigneur (vers 209 et 222), du gouverneur de la ville.
6. Dans *les Cent Nouvelles nouvelles* : « Quoy donc ? dit elle ; par ma foy, si font : quel priuilege auroyent elles plus que moy ? Nous sommes encore seize ou vingt qui le paions à frere Eustace. Ha ! il est tant deuot ! creez que ce luy est une grand peine et une bien meritoire pacience. Frere Bertholomeu en a autant ou plus, et, entre les aultres, Madame est de son nombre. Frere Iacques aussi en a beaucoup, et frere Anthoine aussi : il n'y a celuy d'eulx qui n'ayt son nombre. »
7. Il est question d'un frère Girard, dont l'habit faisoit des miracles, au tome I, p. 155, de *l'Alcoran des Cordeliers*.

Que de maux la langue nous cause !       205
Quand ce mari¹ sut toute chose²,
Il résolut premièrement
D'en avertir secrètement
Monseigneur³, puis les gens de ville⁴.
Mais comme il étoit difficile           210
De croire un tel cas dès l'abord,
Il voulut avoir le rapport
Du drôle à qui payoit sa femme⁵.
Le lendemain devant la dame
Il fait venir frère Girard,             215
Lui porte à la gorge un poignard⁶,
Lui fait conter tout le mystère⁷.
Puis, ayant enfermé ce frère
A double clef, bien garrotté,
Et la dame d'autre côté,                220
Il va partout conter sa chance⁸.

1. Le mari. (1667 Cologne, 1668, 1669 Amsterdam et Leyde.)
2. Toute la chose.
3. Le mari de l'Altesse qui payait redevance à frère Guillaume.
4. Ou le corps de ville : les officiers municipaux ; « Messieurs de ville », comme dit la Fontaine dans une lettre à Foucquet (tome III *M.-L.*, p. 291).
5. Du « dismeur » de sa femme, dans la nouvelle citée.
6.     Il porte à sa gorge un poignard.
    (1667 Cologne, 1668, 1669 Amsterdam et Leyde.)
Il le menace d' « une grande hache », dans *les Cent Nouvelles nouvelles*.
7. Emploi analogue de ce mot dans *la Fiancée du roi de Garbe*, vers 203 et 263, dans *les Quiproquo*, vers 190 ; et *passim*. Voyez aussi ci-dessus, p. 73, fin de la note 2. — « Voylà en somme le sac de Rome, que i'ay apris.... d'un vieux trompette françois qui auoit veu tout le mistere (qui avait vu violer les femmes). » (BRANTÔME, tome I, p. 277.) Rapprochez, chez Tallemant des Réaux (tome VII, p. 153), « le mystère

    Que firent au Bruhard
    Jeanne et son vieux penard. »
8.     .... En quelle impatience

Au logis du prince il commence ;
Puis il descend chez l'échevin ;
Puis il fait¹ sonner le tocsin.
Toute la ville en est troublée, 225
On court en foule² à l'assemblée,
Et le sujet de la rumeur
N'est point su du peuple dîmeur³.

Chacun opine à la vengeance.
L'un dit qu'il faut en diligence 230
Aller massacrer ces cagots⁴ ;
L'autre dit qu'il faut de fagots
Les entourer dans leur repaire⁵,
Et brûler gens et monastère.
Tel veut qu'ils soient à l'eau jetés, 235
Dedans leurs frocs⁶ empaquetés
Afin que [la gent cordelière]⁷,
Flottant ainsi sur la rivière,

Suis-je de voir mon frère, et lui conter sa chance !
Il en tient, le bonhomme.
(Molière, *l'École des maris*, acte III, scène II, vers 883-885.)

Rapprochez les vers 228-229 de *Joconde*.

1. Puis il va. (1667 Cologne, 1668, 1669 Amsterdam et Leyde, et manuscrit de Conrart.)

2. A foule. (1667 Cologne, 1668, 1669 Amsterdam et Leyde.) — A l'assemblée de ville, à l'hôtel de ville.

3. Des moines. C'est pourquoi ils ne s'enfuient point. — Ces quatre vers sont dans les cinq textes de 1667 Cologne, 1668, 1669 Paris, 1669 Amsterdam et Leyde, et dans le manuscrit de Conrart, mais ont été supprimés dans les éditions de 1685, 1686, 1705.

4. Même mot dans *l'Ermite*, vers 120.

5. En leur repaire. (1667 Cologne, 1669 Amsterdam et Leyde.)

6. Leur froc. (1667 Cologne, 1668, 1669 Amsterdam et Leyde.) — Rapprochez le vers 6 de la fable XI du livre VII :

.... Bien et dûment empaqueté.

7. Afin que cette pépinière. (1669 Paris.) — Voyez tome III, p. 298 et note 4 : « la dindonnière gent ».

S'en aille apprendre à l'univers
Comment on traite les pervers¹.           240
Tel invente un autre supplice,
Et chacun selon son caprice².
Bref, tous conclurent à la mort.
L'avis du feu fut le plus fort.
On court au couvent³ tout à l'heure⁴;      245
Mais, par respect de la demeure,
L'arrêt ailleurs s'exécuta⁵;
Un bourgeois sa grange prêta⁶.
La penaille⁷, ensemble enfermée,

1. Ces quatre derniers vers sont omis dans les éditions de 1685, 1686, 1705.
2. Dans la nouvelle citée : « Les uns disoient : « Il les fault « tuer » ; les aultres : « Il les fault pendre » ; les aultres : « noyer ».
3. *Convent*, dans le manuscrit de Conrart.
4. A l'instant, sur-le-champ : voyez ci-dessus, p. 123 et note 1.
5. Un couvent de Cordeliers fut en effet brûlé, sans « respect de la demeure », à Meaux, en 1525 ou 1526. Mais les incendiaires étaient sans doute des hérétiques qui vouloient se venger des persécutions de ces moines et des arrestations décrétées à leur requête. Voyez *la Piteuse Desolation du monastere des Cordeliers de Maulx mis à feu et bruslé* (tome I du *Recueil de poésies françoises des quinzième et seizième siècles*, p. 139-146).
6. Dans *les Cent Nouvelles nouvelles*, les maris « boutent le feu » au couvent même, ils brûlent moines et monastère, mais ont soin auparavant d'ôter « le Corpus Domini, et aucuns aultres reliquaires, et l'enuoyent en la parroisse ».
7. « De l'ancien français *pene* ou *pane* [*pannus*], dit Littré, harde, étoffe, avec la désinence péjorative *aille* », comme dans *fréraille, canaille, valetaille, poulaille, moutonnaille*, etc. Nous ferions plutôt dériver *penaille, penaillon, penillon, penaillerie, penaillière* ou *penillière*, mots souvent appliqués aux moines, et aux couvents de moines, du latin *penis*, d'où *penard* qu'on trouve dans *le Calendrier des Vieillards*, vers 207, dans *l'Étourdi* de Molière (acte I, scène II, vers 61), et chez nos vieux conteurs, sans parler de Rabelais, qui prêtait évidemment à *penard* et *penaille* la même étymologie : voyez ci-dessous, p. 348 et note 4. Le composé, demeuré usuel, *dépenaillé*, semblerait nous donner tort, si le mot *penaille* n'avait été détourné de son sens primitif, étymologique.

Fut en peu d'heures¹ consumée, 250
Les maris sautants alentour
Et dansants au son du tambour.
Rien n'échappa de leur colère²,
Ni moinillon³, ni béat père⁴ :

1. En peu d'heure. (Manuscrit de Conrart.)
2. A leur colère. (1667 Cologne, 1669 Amsterdam et Leyde.)
3. Petit moine. Plus loin, dans *Mazet* (vers 191-193) :

>Il les engea de petits Mazillons,
>Desquels on fit de petits moinillons :
>Ces moinillons devinrent bientôt pères.

On disait aussi *moineton* et *moinichon*.

4.   Ni moinillons, ni beau père.
(1667 Cologne, 1668, 1669 Amsterdam et Leyde.)

Même locution : « beau père » ou « beau frère », en parlant des Cordeliers, ci-dessus, vers 136 ; dans *Comment l'esprit vient aux filles*, vers 83 et 112 ; dans *les Cent Nouvelles nouvelles*, p. 60, 61, 62, 270 ; chez Brantôme, tome IX, p. 40 ; dans *le Procez des femmes et des pulces* (Paris, 1520), tome X, p. 66-67, du *Recueil de poésies françoises* :

>....De vous, beau Pere, espere auoir support ;

chez Marot, tome III, p. 21 et 105 ; dans l'*Apologie pour Hérodote*, tome II, p. 11, 31 ; dans l'*Heptaméron*, p. 28, 87, 202, 250, 265, 272, 299, 300 ; dans le *Sermon*, déjà cité, *du Cordelier aux Soldats*, vers 93 de *la Responce des Soldats*, etc. Voyez aussi Villon, p. 66, et *passim*, des Périers, tome II, p. 127, 160, 161, Coquillart, tome I, p. 100, 101, et le conte de *Mazet*, vers 47, où sont désignés ainsi les moines en général. — *Béat*, qualification qu'on donnait aux ecclésiastiques, aux religieux, ou aux simples dévots, aux dévotes ; voyez le conte 1 de la IVᵉ partie, vers 47 :

>Mon Révérend, dit-elle au béat homme ;

l'*Histoire maccaronique de Merlin Coccaie*, livre VIII, « les saincts et beatz peres m'ont inuité d'aller souper à ce soir auec eulx » ; Rabelais, *Pantagruel*, le tiers livre, chapitre XXII : « Quel diable possede ce maistre Raminagrobis, qui ainsi, sans propous..., mesdict des paouures beatz peres Iacobins, Mineurs et Minimes? » Regnier, satire XIII, vers 33 :

>Pour béate partout le peuple la renomme ;

*le Moyen de parvenir*, p. 204 : « S'accommoder avec les femmes...

Robes, manteaux et cocluchons[1], 255
Tout fut brûlé comme cochons ;
Tous périrent dedans les flammes[2] :
Je ne sais ce qu'on fit des femmes[3].
Pour le pauvre frère Girard,
Il avoit eu son fait à part[4]. 260

apporte la beatitude : de là vient qu'on les appelle beats peres »,
explication badine empruntée à l'*Apologie pour Hérodote;* et les
exemples de Saint-Simon et de Voltaire cités par Littré.

1.   Robes, manteaux et capuchons.
(1667 Cologne, 1668, 1669 Amsterdam et Leyde, 1685,
1686, 1705, et manuscrit de Conrart.)

— *Coqueluchon*, diminutif de *coqueluche*, qui lui-même signifie proprement capuchon (*cucullus*), est l'orthographe de tous les dictionnaires anciens et modernes. Mme de Sévigné (tome VIII, p. 464) en a fait le participe *coqueluchonné :* « Pendant le souper, Mlle de Méri déguisoit votre fils avec trois vieilles jupes noires si bien rangées, si plaisamment coqueluchonnées, que tout le monde l'attaquoit. » On appelait *coqueluchier* celui qui portait coqueluchon ou capuchon. — Dom Cajot, bénédictin de la congrégation de Saint-Vannes, a écrit une *Histoire critique des Coqueluchons* (Cologne, 1762, in-12), contenant de curieux détails sur les mœurs, l'habillement et la coiffure des moines.

2. Dans *les Cent Nouvelles nouvelles :* « Tout fut consumé, et moynes et convers.... Dieu mesmes, qui n'en pouoit mais, en eut bien sa maison brullée. » Même dénouement au conte XXXI de la reine de Navarre dont nous avons fait mention dans la notice, où un cordelier est surpris conduisant dans son couvent, pour « en iouir à son aise », la femme d'un gentilhomme déguisée en « petit cordelier » : « Et fut trouvé par sa confession, et preuue faicte par commissaires sus le lieu, qu'en ce monastere y auoit esté mené un grand nombre de gentilles femmes et aultres belles filles, par le moyen que ce cordelier y vouloit mener ceste damoiselle.... Et fut ledit monastere spolié de ses larcins et belles filles qui estoient dedans, et les moines enfermés et brullés avec ledit monastere, pour perpetuelle memoire de ce crime. »

3. Dans la nouvelle citée des *Cent Nouvelles nouvelles*, on ne le dit pas non plus.

4. Voyez ci-dessus, vers 203 et 212-220.

## III

## LE BERCEAU.

### NOUVELLE TIRÉE DE BOCCACE.

Ce conte est imité de Boccace, nouvelle VI dé la IX<sup>e</sup> journée, dont voici le sommaire :

*Due giovani albergano con uno, de quali l'uno si va a giacere con la figliuola, et la moglie di lui disavedutamente si giace con l'altro. Quegli che era con la figliuola si corica col padre di lei, et dicegli ogni cosa, credendosi dire al compagno. Fanno romore insieme. La donna, ravedutasi, entra nel letto della figliuola, et quindi con certe parole ogni cosa pacefica.*

« Deux ieunes hommes logerent cheux ung hoste : l'ung desquelz alla coucher auec sa fille, et sa femme par mesgarde auec l'aultre; celuy qui estoit auec la fille s'en alla aprez coucher auec l'hoste, et luy compta tout le faict, pensant le dire à son compaignon, dont ilz ont noyse ensemble; mais la mere se raduisa et s'en alla au lict de sa fille, et là auec certaines parolles racoustra le tout. »

La Fontaine suit de près le récit qui lui sert de modèle et qui se termine ainsi : « Et quant le iour fut venu et eulx leuez, l'hoste commença à rire et à se mocquer de luy (de Pinucio) et de ses songes. Et ainsi d'ung mot en ung aultre ayans les deux ieunes hommes aprestez leurs cheuaulx et mis leurs malles, et beu auecques l'hoste, ils monterent à cheual, et s'en vindrent à Florence : non moins contens de la maniere comme la chose estoit aduenue que de l'effect mesmes d'icelle. Et puis aprez, ayans trouué aultres moyens, Pinuccio retourna auec Colette : laquelle feit acroire à sa mere que Pinuccio auoit songé. Au moyen de quoy se souuenant la mere du bon traictement que luy auoit faict Adrian, elle se persuada en soymesmes d'auoir veillé toute seule. » Boccace a emprunté ce sujet à un fabliau de Jehan de Boves intitulé *de Gombert et des deux clers;* ou *l'Anneau;* ou *l'Hôtel Saint-Martin,* selon les divers manuscrits ; mais il a supprimé toute la première moitié de l'histoire (Barbazan-Méon, tome III, p. 238; Legrand d'Aussy, tome IV, p. 18; Montaiglon, tome I, p. 238; Thomas Wright, *Anecdota litteraria*, etc., Londres, 1844, p. VI et 15-23).

Voyez aussi Aloyse Cinthio, *Libro della origine delli volgari proverbi*, proverbe XXV; et Chaucer, *Conte du Bailli, ou le Meunier de Trumpington*, dans *the Canterbury tales*, réimpression de Londres, 1843, p. 30-33. Le poète anglais, si vanté autrefois par ses compatriotes, comme ayant ajouté d'heureux détails au récit de Boccace, a fidèlement transcrit notre fabliau : c'est son seul mérite. Il s'agit dans ce fabliau non de deux gentilshommes, comme dans Boccace et la Fontaine, mais de deux ecclésiastiques : volés d'abord par un meunier qui a réussi à leur dérober leur blé et leur jument, ils le punissent, pendant la nuit qu'ils passent chez lui, aux dépens de sa femme et de sa fille, dont ils abusent.

Une histoire analogue est racontée aux pages 37-39 d'un recueil d'anecdotes intitulé : *De generibus ebriosorum et ebrietate vitanda*, qui se trouve à la suite des *Epistolæ obscurorum virorum* (Francofurti, 1599, in-12), mais avec cette différence que dans le conte latin les deux coureurs d'aventures, deux étudiants, ont eu soin, pour plus de sûreté, d'enivrer l'hôte, l'hôtesse et leur fille. Voici le titre de cette anecdote : *Alia historia de duobus studentibus, qui hospitem cum uxore et filia inebriarunt.* Dans une rédaction anglaise, anonyme, sous le titre du *Meunier d'Abington* (*Anecdota litteraria*, déjà citées, p. 105-116), les deux coureurs d'aventures sont également deux écoliers, deux pauvres écoliers de Cambridge.

La Fontaine a fait lui-même l'éloge de ce conte, de celui de Boccace du moins, dans les vers 29-35 des *Quiproquo* :

> L'aveugle enfant, joueur de passe-passe,
> Et qui voit clair à tendre maint panneau,
> Fait de ces tours : *celui-là du berceau*
> *Lève la paille à l'égard du Boccace.*
> Car, quant à moi, ma main pleine d'audace
> En mille endroits a peut-être gâté
> Ce que la sienne a bien exécuté.

Il a inspiré les deux pièces suivantes :

*Le Berceau*, comédie en un acte, en prose, insérée, en 1758, dans le tome XIII du *Choix des Mercures et autres journaux;*

*Le Berceau*, opéra-comique en un acte, par Ch. Collé, 1763.

Non loin de Rome un hôtelier étoit,
Sur le chemin qui conduit à Florence;
Homme sans bruit[1], et qui ne se piquoit[2]
De recevoir gens de grosse dépense[3] :
Même chez lui rarement on gîtoit[4].  5
Sa femme étoit encor de bonne affaire[5],
Et ne passoit de beaucoup les trente ans.
Quant au surplus, ils avoient deux enfants :
Garçon d'un an, fille en âge d'en faire.

Comme il arrive en allant et venant,  10

1. Qui n'aimait pas le bruit, et qui en faisait le moins possible. Dans *l'Oraison de saint Julien*, vers 17 : « bonnes gens, et sans bruit ».
2. Qui ne faisait pas vanité ou plutôt profession de, etc., dont la maison n'était pas montée pour cela : voyez *Joconde*, vers 195 et la note; et un emploi différent de ce verbe, ci-dessous, vers 15.
3. « Un seigneur fort splendide et de grande despense. » (BRANTÔME, tome IX, p. 491.)
4. On couchait, on passait la nuit. Rapprochez *l'Oraison de saint Julien*, vers 54-57 :

> J'ai certains mots que je dis, au matin,
> Dessous le nom d'oraison ou d'antienne
> De saint Julien, afin qu'il ne m'avienne
> De mal giter.

De même *gîte* signifie souvent la couchée en voyage :

> Mon frère a-t-il tout ce qu'il veut,
> Bon soupé, bon gîte, et le reste?
> (Fable II du livre IX, vers 16-17.)

Comparez ci-dessous, les vers 45 et 50; et le vers 5 du *Cocu*.
5. *Moglie assai bella femina*, dans Boccace. Voyez ci-dessus, le vers 3 du *Faiseur* : « femme d'assez bonne guise », ci-dessous, le vers 123 : « dame de bonne emplette », et le vers 12 des *Troqueurs* : « femelle d'assez bon aloi ». — On disait de même : de grande, de haute, de noble affaire; ou : de pauvre, de laide affaire. Comparez, pour l'expression et le tour, cette phrase de *l'Art de Faulconnerie* de Jehan de Franchières (1531, livre I, chapitre III) « Le faucon, dit pelerin, est naturellement vaillant, hardy, et bon affaire »; et ce vers de Rutebeuf (tome II, p. 41) :

> Iacobin, Cordelier, sont gent de bon affaire.

… Pinucio, jeune homme de famille,
Jeta si bien les yeux sur cette fille,
Tant la trouva gracieuse et gentille,
D'esprit si doux et d'air tant attrayant,
Qu'il s'en piqua[1] : très bien le lui sut dire ;
Muet n'étoit, elle sourde non plus ;
Dont il avint[2] qu'il sauta par-dessus
Ces longs soupirs et tout ce vain martyre[3].
Se sentir pris, parler, être écouté[4],
Ce fut tout un[5] ; car la difficulté
Ne gisoit pas à[6] plaire à cette belle :
Pinuce étoit gentilhomme bien fait ;
Et jusque-là la fille n'avoit fait
Grand cas des gens de même étoffe[7] qu'elle :
Non qu'elle crût pouvoir changer d'état ;

1. Se prit d'amour pour elle. Même verbe, au même sens figuré, dans *la Courtisane amoureuse*, vers 39 ; et dans *le Magnifique*, vers 23 :

    Il se piqua pour certaine femelle
    De haut état.

2. Comparez ci-dessus, p. 86 et note 1.
3. Il y a deux amoureux de même caractère dans *la Fiancée du roi de Garbe*, vers 551-556, et dans *le Magnifique*, vers 100-104.
4. Vers presque aussi prompt que le *Veni, vidi, vici*, de César.
5. Voyez livres III, fable vi, vers 7, XII, fable xii, vers 46, et, dans un sens plus près du nôtre, livre VII, fable xii, vers 52 :

    …. Ce fut un de dire et s'embarquer.

6. Chez du Bellay, tome II, p. 132 : « La felicité gist à voir…. » ; chez Corneille, tome VIII, p. 245 : « Tout gît à mourir. » Voyez aussi *la Jument*, vers 151. Chez Brantôme, avec un nom pour régime, tome V, p. 310 : « La force ne gist pas au nombre. »
7. Même locution figurée dans une lettre de la Fontaine (tome III M.-L., p. 345) : « Ce ne sont pas gens de petite étoffe » ; dans *les Cent Nouvelles nouvelles*, p. 160 : « homme de haulte estoffe » ; chez Brantôme (tomes IV, p. 83, VII, p. 99, IX, p. 30, 354, 553) : « femmes d'assez chere estoffe », « de grande estoffe », « de grand rang et riche estoffe », « de riche matiere » ; chez la Bruyère (tome I, p. 226) : « gens d'une certaine étoffe » ; et chez Saint-Simon (tome I, p. 26) : « La maréchale de Rochefort étoit d'une autre étoffe. »

Mais elle avoit, nonobstant son jeune âge,
Le cœur trop haut, le goût trop délicat,
Pour s'en tenir aux amours de village¹.
Colette donc (ainsi l'on l'appeloit²),
En mariage à l'envi demandée, 30
Rejetoit l'un, de l'autre ne vouloit,
Et n'avoit rien que Pinuce en l'idée³.
Longs pourparlers avecque son amant
N'étoient permis; tout leur faisoit obstacle.
Les rendez-vous et le soulagement⁴ 35
Ne se pouvoient, à moins que d'un miracle.
Cela ne fit qu'irriter leurs esprits.
Ne gênez point, je vous en donne avis,
Tant vos enfants, ô vous pères et mères;
Tant vos moitiés, vous époux et maris: 40
C'est où l'amour fait le mieux ses affaires⁵.

1. Au « rustic », comme il est dit dans *la Jument*, vers 32.
2. Voyez ci-dessus, p. 69 et note 5.
3. Dans *le Cocu* (vers 17), plus familièrement :

   Tant se la mit le drôle en la cervelle, etc.

4. De leurs désirs. Même locution dans *le Remède*, vers 69 :

   Minuit venu, l'époux, mal à propos,
   Tout plein encor du feu qui le possède,
   Vient de sa part chercher soulagement;

et dans *les Quiproquo*, vers 9; comparez « soulas » dans *Joconde*, vers 522 et note; dans *les Cent Nouvelles nouvelles*, p. 410 : « soulas d'homme »; et, au vers 183 de *l'Ermite*, un emploi du verbe *soulager*, au sens de « débarrasser, décharger de ».

5. Idée bien souvent exprimée. C'est aussi ce que cherchent à prouver Jodelle dans ses *Amours*, sonnet XXIX :

   Amour donne tousiours moyen à la contrainte, etc.;

Montaigne, tome III, p. 317-318; Molière dans *l'École des femmes*, *l'École des maris*, *le Sicilien;* Montesquieu dans la LV° de ses *Lettres persanes;* notre poète dans les contes X de sa II° partie, IV de la III°, vers 367-373, et XIII, vers 497-498; dans toute sa comédie du *Florentin* (notamment aux vers 105-149, 208-209); au livre II de *Psyché* (tome III M.-L., p. 107); etc. Comme le dit, plus plaisam-

Pinucio, certain soir qu'il faisoit
Un temps fort brun, s'en vient, en compagnie
D'un sien ami[1], dans cette hôtellerie
Demander gîte. On lui dit qu'il venoit     45
Un peu trop tard. « Monsieur, ajouta l'hôte,
Vous savez bien comme on est à l'étroit
Dans ce logis; tout est plein jusqu'au toit :
Mieux vous vaudroit passer outre, sans faute;
Ce gîte[2] n'est pour gens de votre état.     50
— N'avez-vous point encor quelque grabat,
Reprit l'amant, quelque coin de réserve? »
L'hôte repart : « Il ne nous reste plus
Que notre chambre, où deux lits sont tendus[3];
Et de ces lits il n'en est qu'un qui serve     55
Aux survenants[4]; l'autre, nous l'occupons.
Si vous voulez coucher de compagnie,

ment que poétiquement, Alfred de Musset dans la scène v de l'acte II de sa comédie : *A quoi rêvent les jeunes filles :*

> La vigilance humaine est une triste affaire.

1. Comparez ci-dessus, p. 115 et note 5 : « un sien frère ».
2. La ponctuation de ces trois vers est différente dans les textes de 1685, 1686, 1705 :

> Vous savez bien comme on est à l'étroit,
> Dans ce logis tout est plein jusqu'au toit :
> Mieux vous vaudroit passer outre : sans faute
> Ce gîte, etc.

3. Tendus à demeure, par opposition au lit de camp de Colette.
4. Même terme au livre X, fable xiv, vers 47; ci-dessous, vers 68; dans *l'Oraison de saint Julien*, vers 47; dans le passage de *Psyché* que nous avons transcrit p. 84 de notre tome III; chez Noël du Fail, tome II, p. 40 : « deux assez bonnes chambres pour les suruenans et estrangers »; *ibidem*, p. 81 : « ces beaux suruenus »; chez Montaigne, tomes III, p. 450, II, p. 490 : « Il entretint chez luy les suruenants.... de ce sien desseing »; et dans les *Lettres de Mme de Sévigné* (tome VII, p. 407) : « Vous couchez dans votre chambre ordinaire, M. de Grignan dans la mienne; celle du bien Bon est pour les survenants. »

Vous et Monsieur, nous vous hébergerons. »
Pinuce dit : « Volontiers ; je vous prie
Que l'on nous serve à manger au plus tôt. »  60
Leur repas fait, on les conduit en haut.
Pinucio, sur l'avis de Colette,
Marque[1] de l'œil comme la chambre est faite[2] :
Chacun couché, pour la belle on mettoit
Un lit de camp ; celui de l'hôte étoit  65
Contre le mur, à tenant de la porte[3] ;
Et l'on avoit placé de même sorte,
Tout vis-à-vis, celui du survenant ;
Entre les deux un berceau pour l'enfant,
Et toutefois plus près du lit de l'hôte.  70
Cela fit faire une plaisante faute
A cet ami qu'avoit notre galant.
Sur le minuit, que l'hôte[4] apparemment

1. Remarque, note bien dans son esprit.
   Il tourne à l'entour du troupeau,
   Marque entre cent moutons le plus gras, le plus beau.
   (Livre II, fable xvi, vers 5-6.)
« S'ilz bronchent tant soit peu, ilz sont marquez de tous costez. » (BRANTÔME, tome II, p. 74.)

2. Chez Boccace : *Pinuccio havendo ogni cosa veduta....*

3. Tel est bien le texte des éditions de 1667, 1669 Paris, 1685, 1686 ; comparez, au livre IV, fable iv, vers 4, « le clos à tenant » : *à tenant*, comme on dirait *au près*. — *Atenant* ou *attenant* dans les éditions de 1666, 1668, 1669 Amsterdam et Leyde, et 1705. On dit aussi *attenant à* ; on supprime même la préposition *de* ou *à*. Racine a écrit *entenant* en un seul mot (tome VI, p. 145 et note 4).

4. Sur le minuit, heure où l'hôte, etc. — « *Sur le minuit*. C'est ainsi, dit Vaugelas (*Remarques*, 1647, p. 78), que, depuis neuf ou dix ans, toute la cour parle, et que tous les bons auteurs écrivent. C'est pourquoi il n'y a plus à délibérer : il faut dire et écrire *sur le minuit*, et non pas *sur la minuit*, bien qu'une infinité de gens trouvent cette façon de parler insupportable.... Pour moi, je croirois que *sur le midi* a été cause que l'on a dit *sur le minuit*. » Même locution dans *la Gageure*, vers 296, dans *la Mandragore*, vers 218 ; et dans la comédie de *Ragotin*, acte II, scène 1. — Sur la minuit. (1685, 1686.)

> Devoit dormir, l'hôtesse en faire autant,
> Pinucio, qui n'attendoit que l'heure, 75
> Et qui comptoit les moments de la nuit,
> Son temps venu, ne fait longue demeure[1],
> Au lit de camp s'en va droit et sans bruit[2].
> Pas ne trouva la pucelle endormie,
> J'en jurerois. Colette apprit un jeu[3] 80
> Qui, comme on sait, lasse plus qu'il n'ennuie[4].
> Trêve se fit; mais elle dura peu :
> Larcins d'amour ne veulent longue pause[5].
> Tout à merveille alloit au lit de camp,
> Quand cet ami qu'avoit notre galant, 85
> Pressé d'aller mettre ordre à quelque chose
> Qu'honnêtement exprimer je ne puis,
> Voulut sortir[6], et ne put ouvrir l'huis[7]
> Sans enlever le berceau de sa place,

1. Comparez l'*Ancien Théâtre françois*, tomes II, p. 136, VIII, p. 245; *les Cent Nouvelles nouvelles*, p. 373; Noël du Fail, tome I, p. 209, etc.; et *les Cordeliers*, vers 182 et la note. Même locution chez R. de Collerye, p. 61 : « Ie n'y feiz pas longue demeure. »

2. Toute l'hôtellerie étant dans le silence,
   Elle les vient trouver sans bruit.
                    (*Joconde*, vers 364-365.)

3. Rapprochez le vers 44 du *Faiseur d'oreilles* et la note.

4. *Parendogli che ogn' huomo addormentato fosse, pianamente levatosi, se n' ando al letticello dove la giovane amata dallui si giaceva, et miselesi a giacere al lato, etc.*

5. Le temps est cher en amour comme en guerre.
                    (*L'Oraison de saint Julien*, vers 291.)

— « Il ne bougea d'auecqu'elle à la caresser, l'accoller, et sans desmonter que par petites et courtes pauses..., s'en ressasiant son benoist saoul pour un coup. » (BRANTÔME, tome VI, p. 164.)

6. *Adriano.... per alcuna opportunita natural si levo.*

7. La porte. Voyez *les Rémois*, vers 69; etc.

— Lors se lieue sire Gombers,
  S'alla à l'uis pissier toz nus.
                    (*De Gombert et des deux clers.*)

L'enfant avec, qu'il mit près de leur lit¹ ; 90
Le détourner² auroit fait trop de bruit.
Lui revenu, près de l'enfant il passe,
Sans qu'il daignât le remettre en son lieu ;
Puis se recouche³, et quand il plut à Dieu
Se rendormit⁴. Après un peu d'espace⁵, 95
Dans le logis je ne sais quoi tomba.
Le bruit fut grand⁶ ; l'hôtesse s'éveilla,
Puis alla voir ce que ce pouvoit être.
A son retour le berceau la trompa.
Ne le trouvant joignant le lit⁷ du maître : 100
« Saint Jean⁸, dit-elle en soi-même aussitôt,

1. Du lit où il était couché avec son ami.
2. Le mettre derrière lui, le traîner en décrivant un demi-cercle
3. *Et tornandosene, senza della culla curarsi, nel letto se n'entro.*
4. « Quand Dieu voulut, on la mit au lit. » (TALLEMANT DES RÉAUX, tome VII, p. 23.)
5. *Dopo alquanto spatio.* Voyez *le Cocu*, vers 103 et la note.
6. C'est une chatte, dans Boccace, qui fait ce bruit.
7. Près du lit. Voyez ci-dessus, les vers 70 et 90.

— « C'est mon trésor que l'on m'a pris.
— Votre trésor ! où pris ? — Tout joignant cette pierre. »
(Livre IV, fable xx, vers 25-26.)

« Elle ordonna.... qu'on lui bâtît un tombeau.... joignant le chemin le plus fréquenté. » (*Psyché*, livre II, tome III *M.-L.*, p. 135.) Dans *les Cent Nouvelles nouvelles*, p. 418 : « Elle le feist asseoir ioignant d'elle ; » dans *les Baliuerneries* de du Fail, p. 188 : « Le lict du bon homme estoit ioignant le foyer. » Voyez aussi Villon, p. 47 ; Brantôme, tome VII, p. 438 : « une chambre ioignante celle de ses seruiteurs »; Montaigne, tomes I, p. 99, II, p. 327, III, p. 4 : « ioignant son lict »; Malherbe, tome III, p. 475 ; Saint-Simon, tome I, p. 293 ; etc.

8. Un des patrons des maris trompés :

....Paillars, ribaux, et rufiens, qui font
Porter aux Ians les cornes sur le front.
*(RONSARD, fin de la poésie intitulée *le Satyre*.)

Voyez le vers 1 de *l'Anneau d'Hans Carvel* et la note. « Saint Jean » ou « Jean » tout court était du reste une interjection autrefois très usitée.

J'ai pensé faire une étrange bévue :
Près de ces gens je me suis, peu s'en faut,
Remise au lit¹ en chemise ainsi nue :
C'étoit pour faire un bon charivari². 105
Dieu soit loué que ce berceau me montre
Que c'est ici qu'est couché mon mari ! »
Disant ces mots, auprès de cet ami
Elle se met. Fol ne fut, n'étourdi³,
Le compagnon, dedans un tel rencontre⁴ ; 110
La mit en œuvre⁵, et, sans témoigner rien⁶,
Il fit l'époux, mais il le fit trop bien.
Trop bien ! je faux⁷ : et c'est tout le contraire,

1. Dans Boccace : *Oime, cattiva me ; vedi quel che io faceva ! in fe di Dio, che io me n'andava dirittamente nel letto degli hosti miei.*

2. Nous rencontrons quatre fois dans Coquillart, tomes I, p. 7, et II, p. 133, 211, 244, ce mot d'origine douteuse, peut-être du grec καριβαρία, ivresse, ou χαλυβαρία, chaudron : concert de poêlons, chaudrons, casseroles, etc.; ou du bruit de la navette volante (*chalibari, caribari* ou *caribarye*) ; ou de *charre*, grand vaisseau, plein de vin, pour « faire ivrogner les troupes d'enfants perdus », et *verre*, pour boire, étymologie proposée par M. Delboulle, d'après la *Chronique bordeloise* de l'an 1636.

3. « Non fol ne esbahy. » (*Les Cent Nouvelles nouvelles*, p. 283.) « Fol ne esperdu. » (*Ibidem*, p. 258.)

4. Voyez *Richard Minutolo*, vers 174 et la note.

5. Messieurs, i'en ai bien mis de plus laides en œuure.
(*Ancien Théâtre françois*, tome VIII, p. 70.)

« Elle le mist en œuure comme les aultres, mais il ne vequist pas quatre heures aprez. » (*Les Cent Nouvelles nouvelles*, p. 253.) Rapprochez les locutions analogues : *besogne, besogner, ouvrer* (contes 1 de cette IIe partie, vers 64, 68, 11, vers 1, et les notes ; et ci-dessous, vers 115) ; et « mettre en besogne », au même sens, dans *les Cent Nouvelles nouvelles*, p. 252 : « Il l'amena deuers elle, qui tantost le mist en besongne » ; et chez Brantôme, tome IX, p. 70 : « Il luy fit cela (à sa femme) deuant luy mesme (devant son ami), et la mist en besogne comme si elle eust esté à part. »

6. Sans montrer de surprise, et surtout sans rien dire : *con gran piacer della donna*. Voyez le vers 111 de *Richard Minutolo* et la note.

7. Je me trompe ; comparez *le Faiseur*, vers 70 et la note ; et

Il le fit mal : car qui le veut bien faire
Doit en besogne¹ aller plus doucement.            115
Aussi l'hôtesse eut quelque étonnement².
« Qu'a mon mari? dit-elle; et quelle joie³
Le fait agir en homme de vingt ans?
Prenons ceci, puisque Dieu nous l'envoie;
Nous n'aurons pas toujours tel passe-temps⁴. »    120
Elle n'eut dit⁵ ces mots entre ses dents,
Que le⁶ galant recommence la fête⁷.
La dame étoit de bonne emplette⁸ encor;

dans la comédie de *Clymène* (tome IV *M.-L.*, p. 135) : « Je faille lourdement. »

1. Voyez, ci-dessus, le vers 1 des *Cordeliers* et la note.
2. .... Dont Teudelingue entra par plusieurs fois
En pensement.
(*Le Muletier*, vers 78-79.)

Comparez aussi *les Quiproquo*, vers 159 et suivants. — « Le galant ne perdit point de temps; mais il y alloit tellement en gendarme qu'elle s'aperçut bientôt de la tromperie. » (TALLEMANT DES RÉAUX, tome V, p. 212.)

3. Rapprochez la locution : « se donner à cœur joie de quelque chose ». — Dans *le Muletier* (vers 79), c'est à « la colère » que sont attribués ces transports.

4. Même locution au même sens dans *la Gageure*, vers 20, etc. — « L'amoureux ieu et gracieux passetemps. » (*Les Cent Nouvelles nouvelles*, p. 189.) « Pour luy monstrer le commencement du passetemps, il la vint embrasser. » (*L'Heptaméron*, p. 186.) « Le passetemps dru et menu qu'elles receuoient de leurs ieunes marys. » (DES PÉRIERS, tome II, p. 191.)

5. Ellipse : elle n'eut pas si tôt dit.
6. Quand le. (1705.)
7. Voire! écoutez le reste de la fête.
(*La Servante justifiée*, vers 81.)

8. De bon emploi, de bon usage. Plus haut (vers 6) : « de bonne affaire ». « ....Et lui faschoit d'auoir perdu sa femme si tost, laquelle estoit encore de bonne emploite. » (DES PÉRIERS, conte VIII, tome I, p. 46.) Rapprochez les expressions : « d'assez bonne traficque » (*ibidem*, conte IX, p. 51); « de bonne prise » (Brantôme, tome IX, p. 705). — « Anglois sont gens de faict et d'emplaite, et, au cas que vous les ayez, vous en ferez bien vostre emplaite et

J'en ai, je crois, dit un mot dans l'abord[1] :
Chemin faisant, c'étoit fortune[2] honnête.          125
Pendant cela, Colette, appréhendant[3]
D'être surprise avecque son amant,
Le renvoya, le jour venant à poindre.
Pinucio, voulant aller rejoindre
Son compagnon, tomba tout de nouveau          130
Dans cette erreur que causoit le berceau;
Et pour son lit il prit le lit de l'hôte.
Il n'y fut pas qu'en abaissant sa voix
(Gens trop heureux font toujours quelque faute) :
« Ami, dit-il, pour beaucoup je voudrois          135
Te pouvoir dire à quel point va ma joie.
Je te plains fort que le Ciel ne t'envoie
Tout maintenant[4] même bonheur qu'à moi.

---

besogne. » (FROISSART, *Chroniques*, livre IV, p. 222 de l'édition de 1559.) — Voyez dans le Dictionnaire de M. Godefroy plusieurs exemples de ce mot au même sens, mais appliqué, comme chez Froissart, à d'autres combats que les combats amoureux; et dans le conte de Vergier intitulé *Damis et Zelire :* « jours de bonne emplette », c'est-à-dire jours de plaisir et de bombance.

1. Au commencement. Voyez ci-dessus, p. 27 et note 2, et ci-dessous, p. 223; etc.

2. Comparez *la Mandragore*, vers 25, *les Rémois*, vers 65, etc. Dans Molière, *l'École des femmes*, acte I, scène IV, vers 300 :

    Peut-être en avez-vous déjà féru quelqu'une.
    Vous est-il point encore arrivé de fortune?

et dans Saint-Simon, tome V, p. 362 : « Il eut des fortunes distinguées, et quantité, que sa figure et sa discrétion lui procurèrent. » — Pour l'épithète *honnête*, rapprochez *le Faucon*, vers 185 :

    Ce qu'ils avoient de linge plus honnête,

c'est-à-dire convenable; et *les Rémois*, vers 119 : « honnêtement coquette pour le pays, » très suffisamment coquette.

3. Chez Boccace, c'est l'amant qui montre cette prudence : *Et cosi stando, temendo Pinuccio*, etc.

4. Même locution dans *l'École des femmes*, vers 961 :

    ....Il m'est dans la pensée

Ma foi! Colette est un morceau de roi[1].
Si tu savois ce que vaut cette fille!              140
J'en ai bien vu, mais de telle, entre nous,
Il n'en est point[2]. C'est bien le cuir plus doux[3],
Le corps mieux fait, la taille plus gentille[4];
Et des tetons! Je ne te dis pas tout.
Quoi qu'il en soit, avant que d'être au bout,      145
   Venu tout maintenant une affaire pressée.

1. Voyez une autre application de cette expression figurée au livre X, fable xi, vers 57 ; et comparez le vers 8 des *Rémois* :
   ....Friande assez pour la bouche d'un roi.

2. *Ben ti dico che mai si dolce cosa non fu come è la Niccolosa. Al corpo di Dio, io ho havuto con lei il maggior diletto che mai huomo havesse con femina.*

3. La peau la plus douce.
—         Le beau corps! le beau cuir!
                    (*Le roi Candaule*, vers 40.)
      Femme ie suis, assez tendre du bas,
      Tendre de cuir, tendre de corps et d'ame.
(*Le Procez des femmes et des pulces*, au tome X du *Recueil de poésies françoises*, p. 63.)
On dit encore : « cuir chevelu; entre cuir et chair ». M. Marty-Laveaux cite de ce mot, dans son *Essai sur la langue de la Fontaine*, p. 10, les deux exemples suivants qui prouvent, le premier que ce terme était d'un usage habituel dans le langage médical, le second qu'il était employé, en parlant de la peau humaine, sans aucune intention ironique : « La graisse d'oye.... est propre pour lenir et adoucir l'asperité du cuir. » (AMBROISE PARÉ, *OEuvres*, livre XIX, chapitre iii, p. 550, de la réimpression de Lyon, 1732.)
      Le fin cuir transparent qui trahit sous la peau
      Mainte veine en serpent, maint arthere nouueau.
                    (D'AUBIGNÉ, *les Tragiques*, livre III.)
Voyez aussi les *Lexiques de Malherbe* et *de la Bruyère*. Le mot est encore dans *le Bourgeois de Falaise ou le Bal*, de Regnard (1696), scène vii :
      .... Qu'elle a le nez joli,
      Le minois égrillard, le cuir fin et poli!

4. Pour l'emploi du comparatif au lieu du superlatif, voyez l'*Introduction grammaticale* de nos divers *Lexiques;* et ci-dessus, p. 116, le dernier vers du conte vi de la I<sup>re</sup> partie.

Gaillardement[1] six postes se sont faites [2];
Six de bon compte, et ce ne sont sornettes [3]. »

D'un tel propos l'hôte tout étourdi,
D'un ton confus[4] gronda[5] quelques paroles.
L'hôtesse dit tout bas à cet ami,        150
Qu'elle prenoit toujours pour son mari :
« Ne reçois plus chez toi ces têtes folles[6],
N'entends-tu point comme ils sont en débat[7]? »
En son séant l'hôte sur son grabat
S'étant levé, commence à faire éclat.        155
« Comment! dit-il d'un ton plein de colère,
Vous veniez donc ici pour cette affaire?
Vous l'entendez! et je vous sais bon gré
De vous moquer encor comme vous faites!
Prétendez-vous, beau Monsieur que vous êtes,        160
En demeurer quitte à si bon marché?

1.  Notre muet fait nouvelle partie :
    Il s'en tira non si gaillardement.
            (*Mazet*, vers 155-156.)

2. Voyez le vers 454 de *Joconde*. Nous trouvons cette locution, employée au propre, dans la fable xv du livre II, vers 7-8; et au figuré, comme ici, chez Brantôme, *Dames galantes*, p. 503, et p. 7 : « Il luy dit.... que, s'il estoit couché avec elle, qu'il entreprendroit faire six postes la nuit, tant sa beauté le feroit bien picquer »; et chez Montaigne, tome III, p. 310 : « Il alla iurer ....qu'il auoit faict vingt postes la nuit precedente. » — Rapprochez le vers 76 du *Muletier* et la note.

3. « Pas ne sont sornettes. »(VILLON, ballade *de la belle Heaulmière*.)

4. Indistinct.

5. Même locution chez Regnier, satire x, vers 167. Comparez « gronder un air » ou « un récitatif » (tomes IV *M.-L.*, p. 259, V, p. 110); et « gronder une chanson » dans *l'Impromptu de Versailles* de Molière, scène III.

6. Cette expression : « tête folle », est aussi aux vers 9 de la fable xvi du livre V et 59 de la fable i du livre XII.

7. *La donna dell' hoste, che col marito si credeva essere, disse ad Adriano* : « *Oimè! odi gli hosti nostri che hanno non so che parole insieme.* »

Quoi ! ne tient-il qu'à honnir des familles[1] ?
Pour vos ébats[2] nous nourrirons nos filles[3] !
J'en suis d'avis[4] ! Sortez de ma maison :
Je jure Dieu que j'en aurai raison[5].        165
Et toi, coquine, il faut que je te tue. »

A ce discours proféré brusquement,
Pinucio, plus froid qu'une statue [6],
Resta sans pouls, sans voix, sans mouvement[7].
Chacun se tut l'espace d'un moment ;        170
Colette entra dans des peurs nonpareilles[8].
L'hôtesse, ayant reconnu son erreur,

1. Ne tient-il qu'à vous, vous sera-t-il si facile de déshonorer des familles ? Chez Tallemant, tome V, p. 22 : « honnir sa servante », et p. 216 : « Il faudroit obliger Ménage à se faire de l'Académie, comme on oblige ceux qui ont honni des filles à les épouser. » On connaît la devise de l'ordre de la Jarretière : « Honni soit qui mal y pense. »

2. Comparez les vers 137-138 du conte suivant :

Quoi ! Teudelingue a-t-elle cette nuit
Fourni d'ébat à plus de quinze ou seize ?

Voyez aussi les vers 74 du même conte, 144 de *la Gageure*, et 146 de *Mazet*. Cette expression : « ébats, s'ébattre, ébattement », revient très souvent, dans ce sens particulier, chez la Fontaine et chez tous nos vieux auteurs.

3. Rapprochez cette phrase de la Boëtie (dans les *Essais de Montaigne*, tome IV, p. 407) : « Vous nourrissez vos filles à fin qu'il ayt de quoy saouler sa luxure. »

4. Comparez *le Cocu*, vers 86 et la note : « Je suis d'avis, etc. »

5. *Ma, per lo corpo di Dio, io te ne paghero*.

6.        Du Gascon la peur se saisit ;
       Il devient aussi froid que glace.
          (*Le Gascon puni*, vers 68-69.)

Voyez aussi tome I, p. 428 : « .... plus froid que n'est un marbre ».

7. « Elle fut longtemps sans pouvoir parler, immobile, changée en pierre, et plutôt statue que personne véritablement animée. » (*Psyché*, livre II, tome III M.-L., p. 141.)

8. Dans des pleurs. (1685, 1686; faute évidente.) — Même épithète dans *l'Oraison de saint Julien*, vers 7 ; dans *le Faucon*, vers 135 ; etc.

Tint quelque temps le loup par les oreilles[1].
Le seul ami se souvint par bonheur
De ce berceau, principe de la chose[2].              175
Adressant donc à Pinuce sa voix :
« T'en tiendras-tu[3], dit-il, une autre fois?
T'ai-je averti que le vin seroit cause
De ton malheur? Tu sais que, quand tu bois,
Toute la nuit tu cours, tu te démènes,                180
Et vas contant mille chimères vaines
Que tu te mets dans l'esprit en dormant.
Reviens au lit. » Pinuce, au même instant,
Fait le dormeur[4], poursuit le stratagème,
Que le mari prit pour argent comptant[5].             185
Il ne fut pas jusqu'à l'hôtesse même
Qui n'y voulût aussi contribuer.

1. Ne sut quel parti prendre : proverbe expliqué par Térence :

*Mihin' domi'st? immo, id quod aiunt, auribus teneo lupum;*
*Nam neque quomodo a me amittam invenio; neque uti retineam scio.*
              (*Phormio*, acte III, scène II, vers 505-506.)

  Helas, mon cher Morel, dy moy que ie feray,
  Car ie tiens, comme on dit, le loup par les oreilles.
              (J. DU BELLAY, *les Regrets*, stance XXXIII.)

  Elle tient, comme on dit, le loup par les oreilles;
  Elle l'aime, et son cœur n'y sauroit consentir.
(CORNEILLE, *le Menteur*, acte IV, scène VII, vers 1330-1331.)

2. De l'erreur, du quiproquo.

3. T'en abstiendras-tu (de boire du vin)? — « Acante.... ne se put tenir de réciter certains couplets de poésie. » (*Psyché*, livre I, tome III M.-L., p. 18.) — La Fontaine a aussi employé ce verbe avec la conjonction *que* et le subjonctif :

  Votre mari ne se tiendra jamais
  Qu'à sa maison des champs, je vous l'assure,
  Tantôt il n'aille éprouver sa monture.
              (*Le Magnifique*, vers 149-151.)

4. Plus haut, vers 112 : « il fit l'époux ».

5. *Pinuccio.... comincio, a guisa d'huom che sognasse, ad entrare in altri farnetichi* (rêves, radotages); *di che l'hoste faceva le maggior risa*

Près de sa fille elle alla se placer,
Et dans ce poste elle se sentit forte.
« Par quel moyen, comment, de quelle sorte,   190
S'écria-t-elle, auroit-il pu coucher
Avec Colette et la déshonorer?
Je n'ai bougé toute nuit[1] d'auprès d'elle :
Elle n'a fait ni pis ni mieux que moi.
Pinucio nous l'alloit donner belle[2] ! »   195
L'hôte reprit : « C'est assez ; je vous croi. »
On se leva, ce ne fut pas sans rire[3] :
Car chacun d'eux en avoit sa raison.
Tout fut secret ; et quiconque eut du bon[5]
Par devers soi le garda sans rien dire.   200

*del mondo.* — Rapprochez Montaigne, tomes III, p. 82, II, p. 322, et p. 273 : « Ie ne me persuade pas ayseement qu'Epicurus, Platon, et Pythagoras, nous ayent donné pour argent comptant leurs atomes, leurs idées, et leurs nombres » ; et *le Diable en enfer*, vers 182 :

Sa parenté prit pour argent comptant
Un tel motif.

On disait aussi : « pour argent compté, comme deniers comptez » (du Fail, tomes II, p. 270, I, p. 150).

1. Toute la nuit : comparez *Joconde*, vers 406 et la note.
2. Cet inconnu, dit-il, nous la vient donner belle,
D'insulter ainsi notre ami !
(Livre XII, fable II, vers 24-25.)

Ma foi, le compagnon nous l'a su donner belle.
(*L'Eunuque*, acte IV, scène III.)

« Elle me la baille belle. » (Coquillart, tome II, p. 254.) « Vous me la baillez belle ! » (Des Périers, tome II, p. 24.) — Comparez du Fail, tome II, p. 60 ; et *Joconde*, vers 244 : « en donner d'une », *le Magnifique*, vers 167 : « la donner bonne » ; etc.

3. « La dame appela son seruiteur dans son lict..., ce ne fut sans rire. » (Brantôme, tome IX, p. 712 ; *ibidem*, tomes IV, p. 92, VI, p. 307.) Même tour au livre XII, fable VI, vers 11 :

Ce ne fut pas sans boire un coup ;

et aux contes III de la I<sup>re</sup> partie, vers 106, VII de la III<sup>e</sup>, vers 77, etc.

4. Quiconque avait eu du bonheur, du « solide », comme dira le poète au vers 89 du *Calendrier des Vieillards*.

# IV

## LE MULETIER.

### NOUVELLE TIRÉE DE BOCCACE.

Ce conte est également emprunté au *Décaméron* (nouvelle II de la III<sup>e</sup> journée). Voici le sommaire de Boccace et la traduction de le Maçon :

*Un palafreniere giace con la moglie d'Agilulf re, di che Agilulf tacitamente s'accorge, trovalo et tondelo. Il tonduto tutti gli altri tonde, et cosi campa dalla mala ventura.*

« Ung palefrenier coucha auec la femme de Agiluf roy de Lombardie, dont le roy s'apperceut secretement, et le trouua, puis le tondit ; le tondu tondit tous les aultres qui estoient auec luy. Et ainsi il eschappa de la male aduenture. »

Notre auteur, comme dans *le Berceau*, suit de près le récit de Boccace. Notons cependant un détail qu'il a omis et qui peint vivement et d'une manière gracieuse la passion du muletier : « Il faisoit tout expressement par dessus tous ses aultres compaignons tout ce qu'il croioit qui deust plaire à la royne : dont aduenoit que, quand elle vouloit aller à cheual, elle montoit plus voluntiers sur le palefroy que cestuy cy pansoit, que sur nul autre. Ce que aduenant, cestuy cy le reputoit à ung tres grand heur, et iamais n'abandonnoit l'estrier, se tenant bien heureux à toutes les fois qu'il pouuoit seulement toucher à ses habillemens. »

La nouvelle de Boccace et de la Fontaine a quelque analogie avec le fabliau qui a pour titre : *De la Dame qui fit acroire à son mary qu'il auoit resué* (Barbazan-Méon, tomes I, p. 343, IV, p. 393 ; Legrand d'Aussy, tome II, p. 340 ; Montaiglon, tome IV, p. 67). La même anecdote se trouve, mais comme perdue au milieu de beaucoup d'autres, dans un récit très compliqué d'*il Pecorone* de Giovanni, nouvelle 1 de la IX<sup>e</sup> journée ; et dans la 98<sup>e</sup> des *Ciento Novelle antike* (Bologna, 1525, in-4°). L'épisode des « tresses » ou « cheveux » coupés est dans les différentes variantes de ce conte, qui remonte à l'Orient ; il n'est point pourtant à la source même, c'est-à-dire dans la fable du *Livre des lumières ou la Conduite des Rois*, intitulée *D'une femme coquette et d'un peintre* (p. 167-169), fable empruntée au *Calila et Dimna*, et reproduite, avec quelques changements, dans les *Contes et Fables indiennes de Bidpaï et de Lokman*, traduites par Galland et Cardonne (tome II, p. 226-230). Mais le stratagème de notre muletier se rapproche de celui de l'esclave de cette dernière fable, et le voile de ce dernier rappelle beaucoup la simarre de l'autre. Nous donnons à l'*Appendice* le récit du *Livre des lumières*.

Au livre VI, chapitres LXVIII-LXIX d'Hérodote, il est aussi question des relations d'une reine avec un ânier; mais là s'arrête la similitude; et encore la reine nie qu'elle ait eu ce commerce.

Dans les nouvelles XXIV de Morlini et XX de *l'Heptaméron*, citées à la notice de *Joconde*, on voit une jeune nonne dans une écurie, entre les bras d'un cocher, et une noble damoiselle qui est « trouuée couchée sur belle herbe, auec son palefrenier dessus elle, par ung gentilhomme qui en estoit amoureux à se perdre »; mais, bien loin d'être victimes d'un piège, d'une surprise, cette nonne et cette noble dame s'abandonnent avec ivresse à la passion de ces « gros brutaux », passion qu'elles ont provoquée. Comparez chez Tahureau (*Poésies*, 1574, in-12, fol. 58 v°-59), les exploits amoureux « d'un palefrenier, d'un gras souillard, d'un cuisinier » au logis de la « bonne dame Denise ».

Fernando de Rojas, dans sa *Célestine* (acte I, scène II), n'a garde d'oublier ces amours grossiers : « Je m'étonne, dit Sempronio à Calixte, que vous, qui avez plus de courage que Nemrod et Alexandre, désespériez de triompher d'une femme, alors que beaucoup d'entre elles, qui étaient cependant de grandes dames, ne rougirent pas de s'accoupler avec d'ignobles muletiers. »

Il serait aisé de rappeler à propos du *Muletier* beaucoup d'autres histoires et légendes, indiennes, bibliques, grecques, galloises, etc., où il est également question d'amoureux hardis, entreprenants, qui se substituent à des seigneurs, à des rois même, comme ici, pour jouir de leurs femmes; mais ces amoureux ne sont ni des muletiers ni des palefreniers; la plupart, sans parler de Jupiter chez Alcmène, sont au contraire d'illustre origine : tels le roi Uther qui, avec l'aide de l'enchanteur Merlin, prend la forme du duc Gorlois (*Historia regum Britanniæ*, livre VIII, chapitre XIX), ou Jehan de Paris, le héros du célèbre roman chevaleresque du seizième siècle, qui a recours, lui aussi, au déguisement pour accomplir ses prouesses de guerre et d'amour.

Voici trois pièces de théâtre qui paraissent avoir été inspirées par le conte du *Muletier :*

*L'Amant travesti*, opéra en un acte, paroles de Dubreuil, musique de Désaugiers père, représenté au Théâtre de Monsieur, en 1790.

*Les Pages du duc de Vendôme*, vaudeville en un acte, par Gersain et Dieulafoi, joué au Vaudeville, en 1807.

*Le Muletier*, opéra-comique en un acte, paroles, très lestes, de Paul de Kock, musique de Hérold, représenté à l'Opéra-Comique le 12 mai 1823.

<blockquote>
Un roi lombard (les rois de ce pays<br>
Viennent souvent s'offrir à ma mémoire[1]) :<br>
Ce dernier-ci, dont parle en ses écrits<br>
Maître Boccace, auteur de cette histoire,<br>
Portoit le nom d'Agiluf en son temps[2].     5<br>
Il épousa Teudelingue la belle,<br>
Veuve du roi dernier mort sans enfants[3],<br>
Lequel laissa l'État sous la tutelle<br>
De celui-ci, prince sage et prudent.<br>
Nulle beauté n'étoit alors égale     10<br>
A Teudelingue ; et la couche royale<br>
De part et d'autre étoit assurément<br>
Aussi complète, autant bien assortie[4]
</blockquote>

1. Allusion au roi Astolphe de *Joconde*.
2. Même locution chez Brantôme, tomes IV, p. 14, VI, p. 277, 443; au vers 17 de la fable IX du livre XI ; et dans *la Mandragore*, vers 10.
3. Le fait est historique. Lorsqu'Autharic, troisième roi des Lombards, mourut, le 5 septembre 590, Théodelinde, sa veuve, fille de Garibald, duc de Bavière, fut invitée à donner la couronne à celui des Lombards qu'elle choisirait pour époux. Elle fit choix d'Agilulphe, duc de Turin. Agilulphe mourut en 615, après avoir régné vingt-cinq ans. On a conservé longtemps, dans le cabinet des médailles de la Bibliothèque nationale, un cercle d'or, orné de figures de saints, qu'on disait être la couronne de ce roi des Lombards ; elle a été volée en 1804.
4. *Autant bien* pour *aussi bien*. — Ils étaient gens « à bien armer

Qu'elle fut onc[1], quand Messer[2] Cupidon
En badinant fit choir de son brandon[3]                 15
Chez Agiluf, droit dessus l'écurie,
Sans prendre garde, et sans se soucier
En quel endroit; dont[4] avecque furie
Le feu se prit au cœur d'un muletier.
Ce muletier étoit homme de mine[5],                     20
Et démentoit en tout son origine,

un lit », comme il est dit dans *la Servante justifiée* (vers 19).
— Jamais couple ne fut si bien assorti qu'eux.
(*Les Filles de Minée*, vers 39.)

1. Voyez, ci-dessus, p. 128 et note 3.
2. Encore un vieux mot du style rabelaisien et marotique, emprunté à l'italien ou au provençal, que la Fontaine a plusieurs fois employé :

Messer Loup attendoit chape-chute à la porte.

(Fable XVI du livre IV, vers 2 ; voyez aussi livres II, fable XIX, vers 8, III, fable II, vers 4 ; ci-dessous, *la Gageure*, vers 261 ; etc.)
3. Fit choir une étincelle de son brandon, en *badinant*, c'est-à-dire en jouant : c'est l'ancien sens du mot. Comparez les vers 4 de la fable XIX du livre I, 15 de la fable XVI du livre VIII ; *Psyché*, livre I (tome III *M.-L.*, p. 40) :

Ce jeune enfant (*l'Amour*), sans beaucoup de mystère,
En badinant vous débrouille le tout ;

*le Florentin*, scène VIII : « .... riant, chantant, faisant semblant de badiner» ; les vers 260 de *la Gageure*: « badinage », et 106 de *Mazet :*

Il contrefait le sot et le badin ;

c'est-à-dire l'innocent qui joue comme un enfant ; et cette phrase de Saint-Simon (tome I, p. 15) : « Coetquen en badinant prit son fusil, etc. » — Ce « brandon » est « le flambeau d'Amour», dans *Joconde*, vers 496. Tahureau (fol. 60 v° et 76 r°), Olivier de Magny, dans ses *Gayetez* (édition de 1861, p. 49), Jodelle (tome II, p. 343), Montaigne (tome II, p. 146), etc., etc., parlent aussi du brandon « furieux », « armé d'une flamme maligne », du petit archer Cupidon.
4. Rapprochez, pour ce tour, le conte X de la I<sup>re</sup> partie, vers 8 et la note.
5. De bonne mine. Dans *la Gageure*, vers 130 : « garçon bien fait,... et de mise ».

Bien fait et beau[1], même ayant du bon sens.
Bien le montra; car, s'étant de la reine
Amouraché[2], quand il eut quelque temps
Fait ses efforts et mis toute sa peine       25
Pour se guérir sans pouvoir rien gagner,
Le compagnon[3] fit un tour d'homme habile[4].
Maître ne sais meilleur pour enseigner
Que Cupidon[5]; l'âme la moins subtile
Sous sa férule apprend plus en un jour       30
Qu'un maître ès arts[6] en dix ans aux écoles[7].

1. « Et taillé à peu près comme le roi », ajoute Boccace.
2. *S'amouracher* veut dire proprement se prendre d'un amour peu justifié : le mot est donc ici tout à fait de saison. — Voyez les exemples de Molière, de Sévigné, de Saint-Simon, que cité Littré.
3. Le bon compagnon, le gaillard. — « J'ai ouï dire, moi, que vous avez été autrefois un compagnon parmi les femmes. » (MOLIÈRE, *les Fourberies de Scapin*, acte I, scène IV.) — Voyez, ci-dessus, les vers 120 du *Faiseur*, 110 du *Berceau*, 305 de *la Gageure*; et *passim*.
4. Dans *le Calendrier des Vieillards*, vers 34 :

    En ce ne fit Richard tour d'homme habile.

5.     Amour est un étrange maître.
        (Livre IV, fable I, vers 9.)

Il le faut avouer, l'amour est un grand maître :
Ce qu'on ne fut jamais il nous enseigne à l'être....
Il rend agile à tout l'âme la plus pesante,

a dit Molière dans *l'École des femmes*, acte III, scène IV, vers 900-909; et Corneille dans *la Suite du Menteur*, acte II, scène III, vers 586 :

    L'amour est un grand maître : il instruit tout d'un coup.

6. *Maître ès arts*, l'étudiant qui a pris ses degrés, ses licences. Voyez la fable V du livre XI, vers 4 :

    Le Singe, maître ès arts chez la gent animale;

et Montaigne, tome III, p. 408 : « Ayez un maistre ez arts, conferez auecques luy. » Chez des Périers, tome I, p. 25, 26 : « un maistre aux arts. »
7. Nous trouvons la même idée à la fin de la fable II du livre XI :

    .... Quand ce vint au Dieu de Cythère,
    Il dit qu'il lui montreroit tout;

Aux plus grossiers, par un chemin bien court,
Il sait montrer les tours¹ et les paroles².

Le présent conte en est un bon témoin.
Notre amoureux ne songeoit, près ni loin,   35
Dedans l'abord³, à jouir de sa mie⁴.
Se déclarer de bouche ou par écrit
N'étoit pas sûr⁵. Si⁶ se mit dans l'esprit,
Mourût ou non, d'en passer son envie⁷,
Puisqu'aussi bien plus vivre ne pouvoit;    40
Et mort pour mort, toujours mieux lui valoit,

au commencement de *la Courtisane,* du *Cuvier,* et de *la Confidente :*

> Je ne connois rhéteur ni maître ès arts
> Tel que l'Amour, etc.

et dans ces vers d'une lettre de notre poète à Saint-Évremond du 18 décembre 1687 :

> Cet homme sut en quatre arts exceller :
> Amour et vers, sagesse et beau-parler....
> — S'il possédoit ces quatre arts en effet,
> Celui d'amour, c'est chose toute claire,
> Doit l'emporter : car, quand il est parfait,
> C'est un métier qui les autres fait faire.

1. Si *tours* n'a pas seulement ici le sens de « bons tours », stratagèmes, comme au vers 15 de *la Confidente,* mais aussi de tours donnés à l'expression de la pensée, il est clair que ce passage ne s'applique pas exclusivement à ce conte, puisque notre muletier se contente d'agir, sans parler.

2. *L'amour apprend les ânes à danser,* dit un vieux proverbe, à danser devant les ânesses : il peut bien polir des âniers.

3. Voyez ci-dessous, p. 241 et note 9.

4. *Senza alcuna speranza vivesse di dover mai alleï piacere.*

5.     Les lettres sont un étrange mystère :
    Il en provient maint et maint accident.
               (*La Confidente,* vers 49-50.)

6. Ci-dessus, p. 101 et note 8.

7. Voyez tome III, p. 31 et note 9. — *Ne si fece a voler dir parole alla reina, o a voler per lettere far sentire il suo amore, che sapeva che in vano o direbbe o scriverebbe, ma a voler provare se per ingegno con la reina giacèr potesse.*

Auparavant que¹ sortir de la vie²,
Éprouver tout, et tenter le hasard.
L'usage étoit chez le peuple lombard,
Que quand le roi, qui faisoit lit à part,    45
Comme tous font³, vouloit avec sa femme
Aller coucher, seul il se présentoit
Presque en chemise, et sur son dos n'avoit
Qu'une simarre⁴; à la porte il frappoit
Tout doucement⁵ : aussitôt une dame    50
Ouvroit sans bruit; et le roi lui mettoit
Entre les mains la clarté⁶ qu'il portoit,
Clarté n'ayant grand'lueur ni grand'flamme.

1. Sur cette locution conjonctive, voyez le *Lexique de Corneille*, tome I, p. 92.
2. Comparez tome II, p. 212 et note 20.
3. Non pas comme font tous les hommes, mais comme font tous les rois. « J'ayme à coucher.... seul, voire sans femme, à la royale », dit Montaigne (tome IV, p. 151). Cependant Louis XIV, sans parler d'autres souverains, bien que mari peu fidèle, partageait habituellement la couche de sa femme, mais était obligé d'aller la rejoindre dans les appartements séparés qui, dans toutes les résidences, étaient réservés à la reine. — Ce « lit à part », la Fontaine le recommande aux « gens du haut rang », dans une lettre au prince de Conti de juillet 1689.
4. Proprement une robe longue et traînante. Ici, plutôt une robe de chambre. *Inviluppato in un gran mantello*, chez Boccace. — Voltaire s'est peut-être souvenu de ce passage dans *les Lettres d'Amabed* (tome XXXIV, p. 223) : « Le père Fa tutto est entré ce matin dans ma chambre, tout parfumé, et couvert d'une simarre de soie légère. J'étais dans mon lit.... »
5. Avec une baguette, *una bacchetta*, chez Boccace.
6. Dans *l'Heptaméron*, p. 143 : « La dame alluma de la clarté là-dedans »; dans *l'École des maris*, de Molière, vers 921 :

    Suivez-moi, s'il vous plaît, avec votre clarté;

dans la fable IV du livre XI, vers 29 : « ces clartés errantes »; dans une épître *à Mme de Fontanges* (tome V *M.-L.*, p. 126) : « Il me montra du doigt force clartés. » « *Clarté*, dit Richelet, lumière, chandelle allumée, feu allumé. *Faire apporter de la clarté, demander de la clarté.* » L'expression est encore usitée dans certaines provinces.

D'abord la dame éteignoit en sortant
Cette clarté : c'étoit le plus souvent 55
Une lanterne, ou de simples bougies[1].
Chaque royaume a ses cérémonies.

Le muletier remarqua celle-ci,
Ne manqua pas de s'ajuster[2] ainsi ;
Se présenta comme c'étoit l'usage, 60
S'étant caché quelque peu le visage.
La dame ouvrit dormant plus d'à demi[3].
Nul cas[4] n'étoit à craindre en l'aventure,
Fors que[5] le roi ne vînt pareillement.
Mais ce jour-là, s'étant heureusement 65
Mis[6] à chasser, force étoit que[7] nature
Pendant la nuit cherchât quelque repos.
Le muletier, frais, gaillard, et dispos[8],

On disait aussi, on dit encore en Normandie « la veue », *vue*, au même sens. Le mot *lumière* a conservé, lui, dans la langue courante, ses diverses applications.

1. *Un torchietto*, chez Boccace. — Rapprochez ci-dessous les vers 90 et 108.

2. *S'ajuster* ne signifie pas seulement ici se déguiser, sens qu'il aura au vers 62 du *Gascon puni*, mais combiner ses mesures. Comparez *s'agencer*, au même sens, dans l'*Hercule amoureux* de Ronsard, et dans les satires IX de Regnier, vers 79, XIII, vers 91.

3. Pour cette locution, voyez *Richard Minutolo*, vers 161 et la note. — *Una cameriera tutta sonnacchiosa*.

4. Nul contretemps, nul accident (*casus*) : rapprochez le vers 108 du conte suivant.

5. Même expression ci-dessus, p. 87 et note 1.

6. Semblable exemple de participe absolu au vers 183 de *Joconde*.

7. Comparez *les Cent Nouvelles nouvelles*, p. 152, 161, 176, 180 : « Force est que », « C'est force que » ; et les vers 105 du *Cocu* et 56 de *Mazet* : « Force lui fut de ».

8. .... Le Moi que voici, chargé de lassitude,
 A trouvé l'autre Moi frais, gaillard et dispos.
 (Molière, *Amphitryon*, 1668, acte II, scène 1, vers 757-758.)

« La dame Fourriere.... trouuoit le gentilhomme à son gré, car il

Et parfumé, se coucha sans rien dire[1].
Un autre point, outre ce qu'avons dit, 70
C'est qu'Agiluf, s'il avoit en l'esprit
Quelque chagrin, soit touchant son empire,
Ou sa famille, ou pour quelque autre cas,
Ne sonnoit mot en prenant ses ébats[2].
A tout cela Teudelingue étoit faite. 75
Notre amoureux fournit plus d'une traite[3]
(Un muletier à ce jeu vaut trois rois[4]),

estoit dispos. » (B. DES PÉRIERS, nouvelle XXXI, tome I, p. 159.)

1. Rapprochez le vers 111 de *Richard Minutolo* et la note. — *Senza alcuna cosa dire, dentro alla cortina trapassato, e posato il mantello, se n'entro nel letto nel quale la reina dormiva.*

2. Sur ce mot, voyez *le Berceau*, vers 163 et la note; et ci-dessous, les vers 93 et 138. — *Quando turbato era, niuna cosa voleva udire.*

3. Comparez une image semblable dans *Joconde*, vers 454 :

J'aurois couru volontiers quelque poste;

dans *le Berceau*, vers 146 :

Gaillardement six postes se sont faites;

chez Tallemant des Réaux (tome IV, p. 386) : « Quoique sa femme ne fût point autrement jolie, ... il avoit couru cent postes en une semaine. » Toutes ces figures empruntées à l'équitation : « monter, chevaucher, piquer, éperonner, roussiner, caracoler, trotter, démonter, désarçonner, postillon, écuyer, étalon, jument, cavale, haquenée, haridelle, etc., etc. », sont très fréquentes chez les vieux conteurs. Citons, entre autres exemples, ce passage de des Périers où l'image est bien suivie (nouvelle XXXI, tome I, p. 160) : « Le gentilhomme monta à cheual et commença à picquer et puis repicquer. Mais il ne sceut oncq en tout faire que trois courses, depuis le soir iusques au matin, qu'il se leua d'assez bonne heure pour s'en aller; et laissa sa monture en l'estable. » Voyez aussi ci-dessus, p. 38, note 3, p. 55, note 1, p. 180, note 5, etc.

4.     Six et sept foys ce n'est point le mestier
    D'homme d'honneur : c'est pour un muletier.

(MAROT, épigramme CCLXXIV : *Du Ieu d'amours*, tome III, p. 111.) Ces deux vers sont aussi à la fin de l' « ancien reglement d'amour » cité par la Monnoye dans son édition de Bonaventure des Périers )nouvelle XXXI), et dont on peut rapprocher cette phrase de la

Dont¹ Teudelingue entra par plusieurs fois
En pensement², et crut que la colère
Rendoit le prince, outre son ordinaire³,   80

nouvelle LXXXVI : « Une fois n'est rien; deux font grand bien; troys, c'est assez; quatre, c'est trop; cinq est la mort d'un gentilhomme, sinon qu'il fust affamé; au-dessus, c'est à faire à charretiers. » En effet, « les plus beaux et les plus dellicatz, dit Brantôme, n'y sont pas les plus propres (à bien servir une femme), mais les plus ruraux et les plus robustes. » (*Dames galantes*, p. 541.) Voyez *ibidem*, p. 400; et comparez ce dialogue de la nouvelle XX de *l'Heptaméron :* « Ie ne sçaurois croire qu'une femme de l'estat dont elle estoit, sceut estre si meschante de laisser un si honneste gentilhomme pour un si vilain muletier. — Helas! Madame, si vous sçauiez la difference d'un gentilhomme qui a toute sa vie porté le harnois et suiui la guerre, au prix d'un valet, sans bouger d'un lieu, bien nourri, vous excuseriez cette pauure veufue. » Voyez aussi la nouvelle XXIV de Morlini citée dans la notice; *le Calendrier des Vieillards*, vers 115-116 :

....Au jeu d'amour étoit homme d'effet,
Ainsi que sont gens de pareille affaire;

et ci-dessous, le vers 87. — Montaigne, dans le chapitre I de son livre II (tome II, p. 6), parle de *l'heure du muletier :* « Quand vous aurez failly vostre poincte (manqué votre coup), n'en concluez pas incontinent une chasteté inuiolable en vostre maistresse; ce n'est pas à dire que le muletier n'y treuue son heure, » le muletier dont « l'amour se rend souuent plus acceptable que celle d'un gallant homme » (*ibidem*, p. 241).

1. Ellipse hardie : ci-dessus, vers 18 et note.
2.         Ie meure si votre regard
           Ne m'a serui d'allegement
           Contre mon fascheux pensement.
                    (JODELLE, *l'Eugène*, acte I, scène III.)
   J'ai vécu sans nul pensement.
                    (REGNIER, *Épitaphe faite par luy-mesme.*)

Voyez aussi les exemples de Froissart et de Marot que cite Littré. Ce terme, qui est encore dans Nicot, mais ne se trouve dans aucune des éditions du *Dictionnaire de l'Académie*, est resté dans la langue rustique de quelques provinces. — Rapprochez une situation toute semblable, dans *le Berceau*, vers 116.

3. Au delà de, plus qu'à, son ordinaire. Comparez *le roi Candaule*, vers 216.

Plein de transport, et qu'il n'y songeoit pas[1].
En ses présents le Ciel est toujours juste :
Il ne départ[2] à gens de tous états
Mêmes talents. Un empereur auguste
A les vertus propres pour commander ;    85
Un avocat[3] sait les points décider[4] ;
Au jeu d'amour le muletier fait rage[5].
Chacun son fait[6]. Nul n'a tout en partage.

1. Voyez sur cet effet attribué à la colère le conte 1 de cette II<sup>e</sup> partie, vers 185-187 ; et *les Cent Nouvelles nouvelles* (nouvelle LXI) : « Il troussa sa dame, et luy monstra le courroux qu'il auoit sur elle, laquelle le print paciemment. »

2. « Ce que chacun d'eux devoit porter pour la commodité du voyage fut départi selon leur emploi et selon leurs forces. » (*La Vie d'Ésope*, tome I, p. 33.) Voyez aussi *les Oies de frère Philippe*, vers 84 ; le simple « partir » au vers 359 de *l'Oraison ;* et les *Lexiques de Corneille* et *de Racine*.

3. Un magistrat. (1666, 1667, 1668, 1669 Amsterdam et Leyde.)

4. Donner son avis sur des choses douteuses ou contestées, « découvrir le vrai point », comme il est dit au vers 3 du *Juge de Mesle*.

5.    Il vint ung Breton estrader,
   Qui faisoit rage d'une lance.
(VILLON, *le Monologue du franc archier de Baignolet*, p. 154.)
Voyez *ibidem*, p. 155 :
   I'ai fait rage aueques la Hire ;
Gringore, tome I, p. 272, 277 ; *les Cent Nouvelles nouvelles*, p. 140, et p. 210 et 291 : « Ung maistre curé faisoit rage d'amer par amours..., faisoit rage de confesser ses parrochiennes » ; Brantôme, tomes IV, p. 24, 34, V, p. 376, VI, p. 418, VII, p. 48, IX, p. 10 : « Luy, aussi frais que deuant, luy represente le combat, et promet qu'il feroit rage toute cette nuict là » ; *ibidem*, p. 519, 692, 695, et p. 287 : « Ung certain gallant n'estoit iamais si vaillant aprez les femmes s'il n'estoit.... estrillé : aprez il faisoit rage. » Rapprochez enfin les contes XII de la III<sup>e</sup> partie, vers 8, et XIII, vers 198 ; etc.

6. Comparez aussi, pour cet éloge de la vigueur des rustres, Vergier, épître VII :
 .... En amour, les beaux marquis sur tout
 N'en valent qu'un (*homme*), et même ils en font gloire ;
 Et Gros Guillaume, au rapport de l'histoire,
 En valoit douze, et quelque chose au bout ;

Notre galant, s'étant diligenté[1],
Se retira sans bruit et sans clarté[2],                 90
Devant l'aurore[3]. Il en[4] sortoit à peine,
Lorsqu'Agiluf alla trouver la reine,
Voulut s'ébattre[5], et l'étonna bien fort[6].
« Certes, Monsieur, je sais bien, lui dit-elle,
Que vous avez pour moi beaucoup de zèle[7];      95
Mais de ce lieu vous ne faites encor
Que de sortir : même outre l'ordinaire[8]
En avez pris et beaucoup plus qu'assez[9].

et Voltaire, tome XI, p. 35 :

> Cet ignorant valait un cordelier,
> Car vous saurez qu'il était muletier ;
> Le jour, la nuit, offrant sans fin, sans terme,
> Son lourd service et l'amour le plus ferme, etc.

et plus loin, où il l'apostrophe ainsi :

> Puissant héros, qui passez au besoin
> Tous les mulets commis à votre soin....

1. Verbe rarement employé comme réfléchi ; il était plus usité au sens actif : « diligenter un voyage, une conquête » ; ou absolument : « il faut diligenter ». Dans la Rochefoucauld (tome III, p. 63) : « On appréhende pour ces Messieurs-là, à moins qu'ils ne se diligentent bien fort. »

2. Sans lanterne ni bougie : voyez les vers 52 et 56.

3. Comparez tome II, p. 35 et note 1, et ci-dessus, p. 12 et note 3.

4. Préposition qui n'a pas d'antécédent ; mais nous n'en sommes plus à compter les ellipses dans cette langue si vive des Contes. Rapprochez, au dernier vers : « qu'il n'y retourne plus. »

5. Voyez ci-dessus, le vers 74 et la note.

6. Dans *les Quiproquo*, vers 157-159 :

> ....A peine fut cette scène achevée
> Que l'autre acteur, par la prompte arrivée,
> Jeta la dame en quelque étonnement.

7. Pour cet emploi du mot *zèle*, comparez ci-dessus, *les Cordeliers*, vers 54 et la note.

8. Voyez ci-dessus, le vers 80 et la note.

9. Dans *Joconde*, vers 429 : « Il en prend trop. » Voyez aussi ci-dessous, le conte IX, vers 52-53.

Pour Dieu, Monsieur, je vous prie, avisez
Que ne soit trop[1] ; votre santé m'est chère[2]. » 100

Le roi fut sage et se douta du tour[3],
Ne sonna mot[4], descendit dans la cour,
Puis de la cour entra dans l'écurie,
Jugeant en lui que le cas provenoit
D'un muletier, comme l'on lui parloit[5].         105
Toute la troupe étoit lors endormie,
Fors le galant, qui trembloit pour sa vie.
Le roi n'avoit lanterne ni bougie[6].
En tâtonnant il s'approcha de tous ;
Crut que l'auteur de cette tromperie          110
Se connoîtroit au battement du pouls[7].
Pas ne faillit[8] dedans sa conjecture ;

1. Comparez une situation semblable dans la xxiii⁰ nouvelle de *l'Heptaméron* (p. 197-198), où, au lieu d'un muletier, c'est un cordelier qui s'est substitué au mari : « .... Comment, Monsieur, est-ce la promesse que vous auez faicte.... de si bien garder votre santé et la mienne, de ce que non seulement estes venu ici auant l'heure, mais encore y retournez? Ie vous supplie, Monsieur, pensez y ! »
2. *O signor mio, questa che novita è sta notte? Voi vi partite pur teste da me, et oltre l'usato modo di me havete preso piacere, et cosi tosto da capo ritornate ; guardate ciò che voi fate.*
3. Même hémistiche dans la fable xvii du livre I, vers 23.
4. Selon son habitude quand il était préoccupé : voyez vers 71-74.
5. D'après ce que lui avait dit la reine. Ci-dessus, vers 77 et 87.
6. Boccace au contraire lui met à la main *un picciolissimo lume in una lanternetta*.
7. *Poulx*, ici et plus bas, comme au vers 169 du *Berceau*, dans nos anciennes éditions. L'Académie donne *poux* et *poulx* (1694). *Poux* est l'orthographe des anciens textes de Molière (voyez tome IX de notre collection, p. 374 et note 3). — .... *Estimando che, qualunque fosse colui che cio fatto havesse che la donna diceva, non gli fosse anchora il polso e 'l battimento del cuore per lo durato affanno potuto riposare....*
8. Voyez ci-dessus, p. 164 et note 2.

Et le second qu'il tâta d'aventure[1]
Étoit son homme, à qui d'émotion,
Soit pour la peur, ou soit pour l'action[2],   115
Le cœur battoit[3], et le pouls tout ensemble.
Ne sachant pas où devoit aboutir
Tout ce mystère, il feignoit de dormir[4].
Mais quel sommeil ! Le roi, pendant qu'il tremble,
En certain coin va prendre des ciseaux   120
Dont on coupoit le crin à ses chevaux[5].
« Faisons, dit-il, au galant une marque,
Pour le pouvoir demain connoître mieux. »
Incontinent de la main du monarque
Il se sent tondre. Un toupet de cheveux   125
Lui fut coupé, droit[6] vers le front du sire[7] :
Et, cela fait, le prince se retire.

Il oublia de serrer le toupet[8] ;
Dont[9] le galant s'avisa d'un secret[10]

1. Même expression au tome I, p. 126 et note 2, p. 422, etc.
2. « En badinant, ou peut-être dans l'action même, elle pourroit bien m'avoir dit : « N'es-tu pas mon mari ? » (TALLEMANT DES RÉAUX, tome VI, p. 338.) Comparez le conte du *Tableau*, vers 175 :
   .... Soit que sœur Thérèse eût chargé d'action
   Son discours véhément et plein d'émotion, etc.
3. *Forte comincio a temere, tanto che sopra il battimento della fatica havuta la paura n'aggiunse un maggiore.*
4. *Dilibero di far vista di dormire.*
5. Chez Boccace, le roi a apporté des ciseaux : c'est le muletier qui se sert ensuite de ceux des chevaux.
6. Comparez ci-dessus, vers 16.
7. *Gli tonde alquanto dall' una delle parti i capelli, liquali essi a quel tempo portavano lunghissimi.*
8. Ce qui lui aurait permis peut-être de reconnaître le muletier à la couleur de ses cheveux.
9. Voyez ci-dessus, vers 78 et la note.
10. Rapprochez le dernier vers de *Richard Minutolo* : « s'aviser d'un cas », et le vers 192 de *la Confidente* : « s'aviser d'un tour ».

## DEUXIÈME PARTIE.

Qui d'Agiluf gâta le stratagème :  130
Le muletier alla, sur l'heure même,
En pareil lieu tondre ses compagnons[1].
Le jour venu, le roi vit ces garçons
Sans poil[2] au front. Lors le prince en son âme :
« Qu'est ceci donc ! qui croiroit que ma femme  135
Auroit été si vaillante au déduit[3]?

1. Le stratagème d'Agiluf rappelle entre autres celui du voleur, qui, dans le conte d'Ali Baba des *Mille et une Nuits*, marque à la craie, pour la reconnaître, la porte d'une maison, et est tout déconcerté quand il voit qu'on a marqué de même les portes voisines.

2. Voyez tome I, p. 110 et note 4; les contes II de la III⁰ partie, vers 219, VIII de la IV⁰, vers 248 et *passim*.

3. Au combat amoureux : voyez ci-après, *la Gageure*, vers 219, *le Pâté d'anguille*, vers 137, la ballade *sur le mal d'Amour*, vers 15. Walckenaer cite, au sujet de ce mot, ce passage du *Roman de Tristan* : « Tristan se couche auprez d'elle, et en fist toutes ses voulentez.... Trois iours et trois nuicts Yseult et Tristan demeurerent leans en deduict. » Chez des Périers (tome II, p. 190) : « Il la traicta fort gracieusement en toutes choses, fors qu'au deduict d'amours. » Chez Tallemant des Réaux (tome V, p. 299) : « Il lui fit envie de coucher avec cette femme, lui disant qu'il n'en avoit jamais trouvé de si agréable au déduit »; tome VI, p. 65 : « La veuve offre de la lui faire voir, dans le déduit, avec un minime. » Ce mot qui, dans ces quatre exemples, s'applique au plaisir de l'amour, et se rencontre fréquemment chez tous nos vieux auteurs, signifie proprement tout plaisir, tout divertissement, quel qu'il soit : « O lors ioyeuseté, alaigresse, liesse, soulas, deduictz, plaisirs, delices en toute nature humaine ! » (RABELAIS, *le quart livre*, chapitre LI.)

   Les oyseletz par grand ioye et deduyt
  De leurs gosiers respondent à tel bruyt.
    (MAROT, *le Temple de Cupido*, tome I, p. 11.)

Voyez aussi *ibidem*, p. 21, 127, tome III, p. 114, 117, 137; et p. 136, *le déduire*; tomes II, p. 36, III, p. 262, *se déduire*.

— Il avoit dans la terre une somme enfouie,
  Son cœur avec, n'ayant autre déduit
  Que d'y ruminer jour et nuit.
    (Fable XX du livre IV, vers 13.)

On disait également *deduiement*, *deduisement* ou *deduitement*, chose *deduisable*, agréable, etc.

Quoi! Teudelingue a-t-elle cette nuit
Fourni d'ébat¹ à plus de quinze ou seize² ? »
Autant en vit vers le front³ de tondus.
« Or bien, dit-il, qui l'a fait si⁴ se taise :            140
Au demeurant, qu'il n'y retourne plus⁵. »

1. Servi d'ébat : tour encore très usité au dix-septième siècle : voyez les exemples de Corneille, de Boileau, de Racine, que cite Littré. « Bien que j'abrégeasse mon récit, il nous fournit d'entretien jusqu'au château. » (*Le Songe de Vaux*, fin du fragment VII.) — Chez Brantôme, tome VIII, p. 149 : « Il ne fournissoit pas beaucoup, au gré de la reyne, à ses besongnes de nuict. » Chez Montaigne, tome III, p. 290 : « Elle fournit reellement, en une nuict, à vingt et cinq entreprinses. » *Fournir* s'employait, il s'emploie encore souvent en ce dernier sens, avec un régime direct : « On luy offrit le clerc de ce chanoine, qui estoit ung fort et roidde galant, et homme pour la tres bien fournir. » (*Les Cent Nouvelles nouvelles*, p. 378.)

2. Ce trait n'est pas dans Boccace. — Le roi sait bien qu'il n'a senti qu'un cœur battre fortement sous sa main et qu'il n'a coupé qu'un toupet; mais sa plaisanterie n'en est que meilleure.

3. Ci-dessus, vers 126.

4. Voyez p. 224 et note 6. — Qui l'a fait, qu'il se taise. (1668, 1669 Amsterdam et Leyde.) — Tour analogue dans *les Cent Nouvelles nouvelles*, p. 291 : « Qui le scet si s'en taise. »

5. Même expression familière dans les *Lettres de Mme de Sévigné* (tome VI, p. 239) : « Il me paroît que vous l'avez trompé...; je vous demande tendrement de n'y plus retourner. » Voyez aussi tome VIII, p. 43; et *George Dandin* de Molière, acte III, fin de la scène VII. Mais ici, il est vrai, l'expression est prise au propre ; comparez *les Cent Nouvelles nouvelles*, p. 389 : « Ce me plaist moult, ce dit la dame.... Retournez toutesfoiz qu'il vous plaist »; des Périers, tomes I, p. 53, II, p. 18; du Fail, tome II, p. 180; *l'Heptaméron*, p. 198, 460, et 126 : « .... Par ainsi, qu'elle n'y retournast plus »; Brantôme, tome IX, p. 533 : « Leur tarde (aux veuves) de retourner.... », et p. 591 : « Elles protestent de n'y retourner iamais »; Saint-Gelais, tome I, p. 87, la *Demande d'une ieune espousée*, dernier vers; Tallemant des Réaux, tome VI, p. 227, 231; les vers 147 de *Mazet* : « Il ne sera besoin d'y retourner », et 123 de *la Gageure* : « L'on n'y revient guères. » — Dans Boccace : *Chi'l fece nol faccia mai piu*. Le Maçon, suivi par la Fontaine, a ainsi traduit : « Qui l'a faict si le taise, et qu'il n'y retourne plus. »

## V

### L'ORAISON DE SAINT JULIEN.

#### NOUVELLE TIRÉE DE BOCCACE.

Ce conte est intitulé *Regnauld d'Ast* dans l'édition de 1666 ; et, pour la première fois, *l'Oraison de saint Julien* dans la réimpression de Louis Billaine (1667).

La Fontaine a imité la II° nouvelle de la II° journée de Boccace : *Rinaldo d'Asti, rubato, capita a Castel Guiglielmo, et albergato da una donna vedova, et de' suoi danni ristorato, sano et salvo ritorna a casa sua.*

Ce sommaire a été ainsi traduit par le Maçon : « Regnault d'Ast, aprez qu'il fut detroussé, arriua à Chasteau Guillaume, où, estant logé chez une femme veufue, il fut par elle recompencé de toutes ses pertes, et puis s'en retourna sain et saulue en sa maison. »

Le cordonnier-poète Hans Sachs s'est également inspiré de Boccace dans le conte v de son livre II (*Werke*, Nuremberg, 1570-1579, in-folio, tome I, p. 357).

Sur la légende de saint Julien l'Hospitalier, dont la fête est le 27 janvier, on peut consulter Jacques de Voragine ou de Varazze, *Legenda aurea*, chapitre xxx (édition Graesse, p. 142) ; les *Gesta Romanorum*, chapitre XVIII, recueil traduit au XVI° siècle sous le titre de *Violier des hystoires romaines moraliseez*, etc. (p. 58 de la réimpression de 1858), et les notes de l'édition de M. OEsterley ; Baillet, *les Vies des Saints*, 1701 ; dom Bondonnet, *les Vies des evesques du Mans*, etc., 1651 ; *Acta Sanctorum*, le fameux ouvrage des Bollandistes, tome II de janvier, p. 974 ; sans parler de l'ouvrage d'Alban Butler, traduit et remanié par Godescard (1763) ; du *Dictionnaire des légendes du christianisme*, etc., par le comte de Douhet (1855) ; et de ces anciens recueils manuscrits de vies des saints destinés à l'édification des fidèles, et particulièrement à être lus pendant les repas des moines et des religieuses, qui se trouvent dans les bibliothèques publiques de l'Europe. Mentionnons aussi le joli conte de Gustave Flaubert intitulé : *Légende de saint*

*Julien l'Hospitalier :* c'est l'histoire de ce saint telle que l'auteur l'a vue, dit-il, sur un vitrail d'église de Normandie.

Très populaire au moyen âge, sans doute parce que, pour les misérables, il était encore plus difficile alors qu'aujourd'hui de trouver tous les soirs un gîte, saint Julien le Pauvre, ou l'Hospitalier, a donné naissance à beaucoup de récits plus ou moins fabuleux, de légendes apocryphes, de proverbes, de dictons, comme, par exemple, *avoir l'hôtel Saint-Julien*[1] pour dire : avoir une bonne auberge, un bon gîte, et tout ce qu'on peut y désirer, et même quelquefois plus qu'il ne serait raisonnable ou décent de souhaiter, mais que procuraient aisément les hôtelleries.

Apôtre et premier évêque du Mans, tout dévoué au soulagement des malheureux, la légende en a fait une sorte d'ermite qui, pour se punir d'un crime involontaire, se renferme dans une cabane au bord d'un fleuve, et passe les voyageurs le jour, leur donne l'hospitalité la nuit. De là l'usage de « dire la patenôtre », de réciter un *Pater* et un *Ave*, non précisément pour saint Julien qui n'en avait pas besoin, mais en son honneur, et pour l'âme de son père et de sa mère qu'il était censé avoir tués par erreur ou par accident. Ce touchant usage des pèlerins et ce culte fervent pour le saint ermite se retrouvent partout au moyen âge, aussi bien dans les romans, les chansons, les fabliaux, que dans la création des hospices et des monastères, sur les enseignes des auberges, sous les porches des basiliques, sur les pierres ou les boiseries sculptées et sur les vitraux des cathédrales.

Un très grand nombre d'églises, bâties dans les faubourgs et près des portes des villes, furent titrées de son nom, placées sous son invocation.

On sait qu'il y eut longtemps à Paris un prieuré de Saint-Julien-le-Pauvre, fondé au commencement du cinquième siècle, sur la rive gauche, dans l'enceinte de l'Université : Grégoire de Tours raconte, dans la relation du voyage qu'il fit à Paris en 580, qu'il y descendit et y fut hébergé. Victor Hugo, dans *Notre-Dame de Paris* (livre III, chapitre II, *Paris à vol d'oiseau*), parle des pleins cintres de Saint-Julien. On peut voir encore dans ce qui reste de cette basilique, entre les rues Saint-Julien-le-Pauvre, de la Bûcherie, Galande, et du Fouarre, restes qui servirent longtemps de cha-

---

1. Voyez Eustache Deschamps, ballade II, vers 27.

pelle funéraire à l'Hôtel-Dieu, quelques vestiges de ses beautés architecturales et de ses merveilleuses sculptures. Récemment, un « refuge de nuit » a été installé dans les vieux bâtiments mêmes du prieuré.

Si la prière à saint Julien était dans la bouche de tous les voyageurs égarés, c'est aussi lui qu'ils remerciaient lorsqu'ils avaient trouvé un abri ou qu'il les avait remis sur leur route :

« Sainct Iulian..., veuilliez me herbergier »,

s'écrie Berthe « aus grans piés », perdue dans la forêt du Mans. Dans *il Pecorone* (journée III, nouvelle 1), le prêtre dit : *Per certo voi diceste stamane il Pater nostro di san Giuliano, pero che noi non potremmo havere migliore albergo, ne la piu bella hoste ne la piu cortese.*

Comparez une poésie en vieil allemand : *Die treue Magd*, la servante fidèle, transcrite dans le recueil de M. Hagen (tome II, p. 309-331); voyez aussi *ibidem*, p. XLI-XLII.

Nous donnons à l'Appendice *la Patenostre sainct Iulien*, oraison tirée d'un manuscrit du quinzième siècle, pièce très curieuse, déjà citée par M. Moland.

Une aventure analogue à celle de Renaud d'Ast est racontée assez plaisamment dans une *Lettre en vers* à Mme la duchesse de Nemours du 17e janvier 1666, par la Gravette de Mayolas (rappelons que l'Achevé d'imprimer de la deuxième partie des Contes est du 21 janvier de la même année 1666). Nous allons en reproduire quelques passages :

> Un homme bien fait et bien mis
> De mes plus intimes amis,

dit l'auteur, est attaqué la nuit « devers les piliers de la Halle par quelques filous qui lui demandent sa montre et sa bourse :

> L'ami, n'ayant ni sol ni maille
> Pour contenter cette canaille,
> Ces gens lui prinrent son manteau,
> Haut-de-chausse, pourpoint, chapeau :
> « Nous te laissons, lui dit un drôle,
> Le calçon et la camisole
> Par un sentiment assez franc. »
> Mon homme resta donc en blanc,
> Et, dans ce plaisant équipage,
> N'ayant point manqué de courage,

Durant cette froide saison,
Il tâche à gagner sa maison.

Il arrive, frappe, mais son valet ne le reconnaît point dans ce déshabillé, et lui ferme la porte au nez.

Pendant que ce malheureux maître,
Autant qu'un maître le peut être,
A minuit peste et fait des cris
Contre le valet qu'il a pris,
Une dame fort charitable,
Dont l'esprit est doux, l'œil aimable,
Oyant cette plaintive voix,
Qui poussoit les derniers abois,
Venant du bal ou de la noce,
Le fit mettre dans son carrosse
Et conduisit en son hôtel
L'heureux et malheureux mortel,
Lui fit grand feu, lui fit grand'chère,
Le cajole et le considère.
Cet ami fort sage et discret,
Et qui sait garder un secret,
Ne m'a voulu dire autre chose
Que ce qu'ici je vous expose,
Mais il m'a dit que pour beaucoup
Il ne voudroit pas que ce coup,
Désastre, infortune ou berlue,
Ne lui fût, ce soir, survenue,
Et qu'il devoit cette faveur
A son valet comme au voleur.

(*Les Continuateurs de Loret*, tome I, col. 616-618.)

Plusieurs pièces de théâtre ont été tirées du conte de Boccace et de la Fontaine :

*Llegar en occasion, Arriver au bon moment*, de Lope de Vega.

*La Veuve* (*the Widow*), de Ben Johnson, Fletcher et Middleton.

*Le Talisman*, par Houdart de la Motte, comédie en un acte, en prose, représentée le 26 mars 1704.

*La Veuve*, comédie en un acte, en prose, de Ch. Collé, jouée sur un théâtre de société, en 1756, et à la Comédie-Française, en 1771.

*Renaud d'Ast*, comédie en deux actes, mêlée d'ariettes, par Lemonnier, Trial et Vachon, 1765.

*Renaud d'Ast*, comédie en deux actes et en prose, mêlée d'ariettes, paroles de Radet et Barré, musique de Dalayrac, représentée aux Italiens, le 19 juillet 1783.

*L'Oraison de saint Julien*, comédie-vaudeville en trois actes, par J. Lacoste et L. Villeran, jouée, pour la première fois, sur le théâtre de la Gaîté, le 6 avril 1834.

> Beaucoup de gens ont une ferme foi
> Pour les brevets[1], oraisons[2], et paroles[3] :

1. Talismans, sortilèges, amulettes (voyez la fable XIII du livre X), qui consistent en paroles magiques, cabalistiques, écrites sur parchemin, sur bref ou « brevet », qu'on cache dans ses habits, « qu'on pend au col, dit Nicot, ou qu'on lie au poignet, ou autre partie du corps, pour preserver ou guarir de quelque maladie ou poison », du fer et du feu, ou des maléfices. « Ne n'ont *bries* (briefs, brefs)..., ne sorcheries, ne art, ne engiens, par coi il puist estre aidies en nule maniere, ne son aduersaire nuire », lisons-nous dans *Li usages de la cité d'Amiens*, transcrits par Augustin Thierry (*Monuments inédits de l'histoire du tiers état*, Paris, 1853, p. 235). « Barbotages et breuets » (Montaigne, tome III, p. 176). L'Académie n'a ce mot en ce sens que dans sa première édition ; Richelet ne l'a pas ; Furetière et le *Dictionnaire de Trévoux* le donnent, ce dernier comme vieux. Notre poète s'en est également servi dans *la Coupe enchantée*, vers 218 :

> Pour venir à ses fins, l'amoureuse Nérie
> Employa philtres et brevets.

— Et, pour gagner Paris, il vendit par la plaine
Des brevets à chasser la fièvre et la migraine.
(CORNEILLE, *l'Illusion*, acte I, scène III, vers 169-170.)

2. « On trouua sur luy force billetz et oraisons qu'on luy auoit donnez luy faisant accroyre qu'il seroit inuincible et inuisible. » (BRANTÔME, tome II, p. 168 ; *ibidem*, tomes VI, p. 259 et 304-305, VII, p. 50.) « Le bourreau, luy attachant une corde au col, auec plusieurs oraisons et suffrages.... » (DU FAIL, tome II, p. 53.) — Sans parler des oraisons aux saints les plus influents du paradis, on se sert encore partout, à vrai dire, sous des formes et des noms différents, de talismans et d'amulettes, de charmes, billets, médailles, anneaux, sachets, paroles enchantées, lettres mystérieuses, caractères, invocations, conjurations, exorcismes, etc.

3. « L'Amour.... envoya avertir la Fée, qui, par ses suffumi-

Je me ris d'eux; et je tiens[1], quant à moi,
Que tous tels sorts sont recettes frivoles;
Frivoles sont, c'est sans difficulté[2].         5
Bien est-il vrai qu'auprès d'une beauté
Paroles ont des vertus nonpareilles;
Paroles font en amour des merveilles[3]:
Tout cœur se laisse à ce charme[4] amollir[5].
De tels brevets je veux bien me servir;          10
Des autres, non[6]. Voici pourtant un conte
Où l'oraison de Monsieur[7] saint Julien

gations, par ses cercles, par ses paroles, contraignit tout ce qu'il y avoit de fourmis au monde d'accourir. » (*Psyché*, livre II, tome III *M.-L.*, p. 152.)

1. Même locution et même tour au tome III, p. 201; et *passim*.
2. C'est convenu; il n'est pas nécessaire de le prouver.
3. Les tours et les paroles, comme il est dit au vers 33 du *Muletier* : voyez *Richard Minutolo*, vers 207-209, *la Fiancée du roi de Garbe*, vers 225-226, etc., etc. — Dans le *Pâté d'anguille*, vers 125 :

> Mots dorés en amour font tout.

4. Le mot est pris ici au sens propre : enchantement.
5. Dans *le Faucon*, vers 248 :

> Amour avoit amolli ce courage;

et dans *le Menteur* de Corneille, vers 330 :

> .... Qu'on amollit par là de cœurs inexorables!

6. Voyez le vers 2 et la note 1. L'usage des formules, des philtres, des *brevets*, destinés à conquérir les faveurs des belles, et réciproquement, et tenant lieu des vœux ou des menues dévotions, a toujours existé et ne s'est pas perdu. Voyez, pour remonter à une haute antiquité, la première partie de la IVe nouvelle du IIe livre du *Pantschatantra* (Benfey, tome II, p. 183), où le fils d'un marchand, grâce à un « brevet », à un talisman, qu'il trouve dans un livre, est non seulement tiré de détresse, sauvé de la misère, mais finit par épouser la fille d'un roi. Voyez aussi *la Célestine*, de Fernando de Rojas, acte I, scène IV, où sont énumérés bien des remèdes pour les amours malheureux, bien des philtres pour se faire aimer.
7. C'est ainsi qu'on appelait souvent Dieu et les saints au moyen âge; et *Madame* ou *Notre Dame*, la Vierge et les saintes.

A Renaud[1] d'Ast produisit un grand bien.
S'il ne l'eût dite, il eût trouvé mécompte
A son argent[2], et mal passé la nuit.      15

Il s'en alloit devers Chàteau-Guillaume[3],
Quand trois quidams[4] (bonnes gens, et sans bruit[5],
Ce lui sembloit, tels qu'en tout un royaume
Il n'auroit cru trois aussi gens de bien[6]),
Quand n'ayant[7], dis-je, aucun soupçon de rien,   20
Ces trois quidams, tout pleins de courtoisie[8],
Après l'abord[9], et l'ayant salué

1. Dans les éditions de 1666, 1667, 1668, 1669 Amsterdam et Leyde, on lit ici *Regnauld* ou *Regnaud* au lieu de *Renaud;* plus bas, *Renauld* ou *Renaud*. — Dans la nouvelle de Boccace, Rinaldo d'Asti est un marchand, *un mercatante*, qui voyage pour ses affaires.

2. Il lui eût manqué de l'argent, il eût perdu de l'argent.

.... Il (*le thésauriseur*) trouvoit toujours du mécompte à son fait.
(Livre XII, fable III, vers 13.)

3. Castel-Guiglielmo, au sortir de Ferrare, sur le chemin de Vérone. — *Uscito di Ferrara, et cavalcando verso Verona.* — Comparez le conte III de la V<sup>e</sup> partie, vers 154 :

Il se rendra devers mon cabinet ;

la fable XIV du livre II, vers 22 ; *la Vie d'Ésope*, tome I, p. 49 ; etc.

4. C'est le latin *quidam :* un certain. Voyez tome II, p. 474 et note 78 ; et ci-dessous, vers 338 et 349.

5. Et d'aspect paisible. Même locution : « homme sans bruit », dans *le Berceau*, vers 3 ; et dans la fable XXIII du livre VIII, *le Torrent et la Rivière*, vers 24-25 :

Les gens sans bruit sont dangereux :
Il n'en est pas ainsi des autres.

6. Voyez Brantôme, tome III, p. 130, Montaigne, tome I, p. 155, 201, Malherbe, tome II, p. 78, 156, 487 : « plus gens de bien », « les plus gens de bien » ; et dans Littré, à l'article GENS, trois exemples de Bossuet, Bourdaloue et Massillon.

7. Pour l'emploi de ces participes absolus, voyez le vers 66 du conte précédent et la note.

8. *Come huomini modesti et di buona conditione.*

9. Après l'avoir abordé. Même locution dans une épître *à Mme de Fontanges* (tome V M.-L., p. 126).

Fort humblement[1] : « Si notre compagnie,
Lui dirent-ils, vous pouvoit être à gré,
Et qu'il vous plût achever cette traite           25
Avecque nous, ce nous seroit honneur[2].
En voyageant, plus la troupe est complète,
Mieux elle vaut : c'est toujours le meilleur.
Tant de brigands infectent[3] la province[4],
Que l'on ne sait à quoi songe le prince          30
De le souffrir[5]. Mais, quoi? les malvivants
Seront toujours[6]. » Renaud dit à ces gens

1. *Redendosi.... humili et benigni verso di lui.*

2. Même tour : « C'étoit beaucoup d'honneur au jeune, etc. », dans la fable XI du livre X, vers 10.

3. Le poète a-t-il confondu *infecter* avec *infester*, comme le suppose Littré? Nous croyons plutôt qu'il s'est servi d'un terme énergique qui rendait bien sa pensée. Il compare les brigands à des bêtes nuisibles. Dans Brantôme (tome II, p. 109) : « Il chassa tous les Mores de Grenade, de sorte qu'ilz n'ont plus infecté l'Espaigne depuis. »

4. Le duché de Ferrare (vers 16 et note). Emploi analogue de ce mot, tome II, p. 280 et 306.

—     De toute erreur purgez votre prouince....
Si un monarque fault tant soit peu, la prouince
Se perd, car volontiers le peuple suit le prince.
           (RONSARD, tome II, p. 373 et 421.)

Thèbes avec raison craint le règne d'un prince
Qui de fleuves de sang inonde sa province.
           (RACINE, *la Thébaïde*, acte IV, scène III.)

5. De les souffrir. (1668, 1669 Amsterdam et Leyde, 1685, 1686, 1705.) — Les brigands étaient une des préoccupations, bien naturelles, de la Fontaine en voyage. Il exprime plaisamment ses craintes dans une lettre à sa femme du 30 août 1663 (tome III *M.-L.*, p. 317) : « Tant que le chemin dura, je ne parlai d'autres choses que des commodités de la guerre : en effet, si elle produit des voleurs, elle les occupe, ce qui est un grand bien pour tout le monde, et particulièrement pour moi qui crains naturellement de les rencontrer. On dit que ce bois que nous côtoyâmes en fourmille : cela n'est pas bien, il mériteroit qu'on le brûlât, etc. »

6. Il y aura toujours des gens qui se conduiront mal. On retrouve ce terme dans les anciennes ordonnances de police : « les

Que volontiers. Une lieue étant faite,
Eux[1] discourant, pour tromper le chemin [2],
De chose et d'autre, ils tombèrent enfin       35
Sur ce qu'on dit de la vertu secrète
De certains mots, caractères[3], brevets,
Dont les aucuns[4] ont de très bons effets :

vagabonds et malvivans » ; dans une lettre de Voltaire à M. Christin, du 23 décembre 1777 : « un malvivant et un ivrogne », et dans le chapitre XXII de *Candide :* « C'est un malvivant », répondit l'abbé. » Comparez Roger de Collerye, p. 166 :

    Le bien viuant va à saluation,
    Le mal viuant va à damnation ;

*l'Heptaméron*, p. 375 : « homme estimé bien viuant de toute a ville » ; et Brantôme, tome III, p. 130 : « Ie n'ay point ouy dire.... qu'auparauant ils fussent plus gens de bien et mieux viuans. »

—     ....Il est aux enfers des chaudières bouillantes
    Où l'on plonge à jamais les femmes malvivantes.
    (MOLIÈRE, *l'École des femmes*, acte III, scène II, vers 727-728.)

1. Eux, c'est-à-dire les trois compagnons improvisés de Renaud. Voyez plus bas, vers 48-49 :

    ....Renaud en silence
    Les écoutoit.

2.     Chemin faisant, volontiers on raconte :
    L'on trompe ainsi le temps et le chemin.
    (VERGIER, *le Revenant*, vers 13-14.)

3. Caractères magiques, nœuds, entrelacs, diagrammes, figures empreintes sur des amulettes de pierre polie ou de métal, talismans, sorcelleries : voyez tome III, p. 74 et note 6 ; la fin de la scène VI de l'acte III de *Monsieur de Pourceaugnac :* « L'on dit qu'il a un caractère pour se faire aimer de toutes les femmes » ; et le vers 1636 d'*Amphitryon :*

    Oui, c'est un enchanteur qui porte un caractère....

4. Quelques-uns : voyez les exemples de Froissart et de Rabelais que cite Littré, auxquels nous pouvons ajouter celui-ci de Villon :

    Les aulcuns sont mortz et roydiz....,
    Et les aulcuns sont deuenuz
    Dieu mercy ! grans seigneurs et maistres.
    (*Le Grand Testament*, stances XXIX-XXX.)

La Fontaine a plusieurs fois employé ce mot, mais sans article : livre VI, fable I, vers 11 ; et *passim*. — *Et cosi caminando, d'una*

Comme de faire aux insectes la guerre¹,
Charmer les loups², conjurer le tonnerre,                    40
Ainsi du reste; où³, sans pact ni demi
(De quoi l'on soit pour le moins averti⁴),
L'on se guérit; l'on guérit sa monture,
Soit du farcin⁵, soit de la mémarchure⁶;
L'on fait souvent ce qu'un bon médecin          45

*cosa in altra, come ne' ragionamenti adviene, trapassando, caddero in sul ragionare delle orationi che gli huomini fanno a Iddio.*

1. De chasser les puces et autre vermine.

2. Leur jeter un charme : voyez le vers 9. C'était une des conjurations les plus répandues. Quand on l'avait prononcée pendant cinq jours au soleil levant, on croyait pouvoir défier les loups les plus affamés, les plus féroces.

3. Emploi d'*où* analogue à celui que nous avons plusieurs fois relevé de *dont* : voyez *le Muletier*, vers 129 et la note.

4. Sans que nous fassions, à notre connaissance du moins, de pacte avec le Diable, sans nous engager à rien. — *Sans pact*ᵃ (pour *pacte*) *ni demi*, sans aucun pacte :

> Or est ma cruelle ennemie
> Vengée bien amerement;
> Reuenge n'en veulx ne demie.

(MAROT, ballade XIV, *Contre celle qui fut s'amye*, tome II, p. 78.)

Voyez aussi *les Cent Nouvelles nouvelles*, p. 163 : « part ne demie », p. 178 : « mot ne demy »; Brantôme, tome VI, p. 468 : « respect ny demy »; la ballade de la Fontaine sur la lecture des *Livres d'amour*, vers 35; et les exemples de Molière cités par Littré, 1°. « C'est ainsi, remarque Walckenaer, que, dans un sens opposé, pour exprimer un fourbe trompé par un plus grand fourbe, on a dit : « A fourbe fourbe et demi », ou « A menteur menteur et « demi. » Dans la fable XXI du livre VIII, vers 11 : « Normand et demi »; dans *la Fiancée*, vers 375 : « corsaire et demi »; dans *le roi Candaule*, vers 187 : « galand et demi ».

5. Inflammation, suivie de ramollissement, des ganglions et vaisseaux lymphatiques.

6. Entorse que le cheval se donne, proprement quand il

---

ᵃ *Pact* est la seule orthographe de Nicot. Vaugelas (*Remarques*, tome II, p. 383) et Richelet disent qu'elle « ne vaut rien du tout ». Même orthographe dans Coquillart, tome I, p. 143; et au vers 5 du conte XIV de la IVᵉ partie.

Ne sauroit faire avec tout son latin[1].
Ces survenants[2] de mainte expérience[3]
Se vantoient tous ; et Renaud en silence
Les écoutoit. « Mais vous, ce lui dit-on,
Savez-vous point aussi quelque oraison[4]?   50
— De tels secrets, dit-il, je ne me pique[5],
Comme homme simple et qui vis à l'antique[6].
Bien[7] vous dirai qu'en allant par chemin
J'ai certains mots que je dis, au matin,
Dessous le nom d'oraison ou d'antienne   55
De saint Julien, afin qu'il ne m'avienne[8]

marche mal, comme l'indique l'étymologie même du mot (*mé* ou *mesmarcher*), quand il place son pied à faux.

1. Dans *le Remède*, vers 109 :

    Cicéron même y perdroit son latin.

Voyez aussi *la Chose impossible*, vers 76 ; *les Quiproquo*, vers 74 ; du Bellay, tome II, p. 215 : « ung moyne auecque son latin »; etc.

2. Comparez le conte du *Berceau*, vers 56 et la note, à laquelle nous pouvons joindre cet exemple de Tallemant des Réaux (tome VII, p. 369) : « Comme vous logez dans un logis public, il y a tant de survenants que, etc. »

3. Rapprochez le participe *éprouvé* du vers 57, ci-dessus, *le Muletier*, vers 43 : « éprouver tout », tout essayer, tout tenter, et *la Mandragore*, vers 70 et 72.

4. *Et voi, gentil huomo, che oratione usate di dire caminando ?* — *Oraison*, chez la Fontaine, n'est point encore le mot propre, puisqu'il ne s'est agi jusqu'ici dans cet entretien que de recettes sans caractère religieux, à moins qu'il ne soit employé par ironie (voyez ci-dessous, le vers 72).

5. Je ne me vante pas d'avoir de tels secrets : voyez le vers 3 du *Berceau* et la note.

6. ?... *Si come colui che mi vivo all'antica*. — Même locution chez du Fail (tome I, p. 224), chez Brantôme (tome VII, p. 34), etc.

7. Toutefois, pourtant, néanmoins. « Bien vous dirai ie.... » (*L'Heptaméron*, p. 334.) — Ci-dessus au vers 6, et aux vers 45 de *Nicaise*, 24 des *Quiproquo* : « Bien est-il vrai.... », « Bien est vrai.... »

8. Voyez ci-dessus, p. 205 et note 2. — *Ma non dimeno ho sempre havuto in costume, caminando, di dire la mattina, quando esco dell'albergo, un Pater nostro, et una Ave Maria per l'anima del padre et della*

De mal gîter¹ ; et j'ai même éprouvé
Qu'en y manquant cela m'est arrivé².
J'y manque peu : c'est un mal que j'évite
Par-dessus tous, et que je crains autant.       60
— Et ce matin, Monsieur, l'avez-vous dite ? »
Lui repartit l'un des trois en riant.
« Oui, dit Renaud³. — Or bien, répliqua l'autre,
Gageons un peu quel sera le meilleur,
Pour ce jour d'hui⁴, de mon gîte ou du vôtre. » 65

Il faisoit lors un froid plein de rigueur ;
La nuit de plus étoit fort approchante,
Et la couchée⁵ encore assez distante.
Renaud reprit : « Peut-être ainsi que moi
Vous servez-vous de ces mots en voyage ?       70
— Point, lui dit l'autre ; et vous jure ma foi⁶

*madre di san Giuliano, dopo ilquale io priego Iddio et lui chella seguente notte mi deano buono albergo.*

1. Ci-dessus, p. 204 et note 4. — « .... Cela ne servit de rien : il fallut gîter au village.... J'eus beau dire l'oraison de saint Julien, Mlle de Beaulieu fut cause que je couchai dans un malheureux hameau. » (Lettre de la Fontaine à Vergier du 4 juin 1688.)

2. *Ne mi parebbe il di ben potere andare, ne dovere la notte veguente bene arrivare, che io non l'havessi la mattina detto.*

3. *Et esta mane dicestil voi? A cui Rinaldo rispose : Si bene.*

4. Locution fréquente, chez Marot par exemple, tomes I, p. 11, III, p. 42, 50, 139, 142, chez Ronsard, tomes I, p. 88, 89, 265, 295, II, p. 7, 511, chez Montaigne, tomes II, p. 424, 425, IV, p. 29. Rapprochez « en huy » (des Périers, tome I, p. 13); « dans ce jour d'hui » (Corneille, *Mélite*, variante du vers 1121); *la Mandragore*, vers 80, 96 et 328, *le Diable de Papefiguière*, vers 140, *Féronde*, vers 127, et une ballade (tome V M.-L., p. 23) : « dans dix mois d'hui, dans huit jours d'hui, dès hui, ce n'est pas d'hui, etc. »

5. « Notre seconde couchée fut Bellac. » (Lettre de la Fontaine à sa femme du 19 septembre 1663.) « Il n'y a qu'une couchée d'ici à Vannes. » (Mme de Sévigné, tome IX, p. 136.) « Je vous suis à toutes vos couchées. » (*Ibidem*, tome V, p. 175.)

6. Ou : « Je vous donne ma foi. » (*Le Cocu*, vers 150 et la note.)

c. v]  DEUXIÈME PARTIE.  247

Qu'invoquer saints n'est pas trop mon usage[1];
Mais, si je perds, je le pratiquerai.
— En ce cas-là volontiers gagerai,
Reprit Renaud, et j'y mettrois ma vie[2]        75
Pourvu qu'alliez en quelque hôtellerie,
Car je n'ai là nulle maison d'ami.
Nous mettrons donc cette clause au pari,
Poursuivit-il, si l'avez agréable :
C'est la raison[3]. » L'autre lui répondit :     80
« J'en suis d'accord[4]; et gage votre habit,
Votre cheval, la bourse au préalable[5] ;
Sûr de gagner, comme vous allez voir. »

Renaud dès lors put bien s'apercevoir
Que son cheval avoit changé d'étable[6].         85

1. En bon brigand d'Italie, celui de Boccace dit, lui, des oraisons, le *Dirupisti* (psaume cxv, verset 16), le *De Profundis* (psaume cxxix, verset 1), ou la *O intemerata* (prière à la Vierge qui commence ainsi), que sa grand'mère lui a recommandés comme très efficaces, *che sono, secondo che una mia avola mi soleva dire, di grandissima virtu*.

2. Je parierois ma vie. Comparez livre XII, fable xv, vers 50 :

C'est un mortel qui sait mettre sa vie
Pour son ami.

Voyez aussi ci-dessus, p. 20, fin de la note 4.

3. Il est raisonnable, il est juste, d'agir ainsi. Voyez des Périers, tome I, p. 229 : « C'est la raison », comme ici; Ronsard, tome II, p. 514; Jodelle, *l'Eugène*, acte V, scène III; Scarron, *le Roman comique*, I^re partie, chapitre VI : « Ce n'étoit pas la raison »; Molière, tome V, p. 497; Corneille, *Rodogune*, acte II, scène III :

Et c'est bien la raison que pour tant de puissance
Nous vous rendions du moins un peu d'obéissance;

ci-dessous, *la Mandragore*, vers 96; *les Rémois*, vers 55 : « C'est bien raison que »; et *Joconde*, vers 350 : « C'est la justice ».

4. Rapprochez le vers 43 du Cocu et la note :

La jeune dame en étoit bien d'accord.

5. Avant tout, surtout.
6. Proverbe ou du moins image fort claire : que sa situation

Mais quel remède? En côtoyant un bois[1],
Le parieur ayant changé de voix :
« Çà, descendez, dit-il, mon gentilhomme ;
Votre oraison vous fera bon besoin ;
Château-Guillaume est encore un peu loin. »   90
Fallut descendre. Ils lui prirent en somme
Chapeau, casaque[2], habit, bourse, et cheval,
Bottes aussi. « Vous n'aurez tant de mal
D'aller à pied[3], » lui dirent les perfides.
Puis de chemin (sans qu'ils prissent de guides)   95
Changeant tous trois, ils furent aussitôt
Perdus de vue ; et le pauvre Renaud,
En caleçons, en chausses[4], en chemise[5],

n'était plus la même, que ce n'étaient plus les agréables compagnons du début.

1. En traversant un passage comme celui dont il est question dans la lettre citée à la note du vers 31 :

> C'est un passage dangereux,
> Un lieu pour les voleurs d'embûche et de retraite,
> A gauche un bois, une montagne à droite,
>     Entre les deux
>     Un chemin creux.

2. Manteau « maniere de saye, dit Nicot, habillement usité ès compagnies d'hommes d'armes. » — *Casaque* était le nom du manteau, du « sur-vestement », des mousquetaires, des gardes du corps, etc.

3. Il vous sera plus facile de marcher sans tout cet équipage, et sans vos lourdes bottes de cavalier : c'est pourquoi nous vous en débarrassons. Chez Boccace, ils lui font également un adieu ironique : *Va, et sappi se il tuo san Giuliano questa notte ti dara buono albergo, che il nostro il dara bene a noi.*

4. Ce mot signifiait d'ordinaire une sorte de culotte ; mais les voleurs n'avaient eu garde de lui laisser la sienne ; il est pris ici dans son vieux sens de bas : d'où le diminutif *chaussettes*. Puisqu'il était « en caleçons », il est bien certain qu'on lui avait enlevé sa culotte. — Comparez le début de la lettre de la Gravette de Mayolas citée à la notice.

5. Chez Boccace : .... *Et lui a pie et in camicia lasciato;* et plus bas : *Rinaldo rimaso in camicia et scalzo.*

c. v]  DEUXIÈME PARTIE.  249

Mouillé, fangeux¹, ayant au nez la bise,
Va tout dolent², et craint avec raison         100
Qu'il n'ait, ce coup³, malgré son oraison,
Très mauvais gîte ; hormis qu'en sa valise
Il espéroit : car il est à noter
Qu'un sien valet⁴, contraint de s'arrêter
Pour faire mettre un fer à sa monture,         105
Devoit le joindre. Or il ne le fit pas,
Et ce fut là le pis de l'aventure⁵ :
Le drôle, ayant vu de loin tout le cas⁶
(Comme valets souvent ne valent guères⁷),
Prend à côté, pourvoit à ses affaires⁸,        110
Laisse son maître, à travers champs s'enfuit,
Donne des deux, gagne devant la nuit
Château-Guillaume, et dans l'hôtellerie
La plus fameuse, enfin la mieux fournie,
Attend Renaud près d'un foyer ardent,          115
Et fait tirer du meilleur⁹ cependant.

1. Rapprochez Regnier, satire XI, vers 352 : « Fangeux comme un pourceau. »
2. Comparez *le Faucon*, vers 252 : « La trop dolente mère.... »
3. Cette fois : voyez ci-dessus *les Cordeliers de Catalogne*, vers 160 et la note :

> Vous ne bougerez pour ce coup.

4. Voyez *le Berceau*, vers 44 : « un sien ami », et la note.
5. Livre IX, fable II, vers 43 : « Et le pis du destin fut que, etc. »
6. La mésaventure : voyez le vers 63 du *Muletier*.
7. Jeu de mots que la consonnance, sinon l'étymologie, justifie.

> Vray est qu'il auoit un valet
> Qui s'appeloit *Nihil valet*.
>         (MAROT, tome I, p. 242.)

8. Semblable locution dans *le Faiseur d'oreilles*, vers 177 :

> Mon avis donc est que, sans retarder,
> Nous pourvoyions de ce pas à l'affaire ;

dans *le Psautier*, vers 143 ; etc.

9. Du meilleur vin du tonneau, « du meilleur et plus cher »,

Son maître étoit jusqu'au cou dans les boues,
Pour en sortir avoit fort à tirer¹.
Il acheva de se désespérer
Lorsque la neige, en lui donnant aux joues, 120
Vint à flocons², et le vent qui fouettoit.
Au prix³ du mal que le pauvre homme avoit,
Gens que l'on pend sont sur des lits de roses.
Le Sort se plaît à dispenser⁴ les choses
De la façon⁵; c'est tout mal ou tout bien⁶ : 125
Dans ses faveurs il n'a point de mesures;
Dans son courroux de même il n'omet rien⁷
Pour nous mater⁸ : témoin les aventures

comme dit Villon (*Ballade et oraison*, vers 10). — *Il fante di Rinaldo, veggiendolo assalire, come cattivo, niuna cosa al suo aiuto adopero, ma, volto il cavallo sopra il quale era, non si ritenne di correre, sin fu a Castel Guiglielmo, et in quello, essendo gia sera, entrato, senza darsi altro impaccio, albergo.*

1. Il ne peut y avoir qu'une négligence dans la répétition de ce verbe (voyez vers 116), et non un jeu de mots.
2. *Essendo il freddo grande, et nevicando tuttavia forte,* etc.
3. Voyez sur cette locution, tome III, p. 341 et note 15.
4. Distribuer, partager; dans son *Épitaphe d'un Paresseux* :

> Quant à son temps bien sut le dispenser :
> Deux parts en fit, etc.

Voyez les *Lexiques* de Malherbe, de Corneille, de Racine.
5. De cette façon. — 6. Ci-dessous, vers 138-139 :

> ...Un bonheur, comme on dit,
> Ne vient point seul.

7.
> ....La mauuaise fortune
> Ne vient iamais qu'elle n'en apporte une,
> Ou deux ou trois auecques elle.
>             (MAROT, épître XXIX, tome I, p. 195.)

Voyez aussi Sénèque, *Hercules furens*, vers 208-209, Martial, livre I, épigramme XVI, vers 7, Regnier, satire XI, vers 2 et 204, etc., etc.

8. Terme emprunté au jeu des échecs : faire mat. « Toutes ces rencontres.... ne materent pas entierement les vaincus. » (AMYOT, traduction de Plutarque, tome I, p. 515.) « Ie veux mater ce vilain. » (REMY BELLEAU, tome II, p. 369.) « Il me semble que vous êtes assez comme moi, quoique la mauvaise fortune vous ait tellement maté

Qu'eut cette nuit Renaud, qui n'arriva
Qu'une heure après qu'on eut fermé la porte¹.  130
Du pied du mur enfin il s'approcha ;
Dire comment, je n'en sais pas la sorte.
Son bon destin, par un très grand hasard,
Lui fit trouver une petite avance
Qu'avoit un toit ; et ce toit faisoit part²  135
D'une maison voisine du rempart.
Renaud, ravi de ce peu³ d'allégeance⁴,
Se met dessous⁵. Un bonheur, comme on dit,
Ne vient point seul. Quatre ou cinq brins de paille
Se rencontrant, Renaud les étendit.  140
« Dieu soit loué ! dit-il, voilà mon lit. »
Pendant cela le mauvais temps l'assaille
De toutes parts : il n'en peut presque plus.
Transi de froid, immobile et perclus⁶,
Au désespoir bientôt il s'abandonne,  145
Claque des dents, se plaint, tremble, et frissonne⁷

toute votre vie, que votre bon naturel n'a pas eu toute son étendue. Je crois que vous entendez le mot de *mater*. » (MME DE SÉVIGNÉ, lettre à Bussy, tome VIII, p. 54.) Dans le Recueil de poésies françoises (tome X, p. 8), *la Complaincte du petit monde* : « de grant ennuy mat et lassé ».

1. La porte de Castel-Guiglielmo : comme on fait dans toutes les places fortes. — *Si tardi vi giunse, che essendo le porti serrate e i ponti levati, entrare non vi pote dentro.*

2. Faisait partie de, appartenait à.

3. C'est-à-dire : de ce quelque peu.

4. Comparez *le Faucon*, vers 218 ; Molière, *l'Étourdi*, acte II, scène III, vers 565 :

.... Ses déplaisirs prendront quelque allégeance ;

et les *Lexiques de Malherbe* et de *Corneille*.

5. *Et per adventura vide una casa.... sportata alquanto in fuori, sotto il quale sporto, etc.*

6. Comparez le 6ᵉ vers de la fable XII du livre VI :

.... Transi, gelé, perclus, immobile, rendu.

7. Rapprochez les vers 95-96 du *Cocu* :

....Tandis qu'il frissonne,

Si hautement¹ que quelqu'un l'entendit.

Ce quelqu'un-là, c'étoit une servante²,
Et sa maîtresse, une veuve galante
Qui demeuroit au logis que j'ai dit,                150
Pleine d'appas, jeune, et de bonne grâce³.
Certain marquis, gouverneur de la place,
L'entretenoit; et, de peur d'être vu,
Troublé, distrait, enfin interrompu
Dans son commerce⁴ au logis de la dame,           155
Il se rendoit souvent chez cette femme
Par une porte aboutissante⁵ aux champs;
Alloit, venoit, sans que ceux de la ville
En sussent rien, non pas même ses gens.
Je m'en étonne, et tout plaisir tranquille        160
N'est d'ordinaire un plaisir de marquis :
Plus il est su, plus il leur semble exquis⁶.

   Claque des dents, et meurt quasi de froid....
— *Tremando, et battendo i denti.*
 1. A voix si haute : comparez *l'École des maris* de Molière, vers 542 (tome II, p. 398 et note 4). — *Dolente et sconsolato piangendo*. — Chez Boccace, il recourt encore à son saint, *dicendo questo non essere della fede che haveva in lui*.
 2. Dans le conte italien, c'est la maîtresse elle-même qui l'entend, tandis qu'elle est au bain : *Stando la donna nel bagno, sentì il pianto e 'l tremito che Rinaldo faceva, il quale pareva diventato una cicogna.*
 3. *Eglera in questo castello una donna vedova, del corpo bellissima quanto alcuna altra, etc.*
 4. Fréquentation, relations habituelles : voyez *Joconde*, vers 38 et la note.
 5. Accord du participe présent, quoique suivi d'un complément.
 6. Ce n'est pas non plus un plaisir de Français, si nous en croyons notre poëte : voyez ci-dessous, la fin du conte IX de ce livre, et les vers 215-218 du *Roi Candaule* :

   .... Discrétion françoise
 Est chose outre nature et d'un trop grand effort.
   Dissimuler un tel transport,
   Cela sent son humeur bourgeoise.

Or il avint¹ que la même soirée
Où notre Job, sur la paille étendu²,
Tenoit³ déjà sa fin toute assurée,         165
Monsieur étoit de Madame attendu;
Le souper prêt, la chambre bien parée;
Bons restaurants⁴, champignons, et ragoûts;
Bains et parfums; matelas blancs et mous;
Vin du coucher⁵; toute l'artillerie         170
De Cupidon⁶; non pas le langoureux,
Mais celui-là qui n'a fait en sa vie
Que de bons tours, le patron des heureux,

1. Voyez ci-dessus, vers 56, et ci-dessous, vers 175.
2. Comme Job sur son fumier, et pauvre comme Job, puisqu'il avait été dépouillé.
3. Ci-dessus, p. 48 et note 2.
4. Comparez *Mazet de Lamporechio*, vers 176; *l'Heptaméron*, p. 240, 344, 346, et p. 224 : « La dame le fit coucher en un beau lict où il fut quinze iours, ne viuant que de restaurans »; Brantôme, *Dames galantes*, p. 60, 337, et p. 86 : « Elle le tint un mois entier dans son cabinet, le nourrissant de restaurans, de bouillons friands, de viandes delicates et rescaldatiues, pour l'allambiquer mieulx et en tirer sa substance »; du Fail, tome II, p. 35 : « ung brouët, vray restaurant et elixir de vie ».
5. « Sur la fin fut apporté vin de coucher. » (Rabelais, tome III, p. 224.) « Le curé, qui congnoissoit sa complexion, auoit appresté un petit tendron pour son vin de coucher. » (B. des Périers, nouvelle xxxiv, tome I, p. 171.) Voyez aussi les *Contes d'Eutrapel*, tome I, p. 212, et p. 271 : « Ie congnois le paroissien qui, pour son vin de coucher, entonne volontiers.... un pot de vin tout comble. »
6. Au conte viii de Noël du Fail, tome I, p. 110 : « Tout ce qu'il y auoit de pain, chair, vin, et autre artillerie de gueule, fut desployé. » Toujours l'amour comparé à la guerre, comme dans l'élégie ix du livre I des *Amours* d'Ovide :

> *Militat omnis amans, et habet sua castra Cupido :*
> *Attice, crede mihi; militat omnis amans.*
> *Quæ bello est habilis, Veneri quoque convenit ætas*, etc.

— Voyez les préparatifs analogues et non moins alléchants des nonnes dans le conte du *Tableau*, vers 76-86.

Des jouissants[1]. Étant donc la donzelle[2]
Prête à bien faire[3], avint que le marquis         175
Ne put venir. Elle en reçut l'avis
Par un sien page[4] ; et de cela la belle
Se consola : tel étoit leur marché[5].

Renaud y gagne. Il ne fut écouté
Plus d'un moment que[6] pleine de bonté         180
Cette servante, et confite en tendresse[7],

1.          Qu'elle le reçoiue en sa grace
            Et iouissant elle le face.
            (JODELLE, *l'Eugène*, acte V, scène 1.)
            Un mari fort amoureux,
            Fort amoureux de sa femme,
        Bien qu'il fût jouissant, se croyoit malheureux.
                    (Fable xv du livre IX, vers 3.)
Mais « le patron » de ce mari-là est un Cupidon langoureux :
voyez tome II, p. 432 et note 2. Rapprochez le vers 59 du *Remède* ;
Ronsard (tome II, p. 134) : « Ne iouissant, ie iouis » ; cette phrase
de Brantôme (tome V, p. 29) : « Une belle fille.... de laquelle il estoit
amoureux, voyre iouissant » ; et celle-ci de Voltaire : « Il hait quiconque réussit, comme les eunuques haïssent les jouissants. »
(*Candide*, chapitre XXII.)
2. Pour ce mot, voyez ci-dessus, p. 68 et note 6.
3. Rapprochez le vers 44 du *Cocu* et la note. Au tome X du
*Recueil de poésies françoises*, p. 210 : « Belles filles prestes à le bien
faire. »
4. Voilà au moins un des gens du marquis dans le secret (voyez
le vers 159). — Pour cette inversion familière, comparez ci-dessus,
vers 104 et la note. — *Et essendo ogni cosa presta, et la donna niun'
altra cosa chella venuta del marchese aspettando, advenne che un fante
giunse alla porta, il quale reco novelle al marchese per lequali allui subi-
tamente cavalcar convene*, etc.
5. C'était convenu ; il s'était réservé la facilité de la prévenir au
dernier moment qu'il ne viendrait pas.
6. On ne l'eut pas plus tôt entendu que, etc.
7.          Pour cet homme en fer tout confit
            Passeport d'Amour ne suffit.
            (Lettre à l'abbesse de Mouzon, tome V M.-L., p. 4.)
[Macette] a changé de courage, et confite en détresse,

Par aventure, autant que sa maîtresse[1],
Dit à la veuve : « Un pauvre souffreteux[2]
Se plaint là-bas ; le froid est rigoureux ;
Il peut mourir : vous plaît-il pas, Madame,     185
Qu'en quelque coin l'on le[3] mette à couvert ?
— Oui, je le veux, répondit cette femme.
Ce galetas[4] qui de rien ne nous sert
Lui viendra[5] bien : dessus quelque couchette
Vous lui mettrez un peu de paille nette ;     190

Imite avec ses pleurs la sainte pécheresse.
(REGNIER, satire XIII, vers 13-14.)

Voyez aussi la satire II, vers 175 : « confits en science » ; *l'Heptaméron*, p. 342 : « confites en amour » ; Collerye, p. 78 : « confit en liesse ; Brantôme, tome IX, p. 725 : « confite en sapience » ; Montaigne, tome III, p. 316 : « confite en souspeçon », p. 526 : « confits en fadeze » ; *le Tartuffe*, vers 532 : « confit en douceurs et plaisirs » ; Tallemant, tome I, p. 403 : « confit en galanterie » ; etc.

1. *Laqual similmente pieta havendone*....

2. *Souffreteux* veut bien dire ici *qui souffre;* mais il implique aussi l'idée de pénurie ; il signifiait autrefois particulièrement pauvre d'argent, besogneux, témoin la Quatriesme Repeue franche de Villon, *du Souffreteux :*

Où pris argent, qui n'en a point ? etc. ;

dans *les Cent Nouvelles nouvelles*, p. 208 : « diseteux et fort souffreteux » ; chez du Bellay, tome II, p. 181 : « plus souffreteux qu'un pauure qui mendie » ; chez Brantôme, tome IX, p. 161 : « les pauures souffreteux et necessiteux » ; et le titre de la XL{{e}} histoire des *Comptes du monde aduentureux* (Paris, 1555) : « Comme un gentilhomme souffreteux prostitua sa femme à un cardinal pour en tirer argent. » Dans Rabelais (tome II, p. 23) : « les estropiatz et souffreteux » ; voyez *ibidem*, p. 430, et tome III, p. 106.

3. Voyez ci-dessus, le vers 29 du conte III et la note.

4. Comparez la fable XV du livre VII, vers 44. — « Un bourgeois.... se fait bâtir un hôtel si beau.... qu'il est inhabitable. Le maître, honteux de s'y loger..., se retire au *galetas*. » (LA BRUYÈRE, tome II, p. 140.)

5. Lui conviendra : abréviation poétique, comme, plus haut, *marque* pour *remarque* (vers 63 du *Berceau*) ; ou viendra bien à point pour lui. Rapprochez les vers 147 et 204 du *Magnifique*.

Et là dedans il faudra l'enfermer :
De nos reliefs[1] vous le ferez souper
Auparavant, puis l'envoyrez[2] coucher. »

Sans cet arrêt, c'étoit fait de la vie
Du bon Renaud. On ouvre ; il remercie,                195
Dit qu'on l'avoit retiré du tombeau,
Conte son cas[3], reprend force et courage :
Il étoit grand, bien fait, beau personnage[4],
Ne sembloit même homme en amour nouveau[5],
Quoiqu'il fût jeune. Au reste, il avoit honte        200
De sa misère et de sa nudité :
L'Amour est nu, mais il n'est pas crotté[6].
Renaud dedans, la chambrière monte,

1. De nos restes : mot employé aux fables v, vers 27, et ix, vers 4, du livre I.
2. Il y a *envoyrez*, pour la mesure, dans nos anciennes éditions. — *Va, et pianamente gli apri, qui ha questa cena, et non saria chi mangiarla, et da poterlo albergare ci è assai.*
3. Comme plus haut (vers 108) :

Le drôle, ayant vu de loin tout le cas....

4. « Il estoit beau personnage, blanc, de belle et alaigre taille, etc. » (MONTAIGNE, tome III, p. 91.)

La belle en choisit un, bien fait, beau personnage.
(*La Coupe enchantée*, vers 146.)

— *Egli era grande della persona, et bello, et piacevole nel viso*, etc. Dans le Maçon : « Il estoit grant personnaige, beau et plaisant à regarder. »
5. Voyez p. 157 et note 5.
6. Il est au moins quelquefois mouillé : voyez le conte xii de la III⁰ partie. Mais, plus il est nu, moins il a froid, dit un vieux proverbe, reproduit par John Owen, livre II, épigramme LXXXVIII :

*Quo nudus magis est, hoc minus alget Amor;*

et par Corneille (*Poésies diverses*, tome X, p. 47) :

Depuis que l'hiver est venu
Je plains le froid qu'Amour endure,
Sans songer que plus il est nu,
Et tant moins il craint la froidure.

DEUXIÈME PARTIE.

Et va conter le tout de point en point[1].
La dame dit : « Regardez si j'ai point      205
Quelque habit d'homme encor dans mon armoire :
Car feu Monsieur en doit avoir laissé[2].
— Vous en avez, j'en ai bonne mémoire, »
Dit la servante. Elle eut bientôt trouvé
Le vrai ballot[3]. Pour plus d'honnêteté,     210
La dame ayant appris la qualité
De Renaud d'Ast, car il s'étoit nommé[4],
Dit qu'on le mît au bain chauffé pour elle[5].
Cela fut fait ; il ne se fit prier[6].

1. Je reviendrai dans peu conter de point en point
   Mes aventures à mon frère.
   (Livre IX, fable II, vers 23-24.)

Voyez aussi le conte I de la IV<sup>e</sup> partie, vers 111.

2. *La donna gli fece trovare panni stati del marito di lei.*

3. Expression proverbiale, ici prise au propre : ce qu'il fallait, ce qui convenait le mieux, ce qu'elle cherchait : *li quali panni*, dit Boccace, *come vestiti s'ebbe, a suo dosso fatti parevano.* Voyez un exemple, au figuré, emprunté à l'*Ancien Théâtre françois* (tome IX, p. 85) : « Il a, ma foy ! bien trouué son ballot » ; et deux à Saint-Simon, tomes V, p. 48 : « Le Roi trouva que c'étoit là son vrai ballot, qu'il ne trouveroit de longtemps, et le saisit » ; et I, p. 34 : « Mme de Manneville.... étoit tellement leur vrai ballot qu'on ne comprend pas comment elle n'y avoit pas été mise d'abord (dame d'honneur). »

4. La Fontaine fait sans doute de Renaud un gentilhomme ; l'un des brigands l'a appelé ainsi (vers 88) : « Mon gentilhomme » ; mais, il est vrai, par une dernière ironie. Chez Boccace, nous l'avons dit, c'est un marchand, que les voleurs appellent également *gentil huomo*. Ils l'auraient nommé « Excellence » au besoin. En somme, « Renaud d'Ast » veut simplement dire : « Renaud natif d'Asti ».

5. Chez Boccace, elle le fait entrer dans le bain dont elle s'est déjà servie, d'où elle a entendu les plaintes du voyageur, et qui avait été préparé pour le marquis, *nel bagno fatto per lo marchese* : « *Tosto*, dit-elle, *buon huomo, entra in quel bagno, ilquale anchora è caldo.* » Renaud se hâte d'obéir, et il remercie saint Julien : *incomincio a ringraziare Iddio et san Giuliano.*

6. *Senza piu inviti aspettare.*

On le parfume¹ avant que l'habiller².     215
Il monte en haut, et fait à la donzelle³
Son compliment⁴, comme homme bien appris.
On sert enfin le souper du marquis.

Renaud mangea tout ainsi qu'un autre homme,
Même un peu mieux : la chronique le dit⁵ ;     220
On peut à moins gagner de l'appétit.
Quant à la veuve, elle ne fit en somme
Que regarder, témoignant son desir⁶ ;
Soit que déjà l'attente du plaisir
L'eût disposée⁷, ou soit par sympathie ;     225

1. Selon la mode ancienne, au sortir du bain, ou avant d'entrer au lit; voyez, ci-dessus, le vers 169 : « bains et parfums », et le conte précédent, vers 69, où le muletier, pour mieux jouer son rôle, se parfume avant de se coucher. — Dans *l'Heptaméron*, p. 21 : « Quand il eut pris la plus gorgiase et parfumée chemise qu'il eust..., luy sembla bien, en se mirant, qu'il n'y eust femme en ce monde qui sceut refuser sa beauté et bonne grace. »

2. Même tour dans *la Fiancée du roi de Garbe*, vers 583, dans *la Coupe enchantée*, vers 73, dans *le Faucon*, vers 28, etc.; nous avons rencontré *devant que*, suivi de l'infinitif, dans *Joconde*, vers 262.

3. Voyez ci-dessus, vers 174 et la note.

4. « Il lui fit un compliment en honnête homme. » (Scarron, *le Roman comique*, Iʳᵉ partie, chapitre XXII, où il s'agit également d'un voyageur dévalisé, et recueilli par une jeune veuve.)

5. Rapprochez la formule si fréquente chez la Fontaine : « à ce que dit l'histoire ». (*Joconde*, vers 69 et la note.)

6. Chez Boccace, elle ne cesse aussi de le regarder, et plus elle le regarde, plus elle le trouve aimable, plus le feu de son désir s'attise. Elle « le couvoit des yeux, lui souriait » (*le Psautier*, vers 26-27). Comparez ces deux vers (60-61) de *la Courtisane amoureuse* :

    Incessamment Constance le regarde ;
    Et puis soupirs, et puis regards nouveaux ;

les vers 64-65 du *Cas de conscience*; et ceux-ci de *Mazet* (118-120) :

    ....Mazet étoit beau mâle,
    Et la galande à le considérer
    Avoit pris goût.

7. L'attente du plaisir qu'elle s'était promis avec le marquis

Ou que la mine¹ ou bien le procédé²
De Renaud d'Ast eussent son cœur touché.
De tous côtés se trouvant assaillie³,
Elle se rend aux semonces⁴ d'Amour.
« Quand je ferai, disoit-elle, ce tour, 230
Qui l'ira dire⁵? il n'y va rien du nôtre⁶ :

la Fontaine nous l'a montrée, vers 175, « prête à bien faire ». —
*Et gia per lo marchese che con lei dovea venire agiacersi il concupiscie-
vole appetito havendo desto....*

1. La bonne mine. Voyez ci-dessus, le vers 198 et la note ; et le vers 20 du *Muletier*.

2. Sa manière d'agir, sa politesse. « Il avoit la mine d'un Mars et pourtant beaucoup de douceur en son procédé. » (*Psyché*, livre I, tome III *M.-L.*, p. 61.) Voyez *ibidem*, p. 103 et 226 ; *le Faucon*, vers 201, *la Courtisane amoureuse*, vers 136 ; et les divers *Lexiques* de la Collection.

3. Étant prise « par tant de manières » (*la Fiancée*, vers 238).

4. Invitations, presque sommations. Voyez la fable I du livre XII, vers 99, tome III, p. 192 et note 57, à laquelle on peut ajouter cet exemple tiré de la fin des *Amours de Mars et de Vénus* :

Le vieillard écloppé
Semond les Dieux;

c'est-à-dire les apostrophe avec colère. *Semondre, semonce*, sont dans Rabelais, dans Marot, et chez tous nos vieux auteurs : « Marché se porta entre eulx deux..., à la semonce de Nature. » (*Les Cent Nouvelles nouvelles*, p. 351.) « .... Les necessités urgentes de l'Eglise les y semonnoient. » (Pasquier, *Recherches*, etc., livre III, chapitre v.) Comparez Molière, *l'Étourdi*, acte II, scène II, vers 510. Citons aussi cette phrase de Malherbe (tome IV, p. 32), où *semonce* a bien, comme l'exemple cité des *Cent Nouvelles nouvelles*, le même sens que dans notre vers : « Par quelque résistance elles (les femmes) piquent un desir qui sans doute se relâcheroit si à notre première semonce elles se rendoient avec une trop prompte et trop complaisante facilité. » Il a été employé avec la même signification, par Voltaire, dans une lettre à M. d'Argental (26 septembre 1773) : « Il ne me reste plus qu'à répondre à vos semonces d'écrire à M. le duc d'Albe. »

5. Même tour au livre II de *Psyché* (tome III *M.-L.*, p. 104) : « Quand je le ferai néanmoins, quelle punition, etc. »

6. Je n'y perdrai rien, je ne risque rien. Comparez le conte du *Petit Chien*, vers 273 et suivants :

Si le marquis est quelque peu trompé,
Il le mérite, et doit l'avoir gagné,
Ou gagnera; car c'est un bon apôtre[1].
Homme pour homme, et péché pour péché,  225
Autant me vaut celui-ci que cet autre[2]. »

Renaud n'étoit si neuf qu'il ne vît bien[3]
Que l'oraison de Monsieur saint Julien
Feroit effet, et qu'il auroit bon gîte[4].
Lui hors de table, on dessert au plus vite.  240
Les voilà seuls, et, pour le faire court[5],
En beau début. La dame s'étoit mise
En un habit à donner de l'amour[6].
La négligence, à mon gré si requise[7],
Pour cette fois fut sa dame d'atour[8].  245

    ....Qui l'ira déclarer,
    Qui le saura...?
    Cela nous fait-il empirer
    D'une ongle ou d'un cheveu? etc.

1. Voyez sur cette locution le vers 66 du conte 1 de cette II⁰ partie, et la note. — L'excuse est plaisante, et le raisonnement a quelque analogie avec celui du Loup dans la fable du *Loup et l'Agneau*.
2. Dans *le Tableau*, vers 132 : « Il vaut bien l'autre. »
3. Même tour dans *le Faiseur*, vers 43-44, dans *la Courtisane amoureuse*, vers 98-99 : « Il n'étoit si novice qu'il ne connût.... »
4. « Bon gîte et le reste. »
5. Pour abréger : voyez le vers 242 de *Joconde* et la note.
6. En habit de combat.
7. Si nécessaire à la beauté, qui lui donne tant de grâce et de piquant. On connaît les vers de Racine :

    ....Belle, sans ornements, dans le simple appareil
    D'une beauté qu'on vient d'arracher au sommeil.
    Que veux-tu? Je ne sais si cette *négligence*,
    Les ombres, les flambeaux, les cris et le silence....
    Relevaient de ses yeux les timides douceurs....
        (*Britannicus*, acte II, scène II, vers 389-394.)

8. Dame d'*atour*, au singulier, qui est la véritable orthographe

Point de clinquant, jupe simple et modeste,
Ajustement moins superbe que leste ;
Un mouchoir¹ noir de deux grands doigts trop court² ;
Sous ce mouchoir ne sais quoi fait au tour³ :
Par là Renaud s'imagina le reste.   250
Mot n'en dirai ; mais je n'omettrai point
Qu'elle étoit jeune, agréable⁴, et touchante⁵,

ancienne et moderne, c'est-à-dire « apprêt, toilette ». Chez Montaigne, tome I, p. 430 : « ....obscurement couuerts et sans atour. » — Pour ces abstractions personnifiées, voyez tome II, p. 474 et note 79 ; le conte du *Tableau*, vers 80 ; etc.

1. Mouchoir de cou, mouchoir de sein :

> Disant ces mots il fait connoissance avec elle,
> Auprès de lui la fait asseoir,
> Prend une main, un bras, lève un coin du mouchoir.
> (Livre IV, fable IV, vers 25-27.)

Comparez *la Coupe enchantée*, vers 103 :

> La fille crût, se fit : on pouvoit déjà voir
> Hausser et baisser son mouchoir ;

et Scarron, *le Roman comique*, II<sup>e</sup> partie, chapitre x : « La grosse sensuelle ôta son mouchoir de cou et étala dix livres de tetons pour le moins. »

2. 
> Qui laissait voir un grand tiers de teton
> Rebondissant sous sa mince étamine.
> (VOLTAIRE, *la Guerre civile de Genève*, chant 1.)

3. Dans *le Tableau*, vers 97 :

> Tout étoit fait au tour.

Voyez aussi dans la comédie de *Clymène* (tome IV *M.-L.*, p. 147), un « pied fait au tour » ; et chez Ronsard (le premier livre des *Amours*, XLVI) :

> Ses cuisses soient comme faictes au tour,
> A pleine chair, rondes tout à l'entour.

4. Voyez ci-dessus, le vers 151.
5. Propre à donner de l'amour. « .... Une jeune fille..., la plus belle et la plus touchante qu'on puisse jamais voir. » (MOLIÈRE, *les Fourberies de Scapin*, acte I, scène II.) « Elle étoit à la première fleur de son âge, belle, touchante, faite à peindre. » (SAINT-SIMON,

Blanche surtout[1], et de taille avenante,
Trop ni trop peu de chair et d'embonpoint[2].
A cet objet[3] qui n'eût eu l'âme émue? 255
Qui n'eût aimé? qui n'eût eu des desirs?
Un philosophe[4], un marbre[5], une statue,
Auroient senti comme nous ces plaisirs.
Elle commence à parler la première,
Et fait si bien que Renaud s'enhardit. 260
Il ne savoit comme entrer en matière;
Mais pour l'aider la marchande[6] lui dit :

tome II, p. 9.) Dans une élégie de notre poète à Clymène (tome V
M.-L., p. 88) :

O Dieux, qu'elle a d'appas! qu'elle plaît! qu'elle touche!

Rapprochez la note 3 de la page 147.

1. Chez Brantôme, tome VIII, p. 34, 37 : « sa belle face blanche », « son beau visage blanc, qui ressembloit ung ciel en sa plus grande et blanche sereincté. »

2. Comparez *le Tableau*, vers 96-97 :

Blancheur, délicatesse, embonpoint raisonnable,
Fermeté....

3. Pour ce mot, voyez p. 118 et note 3 ; ci-dessous, le vers 271 ; et les vers 152 des *Oies de frère Philippe*, 4 des *Rémois*, etc.

4. Même le Stoïcien de la fable xx du livre XII, « qui retranche de l'âme desirs et passions » (vers 30-36).

5. Dans *la Fiancée*, vers 226 :

Il auroit échauffé des marbres.

6. Non pas précisément la femme qui veut se faire marchander, se faire prier, puisque c'est elle ici qui fait les avances ; ni la courtisane, la femme galante, puisqu'elle ne se vend pas, mais se donne à Renaud ; mais, au figuré, la femme de bon débit, qui sait donner du lustre à sa marchandise, et qui veut « faire affaire ». Ou simplement la coquine, la friponne, qu'il s'agisse, au propre ou au figuré, d'acheter ou de vendre :

Pour estre ung petit mise en presse
Ie n'en seray que plus marchande.
(*Monologue ioyeulx de la chamberiere*, tome II, p. 250, du
*Recueil de poésies françoises.*)

C'est ainsi que Noël du Fail (tome I, p. 107) appelle « marchans

« Vous rappelez en moi la souvenance[1]
D'un qui s'est vu mon unique souci[2] ;
Plus je vous vois, plus je crois voir aussi        265
L'air et le port, les yeux, la remembrance[3]
De mon époux : que Dieu lui fasse paix !
Voilà sa bouche, et voilà tous ses traits[4]. »
Renaud reprit : « Ce m'est beaucoup de gloire.
Mais vous, Madame, à qui ressemblez-vous ?    270
A nul objet[5] ; et je n'ai point mémoire
D'en avoir vu qui m'ait semblé si doux.
Nulle beauté n'approche de la vôtre.

meslez » de petits polissons de pages ; et Folengo, dans son *Histoire maccaronique* (livre VI), Oudin, dans ses *Curiosités françoises*, un « bon marchand », un rusé compagnon, un fin drôle. — Rapprochez le vers 60 du conte I de la IV<sup>e</sup> partie :

    Il est marchande et marchande, entre nous.

1. Voyez tome II, p. 98 et note 24. « Il faut dire *souvenir* en prose, dit Vaugelas, mais en vers *souvenance* est bon. » (*Nouvelles Remarques*, etc., p. 438.)

2. Comparez *Joconde*, vers 156, et la note :

    Mon cher Curtade, mon souci.

3. Terme archaïque : il est dans toutes les éditions du *Dictionnaire de l'Académie*, mais avec la qualification de « vieux ». Voyez les exemples de la *Chanson de Roland*, du *Roman de la Rose*, etc., que donne Littré ; les *Cent Nouvelles nouvelles*, p. 238 : « en remembrance » ; et Voiture, tome II, p. 254, et p. 386 :

    Jadis n'en étoit remembrance (*des amours*) :
    Cent ans a qu'il en vint en France.

Walckenaer cite, à propos de ce mot et du verbe dont il est tiré, ces deux vers d'André de la Vigne :

    Remembrez-vous de nos frisques maintiens,
    Ayez memoire de notre grand liesse.

Le verbe (*to remember*) et le substantif ont passé dans la langue anglaise.

4. *Veggendovi cotesti panni in dosso liquali del mio morto marito furono, parendomi voi pur desso, m'è venuta stasera forse cento volte voglia d'abbracciarvi et di baciarvi ; et, se io non havessi temuto che dispiaciutovi fosse, per certo io l'havrei gia fatto.*

5. Voyez le vers 255 et la note.

Or me voici d'un mal chu dans un autre :
Je transissois, je brûle maintenant¹.              275
Lequel vaut mieux ? » La belle, l'arrêtant,
S'humilia pour être contredite :
C'est une adresse à mon sens non petite.
Renaud poursuit, louant par le menu²
Tout ce qu'il voit, tout ce qu'il n'a point vu³,   280
Et qu'il verroit volontiers, si la belle
Plus que de droit⁴ ne se montroit cruelle.
« Pour vous louer comme vous méritez,
Ajouta-t-il, et marquer⁵ les beautés
Dont j'ai la vue avec le cœur frappée              285
(Car près de vous l'un et l'autre s'ensuit⁶),
Il faut un siècle, et je n'ai qu'une nuit,
Qui pourroit être encor mieux occupée. »

1. Rapprochez le vers 144. Renaud va prouver en effet qu'il n'a rien d'un amoureux transi. — Dans *Phèdre*, acte I, scène III, vers 276 :

    Je sentis tout mon corps et transir et brûler ;

Mais elle frissonnait d'amour, non de froid comme notre héros.
    2. En détail. Rapprochez *le Magnifique*, vers 112 :

    Je vous dirois de cet ardent desir
    Tout le menu ;

des Périers, tome II, p. 161 : « Elle disoit.... par le menu tous les moyens, etc. »; du Bellay, tome I, p. 216 : « deduire par le menu ».
    3. Comme le galant du conte XI de ce livre, vers 9 :

    O dieux ! que vois-je ! et que ne vois-je pas !

    4. « Plus que le droit », dans la seule édition de 1669 Paris, plus qu'il n'est permis. C'est probablement une faute plutôt qu'une correction, bien que la locution soit très correcte.
    5. Non *remarquer*, comme au vers 63 du *Berceau*, mais *désigner*, *signaler*. Comparez cette phrase d'une lettre de Mme de Sévigné (tome VIII, p. 46) : « Il importera peu.... qu'il (mon fils) soit marqué (dans le livre de notre généalogie) pour cette charge (de guidon)..., ou pour la sous-lieutenance. »
    6. Même emploi du singulier après « l'un et l'autre », ci-dessous, au vers 302 ; voyez *Joconde*, vers 516 et la note.

## DEUXIÈME PARTIE.

    Elle sourit : il n'en fallut pas plus.
    Renaud laissa les discours superflus,           290
    Le temps est cher en amour comme en guerre [1].
    Homme mortel ne s'est vu sur la terre
    De plus heureux ; car nul point n'y manquoit.
    On résista tout autant qu'il falloit,
    Ni plus ni moins, ainsi que chaque belle        295
    Sait pratiquer, pucelle ou non pucelle [2].
    Au demeurant, je n'ai pas entrepris
    De raconter tout ce qu'il obtint d'elle ;
    Menu détail : baisers donnés et pris ;
    La petite-oie [3] ; enfin ce qu'on appelle        300

  1. Comparez *la Gageure*, vers 121-123 ; *Nicaise*, vers 161-167 et 205-209 ; *le Berceau*, vers 83 ; et la comédie de *Clymène* (tome IV M.-L., p. 142) :

      Le temps d'aimer n'a si petite part
      Qui ne soit chère.

— Les moments sont bien chers à la guerre, en amours.
              (VOLTAIRE, *l'Éducation d'un prince*.)

  2. « Rebelle de la bonne façon », comme « la belle » du *Gascon puni*, vers 34. Voyez aussi *la Servante justifiée*, vers 31-34, et *les Rémois*, vers 158-159. « Une dame plaist plus, dit Brantôme, qui fait un peu de la difficile et resiste, que quand elle se laisse sitost porter par terre. » (*Dames galantes*, p. 41.) « Souuent, dit Ronsard (tome II, p. 521), le nier ung petit

      En amour donne l'appetit. »

— Chez Boccace, nous l'avons vu, les avances de la dame au cavalier sont plus vives : elle va jusqu'à lui avouer qu'elle est tentée de lui sauter au cou, de lui donner mille baisers, et elle les lui donne, et il les lui rend.

  3. « Elle lui accorda.... ce qu'une fille peut accorder honnêtement à un homme ; et il fut maître de ce que nous appelons en France *la petite-oie*. » (BUSSY RABUTIN, *la France galante*, p. 305 de l'édition de 1857.) « Je crois, quoiqu'il ait dit qu'il n'en eut que la petite-oie, qu'elle lui accorda toute chose. » (TALLEMANT DES RÉAUX, tome II, p. 370.) « Il en avoit eu la petite-oie : elle lui eût donné volontiers le reste. » (*Ibidem*, tome V, p. 456.) — On

En bon françois[1] les préludes d'amour ;
Car l'un et l'autre y savoit plus d'un tour[2].
Au souvenir de l'état misérable
Où s'étoit vu le pauvre voyageur,
On lui faisoit toujours quelque faveur.                     305
« Voilà, disoit la veuve charitable[3],
Pour le chemin, voici pour les brigands,
Puis pour la peur, puis pour le mauvais temps ; »
Tant que le tout pièce à pièce s'efface.
Qui ne voudroit se racquitter[4] ainsi ?                    310
Conclusion, que Renaud sur la place

disait *petite-oie d'amour*, c'est-à-dire les menues faveurs, les caresses mignonnes, comme *petite-oie de volaille*, la tête, les bouts d'ailes, le cou, le foie, le gésier, les pattes ; et *petite-oie d'habit*, tous les accessoires de la toilette, les rubans, les dentelles, les plumes, les jarretières, les aiguillettes, le cordon de chapeau, le nœud de l'épée, etc. : « Que vous semble de ma petite-oie ? » dit Mascarille aux *Précieuses*, scène ix. Voyez Molière, tome II, p. 93 et note 4 ; et le *Lexique de Corneille*. — Comparez *Richard Minutolo*, vers 210 et suivants :

D'une faveur en une autre il passa, etc.

1. Même locution à la fin de la fable viii du livre VI.

2.       Tiennette et moi nous n'avons qu'une noise :
         C'est qui des deux y sait de meilleurs tours.
                             (*Les Troqueurs*, vers 68-69.)

Voyez aussi les vers 17 du *Faiseur d'oreilles* et 73 du *Cuvier*.

3. Comparez, pour cette charité-là, *les Cordeliers de Catalogne*, vers 5 et la note ; et Molière, *l'École des femmes*, vers 524 : « la vieille charitable », qui ne l'est plus, il est vrai, que par procuration. Voyez aussi dans la xv<sup>e</sup> des *Cent Nouvelles nouvelles* : « la charité de la maison des courtoises nonnains » ; des Périers, tome I, p. 46 : « faire œuvre de charité » ; et Brantôme, tome IX, p. 160 et suivantes, où il recommande aux femmes d' « eslargir leur chasteté aux personnes de merite, vertu, et de souffrance », et de ne point « espargner la belle iouissance de leur corps » aux gueux, aux misérables.

4. Se dédommager de ce qu'on a perdu ou souffert. Voyez les exemples de Balzac, de Sévigné, de Boileau, cités par Littré.

Obtint[1] le don d'amoureuse merci[2].
Les doux propos recommencent ensuite,
Puis les baisers, et puis la noix confite[3].
On se coucha. La dame, ne voulant   315
Qu'il s'allât mettre au lit de sa servante,

1. Même tour dans *le Magnifique*, vers 206 : « Conclusion, qu'il prit, etc. »; dans *le Faucon*, vers 56; dans *la Matrone*, vers 121; dans *Belphégor*, vers 127. Rapprochez des Périers, tome I, p. 53; du Fail, tomes I, p. 113, II, p. 37, 107; du Bellay, tome II, p. 386; etc.

2. Les dernières faveurs; « le don d'amoureuse liesse », chez Marot (tome II, p. 184). « Le bon cheualier ne sceut oncques tant faire.... qu'il peust obtenir de sa dame le gracieux don de mercy. » (*Les Cent Nouvelles nouvelles*, nouvelle LIV.) « Ie vous prie, dites-moi, si c'est honneste à une dame d'auoir le nom d'estre sans pitié, sans charité, sans amour et sans mercy? — Sans charité et sans amour ne faut il pas qu'elle soit. Mais ce mot de *mercy* sonne si mal contre les femmes qu'elles n'en peuuent user sans offenser leur honneur; car, proprement, *mercy* est accorder la grace qu'on demande. On sçait bien celle que les hommes desirent. » (*L'Heptaméron*, nouvelle LVI.) *La Belle Dame sans mercy*, *la sans mercy*, est le titre d'un poème d'Alain Chartier et de plusieurs anciennes chansons.

3. Le jeu de la langue.

>    *Oscula inseruit cupidæ luctantia linguæ.*
>            (OVIDE, *les Amours*, livre III, élégie VII, vers 9.)
>    *Purpureis condatur lingua labellis.*
>            (*Ibidem*, élégie XIV, vers 23.)

Sus donc, approche toy et me baise, mignonne,
Suçons et ressuçons l'un et l'autre à son tour
Le petit bout sucré que la mere d'Amour
A confit dans le miel des baisers qu'elle donne.
            (REMY BELLEAU, *A sa maitresse*, tome I, p. 129; voyez
              *ibidem*, p. 140, et tome II, p. 86-107 et 125.)

>    Au paradis de tes leures descloses
>    Ie vais cueillant de mille et mille roses
>        Le miel delicieux.
>            (DES PORTES, *Baiser*, p. 441.)

.... Et sa langue mon cœur par ma bouche embrasa :
Bref tout ce qu'ose Amour ma déesse l'osa,
Me suggérant la manne en sa lèvre amassée.
            (REGNIER, élégie IV, vers 15-17.)

« Cela s'entend en pigeonne, la langue en bouche », comme dit

Le mit au sien¹ : ce fut fait prudemment,
En femme sage², en personne galante.
Je n'ai pas su ce qu'étant dans le lit
Ils avoient fait ; mais, comme avec l'habit    320
On met à part certain reste de honte³,
Apparemment le meilleur de ce conte⁴
Entre deux draps pour Renaud se passa⁵.

Brantôme (*Dames galantes*, p. 196). C'est ce qu'il appelle aussi : « s'entrebaiser à la colombine » (*ibidem*, p. 198, 517), ou p. 528 : « s'entrelier de langues, se les entredonner »; baiser « comme les colombelles » (Ronsard, tome I, p. 107; *ibidem*, p. 184). Comparez la nouvelle LXXVIII de des Périers : « D'un gentilhomme qui mit sa langue en la bouche d'une damoiselle en la baisant », selon la mode d'Italie, « laquelle façon estoit pour lors bien nouuelle en France, et est encores de present, mais non pas tant qu'alors, car les François commencent fort à ne trouuer rien mauuais, principallement en telles matieres » : la demoiselle se montre un peu surprise « d'une telle pigeonnerie »; et Tallement des Réaux (tome VII, p. 225) : « La femme, par grâce, accorda au mari toute une nuit. Les experts étoient auprès du feu; ce pauvre homme se crevoit de *noix confites;* à tout bout de champ, il disoit : « Venez, « venez »; mais on trouvoit toujours blanque. »

1. Rapprochez ci-dessus, le vers 213. — Il n'était plus question de le mettre sur la paille : voyez les vers 189-190.

2. Avisée. Cette épithète est employée avec la même ironie à la fin du conte v de la Iʳᵉ partie :

.... Je pense bien, continua la belle,
Qu'en pareil cas Madame en use ainsi :
Mais quoi ! chacun n'est pas si sage qu'elle.

3. Ἅμα δὲ κιθῶνι ἐκδυομένῳ συνεκδύεται καὶ τὴν αἰδῶ γυνή. « La femme dépose sa pudeur avec ses vêtements. » (HÉRODOTE, livre I, chapitre VIII.) « La femme qui se couche auecques un homme doibt, auecques sa cotte, laisser quand et quand la honte, et la reprendre auecques sa cotte. » (MONTAIGNE, livre I, chapitre XX, tome I, p. 118.)

4. Dans une élégie de notre poète *à l'Amour* (tome V *M.-L.*, p. 83) :

Sur le point que j'allois surmonter cette honte,
On me vint interrompre au plus beau de mon conte.

5. Rapprochez le conte du *Cocu*, vers 99-102, et la note du vers 101.

Là, plus à plein[1] il se récompensa[2]
Du mal souffert, de la perte arrivée.             325
De quoi s'étant la veuve bien trouvée,
Il fut prié de la venir revoir;
Mais en secret, car il falloit pourvoir
Au gouverneur[3]. La belle, non contente
De ces faveurs, étala son argent[4].              330
Renaud n'en prit qu'une somme bastante[5]
Pour regagner son logis promptement.

Il s'en va droit à cette hôtellerie
Où son valet étoit encore au lit[6].

1. Pour cette locution, voyez Racine, tome VI, p. 190, 577; Molière, tome V, p. 451 et note 1. On disait aussi *à pur et à plein* (Villon, p. 193; Noël du Fail, tome II, p. 52; Sévigné, tome IV, p. 87, 254, etc.).
2. Il se dédommagea. Voyez *Joconde*, vers 517 et la note.
3. S'arranger de manière à ne pas lui donner l'éveil. Voyez, ci-dessus, le vers 110 et la note; et *la Fiancée*, vers 712 :

   Il pourvut à la belle, etc.

— Chez Boccace, elle a la précaution, pour dérouter les soupçons, de faire vêtir Renaud d'habits en mauvais état : *Accio che questa cosa non si potesse presumere per alciuno, datigli alcuni panni assai cattivi.*
4. Proprement, le mit sur la table. Ce verbe est pris au figuré dans la fable VII du livre VII, vers 13 :

   Par ce trait de magnificence
   Le prince à ses sujets étaloit sa puissance.

Voyez aussi tomes II, p. 345, III, p. 251; le conte du *Magnifique*, vers 100; et la comédie de *l'Eunuque*, acte V, scène IV.
5. Terme vieilli : suffisante; italien et espagnol, *bastante*, de *bastare*, *bastar* : voyez, entre autres exemples, Brantôme, tome VII, p. 397 : « dames et damoyselles toutes bastantes pour mettre un feu par tout le monde »; et Montaigne, tome III, p. 110 : « baster à »; le *Lexique de Corneille*; une lettre de Chapelain de l'année 1637 (tome I, p. 146, du recueil cité); et Saint-Simon, tome I, p. 89 : « forces bastantes ».
6. Cette hôtellerie, « la plus fameuse, la mieux fournie », de Château-Guillaume, comme il est dit ci-dessus, au vers 114.

Renaud le rosse[1], et puis change d'habit,   335
Ayant trouvé sa valise garnie[2].
Pour le combler, son bon destin voulut
Qu'on attrapât les quidams[3] ce jour même.
Incontinent chez le juge il courut.
Il faut user de diligence extrême   340
En pareil cas[4]; car le greffe[5] tient bon[6],
Quand une fois il est saisi[7] des choses;
C'est proprement la caverne au Lion[8] :
Rien n'en revient[9]; là les mains ne sont closes
Pour recevoir, mais pour rendre, trop bien[10];   345

1. Vers plaisant, et qui marque bien, sans périphrases, la rapidité du châtiment subi.
2. *Rivestitosi de panni suoi che nella valigia erano.*
3. Voyez ci-dessus, vers 17 et la note.
4. En pareils cas. (1666, 1668, 1669 Amsterdam et Leyde.)
5. Le greffe, où l'on serre les minutes des actes de procédure, et où la justice ordonne certains dépôts.
6. Il a « bonne pince » (*Conte du Juge de Mesle,* vers 6).
7. Mis en possession.
8. Voyez la fable xiv du livre VI, *le Lion malade et le Renard* (tome II, p. 45, et note 4); *les Fourberies de Scapin,* de Molière, acte II, scène v (tome VIII, p. 461, et note 5); *le Lutrin* de Boileau, chant v; *les Plaideurs* de Racine, *passim;* etc. C'est ce que dit aussi le comédien Legrand dans son *Plutus* (acte I, scène iv) :

On ne sort pas du greffe ainsi que l'on y vient.

9. Comparez l'ode v du livre IV de Ronsard :

.... Un antre
Où bien facilement on entre,
Mais d'où iamais on ne reuient;

et ces vers du *Virgile travesti* de Scarron, qui traduisent les vers 126-129 du livre VI de *l'Énéide :*

Le chemin d'enfer est aisé :
On y peut entrer quand on l'ose;
Mais d'en sortir, c'est autre chose.

10. Trop bien closes. — Rapprochez la fin de la fable ix du livre IX; et le conte xiii de la IIIe partie, vers 8-12 :

.... Quand Vénus ne fera que ce que fait Thémis, etc.

Fin celui-là qui[1] n'y laisse du sien.
Le procès fait, une belle potence
A trois côtés[2] fut mise en plein marché.
L'un des quidams harangua l'assistance[3]
Au nom de tous; et le trio[4] branché[5]     350
Mourut contrit, et fort bien confessé.

« Après cela, doutez de la puissance
Des oraisons », dira quelqu'un de ceux[6]

1. Même tour (le démonstratif, avec *là*, suivi d'un relatif) au tome II, p. 98 et 244.
2. Trois poteaux plantés en triangle et reliés par des barres transversales.
3. « Comme est la façon de telles gens abandonnez, de prescher et iargonner de belles remonstrances en l'eschelle et à reculons.... » (Du Fail, tome II, p. 23.) Comparez, pour cette harangue *in extremis*, les vers 30-34 de la fable xix du livre VI; *Delphégor*, vers 282; et la comédie de *Ragotin*, acte V, scène xiii.
4. Semblable locution dans la fable xviii du livre IV, vers 35.
5. Attaché aux branches de la potence. Même terme au dernier vers de la comédie de *Ragotin*:

O Ciel! à quel malheur m'avez-vous attaché?
Heureux de n'avoir pas pourtant été branché!

chez Roger de Collerye (p. 151):

Comme tourbes de hanetons,
Turquins, laquetz et valetons
L'on voirra aux arbres branchez;

dans le conte xxi de Noël du Fail (tome II, p. 29) : « Le preuost, vif et pront, estoit sur le point de brancher le prisonnier. » Voyez aussi Brantôme, tome I, p. 32 : « I'ay veu de mon ieune temps.... les soldatz espagnols.... ne passer iamais deuant les fourches où il y auoit des pendus et branchez,... qu'ilz ne leuassent tous à la file le bonnet ou le chappeau de la teste comme deuant une croix »; tome III, p. 344 : « Il hayssoit fort les voleurs et pillardz, et les faisoit bien punir et brancher »; et Saint-Simon (tome XV, p. 337) : « Les faux sauniers furent battus..., leurs prisonniers branchés. »
6. A partir de l'édition de 1685 ce vers est ainsi modifié :

Des oraisons, ces gens gais et joyeux...,

Dont j'ai parlé[1] : trois gens par devers eux[2]
Ont un roussin[3], et nombre de pistoles.              355
Qui n'auroit cru ces gens-là fort chanceux[4]?
Aussi font-ils florès[5] et caprioles[6]
(Mauvais présage[7]), et tout gais et joyeux

et les cinq qui suivent ici sont supprimés. Est-ce la Fontaine qui les a retranchés? « Il est permis d'en douter, remarque M. Marty-Laveaux; la narration est ainsi plus vive, mais que signifie « on « les vient prier d'une *autre* danse » si l'on retranche les « ca-« prioles » des voleurs? »

1. Au commencement du conte.

2. En leur possession; nous avons déjà rencontré cette locution dans *le Berceau*, vers 200.

3. *Roussin*, un beau, un fort cheval, pour le voyage, « un roussin de service ». « Qui a florin, latin et roussin, partout il trouve le chemin », dit un vieux proverbe cité par Littré. Voyez tome II, p. 65 et note 13; et Brantôme, tome IV, p. 160, 175.

4. Comparez tome II, p. 126, et note 28; et le conte xv de la IV<sup>e</sup> partie, vers 212 :

J'en connois bien qui ne sont si chanceux....

Autre acception du mot dans *le roi Candaule*, vers 202.

5. « *Quidquid calcaveris, hic rosa fiet*. Vous faites florès partout. » (Voiture, lettre à Costar, tome II, p. 104.) — Ici, *faire florès* ne signifie pas précisément « dépenser avec éclat et sans compter », puisqu'ils n'ont pas encore partagé l'argent, mais se piquer, se promettre de « faire trotter la finance »; et en même temps porter haut la tête, « faire les farauds », parce qu'on a le gousset bien garni. Comme le remarque très justement l'Académie, « cela se dit ordinairement de ceux qui n'ont pas de quoi soutenir longtemps la dépense ».

6. L'amour fait dans mon cœur d'étranges caprioles.
(*Ragotin*, acte IV, scène vi.)

*Faire des caprioles* : proprement, sauter comme une chevrette (*capriola*). *Capriole*, pour *cabriole*, forme usitée au seizième siècle, est encore chez Molière (*Dépit amoureux*, 1656, acte III, scène x, vers 1114); mais dans l'édition originale de *Sganarelle* (1660), scène xviii, vers 483, on lit *cabrioler*, et non *caprioler*. Voyez une note sur *capriole* dans le *Lexique de la Bruyère*.

7. Présage de l' « autre danse » : on dit d'un pendu qu'il gambade, qu'il danse au bout de sa corde, qu'il fait des caprioles en l'air.

Sont sur le point de partir[1] leur chevance[2],

1. Partager (c'est le sens étymologique du verbe *partir*) le butin : « Ie ne me doy pas plaindre, vous m'auez tres bien party. » (*Les Cent Nouvelles nouvelles*, p. 231.) « Il se contentoit le plus souuent de partir avec ceux qu'il destroussoit. » (DES PÉRIERS, tome II, p. 156.) Chez Marot, tome I, p. 117 :

>Car si de ioye ensemble iouyssons,
>C'est bien raison que l'ennuy partissons.

Chez Malherbe, tome II, p. 628 : « Les opinions se trouvent parties. » *Ibidem*, p. 689 : « Que me sert que je fasse exactement partir un champ ? »; et chez Montaigne, tome II, p. 192 : « Nous partons le fruict de nostre chasse. » On emploie encore *partir*, en ce sens, dans les locutions *maille à partir*, et *mi-parti*, où *parti* est bien un participe : « La nymphe Scythicque Ora auoit pareillement le corps my parti en femme et en andouilles. » (RABELAIS, *Pantagruel*, le quart livre, chapitre XXXVIII.) « Son estat ayant esté my parti.... » (BRANTÔME, tome VI, p. 14.) Dans *les Aventures du baron de Fæneste* de d'Aubigné, p. 219 : un « enfant mi parti », c'est-à-dire coupé en deux. Rapprochez les composés *départir* (ci-dessus, p. 229 et note 2) et *répartir*, qui sont toujours usités.

2. *Chevance* (civanza), avoir, biens :

>Ici n'y a ne ris ne ieux :
>Que leur vault auoir eu cheuances?
>>(VILLON, *le Grand Testament*, octave CXLVIII.)

>Clercz et lays, nobles et gentilz,
>Sont de nous deux filles et filz,
>Et n'y a point de différence,
>Sinon pauureté ou cheuance.
>>(MAROT, oraison x, *Adam et Ève*, tome IV, p. 58.)

>....Bon esprit, bon cueur valent cheuance.
>>(SAINT-GELAIS, huitain XVIII, tome II, p. 58.)

Dans *les Cent Nouvelles nouvelles*, p. 208 et 243 : « l'accroissement de son honneur et de sa cheuance »; « grand cheuance et foison de richesses »; etc.; chez Coquillart, tome I, p. 142 : « degrader de chaisne d'argent, de cheuance »; chez du Fail, tome II, p. 285 :

>Femme pren qui l'obeissance
>Apporte plustost que cheuance;

chez Montaigne, tome I, p. 340 : « Il auoit perdu femme, enfans, et cheuance »; chez Tallemant des Réaux, tome VII, p. 124 : « Il a une métairie auprès de Bergerac qui, je crois, compose toute sa che-

Lorsqu'on les vient prier d'une autre danse[1].  360
En contre-échange[2] un pauvre malheureux
S'en va périr selon toute apparence,
Quand sous la main lui tombe une beauté[3]
Dont un prélat se seroit contenté[4].
Il recouvra son argent, son bagage,  365
Et son cheval, et tout son équipage[5];

vance. » Notre auteur s'est servi plusieurs fois de ce terme expressif :

>  .... L'Abondance à pleines mains
> Verse en leurs coffres la finance,
> En leurs greniers le blé, dans leurs caves les vins :
> Tout en crève. Comment ranger cette chevance?
> (Livre VII, fable vi, vers 36-39, tome II, p. 124 et note 21.)

1. « Prier de la danse », comme on dit « prier d'amour, de noces (tome I, p. 42), d'un repas, d'une partie de plaisir ».

> Il est vrai, cher ami, sans toi ces happe-chair
> M'alloient faire danser un entrechat en l'air.
> (*Ragotin*, acte V, scène dernière.)

2. Mot qui signifie à la fois ici *en échange*, *au contraire*, et *leur rendant leur change*. On disait aussi « contre-change » : voyez Brantôme, tome VII, p. 428 ; Straparole, tome II, p. 257 ; et Corneille, *la Veuve*, variante du vers 647.

3. Comparez *le Calendrier*, vers 153 ; et *l'Ermite*, vers 6-7 :

> .... S'il tombe sous sa main
> Belle qui soit, etc.

4. « Un homme du Conclave » : rapprochez les vers 35 et suivants de *la Courtisane amoureuse*.

5. Ici *équipage* veut dire habillement (son habit, sa casaque, son chapeau, ses bottes : ci-dessus vers 92-93), comme dans la fable vi du livre IV, *le Combat des Rats et des Belettes* :

> Une tête empanachée
> N'est pas petit embarras.
> Le trop superbe équipage
> Peut souvent en un passage
> Causer du retardement.

Voyez diverses acceptions de ce mot, tome II, p. 122 et note 14, p. 176 et note 13, p. 181 et note 13, p. 287 et note 9 ; tome III, p. 354 ; et les exemples de Molière, de Racine, de la Bruyère, de Fénelon, que cite Littré, 9°. — *Gli fu restituito il suo cavallo, i panni,*

c. v]  DEUXIÈME PARTIE.  275

Et, grâce à Dieu et Monsieur saint Julien[1],
Eut une nuit qui ne lui coûta rien[2].

*et i denari; ne ne perde altro che un paio di cintolini* (une paire de jarretières) *de quali non sapevano i masnadieri che fatto se n'havessero.*

1. Voyez ci-dessus, vers 12. Chez Tallemant des Réaux, tome I, p. 104, mais par ironie : « Monsieur saint Augustin, Monsieur saint Jérôme. »

2.     Eut un soupé qui ne lui coûta rien.
            (1666, 1668, 1669 Amsterdam et Leyde.)

## VI

## LA SERVANTE JUSTIFIÉE.

NOUVELLE TIRÉE DES CONTES DE LA REINE DE NAVARRE.

Comme la Fontaine le dit lui-même dans ce titre, ce conte est emprunté à *l'Heptaméron* de la reine de Navarre (nouvelle XLV), à la seconde partie du moins que nous donnons à l'*Appendice*. Un marchand tapissier de Tours est aperçu par une voisine au moment où il « se ioue » dans son jardin avec une autre femme que la sienne, où il « baille les innocens à sa chambriere en chemise ». Il ne doute pas que cette voisine ne cause; mais, comme il est homme de ressources et sait « donner couleur à toute tapisserie », il fait si bien que sa femme consent, elle aussi, à faire une promenade au jardin où recommencent le même jeu, les mêmes ébats : il n'y a qu'un des deux personnages de changé. Lorsque la voisine, « la bonne commere », s'apprête à raconter, non sans une joie maligne, ce qu'elle a vu à la femme du tapissier, celle-ci l'interrompt à diverses reprises en lui disant : *C'étoit moi;* et ce *C'étoit moi*, « naïf autant que rare », revient comme une sorte de refrain, digne de la comédie aussi bien que de la farce.

M. Moland rapproche de *la Servante justifiée* un conte oriental, tiré du recueil turc intitulé le *Megemoua-hikaïat*, et qui offre en effet avec ceux de la reine Marguerite et de la Fontaine une curieuse analogie; le début peut être aussi rapproché du conte III de la V<sup>e</sup> partie, *la Confidente sans le savoir :* « Un riche négociant d'Agra marie son fils unique à une Indienne remarquablement belle. Un Indien en devient amoureux; il lui témoigne sa passion, à laquelle elle n'est pas insensible. L'amoureux envoie à celle qu'il aime une messagère. L'Indienne la renvoie avec indignation, mais elle fait sortir la vieille par un aqueduc par lequel on peut communiquer du dehors dans le jardin. Cette circonstance n'échappe pas à l'amoureux, qui ne suppose pas que la dame ait agi de la sorte sans intention et qui s'empresse de profiter de ce chemin secret[1]. Il se rend dans le jardin, où il trouve en effet sa maîtresse qui l'attend. Les rendez-vous se succèdent. Un jour, le père du mari, qui vivait dans la même maison, aperçoit les deux amants endormis dans les bras l'un de l'autre.

« Le vieillard, cherchant les moyens de convaincre l'infidèle, détache de son bras un bracelet qu'elle tenait de son époux. La belle, à son réveil, s'aperçoit du larcin; elle soupçonne aussitôt son beau-père, car elle sait son mari plongé dans un profond sommeil. Elle se hâte de regagner le lit conjugal, où elle trouve en effet son époux endormi. Elle le réveille par ses caresses, l'attire dans le jardin, s'assied avec lui sous les mêmes ombrages témoins de sa trahison. Ils s'y reposent, et l'Indienne, feignant de se réveiller, cherche son bracelet, qui lui a été ravi, dit-elle, pendant qu'elle dormait.

« Le beau-père vient avertir son fils des déportements de sa femme, et il lui montre comme preuve le bracelet qu'il a détaché de son bras. Le jeune homme, abusé, ne fait que rire de cette accusation.
« C'est moi-même, dit-il à son père, qui étais avec ma femme sous
« le berceau où vous nous avez trouvés : l'obscurité vous a déçu.
« Rapportez-vous-en à moi sur ce qui doit m'intéresser encore plus
« que vous. »

Le conte de *la Servante justifiée* a été réimprimé dans la IV<sup>e</sup> partie (1695) du recueil de Daniel de la Feuille, p. 60-63, sous ce titre : *Fable d'un Avocat et de la Servante*.

Il a fourni le sujet d'un opéra-comique en un acte, *la Servante justifiée*, de Fagan et Favart, représenté le 19 mars 1740, à la foire Saint-Germain (tome III du *Dictionnaire dramatique*, p. 136; *Histoire du théâtre de l'Opéra-Comique*, tome I, p. 356); d'un ballet par Gardel (1818); d'un vaudeville, en un acte, par Brazier et Carmouche (1821); d'une opérette, en un acte : *C'était moi!* par MM. Deulin et Debillemont (1860).

Mentionnons aussi une comédie d'Elsholz, citée par Benfey (*Pantschatantra*, tome I, p. 457) : *Das war ich, oder die böse Nachbarin*, « C'était moi, ou la méchante voisine ».

> Boccace n'est le seul qui me fournit :
> Je vas parfois en une autre boutique.

1. Rappelons que tel est le moyen dont se sert Mâtho pour entrer à Carthage, dans le roman de Gustave Flaubert intitulé *Salammbô* (chapitre IV).

Il est bien vrai que ce divin esprit
Plus que pas un me donne[1] de pratique[2] :
Mais, comme il faut manger de plus d'un pain[3], 5
Je puise encore en un vieux magasin ;
Vieux, des plus vieux, où Nouvelles nouvelles

1. Me taille. (1666.)
2. C'est lui qui me donne le plus d'occasions de travailler, qui me sert le plus souvent de modèle. Il se dit « entêté de Boccace », dans l'épître à Huet (tome V M.-L., p. 178).
3. Mais, comme il faut goûter de plus d'un pain.
(1666, 1668, 1669 Amsterdam et Leyde.)
— Comparez le vers 1 des *Troqueurs* :

Le changement de mets réjouit l'homme ;

et les vers 3-4 du *Pâté d'anguille* :

Il me faut d'un et d'autre pain :
Diversité c'est ma devise ;

mais voyez aussi ci-dessus, p. 45 et note 3 : « Diversité de mets peut nuire à la santé. » — *Aller dans une autre boutique; donner de pratique; manger de plus d'un pain* : expressions, dit Voltaire, « plus faites pour le peuple que pour les honnêtes gens ». Nous avons déjà rencontré semblable critique adressée par lui à quelques vers de *Joconde* et du *Cocu battu et content*, et nous y avons répondu. Ajoutons que ces termes n'étaient pas aussi bas alors qu'aujourd'hui ; *il faut manger de plus d'un pain* était un proverbe; il est parlé dans le Prologue de *Daphné* d' « une boutique » de sculpteur ; ailleurs, dans une épître à *M. le Surintendant* (tome V M.-L., p. 26) :

Du mont où les savantes Sœurs (*les Muses*)
Tiennent boutique de douceurs.

Comparons enfin ci-dessous, le vers 32 du conte IX ; ces deux vers de *l'Eunuque* (acte IV, scène VIII) :

Ce sont propos d'amour trop fins pour ma boutique,
Et je n'en sus jamais le train ni la pratique ;

Brantôme, tome VII, p. 406, et p. 373 : « Toutes ces inuentions ne venoient d'autre boutique ny d'autre esprit que de la reyne » ; du Fail, tome II, p. 98 : « ....Ne trouuant rien bon s'il ne part de ta boutique » ; et Montaigne, tome II, p. 1 : « Les actions humaines.... se contredisent communeement de si estrange façon qu'il semble impossible qu'elles soyent parties de mesme boutique. »

Sont jusqu'à cent¹, bien déduites et belles
Pour la plupart, et de très bonne main².
Pour cette fois la reine de Navarre
D'un *C'étoit moi*, naïf autant que rare,
Entretiendra dans ces vers le lecteur.
Voici le fait, quiconque en soit l'auteur :
J'y mets du mien selon les occurrences³,
C'est ma coutume ; et, sans telles licences,
Je quitterois la charge de conteur.

Un homme donc avoit belle servante⁴ :
Il la rendit au jeu d'amour savante⁵.
Elle étoit fille à bien armer⁶ un lit,
Pleine de suc⁷, et donnant appétit ;

1. Le recueil des *Cent Nouvelles nouvelles* : voyez ci-dessus, p. 4 et note 2.
2. Même locution dans une lettre de notre auteur à sa femme (tome III *M.-L.*, p. 324) : « Le tout est de marbre blanc, et m'a semblé d'assez bonne main »; et chez Montaigne, tomes II, p. 500, III, p. 79.
3. C'est-à-dire : peu importe du reste quel est l'auteur de ce conte ; je corrige, j'ajoute, je retranche au besoin : voyez ci-dessus, la *Préface* de cette II<sup>e</sup> partie, p. 149 et note 2.
4. « Une chambriere fort en bon poinct », dans la nouvelle citée de la reine de Navarre.
5. « Au fait d'amour savante. » (REGNIER, satire VII, vers 122.)
6. Garnir, remplir de tout ce qu'il faut pour le combat amoureux : l'auteur compare la belle servante couchée dans un lit à l'attirail de guerre dont on munit un vaisseau ou une forteresse. Ce n'est point, croyons-nous, une image empruntée à l'art de la fauconnerie : « Armer les cures de l'oiseau », garnir de chair les remèdes qu'on lui donne pour l'engager à les prendre. — Expressions analogues aux vers 11-14 du *Muletier :*

.... La couche royale
De part et d'autre étoit assurément
Aussi complète, autant bien assortie
Qu'elle fut onc.

7. *Color verus, corpus solidum, et succi plenum.* (TÉRENCE, *l'Eunuque*, acte II, scène IV.) « O beauté succulente ! » (SCARRON, *Jodelet ou le*

Ce qu'on appelle en françois[1] bonne robe[2].
Par un beau jour, cet homme se dérobe
D'avec sa femme[3], et d'un très grand matin
S'en va trouver sa servante au jardin.
Elle faisoit un bouquet pour madame :  25

*Maître valet*, acte III, scène IX.) Comparez Montaigne, tome IV, p. 182 : avoir « du droict, des nerfs, du suc ». — « Une belle garse toute viue », comme dit des Périers (tome I, p. 16).

1. Même locution : « en bon françois », ci-dessus, p. 266.

2. *Buona* ou *bella roba* : on rencontre fréquemment cette expression dans Boccace ; proprement bonne dépouille, bonne couverture, beau meuble, belle marchandise, objet bon à prendre et à garder ; on sait qu'on disait autrefois *rober*, pour dérober, *robeur*, *robe*, *roberie*, pour voleur, volerie. Au figuré : femme belle, « gorgiase », gaillarde, de facile vertu : *una femmina bella, anzicheno, ma dishonesta, e di partito*, selon Alberti. — « …. La meilleure robe (fille) qu'il auoit point vue. » (*L'Heptaméron*, nouvelle VIII.) — « L'amant, donnant le coup en robe (à la dérobée), s'en alloit de sa dame si content et satisfait, qu'il la tenoit pour tres bonne robe. » (Brantôme, *Dames galantes*, p. 264.) Voyez aussi Rabelais, tome II, p. 303 : « Et feut dict à Pantagruel que le ieune brodequin prenoit la vieille botte à femme, pource qu'elle estoit bonne robe, en bon poinct, et grasse à proficit de mesnaige »; Tallemant des Réaux, tome IV, p. 65 : « Elle est gâtée de petite vérole, mais elle ne laisse pas que d'être bonne robe »; Voltaire (*Entretien d'Ariste et d'Acrotal*) : « Monsignor est tantôt avec son page, tantôt avec la signora Buona Roba »; Rabelais, déjà cité, *ibidem*, p. 329, où le terme est appliqué à un homme : « Si m'auez trouué bonne robe, et vous plaist encores en me batant vous esbatre…. »; et *les Aventures du baron de Fœneste*, de d'Aubigné, p. 231 : « On dit qu'un grand de France qui porte l'ecarlatte ne desdaigne point cet homme de pied, *et si dilletava di la sua buona roba*. » — Quant à l'autre expression rabelaisienne et marotique *bonne bague*, qu'on a rapprochée de celle-ci, elle n'était souvent qu'une équivoque grossière ; voyez la fin de *l'Anneau d'Hans Carvel*.

3. Chez Corneille, argument de *Don Sanche* (tome V, p. 412) : « Le jeune prince…. se dérobe de ses parents. » Voyez aussi *Œdipe*, vers 651 :

Il se déroba d'elle, ou plutôt prit la fuite ;

et Molière, *George Dandin*, acte III, scène VII : « Durant qu'il dormoit, je me suis dérobée d'auprès de lui. »

C'étoit sa fête. Voyant donc de la femme[1]
Le bouquet fait[2], il commence à louer
L'assortiment[3], tâche à s'insinuer[4].
S'insinuer, en fait de chambrière,
C'est proprement couler sa main au sein :         30
Ce qui fut fait. La servante soudain
Se défendit ; mais de quelle manière ?
Sans rien gâter[5] : c'étoit une façon
Sur le marché[6] ; bien savoit sa leçon[7].
La belle prend les fleurs qu'elle avoit mises    35

1.  C'étoit sa fête. Voyant donc de sa femme.
    (1666, 1667, 1668, 1669 Amsterdam et Leyde.)

— La plupart des éditeurs modernes ont ainsi corrigé ce vers faux :

C'étoit sa fête. Or, voyant de la femme.

2.  C'étoit sa fête. Ayant donc de la femme
    Vu le bouquet. (1705.)

3. L'assortiment des couleurs. — Autre façon d'écrire : *assortissement*, dans la *Préface* de la I<sup>re</sup> partie, p. 11.

4. Rapprochez le conte 1 de la IV<sup>e</sup> partie, vers 76-77 :

Il suit sa pointe, et d'encor en encor
Toujours l'esprit s'insinue et s'avance.

5.  Elle demeure, étant trop ménagère
    Pour se laisser son habit déchirer.
        (*Les Rémois*, vers 184-185.)

Mais ici l'expression semble être prise au propre et au figuré : sans rien déchirer ni froisser, et de façon à ne pas rebuter.

6. « Une façon par-dessus le marché », pour donner plus de prix à sa complaisance. Rapprochez les vers 3 de *l'Ermite*, où *sur* a le même sens, et 19-20 des *Plaideurs* de Racine :

....Mais je n'y perdois rien. Enfin, vaille que vaille,
J'aurois sur le marché fort bien fourni la paille.

7.  On résista tout autant qu'il falloit,
    Ni plus ni moins, ainsi que chaque belle
    Sait pratiquer, pucelle ou non pucelle.
        (*L'Oraison de saint Julien*, vers 294-296.)

« Suffit, dit Montaigne (tome II, p. 38), qu'elles dient « Nenny », en le faisant, suiuant la regle du bon Marot (*de Ouy et Nenny*). »

En un monceau¹, les jette au compagnon².
Il la baisa pour en avoir raison,
Tant et si bien qu'ils en vinrent aux prises³.
En cet étrif⁴, la servante tomba :
Lui d'en tirer aussitôt avantage.       40

1. Qu'elle avait déposées en un monceau, aux premiers gestes du galant, avant de lier son bouquet. Comparez tome II, p. 246 et note 18.
2. Nous rencontrons aussi ce jeu des fleurs, prélude du combat amoureux, dans la seconde églogue de Ronsard (tome II, p. 82), dans l'*Art d'aimer*, d'André Chénier (*Poésies*, édition de 1862, p. 401) :

> Flore a pour les amants ses corbeilles fertiles ;
> Et les fleurs, dans leurs jeux, ne sont pas inutiles.
> Les fleurs vengent souvent un amant courroucé,
> Qui feint sur un seul mot de paraître offensé.
> Il poursuit son espiègle, il la tient, il la presse ;
> Et, fixant de ses flancs l'indocile souplesse,
> D'un faisceau de bouquets en cachette apporté
> Châtie, en badinant, sa coupable beauté....

Stace avait dit dans le charmant tableau des jeux d'Achille et de Déidamie (*Achilléide*, livre I, vers 571-572) :

> *Nunc levibus sertis, lapsis nunc sponte canistris,*
> *Nunc thyrso parcente ferit....*

Rappelons enfin que dans le Tasse (*Jérusalem délivrée*, livre XIV, stance 68), Armide enchaîne Renaud avec des fleurs. — Dans l'*Heptaméron*, c'est d'abord sur l'herbe, puis, l'hiver venu, sur la neige qu'ils se jouent ; c'est de la neige qu'ils se jettent ; comparez l'épigramme XXIV de Marot (tome III, p. 14) :

> Anne par ieu me iecta de la neige,
> Que ie cuidoys froide, certainement ;
> Mais c'estoit feu, l'experience en ay ie,
> Car embrasé ie fus soudainement.

— Dans la *Premiere iournée de la Bergerie* de Remy Belleau (tome I, p. 209), ce sont des herbes et des fruits :

> Des herbes et des fruits tantost s'entreiettoyent....

3. Ou « aux mains » (vers 275 de *la Gageure*).
4. Mot vieilli : lutte, querelle, noise, dispute ; notre auteur l'a également employé dans ses *Poésies diverses* (tome V *M.-L.*, p. 105) :

> Pendant l'étrif

Le malheur fut que tout ce beau ménage[1]
Fut découvert d'un logis près de là.
Nos gens n'avoient pris garde à cette affaire.
Une voisine aperçut le mystère[2].
L'époux la vit, je ne sais pas comment.                    45
« Nous voilà pris, dit-il à sa servante :
Notre voisine est languarde[3] et méchante ;
Mais ne soyez en crainte aucunement. »

       D'un ton plaintif
       Dis chose telle....

— « Venez y tost sans nul estrif. » (VILLON, *les Repeues franches*, p. 178.) « En cestuy estrif commença crier. » (RABELAIS, tome II, p. 257.) Voyez aussi *ibidem*, p. 397 et 402 ; tome III, p. 4 ; et les nombreux exemples cités dans le Dictionnaire de M. Godefroy.

1.     Ie crois qu'ensemble ilz font ung beau mesnage
       Toutes les nuictz.
          (*Recueil de poésies françoises*, tome V, p. 76.)
       Un jour en me pourmenant
       Dans l'espois d'un verd bocage,
       Trouvay Philin et Philis
       Qui faisoient un beau mesnage.
      (GAUTIER GARGUILLE, *Chansons*, édition de 1852, p. 11.)

Comparez *les Rémois*, vers 162, et la fable VIII du livre II, vers 21, où le mot *ménage* est pris non pas seulement dans le sens de désordre, mais dans celui de véritable désastre.

2. Comparez, pour ce mot, le conte des *Cordeliers*, vers 217 et la note.

3. *Languard* ou *langard* : bavard, indiscret, médisant, « piqueur de la langue », comme dit Brantôme (tome IX, p. 491) ; qui a trop de langue. Chez Tahureau (fol. 63 v°) : « ces indoctes langards » chez du Fail (tome I, p. 217) : « ces envieux et langards ».

       Languards picquans plus fort qu'un herisson,
       Et plus recluz qu'un vieil corbeau en cage,
       Iamais d'aultruy ne tiennent bon langage.
          (MAROT, ballade I, tome II, p. 61.)

       De nuict et iour fault estre aduantureux,
       Qui d'amours veult auoir biens plantureux.
       Quant est de moy, ie n'euz onc craincte d'ame,
       Fors seulement, en entrant chez ma dame,

Il va trouver sa femme en ce moment ;
Puis fait si bien que, s'étant éveillée,   50
Elle se lève ; et, sur l'heure habillée,
Il continue à jouer son rôlet[1] :
Tant qu'à dessein d'aller[2] faire un bouquet
La pauvre épouse au jardin est menée.
Là fut par lui procédé[3] de nouveau.   55
Même débat, même jeu se commence.
Fleurs de voler, tetons d'entrer en danse[4].

> D'estre apperceu des languards dangereux.
> (*Ibidem*, rondeau XLVI, tome II, p. 153 ; voyez aussi tome I, p. 159.)

> .... L'autre fut un languard, révélant les secrets.
> (REGNIER, satire XIV, vers 185.)

On disait aussi, on dit encore, dans certains patois provinciaux, *langu* : « Il est bien langu ; elle est langüe » ; *languarder*, *languardeur*; *langager* ou *langagier* : « un homme langagier » (Montaigne, tome III, p. 316).

> Quoy qu'on tient belles langagieres
> Florentines, Veniciennes,
> Assez pour estre messaigieres, etc.
> (VILLON, *Ballade des femmes de Paris*, vers 1-3.)

> I'euite les traits legers
> Des hommes trop langagers.
> (REMY BELLEAU, *Comme il veut viure*, vers 13-14.)

1. Son petit rôle. Ce terme est chez Villon, p. 114 ; chez du Fail, tome II, p. 145 ; chez des Périers, tome II, p. 10, 12 ; dans les satires X, vers 209, et XIV, vers 45, de Regnier ; chez Malherbe (lettre à Peiresc, tome III, p. 164), etc. Voltaire s'en est aussi plusieurs fois servi : voyez Littré.

2. Dans *la Gageure*, vers 70 : « à dessein de » ; dans *le Cocu*, vers 64 : « à dessein que » ; dans *le Faiseur*, vers 6 : « à quel dessein ».

3. Comparez le vers 10 du conte VI de la I<sup>re</sup> partie, et la note.

4. Même locution et même tour au vers 29 de *Féronde* : « Tendrons d'entrer en danse. » Comparez aussi, pour la locution, *les Facetieuses Iournées*, de G. Chappuys, fol. 210 r° : « Aprez auoir paracheué la premiere danse » ; le conte suivant, vers 200,

Elle y prit goût ; le jeu lui sembla beau[1] :
Somme[2] que l'herbe en fut encor froissée.

La pauvre dame alla l'après-dînée       60
Voir sa voisine, à qui ce secret-là
Chargeoit le cœur[3] : elle se soulagea
Tout dès l'abord[4]. « Je ne puis, ma commère,
Dit cette femme avec un front sévère[5],
Laisser passer sans vous en avertir      65
Ce que j'ai vu. Voulez-vous vous servir
Encor longtemps d'une fille perdue ?
A coups de pied, si j'étois que de vous,

les contes xvi de la II<sup>e</sup> partie, vers 173, III de la III<sup>e</sup>, vers 194 :

> ....Il faut, bon gré, mal gré,
> Qu'elle entre en danse ;

I de la IV<sup>e</sup>, vers 95 ; et, pour le tour, xiv de la II<sup>e</sup>, vers 145-146. — C'est ce que Mellin de Saint-Gelais appelle « le branle des tetins » :

> Ie ne sçay où le mal me tient,
>   Mais il vient
> D'auoir dansé auec Catin :
>   Son tetin
> Alloit au branle, et, maudict sois-ie,
> Il estoit aussi blanc que neige.
>     (*Villanesque*, p. 231 des *Œuvres poétiques*,
>     Lyon, 1574, in-8°.)

1. Voyez le conte I de la II<sup>e</sup> partie, vers 44 et la note.
2. Somme toute, en somme.

> La dame étoit de gracieux maintien,
> De doux regard, jeune, fringante et belle,
> Somme qu'enfin il ne lui manquoit rien.
>     (*Le Cocu battu et content*, vers 13-15.)

3. 
> Rien ne pèse tant qu'un secret ;
> Le porter loin est difficile aux dames.
>     (Livre VIII, fable vi, vers 1-2.)

4. Comparez les locutions : « dans l'abord », « dans cet abord », « du premier abord », « après l'abord » (ci-dessus, p. 241 et note 9).
5. Rapprochez le vers 26 de la fable xxi du livre XII :

« Quel combat ? » dit le Singe avec un front sévère.

Je l'envoyrois[1] ainsi qu'elle est venue[2].
Comment! elle est aussi brave[3] que nous!   70

1. *Je l'envoyrois*, pour la mesure, dans nos anciens textes. — Comparez la variante du vers 28 du *Cocu* : « envoya », pour « renvoya ».

2. Je la renverrais aussi pauvre qu'elle est venue. On se rappelle le premiers vers de l'*Épitaphe* célèbre *d'un paresseux* :

> Jean s'en alla comme il étoit venu.

Rapprochez les vers 56-58 de *Mazet* :

> Force lui fut de quitter la maison :
> Il en sortit de la même façon
> Qu'étoit entré là dedans le pauvre homme.

3. Bien habillée, élégante, pimpante; comparez *le Calendrier*, vers 199 ; *Psyché*, livre I (tome III *M.-L.*, p. 35) : « Ce ne fut pas une petite joie pour Psyché de se voir si brave » ; et *passim*. — « Leurs braues accoustremens et piaffes », lisons-nous dans Noël du Fail (tome II, p. 206) ; « de braues sabotz » (des Périers, tome II, p. 63) ; « une femme belle..., conuoiteuse d'estre braue, bien habillée, bien diaprée » (Brantôme, tome IX, p. 147); « braues et en poinct comme princes, portans leurs espées haultes, les moustaches releuées, les bras aux costez » (*ibidem*, tome II, p. 89) ; « femmes braues, autrement braguardes » (*Apologie pour Hérodote*, tome I, p. 131).

> Ta forte passion est d'être brave et leste.
> (Molière, *l'École des femmes*, vers 1592, et la note.)

« Vous prenez des peines infinies pour nos habits.... Vous me faites plus brave que je ne voulois. » (*Lettres de Mme de Sévigné*, tome VII, p. 416 ; voyez aussi tome IX, p. 328.) D'où le verbe *braver, se braver* : « Ne faut point doubter s'ilz estoient superbes et piaffans, et s'ilz brauoient. » (Brantôme, tome V, p. 318.)

> ....Ministre de la paix superbe se brauoit.
> (Ronsard, tome II des *Poésies*, p. 464.)

Les substantifs *braveur, bravache* : « un capitaine brauasche, braueur » (Brantôme, tome VI, p. 308); *braveté* : « Il parloit d'une braueté grande » (des Périers, tome I, p. 188); et *braverie* : « Des bals éternels, des comédies trois fois la semaine, une grande braverie : voilà les États. » (Sévigné, tome II, p. 310.) Et l'adverbe *bravement* (richement) ; et le terme de musique : air de *bravoure*. On comprend que de l'idée de vaillant on soit venu à celle de leste, adroit, brillant, magnifique, éloquent même. C'est ce que signifie

c. vi]     DEUXIÈME PARTIE.     287

>     Or bien, je sais celui de qui procède[1]
>     Cette piaffe[2]; apportez-y remède
>     Tout au plus tôt; car je vous avertis
>     Que ce matin, étant à la fenêtre
>     Ne sais pourquoi, j'ai vu de mon logis       75
>     Dans son jardin votre mari paroître,
>     Puis la galande[3]; et tous deux se sont mis
>     A se jeter quelques fleurs à la tête. »
>     Sur ce propos l'autre l'arrêta coi[4].

dans les assemblées, aux théâtres, l'exclamation *bravo* (ou *brava*).

1. Chez Malherbe (poésie XXIII, tome I, p. 100) :

>     C'est de Glycère que procèdent
>     Tous les ennuis qui me possèdent.

Voyez aussi *ibidem*, p. 154.

2. Figure très expressive, empruntée à l'allure si gracieuse et si fringante du cheval quand il lève les jambes de devant fort haut et les replace presque au même endroit. On disait « faire la piaffe » (du Fail, tome I, p. 184); « une bonne mine et piaffe iointe à l'accoustrement precieux » (*ibidem*, p. 215); « qu'ils sachent parler espaignol et en faire la piaffe » (Brantôme, tome VI, p. 211); voyez aussi *ibidem*, tome IV, p. 10, 309 : « Se pauanner, brauer, se monstrer en piaffe »; et ci-dessus, la note 1 de la page 285. — « Nous appelons parade et brauade, eux (les courtisans) diroient *piaffe*, ce que nous nommions magnificence. » (HENRI ESTIENNE, *Precellence du langage françois*, p. 375 de l'édition Feugère.) D'où *piaffer* : « *Piaffer*, que l'on approprie à ceux qui vainement veulent faire les braues, est de notre siecle. » (ÉTIENNE PASQUIER, *les Recherches de la France*, 1596, chapitre XLVI.) « Tessé piaffoit et se pavanoit de son chapeau. » (SAINT-SIMON, tome II, p. 111.) Et *piaffeux, piaffeur* : « Je voudrois bien lui avoir vu rencontrer quelqu'un de nos piaffeurs d'aujourd'hui qui ne savent marcher s'ils n'ont une compagnie de chevau-légers devant eux pour leur émouvoir de la poussière ! » (MALHERBE, tome II, p. 676.) Et *piafferie* : « Tandis que chez eux resteroit de la vaisselle et autres *piafferies* d'or et d'argent.... » (*Satire Ménippée*, p. 371 de la réimpression de 1863.)

3. Voyez *Richard Minutolo*, vers 42 et la note; ci-dessous, p. 303, 321; et *passim*. — D'après le commencement du conte, c'est la servante qui avait devancé le mari au jardin; mais sans doute elle était restée dans un bosquet, cachée aux regards de la voisine.

4. Tout net. Mot souvent employé par notre auteur, adjec-

— Je vous entends, dit-elle : c'étoit moi[1].  80

LA VOISINE.

Voire[2] ! écoutez le reste de la fête[3] :
Vous ne savez où je veux en venir.
Les bonnes gens[4] se sont pris à cueillir
Certaines fleurs que baisers on appelle[5].

LA FEMME.

C'est encor moi que vous preniez pour elle.  85

LA VOISINE.

Du jeu des fleurs à celui des tetons
Ils sont passés : après quelques façons,
A pleine main l'on les[6] a laissé[7] prendre.

LA FEMME.

Et pourquoi non? c'étoit moi. Votre époux
N'a-t-il pas donc les mêmes droits sur vous?  90

tivement et adverbialement : voyez *Joconde*, vers 64 et la note.

1. Voyez ci-dessus, le vers 11.

2. *Voire* ou *vère*, du latin *verus* : oui-da, vraiment. Voyez tome I, p. 135 et note 8; *la Gageure*, vers 171, *la Mandragore*, vers 225, *Féronde*, vers 157 ; et *passim*. — Dans la nouvelle citée de la reine de Navarre, p. 331 : « Voyre, ma commere, ce dit l'aultre ; mais ie les ai vus. »

3.  Elle n'eut dit ces mots entre ses dents,
    Que le galant recommence la fête.
        (*Le Berceau*, vers 121-122.)

Voyez aussi *les Quiproquo*, vers 166, *le Faiseur d'oreilles*, vers 153, où le mot est à double entente; et une citation de Boccace, ci-dessus, p. 72 et note 6.

4. Les bonnes gens, comme on dirait : les bons apôtres (*l'Oraison de saint Julien*, vers 234). Au vers 353 de *Joconde* nous avons rencontré cette locution dans le sens de bonnes dupes.

5. Rapprochez ces jolis vers de Regnier (85-86 de l'épître II), bien qu'ils ne s'appliquent pas précisément à des baisers :

   Les boutons du printemps et les autres fleurettes
   Que l'on cueille au jardin des douces amourettes.

6. Voyez le conte précédent, vers 186 et la note.

7. *Laissés*, dans la plupart de nos anciens textes, ce qui aujourd'hui serait un accord fautif.

LA VOISINE.

Cette personne enfin sur l'herbe tendre
Est trébuchée [1], et, comme je le croi,
Sans se blesser. Vous riez?

LA FEMME.

C'étoit moi.

LA VOISINE.

Un cotillon a paré la verdure [2].

1. « C'est tout un de choir et de trébucher. » (Dictionnaire de Cotgrave, 1632.) Comparez *le Diable en enfer*, vers 12; *le Fleuve Scamandre*, vers 16 :

Sotte ignorance en fait trébucher mille;

Gringore, tome I, p. 15 : « tresbucher de hault en bas »; *l'Heptaméron*, p. 258, 252, et p. 247 : « Si Dieu.... ne nous retient, nous prenons grand plaisir à tresbucher »; du Fail, tome II, p. 14 : « Ie ne cesse me perdre aux contemplations claustrales, qui.... me font ordinairement esgarer et tresbucher aux charnelles »; Montaigne, tome I, p. 490 : « Tant d'occasions de mourir où nous voyons tresbucher le monde »; Voiture, tome II, p. 405 :

Un jour Pégase aussi broncha,
Et, peu s'en fallut, trébucha;

et les *Lexiques de Malherbe, de Corneille* et *de Racine*. Rapprochons enfin le titre d'une poésie de Guillaume Colletet : *le Trébuchement* (la chute) *de l'Ivrongne* (Paris, 1627, in-8°); et cet autre : *le Théâtre françois contenant le trébuchement de Phaéton, etc.* (Paris, 1624, in-8°).

2. C'est ce qu'on appelait « trousser en robe », « desrober un coup en cotte » (Brantôme, *Dames galantes*, p. 141, 142, et 285), « donner la cotte verte » :

Au beau preau la cotte vert.

(Coquillart, *Monologue des Perruques*, tome II, p. 280.)

Voyez aussi *l'Heptaméron*, p. 324-325 : « Ils rentrerent encore au preau, où elle ne sceut si bien faire qu'elle ne receust plus de plaisir à la seconde cotte verte qu'à la premiere »; *Psyché* (livre II, tome III *M.-L.*, p. 151) : « Les deux Sylvains dansèrent quelques chansons avec la suivante, lui dérobèrent quelques baisers, lui donnèrent quelques brins de thym et de marjolaine, et peut-être la cotte verte »; *Je vous prends sans verd*, scène 1 :

Petits jeux, cotte verte, allégresse, ripailles, etc.;

et ci-dessous, p. 312 et 374.

LA FEMME.

C'étoit le mien.

LA VOISINE.

Sans vous mettre en courroux, 95
Qui le portoit de la fille ou de vous?
C'est là le point; car monsieur votre époux
Jusques au bout a poussé l'aventure[1].

LA FEMME.

Qui? c'étoit moi. Votre tête est bien dure.

LA VOISINE.

Ah! c'est assez. Je ne m'informe plus. 100
J'ai pourtant l'œil assez bon, ce me semble[2] :
J'aurois juré que je les avois vus
En ce lieu-là se divertir ensemble.
Mais excusez; et ne la chassez pas.

LA FEMME.

Pourquoi chasser? j'en suis très bien servie. 105

LA VOISINE.

Tant pis pour vous! c'est justement le cas.
Vous en tenez[3], ma commère m'amie[4]. »

1. Comparez *la Coupe enchantée*, vers 326 : « pousser la chose », et 229-230 :

....Pendant que Caliste, attrapant son mari,
Pousseroit jusqu'au bout ce qu'on nomme tendresse...;

et, dans *la Fiancée du roi de Garbe*, vers 527 : « pousser les affaires ».

2. Dans la fable IX du livre IX, vers 11 :

J'ai l'œil bon, Dieu merci.

3. Voyez *le Faiseur d'oreilles*, vers 75 : « Nous en tenions »; *l'Ermite*, vers 7 : « Vous en tenez »; *le Magnifique*, vers 175 : « J'en tiens », etc.

4. Même locution dans la nouvelle citée de la reine de Navarre, p. 331; dans la traduction de Straparole par Larivey, tome II, p. 17; chez Saint-Gelais, tome I, p. 242; et chez Marot, épigramme CXXII (tome III, p. 51) :

Pardonnez moy, ma commere m'amye....

etc., etc. Voyez le conte suivant, vers 164. — On lit dans l'édition de Paris, 1669, à la fin de ce conte, cette sorte de proverbe imprimé en lettres italiques :

*Baise ta servante en un coin,*
*Si tu ne veux baiser ta femme dans un jardin.*

Il a été retranché dans les textes postérieurs, excepté dans celui de 1679, in-12 (Lyon, chez François Larchier), et dans l'édition stéréotype d'Herhan (Paris, 1803, in-12), qui a substitué *en* à *dans* pour faire de la seconde ligne un vers. Comme nous ne pouvons attribuer cette addition à la Fontaine, mais plutôt à quelque imprimeur mauvais plaisant, nous nous contentons de citer en note ce dicton insipide et plat.

## VII

## LA GAGEURE DES TROIS COMMÈRES,

### OÙ SONT DEUX NOUVELLES TIRÉES DE BOCCACE.

La Fontaine a emprunté la plus grande partie de ce conte à la cinquième, à la huitième, et à la neuvième nouvelle de la VII<sup>e</sup> journée du *Décaméron*. Le second tour (le poirier enchanté) est tiré de la seconde moitié de la neuvième nouvelle ; le troisième (l'histoire d'Arriguccio Berlinghieri), de la première partie des cinquième et huitième nouvelles.

Voici le sommaire de la neuvième nouvelle (le poirier enchanté) : *Lidia, moglie di Nicostrato, ama Pirro, ilquale, accio che credere il possa, le chiede tre cose, lequali ella gli fa tutte; et oltre a questo in presenza di Nicostrato si sollazza con lui, et a Nicostrato fa credere che non sia vero quello che ha veduto.*

« Ma dame Lydie, femme de Nicostrate, aymant Pirrus, fut requise par luy, pour auoir asseurance de son amytié, de trois choses, qu'elle feit toutes trois ; et si preit son deduit auec luy en la presence de Nicostrate, luy faisant acroire à la fin que ce qu'il auoit veu n'estoit pas vray. »

Cette neuvième nouvelle de la septième journée du *Décaméron* n'est en somme qu'une imitation assez fidèle d'une sorte de fabliau latin de Matthieu de Vendôme, *Doctor grammaticus*, auteur de plusieurs traités de grammaire et de rhétorique, qui florissait vers la fin du XII<sup>e</sup> siècle, fabliau écrit en distiques, et intitulé *Comedia Lydie* (sic)[1]. Cette origine a échappé à Manni[2]. Tous les personnages ont gardé dans la nouvelle de Boccace les noms que leur avait donnés Matthieu de Vendôme, sauf le mari *Decius*, qui s'y appelle *Nicostrato*. Si Amphitryon, nous dit l'auteur en commençant, a été trompé

---

1. Voyez l'*Histoire littéraire de la France*, tome XXII, p. 62-64 ; et les *Poésies inédites du moyen âge* publiées par Édelestand du Méril, Paris, 1854, p. 350 et suivantes.
2. Voyez *Istoria del Decamerone*, Firenze, 1742, in-4°, p. 484.

une fois par sa femme, Decius l'a été quatre fois par la sienne. Les épreuves que Lydie fait subir à son mari, le duc Decius, sont les mêmes dans les deux récits. Pyrrhus, un des chevaliers du duc, instruit par la servante Lusca de l'amour que Lydia a pour lui, enjoint également à la dame, pour éprouver la patience de Decius, de tordre le cou à un épervier qu'il chérit, de lui arracher cinq poils de sa barbe, et de lui extirper une dent[1] :

> *Dux amat accipitrem, nec quid sibi carius illo;*
> *Alludit celebris hac ave cura ducis.*
> *Hanc volo quod perimat; hanc si non vindicet ille,*
> *Ne credat leviter fallere posse virum :*
> *Et si quinque pilos barbæ devellere vellat,*
> *Quem trahit his precibus vinctius illa trahet.*
> *Insuper excutiat quem vult de dentibus unum !*
> *Si facit hæc, faciet digna favore favor.*

Comparez le passage correspondant de Boccace : *Et quelle tre cose che io voglio son queste : primieramente, che in presenza di Nicostrato ella uccida il suo buono sparviere; appresso, ch'ella mi mandi una ciocchetta della barba di Nicostrato; et ultimamente, un dente di quegli di lui medesimo de' migliori.* Dans la *Comedia Lydiæ*, comme dans la nouvelle de Boccace, nous trouvons le tour du poirier enchanté, quatrième et décisive épreuve que Lydie fait subir à son époux. Mais Matthieu de Vendôme, on le verra ci-dessous, p. 311 et 313, s'étend avec complaisance sur les détails de la scène, sur la feinte indignation de Pyrrhus, puis sur l'étonnement de Decius, tandis que Boccace et la Fontaine effleurent ce qu'elle a de scabreux, et la rendent ainsi moins vraisemblable; la Fontaine surtout, qui, omettant les trois premières épreuves, et amenant sans gradation la quatrième, a l'air de s'exagérer beaucoup la crédulité du mari.

Le conte du poirier est également dans les *Contes de Cantorbéry* de Chaucer, contemporain et imitateur de Boccace : *the Marchant's tale* (*The Poetical Works*, édition de Londres, 1843, vers 10 138-10 290, p. 77-79); mais la situation est inverse : il s'agit chez Chaucer d'une femme qui se divertit sur un arbre avec son amant, tandis que l'époux aveugle est au-dessous; dans le

---

1. Cet épisode de la dent arrachée au mari est aussi raconté dans les Histoires latines (*Latin Stories*), publiées par Thomas Wright (Londres, 1842, p. 20), mais non les autres épreuves.

conte XXXI du recueil oriental intitulé *les Quarante visirs* (Leipzig, 1851), et dans la 898ᵉ des *Mille et une Nuits*, « du Fou qui se mêlait de tout » (édition Habicht et Hagen, Breslau, 1835, tome XIV, p. 70), c'est bien aussi la femme qui est sur l'arbre, mais seule, et elle croit voir son mari se jouant en bas avec sa maîtresse.

Rapprochons aussi un fabliau de Garin, *du Prebstre ki abeuete*, « qui guette pour surprendre » (tome III, p. 54-57 du *Recueil.... des fabliaux des treizième et quatorzième siècles* de MM. Montaiglon et Raynaud), et la fable XL de Marie de France, *dou Vileins ki vit un aultre hom od sa fame*, récits qui, pour l'idée, sinon pour toutes les circonstances, offrent beaucoup de rapport avec le nôtre.

On a supposé que ce conte du poirier est d'origine orientale, parce qu'il se retrouve dans le *Bahar-Danush* (traduction anglaise de Jonathan Scott : *Bahar-i Danisch, or Garden of Knowledge, an oriental romance*, Shrewsbury, 1799, in-8°, tome II, p. 64); mais ce recueil n'a été rédigé que dans l'an 1601 de notre ère, et rien ne prouve que les contes dont il se compose viennent tous de l'Orient.

Voici maintenant le sommaire de la huitième nouvelle de la septième journée du *Décaméron* (l'histoire de Berlinghieri) :

*Un diviene geloso della moglie, et ella legandosi uno spago al dito al notte, sente il suo amante venire allei. Il marito sen' accorge, et, mentre seguita l'amante, la donna mette in luogo di se nel letto un' altra femina, laquale il marito batte, et tagliale le treccie; et poi va per gli fratelli di lei, liquali, trovando cio non esser vero, gli dicono villania.*

« Ung mary deuint ialoux de sa femme, et elle se lyant ung fillet au gros orteil du pied, quant elle s'en alloit coucher, congnoissoit l'heure que son amy la deuoit venir veoir, dont le mary s'aperceut. Et ce pendant qu'il suyuoit l'amy, la femme meit en son lieu dedans son lict sa chambriere, laquelle le mari battit, et luy couppa les cheueulx; puis alla querir les freres de sa femme : lesquelz trouuerent qu'il n'estoit rien de tout ce qu'il disoit, et luy dirent iniure. »

Cette nouvelle de Boccace a une analogie, très lointaine, il est vrai, avec l'histoire de la Femme au nez coupé (l'adoucissement des mœurs fit remplacer plus tard le nez par les cheveux), tirée du *Pantschatantra* (livre I, fable V), reproduite dans le livre de *Calila et Dimna* (chapitre V), et dans les nombreuses versions et imitations de cet ouvrage, entre autres, dans l'*Hitopadésa* (traduction de M. Lancereau, 1882, p. 127); dans le *Livre des lumières*, p. 78-84; dans l'*Exemplario contra los engaños*, chapitre II; chez Bidpaï, *Contes et fables indiennes*, tome I, p. 316; dans la *Filosofia morale* de Doni, livre I, fol. 23; dans les *Contes persans* (édition d'Amsterdam, 1769, in-12), tome I, p. 283; etc., etc. Nous la retrouvons dans un fabliau de Guérin intitulé : « De la Dame qui fist acroire à son mary qu'il auoit resué, ou les cheueulx coupez » (Legrand d'Aussy, tome II, p. 340; Barbazan-Méon, tome IV, p. 393; Montaiglon, tome V, p. 132); dans les *Novelle amorose degli incogniti*, nov. XXIII; dans *les Cent Nouvelles nouvelles*, nouv. XXXVIII; dans les *Ducento Novelle* de Malespini, seconde partie, nov. XCV; dans la 1re des *Novelle due dall' Accademico oscuro* [Annibale Campeggi] (Venise, 1630, in-4°); dans *les Délices ou discours joyeux*, etc., par Verboquet le généreux (Paris, 1630, in-18, p. 19): c'est la version de Larivey, traducteur de Doni; dans la pièce de Massinger intitulée *the Guardian*, etc., etc. Voyez le *Pantschatantra ou les cinq livres*, traduit par M. Lancereau (1871), p. 360-361; la traduction du même recueil par Benfey (Leipzig, 1859), *Introduction*, § L, p. 139-147; et, pour Massinger, *the History of fiction*, de Dunlop (Édimbourg, 1816), tome II, p. 315.

Mais en somme, pour en revenir à notre conte, la Fontaine n'a rien emprunté à la fin de la huitième nouvelle de Boccace, fin ou seconde partie que rappelle la comédie de Molière intitulée *George Dandin* : voyez le tome VI de Molière, p. 488-490.

Quant au tour de la première commère, l'histoire du jouvenceau habillé en chambrière, il offre quelque ressemblance avec les deux premières scènes du cinquième acte de la *Casina* de Plaute et de la *Clizia* de Machiavel. Dans la *Clizia*, on fait endosser à un jeune domestique, nommé Siro, les habits de Clizia, et Nicomacco, qui veut abuser d'elle, est joué d'importance. Nous donnons à l'*Appendice* un extrait de cette comédie, dont la Fontaine s'est inspiré, croyons-nous, non seulement dans le premier récit de *la Gageure des trois commères*, mais aussi dans *le Gascon puni*. Voltaire paraît s'être souvenu de cet épisode dans *les Trois Manières*, conte (tome XIV, p. 65-66).

L'idée première de cette nouvelle, le pari entre les trois commères, est dans un fabliau intitulé : « Des trois Dames qui trouerent l'anel » (Barbazan-Méon, tome III, p. 220; Legrand d'Aussy, tome IV, p. 192; Montaiglon, tome I, p. 168), fabliau qui vient en partie du *Syntipas* (édition Boissonade, 1828, p. 92):

> Oiez, Seignor, un bon fabel.
> Uns clers le fist por un anel
> Que trois dames un main (*matin*) trouerent.
> Entre elles trois Ihesu iurerent
> Que icelle l'anel auroit
> Qui son mary miex guileroit.

Elle est aussi chez Bebelius, *Facetiarum libri tres* (Amstelodami, 1651, in-12), livre II, p. 86, *Fabula de mulierum astutiis;* chez Domenichi, *Detti et fatti*, etc. (Venise, 1562, in-8º), livre VI, § LXVI, p. 271; dans les *Joco-seria* d'Otho Melander, tome I, p. 41; dans les *Convivales Sermones* (réimpression de 1554), tome II, p. 99; chez Aloisio Cinthio, *Libro della origine delli volgari proverbi*, proverbe x; dans l'*Élite des contes* du sieur d'Ouville (réimpression de 1876), p. 146, où le fabliau est allongé outre mesure, etc.; et chez quelques imitateurs allemands, italiens et russes, cités par M. Liebrecht dans la *Germania* (tome XXI, p. 383-399).

On peut rapprocher aussi la nouvelle LXXXI de Morlini: *De tribus mulieribus quæ repererunt pretiosam margaritam;* mais chez Morlini il ne s'agit pas de savoir quelle femme a joué le meilleur tour à son mari, mais quelle est celle au contraire qui a éprouvé dans ses amours la plus grave mésaventure: *quæ majores ærumnas.... passa fuerit.*

Plusieurs pièces ont été tirées de ce conte:

*Les Trois Commères*, opéra-comique en trois actes, avec un prologue, par Lesage, d'Orneval et Piron, joué, en 1723, à la foire Saint-Germain; *le Poirier*, opéra-comique en un acte, en prose, de Vadé, joué à la foire Saint-Laurent, le 7 août 1752, analysé dans le *Dictionnaire dramatique*, tome II, p. 453, et dans l'*Histoire du théâtre de l'Opéra-Comique*, tome II, p. 15; remanié par Anseaume et Saint-Amand, il fut repris à la Comédie italienne, le 20 juin 1772, sous le titre de *l'Arbre enchanté*: Moline, en 1775, le mit en vers libres et en ariettes, sous le même titre; *l'Amant femme de chambre*, comédie en un acte, en prose, par Bourlain (1787); *la Gageure des trois commères*, vaudeville grivois en cinq actes par Desmares (1833).

## Après bon vin[1], trois commères un jour

1. Même locution: « aprez le vin », dans Montaigne (tome II, p. 16). — On connaît le proverbe: *Après bon vin, bon cheval*, on est plus hardi, plus aventureux, etc., quand on a bien bu.

S'entretenoient de leurs tours et prouesses¹.
Toutes avoient un ami² par amour³,
Et deux étoient au logis les maîtresses⁴.
L'une disoit : « J'ai le roi des maris ;  5
Il n'en est point de meilleur dans Paris⁵.
Sans son congé je vas partout m'ébattre⁶.
Avec ce tronc j'en ferois un plus fin :
Il ne faut pas se lever trop matin
Pour⁷ lui prouver que trois et deux font quatre. 10

1. « Les délicats du temps ne veulent plus qu'on use de ce mot et disent qu'il est vieux », écrit Furetière. Ces délicats sont Vaugelas, Marguerite Buffet, Richelet, et d'autres, qui n'admettent *prouesse* que dans le discours familier (ils l'auraient donc admis ici), et comme un mot plaisant. Voyez la Bruyère, tome II, p. 213 ; et comparez livre III, fable xiv, vers 2, où notre poète a employé *prouesse* au singulier dans le style noble.

2. Chez des Périers, nouvelle vi (tome I, p. 37) : « Elle feit un amy, auquel elle se tint pour quelque temps. » Même mot, au même sens, et sans complément, dans *le Cocu*, vers 16 et 119 :

Or bien, je vois qu'il te faut un ami.

Voyez aussi *le Faiseur d'oreilles*, vers 54 et 81, où il y a une équivoque sur ce mot, et *la Fiancée du roi de Garbe*, vers 256 et 374.

3. « Les soulas et deportz qui sont entre les dames et amans par amours. » (*Perceforest*, tome V, chapitre vi.) « Elle oublya de tous poincts son amy par amours. » (*Les Cent Nouvelles nouvelles*, p. 95.) « Il s'enhardit de demander à sa dicte ostesse la courtoisie, c'est assauoir qu'il peust estre son amy, et elle sa dame, par amours. » (*Ibidem*, p. 279.) « Ie m'en allay.... veoir ma dame par amours. » (Coquillart, tome II, p. 254.) Rapprochez les *Chansons du XVᵉ siècle* (Paris, 1875), p. 11, 21, 42, 80, 87, 120, etc.

4. C'est ici le lieu de citer ces vers de Villon (p. 181) :

.... Vous pourrez ouyr comment
Ung grand tas de bonnes commeres
Sçauent bien trouuer les manieres
De faire leurs marys coqus.

5.  Touchant moy, de tous les marys
Qui furent oncq, i'ay le meilleur.
(*Ancien Théâtre françois*, tome I, p. 153.)

6. Voyez ci-dessus, *le Muletier*, vers 74 et 93.

7. Même locution dans Saint-Simon (tome III, p. 443) : « Il ne

— Par mon serment[1]! dit une autre aussitôt,
Si je l'avois, j'en ferois une étrenne[2];
Car, quant à moi, du plaisir ne me chaut[3],
A moins qu'il soit mêlé d'un peu de peine[4].

faut pas se lever de grand matin pour faire celles (les preuves) de l'ordre du Saint-Esprit. »

    Qui voudra m'attraper se lèvera matin.
        (LEGRAND, *le Roi de Cocagne*, acte II, scène VII.)

1. « Par mon serment! » ou « Ie jure mon serment! » (*Les Cent Nouvelles nouvelles*, p. 73, 77, 127, 164; Coquillart, tome I, p. 167; *l'Heptaméron*, p. 161; du Fail, *Propos rusticques*, p. 84, 93; l'*Ancien Théâtre françois*, tome I, p. 76, 86, 157, et *passim;* etc.)

2. J'en ferais cadeau à une autre. — Comparez Brantôme, tome I, p. 52, Montaigne, tomes I, p. 392, II, p. 87, 302, III, p. 38 : « estrener aultruy de quelque chose ».

3. Ne me soucie : du verbe *chaloir* qui n'est plus employé qu'à la troisième personne du singulier du présent de l'indicatif et impersonnellement. Nous le retrouverons plus loin au vers 90 :

    J'en suis d'avis! non pourtant qu'il m'en chaille;

dans une ballade (tome V *M.-L.*, p. 11); et dans *Janot et Catin* (*ibidem*, p. 106). Il revient fréquemment chez Villon, chez Marot, chez Ronsard, chez Regnier, etc., au présent de l'indicatif et du subjonctif, au passé défini, au conditionnel, à l'infinitif, au participe présent. Voyez aussi de nombreux exemples dans le *Lexique de Malherbe*. Walckenaer cite ces vers du *Debat de l'homme mondain et du religieux*, poésie du quinzième siècle, publiée dans le recueil intitulé : *la Danse aux aveugles*, etc. (réimpression de 1749, in-8°, p. 301) :

    Amy, de ces ioies mondaines
    Ne me chault, et m'en tiens perclus;
    Car ce sont plaisances soubdaines
    Qui se passent et ne sont plus.

4. Ou d'un peu de crainte. Le Rat des champs est d'un avis opposé (livre I, fable IX, vers 27-28).

—     .... Qu'est-ce qu'un amour sans crainte et sans desir?
    Je vous le demande à vous-même.
    Ce sont des feux bientôt passés
Que ceux qui ne sont point dans leur cours traversés;
    Il y faut un peu de contrainte.
        (*La Fiancée du roi de Garbe*, vers 286-290.)

c. viij]  DEUXIÈME PARTIE.  299

Votre époux va tout ainsi qu'on le mène[1] ;  15
Le mien n'est tel, j'en rends grâces à Dieu.
Bien sauroit prendre et le temps[2] et le lieu,
Qui tromperoit à son aise un tel homme.
Pour tout cela ne croyez que je chomme[3] :
Le passe-temps[4] en est d'autant plus doux ;  20
Plus grand en est l'amour des deux parties[5].
Je ne voudrois contre aucune de vous,
Qui vous vantez d'être si bien loties[6],
Avoir troqué de galant ni d'époux. »
Sur ce débat, la troisième commère  25
Les mit d'accord ; car elle fut d'avis
Qu'Amour se plaît avec les bons[7] maris,
Et veut aussi quelque peine légère[8].

Ce point vuidé, le propos s'échauffant,
Et d'en conter toutes trois triomphant[9],  30

1. Rapprochez le vers 16 du *Faiseur d'oreilles*.
2. « Et donna bien à entendre.... qu'elle luy vouloit donner la vie..., et en sceut bien prendre le temps. » (BRANTÔME, *Dames galantes*, p. 540.)
3. Malgré cela, ne croyez pas que je reste sage, que je ne trouve le moyen de m'ébattre. — Sur l'orthographe de ce verbe : *chommer*, voyez tome II, p. 218 et note 9 ; ci-dessous, le conte VIII, vers 75 ; etc.
4. Ci-dessus, p. 212 et note 4.
5. Ou « d'un et d'autre côté », comme il est dit p. 81. — « .... Les deux parties en sont bien d'accord. » (*L'Heptaméron*, p. 326.)
6. Même locution : « La voilà bien lotie ! », dans Molière, *le Tartuffe*, acte II, scène II, vers 562. Voyez aussi *Mazet*, vers 157 :
   Cette sœur fut beaucoup plus mal lotie.
7. Faciles, indulgents, peu fins : voyez les vers 5-10.
8. Et ne veut pas cependant que les choses aillent toutes seules.
9. Se faisant une joie d'avance, une fête, d'en conter. Pour cette locution : *triompher de*, suivie de l'infinitif, comparez Brantôme, tomes I, p. 347 : « triompher d'escrire », III, p. 406, VII, p. 116 : « triompher de dire » ; du Fail, tomes II, p. 38 : « triompher de

Celle-ci dit : « Pourquoi tant de paroles?
Voulez-vous voir qui l'emporte de nous?
Laissons à part les disputes frivoles :
Sur nouveaux frais attrapons nos époux.
Le moins bon tour payera[1] quelque amende.   35
— Nous le voulons, c'est ce que l'on demande,
Dirent les deux. Il faut faire serment
Que toutes trois, sans nul déguisement,
Rapporterons, l'affaire étant passée,
Le cas au vrai[2]; puis pour le jugement   40
On en croira[3] la commère Macée[4]. »

mordre », I,<sup>r</sup>p. 110 : « triompher à bien vuider les pots »; et ci-dessus, p. 23·et note 4.

1. *Payera*, ici de trois syllabes. — Dans le récit de Bebelius l'enjeu est aussi une somme d'argent.

2. Chez du Fail, tome II, p. 42, chez Montaigne, tomes II, p. 123, III, p. 233, IV, p. 198 : « sçauoir au vray », « faire des contes au vray », « mander au vray »; chez Voiture, tome II, p. 87 : « dire au vrai »; dans l'épître à *M. le Surintendant*, vers 33 : « conter au vrai ». Comparez dans les lettres de Mme de Sévigné, tome V, p. 79 : « savoir le vrai de l'aventure ».

3. Même emploi de ce verbe dans la fable 1 du livre X, vers 50:

Croyons ce bœuf. — Croyons, dit la rampante bête;

dans *Joconde*, vers 33; dans *Galatée*, acte I, scène II.

4. Macée ou Macette, nom autrefois fort répandu. Dans la scène 1 de l'acte II de *l'Avare* de Molière il est question d' « une tenture de tapisserie des Amours de Gombaut et de Macée » : voyez tome VII, p. 95 et note 5. Mêmes amoureux, très anciens du reste, dans *la première Iournée de la Bergerie* de Remy Belleau (tome I, p. 236). C'est une dévote dans *la Légende ioyeuse de maistre Pierre Faifeu*, par Charles Bourdigné (Angers, 1526, in-4°), chapitre VIII, dévote que l'on fait méchamment passer pour une procureuse; une prostituée, dans l'octave CXII du *Grand Testament* de Villon :

.... Qu'à la petite Macée
D'Orleans, qui eut ma ceincture,
L'amende soit bien hault taxée :
Elle est une mauuaise ordure.

Sans parler de l'épigramme CXLIV de Marot: *de Macée*, de la

c. VII]     DEUXIEME PARTIE.     301

Ainsi fut dit, ainsi l'on l'accorda[1].
Voici comment chacune y procéda.

Celle des trois qui plus étoit contrainte[2]
Aimoit alors un beau jeune garçon,     45
Frais, délicat[3], et sans poil au menton;
Ce qui leur fit mettre en jeu cette feinte.
Les pauvres gens n'avoient de leurs amours

« petite nymphe Macée » de Ronsard (ode v du livre II), et de la pièce célèbre intitulée : *Louanges de Macette*, insérée dans l'édition des Œuvres de Regnier de 1652, on se rappelle, dans les satires XI et XIII de ce poète, « la fameuse Macette », ce type de courtisane et d'entremetteuse, qui figure également dans *les Regrets des filles de joie de Paris sur le sujet de leur bannissement* (1620, in-8°), p. 1 et *passim*; et dans diverses pièces du *Cabinet satyrique* (Paris, 1632, in-8°) : « Proverbe d'amour, à la fameuse Macette » (p. 28-32); « Dialogue de Perrette et de Macette » (p. 7-13), avec la « Sentence de Caboche » sur le débat de ces deux « maquerelles » (p. 15-19). Ajoutons que « Mace », « Macé » ou « Macée », était aussi un nom d'homme, encore assez commun du reste aujourd'hui. Nous trouvons un « poure Macé », mari débonnaire, et un « Macé goguelu », mari difficile, dans Coquillart (tome I, p. 117 et 192); un « Macé Longis » dans l'épigramme CLXXX de Marot; « feu, de bonne memoire, frere Macé Pelosse » dans Rabelais (tome I, p. 105); un « Mace Bonhomme », imprimeur à Lyon, au seizième siècle; etc., etc.

1. On accorda, on régla la chose.

> Ainsi fut dit, ainsi fut arrêté.
> (*Les Quiproquo*, vers 88.)

Comparez aussi la fable II du livre III, vers 14, le conte v de la I<sup>re</sup> partie, vers 27; et voyez, sur le rapprochement de *l'on* et de *l'*, ci-dessus, p. 288 et note 6.

2. Par son mari : resserrée, surveillée, « éclairée » (*Fiancée*, vers 307). Dans les lettres de Mme de Sévigné (tome VIII, p. 4) : « Si je n'avois pas un jaloux qui me contraint, je vous en dirois assez pour le faire enrager. »

3. C'est-à-dire d'apparence, sinon frêle, du moins fine, gracieuse, et plus féminine que masculine : ce qui lui permettra de bien jouer son rôle de chambrière; « délicat et blond », comme dit Mme de Sévigné (tomes IV, p. 184, V, p. 237). Comparez le

Encor joui[1], sinon par échappées :
Toujours falloit forger de nouveaux tours, 50
Toujours chercher des maisons empruntées
Pour plus à l'aise ensemble se jouer[2].
La bonne dame habille en chambrière
Le jouvenceau, qui vient pour se louer[3]
D'un air modeste, et baissant la paupière. 55
Du coin de l'œil l'époux le regardoit[4],
Et dans son cœur déjà se proposoit
De rehausser[5] le linge de la fille.
Bien lui sembloit[6], en la considérant,
N'en avoir vu jamais de si gentille. 60
On la retient, avec peine pourtant[7] :
Belle servante[8], et mari vert galant[9],
C'étoit matière à feindre du scrupule.

« blondin » du conte des *Lunettes*, vers 20-24 ; et le jeune « amant » du *Remède*, vers 14-16 :

> Frais, délicat, et beau par excellence ;
> Jeune surtout : à peine son menton
> S'étoit vêtu de son premier coton.

1. Même locution : « jouir de ses amours », chez Rabelais (tome I, p. 275), chez Ronsard (tome II, p. 523), chez Tallemant des Réaux (tome I, p. 78), et chez des Périers (tome I, p. 227) : « jouir du bien amoureux. »

2. Voyez les vers 136 et 158.

3. Pour louer ses services, pour demander d'entrer en condition. Rapprochez le vers 33 du *Cocu*.

4.     Messire Jean la regardoit toujours
       Du coin de l'œil.
                            (*La Jument*, vers 35-36.)

5. Comparez les *Cent Nouvelles nouvelles*, p. 51 : « En cotte simple la mect ; aprez la haussa bien hault malgré elle. »

6. « Bien leur sembloit.... » (*Les Cent Nouvelles nouvelles*, p. 84.)

7. On l'engage, non sans que la dame feigne de l'hésitation, « du scrupule » (vers 63).

8. Voyez le conte précédent, vers 17.

9. On appelait autrefois « verts galants », ou « galants de la feuillée », ou « galins galants », des bandits, des *outlaws*, qui se te-

Les premiers jours, le mari dissimule,
Détourne l'œil, et ne fait pas semblant       65
De regarder sa servante nouvelle ;
Mais tôt après il tourna tant la belle[1],
Tant lui donna, tant encor lui promit[2],
Qu'elle feignit à la fin de se rendre ;
Et de jeu fait[3], à dessein de[4] le prendre[5],   70
Un certain soir la galande[6] lui dit :
« Madame est mal, et seule elle veut être
Pour cette nuit. » Incontinent le maître
Et la servante, ayant fait leur marché[7],
S'en vont au lit ; et le drôle couché,         75

naient dans les bois, qui, comme Robin Hood et ses hardis compagnons, détroussaient volontiers les passants et « croquaient » non moins volontiers les jolies filles. Il est bien certain que ce nom de « vert galant » était plutôt un éloge qu'une injure, surtout dans le sens restreint qu'il a eu depuis d'homme à bonnes fortunes et très ardent au plaisir. Comparez les vers 61-62 de *la Mandragore* :

Il se plaignoit de se voir sans lignée.
A qui la faute ? il étoit vert galant ;

et Molière, *les Femmes savantes*, acte II, scène II, vers 346 :

.... Nous n'avions alors que vingt-huit ans,
Et nous étions, ma foi ! tous deux de verts galants.

Dancourt a écrit une comédie sous ce titre : *le Vert galant* (1714).

1. « A la fin elles la tournèrent de tant de côtés, que la pauvre épouse avoua la chose comme elle étoit. » (*Psyché*, livre I, tome III M.-L., p. 64.) Voyez aussi *les Cordeliers de Catalogne*, vers 193 ; *Comment l'esprit vient aux filles*, vers 107 ; et les exemples de Molière et de Saint-Simon cités par Littré, 7° et 18°.

2. « Tant fit par dons et par promesses.... » (*Les Cent Nouvelles nouvelles*, p. 263.)

3. C'est-à-dire après avoir concerté la chose avec la dame.

4. Voyez ci-dessus, p. 284 et note 2.

5. De l'attraper ; ci-dessus, p. 69 : « il sera pris ».

6. Au sens vieilli de personne alerte, rusée : voyez tome I, p. 310, et ci-dessus, p. 287 et note 3.

7. Dans *l'Heptaméron*, p. 390 : « Sur les propos firent leur accord, etc. » Au vers 363 de *Joconde* : « Le marché se con-

Elle en cornette[1] et dégrafant[2] sa jupe,
Madame vient. Qui fut bien empêché[3]?
Ce fut l'époux cette fois pris pour dupe.
« Oh! oh! lui dit la commère en riant,
Votre ordinaire[4] est donc trop peu friand[5]   80
A votre goût? Eh! par saint Jean[6]! beau sire,
Un peu plus tôt vous me le deviez dire;
J'aurois chez moi toujours eu des tendrons.

clut », etc. — Comparez *l'Oraison de saint Julien*, vers 178, *le Magnifique*, vers 127; et une situation analogue dans *les Quiproquo*:

> Alix d'abord rejette un tel commerce,
> Fait l'irritée, et puis s'apaise enfin, etc. (vers 82-88);

avec cette différence toutefois, c'est qu'Alix est véritablement une femme, une soubrette.

1. Sorte de coiffure négligée, de bonnet de nuit :

> .... Sans nuls atours qu'une simple cornette.
> (*Les Quiproquo*, vers 133.)

Voyez le conte III de la I<sup>re</sup> partie, vers 93 et la note; et Boileau, satire x, vers 197 :

> Attends, discret mari, que la belle en cornette
> Le soir ait étalé son teint sur la toilette.

Mais c'était au moyen âge le nom de la coiffure à la mode, appelée aussi « hennin », coiffure très élevée et surmontée d'un voile flottant que raille Rutebeuf dans sa pièce intitulée *Dictz de cornettes*.

2.    Dégrafez-moi cet atour des dimanches.
       (*La Jument*, vers 110.)

3. Embarrassé. « Qui se trouva empêchée? Ce fut la bergère. » (*Psyché*, livre II, tome III M.-L., p. 118.) Comparez *le Songe de Vaux* (*ibidem*, p. 219); et *Joconde*, vers 200.

4. Même locution, au même sens, dans *les Cordeliers*, vers 125. Chez des Périers, tome I, p. 47 : « Il se delibera d'en trouuer une (femme) pour son ordinaire. »

5. Voyez ci-dessous, le vers 148; et le conte des *Rémois*, vers 8 :

> .... Telle de nos Rémoises
> Friande assez pour la bouche d'un roi.

6. On sait que Jean était autrefois le sobriquet des maris qui se laissent tromper ou gouverner par leurs femmes : voyez l'*Ancien Théâtre françois*, tome I, p. 27, 29, 34, 109, 122, 126, 133, 142,

De celui-ci¹, pour certaines raisons,
Vous faut passer ; cherchez autre aventure.      85
Et vous, la belle au dessein si gaillard,
Merci de moi², chambrière d'un liard³,
Je vous rendrai plus noire qu'une mûre⁴ :
Il vous faut donc du même pain⁵ qu'à moi !

143, etc.; *le Berceau,* vers 101 ; *l'Anneau d'Hans Carvel,* vers 1 et la note ; et ce passage des *Rieurs du Beau-Richard* (tome IV M.-L., p. 111) :

« ....Payable quand? — A la Saint-Jean.
— Jean ne me plaît, dit le mari. »

— Dans beaucoup de pays, aussi bien en Suède, en Norvège, en Angleterre, qu'en Bretagne, en Normandie, en Poitou, en Provence, en Alsace, dans l'Espagne, dans la Roumanie, dans l'Ukraine, etc., les nuits de la Saint-Jean sont considérées par la superstition populaire comme des nuits de folie (*midsummer night's madness*), d'erreurs, de quiproquos, d'illusions, particulièrement fatales aux époux. Elles se célébraient autrefois, elles se célèbrent encore en mainte contrée, par des « veillées », des danses, des concerts, des jeux, des banquets, des feux de joie, « les étrennes de la Saint-Jean », « les feux de la Saint-Jean », des mascarades, des processions burlesques d'hommes déguisés et portant des cornes au front, dernier vestige, sans doute, dernier souvenir, des anciennes processions de « cocus », de « chevaliers de Cornouailles », de confréries de « conards » ou cornards, que d'anciennes vignettes nous représentent dans leur costume de cérémonie, et qui jouaient cette nuit-là, comme pendant « les huict iours de Conardie » du carnaval, les « faicts vicieux » qui s'étaient passés dans l'année.

1. De celle-ci. (1685, 1686, 1705.) Variante maladroite, car *celui-ci* est une plaisante équivoque.

2. Même locution au vers 27 de la fable XVI du livre IV.

3. Comme on dit « d'un sou », « de quatre sous », *di quattro baiocchi.* — Chez Malherbe (traduction de l'épître LXXXVI de Sénèque, tome II, p. 669) : « une chose d'un liard », *res quadrantaria,* en parlant d'un bain public. *Quadrantaria* tout court, proprement « de quatre as », se disait d'une courtisane de bas étage, d'une fille des rues.

4. A force de la battre. Même locution : « plus noir que meure », « plus noire que meure », dans *le Roman de la Rose,* vers 942 et 8867, et dans le *Grand Testament* de Villon, p. 28.

5. Voyez, pour cette figure, ci-dessus, p. 278 et note 3 ; et Ra-

J'en suis d'avis[1]! non pourtant qu'il m'en chaille[2],
Ni qu'on ne puisse en trouver qui le vaille :
Grâces à Dieu[3], je crois avoir de quoi
Donner encore à quelqu'un dans la vue[4] ;
Je ne suis pas à jeter dans la rue.
Laissons ce point ; je sais un bon moyen :        95
Vous n'aurez plus d'autre lit que le mien.
Voyez un peu ! diroit-on qu'elle y touche[5] ?
Vite, marchons ; que du lit où je couche
Sans marchander on prenne le chemin :
Vous chercherez vos besognes[6] demain.        100

belais (tome II, p. 63) : « .... là ne saulsera son pain en ma souppe. »
1. Comparez le vers 164 du *Berceau* et la note.
2. Voyez ci-dessus, le vers 13 et la note.

—      Ce n'est pas pourtant qu'il me chaille
     Que chez vous la vendange faille.
            (*Louanges de Macette*, vers 67-68.)

« *Chaille*, gentil mot ancien », dit Brantôme (tome II, p. 317).
3. Rapprochez le *Dieu merci* du vers 158 de *Joconde* :

     Je ne vois pourtant, Dieu merci,
     Pas une beauté qui m'efface.

4. L'expression vulgaire : « donner dans l'œil », est encore très usitée. — Comparez les *Lexiques de Corneille* et *de Sévigné*. Nous avons noté *vue* pour *yeux* dans *Richard Minutolo*, vers 129 : « sauter à la vue » ; et dans *le Cocu*, vers 61 : « manger la vue ».
5. « Les voylà aller la teste haut esleuée comme si elles n'y eussent iamais touché. » (Brantôme, tome IV, p. 11.)

    .... Vous faites la discrette,
  Et vous n'y touchez pas, tant vous semblez doucette.
     — (Molière, *le Tartuffe*, acte I, scène 1, vers 21-22.)

De là l'expression familière *sainte Nitouche* ou *sainte n'y touche*. « On dit : « Celle femme n'y touche. » (Coquillart, tome II, p. 249.) Voyez aussi Saint-Gelais, *Agnès*, tome II, p. 276.
6. Vos affaires, vos vêtements : la fausse chambrière était déjà à moitié déshabillée (vers 76). — « Renuoyerent leurs harnois, sommes, malles et habits par mer ; si arriuerent ces besognes à l'Escluse en Flandre. » (Froissart, I, 1, 44.) « Le mary, feignant de chercher quelques besognes.... » (Straparole, tome I, p. 287.) « .... Un bissac.... où étoient ses chemises et ses besognes de

Si ce n'étoit le scandale et la honte,
Je vous mettrois dehors en cet état.
Mais je suis bonne, et ne veux point d'éclat :
Puis je rendrai de vous un très bon compte
A l'avenir[1]; et vous jure ma foi[2]     105
Que nuit et jour vous serez près de moi[3].
Qu'ai-je besoin de me mettre en alarmes[4],
Puisque je puis empêcher tous vos tours ? »
La chambrière, écoutant ce discours,
Fait la honteuse, et jette une ou deux larmes[5];    110
Prend son paquet et sort sans consulter[6];
Ne se le fait par deux fois répéter;
S'en va jouer un autre personnage;
Fait au logis deux métiers tour à tour :
Galant de nuit, chambrière de jour,    115

nuit. » (MALHERBE, tome II, p. 676.) « .... Les besognes de nuit de la signora Sperancilla. » (*Ibidem*, tome III, p. 75.) Même locution : « besongnes de nuict », au même sens, chez Montaigne (tome I, p. 378). « Elle faisoit servir ses vieilles besognes à habiller ses enfants. » (*Les Caquets de l'accouchée*, réimpression de 1855, p. 19.) On disait aussi *besognettes* pour hardes, affiquets, joyaux. — Comparez un autre emploi du mot dans la fable XVIII du livre I, vers 4.

1. Je pourrai rendre compte de tous vos faits et gestes.

    Luxure auecq toy sera,
  Qui me rendra de toy bon compte.
    (*Ancien Théâtre françois*, tome III, p. 58.)

2. Voyez le vers 71 de *l'Oraison de saint Julien* et la note.

3.    Et que pourra faire un époux
 Que vous voulez qui soit jour et nuit avec vous?
    (Livre VII, fable II, vers 43-44.)

4. Rapprochez le vers 28 de la fable XIV du livre II ; et le vers 487 de *Joconde* et la note.

5. Comparez *Belphégor*, vers 34 : « jeter maint pleur » ; Coquillart, tome II, p. 282, Tahureau, *les Dialogues* (édition de 1871), p. 16, Roger de Collerye, p. 162, *l'Heptaméron*, p. 67, 100, 102, 444, Saint-Gelais, tome II, p. 93, Malherbe, poésie XI, vers 55 : « jeter des larmes » ; Ronsard, tome II, p. 1 : « jeter larmes d'œil » ; Molière, *Don Juan*, acte V, scène 1 : « jeter des larmes de joie » ; etc.

6. Sans délibérer : voyez le conte XI de la I<sup>re</sup> partie, vers 14.

En deux façons elle a soin du ménage.
Le pauvre époux se trouve tout heureux
Qu'à si bon compte il en ait été quitté[1].
Lui couché seul, notre couple amoureux
D'un temps si doux à son aise[2] profite : 120
Rien ne s'en perd ; et des moindres moments
Bons ménagers[3] furent nos deux amants[4],
Sachant très bien que l'on n'y revient guères[5].
Voilà le tour de l'une des commères.

L'autre, de qui le mari croyoit tout, 125
Avecque lui sous un poirier[6] assise,

1. « Le mary, bien aise d'en estre eschappé à si bon compte.... »
(*L'Heptaméron*, p. 283.)
2. « A son bel aise » (*Mazet*, vers 140). Comparez ci-dessus,
vers 18 et 52.
3. Le sage est ménager du temps et des paroles.
(Fable xxvi du livre VIII, vers 39.)
Deviens, pour ton ami, ménager de tes jours.
(*Achille*, acte II, scène III.)
Voyez aussi *la Fiancée du roi de Garbe*, vers 554, *les Rémois*, vers 184 ;
Montaigne, tomes I, p. 381, II, p. 56, 73, III, p. 103 : « excellens
mesnagiers du temps » ; et les *Lexiques de Corneille, de Racine, de la
Rochefoucauld*.
4. Le temps s'envole : il est cher aux amants ;
Profitez donc de ses moindres moments.
(Epître à *Mme de Fontanges*, tome V M.-L., p. 127.)
.... Cependant
Sire Prélat et Madame Féronde
Ne laissent perdre un seul petit moment.
(*Féronde*, vers 166-168.)
5. C'est le *Carpe diem* d'Horace (livre I, ode XI, vers 8). Voyez
*l'Oraison*, vers 291 et la note. — Expression analogue, au même
sens, au dernier vers du *Muletier* : « Qu'il n'y retourne plus. »
6. L'arbre est aussi un poirier dans Boccace. Il a été déjà question d'un poirier, dont l'ombre, paraît-il, est propice aux amours,
dans le conte du *Cocu*. Comparez la XLI<sup>e</sup> des *Chansons du quinzième
siècle*, et la XLVI<sup>e</sup> des *Cent Nouvelles nouvelles* : « D'ung Iacobin et
de la nonnain qui s'estoient boutez en ung preau pour faire armes

De son dessein vint aisément à bout.
En peu de mots j'en vas conter la guise¹.
Leur grand valet² près d'eux étoit debout,
Garçon bien fait, beau parleur, et de mise³,   130
Et qui faisoit les servantes trotter⁴.
Le dame dit : « Je voudrois bien goûter
De ce fruit-là ; Guillot⁵, monte, et secoue
Notre poirier⁶. » Guillot monte à l'instant.
Grimpé qu'il est, le drôle fait semblant   135
Qu'il lui paroît que le mari se joue

à plaisance dessoubs ung poirier. » — « Caresser la jardinière sous le poirier » était une expression proverbiale (Maucroix, OEuvres diverses, tome II, p. 40).

1. La façon : voyez ci-dessus, p. 156 et note 3.

2. Le valet chef, le maître valet, celui qui a la communication la plus directe avec le maître, et autorité sur les autres domestiques. On se sert encore de ces locutions, « grand valet, maître valet », dans plusieurs provinces de France. On disait aussi « grand laquais » au même sens (Tallemant des Réaux, tome IV, p. 33, 35).

3. Ou de mine, comme le Muletier (vers 20) : fait pour être bien vu, bien reçu, bien voulu partout ; voyez les nombreux exemples cités par Littré, 4° ; Marot, tome III, p. 104 : « un Cordelier d'une assez bonne mise » ; Brantôme, tome IV, p. 29 : « bien mettable gentilhomme » ; et l'Heptaméron, p. 320 : « ieune homme assez mettable. »

4.   Prisé, loué, fort estimé des filles,

comme le valet de Marot (épître xxix, tome I, p. 195).

   Garçon carré, garçon couru des filles,
   Bon compagnon, et beau joueur de quilles.
              (Les Lunettes, vers 134-135.)

« Il avoit un valet de chambre, de ceux qu'on appelle braves garçons..., qui font les modes entre les autres valets, et qui en sont autant enviés qu'estimés des servantes. » (Scarron, le Roman comique, II⁰ partie, chapitre xix.) — Comparez, pour l'image :

   Denier fet p...... atroter.
   (De dan Denier, Jubinal, Jongleurs et Trouvères, p. 97.)

5. Voyez tome II, p. 452 ; le Baiser rendu ; et le Petit Chien, vers 199.

6. Chez Boccace : Pirro, io ho gran disiderio d'haver di quelle pere ; et pero montavi suso, et gittane giu alquante.

Avec la femme¹ : aussitôt le valet,
Frottant ses yeux, comme étonné du fait :
« Vraiment, Monsieur, commence-t-il à dire,
Si vous vouliez Madame caresser,                     140
Un peu plus loin vous pouviez aller rire,
Et, moi présent², du moins vous en passer.
Ceci me cause une surprise extrême :
Devant les gens prendre ainsi vos ébats³ !
Si d'un valet vous ne faites nul cas,                145
Vous vous devez du respect à vous-même.
Quel taon vous point⁴ ? attendez à tantôt ;

1. Même locution : « se iouer auec elle », dans *l'Heptaméron*, p. 330. — Comparez le fabliau cité de Garin, *du Prebstre ki abeuete* (qui guette), où le prêtre demande au mari et à la femme :

« Que faictes vous là, bone gent ? »

Le vilain lui répond :

« Par ma foy, Sire, nous mengons ;
Venés ens, si vous en dourons.
— Mengiés, faictes ? vous i mentés,
Il m'est aduis que vous f..... »

(Recueil de MM. Montaiglon et Raynaud, tome III, p. 55.)

2. « Moi présent, vous présent », dans une situation analogue, aux vers 598 de *la Fiancée*, et 74, 82, 87, du *Magnifique*.

3. Voyez ci-dessus, le vers 7 et la note.

Or s'esbate, de par Dieu, Franc-Gontier,
Helene o luy, soubz le bel esglantier.

(Villon, *les Contredictz de Franc-Gontier*, p. 79.)

4. Vous pique ? Quelle fantaisie vous prend ?

.... Et le taon des guerres civiles
Piqua les âmes des méchants.

(Malherbe, *Poésie* cxvii, vers 17-18.)

Ie ne sçai quell' mouche me point.

(Marot, tome III, p. 93.)

Elle est toute de marbre, aucun trait ne la point.

(Des Portes, *Diane*, p. 17.)

Le regret du passé cruellement me point.

(Regnier, *Plainte sur l'absence d'une maîtresse*, vers 69.)

« Il hurta sa main d'aduenture à son tetin, qu'il sentit tres dur et

Ces privautés[1] en seront plus friandes[2] :
Tout aussi bien, pour le temps qu'il vous faut,
Les nuits d'été sont encore assez grandes.            150
Pourquoi ce lieu ? vous avez pour cela
Tant de bons lits, tant de chambres si belles[3] ! »
La dame dit : « Que conte celui-là[4] ?

---

poignant. » (*Les Cent Nouvelles nouvelles*, p. 177.) « Tetins poinctifs. » (*Ancien Théâtre françois*, tome I, p. 318.) « Iuge aigre et poignant. » (Montaigne, tome I, p. 458.) « C'est un poinct qui trop me poingt. » (Rabelais, tome II, p. 50.) Le mot avait vieilli : « *Poindre*, verbe actif, piquer, disent à peu près dans les mêmes termes Furetière et le *Dictionnaire de l'Académie*, n'a guère d'usage qu'en cette phrase proverbiale : « Oignez vilain, il vous *poindra; poignez* vilain, « il vous oindra. » Richelet ne l'a noté qu'au sens figuré : « Ce mot, pour dire *offenser*, est françois, mais peu usité. » Voyez aussi la Bruyère (tome II, p. 211-213) : « L'usage a préféré.... *piquer* à *poindre*. » — Rapprochez *pointe* dans Brantôme (*Dames galantes*, p. 552) : « la poincte de ma chair » ; etc. ; et *pointure* dans le LXXXIIe dixain de Saint-Gelais, chez Remy Belleau (tome II, p. 118), chez Ronsard, tome I, p. 92, 96, chez Montaigne (tomes III, p. 270, I, p. 81) : « les poinctures de la peur » ; et chez Malherbe (tome IV, p. 4) : « L'aiguillon de la gloire a la pointure douce. »

1. « Quand ie la vis en ses priuautez..., ie presageay aussi tost que de ce petit ieu l'on viendroit au grand. » (Brantôme, *Dames galantes*, p. 565.) « Fuy comme peste ces folles priuautez que tu veois les femmes auoir quelquesfois auecques les hommes. » (Montaigne, tome IV, p. 208.)

    Garde-toi de troubler leurs douces privautés.
      (Molière, *Amphitryon*, acte III, scène 11, vers 1556.)

2. Ci-dessus, vers 80.

3.   *Parce, precor, Pyrrhus clamat, dux, parce pudorem;*
    *Non honor est istis sollicitare locis.*
  *Hic amor est præceps; hoc est non sana libido.*
    *Lydia, dux, alibi posset anhela quati.*
  *Sunt tibi, dux, thalami; sunt et loca talibus apta;*
    *Fac, sed ne videam rusticitatis opus.*
      (*Comedia Lydiæ*, p. 372 du recueil cité.)

Chez Boccace : *Voi havete tante belle camere ; perche non in alcuna di quelle ad far queste cose ve n'andate?*

4. *La donna rivolta al marito disse :* « *Che dice Pirro ?* »

Je crois qu'il rêve : où prend-il ces nouvelles[1]?
Qu'entend ce fol avecque ses ébats[2]? 155
Descends, descends, mon ami, tu verras. »
Guillot descend. « Hé bien, lui dit son maître,
Nous jouons-nous[3]?

GUILLOT.
Non pas pour le présent.

LE MARI.
Pour le présent?

GUILLOT.
Oui, Monsieur; je veux être
Écorché vif, si tout incontinent[4] 160
Vous ne baisiez[5] Madame sur l'herbette[6].

LA FEMME.
Mieux te vaudroit laisser cette sornette,
Je te le dis, car elle sent les coups[7].

1. C'est le mari qui chez Boccace demande au valet s'il rêve ; et l'auteur italien ajoute à la réponse de ce valet une plaisanterie que la Fontaine a négligée : *Signor mio, non sognio nemica, ne voi anche non sognate, anzi vi dimenate ben si, che, se cosi si dimenasse questo pero, egli non ce ne rimarebbe su niuna.*

2. Avecque ces ébats. (1666, 1667, 1668, 1669 Amsterdam et Leyde.) — Dans le poëme de Matthieu de Vendôme (*ibidem*), la dame accuse tout de suite le poirier :

*Arbor habet vitium, suspirans Lydia dixit,*
*Alta quidem visum flectere sæpe solent.*

Chez Boccace, la dame, sans l'accuser expressément, témoigne le désir d'y monter.

3. Voyez ci-dessus, vers 52 et 136.

4. Même locution adverbiale : « tout incontinent », dans *Joconde*, vers 471 ; dans le conte du *Petit Chien*, vers 464 ; chez Malherbe (tomes I, p. 208, II, p. 23, 332) ; etc.

5. *Vedeva voi addosso alla donna vostra.* « Ie vous dy que ie vous ay veu couplé auec Madame vostre femme. »

6. « L'herbe tendre » du conte précédent, vers 91.

7. ....Que regardes-tu là?
— C'est qu'il sent le bâton du côté que voilà.
(MOLIÈRE, *Dépit amoureux*, acte V, scène III, vers 1563-1564.)
Savez-vous, mes drôles,

LE MARI.

Non, non, m'amie; il faut qu'avec les fous
Tout de ce pas¹ par mon ordre on le mette.   165

GUILLOT.

Est-ce être fou que de voir ce qu'on voit²?

LA FEMME.

Et qu'as-tu vu?

GUILLOT.

J'ai vu, je le répète,
Vous et Monsieur qui dans ce même endroit
Jouiez tous deux au doux jeu d'amourette,
Si ce poirier n'est peut-être charmé³.   170

LA FEMME.

Voire⁴, charmé! tu nous fais un beau conte!

LE MARI.

Je le veux voir; vraiment faut que j'y monte :
Vous en saurez bientôt la vérité. »

Le maître à peine est sur l'arbre monté,
Que le valet embrasse⁵ la maîtresse⁶.   175

> Que cette chanson
> Sent pour vos épaules
> Les coups de bâton? (*Le Sicilien*, scène VIII.)

1. Voyez *Richard Minutolo*, vers 83 et la note.
2.        Voy ie pas bien ce que ie voy?
                (GRINGORE, tome I, p. 283.)
3. A moins, c'est possible, que ce poirier ne soit charmé, enchanté.
4. Vraiment : voyez le conte précédent, vers 81 et la note.
5. Embrassoit. (1668, 1669 Amsterdam et Leyde.)
6. *Dux ait : « Experiar (totiens fantasmata fallunt)*
   *An moveat Pyrrhus ludicra, sive pirus. »*
   *Scandit uterque simul, et dux et Pyrrhus anhelans :*
   *Hic repit ramis; cruribus ille subit.*
   *Est in utroque labor; lætus tamen iste laborat :*
   *Dum quatit ille pirum, concutit iste femur.*
   *Miratur Decius et, vix sibi credulus, hæret.*
                (*Comedia Lydiæ*, ibidem.)
—        Si l'a desous li enuersée,

L'époux, qui voit comme l'on se caresse,
Crie, et descend en grand'hâte aussitôt[1].
Il se rompit le col, ou peu s'en faut,
Pour empêcher la suite de l'affaire[2],
Et toutefois il ne put si bien faire         180
Que son honneur ne reçût quelque échec[3].
« Comment? dit-il, quoi! même à mon aspect[4]! »

>     La roube li a sousleuée;
>     Si li a fait icele cose
>     Que fame aime sor toute cose.
>             (*Du Prebstre ki abeuete*, p. 56.)

Boccace est plus bref et beaucoup moins libre que les auteurs des deux fabliaux cités : *Sopra ilquale come egli fu, la donna insieme con Pirro sincominciarono sollazzare.*

1. Dans la *Comédie de Lydie*, l'époux s'en prend à l'arbre (p. 373), se venge sur lui, et, avant de descendre, crible le jeune homme de poires :

>     *Imputat hoc ramis Decius, frangitque quatitque :*
>     *Sæpe quidem Pyrrho sunt pirra missa piro.*

C'est ce que fait aussi le galant de la XLVI° des *Cent Nouvelles nouvelles* citée à la page 308 : « Vous aurez, dist lors celuy qui estoit « dessus le poirier..., toutes des meilleures poires du poirier. » Lors prend à ses deux mains les branches du poirier et fait tumber en bas sur eulx (sur le jacobin et la nonnain) et ou preau des poires tres largement. »

2. Locution analogue, au même sens, chez des Périers (tome I, p. 94) : « Beaufort auoit faict une partye de ses affaires. » Voyez aussi ci-dessous, vers 227; *Joconde*, vers 310; *Nicaise*, vers 242-243 :

>     Mon Pucelage dit qu'il faut
>     Remettre l'affaire à tantôt;

et *les Rémois*, vers 186, et 196 :

>     Vouliez ou non, elle aura son affaire.

3.    Pierre à crier ne fut si diligent
      Que bonne part de la cérémonie
      Ne fût déjà par le prêtre accomplie.
              (*La Jument*, vers 158-160.)

4. « Moi présent », comme a dit le valet (vers 142), *in mia presenza*.

c. vii]  DEUXIÈME PARTIE.  315

Devant mon nez[1]! à mes yeux! — Sainte Dame[2],
Que vous faut-il? qu'avez-vous? dit la femme.
LE MARI.
Oses-tu bien le demander encor?  185
LA FEMME.
Et pourquoi non?
LE MARI.
Pourquoi? N'ai-je pas tort[3]
De t'accuser de cette effronterie?
LA FEMME.
Ah! c'en est trop, parlez mieux, je vous prie.
LE MARI.
Quoi! ce coquin ne te caressoit pas?
LA FEMME.
Moi? vous rêvez[4].
LE MARI.
D'où viendroit donc ce cas?  190
Ai-je perdu la raison ou la vue?
LA FEMME.
Me croyez-vous de sens si dépourvue,

1. Elle écoute un amant, elle en fait un mari,
  Le tout au nez du mort qu'elle avoit tant chéri.
    (*La Matrone d'Éphèse*, vers 163-164.)
2. Sainte Vierge.
3. Ne vas-tu pas dire que j'ai tort... ?
4. Plus haut, vers 154 : « Je crois qu'il rêve. »

  « Halas! fet il, qu'ai ie veu! »
  Dunc a la fame respundu :
  « Qu'auez vus weu, biaus duz amis?
  — Un autre humme, ce m'est auis,
  Seur mun lit te tint embraciée. »
  Ce dit la fame curreciée :
  « Bien sçai, fet el, n'en dute mie,
  Ce est vustre vielle folie.... »
  — Ie l' vi, fet il, sel' doi bien croire.
  — Fol es, dist ele, se tu crois
  Pur veritei quanque tu vois. »
    (MARIE DE FRANCE, fable citée.)

Que devant vous je commisse un tel tour?
Ne trouverois-je assez d'heures au jour
Pour m'égayer¹, si j'en avois envie²?             195

LE MARI.

Je ne sais plus ce qu'il faut que j'y die³.
Notre poirier m'abuse assurément.
Voyons encor. »
     Dans le même moment
L'époux remonte⁴, et Guillot recommence.
Pour cette fois, le mari voit la danse⁵           200
Sans se fâcher, et descend doucement.
« Ne cherchez plus, leur dit-il, d'autres causes :
C'est ce poirier; il est ensorcelé.
— Puisqu'il fait voir de si vilaines choses,
Reprit la femme, il faut qu'il soit brûlé.        205
Cours au logis; dis qu'on le vienne abattre.
Je ne veux plus que cet arbre maudit
Trompe les gens⁶. » Le valet obéit.
Sur le pauvre arbre ils se mettent à quatre⁷,

---

1. « ....Quand elle iroit ....s'esgayer, et bien à plein se faire veoir à luy (à son ami), toucher, retoucher et manier tous ses membres beaux et lascifs. » (BRANTÔME, *Dames galantes*, p. 229.)

2. Même argument de la dame chez Boccace.

3.     ....Le bon sire
  Ne savoit tantôt plus qu'y dire.
    (*L'Anneau d'Hans Carvel*, vers 23-24.)

4. Cette seconde et si comique ascension du mari est de l'invention de la Fontaine.

5. Rapprochez le vers 57 du conte précédent et la note. — « Le compagnon a enuie d'une aultre danse. » (*Histoire maccaronique de Merlin Coccaie*, livre IX.)

  Il est tousiours en celle danse
  Qu'il fait à l'enuers sus un lict.
    (JODELLE, *l'Eugène*, acte II, scène II.)

6. Chez Boccace : *Veramente questo pero non ne fara mai piu niuna ne a me ne ad altra donna di queste vergogne, se io potro.*

7. « *Ut dixi tibi, dux, vitium fuit arboris; illa*

Se demandant l'un l'autre sourdement[1]   210
Quel si grand crime a ce poirier pu faire.
La dame dit : « Abattez seulement ;
Quant au surplus, ce n'est pas votre affaire. »
Par ce moyen la seconde commère
Vint au-dessus de[2] ce qu'elle entreprit.   215
Passons au tour que la troisième fit.

Les rendez-vous chez quelque bonne amie

>                 (*Esse potest*) *alios ludificabit adhuc.*
> — *Cujus culpa manet, quia sic malus error obumbrat,*
>     *Sit pirus excisa!* » *Dux jubet; icta, ruit.*
>                              (*Comedia Lydiæ, ibidem.*)

1. Tout bas, mais de façon à ce que la dame s'en aperçoive et devine ce qu'ils disent (voyez les vers 212-213) : « Quelle lubie leur a passé par la cervelle? Qu'est-ce qu'on a encore fait croire à notre imbécile de maître? »

2.         Cuidant venir de son faict au dessus....
                    (Coquillart, *Complaincte de Eco*, tome I, p. 6.)
« Il en eust bien combattu telles trois (dames) et venu au dessus d'elles à son honneur. » (*Les Cent Nouvelles nouvelles*, p. 133.) « ....Pourquoy les alquemistes ne viennent au dessus de leurs intentions. » (Des Périers, tome I, p. 66.) « M. de Biron.... voit qu'il ne peut venir au dessus du roy, de la reyne, etc. » (Brantôme, tome V, p. 135 ; *ibidem*, tome IV, p. 185.) Comparez la locution : « venir à chef de », dans *les Rémois*, vers 210, et dans *l'Abbesse*, vers 32. — Nous croyons pouvoir rapprocher, comme dérivé de l'histoire du poirier, comme une réminiscence, lointaine, il est vrai, de ce conte, ce dialogue plaisant de *la Comédie de chansons* (1640, acte II, scène III) :

>     Ma femme me dit un matin
>         Qu'elle alloit dans un jardin.
>     Je la voulois suivre de loin ;
>         Mais moy, qui suis Jean-Bon-Homme,
>     J'endure tout et n'en dy rien.
>     . . . . . . . . . . . . . . . .
>     « Hélas ! Pierre, regarde bien
>     Si maistre Jean luy fera rien.
>     — Il la jette sur un lict verd :
>     On ne sçait qui gagne ou qui perd.
>     — Tout beau, hélas ! Pierre, regarde bien

Ne lui manquoient non plus que l'eau du puits[1].
Là tous les jours étoient nouveaux déduits[2];
Notre donzelle y tenoit sa partie.           220
Un sien amant[3] étant lors de quartier[4],
Ne croyant pas qu'un plaisir fût entier
S'il n'étoit libre, à la dame propose
De se trouver seuls ensemble une nuit.
« Deux, lui dit-elle; et pour si peu de chose   225
Vous ne serez nullement éconduit[5].

> Si maistre Jean luy fera rien.
> — Las! mon maistre, tout est perdu!
> Je croy que vous estes cocu. »
> (*Ancien Théâtre françois*, tome IX, p. 145-146.)

Voyez le conte précédent où la scène se passe également dans un jardin, « sur l'herbe tendre », et le conte du *Villageois*, vers 7.

1.         Non plus que l'eau qui coule en la rivière.
                            (*L'Ermite*, vers 196.)

Image analogue dans le *Pâté d'anguille* (vers 47-48) :

> N'allez point à l'eau chez un autre,
> Ayant plein puits de ces douceurs.

2. Voyez ci-dessus, p. 233 et note 3.
3. Comparez le vers 44 du *Berceau* et la note.
4. Au figuré; comme on dit : un officier est *de quartier :* c'est son tour de service.

> On ne doit point avoir des amants par quartier;
> Alidor a mon cœur et l'aura tout entier.
> (CORNEILLE, *la Place Royale*, acte I, scène 1, vers 39-40.)

« Elle eut des amourettes en assez bon nombre : on la servoit par quartier. » (TALLEMANT DES RÉAUX, tome VI, p. 3.) — « Elle.... presta son quoniam à trois compaignons ses voisins, lesquelz, comme à la cour plusieurs seruent par temps et termes, eurent leur audience. » (*Les Cent Nouvelles nouvelles*, p. 335.)

5. Même verbe dans la fable XII du livre IV, vers 46; chez Coquillart, tome II, p. 255 :

> J'aymeroie mieulx estre noiée
> Que vous en fussiez esconduit (*de cette nuit*) !

chez du Fail, tome II, p. 180 : « Ie ne feray plus la restiue et ne vous esconduiray iamais »; dans l'acte III de la *Cleopâtre* de Jodelle :

Jà¹ de par moi ne manquera l'affaire².
De mon mari je saurai me défaire³
Pendant ce temps. » Aussitôt fait que dit⁴.
Bon besoin eut d'être femme d'esprit⁵,                    230
Car pour époux elle avoit pris un homme
Qui ne faisoit en voyages grands frais ;
Il n'alloit pas querir pardons⁶ à Rome,
Quand il pouvoit en rencontrer plus près⁷ ;
Tout au rebours de⁸ la bonne donzelle,                    235
Qui, pour montrer sa ferveur et son zèle,

          Eussé ie peu mon Antoine esconduire?
chez Brantôme, tome IX, p. 721 ; etc.

  1. Ici le sens est « certes » et non « déjà ». Voyez Marot, tome II, p. 189, et *passim* ; les vers 47 du *Magnifique*, et 51 des *Troqueurs* :

          Femmes aussi trompent assez souvent :
          Jà ne les faut éplucher trop avant ;

et le Dictionnaire de Littré, au mot Jà.

  2. Ci-dessus, vers 179 et note.
  3. Me dépêtrer (*le Cocu*, vers 70 et la note).
  4. Même hémistiche aux vers 52 de la fable x du livre VIII, 19 de la fable xvii du livre IX, et 192 du *Petit Chien*.
  5. « Besoing luy fut d'estre habile homme. » (Comynes, livre I, chapitre ii.)
  6. Voyez ci-dessus, p. 86 et note 4.
  7. Comparez le commencement du dernier huitain d'un vieux poème, *l'Amant rendu cordelier à l'obseruance d'amours* (Paris, 1490, in-4°) :

          Plusieurs gens enuoient à Rome
          Qui à leurs huis ont le pardon ;

et cette phrase de la nouvelle 1 de Bonaventure des Périers (tome I, p. 10) : « Et, comme disoit le bon compaignon quand la chambriere, qui estoit belle et galante, luy venoit faire les messages de sa maistresse : « A quoy faire irai ie à Rome? Les pardons sont « par deçà. »

  8. Même expression : « au rebours » ou « tout au rebours de », dans les fables viii du livre III, vers 12, v du livre XI, vers 28, aux contes v, vers 11, et xii, vers 76, de la IVᵉ partie ; et chez Marot, tomes II, p. 95, 132, 133, 189, III, p. 32 ; chez Montaigne, tomes I, p. 46, 158, 184, 325, II, p. 5, 9 ; etc.

Toujours alloit au plus loin s'en pourvoir[1].
Pèlerinage avoit fait son devoir[2]
Plus d'une fois ; mais c'étoit le vieux style[3] :
Il lui falloit, pour se faire valoir[4],   240
Chose qui fût plus rare et moins facile.

Elle s'attache à l'orteil dès ce soir
Un brin de fil qui rendoit[5] à la porte

1. Semblable ironie dans le conte xxx de Noël du Fail (tome II, p. 149) : « La damoiselle ioue du cropion en un coin... ; et (l'époux) demandant aux seruiteurs ou chambrieres : « Où est elle ? Il y a « long temps qu'elle n'est ici. — ....Elle est à vespre, gaigner les par- « dons. » Voyez aussi ci-dessus, p. 177, note 4.

2. *Pèlerinage* est personnifié ici, ainsi que *Cocuage* dans *Joconde*, vers 225 ; etc., etc. ; et *Pucelage*, *ibidem*, vers 380 : voyez ci-dessus, p. 52 et note 1.

3. Qu'on a trouvé le moyen de rajeunir : pèlerinages, plus ou moins pieux, « font toujours leur devoir ». — Rapprochez la LXV<sup>e</sup> des *Cent Nouvelles nouvelles*, l'histoire de cette femme « qui ouyt compter à son mary que ung ostellier du mont Sainct Michel fai- soit rage de ronciner ;... si elle print congé de son mary pour y aller en pelerinage, cuidant l'esprouuer ; et, pour colorer l'oca- sion de son voyage, elle, comme femmes sçauent bien faire, trouua une bourde toute affaictée. » Dans la XCIII<sup>e</sup> il est aussi question « d'une gente femme mariée qui feignoit à son mary d'aller en pe- lerinage, pour soy trouuer auec le clerc de la ville son amoureux, auec lequel son mary la surprit... ; et quand il vit sa femme, qui auoit les iambes leuées, il luy dist qu'elle n'auoit garde de user ses souliers, et que sans raison auoit trauaillé le cordoennier, puis- qu'elle vouloit faire son pelerinage par telle maniere. » — Parmi les saints légendaires fréquentés par ces dames, on citait « sainct Bezet » et « sainct Trotet ». (*Recueil de poésies françoises*, tome XII, p. 7.) Voyez aussi l'*Apologie pour Hérodote*, tome I, p. 277, *le Moyen de parvenir*, p. 385, etc.

4. Se signaler, l'emporter sur ses deux concurrentes, et ne pas payer l'amende.

5. Aboutissait. « Ouvrant une porte secrète qui rendoit dans le temple.... » (LE MAISTRE DE SACY, traduction de la Bible, *Machabées*, livre II, chapitre I, verset 16.) « Sa maison a une porte qui rend dans le Palais-Royal « (TALLEMANT DES RÉAUX, tome VI, p. 366.)

De la maison; et puis se va coucher
Droit¹ au côté d'Henriet Berlinguier  245
(On appeloit son mari de la sorte).
Elle fit tant qu'Henriet se tournant
Sentit le fil. Aussitôt il soupçonne
Quelque dessein, et, sans faire semblant
D'être éveillé, sur ce fait il raisonne;  250
Se lève enfin, et sort tout doucement,
De bonne foi son épouse dormant,
Ce lui sembloit; suit le fil dans la rue;
Conclut de là que l'on le trahissoit;
Que quelque amant que la donzelle avoit  255
Avec ce fil par le pied la tiroit,
L'avertissant ainsi de sa venue;
Que la galande² aussitôt descendoit,
Tandis que lui pauvre mari dormoit³.
Car autrement, pourquoi ce badinage⁴?  260
Il falloit bien que Messer⁵ Cocuage⁶
Le visitât⁷ : honneur dont, à son sens,
Il se seroit passé le mieux du monde.
Dans ce penser⁸ il s'arme jusqu'aux dents;

1. Rapprochez, pour ce mot pris adverbialement, les vers 16 et 126 du *Muletier*.
2. Voyez p. 303 et note 6.
3. Dans la nouvelle de Boccace la conjecture du mari est tout à fait juste : la femme a recours à cet expédient pour être avertie de l'arrivée de son amant.
4. Rapprochez, pour cet emploi du mot *badinage*, le vers 38 du *Mari confesseur* et la note.

Je vous ai vu dans ce lieu vous couler,
Ce qui m'a fait douter du badinage.

5. Même terme ci-dessus, p. 222 et note 2.
6. Voyez ci-dessus, p. 320, note 2. — Même alliance de mots dans *les Rémois*, vers 189.
7. C'est que, il était bien évident que, Messer Cocuage le visitait.
8. Infinitif pris substantivement : voyez p. 195 et note 3.

Hors la maison fait le guet¹ et la ronde, 265
Pour attraper quiconque tirera
Le brin de fil. Or le lecteur saura
Que ce logis avoit sur le derrière
De quoi pouvoir introduire l'ami :
Il le fut donc par une chambrière. 270
Tout domestique, en trompant un mari,
Pense gagner indulgence plénière².
Tandis qu'ainsi Berlinguier fait le guet,
La bonne dame³ et le jeune muguet⁴
En sont aux mains⁵, et Dieu sait la manière. 275
En grand soulas⁶ cette nuit se passa⁷ ;
Dans leurs plaisirs rien ne les traversa⁸ :
Tout fut des mieux, grâces à la servante,
Qui fit si bien devoir de surveillante,
Que le galant tout à temps délogea. 280
L'époux revint quand le jour approcha,
Reprit sa place, et dit que la migraine
L'avoit contraint d'aller coucher en haut.

1. Dans Boccace : *Arriguccio.... prese sue armi, corse all' uscio....*
2. Rapprochez les vers 123-124 de *Richard Minutolo* :

    En second lieu il trompe une cruelle,
    Et croit gagner les pardons en cela.

3. Semblable expression, quelque peu ironique, ci-dessus, p. 103.
4. Voyez ci-dessus, p. 102 et note 2. On disait de même *marjolet*, qui est aussi dans la Fontaine (*les Lunettes*, vers 131), pour « jeune galant », « gentil compagnon », « mignon de couchette ».
5. Dans *la Servante justifiée*, vers 38 : « aux prises ». — La situation est la même dans *le Cocu*, vers 91 et suivants.
6. Ce mot, que nous avons déjà rencontré à la fin de *Joconde* (vers 522 et note), veut dire évidemment ici « divertissement, plaisir, tout contentement » (ci-dessous, vers 292).
7. Rapprochez les vers 119-123 :

    ....Et des moindres moments
    Bons ménagers furent nos deux amants.

8. Même locution, appliquée aux « feux » de l'amour, dans *la Fiancée du roi de Garbe*, vers 289.

Deux jours après la commère ne faut¹
De mettre un fil; Berlinguier aussitôt, 285
L'ayant senti, rentre en la même peine², 
Court à son poste, et notre amant au sien.
Renfort de joie : on s'en trouva si bien³
Qu'encore un coup on pratiqua la ruse;
Et Berlinguier, prenant la même excuse⁴, 290
Sortit encore, et fit place à l'amant.
Autre renfort de tout contentement⁵.
On s'en tint là. Leur ardeur refroidie,
Il en fallut venir au dénoûment;
Trois actes eut sans plus⁶ la comédie. 295
Sur le minuit⁷ l'amant s'étant sauvé,
Le brin de fil aussitôt fut tiré
Par un des siens, sur qui l'époux se rue,
Et le contraint, en occupant la rue⁸,
D'entrer chez lui, le tenant au collet, 300
Et ne sachant que ce fût un valet.
Bien à propos lui fut donné le change⁹.

1. N'oublie pas, ne manque pas de. Comparez le vers 149 du *Cocu*
2. Dans *le Misanthrope* de Molière, vers 91 :

J'entre en une humeur noire, en un chagrin profond;

et dans l'*Iphigénie* de Racine, vers 1672 :

[Je] rentre au trouble affreux dont à peine je sors.

3.        De quoi s'étant la veuve bien trouvée....
                               (*L'Oraison*, vers 326.)

4. Dans *Richard Minutolo*, vers 82 :

Lors pour sortir elle prend une excuse.

5. De contentement entier, de pleine joie : voyez ci-dessus, le vers 276, et les vers 25-27 de *la Chose impossible* : « Notre amant

S'en va trouver sa belle, en a contentement,
Goûte des voluptés qui n'ont point de pareilles, etc. »

6. Ci-dessus, p. 78 et note 2. — 7. Page 208 et note 4.

8. En la barrant, en lui coupant la retraite.

9. Même locution, empruntée au langage de la vénerie, dans la fable xxiii du livre XII, vers 33.

Dans le logis est un vacarme étrange ;
La femme accourt au bruit que fait l'époux.
Le compagnon se jette à leurs genoux ;   305
Dit qu'il venoit trouver la chambrière ;
Qu'avec ce fil il la tiroit à soi[1]
Pour faire ouvrir ; et que depuis naguère[2]
Tous deux s'étoient entre-donné la foi[3].
« C'est donc cela, poursuivit la commère   310
En s'adressant à la fille, en colère,
Que l'autre jour je vous vis à l'orteil
Un brin de fil : je m'en mis un pareil,
Pour attraper avec ce stratagème
Votre galant. Or bien, c'est votre époux !   315
A la bonne heure ! il faut cette nuit même
Sortir d'ici. » Berlinguier fut plus doux,
Dit qu'il falloit au lendemain attendre.
On les dota l'un et l'autre amplement[4] ;
L'époux, la fille ; et le valet, l'amant[5] :   320
Puis au moutier le couple s'alla rendre[6],

1. Voyez sur cet emploi de *soi*, se rapportant à un nom déterminé de personne, tome III, p. 110 et note 6.

2 Depuis peu. On disait aussi, par contraction, *de naguère* ; mais cette locution (Vaugelas, *Remarques*, p. 336) commençait à vieillir.

3. *Entre-donnés* dans nos anciens textes.

— Ils ont pris l'un de l'autre une entière assurance,
Jusqu'à s'entre-donner la parole et la foi.
(CORNEILLE, *la Veuve*, acte II, scène VI, vers 748-749.)

Et ces yeux les ont vus s'entre-donner parole.
(MOLIÈRE, *Dépit amoureux*, acte III, scène X, vers 1113.)

4.   La dot fut ample, ample fut le douaire.
(*La Coupe enchantée*, vers 149.)

5. L'époux dota la chambrière, et l'amant dota son valet.

6. A l'église, acception que ce mot avait aussi autrefois (église ou monastère), pour faire bénir leur union. Comparez *la Coupe enchantée*, vers 137-138 :

.... Les bons partis, qui vont souvent
Au moutier sortant du couvent ;

Se connoissant tous deux de plus d'un jour[1].
Ce fut la fin qu'eut le troisième tour[2].

Lequel vaut mieux[3]? Pour moi, je m'en rapporte[4].

*Nicaise*, vers 125 ; *les Cent Nouvelles nouvelles*, p. 244 : « Il (le curé) les ioignit par l'anneau du moustier ensemble (l'anneau conjugal fourni par la paroisse) » ; cette phrase du conte XVII de Noël du Fail : « Le iour de ses nopces, il alla.... querir sa femme à tout son tabourin et fluste, la conduisant en grand ioliueté iusques au moustier » ; des Réaux, tome VII, p. 130 : « Il n'y avoit plus qu'à aller au moustier, lorsque la Grange s'avisa de dire qu'il ne vouloit plus Frontenac pour son gendre » ; *ibidem*, p. 152 : « Un jour qu'ils se devoient marier, et qu'on étoit prêt d'aller au moustier.... »

1. Sans doute parce qu'ils avaient fait plus d'une fois le guet ensemble ; et peut-être aussi :

> S'étant choisis l'un et l'autre à l'épreuve.
> (*Le Calendrier des Vieillards*, vers 252.)

2. On peut rapprocher encore du tour de la troisième commère l'histoire du cocu Phane, rapportée aux pages 81-82 des *Entretiens curieux de Tartuffe et de Rabelais sur les femmes* (1688, in-12) par de la Daillhière. Ce pauvre Phane, « si fameux dans la Grèce par son cocuage », va jusqu'à se faire apporter ses repas dans la rue, où il guette, tandis que le galant s'ébat avec sa femme.

3.
> Or dites voir n'i ait menti,
> Et si iugiez reson et voir
> Laquele doibt l'anel auoir.
> (*Fabliau des trois Dames qui trouerent l'anel*.)

— *Quæritur nunc penes quam mulierum victoria sit.* (BEBELIUS.) — Rapprochez la fin de la nouvelle V de des Périers, qui n'a point du reste de rapport avec celle-ci : « *Quæritur* à laquelle des trois le pere deuoit donner les deux cens escus. Vous y songerez, et ne sçay si vous serez point des miens, qui suis d'aduis qu'elles debuoient toutes troys departir les deux cens escus, ou bien en auoir chascune deux cens, *propter mille rationes quarum ego dicam tantum unam breuitatis causa :* c'estoit que toutes troys estoyent de bonne volonté ; toute bonne volonté est reputée pour le faict. »

4. Aux lecteurs. Voyez tome III, p. 6 et note 15 ; le conte des *Rémois*, vers 20, *Féronde*, vers 108 :

> Que l'autre usage ait la raison pour soi,
> Je m'en rapporte, et reviens à l'histoire... ;

Macée, ayant pouvoir de décider, 325
Ne sut à qui la victoire accorder,
Tant cette affaire à résoudre étoit forte[1].
Toutes avoient eu raison de gager[2].
Le procès pend, et pendra[3] de la sorte
Encor longtemps, comme l'on peut juger. 330

et Brantôme, *Dames galantes*, p. 559 : « Si ceste fille estoit simplette, ou le contrefaisoit, ie m'en rapporte. »

1. Difficile.

>Je tiens la chose à résoudre un peu forte.
>(Épître à *M. de Vendôme*, tome V *M.-L.*, p. 194.)

>Amours sont fortes à congnoistre.
>(*Recueil de poésies françoises*, tome IV, p. 19.)

« Trop fort est à comprendre.... » (*Ancien Théâtre françois*, tome III, p. 12.)

2. De parier : comparez la fable x du livre VI, vers 3.

3. Les pièces de chaque procédure étaient conservées dans des sacs qui pouvaient être pendus au mur ou au plafond quand on n'en avait plus besoin, ou jusqu'au moment où l'affaire était reprise, c'est-à-dire indéfiniment, parfois : tel est encore l'usage dans la plupart des pays d'Orient. C'est de là que vient ce sens figuré du verbe *pendre*: « La sentence diffinitive.... est taillée de demourer pendue au clou. » (*Les Cent Nouvelles nouvelles*, p. 380.)

>On le met à ung sac à part
>Et le laisse on pendre au clou.
>(Coquillart, *Droictz nouueaulx*, tome I, p. 41.)

>Leur cause plaidée
>Pend au croc sous le iuge, et n'est encor vuidée.
>(Ronsard, tome II, p. 177.)

« Procez pendus au croc ou au clou. » (*Apologie pour Hérodote*, tome I, p. 95.) « Procez indecis et au croc. » (Du Fail, *les Propos rusticques*, p. 83.) « Ung vieux procez pendu au croc.... A faulte d'en feuilleter les pieces, les rats y font leurs nids. » (Tabarin, tome II, p. 42.) Ou cet emploi du verbe *accrocher*, que nous trouvons dans Saint-Simon (tome I, p. 227) : « Notre procès demeura accroché jusqu'à l'hiver suivant. » Mais ici « Le procès pend » veut simplement dire : « Le jugement du procès est en suspens. »

## VIII

### LE CALENDRIER DES VIEILLARDS.

#### NOUVELLE TIRÉE DE BOCCACE.

Ce conte est imité de la x<sup>e</sup> nouvelle de la II<sup>e</sup> journée du *Décaméron*, dont voici le sommaire :

*Paganino da Monaco ruba la moglie a Messer Ricciardo di Chinzica, il quale sapiendo dove ella è, va, et divenuto amico di Paganino, raddomandagliele; et egli, dove ella voglia, gliele concede. Elle non vuol con lui tornare; et, morto Messer Ricciardo, moglie di Paganino diviene.*

« Pagamin[1] de Monaco desroba la femme à Messire Richard de Quinzica, lequel sçachant où elle estoit si en va, et, deuenu amy de Pagamin, la luy demanda : qui la luy accorda, poürueu qu'elle le voulsist; elle ne s'en voulut retourner auec luy. Et quant Messire Richard fut mort, elle espousa Pagamin. »

Le récit de Boccace est serré d'assez près par la Fontaine.

Comparez aussi les *Contes et Ioyeulx Deuis* de Bonaventure des Périers, nouvelle xcv : « D'un superstitieux medecin qui ne vouloit rire avec sa femme sinon quand il plouuoit, et de la bonne fortune de ladicte femme aprez son trespas. » La pauvre femme en est réduite à faire verser pendant la nuit des seaux d'eau dans les gouttières pour faire croire à son mari qu'il pleut; après la mort de celui-ci elle épouse « un bon compaignon, assez lourdaut », qui ne se soucie ni du temps sec, ni du temps humide, ni du soleil, ni de la lune, ni des étoiles, « dont elle fut tres bien labourée et à proufit, et se vanta depuis qu'elle auoit trop de ce qu'elle auoit eu trop peu auparavant. »

Dans un sermon de saint Vincent Ferrier[2] (sermon pour la fête de saint Jean-Baptiste), que cite la Monnoie dans le *Glossaire* de

---

1. *Paganin* (Paganino), et non *Pagamin*, comme traduisent le Maçon et la Fontaine.

2. Le recueil de ses sermons a été imprimé à Valence en 1491 (1 volume in-fol.).

ses *Noëls bourguignons* (Dijon, 1720, in-4°, p. 153-155), la situation est inverse : c'est la femme qui se montre récalcitrante et trouve, à chaque jour de la semaine, une raison nouvelle pour se refuser aux désirs de son époux. Si c'est un dimanche, elle oppose la résurrection du Seigneur. Un lundi? les prières qu'on doit aux morts. Un mardi? la fête des saints Anges; etc., etc. De guerre lasse, le mari fait venir sa servante et lui dit : « Tu coucheras ce soir avec moi. — Volontiers, mon maître », répond la servante. C'est en vain que, le soir venu, la femme veut partager le lit de son mari. « Non, lui dit celui-ci, non, Madame, vous prierez pour nous, pauvres pécheurs. » « Il péchait mortellement, ajoute naïvement le prédicateur, et se damnait, mais par la faute de son épouse. »

Voyez à l'*Appendice* un extrait de ce curieux sermon.

On peut aussi rapprocher du *Calendrier des Vieillards*, la *Métamorphose d'un homme en coucou*, conte en vers de Jean Passerat, qui n'est pas sans quelque analogie, du moins dans la première moitié.

Comparez enfin le conte de L. de Chevigné, intitulé *la Quinzaine*, où un vieux baron, marié à une jolie femme, se décide, après deux tristes nuits d'insomnie et d'inaction, à faire lit à part, et remet sa trop jeune épouse à la quinzaine. Trois jours après celle-ci arrive :

« Mon cher mari, je venais vous prier
De m'avancer, s'il vous plaît, la quinzaine. »

Nous connaissons six comédies ou opéra-comiques imités de ce conte :

*Le Galant Corsaire*, comédie en un acte, en vers, par d'Autreau (Paris, 1749, in-12), non jouée.

*Le Calendrier des Vieillards*, comédie en un acte, en prose, suivie d'un divertissement, par Houdart de la Motte, non représentée; imprimée dans le tome VIII de ses *OEuvres* (Paris, 1754), p. 201-242.

*Le Calendrier des Vieillards*, opéra-comique en un acte, par Bret et la Chassaigne, représenté à la foire Saint-Germain le 7 avril 1753, analysé dans le *Dictionnaire dramatique*, tome I, p. 193.

*Pagamin, ou le Calendrier des Vieillards*, opéra-comique en un acte, de Sedaine, musique de Berardo Porta, joué, en 1792, au théâtre des Amis de la Patrie, ci-devant théâtre de la rue Louvois.

*Le Calendrier des Vieillards*, imitation de la Fontaine, en un acte, du citoyen Deprès, représentée au théâtre du Vaudeville, en 1793.

*Le Calendrier des Vieillards*, comédie-vaudeville en un acte, par Paul de Kock, jouée sur le théâtre de l'Ambigu-Comique, le 12 avril 1826.

>   Plus d'une fois je me suis étonné
>   Que ce qui fait la paix du mariage
>   En est le point le moins considéré
>   Lorsque l'on met une fille en ménage.
>   Les père et mère ont pour objet le bien ;               5
>   Tout le surplus, ils le comptent pour rien[1] ;
>   Jeunes tendrons à vieillards apparient[2].
>   Et cependant je vois qu'ils se soucient
>   D'avoir chevaux à leur char attelés
>   De même taille, et mêmes chiens couplés ;              10
>   Ainsi des bœufs, qui de force pareille
>   Sont toujours pris : car ce seroit merveille
>   Si sans cela la charrue alloit bien[3].
>   Comment pourroit celle du mariage

1. Rapprochez les vers 21-24 du *Cocu*.

2. *Apparier* se dit des perdrix, des pigeons, des tourterelles, etc., pour *accoupler*. Même locution dans la *Deploration et complaincte de la mere Cardine* : « apparier et pourueoir de monture » (*Recueil de poésies françoises*, tome III, p. 291) ; chez Roger de Collerye, p. 113, 116 ; chez Brantôme, tome IX, p. 553 : « Il s'apparioit avec la fille qu'il espousa aprez » ; chez Maucroix, *OEuvres diverses*, tome I, p. 204, 237, et p. 246 : « Philis..., appariez-vous promptement. »

>   Si le diable vous tente et veut vous marier,
>   Qu'il cherche un autre objet pour vous apparier.
>             (Regnard, *le Légataire universel*, acte I, scène v.)

On disait aussi *appareiller* au même sens : « En mariage ici je viens m'appareiller. » (*La Foire Saint-Germain*, du même auteur, acte III, scène iv.) Dans Tallemant des Réaux (tome VI, p. 145) : « Une marieuse de gens..., une apparieuse. »

3. Encore une assimilation des travaux de la terre à ceux du mariage, dont s'est peut-être souvenu Sedaine dans ces vers si connus de la ronde de *Richard Cœur de Lion* :

>   Quand les bœufs vont deux à deux
>   Le labourage en va mieux.

Ne mal aller[1], étant un attelage
Qui bien souvent ne se rapporte en rien[2] ?
J'en vas conter un exemple notable.

On sait qui fut Richard de Quinzica,
Qui mainte fête à sa femme allégua,
Mainte vigile, et maint jour fériable[3],
Et du devoir crut s'échapper par là[4].

— Sur cette assimilation, voyez *les Cordeliers*, vers 13 et la note; et ce passage de la v⁰ serée de Bouchet : « Les anciens Allemands auoient entr'eux une façon de faire quand ils se vouloient marier, qui estoit d'enuoyer, au lieu du douaire, des bœufs accouplés à la fiancée, à ce qu'elle fust auertie..., par ce commencement et entrée de mariage, qu'on l'espousoit pour estre compagne à son mari en la participation de sa peine. Or, si l'un est plus ieune et plus foible que l'autre, on sçait assez que iamais ne tireront bien ensemble, n'estans pas bien appariés. »

1. .... L'un tire
A dia, l'autre à hurhaut.
(MOLIÈRE, *Dépit amoureux*, acte IV, scène II, vers 1262-1263.)

2. Au sens technique du mot, comme on dit : « deux pièces qui se rapportent ». — Rapprochez ces vers d'Eustache Deschamps (ballade XXXIV, tome I, p. 117) :

Chacun se doibt à son per assembler,
Pour bien viure non dissemblablement.
Homme et femme voy en ce trop errer :
Foulz est vieulz homs qui ieune femme prant.
Car il est frois et n'a de soulas cure,
Et ne het riens tant com veoir iouer,
Et le deduit quiert ieune creature;
Disassemblez sont en leur marier....
En tel estat se fait mauuais bouter :
Foulz est vieulz homs qui ieune femme prant.

— « Si sont ils (les vieillards), dit Brantôme, grandement à blasmer de ce poinct, que puisqu'ils ne peuuent contenter les femmes, pour-quoy les vont ils espouser?... Et cependant elles se donnent du bon temps auec des amis ieunes qu'elles font. » (Tome IX, p. 20-21.)

3. Qui doit être fêté ou plutôt chômé : voyez les exemples des treizième et quatorzième siècles que cite Littré de ce mot.

4. Et crut se soustraire ainsi au devoir conjugal, s'en dégager sans dommage pour lui-même, sans déconvenue.

Très lourdement il erroit¹ en cela.
Cestui² Richard étoit juge dans Pise,
Homme savant en l'étude des lois³,
Riche d'ailleurs, mais dont la barbe grise      25
Montroit assez qu'il devoit faire choix
De quelque femme à peu près de même âge ;
Ce qu'il ne fit, prenant en mariage
La mieux séante⁴ et la plus jeune d'ans
De la cité⁵ ; fille bien alliée,                30
Belle surtout⁶ : c'étoit Bartholomée

1. Il se trompait.

> Ses chagrins le rendoient pourtant méconnoissable ;
> Un œil indifférent à le voir eût erré,
> Tant la peine et l'amour l'avoient défiguré !
> (*Les Filles de Minée*, vers 419.)

Voyez aussi *le Cas de conscience*, vers 96 ; et le troisième des vers cités à la note 2 de la page précédente. Même locution : « errer en cela », chez Noël du Fail (tome II, p. 59).

2. Mot de la langue marotique, employé plusieurs fois par la Fontaine, à peu près synonyme d'*icelui* : voyez *Mazet*, vers 47, *le Diable de Papefiguière*, vers 20 ; et *passim* ; il est aussi chez Voltaire, lequel s'est inspiré si souvent, surtout pour la langue et le rythme, des vers de notre auteur :

> Cestui pays n'est pays de Cocagne.
> (*Le Bourbier*, vers 36 ; et 53, 56 de la même satire.)

3. Rapprochez le « maître en droit » du conte VIII de la IVᵉ partie ; et *la Mandragore* (vers 57-58) :

> ....Nice étoit docteur en droit canon :
> Mieux eût valu l'être en autre science.

— Chez Boccace : *Fu adunque in Pisa un giudice, piu che di corporal forza dotato d'ingegno.*

4. C'est-à-dire le meilleur parti ; proprement : celle qui convenait le mieux, la plus *décente*. C'est le sens que l'Académie donne à ce mot, appliqué à une femme, dans les cinq premières éditions de son Dictionnaire ; dans les deux dernières elle ne l'applique plus qu'à des noms de choses.

5. *Una delle piu belle et delle piu vaghe* (mignonnes) *giovani di Pisa.*

6. Comparez les vers 16-19 du *Petit Chien* :

> Un juge mantouan belle femme épousa...,

De Galandi, qui parmi ses parents
Pouvoit compter les plus gros[1] de la ville.
En ce ne fit Richard tour d'homme habile[2] ;
Et l'on disoit communément de lui        35
Que ses enfants ne manqueroient de pères.
Tel fait métier de conseiller autrui[3],
Qui ne voit goutte[4] en ses propres affaires.

Quinzica donc n'ayant de quoi servir[5]

> Lui déjà vieux barbon, elle jeune et jolie,
> Et de tous charmes assortie.

1. Les plus notables et les plus opulents personnages. Rapprochez « gros bourgeois » du conte v de la I<sup>re</sup> partie, vers 31.

2. Le compagnon fit un tour d'homme habile.
(*Le Muletier*, vers 27.)

Voyez aussi *le roi Candaule*, vers 296 : « faire tour d'homme sage ».

3. « S'il se fust aussi bien conseillé comme il conseilloit aultruy.... » (LE MAÇON.)

4. « Hélas ! combien de grands docteurs qui ne voient goutte, croyant tout savoir ! » (FÉNELON, *OEuvres*, Paris, 1823, tome XVIII, p. 111.) — Même locution dans *le Diable en enfer*, vers 186, et dans *la Confidente*, vers 121 :

> ....J'avoue en bonne foi
> Que mon esprit d'abord n'y voyoit goutte.

5. *Servir* est bien le mot propre, du moins dans le langage des vétérinaires. On dit aussi *fournir*. Rapprochez *le Tableau*, vers 149 :

> Il se trouva tout disposé
> Pour exécuter sans remise
> Les ordres des nonnains, les servant à leur guise ;

Gringore, tome I, p. 273, 281 ; *les Cent Nouvelles nouvelles*, p. 167 : « Elle estoit aussi bien femme pour les fournir tous deux, et mieulx trop que nesung d'eulx à part n'estoit pour la seulle seruir à gré » ; Coquillart (tome II, p. 22) :

> Il falloit qu'il vînt sus ou ius (*en dessus ou en dessous*)
> La fournir à son appetit ;

Brantôme, tome I, p. 96 : « Le roy François, lui voulant faire chere entiere (à Charles-Quint), luy auoit fait adresser et donner une grande dame de sa cour pour la seruir » ; tome IX, p. 283, l'adjectif *serviable* : « Elle se sentoit aussi belle et agreable que ser-

Un tel oiseau[1] qu'étoit Bartholomée, 40
Pour s'excuser, et pour la contenir,
Ne rencontroit point de jour en l'année,
Selon son compte et son calendrier,
Où l'on se pût sans scrupule appliquer
Au fait d'hymen[2] : chose aux vieillards commode,
Mais dont le sexe[3] abhorre la méthode[4].
Quand je dis point, je veux dire très peu :
Encor ce peu lui donnoit de la peine.
Toute en férie[5] il mettoit la semaine[6],

uiable »; tome VIII, p. 150, le substantif *service* : « Il mourut tout exténué de s'estre excessiuement et trop souuent employé au seruice de la reyne, en faueur de la dame Venus »; et chez Tallemant des Réaux, tome VII, p. 220 : « Il s'étoit effilé par les excès qu'il avoit faits en la servant. »

1. Voyez ci-dessus, *Richard Minutolo*, vers 136 et la note. — C'est comme la suite de la figure du vers 7. Cette comparaison des femmes et des oiseaux est du reste très fréquente. — Boccace nous montre le pauvre Richard épuisé dès le lendemain de ses noces, bien qu'il n'ait pu, et à grand'peine, fournir qu'une traite, et cherchant à réparer ses forces au moyen de restaurants énergiques.

2.   Le bon hommeau, qui vit que longuement
     Ne fourniroit à tel appointement,
     Ayant tiré ses plus grands coups de lance,
     Eut son recours à sainte remontrance.
     De mari donc il deuint sermonneur, etc.
     (Passerat, *Métamorphose d'un homme en coucou*, vers 29-33.)

3. Voyez le vers 15 des *Cordeliers*.
4. Parce qu'il tient à son droit, à son droit naturel :

     Ce droict deffend à poure et riche
     De laisser, par longues iournées,
     Poures femmelettes en friche
     Par faulte d'estre labourées....
     (Coquillart, *les Droictz nouueaulx*, tome I, p. 39.)

5. En jours fériés, où on doit cesser tout travail. Chez les Romains, les *féries* étaient aussi des jours marqués pour le repos, sans jeux, sans sacrifices : voyez ci-dessous, le vers 215 et la note. — En féries. (1669 Paris, 1685, 1686.) Mais, avec ce pluriel, le vers est faux.

6. Comparez Molière, *l'Avare*, acte III, scène 1, où il s'agit d'un autre genre de jeûnes : « .... L'un dit que vous faites imprimer des

Et bien souvent faisoit venir en jeu 50
Saint qui ne fut jamais dans la Légende¹.
« Le vendredi, disoit-il, nous demande
D'autres pensers², ainsi que chacun sait³ :
Pareillement il faut que l'on retranche
Le samedi, non sans juste sujet, 55

almanachs particuliers, où vous faites doubler les Quatre-Temps et les vigiles, afin de profiter des jeûnes où vous obligez votre monde. »

1. *La Légende dorée* ou *la Légende des saints* (*Legenda aurea* sive *Legenda sanctorum*), par Jacques de Voragine ou de Varazze (Ulm, 1469, in-fol.), si souvent réimprimée à la fin du quinzième siècle et dans le courant du seizième, particulièrement à Genève, pour les protestants, qui s'amusaient à en couvrir les marges de leurs sarcasmes, de leurs remarques ironiques. — Voyez tome II, p. 107 et note 5 ; *l'Anneau d'Hans Carvel*, vers 12 ; et la *Ballade des livres d'amour*, vers 4.

2. Voyez ci-dessus, p. 321 et note 8.

3. Le vendredi était considéré en effet comme un jour néfaste, et où on devait contraindre sa chair plus que nul autre jour de la semaine. Un proverbe disait : « Laid comme le péché du vendredi. » Les vieux almanachs ou calendriers étaient remplis de recommandations d'abstinence, particulièrement pour ce jour-là, où « Caïn tua son frère Abel » ; où « les fils d'Israël entrèrent dans la terre promise » ; où « Moïse le prophète mourut sur le mont d'Albaron » ; où « expira le prophète David » ; où « Elie décolla les trois cent quarante faux prophètes » ; où « David tua Goliath » ; où « saint Jean-Baptiste fut décapité » ; où « le roi Hérode fit massacrer les innocents au nombre de cent quarante et trois mille » ; où « saint Étienne fut lapidé » ; où « saint Gabriel annonça l'incarnation de Notre-Dame et l'incarnation de Notre-Seigneur Jésus-Christ » ; où « Notre-Seigneur fut crucifié » ; où « Notre-Dame trépassa » ; où « saint Pierre fut crucifié » : assertions dont quelques-unes étaient tout au moins contestables, mais destinées à inspirer la crainte ou le respect de ce jour. Voyez les vieux calendriers, cités par M. Moland, qui sont au département des manuscrits de la Bibliothèque nationale (*Français* 412 et 13 508). — Voyez aussi sur cette superstition du vendredi les *Mémoires de Mlle de Montpensier* (édition de 1868), tome IV, p. 172 et 173 ; et le morceau, inédit, croyons-nous, sur Mademoiselle et Lauzun, que nous avons publié dans l'Appendice du tome Ier des *OEuvres de la Rochefoucauld*, p. 88.

D'autant que c'est la veille du dimanche.
Pour ce dernier, c'est un jour de repos.
Quant au lundi, je ne trouve à propos
De commencer par ce point¹ la semaine :
Ce n'est le fait d'une âme bien chrétienne. »        60
Les autres jours autrement s'excusoit ;
Et quand venoit aux fêtes solennelles,
C'étoit alors que Richard triomphoit²,
Et qu'il donnoit les leçons les plus belles³.
Longtemps devant toujours il s'abstenoit ;        65
Longtemps après il en usoit de même ;
Aux Quatre-Temps autant il en faisoit,
Sans oublier l'avent ni le carême⁴.
Cette saison pour le vieillard étoit
Un temps de Dieu⁵ ; jamais ne s'en lassoit.        70
De patrons⁶ même il avoit une liste :

1. Sur ce mot, si élastique, voyez ci-dessus, p. 180 et note 4.
2.        Sur ce sujet, sans être préparé,
        Il triomphoit : vous eussiez dit un ange.
                        (*La Jument*, vers 3-4.)

3. Dans la LXVIII<sup>e</sup> nouvelle de *l'Heptaméron* est racontée l'histoire d'un apothicaire qui, à l'inverse de Richard, « ne tenoit compte de sa femme, sinon la semaine sainte, par penitence ».

4. Les anciens avaient aussi des jours de fête, des jours sacrés, où il était défendu aux époux de partager la même couche. Voyez la satire VI de Juvénal, vers 532-541, où il met en scène un prêtre qui se charge, moyennant salaire, d'obtenir d'Osiris l'absolution des femmes qui n'ont point respecté la sainteté de ces jours-là :

> *Ille petit veniam quoties non abstinet uxor*
> *Concubitu sacris observandisque diebus ;*
> *Magnaque debetur violato pœna cadurco.*

5. Un temps charmant, plein de délices ; rapprochez le vers 26 du *Faucon* :

        Belles comtés, beaux marquisats de Dieu ;

et le vers 103 de *l'Abbesse* : « belle honte de Dieu ». Chez des Périers, tome I, p. 205 : « belle serrure de Dieu ».

6. Proprement saint, sainte, dont on porte le nom.

Point de quartier pour un évangéliste[1],
Pour un apôtre, ou bien pour un docteur.
Vierge n'étoit, martyr, et confesseur,
Qu'il ne chommât[2]; tous les savoit par cœur.   75
Que s'il étoit au bout de son scrupule[3],
Il alléguoit les jours malencontreux[4],

1. Chacun des quatre saints qui ont écrit les Évangiles; mais le mot s'applique aussi sans doute à tout homme ayant écrit sur les Évangiles, puisque Richard recherche toutes les occasions de chômer. — *Point de quartier*, c'est-à-dire qu'il n'épargnait, n'omettait aucun de ceux dont il pouvait alléguer la fête à sa femme : voyez ci-dessus, les vers 49 et suivants.

2. Rapprochons ces jolis vers de Mellin de Saint-Gelais *sur un Calendrier* (tome II, p. 31) :

> S'il vous plaisoit marquer en teste
> Un iour ordonné pour m'aimer,
> Ie l'aurois pour une grand'feste,
> Mais point ne la voudrois chommer;

et cette phrase de Brantôme (*Dames galantes*, p. 702) : « .... Lorsque le iour et feste en viendra, dist la dame, nous ne la chommerons pas, et en ferons un iour ouurier. » — Pour cette orthographe, comparez le vers 19 du conte précédent et la note.

3. Son scrupule au sujet des jours *fériables* (voyez le vers 44) : à moins qu'on ne prenne *scrupule* dans son sens propre de petite pierre (pour compter), et qu'*au bout de son scrupule* n'ait la même signification figurée qu'*au bout de son chapelet*. Chez Noël du Fail (tome II, p. 151) : « un seul petit scrupule et pierrette. » — Comparez Montaigne, tome III, p. 182 : « Quand ils (les médecins) sont au bout de leur chorde.... »

4. « Elle (cette fête) se celebre es jours malencontreux du mois de feurier. » (Amyot, traduction des *Vies des hommes illustres* de Plutarque, *Romulus*, tome I, p. 56.) — Voyez le calendrier français du treizième siècle que M. Moland a publié dans la *Revue archéologique* du mois de février 1862, et où les jours *périlleux* sont marqués d'une croix rouge. Cette superstition, qui remonte à la plus haute antiquité, a été très en vigueur durant le moyen âge. Ce n'étaient point seulement certains jours de l'année, mais aussi certaines heures d'autres jours, qui étaient signalés comme redoutables. « Les jours périlleux, dit M. Moland, sont généralement ceux-ci : janvier, 1, 25; février, 4, 25; mars, 1, 28; avril, 30; mai, 3, 25; juin, 10, 15; juillet, 13, 20; août, 1, 31; septembre,

c. viii]  DEUXIÈME PARTIE.  337

>     Puis les brouillards, et puis la canicule[1],
>     De s'excuser n'étant jamais honteux[2].
>     La chose ainsi presque toujours égale,  80

3, 21; octobre, 3, 21; novembre, 5, 29; décembre, 7, 21, 23. En tout vingt-quatre jours. Le nombre s'en accrut; on le porta à trente et à trente et un, et, de plus, certaines heures d'autres jours furent signalées comme étant à craindre. En décembre, par exemple, le 10 était périlleux, de dix heures à onze; le 14 était périlleux de six heures du matin jusqu'à sept, etc. » — Un petit avertissement accompagnait ordinairement cette indication : « Celui qui tombera malade en ces jours aura peine à guérir. *Item*, si femme accouche de fils ou de fille, l'enfant ne vivra guère; et, s'il vit, il sera toujours pauvre de tous biens. *Item*, si homme se marie en ces jours, lui ou sa femme ne vivront guère; s'ils vivent, ils ne s'aimeront pas et n'auront paix ensemble; s'ils s'entr'aiment par aventure, ils seront toujours pauvres et souffreteux. *Item*, ceux qui partent en voyage ces jours-là ne s'en reviendront pas en santé de leur corps ni de leur avoir. *Item*, en ces jours, il faut s'abstenir de vendre, ni d'acheter, ni de bâtir, ni de planter, car cela ne peut profiter, sinon bien peu. » « Pure folie, écrit du Fail (tome II, p. 154), de penser que les jours different en heur et malheur! »

1. Voyez ci-dessus, le vers 41. — Chez Boccace : .... *Sopra questi aggiugnendo digiuni, et quattro tempora, et vigilie d'apostoli, et di mille altri santi, et venerdi, et sabati, et la domenica del Signore, et la quaresima tutta, et certi punti della luna, et altre exceptioni molte, etc.*

2. On peut rapprocher de ces deux vers les plaisantes récriminations de Cléanthis dans la scène III de l'acte II de l'*Amphitryon* de Molière, vers 1166-1179 :

>                 Je me moque des médecins,
>                 Avec leurs raisonnements fades :
>                 Qu'ils règlent ceux qui sont malades,
>             Sans vouloir gouverner les gens qui sont bien sains.
>                 Ils se mêlent de trop d'affaires,
>             De prétendre tenir nos chastes feux gênés ;
>                 Et sur les jours caniculaires
>             Ils nous donnent encore, avec leurs lois sévères,
>                 De cent sots contes par le nez.
>
>                         SOSIE.
>     Tout doux !
>                         CLÉANTHIS.
>                 Non : je soutiens que cela conclut mal :
>                 Ces raisons sont d'extravagantes têtes.
>             Il n'est ni vin ni temps qui puisse être fatal

Quatre fois l'an[1], de grâce spéciale[2],
Notre docteur régaloit[3] sa moitié,
Petitement; enfin c'étoit pitié[4].
A cela près, il traitoit bien sa femme :
Les affiquets[5], les habits à changer, 85
Joyaux, bijoux, ne manquoient à la dame.
 A remplir le devoir de l'amour conjugal;
  Et les médecins sont des bêtes.

1. Une fois par mois, dans Boccace, *et a pena*.
2. Par grâce spéciale. *De* est très fréquemment employé avec ce mot : « de grâce, de sa grâce, de votre grâce ». Voyez tome II, p. 382 et note 9; et comparez notre tome I, p. 230, et tome III *M.-L.*, p. 99 : « De bonheur pour elle ces gens partirent. »
3. Voyez le vers 516 de *Joconde* et la note.
4. Même locution : « *C'est pitié* » de « faire chommer cette partye (chez les femmes) », dans Brantôme, *Dames galantes*, p. 538. — Dans la xxxv⁵ des *Cent Nouvelles nouvelles* il est question aussi d'un mari, « tres mauuais mesnagier », dont la femme se plaint avec une juste aigreur : « Si m'aist Dieu, dit-elle, quand il besoigne une foiz en ung moys, c'est au mieulx venir; il ne fault ià que i'en face la petite bouche : creez que ie prendroye bien mieulx. »
5. Diminutif de *affique* (affiche) : ce qu'on fiche ou attache, proprement épingle, d'où les locutions encore usitées : « donner des épingles », « ce sont les épingles de madame », etc.; menus ajustements chez Villon, qui parle, dans sa *Ballade des Escoutans* (p. 185), de « tant d'ameçons et affiques » avec lesquels les mignons attrapent les plus huppés, et ailleurs, dans le *Dialogue de MM. de Mallepaye et de Baillevent* (p. 169), résume sous le nom de « bel affiquet » « la chaisne d'or, la baguette, le lacqs de soye, la cornette de velours », etc. « Non trop curieux en deguisemens, ne moult ne s'y entend, ne amuse, ni ne dore son corps par diuerses affiches. » (*Histoire du maréchal de Bouciquaut*, édition de Paris, 1620, in-4°, tome IV, p. 7.)

  Ie luy donnois de beaulx bouquetz,
   Un taz de petis affiquetz
  Qui n'estoient pas de grand' valeur.
  (Marot, *Dialogue de deux amoureux*, tome I, p. 35.)

  .... Ces femmes jolies,
 Qui par les affiquets se rendent embellies.
    (Regnier, satire ix, vers 73-74.)

Même mot chez Coquillart, tomes I, p. 40, 112, 130, II, p. 24,

Mais tout cela n'est que pour amuser
Un peu de temps des esprits de poupée[1] :
Droit au solide[2] alloit Bartholomée.

Son seul plaisir dans la belle saison,                  90
C'étoit d'aller à certaine maison
Que son mari possédoit sur la côte[3] :
Ils y couchoient tous les huit jours sans faute.
Là, quelquefois sur la mer ils montoient,
Et le plaisir de la pêche goûtoient,                    95
Sans s'éloigner que bien peu de la rade.
Arrive donc qu'un jour de promenade
Bartholomée et Messer[4] le docteur
Prennent chacun une barque à pêcheur,
Sortent sur mer ; ils avoient fait gageure              100
A qui des deux auroit plus de bonheur,
Et trouveroit la meilleure aventure[5]

184, 218, 243, 247 ; chez Brantôme, *Dames galantes*, p. 122, 511 :
« affiquets, joyaux, bracelets, pierreries » ; chez Ronsard, tome II,
p. 121 : « des bouquets, de petits anneaux, un tas d'affiquets » ;
chez Saint-Simon, tome IV, p. 177 : « mouches, parures et affiquets » ; et au livre I de *Psyché* (tome III M.-L., p. 55) : « mille
menus affiquets et joyaux de prix. »

1. Voyez ci-dessus, le vers 338 de *Joconde* et la note.

2. A la réalité, à l'effet (voyez ci-dessous, le vers 115, et *la
Coupe enchantée*, vers 287) ; elle ne s'attachait pas aux bagatelles.
Comparez à l'Appendice du *Tartuffe* (tome IV de Molière, p. 558) :
« tout ce qui s'appelle galanterie solide » ; et au tome II, p. 187,
de Retz : « Madame la Palatine estimoit autant la galanterie qu'elle
en aimoit le solide. » Dans *le roi Candaule*, vers 190 : « Romaines
vont au but. » Rapprochez « le bon » du *Berceau* (vers 199).

3. *Advenne che, essendo il caldo grande, a Messer Ricciardo venne di-
sidero d'andarsi a diportare ad un suo luogo molto bello vicino a Monte
Nero, et quivi, per prendere aere, dimorarsi alcun giorno ; et con seco
meno la sua bella donna.*

4. Ci-dessus, p. 321 et note 5.

5. Comparez tome II, p. 163 : « Cherchons notre aventure » ; et
*ibidem*, p. 408, à propos de pêche, comme ici : « Grosse aventure »,

Dedans sa pêche¹, et n'avoient avec eux,
Dans chaque barque, en tout, qu'un homme ou deux.
Certain corsaire aperçut la chaloupe          105
De notre épouse, et vint avec sa troupe
Fondre dessus, l'emmena bien et beau² ;
Laissa Richard : soit que près du rivage
Il n'osât pas hasarder³ davantage ;
Soit qu'il craignît qu'ayant dans son vaisseau   110
Notre vieillard, il ne pût de sa proie
Si bien jouir ; car il aimoit la joie⁴
Plus que l'argent⁵ ; et toujours avoit fait
Avec honneur son métier de corsaire ;
Au jeu d'amour étoit homme d'effet⁶,          115

gros bénéfice. — « Il y avoit tous les soirs gageure à qui en prendroit davantage (de poissons). » (*Psyché*, livre I, tome III M.-L., p. 49.)

1. *Et quivi standosi, per darle alcuna consolatione, fece un giorno pescare, et sopra due barchette, egli insu una co' pescatori, et ella insu un' altra con altre donne, andarono a vedere.*

2. Locution employée plusieurs fois par notre auteur : voyez *Joconde*, vers 401 et la note. — Comparez ces vers de Piron, dans son conte intitulé *Rosine, ou tout vient à point qui peut attendre* (tome VI des *OEuvres complètes*, 1776, in-8°, p. 413) :

> Le Ciel prit au mot la pucelle :
> Le père avoit un vieux château
> Au bord de la mer infidèle.
> Un jour que, sur une nacelle,
> La belle s'égayoit sur l'eau,
> Une bourrasque, un vent de terre
> Fait faire largue à son bateau.
> A point nommé passe un corsaire
> Qui la ramasse en son vaisseau....

3. Risquer, s'exposer : voyez tome III, p. 82 et note 12.

4. Même rime : *proie*, *joie*, dans *l'Araignée et l'Hirondelle*, vers 15-17 ; dans *la Fiancée du roi de Garbe*, vers 91-92, 273-274, 403-405, 513-514, etc. ; il est vrai que les deux mots s'appellent.

5. Le corsaire Grifonio, dans *la Fiancée du roi de Garbe*, semble aimer également l'un et l'autre : voyez les vers 79-85.

6. « Le gentilhomme luy declara par effect l'amour que si long-temps luy auoit celée. » (*L'Heptaméron*, nouvelle III, p. 17.) « Il faut faire et non pas dire, et les effets décident mieux que les

Ainsi que sont gens de pareille affaire[1].
Gens de mer sont toujours prêts à bien faire[2],
Ce qu'on appelle autrement bons garçons :
On n'en voit point qui les fêtes allègue[3].
Or tel étoit celui dont nous parlons,     120
Ayant pour nom Pagamin de Monègue[4].
La belle fit son devoir de[5] pleurer
Un demi-jour, tant qu'il se put étendre :
Et Pagamin de la réconforter[6];

paroles. » (MOLIÈRE, *Don Juan*, acte II, scène VI.) — Comparez le conte du *Muletier*, vers 76-77, et 87 :

  Au jeu d'amour le muletier fait rage.

1. De pareil métier, de pareille besogne. Voyez ci-dessus, p. 204 et note 5, où le mot a, il est vrai, un sens un peu différent.

2. Voyez le vers 44 du *Cocu*; et une lettre de Vergier (tome II, p. 104) :

  On ne sait point si le corsaire
  Fut homme sage et retenu;
  Mais telles gens ne le sont guère,
  Et leur caractère est connu.

3. Comparez ci-dessus, vers 19.

4. De Monaco; d'où le nom des habitants : *Monégasques*. C'est ainsi qu'on disait *Corsègue* (du latin *Corsica*) pour *Corse* : voyez Brantôme, tomes II, p. 42, 50, III, p. 245, 270, etc.; Voiture, tome II, p. 385; et les *Mémoires* de Retz, tome IV, p. 567 et note 2. — Chez Boccace : *Paganin da Mare, ....molto famoso corsale.*

5. Nous rencontrons également cette locution, tant soit peu ironique ici, « faire son devoir de », « à » ou « pour », chez des Périers, tomes I, p. 29, 85, II, p. 28, 99, 141; chez Brantôme, tome IV, p. 18; dans *l'Heptaméron*, p. 12; dans la fable IX du livre II, vers 25; dans *la Gageure*, vers 279; dans *la Matrone d'Éphèse*, vers 39; dans *les Rémois*, vers 42 :

  Ils avoient lu, ou plutôt ouï dire,
  Que d'ordinaire en amour on soupire.
  Ils tâchoient donc d'en faire leur devoir,
  Que bien que mal, et selon leur pouvoir;

et à la fin d'une lettre à Bonrepaus du 31 août 1687.

6. « Elle fut reconfortée (de son deuil) par le roy le plus souuent qu'il luy fut possible. » (*L'Heptaméron*, p. 14.) Voyez *ibidem*, p. 120; et *l'Anneau d'Hans Carvel*, vers 27 et la note. Chez Boc-

Et notre épouse à la fin de se rendre. 125
Il la gagna : bien savoit son métier[1].
Amour s'en mit, Amour, ce bon apôtre[2],
Dix mille fois plus corsaire que l'autre,
Vivant de rapt, faisant peu de quartier.
La belle avoit sa rançon toute prête : 130
Très bien lui prit d'avoir de quoi payer[3] ;
Car là n'étoit ni vigile ni fête.
Elle oublia ce beau calendrier
Rouge partout[4], et sans nul jour ouvrable[5] :
De la ceinture on le lui fit tomber[6] ; 135

cace : .... *Et lei, che forte piangea, comincio dolcemente a confortare*, jusqu'à ce qu'il achève de la consoler, la nuit venue, *con fatti*.

1. Rapprochez, pour tout ce passage sur les « gens de mer », *la Fiancée du roi de Garbe*, vers 365 et suivants, où sont également mis en scène une beauté qui « fait la rebelle » et « un corsaire et demi » qui ne s'étonne de rien.

2. Voyez le conte v de cette II<sup>e</sup> partie, vers 234, et la note. Ci-dessous, dans *la Fiancée*, vers 205 : « ce fripon d'Amour ».

3. « Fille porte toujours de quoi payer », dit Arlequin dans *la Foire Saint-Germain* de Regnard (acte III, scène IV). — Comparez les vers 219 du *Petit Chien* : « Madame en a, comme on dit, la monnoie », et 10-11 du conte v de la I<sup>re</sup> partie :

Vous avez trop de quoi me satisfaire,
Ce lui dit-il, et sans débourser rien.

4. Les jours de fête et, comme nous l'avons dit, les jours *périlleux*, sont marqués en encre rouge ou d'une croix rouge dans les anciens calendriers écrits ou imprimés. — *In Ravenna son tante chiese quanti son di nell'anno, laondei fanciulli, per non andar alla scuola, hanno ogni dì il Calendario in mano per veder se la lettera è rossa ; cosi Messer Ricciardo trovava il calendario*, etc. (SANSOVINO, *Discorso sopra il Decamerone*, Venise, 1571, in-4°, à la suite de son recueil de Nouvelles.)

5. Ou « ouvrier » (p. 336, note 2) : où l'on puisse travailler. Nous avons rencontré plus haut, p. 162 et note 6, le verbe *ouvrer*. *Li di da lavorare*, chez Boccace. — Voyez, ci-dessus, la note 5 du vers 49.

6. *Essendo allui il calendario caduto da cintola*, dit Boccace, « lui étant le calendrier tombé de la ceinture », et la ceinture avec, *et ogni festa o feria uscita di mente*, « et toute fête ou férie lui étant sortie de la mémoire ».

Plus n'en fut fait mention qu'à la table¹.
Notre légiste eût mis son doigt au feu
Que son épouse étoit toujours fidèle²,
Entière³, et chaste; et que, moyennant⁴ Dieu,
Pour de l'argent on lui rendroit la belle.     140

1. Les jours de jeûne : on sait qu'en Italie, en Grèce, sur toutes les côtes de la Méditerranée, les brigands et corsaires se sont toujours fait moins de scrupule d'assassiner un homme ou d'enlever une femme que de manger de la viande aux jours consacrés : « Je remarquai que tous ceux (les brigands) qui se serraient autour de nous observaient religieusement la loi d'abstinence. Nous étions à la veille de l'Ascension, et ces braves gens, dont le plus innocent avait au moins un homme sur la conscience, n'auraient pas voulu charger leur estomac d'une cuisse de poulet. » (EDMOND ABOUT, *le Roi des Montagnes*, chapitre IV.)

2. « Et les pauures sots.... iurent qu'ilz mettroient leur doigt au feu sans brusler, pour soustenir qu'elles sont femmes de bien. » (*L'Heptaméron*, p. 160.) Voyez aussi *Nicaise*, vers 226.

3. Dans *les Cent Nouvelles nouvelles* nous rencontrons plusieurs fois le mot *entier* au même sens, p. 111 : « Tant que ie viue, aultre homme n'auray espousé de ma volunté et bon gré que vous, voyre tant que me serez loyal et entier »; p. 413 : « la vraie, pure et entiere chasteté de mon corps »; et aussi le mot *entiereté* (p. 410, 412, 419 et 423) : « Gardez nostre mariaige le plus longuement que vous pourrez en son entiereté. » « Si me fist iurer (mon mari) et promettre que, quand il aduiendroit ainsi que ma nature me forceroit à rompre et à briser mon entiereté, ie eleusse un homme sage, etc. » « Tres chier.... amy, qui auez moy aprins et enseigné à garder mon entiere chasteté et ma chaste entiereté, l'onneur.... de moy, etc. » Rapprochons aussi Coquillart, tome I, p. 79 : « belle femme et entiere »; Montaigne, tome III, p. 302; et le conte du *Petit Chien*, où Anselme, avant de partir en ambassade, demande à sa femme de lui « garder les plaisirs de l'amour entiers » (vers 74-75).

4. Avec la grâce, l'aide de Dieu; comparez livres I, fable V, vers 26, III, fable VI, vers 3; *l'Ermite*, vers 185, *les Troqueurs*, vers 95, *le roi Candaule*, vers 288; etc. « Il y a, dit le P. Bouhours, des personnes délicates à qui ce mot fait mal au cœur, et qui feroient scrupule de s'en servir : il est néanmoins françois et nos meilleurs écrivains l'emploient dans toute sorte de style. Je crois pourtant qu'il convient davantage à un genre d'écrire grave et sérieux, et que M. de Voiture pouvoit s'en passer dans une lettre

De Pagamin il prit un sauf-conduit,
L'alla trouver, lui mit la carte blanche[1].
Pagamin dit : « Si je n'ai pas bon bruit[2],
C'est à grand tort; je veux vous rendre franche[3]
Et sans rançon votre chère moitié.   145
Ne plaise à Dieu que si belle amitié[4]

(sa xve) toute badine et toute galante. » (*Suite des Remarques nouvelles sur la langue françoise*, édition de 1737, p. 127.) La Fontaine, on le voit, n'est pas de cet avis; ni Mme de Sévigné, qui dit, plus plaisamment qu'il ne conviendrait, dans une lettre du 16 août 1675 (tome IV, p. 54) : « Nos mutins demandent pardon; je crois qu'on leur pardonnera moyennant quelques pendus. »

1. Lui donna plein pouvoir de fixer la rançon. — Chez Brantôme, tomes IV, p. 47, VI, p. 104 : « avoir, bailler la carte blanche »; chez Tallemant des Réaux, tome IV, p.483 : « offrir la carte blanche ».

2. Bruit, réputation, sens autrefois très en usage :

>Se une gente pucelle
>Reffuze par vertu
>Vostre vouloir damnable,
>Est il bien raisonnable
>Que le bon bruit d'icelle
>Soit de vous abatu?
>
>   (*Recueil de poésies françoises*, tome X, p. 255.)
>
>Ceste dame excellente....
>En nostre sexe tout bon bruit represente. (*Ibidem*, p.266.)
>La fille est bonne et a bon bruit.
>
>   (Remy Belleau, *la Reconnue*, acte III, scène iv.)

« Il auoit acquis bon bruit pendant sa vie. » (Des Périers, tome II, p. 187.) « C'est un petit garçon qui a bien le meilleur bruit qu'on puisse jamais souhaiter. » (Mme de Sévigné, tome IV, p. 178.) Voyez aussi Marot, tomes I, p. 123, II, p. 30, 165, 182, 215, 222, etc.; Molière, tome VI, p. 363; *la Fiancée du roi de Garbe*, vers 46, *la Coupe enchantée*, vers 133; et les *Lexiques de Malherbe* et *de Corneille*. Voltaire a reproduit cette locution vieillie : « Il ne faut pas que mon nom paraisse : je n'ai pas bon bruit », dans une lettre à Vernes du 2 janvier 1763.

3. Intacte, sans dommage. Mais Pagamin joue sur le mot, et affecte de ne songer qu'à la rançon : voyez le vers 150. — Comparez la fable v du livre V, vers 6; et *le roi Candaule*, vers 291 :

>S'il en peut sortir franc, c'est à lui beaucoup faire.

4. Même application, ironique ici, de ce mot aux relations

Soit par mon fait de désastre ainsi pleine !
Celle pour qui vous prenez tant de peine
Vous reviendra selon votre desir.
Je ne veux point vous vendre ce plaisir ; 150
Faites-moi voir seulement qu'elle est vôtre :
Car si j'allois vous en rendre quelque autre,
Comme il m'en tombe assez entre les mains¹,
Ce me seroit une espèce de blâme².
Ces jours passés, je pris certaine dame 155
Dont les cheveux sont quelque peu châtains,
Grande de taille, en bon point³, jeune, et fraîche.
Si cette belle, après vous avoir vu,
Dit être à vous, c'est autant de conclu :
Reprenez-la, rien ne vous en empêche⁴. » 160

d'un homme et d'une femme, dans *l'Heptaméron*, p. 15, et *passim*.
1. Voyez *l'Oraison de saint Julien*, vers 363 et la note :

Quand sous la main lui tombe une beauté, etc.

2. Une espèce de faute, digne de blâme. « Ie ne suis pas celle qui fera tel blasme (l'aumône amoureuse) à l'ostel où ie demeure. » (*Les Cent Nouvelles nouvelles*, p. 75.)

3.   Lorsque ie voy en ordre la brunette,
  Ieune, en bon poinct, etc.

(MAROT, épigramme cxx, tome III, p. 50.)

Voyez *ibidem*, tomes I, p. 124, II, p. 50, 59, 187, 208, 209, 223, 246, III, p. 84 ; *les Cent Nouvelles nouvelles*, p. 13, 79, 89, 98, 100, 130, 386, etc. ; Noël du Fail, tome I, p. 216, et *passim* ; Rabelais, tome II, p. 303 : « Elle estoit bonne robe, en bon poinct, et grasse à proufict de mesnaige » ; Brantôme, tome IX, p. 220 : « [Dames] belles, blanches, caillées, poupines, et en bon poinct », p. 254, 259, 274, 543 ; *l'Heptaméron*, p. 21, 315, 329, 380 ; etc. On disait dans le même sens *en grand point* : « Une femme belle et en grand poinct » (*les Cent Nouvelles nouvelles*, p. 298 et 319) ; *bien en point* ou *à point* : « la femelle bien à poinct » (Villon, p. 196 ; Rabelais, tome II, p. 262 ; Brantôme, IX, p. 147 ; Saint-Gelais, p. 230 ; Remy Belleau, tome II, p. 433). Comparez enfin la fable ix du livre X, vers 12 : *en bon corps* (tome III, p. 47 et note 5) ; et la fable xvii du livre XII, vers 29 : *mal en point* (*ibidem*, p. 295 et note 15).

4. Mais ce serait une vilenie, ajoute le corsaire dans Boccace,

Richard reprit : « Vous parlez sagement,
Et me traitez trop généreusement.
De son métier[1] il faut que chacun vive :
Mettez un prix à la pauvre captive,
Je le payrai[2] comptant, sans hésiter.       165
Le compliment[3] n'est ici nécessaire :
Voilà ma bourse, il ne faut que compter.
Ne me traitez que comme on pourroit faire
En pareil cas l'homme le moins connu ;
Seroit-il dit que vous m'eussiez vaincu        170
D'honnêteté? non sera, sur mon âme :
Vous le verrez. Car, quant à cette dame,
Ne doutez point qu'elle ne soit à moi.
Je ne veux pas que vous m'ajoutiez foi[4],
Mais aux baisers que de la pauvre femme        175
Je recevrai[5]; ne craignant qu'un seul point,
C'est qu'à me voir de joie elle ne meure. »
On fait venir l'épouse tout à l'heure[6],

de vouloir me la prendre si elle n'est pas votre femme, *percio che io son giovane huomo, et posso cosi come un altro tenere una femina, et spetialmente lei che è la piu piacevole che io vidi mai.*

1. Voyez ci-dessus, le vers 114.

2. Ici le poète écrit : *payray*, pour la mesure, comme dans la fable 1 du livre I, vers 12 ; *payera*, de trois syllabes, au vers 35 de la *Gageure*, etc.

3. Les formules de politesse. Rapprochez les vers 20 du *Faiseur d'oreilles*, 138 de la *Courtisane amoureuse*; et la Rochefoucauld, lettre 13 (tome III, p. 40) : « Je vous dirai, pour sortir promptement du compliment, que j'ai été fort surpris de ce que vous me mandez. »

4.        .... A Phorbas ajouteriez-vous foi?
               (Corneille, *OEdipe*, acte IV, scène ii.)

5. Tour analogue dans *Joconde*, vers 21 :

Que je n'en sois pas cru, mais les cœurs de vos dames.

— *Per certo ella è mia moglie, e se tu mi meni dove ella sia, tu il vederai tosto ; ella mi si gittera incontanente al collo.*

6. A l'instant : voyez ci-dessus, p. 199 et note 4. Comparez : « à l'heure », pour l'instant, dans *le Songe de Vaux* (tome III *M.-L.*, p. 213).

Qui froidement, et ne s'émouvant point,
Devant ses yeux voit son mari paroître,   180
Sans témoigner[1] seulement le connoître[2],
Non plus qu'un homme arrivé du Pérou.
« Voyez, dit-il, la pauvrette[3] est honteuse
Devant les gens[4]; et sa joie amoureuse
N'ose éclater: soyez sûr qu'à mon cou,   185
Si j'étois seul, elle seroit sautée[5]. »
Pagamin dit : « Qu'il ne tienne à cela;
Dedans sa chambre allez, conduisez-la. »
Ce qui fut fait; et, la chambre fermée,
Richard commence : « Eh! là, Bartholomée,   190
Comme tu fais! je suis ton Quinzica,
Toujours le même à l'endroit[6] de sa femme.
Regarde-moi. Trouves-tu, ma chère âme,
En mon visage un si grand changement[7]?

1. Avoir l'air de. « M. de Lorraine.... témoigne tout à fait faire toutes choses avec beaucoup de franchise. » (LA ROCHEFOUCAULD, lettre 33, tome III, p. 97.) Voyez le vers 111 du *Berceau.*

2. Chez Boccace, elle assure même qu'elle ne l'a jamais vu.

3. Comparez les fables v du livre II, vers 9, xvii du livre V, vers 25 ; les contes II de la III<sup>e</sup> partie, vers 278, I, vers 69, et vii, vers 101, de la IV<sup>e</sup>, III de la V<sup>e</sup>, vers 36. Notre auteur a également employé ce diminutif au masculin : *pauvret* (livres IV, fable xi, vers 34, XII, fable xxiii, vers 48; et dans une épigramme, tome V *M.-L.*, p. 196).

4. Même locution : « devant les gens », au vers 144 de la *Gageure.*

5. *Imaginossi Messer Ricciardo che ella questo facesse per tema di Paganino, di non volere in sua presenza confessare di conoscerlo.*

6. Semblable locution chez des Périers, tome II, p. 26 ; chez Brantôme, tomes II, p. 132, IV, p. 32, VI, p. 290, 432, IX, p. 77, 82, etc.; chez Montaigne, tomes I, p. 84, II, p. 90, 474; au vers 16 de la fable xxii du livre VIII; et au vers 148 du *Faucon* :

    .... Toujours hautaine et rude
    En son endroit.

On disait aussi : « endroit moi, endroit vous », etc. (Marot, tomes I, p. 159, II, p. 137, 160.)

7. *Son io cosi trasfigurato?* Plus haut, il s'était demandé à lui-

C'est la douleur de ton enlèvement 195
Qui me rend tel; et toi seule en es cause.
T'ai-je jamais refusé nulle chose,
Soit pour ton jeu, soit pour tes vêtements[1]?
En étoit-il quelqu'une de plus brave[2]?
De ton vouloir[3] ne me rendois-je esclave? 200
Tu le seras, étant avec ces gens.
Et ton honneur, que crois-tu qu'il devienne?
— Ce qu'il pourra, répondit brusquement
Bartholomée. Est-il temps maintenant
D'en avoir soin? s'en est-on mis en peine 205
Quand, malgré moi, l'on m'a jointe avec vous:
Vous, vieux penard[4]; moi, fille jeune et drue[5],

même si le chagrin ne l'avait pas rendu méconnaissable : *Forse che la malinconia et il lungo dolore.... m'ha si trasfigurato.*

1. Voyez, ci-dessus, les vers 84-86; ci-dessous, le vers 30 du conte suivant : « Le jeu, la jupe.... », et le vers 174 de *Belphégor* :
   Le jeu, la jupe, ou quelque ameublement.

2. Ci-dessus, p. 286 et note 3. — 3. Voyez tome II, p. 18 et note 8.

4. Nous avons déjà rencontré plus haut le mot *penaille*, que nous croyons, aussi bien que *penard*, dérivé du mot latin *penis* (voyez p. 199 et note 7); d'où le sens que *penard* (pennart) avait autrefois de dague, couteau, poignard : « Chascun exerceoit son penard, chascun desrouilloit son bracquemard », dit Rabelais (tome II, p. 7), au propre et au figuré. Un « vieux penard » voudrait donc dire une vieille lame, une lame usée, ébréchée; et de l'idée de « cassé, caduc, décrépit », on est vite arrivé à celle de « loqueteux » (*penaillon*). — Comparez Brantôme, tome III, p. 336 : « un vieux penard, qui ne bougeoit de sa tente »; d'Aubigné, *les Aventures du baron de Fæneste*, p. 107 : « C'estoit une arbaleste à rats que cette vieille apporta au penart, lui monstrant comme il la faloit desbander »; Molière, *l'Étourdi*, acte I, scène II, vers 61 : « penards chagrins »; les *Chansons* de Gautier Garguille, p. 85; Scarron, *le Virgile travesti*, livre VI, traduction du vers 474 : « Sichæus, le vieil penart »; Tallemant des Réaux, tome VII, p. 153 : « Jeanne et son vieux penard »; et Hauteroche, *Crispin médecin*, acte I, scène XI : « Voyez le vieux penard! il lui faut des filles de dix-huit ans pour le réjouir! »

5. Bien venante, bien vivante, comme l'herbe ou les blés *drus*.

Qui méritois d'être un peu mieux pourvue[1],
Et de goûter ce qu'hymen a de doux[2] ?
Pour cet effet j'étois assez aimable,       210
Et me trouvois aussi digne, entre nous,
De ces plaisirs, que j'en étois capable.
Or est le cas allé d'autre façon[3].
J'ai pris mari qui pour toute chanson [4]

Une viande *drue* signifiait une viande succulente. *Dru* se disait aussi des oiseaux qui sont prêts à s'envoler du nid.

— Nous sommes druz, chagrin ne nous suyt mie.
(Marot, *des Enfans sans soucy*, tome II, p. 61.)

« Philippot Placut, lequel estant sain et dru, subitement mourut.... ». (Rabelais, le quart livre, chapitre xvii.) « Ta genisse n'est assez drue. » (Ronsard, tome II, p. 525.) « Jamais vous n'avez vu une mariée si drue. » (Mme de Sévigné, tome III, p. 462.) « Si vous saviez les jolies personnes que je connois en ce pays! Comme cela est dru! » (Maucroix, *OEuvres diverses*, tome II, p. 156.) Le mot revient plusieurs fois chez notre auteur, en ce sens : dans *la Mandragore*, vers 63 ; dans *le Cas de conscience*, vers 38 ; à la fin de l'épître pour le chien *Mignon*, tome V *M.-L.*, p. 66, etc. — Au tome X du *Recueil de poésies françoises*, p. 198 : « Je dru et la drue », l'amant et la maîtresse ; *ibidem*, p. 209 : « Que chascun ameyne sa drue. »

1. Au sens d' « établie, mariée », ou, tout au moins, « pourvue d'homme », que ce verbe avait couramment. Voyez *les Cent Nouvelles nouvelles*, p. 143 : « Il n'eut pas trop grand tort de ce faire (d'abandonner sa poursuite), car elle estoit ailleurs pourueue »; *Psyché*, livre ii (tome III *M.-L.*, p. 150) : « Toutes deux conseillèrent Cythérée de pourvoir son fils » ; Corneille, *le Menteur*, acte II, scène v, vers 626 ; et Molière, *le Bourgeois gentilhomme*, acte III, scène iii : « Votre fille.... est en âge d'être pourvue. »

2. De « sçauoir et esprouuer l'aise qu'on a en mariage » (*les Cent Nouvelles nouvelles*, p. 135). — Rapprochez les vers 19 et suivants de *la Confidente* :

La jeune Aminte, à Géronte donnée,
Méritoit mieux qu'un si triste hyménée, etc.

3. Or est le cas, dit-elle, d'autre façon.
(1668, 1669 Amsterdam et Leyde ; vers faux, faute évidente.)

4. Le malheureux n'a rien qu'une chanson.
(*Conte d'un paysan*, vers 71 et la note.)

N'a jamais eu que ses jours de férie[1]; 215
Mais Pagamin, sitôt qu'il m'eut ravie,
Me sut donner bien une autre leçon.
J'ai plus appris des choses de la vie
Depuis deux jours qu'en quatre ans avec vous.
Laissez-moi donc, Monsieur mon cher époux; 220
Sur mon retour n'insistez davantage.
Calendriers ne sont point en usage
Chez Pagamin, je vous en avertis.
Vous et les miens avez mérité pis :
Vous, pour avoir mal mesuré vos forces 225
En m'épousant; eux, pour s'être mépris,
En préférant les légères amorces[2]
De quelque bien à cet autre point-là[3];
Mais Pagamin pour tous y pourvoira.
Il ne sait loi, ni Digeste, ni Code[4]; 230
Et cependant très bonne est sa méthode[5].
De ce matin[6] lui-même il vous dira

1. Voyez ci-dessus, p. 333 et note 5.
2. Les légers appâts. Comparez les vers 233 et 705 de *la Fiancée du roi de Garbe* : « une puissante amorce », « ce fut aux brigands une amorce »; 184 de *la Matrone d'Éphèse* : « résister aux amorces »; tome V *M.-L.*, p. 155 : « se prendre aux amorces »; etc.
3. Voyez ci-dessus, le vers 59 et la note.
4. Ces vers rappellent ceux de la scène VI de l'acte I du *Menteur* de Corneille (1642), vers 322-331 :

> Oh! le beau compliment à charmer une dame,
> De lui dire d'abord : « J'apporte à vos beautés
> Un cœur nouveau venu des universités.
> Si vous avez besoin de lois et de rubriques,
> Je sais le *Code* entier avec les *Authentiques*,
> Le *Digeste* nouveau, le vieux, l'*Infortiat*,
> Ce qu'en a dit Jason, Balde, Accurse, Alciat! »
> Qu'un si riche discours nous rend considérables!
> Qu'on amollit par là de cœurs inexorables!
> Qu'un homme à paragraphe est un joli galant!

5. Voyez ci-dessus, le vers 46.
6. Dès ce matin; comme on dit : *de ce moment...*, ou *du moment...*

c. VIII]        DEUXIÈME PARTIE.                351

<blockquote>
Du quart en sus¹ comme la chose en va².<br>
Un tel aveu vous surprend et vous touche³;<br>
Mais faire ici de la petite bouche                235<br>
Ne sert de rien⁴ : l'on n'en croira pas moins.<br>
Et puisqu'enfin nous voici sans témoins,<br>
Adieu vous dis⁵, vous et vos jours de fête,
</blockquote>

1. Terme de compte : addition qu'on fait à une somme du quart de cette somme. Cette expression figurée donne une haute idée de la vigueur de Pagamin.

2. Pour cette locution familière, comparez ci-dessus, vers 213 :

<blockquote>Or est le cas allé d'autre façon;</blockquote>

*Richard Minutolo*, vers 75 :

<blockquote>Et vous verrez comme tout en ira;</blockquote>

et la citation de le Maçon, ci-dessous, à la note du vers 241, ligne 18 : « Depuis que matines ont sonné ceste nuict, ie sçay bien comment le cas est allé, d'une fois en sus. »

3. Je vous parle un peu franc; mais c'est là mon humeur,<br>
Et je ne mâche point ce que j'ai sur le cœur.
<blockquote>(MOLIÈRE, *le Tartuffe*, acte I, scène 1, vers 39-40.)</blockquote>

4. Faire la réservée, faire mystère ou scrupule, faire des simagrées, ne servirait à rien. « .... Il ne fault ià que i'en face la petite bouche : creez que ie prendroye bien mieulx. » (*Les Cent Nouvelles nouvelles*, p. 176.) « Ayant esté enceinte du faict du roy, elle n'en faisoit point la petite bouche, mais tres hardiment disoit, etc. » (BRANTÔME, tome IX, p. 490.) « Je n'en fais point la petite bouche : l'amour est une belle chose. » (TALLEMANT DES RÉAUX, tome IV, p. 280.) *Ibidem*, tome V, p. 34 : « Il accompagnoit le galant de sa femme à la campagne, et n'en faisoit point la petite bouche. »

5. Rapprochez Villon, VIIIᵉ rondel, p. 137 :

<blockquote>
Adieu vous dy, la larme à l'œil,<br>
Adieu, ma tres gente mignonne,<br>
Adieu, sur toutes la plus bonne,<br>
Adieu vous dy, qui m'est grant dueil;
</blockquote>

Marot, *Adieu aux dames de la cour* (tome I, p. 230) :

<blockquote>
Adieu la cour, adieu les dames,<br>
Adieu les filles et les femmes,<br>
Adieu vous dy pour quelque temps,<br>
Adieu voz plaisans passetemps;
</blockquote>

et le vers 466 de *l'Étourdi* de Molière et la note. *Adieu vous dis*,

> Je suis de chair[1] ; les habits rien n'y font[2] :
> Vous savez bien, Monsieur, qu'entre la tête  240
> Et le talon d'autres affaires sont[3]. »

sorte d'adverbe composé, s'employait comme *adieu* tout seul. C'est le sens qu'indique clairement le *Dictionnaire de l'Académie* (1694) : « *Adieu vous dis*, façon de parler populaire. »

1. Comparez *la Fiancée du roi de Garbe*, vers 53 :

> Car elles sont de chair ainsi que les bergères ;

*la Reconnue* de Remy Belleau, acte V, scène 1 :

> Ie croy pourtant que sous la cotte
> Elle est de chair ainsi que nous ;

Brantôme, *Dames galantes*, p. 482 : « Il (le cardinal de Lorraine) estoit un homme de chair comme un aultre » ; et *le Tartuffe* de Molière, vers 1012 : « Un homme est de chair. »

2. C'est une réponse aux vers ci-dessus, 198-199.

3. Les reproches de Bartholomée à son mari sont plus vifs encore chez Boccace ; les voici, tels que les a traduits le Maçon : « Vous.... ressembliez ung crieur de confrairies et de festes, si bien vous les sçauiez! et les ieunes et les vigiles ; et vous dy bien que, si vous eussiez faict faire autant de festes à voz laboureurs comme vous en faisiez faire à celuy qui auoit mon petit champ à labourer (*se voi haveste tante feste fatte fare a lavoratori che le vostre possessioni lavorano, quante faciavate fare a colui che il mio piccol campicello haveva a lavorare*), vous n'eussiez iamais recueilli ung grain de bled. Or ie suis abordée auec cestui ci, car ainsi l'a voulu Nostre Seigneur comme pitoyable regardeur de ma ieunesse, auec lequel ie demeure en ceste chambre, où l'on ne sçait que c'est de festes : ie dy de ces festes que vous, plus deuot enuers Dieu qu'au seruice des dames, celebriez tant ; ne iamais n'entra par cest huis samedy ne vendredy, vigile ne quatre temps, ny caresme, qui est si long. Ains iour et nuict on laboure ceans et y bat l'on la laine, et depuis que matines ont sonné ceste nuict, ie sçay bien comment le cas est allé, d'une fois en sus.... De mon honneur ne veulx ie point que aultre personne que moy s'en soucie, puisqu'il n'en est plus temps : mes parens s'en deussent estre souciez quant ils me donnerent à vous ; lesquels s'ils ne se soucierent alors du mien, ie ne me veulx à present soucier du leur ; et si ie suis à cette heure en peché mortier, ie serai quelque jour en peché pilon (*in peccato mortaio,... in peccato pestello*), ne vous en souciez point plus que moy ; et vous dy bien une chose qu'il me semble que ie suis ici femme de Pagamin, et à Pise il me sembloit

A tant¹ se tut. Richard, tombé des nues,
Fut tout heureux de pouvoir s'en aller.
Bartholomée, ayant ses hontes bues²,
Ne se fit pas tenir pour demeurer³.     245
Le pauvre époux en eut tant de tristesse,
Outre les maux qui suivent la vieillesse,
Qu'il en mourut à quelques jours de là⁴ ;
Et Pagamin prit à femme⁵ sa veuve.
Ce fut bien fait : nul des deux ne tomba    250
Dans l'accident du pauvre Quinzica,

estre vostre garce (*et a Pisa mi pareva esser vostra bagascia*), voyant que par les poincts de la lune et par quadratures de geometrie il falloit conioindre les planettes entre vous et moy, là où icy Pagamin me tient toute la nuict entre ses bras, et me serre et me mord ; et au demourant, comme il m'accoustre (*come egli mi conci*), Dieu le vous die pour moy ! »

1. A ce point, là-dessus ; proprement : après en avoir dit autant. — « A tant se lieue..., et dist. » (*Roman des sept sages*, p. 74.) « Si m'en tairay à tant. » (FROISSART, livre I, § 1.) « Et à tant se part. » (*Les Cent Nouvelles nouvelles*, p. 132.) « A tant sceut d'icelle (science) et theoricque et practicque. » (RABELAIS, *Gargantua*, chapitre XXIII.) « A tant se tut. » (RONSARD, tomes I, p. 370, 425, II, p. 91, 99, 236, 240 ; BELLEAU, tome II, p. 32, 39, 137, 141.) « A tant, pour user des termes de M. le cardinal d'Ossat, je vous donne le bon soir. » (BALZAC, livre I, lettre XVI.) Voyez aussi *Féronde*, vers 207 :

    A tant laissons l'économe et sa femme.

2.     .... Soit que, sentant son cas,
    Simonne encor n'ait toute honte bue.
        (*Richard Minutolo*, vers 68 et la note.)

3. Était toute disposée à rester avec Pagamin : il n'eut pas besoin de la retenir.

4. Dans la nouvelle de Boccace, le pauvre Richard, de retour à Pise, tombe en enfance et ne sait plus que dire à tout venant : *Il mal foro non vuol festa*. « Le méchant trou ne veut point de fête » (de jour férié).

5. Pour femme ; comme on dit « prendre à ferme ». Même expression chez Rabelais, tome II, p. 303. Comparez l'ancienne locution : « avoir à femme, avoir à fils », etc.

S'étant choisis l'un et l'autre à l'épreuve[1].
Belle leçon pour gens à cheveux gris!
Sinon qu'ils soient d'humeur accommodante:
Car, en ce cas, Messieurs les favoris[2]     255
Font leur ouvrage[3], et la dame est contente[4].

1. S'étant essayés.
>> Se connoissant tous deux de plus d'un jour.
>> (*La Gageure*, vers 322.)

2. Même locution, au même sens, dans *Richard Minutolo*, vers 21:
>> Il se déclare amant d'une autre belle;
>> Il fait semblant d'en être favori;

et dans *la Fiancée du roi de Garbe*, vers 783:
>> .... Beaucoup de maris
>> Qui se vantent de voir fort clair en leurs affaires
>> N'y viennent bien souvent qu'après les favoris.

Rapprochez cette phrase de Tallemant des Réaux (tome V, p. 146), où le mot « faveur » est employé au même sens: « Il contoit que la pecque Cornuel l'avoit voulu marier avec Marion ....« Je lui « ris au nez, disoit-il, et lui dis qu'elle oublioit la faveur de M. de « la Rivière. » Or la Rivière concubinoit, et concubine, je pense, encore avec elle. »

3. L'ouvrage des maris, que devraient faire les maris, « le devoir ». Voyez ci-dessus, le vers 21, et Tallemant des Réaux, tomes VII, p. 425, 512, 514, et V, p. 177: « Quand ce mari fut couché, et qu'il eut fait le devoir.... »

4. Comparez le vers 6 des *Cordeliers*: « .... mainte femme en fut contente », et la note; et cette phrase de la nouvelle III de *l'Heptaméron*, p. 15: « Ie pense qu'il n'auroit nul auantage sur moy de contenter une femme, estant seur que, pour satisfaire à une si honorable personne que vous, il deuroit vouloir auoir changé sa complexion à la mienne. » — « La dame » est même absoute, de par la « bulle » de la *Confrairie des Friponniers et Friponnieres* (tome I du *Recueil de poésies françoises*, p. 153):

>> Ieunes filles aux tetins ronds,
>> Que l'on marie à vieux grisons
>> Qui n'ont ne force ne puissance,
>> Si la dame, par sa plaisance,
>> A choisi quelque verd galland
>> Pour luy friponner son deuant...,
>> Tout cela luy est pardonné.

## IX

## A FEMME AVARE GALANT ESCROC.

#### NOUVELLE TIRÉE DE BOCCACE.

Ce conte est tiré de la 1<sup>re</sup> nouvelle de la VIII<sup>e</sup> journée du *Décaméron*, dont voici le sommaire :

*Gulfardo prende da Guasparruolo denari in prestanza, et con la moglie di lui accordato di dover giacer con lei per quegli, si gliele da, et presente di lei a Guasparruolo dice che allei gli diede, et ella dice che è il vero.*

« Gulfart feit marché auec la femme de Gasparin de coucher auec elle moyennant une somme d'argent qu'elle voulut toucher premierement : laquelle il empruncta de son mary mesmes, et la bailla depuis à la femme, comme s'il rendoit ce que luy auoit presté le mary; auquel, aprez son retour de Gennes, il deit en la presence de ladicte femme comme il luy auoit rendu icelle somme pour la bailler à son mary, ce qu'elle confessa estre vray. »

C'est le même récit dans la Fontaine, mais abrégé.

La 11<sup>e</sup> nouvelle de cette même journée a beaucoup de rapport avec la 1<sup>re</sup>, et la Fontaine s'en est probablement inspiré aussi :

*Il prete da Varlongo si giace con Monna Belcolore, lasciale pegno un suo tabarro; et accattato da lei un mortaio, il rimanda, et fa domandare il tabarro lasciato per ricordanza: rendelo proverbiando la buona donna.*

« Le prestre de Varlongue couchâ auec Bellecouleur : à laquelle il laissa son manteau en gaige, et empruncta d'elle ung mortier qu'il luy renuoya aprez, et feit demander son manteau qu'il luy auoit laissé pour souuenance : la bonne dame, en grumelant et l'iniuriant, fut contraincte par son mary de le rendre. »

On a rapproché de ces deux nouvelles le fabliau d'Eustache d'Amiens, très plaisant et très compliqué, intitulé : *le Boucher d'Abbeville* (Legrand d'Aussy, tome III, p. 288 ; Barbazan-Méon, tome IV, p. 1 ; Montaiglon, tome III, p. 227) ; et celui *du Prebstre et de la Dame* (Legrand d'Aussy, tome IV, p. 294 ; Barbazan-Méon, tome IV, p. 181 ; Montaiglon, tome II, p. 235) ; mais la ressemblance est en réalité presque nulle.

La facétie de Bebelius : *Factum cujusdam Francigenæ* offre au contraire avec les deux nouvelles de Boccace un grand rapport :

*Quidam Francigena (ut est genus hominum fallax et versutum) in civitate Ticina a quodam cive centum aureos mutuo accepit, oppignorando ei auream torquem, atque illius uxorem accedens dixit : « Hos accipe centum, atque unam noctem voluntati meæ obsequaris. » Mulier prædæ dulcedine capta (cum sit nummus optimum expugnandæ pudicitiæ instrumentum) consensit. Francus postridie, expleta libidine, virum accessit, suum torquem exegit, quoniam aureos omnes uxori illius reddiderit, quæ conventa non potuit negare; frustraque Franco fuit obsequiosa.* (*Facetiarum liber* III, p. 187-188.)

Nous en dirons autant de la nouvelle XXIX de la seconde partie de Malespini; et du chapitre XXXI de *la Legende ioyeuse de maistre Pierre Faifeu*, par Charles Bourdigné : « Comment fut amoureux de quelque dame, à qui, pour ce faire, donna trois aulnes de escarlatte », chapitre dont voici la fin :

> La pouure beste en fut bien mastinée,
> Car a perdu son drap, presté son cu,
> Et son mary par ce point fist cocqu;

et de la CXLVIII<sup>e</sup> nouvelle du *Grand Parangon* de Nicolas de Troyes : « D'ung gentilhomme qui donna pour cinquante escus de velours à une barbiere pour faire son plaisir d'elle, et comme son seruiteur trouua façon de le rauoir. »

Citons également, bien qu'elle n'ait avec notre conte qu'une ressemblance fort lointaine, la XVIII<sup>e</sup> des *Cent Nouvelles nouvelles*, récit très gaulois, un de ces bons tours joués aux femmes où se complaisait l'imagination de nos aïeux : Un écuyer de Bourgogne descend à Paris, dans un hôtel, trouve la chambrière à son gré, et n'en peut venir à bout que moyennant dix écus qu'il lui paye d'avance; mais, la nuit passée, il menace, si elle ne les lui rend pas, de ne point partir. Pour n'être point compromise, elle est obligée de les lui rendre; il veut même qu'elle l'emporte sur son dos jusqu'à la rue. Et l'écuyer, que l'auteur appelle un « courtois gentilhomme », mais qui est en réalité très discourtois, de rire et de raconter plus tard joyeusement l'histoire à ses amis de Bourgogne.

Comparez, chez Tallemant des Réaux (tome VI, p. 66), l'anecdote de M<sup>me</sup> d'Espagnet, du moine, et de ses cent pistoles.

Dans l'*Anser venalis* de Poge, cité par Walckenaer, il y a une différence trop sensible pour que le rapprochement soit bien exact : c'est l'homme dans cette historiette, et non la femme, qui est la dupe.

Voyez aussi Chaucer, *Canterbury tales*, conte VI, *Shipmannes tale, or story of Dan John;* Burkhard Waldis, fable XXVII du livre IV, *Vom Studenten und einem Morser*, résumée par Fr. Sweert (*Deliciæ poetarum Belgicorum*, tome IV, p. 371), *Jocus de quodam clerico :*

> *Militis uxorem clamidis mercede subegit*
> *Clericus, et piperis clam tulit inde molam.*
> *Mane redit, referensque molam, præsente marito,*
> *Dixit :* « *Mantellum redde, reporto molam.* »
> « *Redde* », *maritus ait. Respondit femina :* « *Reddam;*
> *Amplius ad nostram non molet iste molam.* »

Ces vers ont été reproduits par Wright dans son recueil intitulé *Essays on the litterature, superstitions and history of England in the middle age* (tome I, p. 167), sous ce titre : *De mola piperis*.

Mentionnons enfin, dans *les Continuateurs de Loret* (tome II, col. 753-755 : *la Muse Dauphine*, par Perdou de Subligny, du 24 mars 1667), l'aventure d'une « Lyonnoise fort charmante » trompée de façon identique par « un de ceux que l'on peut appeler galans hommes », dit l'auteur, qui n'ont pas de scrupules bourgeois.

*Le Galant escroc*, proverbe en un acte, en prose, par Ch. Collé (1753), est imité des contes de Boccace et de la Fontaine. (*Théâtre de Société*, la Haye, 1777, in-12, tome I, p. 281.)

Qu'un homme soit plumé[1] par des coquettes,

1. Dans *les Rémois*, vers 57 : « Plumez-le moi. » « Elle tant bien le pluma qu'il s'ennuya et retira. » (*Les Cent Nouvelles nouvelles*, p. 336.) « Ie m'apperçoy bien que ie suis le pigeon, maintenant que ie suis plumé iusqu'aux os. » (*Ancien Théâtre françois*, tome VII, p. 13); *ibidem*, tomes VII, p. 35, IX, p. 77, III, p. 459, et p. 68 :
> I'ai le gallant si bien plumé
> Qu'il n'a plus garde de voler;

« Deux chappons gras sont venuz entre mes mains, desquelz ayant choisy le meilleur et le plus gras, ie vous enuoye l'aultre.... Plumez de vostre costé, et ie plumeray du mien. » (Des Périers, tome II, p. 125.) « Ah! elles me plumeront, ce dites-vous; eh bien! voilà pourtant : dès qu'on sait qu'un pauvre homme a quatre deniers, conjurations de tous côtés contre sa bourse! (Maucroix, *OEuvres diverses*, tome II, p. 131.) « Dérober un champion de Vénus dans une académie d'amour, c'est plumer un pigeon; dans une académie de jeu, c'est plumer une dupe. » (D'Assoucy, *Aventures*, Paris, 1677, in-12, tome I, p. 55.)

Ce n'est pour faire au miracle crier[1].
Gratis est mort[2]; plus d'amour sans payer :
En beaux louis se content les fleurettes[3].
Ce que je dis des coquettes s'entend.       5
Pour notre honneur, si[4] me faut-il pourtant
Montrer qu'on peut, nonobstant leur adresse,

1. Rapprochez, pour cette locution, le vers 25 de la fable 11 du livre X :
> Miracle! crioit-on;

et le vers 182 de *Mazet* : « Miracle! » dit l'Abbesse. »

2. Phrase depuis longtemps passée en proverbe, comme : « Crédit est mort. »

3. Sur la puissance de l'argent en amour, comparez *Joconde*, vers 265-270, *Richard Minutolo*, vers 85-90, *la Coupe enchantée*, vers 301-321, *le Faucon*, vers 11-20, *le Petit Chien*, vers 1-13, le *Pâté d'anguille*, vers 117-128, *Belphégor*, vers 94-100, etc. — On peut rapprocher de ce passage un cinquain de Saint-Gelais (tome II, p. 268); un rondeau de Voiture (tome II, p. 317); et un de Jean Marot :

> Au faict d'amours beau parler n'a plus lieu,
> Car sans argent vous parlez en hebrieu :
> Et, fussiez vous le plus beau filz du monde,
> Il fault foncer (*financer*), ou ie veulx qu'on me tonde
> Si vous mettez iamais pied à l'estrieu....
> Car en effect soit noire, blanche, ou blonde,
> Il fault argent pour commencer le ieu
>      Au faict d'amours.

(*OEuvres de Jean Marot*, Paris, 1723, in-8°, p. 224.)

Citons aussi son fils, Clément Marot, tome I, p. 33-34, 186-187, et p. 224 :

> ....On feroit un crible
> De tous les trous qui s'abandonnent
> A ceulx qui les richesses donnent;

ces deux vers concis de Coquillart dans son *Monologue des Perruques* (tome II, p. 275) :

> Soit à Tours, Molins ou Paris,
> Les escuz font battre les culz;

et un poème anonyme de Papillon : *la Victoire et triumphe d'argent contre Cupido, dieu d'amours, naguierres vaincu dedans Paris* (Lyon, 1537, in-16).

4. Voyez ci-dessus, p. 101 et note 8.

En attraper au moins une entre cent,
Et lui jouer quelque tour de souplesse[1].

Je choisirai pour exemple Gulphar.        10
Le drôle fit un trait de franc soudard ;
Car aux faveurs d'une belle il eut part
Sans débourser, escroquant la chrétienne[2].
Notez ceci, et qu'il vous en souvienne,
Galants d'épée[3]; encor bien que ce tour    15

---

1. Locution figurée, empruntée aux jongleurs et aux acrobates : « Gentilz compagnons qui auoient bons corps pour faire souplesses. » (BRANTÔME, tome II, p. 301.) « Un tour de souplesse et de iambe. » (MONTAIGNE, tome II, p. 245.)
.... L'œil toujours au guet pour des tours de souplesse.
(REGNIER, satire v, vers 229.)
« Il (le maître du chat) lui avoit vu faire tant de tours de souplesse pour prendre des rats et des souris, comme quand il se pendoit par les pieds, ou qu'il se cachoit dans la farine pour faire le mort.... » (PERRAULT, le Chat botté.) Nous rencontrons cette locution de nouveau chez Brantôme (tome IX, p. 334 et 34), mais prise dans un sens lubrique : « tours de souplesse et de paillardise » ; « Ce basteleur luy auoit appris (à la femme) des tours de souplesse et de maniement dont il (le mari) croyoit qu'il se trouueroit bien. »

2. Comme on dit, familièrement aussi, *le pèlerin, la pèlerine.*
Direz-vous : « Je suis sans chrétienne ? »
Vous en avez à la maison
Une qui vaut cent fois la mienne.
(*Pâté d'anguille*, vers 40-42.)
Voyez aussi *ibidem*, vers 139 : « le chrétien » ; et dans *les Troqueurs*, vers 153 : « la chrétienne ». « Nostre Champenois oncques sur beste chrestienne n'auoit monté. » (*Les Cent Nouvelles nouvelles*, p. 84.) Ce mot revient plusieurs fois, chez Voiture (p. 118-121 de l'édition des *Poésies*, Paris, 1672), dans une sorte de refrain, appliqué à une certaine Climène :
La chrétienne est plus belle à voir !
Rapprochez Tallemant des Réaux, tome V, p. 386 : « On vespérisoit (réprimandait) terriblement la pauvre chrétienne » ; et tome VII, p. 80 : « ....La pauvre chrétienne s'en déferra. »

3. Il s'agit plutôt ici de chevaliers de l'épée, de chevaliers

Pour vous styler¹ soit fort peu nécessaire :
Je trouverois maintenant à la cour
Plus d'un Gulphar, si j'en avois affaire².

Celui-ci donc chez sire Gasparin
Tant fréquenta³, qu'il devint à la fin        20

d'amour, c'est-à-dire de courtisans aventuriers ou de godelureaux de cour, que de vrais soldats.

    Or, dans ce dernier âge,
  Homme d'épée est un fier maquereau,

comme dit Voltaire (tome XI, p. 371), en parlant aussi des courtisans.

 1. A propos, prends le soin de bien styler notre homme.
    (*L'Eunuque*, acte I, scène v.)

 2. Tous ces beaux suffisans dont la cour est semée,
  Ne sont que triacleurs (*trompeurs*) et vendeurs de fumée.
  Ils sont beaux, bien peignés, belle barbe au menton :
  Mais quand il faut payer, au diantre le teston ;
  Et faisant des mourans, et de l'âme saisie,
  Ils croyent qu'on leur doit pour rien la courtoisie.
    (REGNIER, satire XIII, vers 229-234.)

— Pour ne citer qu'un exemple de ces galants de cour peu scrupuleux, rappelons l'histoire de la Vauguyon dans Saint-Simon (tome I, p. 106 et suivantes), de la Vauguyon, qui non seulement se poussa, comme tant d'autres, par les femmes, mais se fit publiquement entretenir par Mme de Beauvais. Voyez aussi nos tomes II des *Fables*, p. 125 et note 24, III, p. 224 et note 18 ; Dorante, du *Bourgeois gentilhomme*, le marquis de Moncade, de *l'Homme à bonne fortune*, le chevalier de Villefontaine, dans *le Chevalier à la mode*, le chevalier tout court dans *Turcaret*, etc., etc. ; et les *Historiettes* de Tallemant des Réaux, *passim*.

 3.   Il fréquentoit chez le compère Pierre.
    (*La Jument du compère Pierre*, vers 22.)

Rapprochez *Mazet de Lamporechio*, vers 47 :

  En cettui lieu beaux pères fréquentoient ;

*le Psautier*, vers 23 ; et tome V *M.-L.*, p. 81 : « fréquenter en un bain », p. 173 : « fréquenter chez les belles ». — « Ung maistre iacobin tant hanta, visita et frequenta en une bonne maison de dames de religion de ce royaume, qu'il paruint, etc. » (*Les Cent*

De son épouse amoureux sans mesure.
Elle étoit jeune, et belle créature,
Plaisoit beaucoup, fors¹ un point qui gâtoit
Toute l'affaire, et qui seul rebutoit
Les plus ardents : c'est qu'elle étoit avare² ;  25
Ce n'est pas chose en ce siècle fort rare.
Je l'ai jà dit³, rien n'y font les soupirs :
Celui-là parle une langue barbare⁴,
Qui l'or en main n'explique ses desirs⁵.
Le jeu, la jupe⁶, et l'amour des plaisirs,  30
Sont les ressorts que Cupidon emploie :
De leur boutique⁷ il sort chez les François
Plus de cocus que du cheval de Troie
Il ne sortit de héros autrefois⁸.

*Nouvelles nouvelles*, p. 219.) Comparez Malherbe, tomes I, p. 458, III, p. 28 ; Molière, *les Femmes savantes*, vers 337 ; Boileau, *Art poétique*, chant II, vers 172. Cet emploi de ce verbe au neutre est encore dans *l'Écossaise* de Voltaire (acte IV, scène I) : « Vous me feriez plaisir de ne plus fréquenter chez nous » ; dans son conte de *la Bégueule*, vers 16 ; etc. Ajoutons qu'il est demeuré d'un usage habituel dans certaines provinces.

1. Ci-dessus, p. 87 et note 1 ; et *passim*.
2. Au sens à la fois d' « avide » et d' « avare » : voyez tomes I, p. 405, III, p. 145 et note 15. — « Les baschas..., qui, comme Turcz, sont avares naturellement, en prennent de toutes mains. » (BRANTÔME, tome V, p. 59.) « Les femmes meritent griefue punition qui souffrent que l'auarice triomphe de leur corps et de leur cueur, combien que ce soit la plus forte piece de toute la batterie, et qui faict la plus grand bresche. » (B. DES PÉRIERS, tome II, p. 298.) Notre poète place « la dame au cœur intéressé » aux enfers, dans « les cantons destinés aux ombres criminelles » (*Psyché*, livre II, tome III M.-L., p. 159).
3. Aux vers 3 et 4.
4. Une langue étrangère : comparez Racine, *Phèdre*, vers 558.
5. Voyez le début du conte, et la note 1.
6. L'habillement, la parure. Voyez ci-dessus, les vers 320 de *Joconde*, 198 du conte précédent, et les notes.
7. Ci-dessus, p. 277 et p. 278, note 3.
8. Voyez tome I, p. 130-131 et note 8.

Pour revenir à l'humeur de la belle, 35
Le compagnon ne put rien tirer d'elle[1],
Qu'il ne parlât. Chacun sait ce que c'est
Que de parler[2]; le lecteur, s'il lui plaît,
Me permettra de dire ainsi la chose.
Gulphar donc parle, et si bien qu'il propose 40
Deux cents écus : la belle l'écouta[3];
Et Gasparin à Gulphar les prêta
(Ce fut le bon[4]), puis aux champs s'en alla[5],
Ne soupçonnant aucunement sa femme.
Gulphar les donne en présence de gens : 45
« Voilà, dit-il, deux cents écus comptants,
Qu'à votre époux vous donnerez, Madame[6]. »

1. Comparez *le Cocu*, vers 121 et la note :
   Si j'ai tiré ce rendez-vous de toi....
2. Voyez ci-dessus, les vers 28-29.
3. Chez Boccace, c'est elle qui fixe la somme : *dugento fiorini d'oro*.
4. Ce fut le plaisant, le piquant de l'affaire.
   Enfin le bon de tout, c'est qu'à d'autres qu'à lui
   On ne peut vous lier, que vous ne disiez « oui ».
             (MOLIÈRE, *le Tartuffe*, acte II, scène IV.)
   Le bon est qu'en courant il a perdu sa botte.
             (REGNARD, *le Distrait*, acte I, scène VI.)
Voyez aussi Brantôme, tome VII, p. 42, et p. 52 : « Le bon fut ainsi comme il brauoit, les voycy venir »; des Périers, tome II, p. 66; l'*Apologie pour Hérodote*, p. 276 : « Le bon fut que.... »; du Bellay, tome II, p. 385 : « C'estoit le bon quand.... »; et Tallemant des Réaux, tomes I, p. 328, VI, p. 62 : « Le bon, c'est que, etc. » Nous rencontrons une expression analogue : « le bon de l'affaire », dans *les Rémois*, vers 61; et « le meilleur de l'affaire », dans *la Coupe*, vers 151.
5. A sa maison des champs, comme les maris du conte du *Bât* (vers 2), du *Magnifique* (vers 150, 190, 210), de *la Confidente* (vers 151), habitude qui s'est conservée en province, où beaucoup de bons bourgeois passent une moitié de la semaine à la ville, l'autre moitié dans leurs fermes.
6. *Madonna, tenete questi denari, et daretegli a vostro marito, quando sera tornato.*

La belle crut qu'il avoit dit cela
Par politique, et pour jouer son rôle[1].
Le lendemain elle le régala[2]   50
Tout de son mieux[3], en femme de parole.
Le drôle en prit, ce jour et les suivants,
Pour son argent, et même avec usure[4].
A bon payeur on fait bonne mesure.

Quand Gasparin fut de retour des champs,   55
Gulphar lui dit, son épouse présente :
« J'ai votre argent à Madame rendu,
N'en ayant eu pour une affaire urgente
Aucun besoin, comme je l'avois cru :
Déchargez-en votre livre[5], de grâce. »   60
A ce propos, aussi froide que glace[6],
Notre galande[7] avoua le reçu.

1. Dans *la Servante justifiée* (vers 52) :
    Il continue à jouer son rôlet.
2. Voyez le vers 82 du conte précédent et la note.
3. Comparez ci-dessous, p. 380; Racine (tome VII, p. 266) et la Rochefoucauld (tome III, p. 91) : « Tout de votre mieux. » Chez Corneille (tome X, p. 159) : « De tout mon mieux. »
4. Voyez *le Muletier*, vers 97-98 et la note :
    ....Même outre l'ordinaire
    En avez pris, et beaucoup plus qu'assez.
— *Et lui nella sua camera menato, non solamente quella notte, ma molte altre avanti che 'l marito tornasse da Genova, della sua persona gli soddisfece.*
5. Votre livre de compte.
6. Même image dans *le Gascon* (vers 69) : « aussi froid que glace »; comparez *le Berceau* (vers 168 et la note) : « plus froid qu'une statue ».
7. Le mot ici n'est pas pris dans le sens de « rusée » comme au vers 71 de *la Gageure des trois commères*, puisque la femme est dupe, mais dans celui de personne galante, ayant des galanteries; le terme était quelquefois très atténué, témoin ce passage de Molière : « De vous dire que cette fille-là mène une vie déshonnête, cela seroit un

Qu'eût-elle fait? on eût prouvé la chose.
Son regret fut d'avoir enflé la dose
De ses faveurs¹ : c'est ce qui la fâchoit.                    65
Voyez un peu la perte que c'étoit² !

En la quittant, Gulphar alla tout droit
Conter ce cas³, le corner⁴ par la ville,
Le publier⁵, le prêcher sur les toits⁶.

---

peu trop fort; cherchons, pour nous expliquer, quelques termes plus doux. Le mot de *galante* aussi n'est pas assez; celui de coquette achevée me semble propre à ce que nous voulons, et je m'en puis servir pour vous dire honnêtement ce qu'elle est. » (*Monsieur de Pourceaugnac*, acte II, scène IV.)

1.         De vos faveurs doublez plutôt la dose.
                    (*Rondeau redoublé*, tome V M.-L., p. 82.)

2. Ironiquement : n'est-ce pas « un bien » en effet qui « ne coûte presque rien » aux femmes (*les Cordeliers*, vers 51-52)?

3. Ce bon tour : rapprochez le dernier vers de *Richard Minutolo*, et la note.

4. Semblable expression : « corner le mystère », dans *la Mandragore*, vers 157. Nous rencontrons aussi ce verbe, au figuré, dans le premier vers du *Monologue du franc archier de Baignollet* de Villon :

                    I'ay beau corner,
            Or ça, il s'en fault retourner;

chez Noël du Fail, tome I, p. 122 : « corner au peuple », et p. 150 : « corner à la teste » ; et, au propre, dans le conte de *l'Ermite*, vers 56 ; dans *l'Heptaméron*, p. 348 : « Il n'y a veneur qui ne prend plaisir à corner sa prise »; et chez Ronsard, ode II du livre III :

                    Deuant ton char bien tournant
                    Marchera la Renommée,
                    Qui ton bruit ira cornant
                    De sa trompette animée.

5. « Publier un cas », est aussi dans *le Cocu*, vers 63.

6. « Rien n'est tenu couuert, clos ne celé, par telz gens ne leurs semblables. » (*Les Cent Nouvelles nouvelles*, nouvelle c, p. 411.)

—                   Noz mignons
            Vont quelque bourgoise hanter,
            Et la tiennent si bien sur fons

De l'en blâmer il seroit inutile :  70
Ainsi vit-on chez nous autres François¹.

> Qu'ilz paruiennent à habiter.
> Ont ilz faict, ilz s'en vont vanter
> Par tout, à Gaultier et Sibille ;
> Et, s'on ne les veult escouter
> Aux champs, ilz le crient en la ville.
> (Coquillart, *Droictz nouueaulx*, tome I, p. 191.)

« A present, les entretiens ordinaires des assemblées et des tables, ce sont les vanteries des faueurs receues et liberalité secrete des dames. » (Montaigne, tome III, p. 304.) — Comparez *les Rémois*, vers 53-54 ; et *la Fiancée du roi de Garbe*, vers 607-611 :

> Mais le galant se seroit laissé pendre
> Plutôt que de cacher un secret si plaisant ;
> Et pour le divulguer il ne voulut attendre
> Que le temps qu'il falloit pour trouver seulement
> Quelqu'un qui le voulût entendre.

1.  Discrétion françoise
Est chose outre nature et d'un trop grand effort.
(*Le roi Candaule*, vers 215-216.)

Voilà de nos François l'ordinaire défaut :
Dans la possession d'une bonne fortune,
Le secret est toujours ce qui les importune ;
Et la vanité sotte a pour eux tant d'appas,
Qu'ils se pendroient plutôt que de ne causer pas.
(Molière, *l'École des femmes*, acte III, scène III.)

## X

## ON NE S'AVISE JAMAIS DE TOUT:

### CONTE TIRÉ DES CENT NOUVELLES NOUVELLES.

Ce conte, comme le dit le titre, est tiré des *Cent Nouvelles nouvelles* (nouv. xxxvii); dans ce recueil, le récit, identique du reste pour le fond, est beaucoup moins concis : le complot des deux amants y est longuement raconté; on finit bien par verser sur la dame un seau d'eau et de cendres, mais il y a eu auparavant un échange de lettres entre les deux amoureux. Il est en revanche résumé en quatre lignes dans le *Mensa philosophica* déjà cité (fol. 38 v°) : *Quedam mulier habebat custodes quocumque ibat; que vadens ad ecclesiam, ante domum ubi erat amasius suus, cecidit ultro ad lutum. Et vadens ad domum illum ad se lavandum, custodibus ante ostium expectantibus, explevit votum suum.*

Il est aussi dans les *Contes d'Eutrapel* de Noël du Fail, conte xii (tome I, p. 162-163); dans les *Nouvelles Recreations et Ioyeulx Deuis* de Bonaventure des Périers, nouv. xvi; dans les *Plaisantes Nouvelles* (Lyon, 1555, in-16, reproduction, en français moins gothique, des *Cent Nouvelles nouvelles*), nouv. xxxv; dans Lodovico Domenichi, 1er paragraphe du livre V des *Facetie, motti et burle;* dans *les Joyeuses Adventures et Nouvelles Récréations* (Paris, 1602, in-24), devis xxviii : « D'une bonne cautelle que trouva un escolier pour jouir de sa dame bien aimée, malgré du mary jaloux »; dans les *Ducento Novelle* de Celio Malespini, tirées mot à mot, pour près de la moitié, des *Cent Nouvelles nouvelles*, nouv. xlix; dans *les Délices* de Verboquet le généreux (Rouen, 1626, in-12), p. 200.

Mais c'est surtout chez du Fail et des Périers que cette histoire est agréablement contée.

Du Fail dit qu'un monsieur de Paris « sçauoit, ainsi le cuydoit il, tous les moyens pour empescher que sa femme, qui estoit bien serrée et tenue de court, ne prestast sa fueille de sauge où les femmes ont logé leur honneur, assez prez de mardy gras; mais il ne sçauoit encore pas un bon tour, ne une vieille chambriere qu'il auoit

de long temps.... Non, vrayment, il ne le sçauoit pas : c'est que, sa femme allant à la messe avec son *Vade mecum* de chambriere, luy fut, par une partie dressée, ietté une iallée d'eau sur la teste. Quoy faict, elle se iette soudain en la maison accordée, où elle trouua Catin Pourceau, vous l'auez congneue, qui la recueillit par grand pitié. « Helas! m'amie, dit elle à la vieille, allez tost luy
« querir d'autres habits, tandis que ie la chauferay, la pauurette.
« Ha! comme elle tremble! » La chambriere courut, mais la maistresse eut ses œufs de Pasques à toutes restes. « Où est ma femme? » dit le mary, bien esbahy voir la vieille ainsi seule et hors d'haleine. Elle luy conta de fil en eguille toute l'histoire et ce qui s'estoit passé. « Patience, s'escria l'homme de bien ; quiconque s'est
« meslé de cecy en auoit deux, il m'en a donné d'une. Retournez
« plus viste que le pas ; mais il n'y aura plus que le nid : les pe-
« tits s'en seront allez. »

Rapprochons un autre conte de Noël du Fail, le xxxie (tome II, p. 168) : «....Ainsi luy auoit conseillé son procureur feindre son ieu, et faire semblant auoir affaire ailleurs, ou, qui estoit le plus subtil, faire comme les courtisans de Menedallée, qui.... se laissent cheoir et veautrer en une mare et bourbier prez la maison de leur maistresse, pour auoir occasion se chauffer, seicher, et changer de chemise. » Semblable anecdocte chez Tallemant des Réaux, dans l'historiette de Mme d'Alincourt.

Quant au récit très spirituel, très plaisant, de des Périers, nous le donnons à l'*Appendice*.

Mentionnons aussi une aventure analogue, racontée dans un poème du douzième siècle, de Gautier d'Arras, intitulé *l'Empereour Eracles*, imité et souvent traduit mot à mot par le poète allemand Otte, au commencement du treizième siècle, sous le titre d'*Eraclius*, et qui est analysé dans l'*Histoire littéraire de la France* (tome XXII, p. 800-801) : L'empereur Loïs, avant de partir pour la guerre, enferme sa femme Athanaïs dans une tour ronde pour la dérober aux tentations, avec vingt-quatre chevaliers et leurs femmes, qui auront leurs vingt-quatre appartements tout autour du sien. Athanaïs est d'autant plus indignée de se voir ainsi prisonnière qu'elle a été jusqu'ici sans reproche. Mais vienne l'occasion, elle se vengera. L'occasion ne se fait pas attendre. « Il y avait à Rome une fête splendide qui durait huit jours, et à laquelle l'impératrice assistait d'ordinaire. Athanaïs demande à y aller suivant l'usage, et ses gardiens n'osent lui refuser cette sortie. Elle voit le beau Parides,... et Parides la voit. Aussitôt un amour mutuel s'allume dans leurs cœurs, mais un amour sans espérance; car comment Parides parviendrait-il à toucher une dame que nul n'a touchée, et comment Athanaïs, gardée à vue, pourrait-elle avoir la moindre intelligence avec Parides? Une vieille y pourvoit. Elle aimait beaucoup Parides, et, le voyant dépérir et près de succomber au mal secret qui le ronge, elle parvient à le faire parler et à porter un message verbal à l'impératrice. Celle-ci répond; l'intrigue se noue. Un jour de grande fête, l'impératrice obtient de sortir, se laisse tomber de cheval devant la porte de la maison où son amant l'attend, caché dans un souterrain; et là, tandis que ses gardiens, qui ont visité le lieu et n'y ont aperçu que la vieille, vont chercher des habits propres, les deux amants se livrent à leur passion.... »

Un semblable stratagème se trouve dans le roman du *Chastelain de Couci* (quatorzième siècle) de Jakemon Sakesep : voyez l'*Histoire littéraire de la France* (tome XXVIII, p. 360).

Citons comme imités de notre conte :

*Le Registre inutile*, opéra-comique en un acte, avec prologue, par Panard, joué le 28 juin 1741, à la foire Saint-Laurent, analysé dans le *Dictionnaire dramatique*, tome III, p. 23, et dans l'*Histoire du théâtre de l'Opéra-Comique*, tome I, p. 396.

*On ne s'avise jamais de tout*, opéra-comique en un acte, en prose, mêlé d'ariettes, donné pour la première fois sur le théâtre de la foire Saint-Laurent, le 14 septembre 1761 : paroles de Sedaine, musique de Monsigny, analysé dans le *Dictionnaire dramatique*, tome II, p. 326, et dans l'*Histoire du théâtre de l'Opéra-Comique*, tome II, p. 127; de nouveau mis en musique par Lefèvre, et représenté à l'Opéra-Comique le 28 avril 1843.

> Certain jaloux, ne dormant que d'un œil[1],
> Interdisoit tout commerce[2] à sa femme.

1. Dans *la Coupe enchantée*, vers 11 :
   > ....Et les jaloux ne dorment guère.

Voyez *ibidem*, vers 165-166, où la Fontaine leur conseille :
   > De dormir, s'il se peut, d'un et d'autre côté.

2. Sur ce mot, voyez ci-dessus, p. 23 et note 1.

Dans le dessein de prévenir la dame¹,
Il avoit fait un fort ample recueil
De tous les tours que le sexe sait faire². 5
Pauvre ignorant³! comme si cette affaire
N'étoit une hydre⁴, à parler franchement!
Il captivoit⁵ sa femme cependant,
De ses cheveux vouloit savoir le nombre,
La faisoit suivre, à toute heure, en tous lieux, 10
Par une vieille au corps tout rempli d'yeux⁶,

1. De prendre les devants sur elle, de rompre ses mesures : comparez les fables xx du livre VI, vers 18, et xviii du livre VIII, vers 15 et 18. — « A fin d'estre mieulx premuny et sur sa garde. » (*Les Cent Nouvelles nouvelles*, nouvelle citée.)

2. « Les histoires anciennes, comme Matheolet, Iuvenal, *les Quinze Ioyes de Mariage*, et aultres pluseurs dont ie ne sçay le compte, font mencion de diuerses tromperies, cauteles, abusions et deceptions en cest estat aduenues (façons et manieres, et quoy et comment femmes peuuent decepuoir leurs mariz). Nostre ialoux les auoit tousiours entre ses mains, etc. » (*Ibidem*.)

3. « Pauvre esprit ! qui ne voyoit pas que, si la vertu ne garde une femme, en vain l'on pose des sentinelles à l'entour. » (*Psyché*, livre II, tome III M.-L., p. 107.) Voyez ci-dessus, p. 206 et note 5.

4. Une hydre aux têtes sans cesse renaissantes comme les sept têtes de l'hydre de Lerne : voyez tome III, p. 107.

5. Retenait captive. « Nostre France n'auoit oncques esclaué ne captiué les femmes, iusques à ce que les Italiens leur ont monstré et aprins ceste science turquesque et barbare. » (Du Fail, tome I, p. 163.) « Ceste gent infidele qui a miserablement captiué tout le reste de mes subiectz. » (*Les Amoureux Brandons de Franciarque et Callixene*, Paris, 1606, in-12, p. 3.) Voyez les *Lexiques de Malherbe, de Corneille, de Racine, de Sévigné*. Ce mot : *captiver*, ne s'emploie plus qu'au figuré; l'Académie ne l'admet au propre dans aucune des éditions de son Dictionnaire.

6. Comme celui d'Argus aux cent yeux.

  *Centum fronte oculos, centum cervice gerebat*
   *Argus, et hos unus sæpe fefellit Amor.*
  (Ovide, *les Amours*, livre III, élégie IV, vers 19-20.)

—  Il te faudra prendre cent yeux,
  Afin de me la garder mieux.
    (Jodelle, *l'Eugène*, acte I, scène I.)

Qui la quittoit aussi peu que son ombre¹.
Ce fou tenoit son recueil fort entier²:
Il le portoit en guise de psautier,
Croyant par là Cocuage³ hors de gamme⁴.  15

Un jour de fête, arrive que la dame,
En revenant de l'église, passa
Près d'un logis d'où quelqu'un lui jeta
Fort à propos plein un panier d'ordure.
On s'excusa. La pauvre créature,  20
Toute vilaine⁵, entra dans le logis.

Comparez *la Coupe enchantée*, vers 365, *le roi Candaule*, vers 160, *le Magnifique*, vers 32-36, *Belphégor*, vers 53 :

Ce diable étoit tout yeux et tout oreilles ;

etc. — Dans *les Cent Nouvelles nouvelles*, la duègne est appelée « une vieille serpente » : voyez ci-dessous, le vers 32.

1. Rapprochez cette phrase de Mme de Sévigné (tome VI, p. 349) : « Mme de Coulanges est toujours obsédée de notre cousin :... c'est l'ombre et le corps. » Au début du conte XII de du Fail : « Ung homme cruel, fascheux, et tellement contregardant ceste pauure desolée qu'elle ne faisoit pas ne marche qu'une longue traisnée d'espions ne luy fust ordinairement en queue et sur les talons. »

2. Le tenait à jour, au courant de tous les nouveaux tours qu'il pouvait apprendre, imaginer lui-même, redouter pour son compte.

3. Voyez ci-dessus, p. 321 et note 6.

4. Comme un musicien qui a perdu son ton : dans l'impuissance de lui nuire. — « En sachant la passion dominante de chacun, on est sûr de lui plaire ; et néanmoins chacun a ses fantaisies, contraires à son propre bien, dans l'idée même qu'il a du bien ; et c'est une bizarrerie qui met hors de gamme. » (PASCAL, *Pensées*, édition Havet, p. 107.)

— Croyant par là les galants hors de gamme.
(1685, 1686, 1705.)

5. Salie, souillée. « La plus orde, la plus villaine, la plus crottée, etc. » (*Ancien Théâtre françois*, tome I, p. 176.) « C'est un vilain ; fi le vilain ! » se disent encore d'une personne sale, dégoûtante. — « Pense on quelques foiz se bien nettoyer, dit Brantôme (tome IX, p. 473), que l'on se sallist villainement. » Rapprochez le vers 401 du *Petit Chien*.

c. x]     DEUXIÈME PARTIE.     371

Il lui fallut dépouiller ses habits.
Elle envoya querir une autre jupe,
Dès en entrant[1], par cette douagna[2],
Qui hors d'baleine à Monsieur raconta          25
Tout l'accident. « Foin[3]! dit-il, celui-là
N'est dans mon livre et je suis pris pour dupe :
Que le recueil au diable soit donné! »

Il disoit bien[4]; car on n'avoit jeté

1. Dès l'abord, tout de suite.
2. *Douagnas*, au pluriel, dans *le Magnifique*, vers 152 et 202. Le mot espagnol est *dueña* qui se prononce *douégna*. Aux dix-septième et dix-huitième siècles, on écrivait encore souvent *douégne* en français : « Ces douégnes sont des animaux rigides et fâcheux, aussi redoutés pour le moins que les belles-mères. » (SCARRON, *le Roman comique*, livre I, chapitre XXII.) — Comparez des Périers, nouvelle IX (tome I, p. 52) : « La dena Thoiny m'ha dit qu'elle se trouua ainsi, comme ie me trouue, de son premier enfant »; et Tallemant des Réaux (tome VII, p. 82) : « Elle se piquoit de les mettre fort promptement (ses manchettes), quoique madame Anne, sa duena, fût une heure et demie à les ajuster. » Dans une lettre de notre poète à sa femme, du 5 septembre 1663 (tome III *M.-L.*, p. 333) : « ....Quelques Philis traînant après elles des douégnas détestables. » — « Sa meschine, qui enrageoit d'angaigne, auoit ung coulteau en sa main dont elle nestoioit sa robe le mieulx qu'elle sçauoit : « Nenny, nenny, m'amye, vous perdez vostre peine, et « n'est pas chose à nestoier si en haste; vous n'y sçauriez faire « chose maintenant qui valust rien; il fault que i'aye une aultre « robe et ung aultre couurechef; il n'y a point d'aultre remede; « allez à l'ostel et les m'apportez. » (*Les Cent Nouvelles nouvelles*.)
3. Interjection familière qu'on fait dériver soit de l'exclamation latine *phu* qui exprime le dégoût, soit du mot *fouin* (*putois* en Berry), soit du belge *foe* qui répond à notre interjection *fi!* soit de l'anglais *foe*, ennemi. Nous avons déjà rencontré cette locution dans la fable XV du livre IV, vers 8; elle est aussi dans le conte de *Nicaise*, vers 153, et dans *l'Eunuque*, acte IV, scène IX.
4. « Est ce cela? dit il; Nostre Dame, ce tour n'estoit pas en « mon liure! Allez, allez, ie voy bien que c'est. » Il eust voluntiers dit qu'il estoit coux (cocu), et creez que si estoit il à ceste heure. » (*Les Cent Nouvelles nouvelles*.)

Cette immondice, et la dame gâté¹,  30
Qu'afin qu'elle eût quelque valable excuse
Pour éloigner son dragon² quelque temps.
Un sien galant³, ami de là dedans⁴,
Tout aussitôt profita de la ruse.

Nous avons beau sur ce sexe avoir l'œil :  35
Ce n'est coup sûr encontre⁵ tous esclandres⁶.
Maris jaloux, brûlez votre recueil,
Sur ma parole, et faites-en des cendres.

1. Fi ! cela sent mauvais et je suis tout gâté.
(MOLIÈRE, *l'Étourdi*, acte III, scène IX, vers 1253.)

2. La duègne, comparée au dragon qui gardait les pommes d'or du jardin des Hespérides ou à d'autres dragons fabuleux, gardiens de riches trésors ou de belles princesses : voyez *Psyché*, livre II (tome III *M.-L.*, p. 145-147). « Éloigner, endormir le dragon », est une locution proverbiale.

3. Voyez p. 254 et note 4.

4. Qui avait des intelligences dans la place. « Il s'en vint à une sienne bonne amye qui demouroit entre l'eglise où sa dame alloit à la messe et l'ostel d'elle.... » (*Les Cent Nouvelles nouvelles*.)

5. Substantif féminin pris longtemps comme préposition; on ne dit plus guère qu'*à l'encontre de*, que blâmait Vaugelas.

— Ne se pouvant tenir encontre tant de maux....
(REGNIER, satire XIV, vers 141.)

Comparez *les Cent Nouvelles nouvelles*, p. 93; Coquillart, tome I, p. 160; Marot, tomes I, p. 154, 163, 214, II, p. 180, III, p. 27, 167; Ronsard, tomes I, p. 123, 300, II, p. 209, 215, 275, 476; du Bellay, tomes I, p. 141, II, p. 148, 247, 279, 286; Remy Belleau, tome II, p. 108, 139, 307; etc.; et le vers 131 de *l'Abbesse*.

6. Scandales, accidents qui font éclat, attaques faites à notre honneur. Comparez les fables III du livre III, vers 28, VIII du livre X, vers 18; *la Fiancée du roi de Garbe*, vers 401, où ce mot a le sens de rixe, combat, lutte à soutenir; et rapprochez Marot, traduction du psaume LXXIX de David (tome IV, p. 133) :

Entour la ville où fut ce dur esclandre,
Las ! on a veu le sang d'iceulx espandre.

## XI.

## LE VILLAGEOIS QUI CHERCHE SON VEAU.

**CONTE TIRÉ DES CENT NOUVELLES NOUVELLES.**

Cette historiette n'est, pour ainsi dire, qu'un résumé de la XII des *Cent Nouvelles nouvelles*, dont voici le sommaire :
« La douziesme nouuelle parle d'ung Hollandois, qui, nuyt et iour, à toute heure, ne cessoit d'assaillir sa femme au ieu d'amours; et comment d'aduenture il la rua par terre, en passant par ung bois, soubz ung grant arbre sur lequel estoit ung laboureur qui auoit perdu son veau. Et, en faisant inuentoire des beaulx membres de sa femme, dist qu'il veoit tant de belles choses, et quasi tout le monde; à qui le laboureur demanda s'il veoit pas son veau qu'il cherchoit, duquel il disoit qu'il luy sembloit en veoir la queue. »

La facétie de Poge (n° xxxviii), intitulée *Asinus perditus* ou « fable d'un lourdault qui queroit l'asne sur lequel il estoit monté », n'offre en réalité aucun rapport avec notre conte, pas plus que la xciv° de des Périers : « D'ung pauure homme de village qui trouua son asne qu'il auoit esgaré, etc. »

Rapprochons la nouvelle LXVIII de la seconde partie de Malespini; l'histoire en vers, intitulée *Épigramme*, du « Valet d'étable », dans *le Cabinet satyrique*, p. 697; et le récit en prose qui porte le même titre et dont le sujet est le même, dans *l'Élite des contes*, du sieur d'Ouville, tome II, p. 58 : un valet d'étable a égaré une bride, et c'est la propre femme de son maître qui est l'héroïne de l'aventure; voici la fin de l'*Épigramme* citée :

> Ce garçon, entrant de furie,
> Lui dit, ayant ouï cela :
> « Regardez, Monsieur, je vous prie,
> Si votre bride n'est point là. »

Une curieuse variante de cette anecdote se trouve dans un opuscule de Voltaire, intitulé : *Appel à toutes les nations de l'Europe* (tome XL, p. 285). Voltaire prétend faussement, sur la foi, il est vrai, du duc de la Vallière, qu'elle est tirée des sermons du R. P. Codret, dit Codrus (Paris, 1515, in-4°). Bien que les circonstances ne soient point les mêmes, ou que du moins le récit ait été dénaturé, il y a cependant une affinité évidente entre l'historiette obscène, mensongèrement attribuée à ce prédicateur oublié, et celles que nous venons de citer.

On peut lire au tome XIII, p. 143-145, de l'*Histoire du Théâtre françois*, l'analyse du *Veau perdu*, comédie en un acte et en prose de Champmeslé, longtemps attribuée à la Fontaine, représentée pour la première fois le lundi 22 août 1689, et où sont mis en action deux contes de notre auteur : *la Servante justifiée*[1] et *le Villageois qui cherche son veau*.

Mentionnons deux autres pièces imitées de ce petit conte :

*Le Villageois qui cherche son veau*, opéra-comique en deux actes, en vers, par Lévesque de Gravelle (1759, in-8°).

Un vaudeville, portant le même titre, en un acte, par Charles Sewrin, joué au théâtre des Variétés en 1798.

> Un villageois, ayant perdu son veau,
> L'alla chercher dans la forêt prochaine.
> Il se plaça sur l'arbre le plus beau,
> Pour mieux entendre, et pour voir dans la plaine.
> Vient une dame avec un jouvenceau.     5
> Le lieu leur plaît[2], l'eau leur vient à la bouche[3],
> Et le galant, qui sur l'herbe la couche[4],

---

1. Et non, comme le disent, par erreur, les frères Parfait, un des tours ou épisodes de *la Gageure des trois commères*.

2. « Et n'est pas merueille si le vouloir luy creut et desir l'enorta (l'excita) d'accoler sa femme en ce lieu si plaisant et propice. » (*Les Cent Nouvelles nouvelles*, nouvelle citée.)

3. « Il luy faisoit venir l'eau à la bouche. » (RABELAIS, tome I, p. 325.) « Aucunes, aprez auoir apris à amadiser de paroles, l'eau leur venoit à la bouche, tant elles desiroyent de taster, etc. » (LANOUE, *Discours politiques et militaires*, Bâle, 1587, in-4°, p. 134.)

4. Voyez ci-dessus, p. 289 et note 2, et p. 312.

> [Il] tient s'amye en ung pré,
> Dessus la belle herbe iolye.
>     (*Ancien Théâtre françois*, tome III, p. 11.)

Crie, en voyant je ne sais quels appas :
« O dieux ! que vois-je ! et que ne vois-je pas[1] ! »
Sans dire quoi : car c'étoient lettres closes[2].
Lors le manant[3] les arrêtant tout coi[4] :
« Homme de bien, qui voyez tant de choses,
Voyez-vous point mon veau ? dites-le-moi[5]. »

1. Vers passé en proverbe ; locution, tout au moins, devenue usuelle. — Dans *les Cent Nouvelles nouvelles* : « Ie voy cecy, ie voy cela, encore cecy, encore cela.... Saincte Marie, que ie voy de choses ! » Rapprochez les vers 279-280 de *l'Oraison de saint Julien*.

   Mais, hélas ! que voy je au point
   Que commençoit l'escarmouche ?
   Plustost que ne voy je point ?
     (GAUTIER GARGUILLE, *Chansons*, p. 12.)

2. C'étaient choses qu'il ne devait pas nommer, qu'il ne nommait pas, bien qu'elles ne fussent pas impénétrables pour lui ; dans *les Cent Nouvelles nouvelles*, ce sont « les secrez dont il se deuoit bien passer d'enquerre. »

   Amours sont fortes (*difficiles*) à congnoistre
   Car dedans ce sont lettres closes.
(Recueil de poésies françoises, *la Fontaine d'amours*, tome IV, p. 19.

   Femmes ont maintes choses
   Que je préfère, et qui sont lettres closes.
     (*Les Troqueurs*, vers 47-49.)

   Un mortel eut le crédit
   De voir de si belles choses,
   A tous mortels lettres closes !
     (*Le roi Candaule*, vers 79-81.)

   Le mal est que ce sont choses
   Pour vous et moi lettres closes.
     (Lettre à Vergier du 4 juin 1688.)

Voyez aussi *le Diable en enfer*, vers 58. — Au singulier, dans le *Rondeau redoublé* (tome V *M.-L.*, p. 82) :

   Que vous m'aimiez, c'est pour moi lettre close.

3. Voyez tome I, p. 82, note 4. — 4. Ci-dessus, p. 287 et note 4.

5. On disait autrefois : « Il monte sur la bête », ou « il monte sur le tas pour veoir plus loing. » (*Les Cent Nouvelles nouvelles*, nouv. LXXVI, p. 332.) « Le bergier monteroit sur la bergere pour veoir plus loing. » (*Ibidem*, nouv. LXXXII, p. 351.)

## XII

## L'ANNEAU D'HANS CARVEL.

#### CONTE TIRÉ DE R.

Cette lettre R désigne Rabelais : le conte est en effet emprunté à la fin du chapitre xxviii du tiers livre du *Pantagruel*, fin que nous donnons à l'*Appendice;* mais il est beaucoup plus ancien : il est dans Poge, cxxxiii[e] facétie, sous le titre de *Visio Francisci Philelphi* (tome I, p. 141, de la réimpression de 1798), et dans la traduction française de Guillaume Tardif : « La vision de François Philelphe ialoux de sa femme. » Rabelais n'a fait que remplacer le nom de Philelphe par celui d'Hans Carvel. Il est aussi dans la xie des *Cent Nouvelles nouvelles*. L'Arioste l'a rimé en tercets à la fin de sa v[e] satire, où il l'a comme renouvelé par le tour et l'agrément. « La prodigieuse supériorité de l'Arioste paraît, dit Voltaire, dans ce petit conte autant que dans l'invention de son *Orlando*, dans son imagination inépuisable, dans son sublime, et dans sa naïve élégance. » Cette assertion nous paraît très contestable : le conte de la Fontaine est certainement plus comique, et c'est déjà une grande supériorité dans des récits de ce genre. « Au moins, ajoute Voltaire, il y a une bonne raison dans l'Arioste pourquoi le diable apparaît au bonhomme :

> *Fu gia un pittor (non mi ricordo il nome)*
> *Che dipingere il Diavolo solea*
> *Con bel viso, begli occhi, e belle chiome* », etc.

Sans doute; mais ce sont les soucis, les craintes du mari qui doivent faire l'objet principal du conte et divertir le lecteur, et non les apparitions du diable, quelle que soit sa reconnaissance pour le peintre qui l'a fait si beau. Nous transcrivons à l'*Appendice* la fin de cette v[e] satire où le poète donne de sages avis à un jeune homme qui est sur le point de se marier, satire qu'on peut rapprocher de la première de Juvénal et de la dixième de Boileau.

Comparez aussi les *Plaisantes Nouvelles*, nouv. xi ; et Malespini, nouv. lxxxix de la seconde partie.

La Monnoie, depuis la Fontaine, a traduit ce conte en petits vers latins anacréontiques, sous le titre d'*Annulus*, et Prior en vers anglais : *Hans Carvel's Ring* (voyez tome II, p. 134-135, de l'édition de Poge de 1798, où sont contenues quelques imitations du vieux conteur : *Poggii imitationes*). Nous citons à l'*Appendice* l'élégante traduction de la Monnoie.

Il est fait mention de « la précaution d'Hans Carvel » dans une lettre de 1685, attribuée à Mme de Sévigné (tome VII, p. 341).

## Hans Carvel[1] prit sur ses vieux ans

1. *Hans*, abréviation de *Johannes*, est en allemand le prénom *Jean*, qui, comme *Janin* ou *Jenin*, se disait d'un sot et d'un cornard. *Janin* était même le sobriquet d'un farceur ou bateleur à la mode du temps des Valois. L'hôtesse du *Berceau* (vers 101), la première des trois commères de *la Gageure* (vers 81), Lucrèce, dans *la Mandragore* (vers 199), etc., jurent par saint Jean. « Sa femme l'a fait Jean », « Il est Jean tout à fait », « Voyez ce bon Jean de mari », « C'est un double Jean, un Jean-Jean, un bon Janin de village », étaient des phrases courantes. Comparez le *Recueil de poésies françoises*, tome X, p. 139 : « Estre pris pour Ienin et mis au nombre des cocus »; *les Cent Nouvelles nouvelles*, nouv. XLIII; Rabelais, tome II, p. 64 : « Ie suis Ian? dist Panurge »; Marot, épitaphe VI, *de Iouan;* et épigramme CCXXXIII, *de Ian Ian;* Coquillart, tomes I, p. 45, 53, 117, II, p. 279, 280, 283, 284; Noël du Fail, tomes I, p. 161, II, p. 73, 117, et p. 162 des *Baliuerneries;* B. des Périers, tome II, p. 47, 130; les *Deux Dialogues du nouueau langage françois italianisé*, par Henri Estienne (édition de 1886), tome I, p. 11; Brantôme, tome IX, p. 231 et note 2 : « Plusieurs font Iean »; Montaigne, tome I, p. 417; Regnier, satire XI, vers 90; Tallemant des Réaux, tome VII, p. 124 : « un Jean de lettres », un pédant-cocu; etc., etc.; et parmi les facéties et fantaisies de Tabarin : « Bon jour et bon an à Messieurs les Cornards de Paris et de Lyon, avec les privilèges de la grande confrérie des Jans, ceux qui sont morveux se mouchent. » — Quant au nom de *Carvel*, le Duchat pense qu'il pourrait venir de l'allemand *Kervel*, cerfeuil, par allusion au conte suivant : Une femme surprise par son mari avec un galant, qui avait eu le temps de s'échapper avant que le mari le reconnût, s'avisa de cette ruse : elle avait remarqué que le bonhomme venait de mâcher du cerfeuil; elle lui dit à son arrivée : « Dieu vous garde tous deux. — Mais, dit le mari, je suis seul. — Ah! sans doute, repartit la femme, mon erreur vient de ce que j'ai mâché du cer-

Femme jeune en toute manière¹ :
Il prit aussi soucis cuisants ;
Car l'un sans l'autre ne va guère².
Babeau (c'est la jeune femelle)³,           5
Fille du bailli Concordat⁴,
Fut du bon poil⁵, ardente, et belle,
Et propre à l'amoureux combat⁶.
Carvel, craignant de sa nature
Le cocuage et les railleurs,              10

feuil, ce qui, comme on le sait, trouble la vue, et fait voir les objets doubles. » Le mari crut avoir été trompé par le même charme, et la paix ne fut point troublée entre les deux époux. Ce conte est rapporté dans le *Mensa philosophica* déjà cité, fol. 38 v°-39 r°. La même superstition a existé chez les anciens Romains pour l'ivraie (Plaute, *Miles gloriosus*, acte II, scène III) ; elle existe encore en Italie pour la gesse ou cicerole.

1. Ieune, belle, frisque, guallante, aduenante, etc. (RABELAIS.)
2. Comparez le début du *Calendrier des Vieillards*.
3. Voyez *Richard Minutolo*, vers 33 et la note. Plus bas (vers 11), *créature* ; mais ces mots étaient loin d'avoir alors un sens aussi méprisant qu'aujourd'hui. — Chez Coquillart (tome II, p. 271) : « appriuoiser la femelle ».
4. Hans Carvel, chez Rabelais, a aussi pour beau-père le « baillif Concordat » ; ce nom a été sans doute choisi par euphémisme ; à moins qu'il ne fasse allusion à la façon trop accommodante dont le bailli avait uni sa jeune enfant et ce vieillard. Rapprochez la fin du conte XXIV de Noël du Fail (tome II, p. 62), dont a bien pu se souvenir également la Fontaine : « ....Vray que les femmes le regardoient de trauers (maître Jean), en passant, car il auoit accordé auec la sienne par une transaction qu'il portoit au fond de ses chausses ; mais il ne s'en soucioit pas, alleguant le Concordat. »
5. Comme une bonne étoffe (voyez le vers 25 du conte suivant et la note) ; ou plutôt comme une belle jument au poil bien lustré : signe de santé et de force.
6. Même figure dans *la Mandragore*, vers 126, dans *le roi Candaule*, vers 269 ; chez des Périers, tome II, p. 194, 202 ; chez du Bellay, tome II, p. 390 ; chez Ronsard, tomes II, p. 101, 251, 297, I, p. 98, et p. 55 :

> Tandis qu'auez la ieunesse et la grace
> Et le temps propre aux amoureux combats, etc.

Alléguoit[1] à la créature[2]
Et la Légende[3] et l'Écriture[4],
Et tous les livres les meilleurs[5];
Blâmoit les visites secrètes[6],
Frondoit l'attirail[7] des coquettes, 15

1. On sait qui fut Richard de Quinzica,
Qui mainte fête à sa femme allégua, etc.
(*Le Calendrier*, vers 18-20.)

2. Comparez les vers 22 du conte ix et 20 du conte x de cette II⁰ partie; et ci-dessus (vers 5), le mot « femelle », et la note.

3. Sur ce mot, voyez ci-dessus, p. 334 et note 1. — C'est « la legende des preudes femmes » que Carvel lit à sa femme dans Rabelais.

4. « Il est dangereux d'alleguer l'Ecriture saincte sans propos et necessité. » (*L'Heptaméron*, p. 280.) Même locution : « alleguer l'Ecriture », dans *le Moyen de parvenir*, p. 95.

5. « Au moyen âge il y avait une littérature morale destinée à faire comprendre aux femmes toute l'étendue de leurs devoirs. On peut voir la bibliothèque spéciale fort curieuse du *Mesnagier de Paris* à ce sujet : l'*Histoire de Griselidis* tient le premier rang, et le chien de Montargis lui-même est cité comme un exemple de fidélité à son maître que les femmes doivent s'efforcer d'imiter. On se rappelle avec quelle chaleur Gorgibus vante (Molière, *Sganarelle*, acte I, scène 1, vers 34-35) :

Les *Quatrains* de Pybrac, et les doctes *Tablettes*
Du conseiller Matthieu...,

et aussi *la Guide des pécheurs*. Un peu plus tard, Arnolphe compose pour Agnès *les Maximes du mariage*, comme Carvel avait fait pour sa femme *les Louanges de fidélité conjugale*. » (Note de M. Marty-Laveaux, au tome IV de son édition de Rabelais, p. 250.) Voyez le tome II du Molière de notre collection, p. 164-167, le tome III, p. 215-219, et les notes; et la comédie du *Florentin*, vers 38.

6. Les « visites muguettes » des damoiseaux (Molière, *l'École des maris*, vers 228).

7. Notre poète s'est servi de ce même terme dans la fable xx du livre II, vers 46 :

L'attirail de la goinfrerie.

Rapprochez la Bruyère (tome I, p. 160) : « ....L'on écarte tout cet attirail qui t'est étranger pour pénétrer jusques à toi, qui n'es qu'un

Et contre un monde de recettes[1]
Et de moyens de plaire aux yeux
Invectivoit tout de son mieux.
A tous ces discours la galande[2]
Ne s'arrêtoit aucunement,          20
Et de sermons n'étoit friande[3],
A moins qu'ils fussent d'un amant.
Cela faisoit que le bon sire
Ne savoit tantôt[4] plus qu'y dire[5],
Eût voulu souvent être mort.          25
Il eut pourtant dans son martyre
Quelques moments de réconfort[6] :
L'histoire en est très véritable.

fat. » — C'est ce que Scarron appelle « les munitions d'amour » (le *Roman comique*, II<sup>e</sup> partie, chapitre xviii).

1. Pour la toilette. — 2. Voyez ci-dessus, p. 363 et note 7.

3. Nous rencontrons cette même expression figurée dans la fable xiii du livre III, vers 14, « friands de tuerie », et dans le conte xiii de la III<sup>e</sup> partie, vers 9, « friands de présents ».

4. Bientôt : comparez *Philémon et Baucis*, vers 146 et 153.

5.   Je ne sais plus ce qu'il faut que j'y die.
                                    (*La Gageure*, vers 196.)

6. De consolation, de soulagement : voyez ci-dessus, p. 341 et note 6. Chez Rabelais, au chapitre cité : « Le diable le reconfortoit. » Malherbe blâme le mot *confort* chez des Portes, mot que nous rencontrons également dans *les Cent Nouvelles nouvelles* (p. 146), chez Villon (p. 106, 110, 114), Ronsard (tomes I, p. 56, 131, II, p. 172), Brantôme, tome VII, p. 350, etc., et qui est encore dans Corneille (*Médée*, vers 1428); il approuve au contraire les composés *réconfort* et *déconfort* (tome IV, p. 324 et 394). Rapprochez ci-après, p. 475 : « déconfortée »; et, dans une épître à *M. le Surintendant* (tome V M.-L., p. 25) : « déconfort ». — Même mot : *réconfort*, aux vers 358 de *la Coupe enchantée*, 57 des *Filles de Minée*, dans une élégie à *Clymène* (tome V M.-L., p. 88); dans l'*Ancien Théâtre françois*, tomes I, p. 190, III, p. 246; chez Rabelais, tome I, p. 216; chez des Périers, tome I, p. 202; dans l'*Heptaméron*, p. 100; chez Racan (édition de 1857), tome I, p. 27, 44, 46, 83, des Portes, p. 41, 58, 105, 116, 125, 126, Ronsard, tomes I, p. 110, 112, II, p. 510, Saint-Gelais, tome II, p. 58, etc.; et chez Mme de Sévigné

Une nuit qu'ayant tenu table,
Et bu force bon vin nouveau,   30
Carvel ronfloit près de Babeau,
Il lui fut avis[1] que le diable
Lui mettoit au doigt un anneau ;
Qu'il lui disoit : « Je sais la peine
Qui te tourmente et qui te gêne[2],   35
Carvel, j'ai pitié de ton cas :
Tiens cette bague[3], et ne la lâches[4] ;

(tome I, p. 452) : « De temps en temps je sens que j'ai besoin de réconfort. »

1. Il lui sembla, il rêva. « Et dit on que la nuict s'apparut à Sylla mesme en songe la deesse Bellone.... Il luy fut aduis qu'elle s'approcha de luy. » (AMYOT, traduction de Plutarque, tome I, p. 836, de l'édition de 1578.) La même expression, au même sens, se rencontre plus haut chez Amyot, p. 790, et plus bas, p. 858 : « Il auoit eu la nuict une telle vision en dormant ; il luy fut aduis qu'il vit Marius le père. » Voyez aussi le *Lexique de Malherbe*.

2. Et qui te torture moralement ; on sait que ce verbe (*gehenner*) a beaucoup perdu de sa force.

3. Voyez le dernier vers de ce conte ; et comparez, pour cette équivoque, Coquillart, tome I, p. 144, 165 : « une meschant bague au gibier », une vieille courtisane, « bague à tous doigts », une bagasse ; Rabelais, tome III, p. 139 ; l'*Ancien Théâtre françois*, tomes IV, p. 278, VII, p. 159 ; Marot, tome I, p. 30, 186, 196 : « bonne bague, mauvaise bague », et, tome II, p. 60 :

On voit mainte qui brague
Qui beaucoup prez n'est point si bonne bague ;

Jodelle, *l'Eugène*, acte I, scène 1 :

Ceste Alix, mignarde et iolie,
Bague fort bonne et bien polie ;

chez Brantôme, *Dames galantes*, p. 353 : « coureur de bague ». « L'anneau » ou « la bague d'Hans Carvel » était autrefois une expression proverbiale pour désigner la nature de la femme. Le sens le plus ordinaire du mot *bague* était : meubles, joyaux, deniers, hardes, vaisselle, etc., objets de toute espèce. On dit encore : « Vie et bagues sauves. » Rapprochez les mots « baguer », « bagage », qui prêtaient aussi à l'équivoque.

4. Orthographe que le besoin de la rime explique plutôt qu'il ne l'excuse.

Car, tandis qu'au doigt tu l'auras,
Ce que tu crains point ne seras,
Point ne seras sans que le saches.                40
— Trop ne puis vous remercier,
Dit Carvel; la faveur est grande:
Monsieur Satan, Dieu vous le rende!
Grand merci[1], Monsieur l'aumônier[2]! »
Là-dessus achevant son somme,                    45
Et les yeux encore aggravés[3],

1. *Granmercy* ou *grammercy* dans nos anciennes éditions: voyez tome II, p. 47 et note 6; et le tome IX de Molière, p. 99, fin de la note 1.

2. Au sens vieilli de personne charitable. « Homme de bien..., debonnaire, charitable, aulmonsnier.... » (RABELAIS, au chapitre cité.) « Il estoit aumosnier et charitable »; « Elle estoit toute bonne, toute splendide, liberalle, n'ayant rien à soy, donnant à tout le monde, et gardant peu pour soy, tant charitable, tant aumosniere à l'endroict des pauures. » (BRANTÔME, tomes VIII, p. 76, IX, p. 481; *ibidem*, tome III, p. 248.) « Il ne convient pas à toute sorte de personnes de lever l'étendard d'aumônier, et d'avoir tous les pauvres d'une ville assemblés à sa porte, qui y reçoivent leurs portions. » (LA BRUYÈRE, *des Esprits forts*, tome II, p. 249.) Le mot est encore dans Saint-Simon en ce sens : « Un bon et honnête homme, charitable, patient, aumônier, droit.... » (tome VI, p. 304); *ibidem*, tomes I, p. 271, VII, p. 281 : « grand aumônier, libéral aux troupes, et prêt à servir tout le monde »; « magnifique..., grand aumônier ». Voyez aussi les exemples de Joinville, Froissart, Calvin, d'Aubigné, que cite Littré.

3. Au propre : appesantis. « Si extremement aggraué de trauail et de faulte de dormir.... » (MONTAIGNE, tome I, p. 415.) « Le philosophe Stilpon, aggraué de vieillesse.... » (*Ibidem*, tome II, p. 21.)

....Un lis trop laué,
  Aggraué
D'une pluuieuse tempeste.
(RONSARD, tome I, p. 217.)

....Aggraué de la tombe et de la froide cendre.
(*Ibidem*, tome II, p. 3.)

De paresse aggraué.
(*Ibidem*, tome I, p. 355.)

Il se trouva que le bon homme [1]
Avoit le doigt où vous savez [2].

— Ce conte est comme la paraphrase du conseil donné par Noël du Fail dans le xiii<sup>e</sup> de ses *Propos rusticques et facetieux* (tome I, p. 113, de la réimpression de 1874), qui a pour titre : « Bonne recette pour les garder (les femmes) et n'estre Ianin (diminutif de Jan ou Jean : voyez la note du vers 1), est de iamais ne les perdre de vue », de les tenir, comme on dit, au doigt et à l'œil.

1. Voyez ci-dessus, *le Mari confesseur*, vers 44 et la note.
2. Chez Tallemant des Réaux, tome I, p. 257 : « Une fois, en voulant passer sur je ne sais quelle palissade, elle se fourra un pieu où vous savez »; tome V, p. 392 : « Il mit la main où vous savez à la présidente »; tome VII, p. 517 : « Une voleuse cacha une montre sonnante où vous savez. »

## XIII

### LE GASCON PUNI.

#### NOUVELLE.

Ce conte est dans Parabosco, *I Diporti, ovvero Novelle* (Venetia [1550], in-8°), giorn. I, nov. II : *Dui giovani Sanesi amano due gentil donne, l'uno de' quali perche l'altro l'amata si goda, entra in uno grandissimo pericolo, et poscia d'un bellissimo inganno ravuedendosi, lietissimo si ritruova.* Il est aussi dans les *Nouuelles Recreations et Ioyeulx Deuis* de Bonaventure des Périers (nouvelle cxxvIII) : « De deux iouuenceaux Sienois amoureux de deux damoyselles espagnolles, l'un desquelz se presenta au danger pour faire planchette à la iouissance de son amy, et qui luy tourna à grand contentement et plaisir. » En effet l'ami, au point du jour, est récompensé de son dévouement par « sa mie » qui n'a jamais eu l'intention de le punir. La Fontaine a modifié les caractères des personnages, et le dénouement, qui nous semble beaucoup plus piquant chez lui : c'est un châtiment, un châtiment mérité, et non pas seulement une épreuve.

Si, comme le remarque Walckenaer, il a négligé de dire où il avait pris l'idée de cette anecdote, c'est que personne de son temps n'ignorait que c'était un des épisodes les plus plaisants de la nouvelle de Scarron intitulée *la Précaution inutile*. Nous donnons ce fragment à l'*Appendice*, et nous renvoyons en outre aux deux premières scènes du cinquième acte de la *Clizia* de Machiavel, imitées de la *Casina* de Plaute, que nous y avons insérées aussi comme une annexe de *la Gageure des trois commères*, scènes qui offrent quelque analogie avec le dénouement de ce conte-ci : il s'agit du moins également de la déconvenue d'un fat.

Rapprochons, pour des échanges, pour des substitutions de même sorte, les xxxv° et xxxvIII° des *Cent Nouvelles nouvelles*; et, sinon pour le dénouement, du moins pour quelques circonstances semblables, la xxvI° : « Des amours d'ung gentil homme et d'une damoiselle, laquelle esprouua la loyaulté du gentil homme par une merueilleuse et gente façon, et coucha troys nuytz auec luy sans aucunement sçauoir que ce feust elle, mais pour homme la tenoit », nouvelle imitée par Malespini (seconde partie, nouvelle XIX).

Ajoutons que la même histoire du « Gascon puni » est racontée en prose, d'une façon presque identique, par François de Callières (*Des bons mots et des bons contes*, etc., Paris, 1692, in-12, p. 226-231.)

Une comédie en un acte, en prose, *le Fat puni*, imitée de notre conte, suivie d'un divertissement dont la musique est de Grandval, a été jouée au Théâtre-Français, le 7 avril 1738 (Paris, Prault, 1738, in-8°). L'auteur, Antoine de Ferriol, comte de Pont-de-Veyle, avait été mis au défi par Mlle Quinault, la célèbre actrice, d'exécuter ce qu'elle regardait comme un tour de force, sur le refus de la Chaussée auquel elle avait d'abord proposé ce sujet. C'est elle aussi qui avait conseillé au même la Chaussée d'écrire *le Préjugé à la mode*, et à Voltaire, dont elle était la correspondante et la confidente, *l'Enfant prodigue*. Le *Fat puni* fut joué dix-sept fois avec le plus grand succès : Pont-de-Veyle s'était assez bien tiré de cette sorte de gageure ; il avait su habiller son *Fat* avec la décence qu'exigeait le théâtre. La Harpe, dans son *Cours de littérature*, reconnaît qu'il fallait de l'adresse pour adapter ce conte à la scène en sauvegardant les bienséances. « Il eût fallu dans le dénouement, ajoute-t-il, conserver aussi la vraisemblance ; mais il est bien difficile de supposer qu'un homme puisse, pendant un demi-quart d'heure de conversation, prendre la voix de sa maîtresse pour celle d'un homme : les habits peuvent déguiser le sexe, mais le son de voix doit le trahir. »

   Un Gascon, pour s'être vanté
   De posséder certaine belle,
   Fut puni de sa vanité
   D'une façon assez nouvelle.
Il se vantoit à faux, et ne possédoit rien[1].    5
Mais quoi ! tout médisant est prophète en ce monde :

---

1. Encore une catégorie de coupables que la Fontaine « damne » dans *Psyché*, livre II (tome III *M.-L.*, p. 158) :

> Là, Mégère punit les langues indiscrètes,
> Surtout ceux qui, tachés du plus noir des forfaits,
> Se sont vantés d'un bien qu'on ne leur fit jamais.

On croit le mal d'abord¹ ; mais à l'égard du bien,
   Il faut qu'un public en réponde².
La dame cependant du Gascon se moquoit ;
Même au logis pour lui rarement elle étoit ;
      Et bien souvent qu'il³ la traitoit
      D'incomparable et de divine,
      La belle aussitôt s'enfuyoit,
      S'allant sauver chez sa voisine.

Elle⁴ avoit nom Philis ; son voisin, Eurilas ;
La voisine, Cloris ; le Gascon, Dorilas ;
Un sien ami, Damon : c'est tout, si j'ai mémoire.
Ce Damon de Cloris, à ce que dit l'histoire⁵,
Étoit amant aimé⁶, galant, comme on voudra,
Quelque chose de plus encor que tout cela.
Pour Philis, son humeur libre, gaie, et sincère,
      Montroit qu'elle étoit sans affaire⁷,

   1. Dans la fable xv du livre X, vers 24 :
      L'avis de celui-ci fut d'abord trouvé bon.
   2.       Il faut que la vue en réponde. (1685, 1686, 1705.)
— « Le public paroît content, c'est beaucoup : car on est si sot que c'est quasi sur cela qu'on se règle. » (Lettre de Mme de Sévigné à Bussy, du 4 décembre 1668.)
   3. Ellipse : quand il, alors qu'il.
   4. Elle : la belle.
   5. Expression très familière à la Fontaine : voyez p. 132, note 1.
   6. Dans *Dom Garcie* de Molière (1661), vers 574-575 :
      Non, c'est pour un amant que m'a main l'a formé (*ce billet*),
      Et j'ajoute de plus pour un amant aimé.
   7. Qu'elle n'était la maîtresse de personne, tandis que Cloris l'était de Damon. Rapprochez le vers 169 des *Cordeliers* et la note :
      Le frère aura d'autres affaires ;
et le vers 196 des *Rémois :*
      Vouliez ou non, elle aura son affaire.
   Chez Térence, au même sens : *rem habebam* (*l'Eunuque,* vers 119).

Sans secret¹, et sans passion.
On ignoroit le prix de sa possession :
Seulement à l'user chacun la croyoit bonne².
Elle approchoit vingt ans³, et venoit d'enterrer
Un mari, de ceux-là que⁴ l'on perd sans pleurer,
Vieux barbon⁵ qui laissoit d'écus plein une tonne⁶.
    En mille endroits⁷ de sa personne
La belle avoit de quoi mettre un Gascon aux cieux⁸,
    Des attraits par-dessus les yeux⁹,
    Je ne sais quel air de pucelle,
    Mais le cœur tant soit peu rebelle,
Rebelle toutefois de la bonne façon¹⁰ :

1. Elle n'avait pas de secret à garder.
2. Bonne à l'user, substantivement : c'est ce qu'on dit d'une marchandise, de certaines étoffes qui deviennent plus belles *à l'user*. Même locution dans Mme de Sévigné, tome IV, p. 270. — Elle était « du bon poil » (*l'Anneau d'Hans Carvel*, vers 7).
3. Ellipse de la préposition *de*.
4. Même tour au tome II, p. 98 et 244.
5.   Lui déjà vieux barbon ; elle jeune et jolie.
                     (*Le Petit Chien*, vers 18.)
6. Comparez le vers 19 du conte X de cette II⁰ partie.
7. Dans le *Tableau*, vers 98 :
        En mille endroits nichoit l'Amour.
8. Le ravir jusqu'aux cieux, au troisième, au septième ciel.
    Il est ravy trop plus hault qu'aux tiers cieulx,
    Et prend pour soy tousiours la chose au mieulx.
        (ALAIN CHARTIER, *le Debat des deux fortunes*.)
9. C'est-à-dire trop ; à n'en savoir que faire : voyez quatre exemples de cette locution, dans le *Lexique de Mme de Sévigné*, à l'article OEIL ; et dans celui *de la Bruyère* une expression analogue : « ....On en a au-dessus des yeux, on n'y tient pas. » On dit au même sens : être endetté par-dessus les yeux, avoir des affaires, des ennuis, par-dessus la tête.
10. De façon à se laisser apprivoiser tôt ou tard. Comparez ces vers de *l'Oraison de saint Julien* (294-296) :
        On résista tout autant qu'il falloit,
        Ni plus ni moins, ainsi que chaque belle
        Sait pratiquer, pucelle ou non pucelle.

Voilà Philis. Quant au Gascon,   35
Il étoit Gascon, c'est tout dire.

Je laisse à penser[1] si le sire
Importuna la veuve, et s'il fit des serments ;
    Ceux des Gascons et des Normands
      Passent peu pour mots d'Évangile[2].   40
    C'étoit pourtant chose facile
De croire Dorilas de Philis amoureux ;
Mais il vouloit aussi que l'on le[3] crût heureux.
Philis, dissimulant[4], dit un jour à cet homme :
    « Je veux un service de vous :   45
    Ce n'est pas d'aller jusqu'à Rome ;
C'est que vous nous aidiez à tromper un jaloux.
La chose est sans péril, et même fort aisée.
    Nous voulons que cette nuit-ci
    Vous couchiez avec le mari   50
    De Cloris qui m'en a priée.
    Avec Damon s'étant brouillée,
Il leur faut une nuit entière et par delà,

---

1. Pour ce tour, voyez p. 72 et note 6 ; et comparez le vers 63 des *Deux Pigeons* : « Je laisse à juger.... »

2. Sur l'esprit de finesse et de ruse des Gascons et des Normands, voyez tomes I, p. 234, II, p. 133 et note 13, et p. 261.

    —    Las ! tant il est auiourd'huy de Iasons,
    Las ! tant il est de bailleurs de promesses.
    Nobles dames, notez que leurs blasons
    Ne sont pas motz d'Euangiles ou messes.
        (Recueil de poésies françoises, *la vray disant Aduocate des dames*, tome X, p. 240.)
    Euangile est tout ce que vous me dittes.
    (Ibidem, *Debat de la Dame et de l'Escuyer*, tome IV, p. 167.)
« Ce que ie prometz est Euangile. » (LARIVEY, *le Laquais*, acte II, scène III.)

3. Voyez *la Servante justifiée*, vers 88 et la note.

4. *Dissimulant*, c'est-à-dire imaginant une feinte, la poussant jusqu'à controuver toute une histoire pour abuser le Gascon.

c. xiii]   DEUXIÈME PARTIE.   389

Pour démêler entre eux tout ce différend-là:
    Notre but est qu'Eurilas pense,   55
Vous sentant près de lui, que ce soit sa moitié[1].
Il ne lui touche point[2], vit dedans l'abstinence[3],
Et, soit par jalousie ou bien par impuissance,
A retranché d'hymen certains droits d'amitié[4],
    Ronfle toujours, fait la nuit d'une traite;   60
C'est assez qu'en son lit il trouve une cornette[5].
Nous vous ajusterons[6] : enfin ne craignez rien;
    Je vous récompenserai bien. »

Pour se rendre Philis un peu plus favorable,
Le Gascon eût couché, dit-il, avec le diable.   65
La nuit vient : on le coiffe; on le met au grand lit[7];

  1. « Or tout ce qu'elle persuadoit à Alessio estoit afin que, se remuant dedans le lict, son mary sentist sa iambe ou quelque aultre partie humaine qu'il penseroit estre elle. » (B. des Périers, nouvelle citée.)

  2. Même expression dans *l'Avare* de Molière (acte V, scène iii) : « Harpagon. Hé ! dis-moi donc un peu : tu n'y as point touché (à ma cassette)? — Valère (croyant qu'on lui parle d'Élise). Moi, y toucher? Ah ! vous lui faites tort.... »

  3. Abstinence pour continence ne se dirait plus guère aujourd'hui. Il est chez Montaigne, en ce sens (tomes II, p. 377, et III, p. 340) : « Ie leur conseille (aux femmes), et à nous aussi, l'abstinence; mais, si ce siecle en est trop ennemy, au moins la discretion et la modestie. » Voyez aussi la Préface des *Essais*, par Mlle de Gournay : « Les femmes n'ont-elles pas raison de mettre leur abstinence en garde, etc. ? »

  4. Comparez « les droits d'hymen » au vers 23 des *Rémois*.

  5. Sur ce mot, voyez ci-dessus, p. 304 et note 1.

  6. Rapprochez le travestissement du *Cocu* (vers 82 et suivants), et le premier tour de *la Gageure des trois commères*, celui de l'amoureux déguisé en chambrière. — Même verbe : « s'ajuster », au vers 59 du *Muletier*.

  7. « .... Battre tres bien sa femme, et la faire coucher en la couchette, et celle qu'il aimoit au grand lict. » (*L'Heptaméron*, nouvelle xxxvii.) « Il fit venir une gourgandine de Paris, et couchoit au grand lit avec elle, tandis que sa femme couchoit dans la garde-

On éteint les flambeaux; Eurilas prend sa place.
    Du Gascon la peur se saisit;
    Il devient aussi froid que glace[1];
    N'oseroit tousser ni cracher[2],         70
    Beaucoup moins encor s'approcher;
Se fait petit, se serre, au bord se va nicher,
Et ne tient que moitié de la rive occupée[3]:
Je crois qu'on l'auroit mis dans un fourreau d'épée.

---

robe. » (TALLEMANT DES RÉAUX, tome VII, p. 343.) « Elle étoit si lubrique que j'ai ouï dire que, quand il y avoit quelqu'un qui lui plaisoit à souper chez eux..., elle défendoit de lui ouvrir la porte, et il falloit qu'il couchât dans un petit lit qui étoit dans la même chambre où son mari et elle couchoient en deux différents lits. Le lendemain, le mari sortoit, mais le galant ne sortoit pas. » (*Ibidem*, tome VIII, p. 160.) « Elle fist.... espandre la belle herbe verte partout en sa chambre, couurir le lict et la couchette. » (*Les Cent Nouvelles nouvelles*, nouvelle c.) Le grand lit, pour dormir la nuit; le petit lit, ou lit d'ordinaire, ou couchette, pour y faire reposer au besoin la servante ou la nourrice, ou pour faire la sieste. Tel est encore, particulièrement dans le Midi, l'ameublement de bien des chambres à coucher. Rapprochez ces deux vers de *la Chambriere à louer à tout faire* (tome I, p. 95 du *Recueil de poésies françoises*):

    Soit pour coucher en bas, en haut,
    Au grand lict, en la garde-robe...;

ce passage de Brantôme (*Dames Galantes*, p. 8-9): « Elle lui donne sa chambre et son lict...; elle se retire en son cabinet, où elle y auoit un lict d'ordinaire pour le iour »; celui-ci de Bussy Rabutin: « Se mettant auprès de lui sur un petit lit de repos qui ne lui en servit pas longtemps.... » (*Histoire amoureuse des Gaules*, tome I, p. 18); et cet autre de Tallemant déjà cité (tome I, p. 482): « Il la jeta sur un lit de repos, etc. » Comparez enfin *la Vraye Histoire comique de Francion*, par Charles Sorel (édition de 1721, tome I, p. 73), où une femme jalouse refuse d'aller aux champs, de peur qu'en son absence son mari ne fasse coucher la chambrière au grand lit; et *le Moyen de parvenir*, p. 126-127 et 212.

1. Voyez le vers 61 du conte IX et la note.
2. Chez des Périers: « ....Et se couche doucement en sa place, se gardant de tousser et de cracher si prez de son oste. »
3. La moitié de la place qu'il aurait pu occuper.

Son coucheur cette nuit se retourna cent fois[1], 75
Et jusque sur le nez lui porta certains doigts
    Que la peur lui fit trouver rudes.
    Le pis de ses inquiétudes
C'est qu'il craignoit qu'enfin un caprice amoureux
Ne prît à ce mari : tels cas sont dangereux[2], 80
Lorsque l'un des conjoints[3] se sent privé du somme.
Toujours nouveaux sujets alarmoient le pauvre homme :
L'on étendoit un pied; l'on approchoit un bras[4];
Il crut même sentir la barbe d'Eurilas.
Mais voici quelque chose à mon sens de terrible : 85
Une sonnette étoit près du chevet du lit;
Eurilas de sonner, et faire[5] un bruit horrible.
    Le Gascon se pâme à ce bruit,
    Cette fois-là se croit détruit[6].
    Fait un vœu, renonce à sa dame, 90
    Et songe au salut de son âme.
Personne ne venant, Eurilas s'endormit.

    Avant qu'il fût jour on ouvrit :
Philis l'avoit promis; quand voici de plus belle
    Un flambeau, comble de tous maux. 95
    Le Gascon, après ces travaux[7],

    1. La demoiselle au contraire se tient fort « honnestement » chez des Périers : « N'auoit la tendrette non plus remué ni cligné l'œil que luy. »

    2. Il y a danger que tels cas arrivent.

    3. Même mot dans *Belphégor*, vers 153 :

        J'appelle un bon, voire un parfait hymen,
        Quand les conjoints se souffrent leurs sottises.

    4. L'on approchoit un pied; l'on étendoit un bras. (1685.)

    5. Sur les infinitifs de narration, très fréquents chez notre auteur, voyez tome II, p. 261 et note 20.

    6. Se croit mort. Pour cet emploi de *détruit*, ancien dans notre langue, voyez les *Lexiques de Corneille* et *de Racine*.

    7. Au sens vieilli de transes, inquiétudes. « Je l'ai entendu

Se fût bien levé sans chandelle.
Sa perte étoit alors un point tout assuré.
On approche du lit. Le pauvre homme éclairé[1]
  Prie Eurilas qu'il lui pardonne.   100
  « Je le veux », dit une personne
  D'un ton de voix rempli d'appas.
  C'étoit Philis, qui d'Eurilas
Avoit tenu la place, et qui, sans trop attendre,
  Tout en chemise s'alla rendre   105
Dans les bras de Cloris qu'accompagnoit Damon :
C'étoit, dis-je, Philis, qui conta du Gascon
  La peine et la frayeur extrême ;
Et qui, pour l'obliger à se tuer soi-même[2],
  En lui montrant ce qu'il avoit perdu,   110
  Laissoit son sein à demi nu[3].

---

(Pomponne) raisonner sur les affaires présentes : il trouve que toutes ces grandes montagnes s'aplanissent.... Entrez donc dans ces raisonnements..., et ne vous mettez point sitôt en travail ; c'est dommage de perdre vos douleurs. » (Lettre de Mme de Sévigné à sa fille du 28 février 1689, tome VIII, p. 495-496.)

1. Par le flambeau.

2. Dans la xxvi⁰ des *Cent Nouvelles nouvelles*, l'amoureux, abusé de la même manière, « ronge son frain aux dens et tout vif enrage quand il se voit en celle peleterie ».

3.        La donzelle
Montre à demi son sein, sort du lit un bras blanc.
   (*La Coupe enchantée*, vers 264-265.)

# XIV

## LA FIANCÉE DU ROI DE GARBE[1].

#### NOUVELLE.

Le sujet de cette nouvelle est emprunté à Boccace (journée II, nouvelle VII) :

*Il soldano di Babilonia ne manda una sua figliuola a marito al re del Garbo, laquale, per diversi accidenti, in spatio di quattro anni, alle mani di nove huomini perviene in diversi luoghi. Ultimamente, restituita al padre per pulcella, ne va al re del Garbo, come prima faceva, per moglie.*

« Le souldan de Babillone enuoya une sienne fille pour la marier au roy de Garbe : laquelle, par diuers accidens, durant l'espace de quatre ans, vint entre les mains de neuf hommes en diuers lieux. A la fin, rendue à son pere, elle s'en alla audict roy de Garbe pour pucelle, comme premierement elle faisoit pour femme. »

La suite des aventures est très différente dans Boccace et dans la Fontaine, comme ce dernier le reconnaît lui-même au début, trop différente même pour que les rapprochements ne semblent pas un peu forcés. On verra, si l'on se reporte au *Décaméron*, les changements introduits par la Fontaine. La version de notre poète est trop infidèle pour dispenser le lecteur de recourir à l'original, au récit si dramatique de l'auteur italien[2].

1. *Garb*, *gharb*, ou *gherb* en arabe veut dire occident, couchant. On donnait ce nom à la région la plus occidentale de la partie de l'Afrique conquise par les Arabes : Magreb, *Maghreb*, ou *Maghrib*, d'où le terme *Maugrebin*, habitant du *Magreb*, Maure. Mais il est probable qu'ici le mot s'applique à quelque roi maure d'Espagne ou de Portugal, de *l'Algarve* (*Al Garve*) moderne, c'est-à-dire de la contrée la plus occidentale de la péninsule hispanique, qui du VIIIe au XIIIe siècle appartint aux Arabes. — Thomas Corneille appelle *Algarve* la province du royaume de Fez nommée *Hasbat*. — Joinville (§ VII), Rabelais (le quart livre, chapitre XLIII), parlent du « vent guarbin », vent du sud-ouest.

2. Voyez, dans la *Revue des Deux Mondes* de l'année 1863

Comparez, pour l'idée générale, pour l'ensemble du récit, sinon pour les détails, les aventures d'Anthia et d'Habrocomes dans les *Éphésiaques* de Xénophon d'Éphèse ou Xénophon le jeune. C'est dans une procession en l'honneur de Diane, protectrice d'Éphèse, qu'Habrocomes et Anthia se rencontrent et ressentent l'un pour l'autre un amour passionné : l'héroïne est également enlevée par des corsaires et en proie, ainsi que son amant, à mille infortunes ; mais, plus heureuse et moins accommodante que la fiancée du roi de Garbe, elle reste pure au milieu de tous les accidents, de toutes les traverses, et finit par retrouver son amant. (*Erotici scriptores*, Didot, 1856, in-4°, p. 183-222.) Il n'est pas probable que Boccace ait eu connaissance du manuscrit des *Éphésiaques*, enfoui, avec tant d'autres, dans la bibliothèque des moines de Sainte-Marie à Florence, et dont Ange Politien traduisit le premier un extrait (*Miscellanea*, Venise, 1498, in-fol., chapitre LI).

On peut rapprocher des aventures d'Anthia et d'Habrocomes l'histoire de l'amante syrienne dans la 490° des *Mille et une Nuits* (édition Habicht, tome XI, p. 224) ; et le roman grec, bien connu, d'Héliodore, les *Amours de Théagène et de Chariclée*, traduit par Amyot (Paris, 1549, in-fol.), où l'héroïne, battue par les vents contraires, ballottée par tous les hasards, conserve, non moins merveilleusement, sa vertu dans tous les périls ; ou *Chéréas et Callirrhoé*, par Chariton ; *Leucippe et Clitophon*, par Achilles Tatius ; etc., etc. : chez ces romanciers byzantins, comme chez leurs imitateurs, les enlèvements succèdent aux tempêtes, les actes de piraterie aux naufrages, et la servitude sous des brigands de fantaisie, sous des maîtres plus ou moins continents, plus ou moins respectueux envers leurs captives. Comparez enfin la « pucelle Finistée », qui, au tome XI du roman *d'Amadis*, erre longtemps avec Amadis de Grèce, « à la queste de l'emperiere Niquée », femme de ce prince, et dont la robe n'est plus qu'un haillon ; et aussi *le Lion merveilleux, apologue moral*, composé par Gomez Tejada (1634) : c'est également une sorte de roman d'aventures, d'aventures très singulières, où les deux amants, un lion et une lionne, séparés par un naufrage, finissent par se retrouver dans le temple de la Vertu

(tome XLV, p. 721-736), un article de M. Émile Montégut sur Boccace, à propos de ce conte qu'il regarde comme son chef-d'œuvre et, d'une manière absolue, un chef-d'œuvre.

d'où l'Hymen les conduit dans celui de la Félicité (voyez Robert, tome I, p. ccix-ccx).

Rapprochez aussi la fin de la nouvelle LVIII de Malespini; et, au tome VIII de Brantôme (p. 93-95), l'histoire de « la segnora Livia Gonzaga » et de « la reyne de Sicile Constance », lesquelles tombèrent entre les mains de « bandolliers » et de « corsaires » qui leur « firent de grands outrages », car « les plus belles reynes et princesses » ne sont, en tels hasards, « espargnées non plus que les aultres, puysqu'une grand beauté ne porte aucune regle ny sauuegarde avecq soy, qu'elle ne soyt partout de prinse, et que l'amour en cela n'use de son droict et authorité sans aucun respect. »

Voltaire, Piron, et le chevalier de Boufflers se sont inspirés de notre conte, le premier dans *la Princesse de Babylone*, à la fin de *Cosi-Sancta, un petit mal pour un grand bien*, et surtout dans les chapitres XI et XII de *Candide*, le second dans *Rosine, ou tout vient à point qui peut attendre*, le troisième dans *Aline, reine de Golconde*, sa plus jolie nouvelle.

Nous sommes très porté à croire, comme Walckenaer, que *la Fiancée du roi de Garbe* n'est pas de l'invention de Boccace, mais qu'elle est originaire de l'Espagne, ou, pour mieux dire, des Maures d'Espagne. Mais, en supposant que la conjecture soit fondée, nous n'avons pu jusqu'à présent retrouver cette source première.

M. Lévêque (*les Mythes et les Légendes de l'Inde et de la Perse*, etc., Paris, 1880, p. 530) signale une ressemblance, que nous trouvons bien lointaine, à peine saisissable, avec l'histoire de la princesse Mâdhavi, dans *le Mahabharata* (Fauche, tome VI, p. 227-241).

Peut-être faut-il chercher la source première dont nous venons de parler dans la vieille *Hystoire*, autrefois très connue, et traduite en plusieurs langues, *de Olivier de Castille et de Artus d'Algarbe, son loyal compagnon, et de Helayne, fille au roy d'Angleterre*, etc., dont la première édition datée est de 1482, tandis que la première, avec date, du *Décaméron*, est de 1471; mais, sans parler des éditions sans date, probablement antérieures, ce roman a longtemps couru manuscrit. Son titre seul, même en laissant de côté quelques similitudes, plus ou moins frappantes, qu'offrent du reste entre elles la plupart de ces anciennes chroniques, son titre seul, disons-nous, a pu attirer l'attention de Boccace, éveiller son imagination, et lui donner l'idée, sinon le plan, de son récit. — Sur l'époque où a dû se passer cette surprenante histoire

(1315-1320), et sur les divers personnages que Boccace a mis en scène, on peut lire une longue dissertation du docteur Giovanni Lami dans les *Novelle letterarie pubblicate in Firenze* (tome XV, année 1754, n°⁸ 14, 15 et 18, col. 209-213, 225-229, 273-276) : ses hypothèses nous semblent peu vraisemblables.

Une pièce de théâtre a été tirée de ce conte : *la Fiancée du roi de Garbe*, opéra-comique en trois actes et six tableaux, par MM. Scribe et Saint-Georges, musique d'Auber, représenté pour la première fois, sur le théâtre de l'Opéra-Comique, le 11 janvier 1864.

Il n'est rien qu'on ne conte en diverses façons :
On abuse du vrai comme on fait de la feinte[1] ;
Je le souffre aux récits[2] qui passent pour chansons[3] ;
Chacun y met du sien[4] sans scrupule et sans crainte ;
Mais aux événements de qui[5] la vérité                    5
     Importe à la postérité,
    Tels abus méritent censure[6].
Le fait d'Alaciel est d'une autre nature[7].
Je me suis écarté de mon original[8] :
On en pourra gloser[9] ; on pourra me mécroire[10] ;     10

---

1. Rapprochez le début des fables 1 du livre III et 1 du livre VI.
2. Comparez le vers 24 de la fable 1 du livre IX, et ci-dessous le vers 5.
3. .... Ce que mon livre en dit doit passer pour chansons.
          (*Les Oies de frère Philippe*, vers 23.)
Voyez aussi *la Coupe enchantée*, vers 1.
4. Au vers 14 de *la Servante justifiée* : « J'y mets du mien. »
5. Voyez tome III, p. 113 et note 22 ; et dans les *Lexiques de Malherbe*, de *Corneille*, de *Racine*, de nombreux exemples de *qui*, régi par une préposition, et se rapportant à un nom de chose.
6. Comparez la fin de la *Préface* de la I<sup>re</sup> partie : « Ce n'est ni le vrai ni le vraisemblable qui font la beauté et la grâce de ces choses-ci ; c'est seulement la manière de les conter » ; et le début du *Remède*, où le poète semble exprimer une idée contraire.
7. De la nature des « récits qui passent pour chansons ».
8. De Boccace : voyez la notice.
9. Ci-dessus, p. 111 et note 3.
10. Ne pas me croire, refuser de me croire. Ce verbe est également

>     Tout cela n'est pas un grand mal;
>         Alaciel et sa mémoire
> Ne sauroient[1] guère perdre à tout ce changement.
> J'ai suivi mon auteur en deux points seulement,
>         Points qui font véritablement            15
>         Le plus important de l'histoire :
> L'un est que par huit mains Alaciel passa
>         Avant que d'entrer dans la bonne[2] ;
> L'autre que son fiancé[3] ne s'en embarrassa[4],
>         Ayant peut-être en sa personne           20
>         De quoi négliger ce point-là[5].

dans *les Aveux indiscrets*, vers 85; Voltaire s'en est servi dans l'*Antigiton* (vers 23) :

> .... Et partant ne veux pas
> Mécroire en rien la vérité du cas.

Voyez aussi dans l'édition de Walckenaer un exemple de Charron; et ceux de Montaigne, de d'Aubigné, que cite Littré; dans la phrase d'Amyot qu'il cite également, *mécroire* veut dire « soupçonner, accuser ». L'Académie ne l'admet dans son *Dictionnaire* qu'à partir de la 5ᵉ édition, et comme presque inusité.

1. Ne sauroit (1686).
2. Huit mains en effet, et non neuf, comme le dit par erreur le sommaire de Boccace; la Fontaine ne fait donc pas grâce à Alaciel d'un galant ou au roi de Garbe d'un précurseur, ainsi qu'on pourrait le supposer. Elle passe bien, dans ce conte, entre les bras de neuf hommes, mais en comptant aussi le dernier, son fiancé.
3. *Fiancé*, qui n'est que de deux syllabes ici et au vers 30, et au vers 118 de *Nicaise*, compte aujourd'hui et comptait, souvent aussi, autrefois, pour trois syllabes.
4. Comparez *Joconde*, vers 370 et suivants:

> C'est en vain
> Que de ce point on s'embarrasse, etc.

5. Trouvant peut-être en la personne d'Alaciel, comme Néherbal en celle de la jeune Alibech (*le Diable en enfer*, vers 202-203), assez de charmes pour négliger ce point-là :

> .... D'une amour si forte
> Cette belle toucha le cœur de Mamolin,
> Qu'il ne se tenoit pas (vers 769-771).

Mais en réalité il ne le néglige point, puisqu'il la croit, puisqu'il est heureux de la croire pucelle : voyez les vers 31-35 et 777-778.

Quoi qu'il en soit, la belle en ses traverses,
  Accidents, fortunes diverses,
Eut beaucoup à souffrir, beaucoup à travailler[1],
  Changea huit fois de chevalier.      25
  Il ne faut pas pour cela qu'on l'accuse :
Ce n'étoit après tout que bonne intention,
  Gratitude ou compassion,
  Crainte de pis, honnête excuse.
Elle n'en plut pas moins aux yeux de son fiancé.   30
Veuve de huit galants, il la prit pour pucelle[2] ;
  Et dans son erreur par la belle
  Apparemment il fut laissé.
Qu'on y puisse être pris[3], la chose est toute claire ;
  Mais après huit, c'est une étrange affaire :    35
  Je me rapporte de cela[4]
  A quiconque a passé par là.


  Zaïr, soudan d'Alexandrie[5],
  Aima sa fille Alaciel
  Un peu plus que sa propre vie.          40

1. Eut beaucoup de peine, beaucoup de fatigues ; semblable expression : « les *travaux* de l'infante », au vers 532. Comparez le vers 13 des *Cordeliers* ; le vers 96 du conte précédent, où le mot signifie : « inquiétudes, alarmes » ; le verbe *besogner* au vers 68 du conte 1 de cette seconde partie, et la note.

2. ....Dont peu de temps après on la vit mariée,
     Et pour pucelle employée.
               (*Joconde*, vers 479-480.)
Voyez aussi les vers 369-381 du même conte et les notes.

3. « Qu'on n'y puisse être pris », dans les anciennes éditions : faute évidente.

4. Au vers 324 de *la Gageure* : « Je m'en rapporte », sans autre complément : voyez la note.

5. Un Zaïr, soudan de Babylone, est le père de la belle Niquée au VIII<sup>e</sup> livre de l'*Amadis* (édition de 1577, in-16), postérieur au *Décaméron* de Boccace.

Aussi ce qu'on se peut figurer sous le ciel
  De bon, de beau, de charmant, et d'aimable,
  D'accommodant, j'y mets encor ce point[1],
    La rendoit d'autant estimable[2] :
    En cela je n'augmente[3] point.     45

Au bruit[4] qui couroit d'elle en toutes ces provinces,
Mamolin, roi de Garbe, en devint amoureux.
Il la fit demander, et fut assez heureux
    Pour l'emporter sur d'autres princes.
La belle aimoit déjà ; mais on n'en savoit rien :     50
Filles de sang royal ne se déclarent guères[5] ;
Tout se passe en leur cœur : cela les fâche bien,
Car elles sont de chair ainsi que les bergères[6].
Hispal, jeune seigneur de la cour du soudan,
Bien fait, plein de mérite, honneur de l'Alcoran[7],     55

1. Point essentiel en effet, vu ce qui va suivre.
2. Chez Boccace : *Una figliuola chiamata Alatiel, laqual, per quello che ciascun che la vedeva dicesse, era la piu bella femina che si vedesse in que tempi nel mondo.*
3. Je n'exagère pas : je ne fais que dire la vérité ; ou : je ne renchéris pas sur Boccace. Voyez les vers 9 et suivants.
4. Sur ce mot, voyez le vers 143 du *Calendrier des Vieillards* et la note, à laquelle nous pouvons joindre l'exemple de Ronsard cité ci-dessus, p. 364, et celui-ci de la Fontaine :

  Si j'avois bruit de mauvais garnement,
  Vous me pourriez bannir à juste cause.
    (*Rondeau redoublé*, tome V M.-L., p. 81.)

5. Ce n'est pas comme on en use chez les déesses (tome III, p. 188 et note 30) :

  Une déesse dit tout ce qu'elle a dans l'âme.

6.     Je suis de chair ; les habits rien n'y font.
      (*Le Calendrier*, vers 239, et la note.)

7. Honneur des enfants de Mahomet ; comme on dirait honneur de l'Évangile pour honneur du peuple chrétien. Comparez *les Rémois*, vers 2 : « honneur de la France » ; *la Matrone*, vers 17, et *Belphégor*, vers 245 : « honneur du sexe ».

Plaisoit fort à la dame; et, d'un commun martyre,
    Tous deux brûloient sans oser se le dire ;
Ou, s'ils se le disoient, ce n'étoit que des yeux.
Comme ils en étoient là, l'on accorda[1] la belle.
Il fallut se résoudre à partir de ces lieux.        60
Zaïr fit embarquer son amant avec elle :
S'en fier à quelque autre eût peut-être été mieux[2].

Après huit jours de traite[3], un vaisseau de corsaires,
    Ayant pris le dessus du vent[4],
    Les attaqua : le combat fut sanglant ;        65
Chacun des deux partis y fit mal ses affaires[5].
    Les assaillants, faits aux combats de mer,
Étoient les plus experts en l'art de massacrer ;
Joignoient l'adresse au nombre : Hispal, par sa vaillance
    Tenoit les choses en balance[6].        70
Vingt corsaires pourtant montèrent sur son bord.
    Grifonio le gigantesque

1.            Tels et tels m'ont fait demander ;
        Mon père est prêt de m'accorder.
                    (*Nicaise*, vers 95-96.)

Voyez ci-dessous, le vers 789 et la note.

2.    Un autre conducteur eût peut-être été mieux.
            (1666, 1668, 1669 Amsterdam et Leyde.)

3. Chemin, traversée par mer : mot vieilli en ce sens. Comparez ci-dessous, le vers 177.

4. S'étant mis entre le point d'où le vent souffloit et le navire qu'il vouloit poursuivre. Rapprochez *les Filles de Minée*, vers 340-341 :

    Un pirate survient, prend le dessus du vent,
    Les attaque.

5. Voyez, pour cette locution, tome I, p. 317 et note 15 :

    Corsaires à corsaires,
    L'un l'autre s'attaquant, ne font pas leurs affaires.

6.            En vain, par sa vaillance,
    Télamon jusqu'au bout porte la résistance.
                (*Les Filles de Minée*, vers 341-342.)

Conduisoit l'horreur et la mort[1]
Avecque cette soldatesque.
Hispal en un moment se vit environné ; 75
Maint corsaire sentit son bras déterminé :
De ses yeux il sortoit des éclairs et des flammes.
Cependant qu'il étoit au combat acharné,
Grifonio courut à la chambre des femmes.
Il savoit que l'infante[2] étoit dans ce vaisseau ; 80
Et, l'ayant destinée à ses plaisirs infâmes,
 Il l'emportoit comme un moineau[3].
Mais la charge pour lui n'étant pas suffisante,
 Il prit aussi la cassette aux bijoux,
 Aux diamants[4], aux témoignages doux, 85
 Que reçoit et garde une amante :
 Car quelqu'un m'a dit, entre nous,
Qu'Hispal en ce voyage avoit fait à l'infante
Un aveu dont d'abord[5] elle parut contente,
Faute d'avoir le temps de s'en mettre en courroux[6]. 90

1. Belle image, et qui serait digne d'un poème épique. Comparez tome III, p. 235 et note 19.

2. On sait que ce titre ne s'applique proprement qu'aux filles puînées des rois d'Espagne et de Portugal ; c'est par extension, sinon par ironie, qu'il est donné dans ce conte à la fille du soudan d'Alexandrie. — Rapprochez, dans l'ode *Pour la Paix* (tome V M.-L., p. 35) : « O Paix, infante des Cieux », etc.

3.    Il (*le corsaire*) me happe ;
   Il m'enlève comme un moineau.
   (VOLTAIRE, *les Trois Manières.*)

4. On voit que Grifonio le gigantesque n'a pas les scrupules de Pagamin dans *le Calendrier des Vieillards*, qui (vers 112-114) :

   Aimoit la joie
Plus que l'argent ; et toujours avoit fait
Avec honneur son métier de corsaire.

5. Tout d'abord : voyez le conte précédent, vers 7 et la note.

6. Même tour plaisant au vers 159 des *Rémois* :

   Sa femme fit quelque peu de façons,
   N'ayant le temps d'en faire davantage.

Le malheureux corsaire, emportant cette proie,
    N'en eut pas longtemps de la joie.
Un des vaisseaux, quoiqu'il fût accroché [1],
    S'étant quelque peu détaché,
Comme Grifonio passoit d'un bord à l'autre,          95
Un pied sur son navire, un sur celui d'Hispal,
Le héros d'un revers [2] coupe en deux l'animal :
Part du tronc tombe en l'eau, disant sa patenôtre [3],
Et reniant [4] Mahom, Jupin et Tarvagant,
Avec maint autre dieu non moins extravagant [5];    100
Part demeure sur pieds en la même posture.

   1. Par les grappins d'abordage : Hispal a vu (vers 71) vingt corsaires monter « sur son bord ».
   2. D'un revers de son glaive.
   3. C'est-à-dire grondant, jurant. « Elle faisoit une chiere pitrasse (piètre chère), disant la patenostre du singe. » (DES PÉRIERS, tome II, p. 26.)

      Comme un singe fâché j'en dis ma patenôtre.
              (REGNIER, satire XI, vers 101.)

   4. En reniant. (1668, 1669 Amsterdam et Leyde, 1705.)
   5.    *Bestemmiando Macone e Trivigante,*
      *E di sua legge ogni maestro e donno.*
        (Arioste, *Roland furieux*, chant XII, stance LIX.)

Mahomet (voyez le conte de *Féronde*, vers 28, 44), Jupiter et Tarvagant : on disait encore au siècle dernier « mort-mahom », « corps-mahom », ventre-mahom », etc., vieux jurons que les croisades avaient mis en vogue. « Le grand Soliman..., faisant serment sur son grand dieu Mahom.... » (BRANTÔME, tome I, p. 327.) — *Tarvagant, Tervagant, Tervigant, Tiervagant* ou *Termagant*, nom d'un dieu qui figure dans les chansons de geste en compagnie de Mahom, d'Apollon et de Jupiter (voyez l'*Histoire littéraire de la France*, tome XXII, p. 308 ; et les *Mémoires de l'Académie des Inscriptions*, tome XX, p. 373). Il en est parlé à plusieurs endroits dans la *Chanson de Roland*, entre autres dans le vers 2468 de la strophe CCVII :

      Païen recleiment ung lur deu Teruagant

(Les payens [Sarrasins] invoquent Tervagant un de leurs dieux); aux vers 1465 de *Floovant*, 7452 du *Chevalier au cygne*, 9772 de *Partonopeus de Blois*, 781 d'*Otinel* :

      Or pri Mahom, Iouin et Teruagant.

On auroit ri de l'aventure
Si la belle[1] avec lui n'eût tombé dedans l'eau.
Hispal se jette après : l'un et l'autre vaisseau,
Malmené[2] du combat, et privé de pilote,  105
   Au gré d'Éole et de Neptune flotte.

La mort fit lâcher prise au géant pourfendu[3].
L'infante, par sa robe en tombant soutenue,
   Fut bientôt d'Hispal secourue.

Dans un mystère de Jean Bodel : *li Ius* (le Jeu) *de sainct Nicolas*, où la scène s'ouvre par un tableau des chrétiens aux prises, dans la terre sainte, avec les infidèles, un courrier vient, aussitôt après le prologue, annoncer au roi, musulman ou païen (la littérature du moyen âge confond toujours les deux religions), que les chrétiens ont envahi sa terre et la pillent. Le roi, ivre de colère, commence par insulter la statue de Tervagant, qui a souffert un tel outrage ; puis, sur le conseil de son sénéchal, il invoque l'idole et la supplie de lui répondre :

      Se ie doi gaaguier, si ri ;
      Et se ie doi perdre, si pleure....
      Senescal, que vous est aduis ?
      Teruagan a plouré et ris.

A la fin du mystère, le roi s'étant converti, Tervagant est traité d'ignoble drôle, et jeté en bas de son piédestal. Voyez aussi *li contes du roi Constant l'Empereur* : « .... Et ià ne m'eit (aide) Mahoumes ne Tieruagant, etc. » (p. 6 des *Nouvelles françoises en prose du treizième siècle* publiées par MM. Moland et d'Héricault, Paris, 1856). — Quant à l'étymologie donnée à ce nom par Walckenaer : « *tarvos trigeranos*, ou taureau à trois grues », qui correspond au taureau du troupeau de Géryon dans la mythologie grecque, nous ne la regardons pas comme fondée. On peut plutôt faire dériver *Tervagant* ou *Termagant* de *Trismégiste* (*ter maximus*, trois fois le plus grand), surnom de Mercure ou Hermès.

1. L'infante qu'il emportait dans ses bras.

2. Voyez le *Lexique de Malherbe* ; et le vers 172 du livre IV du *Virgile travesti*, de Scarron :

      Énée
Dont la flotte ainsi malmenée....

3. Non pas *pourfendu*, mais coupé par le milieu d'un coup de revers (vers 97).

Nager vers les vaisseaux eût été temps perdu :   110
　　Ils étoient presque à demi-mille.
　　Ce qu'il jugea de plus facile
　　Fut de gagner certains rochers
Qui d'ordinaire étoient la perte des nochers,
Et furent le salut d'Hispal et de l'infante.   115
Aucuns[1] ont assuré, comme chose constante,
Que même du péril la cassette échappa ;
　　Qu'à des cordons étant pendue,
　　La belle après soi la tira :
　　Autrement elle étoit perdue.   120

Notre nageur avoit l'infante sur son dos.
Le premier roc gagné, non pas sans quelque peine,
La crainte de la faim suivit celle des flots ;
Nul vaisseau ne parut sur la liquide plaine[2].
　　Le jour s'achève ; il se passe une nuit :   125
Point de vaisseau près d'eux par le hasard conduit ;
　　Point de quoi manger sur ces roches.
　　Voilà notre couple réduit
A sentir de la faim les premières approches ;
Tous deux privés d'espoir, d'autant plus malheureux
　　Qu'aimés aussi bien qu'amoureux
Ils perdoient doublement en leur mésaventure.
Après s'être longtemps regardés sans parler :
« Hispal, dit la princesse, il se faut consoler ;

---

1. Quelques-uns : voyez la fable I du livre VI, vers 11, la fable VI du même livre, vers 9 ; et *passim*. Comparez au vers 87 : « Quelqu'un m'a dit » ; et l'expression si familière à la Fontaine : « L'histoire dit » (ci-dessous, vers 194). — Il appuiera tout à l'heure (vers 179 et suivants) sur la certitude du fait, et dira pourquoi.

2. Comparez dans la *Phèdre* de Racine, vers 1513 : « sur le dos de la plaine liquide » ; ci-dessous, vers 172 : « liquides manoirs », et la note ; et au vers 18 de la fable XXV du livre VIII : « ces plaines profondes ».

Les pleurs ne peuvent rien près de la Parque dure¹ ;
Nous n'en mourrons pas moins : mais il dépend de nous
    D'adoucir l'aigreur² de ses coups ;
C'est tout ce qui nous reste en ce malheur extrême.
— Se consoler ! dit-il ; le peut-on quand on aime ?
Ah ! si.... Mais³ non, Madame, il n'est pas à propos
    Que vous aimiez ; vous seriez trop à plaindre⁴.
Je brave à mon égard⁵ et la faim et les flots :
Mais, jetant l'œil sur vous, je trouve tout à craindre. »

La princesse, à ces mots, ne se put plus contraindre :
    Pleurs de couler, soupirs d'être poussés,    145
      Regards d'être au ciel adressés⁶,
    Et puis sanglots, et puis soupirs encore⁷.
En ce même langage Hispal lui repartit :
    Tant qu'enfin un baiser suivit ;
S'il fut pris ou donné, c'est ce que l'on ignore.    150
    Après force vœux impuissants,
  Le héros dit : « Puisqu'en cette aventure
    Mourir nous est chose si sûre,
Qu'importe que nos corps des oiseaux ravissants⁸

  1. Voyez tome III, p. 64 et note 8 ; et rapprochez « la Parque blême », tomes IV *M.-L.*, p. 222, V, p. 167.
  2. Dans *Cinna* de Corneille, vers 642 : « l'aigreur de cette perte ».
  3. Même tour dans *Richard Minutolo*, vers 199-200 : « Si pourtant vous vouliez.... Mais, etc. »
  4. A plaindre autant que moi, qui redoute tout, non pour moi-même, mais pour vous.
  5. Pour ce qui me concerne. Comparez *le Juge de Mesle*, vers 10 : « pour cet égard ».
  6. Rapprochez, pour ce tour, le vers 57 de *la Servante justifiée* et la note.
  7. Dans la comédie de *Clymène* (tome IV *M.-L.*, p. 130-131) :
    ....Toujours pleurs, soupirs comme à la tâche ?
    —. Toujours soupirs et pleurs.
  8. Nous trouvons dans la fable XXIII du livre XII, vers 28, un

Ou des monstres marins deviennent la pâture ?           155
    Sépulture pour sépulture,
    La mer est égale¹, à mon sens.
Qu'attendons-nous ici qu'une fin languissante ?
    Seroit-il point plus à propos
    De nous abandonner aux flots ?                      160
J'ai de la force encor; la côte est peu distante;
    Le vent y pousse; essayons d'approcher;
    Passons de rocher en rocher;
    J'en vois beaucoup où je puis prendre haleine. »
Alaciel s'y résolut sans peine.                         165

Les revoilà sur l'onde ainsi qu'auparavant,
    La cassette en laisse suivant²,
    Et le nageur poussé du vent,
    De roc en roc portant la belle :
    Façon de naviger³ nouvelle.                         170

exemple analogue de ce participe : « animaux ravissants » (tome III, p. 321 et note 13). Dans les *OEuvres poétiques* de Jean Dorat (p. 27) :

    Et l'air fut infecté des corps là pourrissans,
    Que traisnoient les courbeaux, chiens et loups rauissans.

1. C'est-à-dire en vaut bien une autre.

2. Tirée par ses cordons, comme un chien en laisse. *Lesse* dans nos anciennes éditions : c'est l'orthographe que préfèrent Richelet et Furetière, qui donnent les deux. L'Académie dans la première édition de son Dictionnaire écrit *laisse* à l'article même du mot et *lesse* à la Table.

3. Telle est l'orthographe de la Fontaine et de nos anciens auteurs : Brantôme, tome V, p. 35, Montaigne, tome I, p. 291, Baïf, tome II, p. 81, Racan, tome I, p. 15, etc.; elle était au dix-septième siècle d'un usage presque général. Comparez le conte de *l'Abbesse*, vers 26 ; une lettre de Chapelain de 1639, tome I, p. 483 du recueil cité : « ces cabarets et ces tavernes sont des mers où je n'ai guère navigé » ; la Bruyère, tome I, p. 81 et note 5 ; Boileau, satire x, vers 162 ; Racine, tome VI, p. 20 : « naviger sur la mer » ; etc. « Tous les gens de mer disent *naviguer*, mais à la cour on dit *naviger*, et tous les bons auteurs l'écrivent ainsi. » (VAUGELAS, *Remarques*, tome I, p. 105.)

Avec l'aide du Ciel et de ces reposoirs[1],
Et du dieu qui préside aux liquides manoirs[2],
Hispal n'en pouvant plus de faim, de lassitude,
  De travail, et d'inquiétude
  (Non pour lui, mais pour ses amours[3]),  175
  Après avoir jeûné deux jours,
  Prit terre à la dixième traite[4],
  Lui, la princesse, et la cassette.

« Pourquoi, me dira-t-on, nous ramener toujours
  Cette cassette? est-ce une circonstance  180
  Qui soit de si grande importance? »
Oui, selon mon avis; on va voir si j'ai tort.
  Je ne prends point ici l'essor[5],
  Ni n'affecte de railleries.
  Si j'avois mis nos gens à bord[6]  185

1. Le mot n'est plus usité dans ce sens général de lieu de repos : voyez les exemples de Balzac, de Bossuet, etc., que cite Littré

2.   Et de Neptune.

—   Peu s'en fallut que le soleil
Ne rebroussât d'horreur vers le manoir liquide.
    (Livre XI, fable III, vers 32, et la note.)

Voyez ci-dessus, au vers 124 : « liquide plaine ».

3. Idée déjà exprimée plus haut, vers 141.

4. Voyez ci-dessus, les vers 163-164.

5. C'est-à-dire : Je ne m'éloigne point de mon sujet, je ne donne point trop libre carrière à mon imagination.

6. Au bord, sur le rivage. Dans Malherbe (tome I, p. 53).

  N'est-ce pas nous rendre au naufrage
  Après nous avoir mis à bord?

Voyez aussi *ibidem*, tome II, p. 353 : « Les unes (de ces choses) par un branlement languide sont jetées à bord, et les autres rapidement emportées jusques en la mer »; la fable VII du livre IV, vers 19 :

  Le Dauphin l'alloit mettre à bord;

*Psyché*, livre II (tome III M.-L., p. 96) : « Aussitôt qu'elle fut à

Sans argent et sans pierreries,
Seroient-ils pas demeurés court?
On ne vit ni d'air ni d'amour[1].
Les amants ont beau dire et faire,
Il en faut revenir toujours au nécessaire[2].       190
La cassette y pourvut avec maint diamant.
Hispal vendit les uns, mit les autres en gages;
Fit achat d'un château le long de ces rivages :
Ce château, dit l'histoire, avoit un parc fort grand[3];
Ce parc, un bois; ce bois, de beaux ombrages;
Sous ces ombrages nos amants
Passoient d'agréables moments.
Voyez combien voilà de choses enchaînées,
Et par la cassette amenées.

Or au fond de ce bois un certain antre étoit[4],       200

bord », sur la rive; et comparez ci-dessous, les vers 211 et 395 :
« en un bord », « en un rivage ».

1. Ou : « On ne vit pas d'amour et d'eau claire », « on ne vit pas de l'air du temps ».

2. C'est ce que Manon Lescaut dit à des Grieux, et d'une manière si vive, si poignante, avant sa première infidélité, dans le roman de l'abbé Prévost : « Je te jure, mon cher chevalier, que tu es l'idole de mon cœur, et qu'il n'y a que toi au monde que je puisse aimer de la façon dont je t'aime. Mais.... crois-tu qu'on puisse être bien tendre lorsqu'on manque de pain? La faim me causeroit quelque méprise fatale; je rendrois quelque jour le dernier soupir en croyant en pousser un d'amour. »

3. « C'est un pays que ce parc. » (Lettre de la Fontaine à sa femme du 12 septembre 1663.)
— On ne connoissoit point autrefois ces beautés.
Tous parcs étoient vergers du temps de nos ancêtres,
Tous vergers sont faits parcs : le savoir de ces maîtres
Change en jardins royaux ceux des simples bourgeois,
Comme en jardins de dieux il change ceux des rois.
(*Psyché*, livre I, tome III *M.-L.*, p. 89.)

4. .... Un antre étoit auprès : l'innocente pucelle
Sans soupçon y descend, etc.
(*Le Fleuve Scamandre*, vers 43 et suivants.)

Sourd et muet[1], et d'amoureuse affaire[2] ;
Sombre surtout : la nature sembloit
L'avoir mis là non pour autre mystère[3].
Nos deux amants se promenant un jour,
Il arriva que ce fripon d'Amour[4]
Guida leurs pas vers ce lieu solitaire.
Chemin faisant, Hispal expliquoit ses desirs,
Moitié par ses discours, moitié par ses soupirs[5],
Plein d'une ardeur impatiente ;
La princesse écoutoit incertaine et tremblante.
« Nous voici, disoit-il, en un bord[6] étranger,
Ignorés du reste des hommes ;
Profitons-en ; nous n'avons à songer

205

210

1.   Allons sur les vertes fougères,
Au plus creux des forêts, au fond des antres sourds,
Célébrer nos tendres amours.
(*Poésies diverses*, tome V M.-L., p. 214.)

Comparez *Adonis* : « antres sourds » (vers 122) ; *Galatée* : « grotte sourde et muette » (acte II, scène IV) ; et *le Songe de Vaux* (tome III M.-L., p. 188). C'était un « antre coi », comme dit Ronsard, au commencement du premier livre des *Amours*. Voyez aussi Boileau, satire VIII, vers 61 ; et chez Tahureau (fol. 99 v°-102 r°) la description d'un autre réservé aux combats amoureux.

2. Ci-dessus, p. 204 et note 5 ; *Nicaise*, vers 141-142 :

—       Ils devoient aller au jardin,
Dans un bois propre à telle affaire.

— Même locution : « l'amoureuse affaire », chez Jean Marot. *Epistre des Dames de Paris* (1515), p. 30.

3. Rapprochez le vers 217 des *Cordeliers* et la note.

4. Dans *le Calendrier*, vers 127 : « Amour, ce bon apôtre » ; dans *l'Amour mouillé*, vers 43 : « le petit scélérat ».

5.   Elle n'osa déclarer ses desirs
D'autre façon qu'avecque des soupirs.
(*La Courtisane amoureuse*, vers 54-55.)

6. Comparez ci-dessus, le vers 185 et la note ; et, pour cet emploi de la préposition *en*, le vers 54 de l'*Ode pour Madame* :

Une troupe de Zéphirs
L'accompagna *dans* nos côtes.

Qu'aux douceurs de l'amour, en l'état où nous sommes.
    Qui vous retient? on ne sait seulement     215
    Si nous vivons; peut-être en ce moment
Tout le monde nous croit au corps d'une baleine[1].
    Ou favorisez[2] votre amant,
    Ou qu'à votre époux il vous mène.
Mais pourquoi vous mener? vous pouvez rendre heureux
Celui dont vous avez éprouvé la constance.
    Qu'attendez-vous pour soulager[3] ses feux?
    N'est-il point assez amoureux?
Et n'avez-vous point fait assez de résistance[4]? »


    Hispal haranguoit de façon     225
    Qu'il auroit échauffé des marbres[5],
Tandis qu'Alaciel, à l'aide d'un poinçon,
    Faisoit semblant d'écrire sur les arbres.
    Mais l'Amour la faisoit rêver
    A d'autres choses qu'à graver     230
    Des caractères sur l'écorce.
Son amant et le lieu l'assuroient du secret:
    C'étoit une puissante amorce[6];

1. Comme le prophète Jonas, qui vécut, dit-on, trois jours et trois nuits dans le ventre du monstre. — Voyez, pour cet emploi du datif, tome III, p. 305 et note 6.
2. Ci-dessous, vers 570 et la note.
3. Voyez ci-dessus, p. 322, la note sur le mot *soulas*.
4. Dans *l'Oraison de saint Julien*, vers 294 et suivants:

    On résista tout autant qu'il falloit,
    Ni plus ni moins, ainsi que chaque belle
    Sait pratiquer, pucelle ou non pucelle.

5. Comparez les vers 256-258 de *l'Oraison:*

    .... Un philosophe, un marbre, une statue,
    Auroient senti comme nous, etc.

6. Une tentation puissante; semblable locution dans la fable XVIII du livre II, vers 29; dans *le Calendrier*, vers 227, et ci-dessous, au vers 705. Rapprochez cette phrase des *Cent Nouvelles nouvelles*,

Elle résistoit à regret.
Le printemps par malheur étoit lors en sa force :   235
  Jeunes cœurs sont bien empêchés[1]
  A tenir leurs desirs cachés,
  Étant pris par tant de manières.
Combien en voyons-nous se laisser pas à pas
  Ravir jusqu'aux faveurs dernières,   240
  Qui dans l'abord[2] ne croyoient pas
  Pouvoir accorder les premières !
Amour, sans qu'on y pense, amène ces instants :
  Mainte fille a perdu ses gants[3],

p. 351 : « Elle regardoit tousiours.... pour veoir s'il reuiendroit point à l'amorce. »

1. Embarrassés, gênés : voyez tomes I, p. 309, III, p. 213 et note 7; ci-dessus, *la Gageure*, vers 77; etc.; et les *Lexiques de Malherbe, de Corneille, de la Rochefoucauld, de Sévigné*.

2. Tout d'abord : voyez *le Berceau*, vers 124 et la note.

3. Au figuré : « La première fois qu'elle sortit du logis, elle trouva à dire ses gants et son pucelage. » (BALZAC, livre III, lettre XVI.) Il « n'en avoit pas eu les gants (de cette femme) ». (TALLEMANT DES RÉAUX, tome II, p. 93.) Comparez cette dernière locution : « avoir les gants » de quelque chose, dans le conte des *Troqueurs*, vers 166; un couplet de *la Foire Saint-Germain* de Regnard et Dufresny (acte II, scène v) :

  Qu'une fille à Paris a peine à se défendre
   De la poursuite des galands !
  La plus fière en ces lieux, en proie à mille amants,
  Perd sa coeffe et ses gants dès l'âge le plus tendre;
  Mais, quoiqu'ils soient perdus, veut-elle les revendre,
   Elle y trouve encor des marchands;

ces quatre vers de Piron, dans un *Envoi à une dame* :

  ....Les braves mignons de couchettes
   N'y sont pas si près regardants,
  Et ménagent peu leurs manchettes
   Avec qui veut perdre ses gants;

et ces quatre autres vers d'une pièce *à Mlle le Couvreur* :

  ....Bientôt il fut aimé lui-même;
  Et ce que mille extravagants
  Enviroient comme un bien suprême,
  A coup sûr il en eut les gants.

Et femme au partir[1] s'est trouvée[2],   245
Qui ne sait la plupart du temps
Comme la chose est arrivée.

Près de l'antre venus[3], notre amant proposa
    D'entrer dedans. La belle s'excusa,
    Mais malgré soi, déjà presque vaincue.   250
Les services d'Hispal en ce même moment
    Lui reviennent devant la vue :
Ses jours sauvés des flots, son honneur d'un géant[4].
    Que lui demandoit son amant ?

1. Au moment de partir. « Quand vint au partir, elle pria, etc. » (*Les Cent Nouvelles nouvelles*, p. 193.) « Le lendemain, au partir, on commandoit, etc. » (D'Aubigné, *les Aventures du baron de Fæneste*, livre III, chapitre II.)

    Puisqu'au partir, rongé de soing et d'ire,
    A ce bel œil adieu ie n'ai sceu dire, etc.

(Ronsard, tome I, p. 38; *ibidem*, p. 68, et tome II, p. 197.)

Chez des Périers (tome I, p. 97), « au departir » : « Iacquelot au departir les conuia à disner. »

2.     Et femme et mere en lieu d'une pucelle,

comme dit Ronsard dans son premier livre des *Amours* (sonnet XXIX).

    La vierge femme se treuue.

    (Du Bellay, tome I, p. 182.)

Comparez *Nicaise*, vers 139-140 :

    Son ami pour la faire femme
    Prend heure avec elle au matin;

dans *Je vous prends sans verd* (scène VI), l'expression « sortir de fille », et le quatrain connu de Voltaire sur le père Girard et la demoiselle Cadière :

    Père Girard, rempli de flamme,
    D'une fille a fait une femme,
    Mais le Parlement, plus habile,
    D'une femme a fait une fille.

3. Participe absolu : voyez *l'Oraison de saint Julien*, vers 20 et la note.

4. Voilà, après la « bonne intention », la « gratitude » des vers 27-28.

Un bien[1] dont elle étoit à sa valeur tenue[2] :    255
« Il vaut mieux, disoit-il, vous en faire un ami[3],
Que d'attendre qu'un homme à la mine hagarde
Vous le vienne enlever : Madame, songez-y ;
    L'on ne sait pour qui l'on le[4] garde. »
L'infante à ces raisons se rendant à demi,    260
    Une pluie acheva l'affaire.
    Il fallut se mettre à l'abri :
Je laisse à penser où. Le reste du mystère[5]
    Au fond de l'antre est demeuré[6].
Que l'on la blâme ou non, je sais plus d'une belle    265
    A qui ce fait est arrivé[7],

1. Même mot, au même sens, dans *Nicaise*, vers 197.
2. Dont elle était redevable à sa valeur. Voyez ci-dessus, *le Faiseur*, vers 53 ; Molière, *l'Étourdi*, vers 261 :

    Je vous suis bien tenu de ce soin obligeant ;

et les *Lexiques de Malherbe et de Corneille*.

3. Vous faire un ami au moyen de ce « bien », de cette « chose »,

    Que fille dit toujours qu'elle a.
                    (*Nicaise*, vers 224.)

4. Voyez *le Gascon puni*, vers 43 ; et ci-dessous, le vers 265.
5. Ci-dessus, vers 203 et note.
6.   Combien de fois le jour a vu les antres creux
    Complices des larcins de ce couple amoureux !
    Mais n'entreprenons pas d'ôter le voile sombre
    De ces plaisirs, amis du silence et de l'ombre.
                  (*Adonis*, vers 161-164.)

7. Entre autres Didon : on se rappelle l'épisode de la grotte où Didon et Énée se réfugient pendant un orage (livre IV de l'*Énéide*, vers 165-172) :

    *Speluncam Dido dux et Trojanus eamdem*
    *Deveniunt. Prima et Tellus et pronuba Juno*
    *Dant signum : fulsere ignes, et conscius æther*
    *Connubiis ; summoque ululárunt vertice Nymphæ.*
    *Ille dies primus leti primusque malorum*
    *Causa fuit. Neque enim specie famave movetur....*

Comparez les *Héroïdes* d'Ovide (épître VII, Didon à Énée, vers 93-96) :

    *Illa dies nocuit, qua nos declive sub antrum*

Sans en avoir moitié d'¹ autant d'excuses qu'elle.

L'antre ne les vit seul de ces douceurs² jouir :
Rien ne coûte en amour que la première peine³.
Si les arbres parloient⁴, il feroit bel ouïr⁵        270
    Ceux de ce bois; car la forêt n'est pleine
        Que des monuments⁶ amoureux
Qu'Hispal nous a laissés⁷, glorieux de sa proie.
On y verroit écrit : « Ici pâma de joie
        Des mortels le plus heureux;        275
Là mourut un amant sur le sein de sa dame;
    En cet endroit, mille baisers de flamme⁸

> *Cæruleus subitis compulit imber aquis.*
> *Audieram vocem; Nymphas ululasse putavi :*
> *Eumenides fatis signa dedere meis.*

1. Cette première préposition *de*, qui rend le vers un peu embarrassé, n'est évidemment là que pour éviter l'hiatus.

2. Même mot ci-dessus, au vers 214.

3. Voyez ci-dessous, le vers 501.

4. Comme dans les fables de notre auteur qui, selon la remarque de la Bruyère (tome II, p. 101), « fait parler tout ce qui ne parle point » : voyez livres I, fable XXII, X, fable I, vers 67 et suivants, VIII, fable X, vers 19 :

    Les jardins parlent peu, si ce n'est dans mon livre.

5. *Bel* aujourd'hui ne se dit plus que devant des substantifs, ou devant la conjonction *et* : « bel et bon », « c'est bel et beau ». Comparez *les Cent Nouvelles nouvelles*, p. 126 : « Il auoit bel attendre. »

6. Au sens propre et étymologique du mot : *monumentum* ou *monimentum*; on va voir qu'il s'agit d'inscriptions.

7.  Encore oit-on l'Écho redire leurs chansons,
    Et leurs noms sur ces bois gravés en cent façons.
        (REGNIER, *Dialogue de Cloris et de Philis*, vers 39-40.)

    Là, sous des chênes vieux, où leurs chiffres gravés
    Se sont avec les troncs accrus et conservés,
    Mollement étendus, ils consumoient les heures, etc.
        (*Adonis*, vers 137-139.)

8. Même expression : « baisers de flamme », dans *la Mandragore*, vers 254.

Furent donnés, et mille autres rendus. »
Le parc diroit beaucoup, le château beaucoup plus,
  Si châteaux avoient une langue.  280

La chose en vint au point que, las de tant d'amour[1],
Nos amants à la fin regrettèrent la cour.
La belle s'en ouvrit[2], et voici sa harangue :
« Vous m'êtes cher, Hispal; j'aurois du déplaisir[3]
Si vous ne pensiez pas que toujours je vous aime[4]. 285
Mais qu'est-ce qu'un amour sans crainte et sans desir?
  Je vous le demande à vous-même.
  Ce sont des feux bientôt passés
Que ceux qui ne sont point dans leur cours traversés[5] :
  Il y faut un peu de contrainte[6].  290

1. Outre que tant d'amour vous seroit importune....
     (*Joconde*, vers 25.)

2. Découvrit sa pensée à cet égard : voyez les exemples de Corneille, Molière, Bossuet, la Bruyère, etc., que cite Littré, 19°.

3. Du chagrin : voyez *Richard Minutolo*, vers 193 et la note.

4. Au sens, évidemment, à la fois du présent et du futur.

5. « Il n'est rien naturellement si contraire à nostre goust, que la satieté qui vient de l'aysance, ny rien qui l'aiguise tant, que la rareté et difficulté...:
  Galla, nega; satiatur amor, nisi gaudia torquent.
     (Martial, IV, 38.)
Pour tenir l'amour en haleine..., la difficulté des assignations, le dangier des surprinses, la honte du lendemain..., c'est ce qui donne poincte à la saulse.... La volupté mesme cherche à s'irriter par a douleur : elle est bien plus sucrée quand elle cuict et quand elle escorche. » (Montaigne, tome II, p. 439-440.)

6. *Ibidem*, tome III, p. 288-289 : « Il y fault de la picqueure et de la cuisson; ce n'est plus amour, s'il est sans flèches et sans feu. » — C'est, en style noble, l'idée exprimée aux vers 28 et 13-14 de *la Gageure* :
  ....Car, quant à moi, du plaisir ne me chaut,
  A moins qu'il soit mêlé d'un peu de peine...

Comparez l'*Ancien Théâtre françois*, tome I, p. 8 :
  Amour sans crainte ne vault rien.

Je crains fort qu'à la fin ce séjour si charmant
Ne nous soit un désert, et puis un monument[1].
  Hispal, ôtez-moi cette crainte.
  Allez-vous-en voir promptement
Ce qu'on croira de moi dedans Alexandrie     295
  Quand on saura que nous sommes en vie.
  Déguisez bien notre séjour[2] :
Dites que vous venez préparer mon retour,
Et faire qu'on m'envoie une escorte si sûre
  Qu'il n'arrive plus d'aventure.     300
  Croyez-moi, vous n'y perdrez rien :
  Trouvez seulement le moyen
  De me suivre en ma destinée
  Ou de fillage[3], ou d'hyménée;

1. Ici, dans le sens de tombeau : voyez tome III, p. 334 et note 28, à laquelle on peut ajouter, outre cet exemple-ci, un autre de notre poète (lettre à Turenne, tome V *M.-L.* p. 99) :

> Le vôtre (*votre opéra*) est plein de grands événements :
> Gens envoyés peupler les monuments, etc.

et un de Montaigne (tome II, p. 104) : « Il se feit porter et enfermer tout vif dans le monument de ses ancestres. »

2. Ne laissez rien soupçonner de ce qui s'est passé entre nous durant notre séjour ici.

3. Célibat, état de fille, pucelage. On disait « fillage » comme « mariage », « veuvage ». — Littré ne cite de ce mot qu'un exemple de Montaigne : « Quartilla.... n'auoit point mémoire de son fillage. » (Livre III, chapitre XIII, tome IV, p. 136.) Ajoutons-en un de Charron (*de la Sagesse*, livre I, chapitre IV) : « estats de viduité et de mariage..., de fillage et de celibat »; un de Vauquelin de la Fresnaye, cité dans le Dictionnaire de M. Godefroy :

> ....Et me donnez pour cela
> La fleur de vostre fillage.
> — Beau chasseur, ie vous cri merci,
> Laissez moy viure en mon fillage;

et celui-ci de Dufresny (*Pasquin et Marforio*, acte III, scène VI) :

> Craignez, pères, craignez les périls du fillage.

Rapprochons cette phrase d'une lettre de Racine (tome VI,

> Et tenez pour chose assurée 305
> Que, si je ne vous fais du bien,
> Je serai de près éclairée[1]. »
> Que ce fût ou non son dessein,
> Pour se servir d'Hispal il falloit tout promettre.
>
> Dès qu'il trouve à propos de se mettre en chemin, 310
> L'infante pour Zaïr le charge d'une lettre.
> Il s'embarque, il fait voile, il vogue, il a bon vent.
> Il arrive à la cour, où chacun lui demande
> S'il est mort, s'il est vivant,
> Tant la surprise fut grande, 315
> En quels lieux est l'infante, enfin ce qu'elle fait.
>
> Dès qu'il eut à tout satisfait,

p. 473) : « On croyoit qu'elle étoit grosse..., mais on l'ouvrit tout entière, et jamais fille ne fut plus fille » ; et ci-dessus, la fin de la note 2 de la page 412.

1. C'est que je serai trop surveillée, épiée, pour pouvoir vous en faire.

.... Rien qui ne soit d'abord éclairé par les Dieux.
(Livre IV, fable XIX, vers 3.)

Ils éclairent ses pas en quelque part qu'elle aille.
(RACAN, *les Bergeries*, acte I, scène I.)

Au diable le fâcheux qui toujours nous éclaire !
(MOLIÈRE, *l'Étourdi*, acte I, scène IV, vers 171.)

Voyez aussi les vers 1150 de *Dom Garcie de Navarre*, 898 du *Tartuffe*; Brantôme, tome II, p. 74 : « Les rois, qui sont esclairez de toutes parts, doibuent mener leurs vies et leurs honneurs » ; tome IX, p. 641 : « Elle la fit si bien esclairer et visiter par medecins.... » ; Montaigne, tome I, p. 404 : « Ie crois que ce lustre de grandeur apporte non legieres incommoditez à la iouissance des plaisirs plus doulx : ils sont trop esclairés et trop en butte » ; tome III, p. 443 : « Vous esclairez toutes choses de trop prez » ; et Scarron, *le Roman comique*, I<sup>re</sup> partie, chapitre XII : « Je ferai observer Saldagne, et on l'éclairera de si près qu'il ne fera rien que nous ne le sachions. »

On fit partir une escorte puissante[1].
Hispal fut retenu; non qu'on eût en effet[2]
　　Le moindre soupçon de l'infante.　　　320
Le chef de cette escorte étoit jeune et bien fait.
Abordé près du parc[3], avant tout il partage
　　Sa troupe en deux, laisse l'une au rivage;
　　　Va droit avec l'autre au château.
La beauté de l'infante étoit beaucoup accrue[4] :　325
Il en devint épris à la première vue;
Mais tellement épris, qu'attendant qu'il fît beau[5],
Pour ne point perdre temps[6], il lui dit sa pensée.
　　Elle s'en tint fort offensée,
　　Et l'avertit de son devoir.　　　330
Témoigner en tels cas un peu de désespoir
　　Est quelquefois une bonne recette.
C'est ce que fait notre homme : il forme le dessein
　　De se laisser mourir de faim;
Car de se poignarder, la chose est trop tôt faite[7] :　335
　　On n'a pas le temps d'en venir
　　　Au repentir.
D'abord Alaciel rioit[8] de sa sottise.
Un jour se passe entier, lui sans cesse jeûnant,

1. 　　　　　Une escorte si sûre
　　Qu'il n'arrive plus d'aventure (vers 299-300).
2. En réalité.
3. 　　....Ma famille enfin à Corinthe abordée....
　　　　(CORNEILLE, *Médée*, acte I, scène 1, vers 106.)
4. Depuis que de fille elle était devenue femme (vers 244-245).
5. Attendant le moment favorable de remettre à la voile (vers 353-355).
6. Voyez *l'Oraison*, vers 291 et la note :
　　Le temps est cher en amour comme en guerre.
7. Comparaison analogue entre la mort par le fer et la mort par la faim dans *la Matrone d'Éphèse*, vers 66-74.
8. Riroit. (1685, 1686.)

Elle toujours le détournant 340
D'une si terrible entreprise.
Le second jour commence à la toucher.
Elle rêve à cette aventure :
Laisser mourir un homme, et pouvoir l'empêcher,
C'est avoir l'âme un peu trop dure[1]. 345
Par pitié donc elle condescendit
Aux volontés du capitaine[2],
Et cet office lui rendit
Gaîment, de bonne grâce, et sans montrer de peine :
Autrement le remède eût été sans effet. 350

Tandis que le galant se trouve satisfait,
Et remet les autres affaires[3],
Disant tantôt que les vents sont contraires ;
Tantôt qu'il faut radouber ses galères
Pour être en état de partir ; 355
Tantôt qu'on vient de l'avertir
Qu'il est attendu des corsaires[4] :
Un corsaire en effet arrive, et surprenant
Ses gens demeurés à la rade,
Les tue, et va donner au château l'escalade : 360
Du fier Grifonio[5] c'étoit le lieutenant.

1. « Le moyen de laisser mourir, etc., faute du plus petit secours du monde qu'elle pouvait lui donner !... Elle acheta le remède au prix qu'on voulut. » (VOLTAIRE, *Cosi-Sancta*.)
2. Voilà la « compassion » du vers 28. — Dans *le Cocu*, vers 65 :
    Je fis semblant d'y vouloir condescendre (*à son amour*).
3. « A demain les affaires sérieuses ! » C'est le mot d'Archias, tyran de Thèbes : « Le soir, auant l'execution de l'entreprinse que Pelopidas auoit faicte de le tuer..., il luy feut escript.... de poinct en poinct ce qu'on luy preparoit ; et ce pacquet luy ayant esté rendu pendant son souper, il remeit à l'ouurir, disant ce mot, qui depuis passa en prouerbe en Grece : « A demain les affaires ! » (MONTAIGNE, tome II, p. 48-49.) — Voyez ci-dessous, le vers 396 et la note.
4. Que les corsaires le guettent. — 5. Voyez vers 72 et suivants.

Il prend le château d'emblée¹.
Voilà la fête troublée².
Le jeûneur³ maudit son sort.
Le corsaire apprend d'abord                    365
L'aventure de la belle ;
Et, la tirant à l'écart,
Il en veut avoir sa part.
Elle fit fort la rebelle⁴.
Il ne s'en étonna pas,                         370
N'étant novice en tels cas⁵.
« Le mieux que vous puissiez faire,
Lui dit tout franc⁶ ce corsaire,
C'est de m'avoir pour ami⁷ ;

1. Du premier coup, par surprise. « Ez conuenz des femmes ne entroient les hommes si non à l'emblée et clandestinement. » (RABELAIS, *Gargantua*, chapitre LII.) — « La ville étoit trop bien munie pour l'emporter d'emblée. » (VAUGELAS, cité par Richelet.) Rapprochez le verbe *embler*, enlever de force :

    Le cœur dès l'abord ils nous emblent.
    (Lettre à l'abbesse de Mouzon, tome V *M.-L.*, p. 5.)

2.     Mais quelqu'un troubla la fête
        Pendant qu'ils étoient en train.
            (*Le Rat de ville et le Rat des champs*, vers 11-12.)

3. Le chef de l'escorte, qui avait eu recours au jeûne pour vaincre la résistance d'Alaciel (vers 339).

4. Plus haut, vers 329 :
    Elle s'en tint fort offensée.
Rapprochez les vers 122-126 du *Calendrier* :
    La belle fit son devoir de pleurer, etc.

5. En tel cas. (1666, 1669 Amsterdam et Leyde.)
—     ....N'étant homme en tel pourchas nouveau.
            (*Le Cocu*, vers 36, et la note.)

6. Dans *le Misanthrope* de Molière, acte I, scène 1, vers 105 : « Je vous dirai tout franc. » Voyez aussi *le Tartuffe*, acte I, scène 1, vers 39 ; *les Plaideurs* de Racine, acte I, scène 1, vers 26 ; etc.

7. Comme plus haut (vers 256) :
    .... Il vaut mieux, disoit-il, vous en faire un ami, etc.
Voyez le vers 3 de *la Gageure* et la note.

Je suis corsaire et demi[1].   375
Vous avez fait jeûner un pauvre misérable
    Qui se mouroit pour vous d'amour;
    Vous jeûnerez à votre tour,
    Ou vous me serez favorable[2].
La justice le veut : nous autres gens de mer[3]   380
Savons rendre à chacun selon ce qu'il mérite;
    Attendez-vous de n'avoir à manger
Que quand de ce côté vous aurez été quitte[4].
Ne marchandez point tant, Madame, et croyez-moi[5]. »
Qu'eût fait Alaciel[6]? force n'a point de loi[7].   385
S'accommoder à tout est chose nécessaire[8];
Ce qu'on ne voudroit pas, souvent il le faut faire;

   1. On connaît le proverbe : « A corsaire corsaire et demi »; un corsaire et demi est encore pire qu'un corsaire. Chez Brantôme, tome IX, p. 584 : « A brave brave et demi. » Chez Tallemant des Réaux, tome II, p. 365 : « Diable et demi. » Comparez notre tome II, p. 320 et note 6 : « Normand et demi »; et le vers 187 du *Roi Candaule* : « galand et demi ».
   2. Ci-dessus, vers 218 et note :

        Ou favorisez votre amant.

Comparez *le Gascon puni*, vers 64, et *le Faucon*, vers 54-55 :

        Il aimoit mieux Clitie inexorable
        Qu'il n'auroit fait Hélène favorable.

   3. Même locution : « gens de mer », dans *le Calendrier*, vers 117.
   4. Quand vous vous serez acquittée de ce côté-là.
   5.    Çà, dépêchons : c'est par trop marchandé.
           (*La Jument du compère Pierre*, vers 128.)

Voyez aussi le vers 32 des *Cordeliers* et la note.
   6. Même tour dans le conte ix de cette II<sup>e</sup> partie, vers 63 :

        Qu'eût-elle fait?

   7. « Force » ou « nécessité », comme on dit plus ordinairement.
   8. Voyez ci-dessus, vers 43.
   —   Les plus accommodants ce sont les plus habiles.
           (Livre VII, fable iv, vers 28.)

Quand il plaît au destin que l'on en vienne là,
Augmenter sa souffrance est une erreur extrême[1] :
Si par pitié d'autrui[2] la belle se força[3], 390
Que ne point essayer par pitié de soi-même[4] ?
Elle se force donc, et prend en gré le tout[5].
Il n'est affliction dont on ne vienne à bout[6].

  Si le corsaire eût été sage,
Il eût mené l'infante en un autre rivage[7]. 395
 Sage en amour ? hélas ! il n'en est point[8].
Tandis que celui-ci croit avoir tout à point[9],
 Vent pour partir, lieu propre pour attendre[10],

1.   Souffrir en paix, soupirer et se taire,
  Se résigner, est tout ce qu'on peut faire.
    (VOLTAIRE, *Poésies*, tome XI, p. 320.)

2. D'ailleurs « gaîment, de bonne grâce » : voyez les vers 346-347.

3. Se contraignit.
 Ainsi Néron commence à ne se plus forcer.
   (RACINE, *Britannicus*, acte III, scène VIII, vers 1053.)

4. C'est la « crainte de pis » du vers 29.

5. Comparez le vers 181 du *Faiseur d'oreilles* et la note :
 La dame prit le tout en patience.

6.   ....Il n'est peine d'âme si forte
  Qu'il ne s'en faille à la fin consoler.
    (*Le Faucon*, vers 254-255.)

7. Ci-dessus, vers 211 : « en un bord étranger ».

8. Rapprochez la fable 1 du livre IV, vers 59-60 et la note :
  Amour, Amour, quand tu nous tiens
  On peut bien dire : « Adieu, prudence » ;

et le vers 239 des *Filles de Minée* :
 Je demande un grand point, la prudence en amours.

9. La situation est la même ci-dessus, vers 351 et suivants :
 Tandis que le galant se trouve satisfait,
  Et remet les autres affaires, etc.

10. Sûr et agréable pour attendre le moment de reprendre la mer.

Fortune, qui ne dort que lorsque nous veillons,
  Et veille quand nous sommeillons[1],   400
  Lui trame en secret cet esclandre[2].

Le seigneur d'un château voisin de celui-ci,
  Homme fort ami de la joie[3],
  Sans nulle attache[4], et sans souci
Que de chercher toujours quelque nouvelle proie,   405
  Ayant eu le vent[5] des beautés,
  Perfections, commodités[6],

 1. Voyez tome II, p. 167 et note 28; et comparez ces vers de *la Dance des aueugles* de Michault (p. 99 de la réimpression de 1748) :
« Fortune
   De bien en mieulx, de mal en pire
   Tourne souuent quand on sommeille. »
 2. Ci-dessus, p. 372 et note 6.
 3. Dans *le Calendrier*, vers 112 : « Il aimoit la joie. » Rapprochez les locutions : « faire la joie », « dames » ou « filles de joie », etc.
 4. Chez Corneille, *Agésilas*, acte IV, scène IV, vers 1559-1560 :
  ....Sans prendre d'attache, ou d'idée importune,
  Attendez en repos les cœurs qui se rendront.
Rapprochez, au vers 22 du *Gascon puni* : « sans affaire ».
 5. Comparez Brantôme, tomes I, p. 269, IV, p. 77, V, p. 359, VI, p. 138, 143, 226, 381, VIII, p. 121 : « auoir, ouïr, sentir, le vent ». Nous rencontrons cette expression figurée, empruntée au vocabulaire de la chasse, et qui vient si bien ici après le vers précédent, dans *les Rémois*, vers 52, dans *la Coupe enchantée*, vers 273, et dans *les Troqueurs*, vers 84 :
  ....Pour un temps la chose fut secrète;
  Mais il en vint au curé quelque vent.
 6. Le mot, croyons-nous, a aussi bien le sens, habituel au XVIIe siècle, d'*agréments* que de *facilités*, quoiqu'ici ce dernier sens se présente d'abord à l'esprit, et que la Fontaine ait appuyé sur la qualité d' « accommodante » d'Alaciel (vers 43 et 386). Comparez le vers 314 de *Joconde*, où le mot paraît bien avoir les deux significations :
  ....J'y consens, dit Joconde; et je sais une dame
  Près de qui nous aurons toute commodité;
et Brantôme, tome IX, p. 295 : « Tant d'aultres commoditez de ces amours (les amours des femmes prises de guerre).... »

Qu'en sa voisine on disoit être,
Ne songeoit nuit et jour qu'à s'en rendre le maître :
Il avoit des amis, de l'argent[1], du crédit, 410
　　　Pouvoit assembler deux mille hommes.
Il les assemble donc un beau jour, et leur dit :
　　« Souffrirons-nous, braves gens que nous sommes,
Qu'un pirate à nos yeux se gorge de butin ;
Qu'il traite comme esclave une beauté divine ? 415
　　　Allons tirer notre voisine
　　　D'entre les griffes du mâtin[2].
　　　Que ce soir chacun soit en armes,
　　Mais doucement et sans donner d'alarmes[3] ;
　　　Sous les auspices de la nuit, 420
　　　Nous pourrons nous rendre sans bruit
Au pied de ce château, dès la petite pointe
　　　Du jour[4].

1. « De l'argent sans affaire » : c'est ce que souhaite notre poète dans sa lettre de juillet 1689 au prince de Conti, et de n'avoir d'autre souci du matin au soir, comme le seigneur en question :
　　　Que de suivre en tout son vouloir.

2. Plus haut, vers 97 : « l'animal ». Comparez la Mandragore, vers 194 : « mâtin difforme » ; la satire du Florentin, vers 10, où le mot mâtin est également appliqué à un homme ; chez du Bellay (tome II, p. 24), cette injure adressée par David à Goliath : « Ha ! grand mastin ! » ; chez Baïf (tome II, p. 111) :
　　Ce mastin aboyeur de mon entiere vie ;
plus bas, ibidem :
　　Or mastin soit nommé ce meschant enuieux ;
chez du Fail (tome II, p. 8) : « le fin et rusé mastin » ; dans l'Histoire maccaronique de Merlin Coccaie, livre III : « Ce compagnon.... estoit ung brauasche, ung mastin, ung taille tout » ; et livre XXIII : « Hors ! menez au loin ce maroufle ! Sus, vite ! que tardez-vous ? Ce mastin me deplaist. » — Dans Rabelais (tome II, p. 165) : « Aultres telles mastines », en parlant de femmes.

3. Voyez ci-dessous, le vers 463 et la note.

4. « Enfin à la petite pointe du jour je me suis levée », écrit M<sup>me</sup> de Sévigné dans une lettre à sa fille du 2 novembre 1673.

La surprise à l'ombre étant jointe
Nous rendra sans hasard¹ maîtres de ce séjour.     425
Pour ma part du butin je ne veux que la dame :
Non pas pour en user ainsi que ce voleur ;
Je me sens un desir en l'âme
De lui restituer ses biens et son honneur.
Tout le reste est à vous, hommes, chevaux, bagage, 430
Vivres, munitions, enfin tout l'équipage²
Dont ces brigands ont empli la maison.
Je vous demande encore un don :     [saire. »]
C'est qu'on pende aux créneaux, haut et court³, le cor-

Cette harangue militaire                             435
Leur sut tant d'ardeur inspirer,
Qu'il en fallut une autre afin de modérer
Le trop grand desir de bien faire⁴.
Chacun repaît⁵, le soir étant venu ;

1. Sans courir de risque : comparez le vers 19 de la fable XXIV du livre VIII : « Gens fuyants les hasards » ; et le verbe *hasarder* au vers 109 du *Calendrier*, et la note.

2. Le sens de ce mot est bien expliqué ici par ce qui précède. Voyez le vers 256 de *Joconde* et la note.

3. Comparez *Belphégor*, vers 263-264 : « être pendu, être mis, haut et court, en un gibet » ; et rapprochez la locution « court et net » de la fable XIX du livre VI, vers 24.

4. Dans *Amphitryon* de Molière, acte I, scène I, vers 256 :

Voilà notre avant-garde à bien faire animée.

5. Prend sa réfection.

Ainsi, sans faire long procez,
Ils repeurent, de cueur deuost,
Et eurent, par leur grant excez,
Pain, vin, chair, et poisson, et rost.

(VILLON, *les Repeues franches*, p. 194 ; voyez *ibidem*, p. 185, 193, 195, etc.) « Repaissans et beuuans, auons le temps haulsé. » (RABELAIS, tome II, p. 502 ; voyez aussi tome III, p. 24, 31, 107, 125.) « (Il) se retire à quelque bourg prochain pour reposer et repaistre. » (BRANTÔME, tome VII, p. 290.) « ....N'aians le plus souuent

L'on mange peu, l'on boit en récompense[1] :  440
    Quelques tonneaux sont mis sur cu[2].
    Pour avoir fait cette dépense,
    Il s'est gagné plusieurs combats
    Tant en Allemagne qu'en France.
    Ce seigneur donc n'y manqua pas,  445
    Et ce fut un trait de prudence.
Mainte échelle est portée, et point d'autre embarras[3],
    Point de tambours, force[4] bons coutelas.
    On part sans bruit[5], on arrive en silence.
    L'orient venoit de s'ouvrir :  450
C'est un temps où le somme[6] est dans sa violence[7],
Et qui par sa fraîcheur nous contraint de dormir[8].

que donner à repaistre à leurs hostes. » (Du Fail, tome II, p. 12.)

    Ce Monsieur l'étranger a besoin de repaître.
        (Molière, *l'Étourdi*, vers 1440.)

« La nécessité de repaître le fit retarder quelques heures. » (La Rochefoucauld, *Mémoires*, p. 363.)

1. En revanche, par compensation : voyez le vers 517 de *Joconde* et la note; et les *Lexiques de Malherbe, de Sévigné, de Racine, de la Rochefoucauld*.

2. On les lève sur leur fond après les avoir vidés.

    Un baril défoncé, deux bouteilles sur cu
    Qui disoient, sans goulet : Nous avons trop vescu !
        (Regnier, satire xi, vers 191-192.)

« Les grosses questions.... qui eussent là fait monstrer le cul à deux ou trois bouteilles.... » (Du Fail, conte xx, tome II, p. 17.) Comparez une locution analogue de Retz (*Mémoires*, tome IV, p. 176 et 522) : « Arrêter sur cul », arrêter tout court et de façon à renverser; cette phrase de Rabelais, tome I, p. 265 : « Il tint contre tous les regens, artiens, et orateurs, et les mist tous de cul »; et ce titre d'une mazarinade en vers (1649) : « la Famine ou les P.... à cul » (*Variétés historiques et littéraires*, tome VIII, p. 387).

3. Point d'autres *impedimenta*, comme on dit en langage militaire.

4. *Forcer*, dans l'édition de 1669 Paris : faute évidente.

5. Voyez ci-dessus, le vers 421. — 6. Tome III, p. 122 et note 18.

7. Rapprochez ci-dessus, le vers 235.

8.         Lorsque tout repose,

> Presque tout le peuple corsaire[1],
> Du sommeil à la mort n'ayant qu'un pas à faire,
> Fut assommé sans le sentir.
>
> Le chef pendu, l'on amène l'infante.
> Son peu d'amour pour le voleur,
> Sa surprise et son épouvante,
> Et les civilités de son libérateur,
> Ne lui permirent pas de répandre des larmes[2].
> Sa prière sauva la vie à quelques gens ;
> Elle plaignit les morts, consola les mourants,
> Puis quitta sans regret ces lieux remplis d'alarmes[3].
> On dit même qu'en peu de temps
> Elle perdit la mémoire
> De ses deux derniers galants :
> Je n'ai pas peine à le croire.

>> Que de l'aube au teint frais la charmante douceur
>> Force tout au sommeil....
>> (*Les Filles de Minée*, vers 242-244.)

Ronsard (tome II, p. 64) exprime une idée contraire :

>> C'estoit au poinct du iour quand les plumes du somme
>> Ne couurent qu'à demi les yeux lassés de l'homme,
>> Quand tout ensemble on veille et tout ensemble on dort, etc.

1. Sur ces mots : *peuple, nation, gent*, que la Fontaine, dans ses fables, applique fréquemment aux animaux, avec ou sans épithète, apposition, ou complément, voyez tome III, p. 31, 82, 164, 298 ; et *passim*.

2. Les larmes. (1666.)

3. Voyez *Joconde*, vers 487 : « le bruit des alarmes » et la note ; ci-dessus, le vers 419, et ci-dessous le vers 717.

>> Mars reuenant des alarmes,
>> Branlant une grand hache d'armes....
>> (REMY BELLEAU, *les Fleches d'Amour*, vers 9-10.)

>> Commandez que son bras, nourri dans les alarmes,
>> Répare cette injure à la pointe des armes.
>> (CORNEILLE, *le Cid*, acte II, scène VI, vers 589-590.)

Son voisin la reçut en un appartement
  Tout brillant d'or et meublé richement.
On peut s'imaginer l'ordre¹ qu'il y fit mettre :            470
  Nouvel hôte et nouvel amant,
  Ce n'étoit pas pour rien omettre² ;
Grande chère surtout, et des vins fort exquis :
  Les Dieux ne sont pas mieux servis.
  Alaciel, qui, de sa vie,                                  475
  Selon sa Loi³, n'avoit bu vin,
  Goûta ce soir, par compagnie⁴,
  De ce breuvage si divin.
Elle ignoroit l'effet d'une liqueur si douce ;
  Insensiblement fit carrousse⁵ :                           480

1. Même locution dans Boileau, à propos de l'ordonnance d'un festin :
  La déesse en entrant, qui voit la nappe mise,
  Admire un si bel ordre et reconnoît l'Église.
      (*Le Lutrin*, chant 1, vers 69-70.)

2. Rapprochez les vers 35-36 de *la Mandragore* :
  ....Tout tend aux fins, dont un seul iota
  N'étant omis, etc.

3. La loi de Mahomet. — La Loi. (1685, 1686.)

4. Parce qu'elle se trouvait en compagnie, en faveur de la compagnie. On connaît le vieil adage : « Par compagnie, on se fait pendre », c'est-à-dire « on fait, dit Littré, en faveur de la compagnie à laquelle on appartient, des choses condamnables. » Chez Montaigne, tome IV, p. 40 : « Me fault ordinairement basteler, par compaignie, à traicter des subiects et contes friuoles » ; *ibidem*, p. 248 : « Il a esté pris par compaignie et rencontré n'ayant aulcune participation à tout cela. » Chez Tallemant des Réaux (tome VII, p. 485) : « Ayant été obligé d'aller au lieu d'honneur, par compagnie, il gagna du mal. »

5. S'enivra ; en allemand : *Garaus machen*, faire (aller jusqu'à) la fin, combler la mesure, boire à tire-larigot ; « car leur fin (aux Allemands), dit Montaigne (livre II, chapitre 11, tome II, p. 17), c'est l'aualler plus que le gouster » ; en anglais : *to carouse*. Dans la fable 11 de la XIII° nuit de Straparole : « faire carrousse et boire d'autant ». « Ie ne suys de ces importuns Lifrelofres, qui, par force, par oultrage et violence, contraignent les Lans et compaignons

> Et comme Amour jadis lui troubla la raison,
> Ce fut lors un autre poison[1].

trinquer, voire caros et alluz (*all aus*, tout dehors, tout fini), qui pis est. » (RABELAIS, Prologue du tiers livre, tome II, p. 13.) — « Il voudroit estre le plus riche cocu de France pour auoir de l'argent tout son saoul, faire carous, iouer à trois dez, boire bon vin, hanter fillettes, et cuire ses petits pastez. » (NOEL DU FAIL, conte XII, tome I, p. 164; et *ibidem*, p. 90.) — « Ce fut une ordonnance obseruée pour toutes les dix-sept prouinces (des Flandres), que l'on n'eust plus à faire carroux. » (BRANTÔME, tome I, p. 30.) « Beaux festins et carroux. » (*Ibidem*, tome VII, p. 292.)

> .... Ils sont enfants des Cieux,
> Ils font journellement carrousse avecq' les Dieux.
> (REGNIER, satire 11, vers 173-174.)

Paul-Louis Courrier se sert de cette locution : « faire carrousse de vin et de baisers », dans sa traduction archaïque de *la Luciade*, au récit des ébats de la jeune servante. Voyez aussi l'*Apologie pour Hérodote*, tome I, p. 200; *le Moyen de parvenir*, p. 26; *la Vraye Histoire comique de Francion*, tome II, p. 149; Tallemant des Réaux, tomes IV, p. 265, V, p. 229 : « On fit carrousse ; on se jeta des bouteilles et des verres après dîner » ; etc. Nous trouvons le verbe *carousser :* « carousser à outrance en auallant de grandz verres de vin », dans Brantôme, déjà cité, tome I, p. 314; et sur le titre d'un écrit du dix-septième siècle : *Discours de l'Yvresse et Yvrognerie,... ensemble la manière de carousser, et les combats baccliiques des anciens yvrognes...*, par J. Mousin (Toul, 1612, in-8°).

1. Même figure dans la fable 1 du livre XII, vers 45-46 :

> L'enchanteresse
> Prit un autre poison peu différent du sien ;

dans les *Filles de Minée*, vers 29-32 :

> .... Non toutefois qu'il faille, en contant ses merveilles,
> Accoutumer nos cœurs à goûter son poison ;
> Car, ainsi que Bacchus, il trouble la raison ;

dans l'opéra de *Daphné*, vers 164; et chez Remy Belleau (tome I, p. 223) :

> Et en beuuant il beut une poison
> Qui doucement enyura sa raison.

— C'est ainsi, quoique moins modestement, moins insensiblement, que succombe la première fois Alaciel, dans la nouvelle de Boccace, dont la Fontaine a eu raison de dire qu'il s'éloignait fort : son amoureux, pour mieux l'enivrer, a le soin de lui faire servir

Tous deux sont à craindre des dames.
    Alaciel mise au lit par ses femmes,
Ce bon seigneur s'en fut la trouver tout d'un pas¹.   485
« Quoi trouver? dira-t-on; d'immobiles appas² ?
— Si j'en trouvois autant, je saurois bien qu'en faire,
    Disoit l'autre jour un certain³ :
    Qu'il me vienne une même affaire,
On verra si j'aurai recours à mon voisin. »            490
Bacchus⁴ donc, et Morphée⁵, et l'hôte de la belle,
    Cette nuit disposèrent d'elle.
Les charmes des premiers⁶ dissipés à la fin,
    La princesse, au sortir du somme⁷,
    Se trouva dans les bras d'un homme;                495

des vins mélangés; Alaciel devient bientôt si gaie, si folâtre, que, voyant des femmes danser dans la salle du festin à la mode de Majorque, elle s'empresse de danser, elle, à la mode d'Alexandrie. Enfin, aux approches du jour, le galant la conduit dans sa chambre : Alaciel se dépouille en sa présence et se couche *senza alcun ritegno di vergogna*. Il ne tarde pas à la suivre au lit, *et in braccia recatalasi senza alcuna contraditione di lei, con lei incomincio amorosamente a solazzarsi*. Alaciel, qui avait ignoré jusque-là *con che corno gli huomini cozzano*, se repent de n'avoir pas cédé plus tôt à ses désirs; et, *senza attendere d'essere a cosi dolci notti invitata, spesse volte se stessa invitava, non con le parole, che non sapeva fare intendere, ma co futti*.

1. Sur cette locution, voyez p. 313 et note 1.

2. « Ne semble ce pas estre une humeur lunatique de la Lune, ne pouuant aultrement iouir de Endymion son mignon, l'aller endormir pour plusieurs mois, et se paistre de la iouissance d'un garson qui ne se remuoit qu'en songe? Ie dis pareillement qu'on aime un corps sans ame, ou sans sentiment, quand on aime un corps sans son consentement et sans son desir. » (MONTAIGNE, tome III, p. 337.)

3. Un quidam. Même locution « un certain », dans *les Caquets de l'accouchée*, p. 221.

4.    Bacchus avec Cérès, de qui la compagnie
        Met Vénus en train bien souvent.
                            (*Le Tableau*, vers 77-78.)

5. Est-ce là l' « honnête excuse » du vers 29?

6. De Bacchus et de Morphée. — 7. Ci-dessus, le vers 451 et la note.

La frayeur lui glaça la voix :
Elle ne put crier, et, de crainte saisie,
Permit tout à son hôte, et pour un autrefois[1]
    Lui laissa lier la partie[2].
« Une nuit, lui dit-il, est de même que cent ;      500
Ce n'est que la première à quoi[3] l'on trouve à dire[4]. »
Alaciel le crut. L'hôte enfin se lassant
    Pour d'autres conquêtes soupire[5].

Il part un soir, prie un de ses amis
De faire cette nuit les honneurs du logis[6],      505
    Prendre sa place, aller trouver la belle,
Pendant l'obscurité se coucher auprès d'elle,
  Ne point parler[7] ; qu'il[8] étoit fort aisé ;
Et qu'en s'acquittant bien de l'emploi proposé
L'infante assurément agréroit[9] son service[10].      510
L'autre bien volontiers lui rendit cet office[11] :

  1. Tel est le texte de 1669 Paris et de 1685, 1686 ; *une autre fois* dans nos autres éditions. *Fois* était primitivement masculin : *à le fois, tel fois est,* parfois. — Ajoutons qu'anciennement l'adverbe *autrefois* se disait aussi bien de l'avenir que du passé.
  2. Expression métaphorique empruntée au langage des joueurs. « Sur l'heure ils lièrent la partie pour se trouver chez une certaine femme. » (Tallemant des Réaux, tome VII, p. 390.)
  3. Voyez p. 15 et note 2. — 4. Rapprochez le vers 269 :
    Rien ne coûte en amour que la première peine.
  5. On nous l'a dépeint volage (vers 404-405).
  6. Même expression plaisante dans *les Quiproquo*, vers 137 :
    L'époux ne fit l'honneur de la maison.
  7. Comparez *le Muletier*, vers 69 et la note.
  8. Voyez tome III, p. 164 et note 18.
  9. Semblable suppression de l'*e* muet dans *payra* et *payroit* aux vers 584 et 675.
  10. Voyez ci-dessus, p. 332 et note 5.
  11. Dans *la Mandragore*, vers 85 :
    Vous me rendez un merveilleux office.
Chez Montaigne (tome III, p. 234) : « faire un bon office à ».

Le moyen qu'un ami puisse être refusé !
A ce nouveau venu la voilà donc en proie.
Il ne put sans parler contenir cette joie[1].
La belle se plaignit d'être ainsi leur jouet :           515
    « Comment l'entend Monsieur mon hôte?
Dit-elle, et de quel droit me donner comme il fait? »
      L'autre confessa qu'en effet
   Ils avoient tort; mais que toute la faute
      Étoit au maître du logis.           520
      « Pour vous venger de son mépris,
   Poursuivit-il, comblez-moi de caresses;
    Enchérissez sur les tendresses
Que vous eûtes pour lui tant qu'il fut votre amant :
Aimez-moi par dépit et par ressentiment[2],           525
    Si vous ne pouvez autrement. »
Son conseil fut suivi; l'on poussa les affaires[3],
    L'on se vengea, l'on n'omit rien.
    Que si l'ami s'en trouva bien,
    L'hôte ne s'en tourmenta guères.           530

    Et de cinq, si j'ai bien compté.

---

1. Deux rimes : *proie, joie*, qui reviennent bien fréquemment : voyez ci-dessus, *le Calendrier*, vers 111-112, et la note, *les Quiproquo*, vers 153-154; etc.

2. La Fontaine aurait donc pu ajouter le « dépit et ressentiment » aux motifs énumérés dans les vers 27-29.

3. Je crains que le pendard, dans ses vœux téméraires,
  Un peu plus fort que jeu n'ait poussé les affaires.
(Molière, *l'École des Femmes*, acte II, scène v, vers 547-548.)

Voyez aussi *le Tableau*, vers 145 :

    Il auroit poussé loin l'affaire ;

*la Servante justifiée*, vers 98 : « pousser l'aventure », et la note ; et comparez les vers 117-118 du *Magnifique* :

    Froid est l'amant qui ne va jusqu'au bout,
    Et par sottise en si beau train demeure.

Le sixième incident des travaux[1] de l'infante
　　Par quelques-uns est rapporté
　　D'une manière différente.
　　Force gens concluront de là　　　　　　　　535
Que d'un galant au moins je fais grâce à la belle.
　　C'est médisance que cela;
　　Je ne voudrois mentir pour elle :
　　Son époux n'eut assurément
　　Que huit précurseurs[2] seulement[3].　　　540
　　Poursuivons donc notre nouvelle.
　　L'hôte revint quand l'ami fut content[4].
　　Alaciel, lui pardonnant,
　　Fit entre eux les choses égales[5].
La clémence sied bien aux personnes royales[6].　545

Ainsi de main en main Alaciel passoit,
　　Et souvent se divertissoit
　　Aux menus ouvrages des filles
　　Qui la servoient, toutes assez gentilles[7].
Elle en aimoit fort une à qui l'on en contoit[8];　550

1. Ci-dessus, vers 24 et la note.
2. Même expression, au même sens, dans *les Quiproquo*, vers 140 :
　　Le précurseur, ainsi que de raison,
　　Ce fut l'ami.
3. Voyez ce que nous disons à ce sujet, ci-dessus, p. 397, note 2.
4. En eut assez, pour le moment du moins. Rapprochez *le Calendrier*, vers 256 et la note.
5. Ce fut « la femme à deux » de la xxxi<sup>e</sup> et de la xxxiii<sup>e</sup> des *Cent Nouvelles nouvelles*. Cette « association » rappelle aussi celle d'Astolphe et de Joconde, et d'Axiochus avec Alcibiade (contes i et vii de la I<sup>re</sup> partie).
6. 　　　C'est l'indulgence
　　Qui fait le plus beau de leurs droits.
　　　(Livre XII, fable xii, vers 2-3, et la note.)
7. 　　Elles étoient toutes assez gentilles.
　　　　　(*Mazet*, vers 34.)
8. A qui l'on contait fleurette.

Et le conteur¹ étoit un certain gentilhomme
  De ce logis, bien fait et galant homme,
    Mais violent dans ses desirs,
    Et grand ménager de soupirs²,
Jusques à commencer, près de la plus sévère,           555
    Par où l'on finit d'ordinaire.


Un jour, au bout du parc, le galant rencontra
      Cette fillette ;
Et dans un pavillon³ fit tant qu'il l'attira
      Toute seulette⁴.                                 560
    L'infante étoit fort près de là,
Mais il ne la vit point, et crut en assurance⁵
    Pouvoir user de violence.
Sa médisante humeur, grand obstacle aux faveurs⁶,
    Peste d'amour⁷ et des douceurs                    565
    Dont il tire sa subsistance,

---

1. Voyez « le jeûneur », vers 364 et la note.

2.           Et grand ménageur de soupirs. (1668.)

Il n'aimait pas à les perdre, mais tout d'abord il « poussait les affaires ». — Nous avons rencontré cette expression : « ménager de », plus haut, p. 308 et note 3. — Tel est le caractère de Pinuce, dans *le Berceau*, et du *Magnifique*, dans le conte qui porte ce nom.

3. Comparez le « cabinet » de *Mazet*, vers 117, 161, et les « pavillons », ou « cabinets d'amours », de *la Confidente*, vers 186, et du *Magnifique*, vers 203.

4. Voyez ci-dessus, p. 158 et note 2. — 5. Avec sécurité.

  Pourras-tu dans son lit dormir en assurance ?
              (Corneille, *Nicomède*, vers 1500.)

Voyez aussi *ibidem*, vers 1623 ; et le *Lexique de Malherbe*.

6. C'est pour qu'il soit puni de sa médisance que, dans le conte précédent, le Gascon est si cruellement joué.

7. « Colère, peste de l'amitié, » a écrit Racine (tome VI, p. 315), dans une annotation d'un traité de Plutarque. Voyez aussi, pour cette image, les *Lexiques de Malherbe et de Corneille*; et, pour le mot *peste* personnifié, la fable ix du livre X, vers 53 et la note.

Avoit de ce galant souvent grêlé[1] l'espoir.
La crainte lui nuisoit autant que le devoir[2].
Cette fille l'auroit selon toute apparence
    Favorisé[3],        570
   Si la belle eût osé.
  Se voyant craint de cette sorte,
  Il fit tant qu'en ce pavillon
  Elle entra par occasion[4] :
   Puis le galant ferme la porte ;    575
Mais en vain, car l'infante avoit de quoi l'ouvrir.
La fille voit sa faute, et tâche de sortir.
  Il la retient ; elle crie, elle appelle :
  L'infante vient, et vient comme il falloit[5],
  Quand sur ses fins la demoiselle étoit[6].   580
Le galant, indigné de la manquer si belle[7],
  Perd tout respect, et jure par les Dieux
   Qu'avant que sortir[8] de ces lieux
   L'une ou l'autre payra[9] sa peine[10].
  Quand il devroit leur attacher les mains.   585
   « Si loin de tous secours humains,
   Dit-il, la résistance est vaine.

 1. Détruit ; comme la grêle tue les moissons dans leur fleur.
 2. La crainte que les femmes avaient de lui, de sa médisance, autant que leur devoir, leur obligation morale de rester sages.
 3. Voyez, pour cet emploi de ce terme, les vers 218, 240, 379, 564, 612, 673, 695, 715, 720, 783 : « favoriser », « faveurs », « favorable », « favoris ».
 4. Accidentellement, mais moins par surprise que par sa faute : voyez le vers 577.
 5.    L'infante vint, et vint comme il falloit. (1668.)
 6. Terme de chasse : se dit de la bête traquée qui va périr.
 7. De perdre une si belle occasion, une si belle partie.
 8. Dans *Joconde*, vers 262 : « devant que sortir ».
 9. Voyez ci-dessus, le vers 510 et la note.
 10. Paiera la peine qu'il s'est donnée pour attirer la jeune fille dans le pavillon.

Tirez au sort sans marchander[1];
Je ne saurois vous accorder
    Que cette grâce : 590
Il faut que l'une ou l'autre passe[2]
    Pour aujourd'hui.
— Qu'a fait Madame? dit la belle;
Pâtira-t-elle pour autrui?
— Oui, si le sort tombe sur elle, 595
Dit le galant; prenez-vous-en à lui.
— Non, non, reprit alors l'infante;
Il ne sera pas dit que l'on ait, moi présente[3],
    Violenté cette innocente.
Je me résous plutôt à toute extrémité[4]. » 600
    Ce combat plein de charité[5]
Fut par le sort à la fin terminé[6] :
    L'infante en eut toute la gloire;
Il[7] lui donna sa voix, à ce que dit l'histoire.
    L'autre[8] sortit[9], et l'on jura 605

1. Même verbe, au même sens, au vers 99 de *la Gageure*, et ci-dessus, p. 421 et note 5.
2. Dans *Mazet*, vers 144 :
    Je passerai, si tu veux, la première.
Voyez aussi *l'Abbesse*, vers 9 et 48-51.
3. Comparez *la Gageure*, vers 142 et la note.
4. Encore la « compassion » du vers 28, mais pour sa suivante, ici, non pour l'amant.
5. Rapprochez le vers 306 de *l'Oraison* et la note.
6. Il rappelle le dévouement d'Agnès pour *l'Abbesse*, vers 91 et suivants, dans le conte qui porte ce nom.
7. *Il*, le sort.
8. La demoiselle, la jeune suivante.
9. Nous rencontrons une scène, une situation analogues dans les *Lettres d'Amabed* de Voltaire (tome XXXIV, p. 224), et la survenante ne s'en tire pas à meilleur marché. Furieux d'avoir été dérangé dans une occupation si agréable, le père Fa tutto la traite elle-même ainsi qu'il avait traité sa compagne, et il sort ensuite fièrement, « comme un maître qui a châtié deux esclaves. »

De ne rien dire de cela.
Mais le galant se seroit laissé pendre
Plutôt que de cacher un secret si plaisant;
Et pour le divulguer il ne voulut attendre
Que le temps qu'il falloit pour trouver seulement    610
  Quelqu'un qui le voulût entendre[1].

  Ce changement de favoris
  Devint à l'infante une peine:
  Elle eut regret d'être l'Hélène
  D'un si grand nombre de Pâris[2].    615
  Aussi[3] l'Amour se jouoit d'elle.
  Un jour, entre autres, que la belle
  Dans un bois dormoit à l'écart,
  Il s'y rencontra par hasard
Un chevalier errant, grand chercheur d'aventures[4],
De ces sortes de gens que sur des palefrois[5]

1. Comme Gulphar, à la fin du conte IX de cette II<sup>e</sup> partie. — Le poète nous a prévenus, au vers 564, de « la médisante humeur » de ce gentilhomme. On voit que, sous l'apparence presque négligée de ces vers aisés, chacun des galants de ce conte a son caractère propre qu'il ne dément point.

2. Même allusion à la belle Hélène, cette source de discordes, aux vers 9 de la fable XIII du livre VII, 202-207 du *Tableau*, etc.

3. C'est qu'aussi, il est bien vrai que, etc. Voyez p. 13 et note 1, et p. 199.

4. Mascarade et cartels ont pris leur nourriture,
  L'un des Italiens, l'autre des vieux François,
  Qui erroient tous armés par desert et par bois,
  Accompagnés d'un nain, cherchant leur auenture.
      (RONSARD, sonnet, tome II, p. 132.)
— Même locution : « chercheur d'aventures », dans *les Rémois*, vers 93, et dans *les Quiproquo*, vers 57 : voyez ci-dessous, les vers 635-636. Plus bas, vers 654 et 708 : « l'aventurier ». — Comparez le vers 1 de la fable XV du livre X (tome III, p. 88 et note 2) :

  Quatre chercheurs de nouveaux mondes.

5. *Palefrois*, chevaux pour les dames; tandis que les chevaliers, les paladins, étaient montés sur des destriers ou chevaux de bataille.

Les belles suivoient autrefois,
  Et passoient[1] pour chastes et pures[2].
Celui-ci, qui donnoit à ses desirs l'essor,
Comme faisoient jadis Rogel et Galaor[3],   625
  N'eut vu[4] la princesse endormie,
Que de prendre un baiser il forma le dessein :
Tout prêt à faire choix de la bouche ou du sein[5],

1. Et elles passaient cependant.
2. « ....Telles courtoisies se rendoient le temps passé parmy les cheualliers enuers les dames, selon l'usance des cheualliers errans. » (BRANTÔME, tome VI, p. 250.) *Ibidem*, tome IX, p. 398-399, et tome X, p. 404 : « ....Du bon temps de la braue ieunesse des cheualliers errans. »

> Tels ont vecu ces superbes Rolands,
> Renauds, Tristans, pleins d'une ame amoureuse,
> Qui, desireux de gloire auentureuse,
> Comme les Dieux s'acquirent des autels, etc.
> (RONSARD, *les Mascarades*, tome II, p. 149.)

3. Rogel, pour Roger, est bien le texte des premières éditions. C'est un des personnages de l'*Orlando furioso* et de l'*Orlando innamorato;* Galaor est le frère d'Amadis : tous deux grands séducteurs de femmes et amants peu scrupuleux et peu fidèles. A propos du trop libre « essor donné aux desirs » amoureux, voyez particulièrement le chant VII du *Roland furieux*, stances XXVIII et suivantes, et les délices auxquelles Roger s'abandonne dans l'île charmante de la fée Alcine.
4. Pas plus tôt vu. Ci-dessus, p. 212 et note 5.
5. Sur ce « choix de la bouche ou du sein », voyez un gracieux passage de la comédie de *Clymène* (tome IV M.-L., p. 145-147) :

> Usez de la faveur que vous fera le somme :
> C'est à vous de baiser ou la bouche ou le sein, etc. ;

et comparez ces vers de la *Céliane* de Rotrou (acte II, scène II), où Pamphile s'écrie, en contemplant Nise, sa maîtresse, qui repose sur son lit :

> ....Que dois-je donc choisir, puissant maître des Dieux,
> De la bouche, du sein, de la joue ou des yeux?
> Que dois-je préférer de tant de belles choses?
> Si j'aime les œillets, et les lys, et les roses,
> Ma lèvre est suspendue en cette égalité,

## DEUXIÈME PARTIE.

Il étoit sur le point d'en passer son envie¹,
  Quand tout d'un coup il se souvint    630
  Des lois de la chevalerie².
  A ce penser³ il se retint,
  Priant toutefois en son âme
  Toutes les puissances d'amour⁴
  Qu'il pût courir en ce séjour    635
  Quelque aventure⁵ avec la dame.
L'infante s'éveilla, surprise au dernier point.
  « Non, non, dit-il, ne craignez point :
  Je ne suis géant⁶ ni sauvage,
Mais chevalier errant, qui rends grâces aux Dieux   640
  D'avoir trouvé dans ce bocage
Ce qu'à peine on pourroit rencontrer dans les cieux. »
Après ce compliment, sans plus longue demeure⁷,
Il lui dit en deux mots l'ardeur qui l'embrasoit :
  C'étoit un homme qui faisoit    645

  Et l'abondance ici cause ma pauvreté.

Rapprochez enfin un joli tableau du *Songe de Vaux* (tome III *M.-L.*, p. 221-223), qui a quelque analogie avec les vers cités.

1. Voyez le vers 39 du *Muletier* et la note :

  Si se mit dans l'esprit,
  Mourût ou non, d'en passer son envie.

2. Qui ne lui permettaient pas, pendant le sommeil de la belle, d'abuser d' « immobiles appas » (vers 486). Comparez Noël du Fail (tome I, p. 239) : « Pour ne l'esueiller et rompre un si plaisant sommeil, ce qui estoit capital entre les cheualliers errans, etc. »

3. Ci-dessus, p. 334 et note 2.

4. Toutes les divinités, fées ou enchanteresses, qui sont favorables aux amants.

5. Au livre VIII, fable XXIV, vers 10, mais dans un autre sens :

  ....Ayant couru mainte haute aventure.

6. Comme Ferragus ou Fierabras, dans la *Chanson de Roland*; comme Caligorante ou Orillo dans le *Roland furieux*; comme Mandigar, Sacripant, Rodomont, etc., dans l'*Orlando innamorato*, et dans les anciens poèmes écrits en l'honneur des chevaliers errants.

7. Voyez p. 209 et note 1.

Beaucoup de chemin en peu d'heure[1].
Le refrain fut d'offrir sa personne et son bras[2],
    Et tout ce qu'en semblables cas[3]
    On a de coutume de dire
    A celles pour qui l'on soupire.                    650

Son offre fut reçue, et la belle lui fit
    Un long roman de son histoire[4],
    Supprimant, comme l'on peut croire,
    Les six galants. L'aventurier[5] en prit
        Ce qu'il crut à propos d'en prendre;           655
Et comme Alaciel de son sort se plaignit,
    Cet inconnu s'engagea de la rendre[6]

1. Mais par la persuasion, et sans être aussi « ménager de soupirs » que le gentilhomme dont il est parlé aux vers 551 et suivants. — Même figure dans *le Magnifique*, vers 114-115 :

    Tout ce chemin que l'on fait en six mois,
    Il me convient le faire en un quart d'heure;

et même expression : « en peu d'heure », *poco d'ora*, dans *Nicaise*, vers 236, dans une variante du vers 250 des *Cordeliers*; dans *les Cent Nouvelles nouvelles*, p. 73, 135 : « En peu d'heure il entra dedans et la gaigna (la dame) »; et chez Rabelais, tome III, p. 77 : « Ung aultre ie vy, lequel en peu d'heure guarist neuf bons gentilzhommes du mal sainct François. »

2. C'est par là qu'il termina sa déclaration, car c'est là qu'il en voulait venir. Regnier a dit dans le même sens (satire II, vers 151) :

    C'est tousjours le refrain qu'ils font à leur ballade.

3. En semblable cas. (1669 Amsterdam et Leyde.)
4. Opposition piquante des mots *roman* et *histoire*.
5. Plus haut, vers 620, « grand chercheur d'aventures ». *Aventuriers* est le nom que le poëte donne aux deux chevaliers errants, dans la fable XIII du livre X : *les deux Aventuriers et le Talisman*; et à Astolphe et à Joconde, aux vers 300 et 481 de son premier conte. — *En prit*, c'est-à-dire : *en crut*.
6. De la conduire. « Des paysans lui montrèrent le chemin et le rendirent le quatrième jour devant la ville. » (*Quinte-Curce* de Vaugelas, Paris, 1653, in-4°, p. 261.)

    Sans reculer plus loin l'effet de ma parole,

Chez Zaïr ou dans Garbe[1], avant qu'il fût un mois.
« Dans Garbe? non, reprit-elle, et pour cause[2] :
Si les Dieux avoient mis la chose 660
Jusques à présent à mon choix,
J'aurois voulu revoir Zaïr et ma patrie.
— Pourvu qu'Amour me prête vie[3],
Vous les verrez, dit-il. C'est seulement à vous
D'apporter remède à vos coups[4], 665
Et consentir que mon ardeur s'apaise :
Si j'en mourois (à vos bontés ne plaise[5] !),
Vous demeureriez seule ; et, pour vous parler franc[6],
Je tiens ce service assez grand
Pour me flatter d'une espérance 670
De récompense. »

Je vous rends dans trois mois au pied du Capitole.
(RACINE, *Mithridate*, acte III, scène 1, vers 795-796.)

Comparez le vers 243 de *la Gageure*. Le verbe a gardé ce sens dans sa forme réfléchie : *se rendre*, et au passif : « Je serai bientôt rendu dans tel endroit. »

1. C'est-à-dire chez son père ou chez son fiancé.

2. Elle craint de ne pas « sortir à son honneur » (vers 777) de l'épreuve qui l'attend chez son fiancé le roi de Garbe.

3. Dans la fable III du livre V, vers 2 : « ....Pourvu que Dieu lui prête vie. » Voyez aussi *le Diable de Papefiguière*, vers 5.

4. « Guérissez-moi seulement du mal que vous me faites. » VOLTAIRE, *Cosi-Sancta*.) Idée souvent exprimée, particulièrement dans *Rodogune* de Corneille, vers 1366 ; dans *l'École des femmes* de Molière, vers 531-532 :

Vos yeux peuvent eux seuls empêcher sa ruine
Et du mal qu'ils ont fait être la médecine.

Rapprochez aussi, pour l'image, ces jolis vers (265-268) de la satire XIII de Regnier :

Car estant ainsi jeune, en vos beautés parfaites,
Vous ne pouvez sçavoir tous les coups que vous faites ;
Et les traicts de vos yeux, haut et bas eslancés,
Belle, ne voyent pas tous ceux que vous blessez.

5. Conte XI de la I<sup>re</sup> partie, vers 51 : « Qu'il plaise à vos bontés. »

6. Voyez, ci-dessus, le vers 373.

Elle en tomba d'accord, promit quelques douceurs¹,
　　　Convint d'un nombre de faveurs
　　　Qu'afin que la chose fût sûre
　　　Cette princesse lui payroit², 675
　　　Non tout d'un coup, mais à mesure
　　　Que le voyage se feroit,
　　　Tant chaque jour, sans nulle faute.
　　Le marché³ s'étant ainsi fait,
　　La princesse en croupe se met, 680
　　　Sans prendre congé de son hôte⁴.

　　　L'inconnu, qui pour quelque temps
　　　S'étoit défait de tous ses gens,
Les rencontra bientôt. Il avoit dans sa troupe
Un sien neveu⁵ fort jeune, avec son gouverneur. 685
Notre héroïne prend en descendant de croupe
　　Un palefroi⁶. Cependant le seigneur
　　　Marche toujours à côté d'elle,
　　　Tantôt lui conte une nouvelle,
　　　Et tantôt lui parle d'amour, 690
　　　Pour rendre le chemin plus court.

Avec beaucoup de foi⁷ le traité s'exécute :
　　Pas la moindre ombre de dispute⁸ ;

1. Ci-dessus, vers 268 et la note.
2. Vers 584 et la note.
3. Voyez *la Servante justifiée*, vers 34 et la note.
4. Quel hôte? on pourrait s'y tromper. Il s'agit du « voisin » qui l'avait reçue dans « un appartement tout brillant d'or » (vers 468-469), après avoir assommé « le peuple corsaire ».
5. Pour cette interversion, voyez le conte x de cette IIᵉ partie, vers 33 et la note.
6. Ci-dessus, p. 437 et note 5.
7. De bonne foi.
8. 　　　Jamais de bruit pour la quittance.
　　　　　　　　(*Les Cordeliers*, vers 110.)

Point de faute au calcul, non plus qu'entre marchands¹.
De faveur en faveur (ainsi comptoient ces gens²)   695
Jusqu'au bord de la mer enfin ils arrivèrent,
    Et s'embarquèrent.
        Cet élément ne leur fut pas moins doux
Que l'autre avoit été ; certain calme, au contraire,
Prolongeant le chemin, augmenta le salaire.   700
    Sains et gaillards ils débarquèrent tous
        Au port de Joppe³, et là se refraîchirent⁴ ;
        Au bout de deux jours en partirent
        Sans autre escorte que leur train⁵.
    Ce fut aux brigands une amorce⁶ :   705

1. Dans *Nicaise*, au contraire, vers 70-71 :

    Calculateur que fût l'amant,
    Brouiller falloit incessamment.

Il s'agit, il est vrai, dans ce dernier conte, non de faveurs solides, mais des prémices d'amour, de la « petite oie ».

2. Voyez les vers 673-678. — Pour cette locution : *ces gens*, qui, si elle n'implique pas respect, n'implique pas non plus ici mépris, comparez la fable xi du livre X, vers 6.

3. Jaffa. Les Juifs nommaient cette ville Joppé, c'est-à-dire « belle, agréable ».

4. Se reposèrent. « Aucuns de nos mariniers s'estoient retirez en une hostelerie.... pour banqueter et soy quelque peu de temps refraischir. » « Là arriuez, nous refraischismes un peu. » (RABELAIS, tome III, p. 61 et 63.) « Plusieurs gentilzhommes s'estoient retirez de l'armée et s'estoient allez rafraischir en leurs maisons ou aux villes. » (BRANTÔME, tome IV, p. 324 ; *ibidem*, tome V, p. 380.) Voyez les *Lexiques de Corneille, Sévigné, la Rochefoucauld.* — *Se rafraîchirent* est bien le texte de 1667, 1669, Paris.

5. Que la suite, que l'équipage qui les avait accompagnés jusque-là. Voyez *Joconde*, vers 249 et la note.

6. Même figure ci-dessus, vers 233. — Comparez, pour ce tour, le vers 29 de la fable xviii du livre II :

    Ce lui fut toujours une amorce ;

et dans un sonnet de Dorat (p. 49) :

    L'amour de son pays fut pour mourir amorce
    A l'Achille vaillant.

Un gros[1] d'Arabes en chemin
Les ayant rencontrés, ils cédoient à la force,
Quand notre aventurier[2] fit un dernier effort,
Repoussa les brigands, reçut une blessure
    Qui le mit dans la sépulture[3],     710
    Non sur-le-champ ; devant sa mort
Il pourvut à la belle[4], ordonna du voyage[5],
En chargea son neveu, jeune homme de courage,
    Lui léguant par même moyen[6]
Le surplus des faveurs[7], avec son équipage,     715
    Et tout le reste de son bien.

Quand on fut revenu de toutes ces alarmes,
Et que l'on eut versé certain nombre de larmes,
    On satisfit au testament du mort ;
On paya les faveurs, dont enfin la dernière     720
    Échut justement sur le bord
        De la frontière.

1. Une troupe. « Ils aduiserent de s'assembler et faire un petit gros de douze cens hommes de pied. » (BRANTÔME, tome IV, p. 115.) « Un gros de cavalerie. » (TALLEMANT DES RÉAUX, tome II, p. 472.)

    Ce Chasseur perce donc un gros de courtisans.
        (Livre XII, fable XII, vers 97.)

Voyez aussi le *Poème de la captivité de saint Malc*, vers 70 : « un gros de Sarrasins ».

2. Le chevalier errant est déjà désigné ainsi au vers 654.

3. Même locution : « mettre dedans la sépulture », au vers 4 de la fable II du livre II.

4. Tour analogue, mais sens un peu différent de ce verbe, aux vers 328-329 de *l'Oraison*.

5. Régla le voyage : tour vieilli. On dit encore cependant : « ordonner du sort de quelqu'un ». Voyez les *Lexiques de Corneille, de la Bruyère, de Sévigné*.

6. Par la même occasion ; mais le mot *moyen* a ici une nuance juridique assez plaisante : c'est un terme de Palais.

7. Que devait payer la belle (vers 673 et 695). — Pour *équipage*, qui suit, voyez ci-dessus, le vers 431 et la note, et le vers 704.

En cet endroit le neveu la quitta,
  Pour ne donner aucun ombrage;
Et le gouverneur la guida
  Pendant le reste du voyage.
  Au soudan¹ il la présenta.

D'exprimer ici la tendresse,
  Ou, pour mieux dire, les transports
Que témoigna Zaïr² en voyant la princesse,
  Il faudroit de nouveaux efforts³,
Et je n'en puis plus faire⁴ : il est bon que j'imite
  Phébus, qui, sur la fin du jour,
  Tombe d'ordinaire si court⁵
  Qu'on diroit qu'il se précipite⁶.
Le gouverneur aimoit à se faire écouter⁷ :

1. Au soudan d'Alexandrie, son père. — 2. Le soudan.
3. Semblable tour, familier à la Fontaine, même en prose, dans *Richard Minutolo*, vers 120-121 :
  De figurer le plaisir qu'a le sire,
  Il me faudroit un esprit bien plus fort.
4.    Les longs ouvrages me font peur,
dit le poète dans l'Épilogue du livre VI des Fables, vers 2.
5. Si brusquement. Même locution : « tomber court », mais au sujet d'un propos qui n'a pas été relevé, chez Mme de Sévigné, tome VI, p. 33.
6. On sait que *se précipiter*, employé absolument, signifiait souvent autrefois *se jeter dans un précipice*. Comparez Brantôme, tome V, p. 323 : « L'on a beau faire, se perdre, se precipiter, se presenter deuant les harquebusades.... »; Montaigne, tome I, p. 81 : « Tant de gens qui se sont pendus, noyez et precipitez »; Corneille, tome VIII, p. 321; la Bruyère, tome I, p. 269, où le même verbe est employé, absolument aussi, mais probablement dans le sens de « se précipiter dans les excès »; la comédie de *l'Eunuque*, acte III, scène VI; *la Coupe enchantée*, vers 379; et *la Jument du compère Pierre*, vers 56-57 :
  Pierre étoit lourd, sans esprit; je crois bien
  Qu'il ne se fût précipité lui-même.
7. Comme le Pédant des fables XIX du livre I et V du livre IX.

Ce fut un passe-temps de l'entendre[1] conter
  Monts et merveilles[2] de la dame,
  Qui rioit sans doute en son âme[3].
« Seigneur, dit le bonhomme, en parlant au soudan,
Hispal étant parti, Madame incontinent,
Pour fuir Oisiveté, principe de tout vice[4],
Résolut de vaquer nuit et jour au service[5]
D'un dieu qui chez ces gens a beaucoup de crédit.
  Je ne vous aurois jamais dit    745
  Tous ses temples et ses chapelles,
Nommés pour la plupart alcôves et ruelles[6].
Là les gens pour idole ont un certain oiseau
  Qui dans ses portraits est fort beau,

---

1. Même tour aux vers 34-35 de la fable VII du livre VIII.
2. Voyez la fable II du livre IV, vers 30.
3. Dans *les Rémois*, vers 177-178 : « La dame
  Pour l'autre emploi inclinoit en son âme. »

Voyez aussi *le Muletier*, vers 134, *l'Abbesse*, vers 77, *Belphégor*, vers 131 ; chez Ronsard (tome II, p. 468) :

  Il sentit pour le moins ce plaisir en son âme ;

chez Tallemant (tome V, p. 220) : « J'ai cent fois ri en mon âme » ; etc.

4. *Multam enim malitiam docuit Otiositas.* (*L'Ecclésiastique*, chapitre XXXIII, verset 29.)

  ....Oisiueté des vices la nourrice.

(Du Bellay, tome II, p. 400 ; *ibidem*, tome II, p. 442) ; et comparez, chez Jean Marot, *Doctrinal des princesses et nobles dames* (p. 11) : « le dur meschef d'Oisiueté,

  ..... porte et clef
 De tous pechez, sans en excepter ung,
 Ainsi le dit feu maistre Iehan de Meung. »

5. Rapprochez, pour cette sorte de service, le vers 127 des *Cordeliers* et la note. Voyez aussi ci-dessus, p. 431 et note 10.

6. *Ruelles*, dans le sens que ce mot avait au XVII<sup>e</sup> siècle, ruelles de lits : voyez *le Faiseur d'oreilles*, vers 122 et la note. — « Comme aussi faict il bon en la ruelle d'un lict sombre, que les yeulx des aultres personnes.... penetrent fort malaisement, etc. » (Brantôme, tome IX, p. 225.)

Quoiqu'il n'ait des plumes qu'aux ailes¹.                    750
Au contraire des² autres dieux,
Qu'on ne sert que quand on est vieux³,
La jeunesse lui sacrifie.
Si vous saviez l'honnête vie
Qu'en le servant menoit⁴ Madame Alaciel,                     755
Vous béniriez cent fois le Ciel
De vous avoir donné fille tant accomplie.
Au reste, en ces pays on vit d'autre façon
 Que parmi vous; les belles vont et viennent;
 Point d'eunuques qui les retiennent:                   760
Les hommes en ces lieux ont tous barbe au menton⁵.
Madame dès l'abord s'est faite à leur méthode,
 Tant elle est de facile humeur;
 Et je puis dire à son honneur

1. Expression de Clément Marot dans son épigramme CVI, *du Passereau de Maupas* (tome III, p. 45):

 Las! il est mort (pleurez le, damoyselles)
 Le passereau de la ieune Maupas;
 Un aultre oyseau, qui n'a plumes qu'aux esles,
 L'a deuoré : le congnoissez-vous pas?
 C'est ce fascheux Amour, etc.

  L'oiseau qui n'a plumes qu'aux ailes,
  Et qui fait son nid dans les cœurs.
  (VOLTAIRE, *Poésies mêlées*, tome XXIV, p. 265.)

— On disait autrefois des filles amoureuses et un peu folles : « Ce sont des filles battues de l'oiseau », de « l'enfant oyseau », ou du « dieu oyseau » (Remy Belleau, tome II, p. 45, 88, 129).

2. Voyez, pour cette locution « au contraire de », les *Lexiques* de Malherbe, Corneille, Racine, la Rochefoucauld.

3. Ce n'est que quand il est vieux que le diable se fait ermite. *De moço diablo viejo hermitano*, dit un proverbe espagnol.

4. Même locution : « mener une vie », dans *le Mari confesseur*, vers 12, *la Coupe enchantée*, vers 384, *le Faucon*, vers 125, *le Diable en enfer*, vers 34; et dans *l'Heptaméron*, p. 447 : « L'heureuse vie que nous auons menée. »

5. Comparez *l'Eunuque*, vers 645 : « vieillard impuissant et sans barbe », vers 662 : « menton sans poil ».

Que de tout elle s'accommode¹. »   765

Zaïr étoit ravi. Quelques jours écoulés,
La princesse partit pour Garbe en grande escorte.
Les gens qui la suivoient² furent tous régalés
    De beaux présents³; et d'une amour si forte ⁴
Cette belle toucha le cœur de Mamolin⁵,   770
Qu'il ne se tenoit pas⁶. On fit un grand festin,
    Pendant lequel, ayant belle audience⁷,
Alaciel conta tout ce qu'elle voulut,
    Dit les mensonges qu'il lui plut.
Mamolin et sa cour écoutoient en silence.   775
La nuit vint; on porta la reine dans son lit.
    A son honneur elle en sortit :

1. Ci-dessus, vers 43 et 386. — 2. Voyez *Joconde*, vers 254 et note.
3. « Notre héroïne lui demanda s'il trouveroit bon qu'elle les régalât de quelques présents. » (*Psyché*, livre I, tome III M.-L., p. 58.) Rapprochez le conte IX de cette seconde partie, vers 50.
4. Même genre du mot *amour* au vers 53 de *Joconde* : ci-dessus, p. 23 et note 6.
5. Le roi de Garbe.
6. Voyez *le Cocu*, vers 17-18 et la note : « Le drôle....
    Dans sa peau peu ni point ne duroit. »
Pour être un peu moins familière ici, l'expression n'est pas moins vive. Comparez dans *les Facetieuses Iournées* de G. Chappuys, fol. 16 v° : « Rempli de tant de secrette allegresse qu'il ne tenoit en soy mesme » ; *ibidem*, fol. 207 v°.
7. Étant très complaisamment, très amoureusement écoutée. Comparez le vers 86 des *Cordeliers* et la note, à laquelle nous pouvons joindre les quatre exemples suivants : « Cingar harangua ainsy le peuple qui lui auoit donné bonne audience. » (*Histoire maccaronique de Merlin Coccaie*, livre X.) « Et aprez que Parlamente eut eu bonne et longue audience, etc. » (*L'Heptaméron*, p. 82.) « Lors quelcun des plus vieulx commençoit à haranguer les ieunes gens, où auoit telle audience que ha celuy qui estant venu de quelque pays estrange, veult conter quelque nouueaulté. » (Du Fail, *Propos rustiques*, p. 24.) « Chacun prestant bonne audience, etc. » (*Les Facetieuses Nuits de Straparole*, tome II, p. 58.)

Le prince en rendit témoignage¹.
Alaciel, à ce qu'on dit,
N'en demandoit pas davantage.     780

Ce conte nous apprend que beaucoup de maris
Qui se vantent de voir fort clair en leurs affaires
N'y viennent bien souvent qu'après les favoris²,
Et, tout savants qu'ils sont, ne s'y connoissent guères³.
Le plus sûr toutefois est de se bien garder,     785
     Craindre tout, ne rien hasarder⁴.
Filles, maintenez-vous⁵ ; l'affaire est d'importance :
Rois de Garbe ne sont oiseaux communs en France⁶ ;

1. Il était probablement homme « à passer la chose au gros sas », comme le mari du conte de *Nicaise* (vers 109); il n'était pas « à cela près », comme Néherbal dans *le Diable en enfer* (vers 200-201). — *Di cio fece il re del Garbo gran festa, et mandato honorevolmente per lei, lietamente la ricevette. Et essa, che con otto huomini forse diecemilia volte giaciuta era, allato allui si corico per pulcella, et fecegli creder che cosi fosse.* (BOCCACE.)

2. Même locution : « Messieurs les favoris », une « femme » et son « favori », dans *le Calendrier*, vers 255, dans *Richard Minutolo*, vers 21, dans *la Coupe enchantée*, vers 227, etc.

3. « N'y voient goutte » (*le Diable en enfer*, vers 186). Dans *le Calendrier*, vers 38 : « [Il] ne voit goutte en ses propres affaires. » — Rapprochez de toute cette fin le commencement de ce conte (vers 17-37), la note du vers 31 ; et le *Récit véritable de ce qui s'est passé au plaisant et facétieux mariage d'une jeune affriandée au jeu de Passe-outre, et de ses subtilités et finesses* (Paris, 1626, in-8°), pièce un peu plus que gaillarde, mais qui s'applique fort bien à notre *Fiancée*, à ses « accidents » et à ses « mensonges ».

4. Voyez ci-dessus, le vers 425 et la note.

—      ....Bon fait aux filles l'épargner.
                    (*Nicaise*, vers 76.)

5. Ce verbe, dans ce sens absolu, ne s'applique d'ordinaire qu'à des mots abstraits, comme la foi, le courage, etc. L'expression n'en est pas moins belle ici. — Dans l'*Ancien Théâtre françois*, tome I, p. 71 : « Femme de bien doit maintenir chasteté. »

6. Ce sont des merles blancs. — Même nom, mais donné à la femme, dans plusieurs de nos contes : voyez p. 333, note 1.

Vous voyez que l'hymen y suit l'accord[1] de près,
C'est là l'un des plus grands secrets 790
Pour empêcher les aventures.
Je tiens vos amitiés fort chastes et fort pures;
Mais Cupidon alors fait d'étranges leçons.
Rompez-lui toutes ses mesures[2];
Pourvoyez à la chose aussi bien qu'aux soupçons. 795
Ne m'allez point conter : « C'est le droit des garçons[3]. »
Les garçons sans ce droit ont assez où se prendre[4].
Si quelqu'une pourtant ne s'en pouvoit défendre,
Le remède sera de rire en son malheur.
Il est bon de garder sa fleur[5]; 800

1. Les accordailles, les fiançailles : ci-dessus, vers 59 et la note; et *la Coupe enchantée,* vers 110.

2. Terme d'escrime employé figurément : traversez, déconcertez ses desseins. Voyez les *Lexiques de la Rochefoucauld, de Sévigné, de Racine.* — « La Fortune lui changea et lui rompit son dessein. » (BRANTÔME, tome VI, p. 236.)

3. Le droit de la guerre.

4. Où s'attaquer, sans chercher à mettre des filles à mal. Comparez Corneille, *la Galerie du Palais,* vers 268 et 1573:

Je me suis pris à tout, ne sachant où me prendre.

*Prendre* a à peu près le même sens qu'ici le réfléchi dans ces vers du *Menteur* (215-216) :

Pour moi, jamais l'amour n'inquiète mes nuits,
Et, quand le cœur m'en dit, j'en prends par où je puis.

5.     En baisant m'amye i'ay cueilly la fleur.
(*Chansons du quinzième siècle,* p. 144.)

Ainsy fault il cueillir la fleur de ces pucelles.
(BRANTÔME, *Poésies,* tome X des *OEuvres,* p. 406.)

Joachim du Bellay a employé la même expression, très ordinaire dans le même sens figuré :

Pour ne laisser dessus l'arbre vieillir
Ma belle fleur, ie la laissai cueillir.
(*La Vieille Courtisane,* vers 23-24.)

Dorat, dans son *Sonnet sur le nom de la royne :*

Riche fus de beaulté qu'en toy mit la nature

Mais, pour l'avoir perdue, il ne se faut pas pendre[1].

  Quand entre mille fleurs ung roy ta fleur cueillit.

Corneille, dans *la Suivante* (1re édition, 1637, vers 831-832) :

  Ce n'est qu'un faux appas, et sous cette couleur
  Il ne veut cependant que surprendre une fleur.

Voltaire, dans le conte des *Trois Manières :*

  Un vieux pirate, un revendeur
  De la féminine denrée,
  S'en est allé livrer ma fleur
  Au commandant de la contrée;

et dans le chapitre xi de *Candide :* « J'étais pucelle ; je ne le fus pas longtemps : cette fleur, qui avait été réservée pour le beau prince de Massa-Carrara, me fut ravie par le capitaine corsaire. » Comparez le conte de *Nicaise*, vers 230 :

  Grâce à Nicaise notre belle,
  Ayant sa fleur en dépit d'elle...;

et l'*Ancien Théâtre françois* (tome III, p. 149) :

  Taisez vous, mon enfant, m'amye,
  Vous auez perdu vostre rose,
  Mais on ne peult faire aultre chose.

1. Boccace termine l'histoire par cette sorte de proverbe : *Bocca basciata non perde ventura, anzi rinnuova come fa la luna*, que le Maçon traduit ainsi :

  Bouche baisée ne pert point sa fortune,
  Ains renouuelle tout ainsy que la lune.

« Et ce proverbe allegue il, dit Brantôme, sur un conte qu'il fait de cette fille si belle du sultan d'Egypte, laquelle passa et repassa par les piques de neuf diuers amoureux, les uns aprez les aultres, pour le moins plus de trois mille fois. Enfin elle fut rendue au roy de Garbe toute vierge, cela s'entend pretendue, aussi bien que quand elle lui fut du commencement compromise, et n'y trouua rien à dire, encor bien aise : le conte en est tres beau » (tome IX, p. 86). Le même Brantôme, dans la même page, parle de la fille d'un très grand souverain qu'il ne nomme pas, qui après avoir « allambiqué » un grand nombre de gentilshommes « et tiré leur substance », « se maria en l'age de quarante cinq ans à un seigneur qui n'y trouua rien à dire, encor bien aise » également. — Dans les *Éphésiaques* de Xénophon le jeune, Anthia, comme nous l'avons dit, sort pure de toutes les épreuves ; et voici les paroles touchantes qu'elle adresse à son amant et époux après l'avoir retrouvé ; nous transcrivons la traduction latine. Si nous faisons cette citation, empruntée à l'édition Didot (p. 222), c'est à cause du contraste piquant, très tranché, qu'elle offre avec la fin de notre conte : *Cum dormirent alii et alta quies ubique esset, Anthia Habrocomam amplexata flebat :* « *O vir, inquiens, ac domine, te tandem recepi terra marique diu pervagata, et postquam latronum minas, piratarum insidias et lenonum injurias effugerim, et vincula, fossas, ligna, venena ac sepulcra evaserim; tibi talis adsum, animi mei domine Habrocoma, qualis primum Tyro in Syriam profecta sum. Nemo exorare potuit ut in te peccarem, non Mœris in Syria, non Perilaus in Cilicia, non in Ægypto Psammis et Polyidus, non in Æthiopia Anchialaus, non Tarenti herus; atque omnes pudicitiæ artes excogitavi ut tibi casta servarer; utrum et tu, Habrocoma, in eodem probo consilio permansisti? An alia me pulchrior tibi visa est? nemone te adigere conatus est, ut jurisjurandi et mei obliviscerere?* » *Hæc dicens subinde osculabatur.* Habrocomes répond par les mêmes protestations d'amour et de fidélité : « *Tibi, inquit, per hunc exoptatum et vix tandem inventum diem juro nullam mihi virginem visam fuisse pulchram, nullam placuisse mulierem quam viderim, sed tuum recepisti Habrocomam purum, qualem Tyri in vinculis reliquisti.* » *Tota nocte his verbis utrique se defendebant, ac facile sibi invicem persuadebant, rem, ut erat, esse desiderantes.*

# XV

## L'ERMITE[1].

### NOUVELLE TIRÉE DE BOCCACE.

Ce conte n'est pas dans les premières éditions de la deuxième partie, publiée à Paris en 1666 et 1667; avant d'être imprimé dans l'édition de 1669 Paris, il parut pour la première fois dans le recueil de Cologne (1667), puis en tête de ceux de Hollande, 1668, 1669; dans ces trois derniers textes, il porte pour titre : *l'Hermite, ou Frère Luce.* Il se trouve dans les manuscrits de Conrart, à la Bibliothèque de l'Arsenal (n° 5418, p. 539-544), où il est désigné comme tiré des *Cent Nouvelles nouvelles*. C'est bien en effet à cette source française, à la xive nouvelle de ce recueil, plutôt encore qu'à Boccace, que la Fontaine a emprunté les circonstances et parfois même les expressions de son conte. Mais comme le fond néanmoins est le même que chez l'auteur italien, nous donnerons, suivant notre habitude, le sommaire du *Décaméron* (journée IV, nouvelle II) :

*Frate Alberto da advedere ad una donna che l'agnolo Gabriello è di lei innamorato, in forma delquale piu volte si giace con lei. Poi, per paura de parenti di lei della casa gittatosi, in casa d'uno povero huomo ricovera, il quale in forma d'huomo salvatico il di seguente nella piazza il mena, dove riconosciuto, et da suoi frati preso, è incarcerato*[2].

« Frere Albert fait acroire à une femme venicienne que l'ange Gabriel estoit amoureux d'elle; et y coucha par plusieurs foys en guyse dudict ange. Puys, par craincte des parens de la femme, se iecta par une fenestre, et se cacha en la maison d'un paoure homme, lequel le mena le iour ensuyuant en guyse d'un homme sauuaige en la place Sainct Marc : là où estant recongneu de ceulx de son ordre, il fut mis en prison. »

1. L'orthographe de nos anciens textes et du manuscrit de Conrart est *Hermite* : voyez tome III, p. 48, note 10.

2. L'abbé Casti a mis en vers cette histoire dans ses *Novelle galanti, in ottava rima* (Londres, 1793, in-12, nov. xii).

Ce sommaire suffit pour montrer que le conte de la Fontaine et cette fable de l'ange Gabriel sont, par les détails, très éloignés l'un de l'autre : au contraire, la xiv° des *Cent Nouvelles nouvelles*, que nous transcrivons à l'*Appendice*, et qui est aussi, mais résumée, dans l'*Apologie pour Hérodote* (tome II, p. 26-27), se rapproche tout à fait, comme nous l'avons dit, de notre conte.

Comparez l'histoire de *Nectanebus et d'Olympias*, dans le *Roman d'Alexandre* de Callisthène; les chapitres III et IV du livre XVIII des *Antiquités judaïques* de Flavius Josèphe, où un prêtre d'Isis n'abuse pas pour son propre compte, il est vrai, mais aide un chevalier à abuser d'une pieuse femme; et aussi, malgré des variantes et des différences également très notables, le proverbe XXII d'Aloisio Cinthio; la nouvelle LXXX de Malespini; l'histoire de Malek dans les *Contes persans*, qui se dit le prophète Mahomet pour séduire la princesse Schirine; la facétie de Bebelius intitulée : *De fratre minore monialem gravidam reddente*, que sa brièveté nous permet de reproduire ici :

« *Quidam frater devenit in monasterium virginum Vestalium, et cum humaniter esset ab eis tractatus, cœpit pro gratiarum actione concionari de fide et doctrina Christi ; et cum ad virtutes summa eloquentia cohortaretur, noctu, ut hominem quibus possent honoribus prosequerentur, in publicum earum dormitorium collocarunt. Cum autem nox intempestiva accederet, cœpit frater clamare alta voce : « Non faciam, non faciam, non faciam. » Moniales igitur expergefactæ accesserunt, atque consolatæ sunt fratrem, atque cur fleret et sic vocitaret interrogaverunt. Tum dixit ille : « Vox de cœlo venit : « Junioribus amplexibus fruare, ut inde « episcopum procrees. » Sed ego omnino recuso. » Quod sorores intelligentes adduxerunt ei juniorem. Quæ viso fratre cœpit refragari quadam verecundia et retroire, quod aliæ videntes dixerunt se imprimis voluntarias si quid tale ab eis peteretur. Tandem illa paruit atque exacto tempore filiam peperit, exinde correptus frater dixit : « Quia non fuit voluntaria nec divinæ voluntati morigera, ideo in pœnam peccati filiam peperit. »* (*Facetiarum* liber II, p. 138-139 du recueil de 1651, in-12.)

Rapprochons aussi le conte de Frischlinus intitulé : *De Ædituo fabula*, où un portier d'un couvent de nonnes se sert du même moyen que notre ermite, c'est-à-dire d'une sarbacane, pour effrayer les sœurs, s'annoncer comme un envoyé de Dieu, et jouir de leurs embrassements, *earum inclinatione et concubitu frui*. (*Facetiarum libri tres*, Argentorati, 1609, in-12, livre III, fol. 112 v°-113 v°.)

Quant à la nouvelle II de Masuccio qu'on lui a également comparée, nous ne trouvons aucune analogie entre elle et notre conte. Nous renverrions plutôt à la nouvelle XXXIII de la reine de Navarre : « Abomination d'un prestre incestueux qui engrossa sa sœur sous pretexte de saincte vie » ; à la fable II de la VII<sup>e</sup> nuit de Straparole où sont racontés les amours d'une jeune femme avec un ermite, mais c'est la femme, dans cette nouvelle, qui tombe amoureuse du solitaire et lui fait de pressantes déclarations, de brûlantes avances : si bien que l'ermite, après l'avoir baisée amoureusement, « la couche en son petit lict, et luy auprez d'elle, etc. » ; et surtout à un petit conte obscène de Poge : *Papæ fabricator* (tome I, p. 169).

Très populaires du reste et autrefois très répandues, ces histoires de moines qui, jouant le rôle que jouent encore aujourd'hui en Orient certains descendants, plus ou moins avérés, du Prophète, daignaient, assurait-on, visiter les familles pour les sanctifier, et, tirant à soi, comme dit la Fontaine dans *les Cordeliers*, les filles et les femmes, procréaient, selon un tarif dûment établi, des curés, des prieurs, des chanoines, des abbés, des évêques, des cardinaux ou des papes.

Voyez encore ci-dessus, à la fin de la notice sur *les Cordeliers de Catalogne*, un renvoi à divers récits plus ou moins cyniques et graveleux, où les mœurs des religieux et des religieuses sont audacieusement livrées, comme ici, à la dérision ; et, dans *les Continuateurs de Loret*, tome I, col. 178-180 et 192-193, l'aventure d'une demoiselle d'Angers, « séduite par un démon », qui offre une ressemblance lointaine avec le conte de *l'Ermite* (Lettres en vers à Madame, par Charles Robinet, du 16<sup>e</sup> et du 23<sup>e</sup> août 1665), et surtout avec la nouvelle de Marmontel dont nous allons parler.

Dans cette nouvelle, certes bien différente de tour et de style, c'est également au moyen d'un subterfuge que le héros arrive à posséder celle qu'il aime. Mais, au lieu de se faire passer pour l'ange Gabriel, comme dans Boccace, il se fait passer pour un sylphe. Nous voulons parler du *Mari sylphe* (1761), où une jeune mariée, Élise, froide et dédaigneuse pour son mari, trouve dans la lecture des fictions des romanciers une source d'émotions et d'attendrissements tout nouveaux pour elle.

La fable des Sylphes était à la mode. Il était tombé sous la main d'Élise quelques-uns des romans où l'on peint le commerce de ces esprits avec les mortelles ; et pour elle ces brillantes chimères avaient tout le charme de la vérité. Elle croyait donc aux Sylphes et brûlait d'envie d'en avoir un. Son mari finit par s'apercevoir de cette passion fantastique, et il joue le rôle d'un sylphe amoureux en s'entourant de tous les prestiges de la nature et des arts : fleurs, parfums, poésie, musique, et en n'allant voir sa femme que la nuit, dans l'obscurité. C'est alors qu'elle est enchantée, enivrée, et que ses ravissements passent même ses désirs. A la fin, il se découvre : « L'amour, dit-il, l'amour seul a fait tous ces prodiges. » Et sa femme, tombant dans ses bras, lui avoue qu'elle aurait continué à le prendre pour un songe s'il y eût eu moins de réalité dans ses plaisirs et dans ses transports. (*Contes moraux*, tome I des *OEuvres complètes*, 1787, p. 215-270.)

De là à rappeler l'histoire de Psyché et de l'Amour, il n'y a qu'un pas ; mais entre ce mythe poétique et notre conte si gaulois, si gaillard, la parenté n'est-elle pas trop lointaine ? Le lecteur pensera sans doute que la comparaison que nous venons de faire est déjà bien forcée. Nous ne pouvons cependant ne pas mentionner encore *le Sylphe* de Crébillon le fils, paru en 1730 (tome II des *OEuvres complètes*, Londres, 1772, p. 613-641), qui n'est pas sans quelque analogie avec *le Mari sylphe*, et qui l'a évidemment inspiré.

Nous devons aussi, puisque nous avons rapproché les trois contes de la Fontaine, de Marmontel, et de Crébillon, citer quelques pièces certainement tirées ou imitées de ces contes :

*Le Sylphe supposé*, opéra-comique en un acte, par Panard et Fagan, donné pour la première fois à la foire Saint-Laurent, en 1730 ; *le Sylphe*, de Saint-Foix, 1743 ; *Isabelle et Gertrude, ou les Sylphes supposés*, de Favart, 1765 ; *l'Amant sylphe, ou la féerie de l'amour*, comédie en trois actes, en prose, mêlée d'ariettes, représentée devant Leurs Majestés à Fontainebleau, en 1783 ; paroles de M*** [Quetant], musique de Martini (de l'imprimerie de P. R. C. Ballard, 1783) ; *le Sylphe*, opéra-comique en deux actes, paroles de Saint-Georges, musique de Clapisson, joué au théâtre de l'Opéra-Comique le 27 novembre 1856.

## Dame Vénus et dame Hypocrisie[1]

1. Dame Luxure et dame Hypocrisie.
    (1667 Cologne, 1668, 1669 Amsterdam et Leyde, et manuscrit de Conrart.)

c. xv]  DEUXIÈME PARTIE.  457

Font quelquefois ensemble de bons coups[1];
[Tout homme est homme, et les moines sur tous[2]:]
Ce que j'en dis, ce n'est point par envie[3].
Avez-vous sœur, fille, ou femme jolie,        5

Même locution : « dame », « grant dame », appliquée à l'Hypocrisie, chez Rutebeuf, tome I, p. 203.

1. Comparez livre IX, fable VII, vers 45-46 :

....C'est de ces coups
Qu'Amour fait.

2.            Tout homme est homme, les ermites sur tous.
(1669 Paris.)

Ce vers faux est la seule concession que l'auteur ait faite aux
scrupules de ses compatriotes, ou plutôt de la police, en publiant
son conte en France : voyez ci-dessus, la notice des *Cordeliers de
Catalogne*. Comme pour plusieurs vers de ce dernier conte, nous
n'avons pas suivi pour ce vers-ci le texte de 1669 Paris, et avons
rétabli, entre crochets, la vraie leçon, la leçon correcte. — Tallemant des Réaux (tome VI, p. 58) met cette locution : « Tous
hommes sont hommes », dans la bouche du président Amelot
qui cherche à s'excuser ainsi d'une singulière méprise.

— Ah! pour être dévot, je n'en suis pas moins homme.
(*Le Tartuffe*, acte III, scène III, vers 966.)

— *Come che io sia abate, io sono huomo come gli altri.* (BOCCACE, journée III, nouvelle VIII.) — « Il consideroit bien qu'ilz (ces deux
cordeliers) estoient hommes comme les aultres, et enfin les en-
ferma de faict et de force en une chambre auec les garses. »
(B. DES PÉRIERS, tome II, p. 157.) — Voyez tome IV, p. 466-468,
du Molière de notre collection, une longue note sur le vers du
*Tartuffe* et sur les rapprochements auxquels il a donné lieu : c'est-
à-dire quelques passages des dialogues latins de l'*Aloisia*; un de *la
Fouine de Séville où l'Hameçon des bourses* de D. Alonço Castillo, traduit par d'Ouville (Paris, 1661, in-8°), p. 292-294, où frère Crispin dit à la courtisane Rufine : « ....Ne vous alarmez pas, s'il vous
plaît, de m'ouïr parler de la sorte; ce discours, je l'avoue, est
fort éloigné de l'habit que je porte et de la profession que j'ai em-
brassée, mais tout cela n'empêche pas que je ne sois homme et
sujet par conséquent à toutes les humaines infirmités »; une phrase
de la *Satyre Ménippée* (p. 223 de l'édition Labitte); etc.

3.        Ce que j'en dis, ce n'est pas par envie.
(1667 Cologne, 1668.)

Gardez le froc[1] ! c'est un maître Gonin[2] ;

1. Prenez garde au froc, méfiez-vous du froc. Rapprochez cette phrase de Rabelais (le tiers livre, chapitre XLVI) : « Il (Avicenne) dict à ma femme : « Guare moyne ! » et le jeu de mots qui suit : « C'est ung *moyneau* qu'elle aura en delices, comme auoit la Lesbie de Catulle. » — On dit encore au même sens, en langage de chasseurs : « garder le change ».

2. C'est un malin, un rusé. Le mot fut appliqué au chanoine Santeul dans cette épigramme transcrite par le *Dictionnaire de Trévoux* :

....Victorin, chanoine ou prêtre,
Grand fol, et qui s'est fait connoître
Par cent tours de maître Gonin.

Citons aussi ces vers de Regnier :

Pour assurer si c'est ou laine, ou soie, ou lin,
Il faut en devinaille estre maistre Gonin.
(Satire x, vers 205-206.)

Et cette phrase de Brantôme (tome IX, p. 298) : « Plus belle chose encor eust il veu, ce dit quelqu'un, si le grand pere de maistre Gonin eust vescu, qui, par ses inuentions, illusions, et sorcelleries et enchantemens, les eust peu representer (les dames de la cour) deuestues et nues, comme l'on dit qu'il fit une fois, en quelque compagnie priuée, que le roy François luy commanda, car il estoit un homme fort expert et subtil en son art; et son petit fils, qu'auons veu, n'y entendoit rien au prix de luy. » *Ibidem*, tomes IV, p. 66, V, p. 171 : « les tours de passe-passe de maistre Gonin. » Comme on le voit, ce maître Gonin et son petit-fils étaient, du temps de François Ier et de ses successeurs, des sortes de faiseurs de tours, de prestidigitateurs. Maître Gonin figure, également comme farceur ou mystificateur, dans les dialogues de des Périers intitulés *Cymbalum mundi* (Paris, 1537, in-8°) ; voyez aussi la *Vraye Pronostication de Me Gonin pour les mal mariez, plates bourses et morfondus, et leur repentir* (Paris, 1615, in-8°) ; *les Tours de maître Gonin* [par l'abbé Laurent Bordelon], Paris, 1713-1714, 2 tomes en 1 volume in-12 ; et les renseignements curieux donnés par Édouard Fournier sur les charlatans qui se sont fait appeler ainsi (tome V de ses *Variétés historiques et littéraires*, 1855-1859, p. 209 et suivantes) : « ....Dans ce monde des farceurs (Tabarin, de *tabaro*, charlatan, de *scarlatano*), c'était donc toujours l'habit qui faisait, sinon l'homme tout entier, du moins son nom. La *gonne* ou *gonnelle* dut avoir d'autant mieux ce privilège pour les bouffons dont nous parlons qu'elle avait d'abord été robe de moine et d'écolier, et par là tout à fait prédestinée à la malice et aux bons tours. La Fontaine

Vous en tenez¹, s'il tombe sous sa main²
Belle qui soit quelque peu simple et neuve³.
Pour vous montrer que je ne parle en vain,
Lisez ceci, je ne veux autre preuve.           10

Un jeune ermite étoit tenu pour saint :
On lui gardoit place dans la Légende⁴.
L'homme de Dieu d'une corde étoit ceint,
Pleine de nœuds⁵ ; mais sous sa houppelande.⁶

semble avoir eu vent de cette origine ....Nous trouvons en Italie, dès le quatorzième siècle, un bouffon qui prit ainsi son baptême de la malicieuse robe ; seulement, comme on ne l'y désignait que par son diminutif *gonella*, c'est aussi par ce diminutif qu'on désigna le farceur : on l'appela Pietro Gonella. Il vivait à la cour d'un duc de Ferrare, dont il semble avoir été le fou en titre d'office. Ses bouffonneries, qui sont souvent citées dans les Nouvelles de Sacchetti, et dont on fit un recueil dès le commencement du seizième siècle, *le Bufonerie del Gonella* (Firenze, 1515, in-4°), coururent toute l'Europe. »

1. Voyez ci-dessus, *le Faiseur d'oreilles*, vers 75 et la note :
    Nous en tenions sans le compère André.
2. Comparez *le Calendrier*, vers 153 et la note :
    Comme il m'en tombe assez (*de femmes*) entre les mains ;
et le vers 21 des *Rémois* : « avoir donzelle en main ».
3.        Simple ou neuve. (1667 Cologne, 1668.)
— *Nouvelle*, au même sens, dans *Joconde*, vers 332 ; *neuve*, comme ici, dans *le Faiseur d'oreilles*, vers 12 ; etc. — Comparez le début des *Cordeliers de Catalogue* (vers 15 et suivants) :
    .... Au temps que le sexe vivoit
    Dans l'ignorance, etc.
4. Dans la Légende dorée : voyez ci-dessus, p. 334 et note 1.
5. Pour se flageller, et « empêcher son âne de ruer », comme dit Sterne (*Tristram Shandy*, IVᵉ partie, chapitre xxviii).
—        Faus papelars, faus ypocrites,
        Fausse vie menez et orde.
        Qui vous pendroit à vostre corde
        *Qui est en tant de lieus noée*,
        Il auroit fet bone iornée.
            (Rutebeuf, *Frere Denise*, tome I, p. 269.)
6. Sa robe longue de moine.

Logeoit le cœur d'un dangereux paillard¹.  15
Un chapelet pendoit à sa ceinture,
Long d'une brasse, et gros outre mesure²;
Une clochette étoit de l'autre part.
Au demeurant³, il faisoit le cafard⁴,

1.   .... Notre ami Guignard,
  Fesse-matthieu, dévot, et grand paillard.
  (VOLTAIRE, *Éloge de l'Hypocrisie*, vers 23-24.)

Nous avons rencontré le mot, mais dans un autre sens, au vers 68 du conte XI de la Iʳᵉ partie. — « Les haires ne rendent pas tousiours heres (faibles, sans vigueur) ceulx qui les portent. » (MONTAIGNE, tome III, p. 91.)

2. « ....Les grosses patenostres de bois qu'il auoit pendues à sa ceinture, au son desquelles la deuotion coustumierement croit, et à l'occasion d'icelles on luy adiouste plus de foy, et oste on toute defiance. » (*Histoire maccaronique de Merlin Coccaie*, livre x.)

3.   Au demeurant, il étoit fort sensible
  A l'intérêt.
      (*Le Magnifique*, vers 39-40.)

Voyez ci-dessus, *le Muletier*, vers 141; et ci-dessous, le vers 202.

4. Comme Faux-Semblant, un des personnages du *Roman de la Rose* :

  .... « Tu sembles estre un sainct hermite.
  — C'est vray, mais ie suis hypocrite, » etc.

Chez Marot, *Sermon du bon pasteur et du mauluais* (tome I, p. 84) :

  D'aultres i'en vis faisant les chatemites
  Par le dehors aussi simples qu'hermites;
  Mais ie me doubte, et à ma fantaisie,
  Que là estoit cachée hypocrisie.

—      .... Cet hermite
  Qui fait des mieux la chatemite.

(*Les Continuateurs de Loret*, tome II, col. 492; voyez *ibidem*, col. 606; et nos tomes II, p. 187-189, III, p. 215.) — « Ne vous fiez iamais, dit Rabelais (tome I, p. 384), en gens qui regardent par un partuys », qui ne regardent que par un trou, par le trou de leur capuce, locution que nous retrouvons chez du Fail (tome II, p. 9) : « les bons religieux et aultres gens qui ne regardent que par un trou. » — Originairement *cafard*, comme « coquart, coquillart, coquebers, coquebin », signifiait un capuchon, un coqueluchon.

Se renfermoit, voyant une femelle[1],     20
Dedans sa coque[2], et baissoit la prunelle :
Vous n'auriez dit qu'il eût mangé le lard[3].
Un bourg étoit dedans son voisinage,

1. Chaque fois qu'il apercevait une femme.
2. Comme les tortues, les vers à soie, les colimaçons, etc. Rapprochez Montaigne (tome III, p. 496) : « Si me semble il raisonnable.... que ie m'appile et me recueille en ma coque, comme les tortues. » « ....Aussitôt cette pauvre femme rentroit dans sa coquille. » (TALLEMANT DES RÉAUX, tome VI, p. 457.) Voltaire s'est également servi de cette image expressive : « .... Figurez-vous un ver à soie qui s'enterre dans sa coque. » (Lettre au comte d'Argental, du 23 janvier 1763.)
3. « Expression proverbiale, dit Walckenaer, qui signifie : Vous l'eussiez cru innocent, vous n'eussiez jamais pu croire qu'il eût mangé du lard en carême. » Nous pensons qu'elle a un sens plus général, qu'elle veut dire : commettre un larcin, un méfait, toucher au fruit défendu, comme le chien ou le chat (*Rodilardus*), qui dérobe le lard dans la cuisine; et par extension elle s'applique à toute espèce de délit. Walckenaer cite à l'appui de la première explication la xiv<sup>e</sup> ballade de Clément Marot *Contre celle qui fut s'amye* (tome II, p. 78); il s'était vanté à sa maîtresse d'avoir mangé du lard en carême; il fut arrêté pour ce fait et emprisonné :

> Ilz vindrent à mon logement;
> Lors ce va dire un gros paillard :
> « Par la morbieu, voylà Clement,
> Prenez le, il a mangé le lard. »

Marot emploie ici, et très à propos, cette figure pour son cas particulier. Voyez ci-dessous, p. 474, note 7. — Dans l'*Ancien Théâtre françois* (tome IX, p. 28) : « Ie croirois bien que ce fust luy qui auroit mangé le lard. » Chez Brantôme (tome I, p. 61) : « I'ouy dire qu'on luy faisoit tort, et qu'on luy faisoit acroyre qu'il auoit mangé le lard. » Dans l'*Histoire maccaronique*, livre VIII : « Deux freres, de ceulx qui demeuroient en ce conuent, puans tousiours le lard, ne sçay pour quel suiet, s'estoient mis lors aux champs, trottans du pied sans aucune mesure, ayans la teste leuée en regardant tout autour et ès enuirons d'où ils passoient, donnans un tres mauuais exemple aux simples gens, estans eshontez, lascifs, faitneans,... n'ayans tousiours l'esprit tendu qu'au mestier de ruffiennerie et gueuserie » ; *ibidem :* « ....Iceluy enseigna à ses moines les preceptes de bien cuisiner et les passa docteurs en l'art de larde-

Et dans ce bourg une veuve fort sage,
Qui demeuroit tout à l'extrémité[1].           25
Elle n'avoit pour tout bien qu'une fille,
Jeune, ingénue, agréable, et gentille;
Pucelle encor, mais, à la vérité,
Moins par vertu que par simplicité;
Peu d'entregent[2], beaucoup d'honnêteté;     30
D'autre dot point, d'amants pas davantage[3].

rie. » — « Crier au lard » sur quelqu'un, c'était l'accuser d'avoir mangé le lard (voyez le 1ᵉʳ des *Contes et Discours d'Eutrapel*, de Noël du Fail, tome I, p. 22).

1. C'est-à-dire dans une maisonnette isolée, sans voisinage immédiat; ce qui n'est pas inutile à savoir pour l'intelligence de ce qui va suivre.

2. Expression métaphorique, empruntée à la fauconnerie, dont M. Marty-Laveaux transcrit ces deux exemples dans son *Essai sur la langue de la Fontaine* (p. 28-29) : « Il vous conuient continuer à le tenir souuent sur le poing (l'oiseau qu'on dresse) et *entre gent* tant et si longuement que vous pourrez » (*le Mesnagier de Paris*, tome II, p. 290); et un peu plus loin : « En cest endroit d'espreueterie, le conuient plus que deuant tenir sur le poing et le porter aux plais, et *entre les gens* aux eglises et ès autres assemblées » (*ibidem*, p. 296). — Dans *les Cent Nouvelles nouvelles* (p. 290), chez Coquillart (tome I, p. 185), chez Roger de Collerye (p. 24), chez Noël du Fail (*les Propos rusticques*, p. 44), chez Brantôme (tomes II, p. 178, IX, p. 317), au figuré, comme ici : « Il scet, elle sçauoit, sçauoir, son entregent »; chez Regnier, satire xi, vers 251 :

Vous estes honneste homme, et sçavez l'entregent;

chez des Périers, tome I, p. 180 : « la ciuilité et l'entregent »; dans *les Tragiques* de d'Aubigné, p. 102 de l'édition Lalanne : « la beauté, la grâce, l'entregent »; chez Montaigne, tomes I, p. 68, IV, p. 216 : « Science de l'entregent; façon et entregent ». Cette expression est raillée par Béroalde de Verville : « I'ai pensé dire, comme nos docteurs, vostre *entregent*, mais il me sembleroit dire *entre iambes*, tant cela est fat. » (*Le Moyen de parvenir*, p. 39.) Citons aussi cet emploi du verbe *s'entregenter* : « Il ne perdist à disner, tant il se sçauoit bien entregenter en toutes compaignies. » (B. DES PÉRIERS, nouvelle cv, tome II, p. 139.)

3.     D'autre dol point, d'amants peu davantage.
                    (1667 Cologne; faute évidente.)

Du temps d'Adam, qu'on naissoit tout vêtu,
Je pense bien que la belle en eût eu,
Car¹ avec rien on montoit un ménage :
Il ne falloit matelas ni linceul² ;           35
Même le lit n'étoit pas nécessaire³.
Ce temps n'est plus. Hymen⁴, qui marchoit seul,
Mène à présent à sa suite un notaire⁵.
L'anachorète, en quêtant⁶ par le bourg,

1. *Mais*, au lieu de *Car*, dans le manuscrit de Conrart.
2. Au sens vieilli de drap de lit :

>Beuuez des vins delicieux ;
>Puis aprez, entre deux lincieulx
>Allez reposer vostre teste.
>  (Marot, épigramme cclxxi, tome III, p. 110.)

« Ils les aymoient mieulx ainsi (richement parées) que desacoustrées et couchées nues entre deux linceux. » (Brantôme, tome IX, p. 254.) « Polite le vint trouuer au lict et mit le bras entre les linceux. » (B. des Périers, tome I, p. 17.) Voyez aussi Rabelais, tome III, p. 62 ; du Fail, tome II, p. 177, 178 ; Regnier, satire xi, vers 260 ; et d'Aubigné, *les Aventures du baron de Fœneste*, livres II, chapitre xviii, et III, chapitre i : « Nous emportons toujours quelque serviette, et, s'ils n'y prennent bien garde, le linceul. » Dans la première édition du *Dictionnaire de l'Académie* : « Drap de toile qu'on met dans un lit pour se coucher » ; dans la seconde : « .... On dit plus ordinairement *draps* ».

3. Voltaire semble s'être souvenu de ce passage dans sa satire intitulée *le Mondain* (vers 44 et suivants) :

>.... Quel idiot, s'il avait eu pour lors
>Quelque bon lit, aurait couché dehors ?
>Mon cher Adam, mon gourmand, mon bon père,
>Que faisais-tu dans les jardins d'Éden ? etc.

4. L'Hymen. (1667 Cologne, 1668, et manuscrit de Conrart.)
5.            Il eut un oui de madame Honesta.

>Auparavant le notaire y passa,
>Dont Belphégor se moquoit en son âme :
>« Hé quoi ! dit-il, on acquiert une femme
>Comme un château ! ces gens ont tout gâté.... »
>        (*Belphégor*, vers 129-133.)

6. En allant demander l'aumône, « querir son vivre » (*les Oies de frère Philippe*, vers 115). Cet anachorète rappelle celui don

Vit cette fille, et dit sous son capuce[1] :  40
« Voici de quoi[2] ; si tu sais quelque tour,
Il te le faut employer, frère Luce. »
Pas n'y manqua[3] : voici comme il s'y prit.
Elle logeoit[4], comme j'ai déjà dit[5],
Tout près des champs, dans une maisonnette,  45
Dont la cloison par notre anachorète
Étant percée aisément et sans bruit,
Le compagnon[6], par une belle nuit

parle Noël du Fail dans sa nouvelle xx (tome II, p. 7), ce jeune frater, « salutatif, mondificatif, et plus humble qu'une pucelle de vingt cinq ans, au demeurant frais, dispos, alaigre..., lequel faisoit la queste des bleds, vins, lards, beurres, et autres dons *charitatis*, fondés seulement sur ce bon homme *Peto*..., contre ce qui est escrit : « Tu viuras du labeur de tes mains »..., ressemblant ces ieunes chiens qui, acculez et faisans bonne mine deuant un petit enfant tenant un lopin de pain et sa beurrée, le regardent, faisans autant de tours de teste qu'ils voyent de morceaux aualez, puis, alongeans petit à petit le museau, prennent doucement, et du bout des leures seulement, le pain de la main du petit, etc. »

1. Coiffure distinctive des Capucins; mais le poète n'a sans doute écrit le mot, au lieu de *capuchon*, que pour la rime. — Rapprochez la « coque » du vers 21.

2. De quoi jouir : voilà une belle proie. — Même ellipse au vers 24 de la fable viii du livre I :

Ils trouvoient aux champs trop de quoi ;

et dans les *Poésies diverses* (tome V *M.-L.*, p. 140) :

Que je passe pour fourbe, homme injuste et sans foi,
Je m'en soucirai peu tant que j'aurai de quoi.

Rapprochez *les Cent Nouvelles nouvelles*, p. 213 et 238 : « A son pere bien de quoy » ; « ....celuy qui bien auoit de quoy » ; Noël du Fail, tome II, p. 21 : « .... les riches et qui ont de quoy » ; etc.

3. Voyez *Richard Minutolo*, vers 106.

4. Elles logeoient. (1667 Cologne, et manuscrit de Conrart.)

5. Au vers 25.

6. Voyez ci-dessus, p. 223 et note 4. — « Celui qui estoit le meilleur compagnon, qui aymoit plus les garces. » (BRANTÔME, tome III, p. 106.)

*c.* xv]  DEUXIÈME PARTIE.  465

(Belle, non pas, le vent et la tempête
Favorisoient le dessein du galant),   50
Une nuit donc¹, dans le pertuis² mettant
Un long cornet, tout du haut de la tête³

1. « Ung soir, enuiron la mynuyt, qu'il faisoit noir et rude temps. » (La xive des *Cent Nouvelles nouvelles*.)

2. Dans le trou. « Si va faire un pertuys en une paroy non gueres espesse. » (*Ibidem*.)

3. Pour cet emploi de *tout*, comparez le vers 58 du *Cocu*, et, ci-dessous, le vers 114. — Tout du haut de sa tête. (1667 Cologne, 1668, 1669 Amsterdam et Leyde, et manuscrit de Conrart.) — A tue-tête, de toute sa force. Voyez tome II, p. 272 et note 10; le conte 1 de la IIIe partie, vers 128 :

....Du haut de leur tête
Ils crioient...;

et le conte v de la Ve partie, vers 92. — Dans la xive des *Cent Nouvelles nouvelles*, c'est à travers « un long baston percé et creux » que l'ermite rend ses oracles. Comparez Scarron, *le Virgile travesti*, livre II, paraphrase du vers 115 :

Voici par une sarbacane
Ce que lui dit en voix de canne
La prophétesse.

— « Nous trouvons, dit M. Moland dans son édition de la Fontaine (tome III, p. xxxiii), cette sarbacane dans le *Pecorone*, employée dans une circonstance plus grave, s'il faut s'en rapporter au conteur. La sœur Saturnina raconte qu'après la mort du pape Nicolas d'Ascoli, les cardinaux, divisés en deux partis égaux, finirent par élire un anachorète des Abruzzes, qui fut intronisé sous le nom de Célestin. Ce pontife ne tarda pas à se sentir mal à l'aise au milieu des splendeurs et des corruptions romaines. Sa conscience fut plus troublée encore, à ce qu'on prétend, par un stratagème d'un cardinal ambitieux de lui succéder. Ce cardinal, messer Benedetto Gaietani, aurait eu recours au moyen dont nous venons de parler. Il fit retentir, à l'aide d'une sarbacane ou d'un cornet, ces paroles aux oreilles du pontife pendant la nuit : « Pape Célestin ! — Qui « es-tu ? demanda le pontife. — Je suis un ange envoyé par Dieu « à son dévot serviteur, et de sa part je te dis de préférer le salut « de ton âme aux pompes de ce siècle. » Cette ruse aurait achevé de déterminer le pontife à donner sa démission et à rentrer dans son désert. Il eut pour successeur Benedetto Gaietani sous le nom de Boniface VIII. » Est-il besoin d'ajouter que ce récit est plus

Il leur cria : « Femmes, écoutez-moi. »
A cette voix, toutes pleines d'effroi,
Se blottissant, l'une et l'autre est en transe¹.   55
Il continue, et corne² à toute outrance³ :
« Réveillez-vous, créatures de Dieu⁴,
Toi, femme veuve, et toi, fille pucelle ;
Allez trouver mon serviteur fidèle
L'ermite Luce ; et partez de ce lieu   60
Demain matin, sans le dire à personne ;
Car c'est ainsi que le Ciel vous l'ordonne.
Ne craignez point, je conduirai vos pas ;
Luce est bénin⁵. Toi, veuve⁶, tu feras

plaisant que vraisemblable? Voici le fait historique : Célestin V, nommé auparavant Pierre de Moron, du nom de la solitude où il vivait, succéda à Nicolas IV, et abdiqua dans un consistoire, le 13 décembre 1294, cinq mois après son élection. Boniface VIII le fit enfermer au château de Fumone en Campanie, dans une tour très forte, et garder nuit et jour. Il y mourut après dix mois de souffrances.

1.        A ce discours, la fille toute en transe, etc.
                              (*La Clochette*, vers 66.)

2. Nous avons rencontré ce verbe au figuré au vers 68 du conte IX de cette IIᵉ partie : voyez la note de ce vers, à laquelle nous pouvons joindre ces trois exemples : « Corner la guerre », chez Brantôme (tome X, p. 412).

> Par tous les quatre coins du monde,
> Ie cornerai ta vie immonde.
>                 (TAHUREAU, *Poésies*, fol. 53.)

« Il fut donc.... sonné, trompé, trompeté, corné (comme vous voudrez), et crié, etc. » (*Le Moyen de parvenir*, p. 2.)

3. Même locution dans *le Diable de Papefiguière*, vers 173, dans la comédie du *Florentin*, scène VIII ; et chez Brantôme, tomes I, p. 220, V, p. 376, VI, p. 29, VII, p. 215 : « louer », « blâmer », « à toute outrance », etc.

4. Dans la nouvelle citée : « Escoute moy, femme de Dieu. »

5. Comme le Chat de la fable V du livre VI (vers 8 et note).

6. Toi, femme. (1667 Cologne, 1668, 1669 Amsterdam et Leyde, et manuscrit de Conrart.)

Que de ta fille il ait la compagnie[1];
Car d'eux doit naître un pape, dont la vie
Réformera tout le peuple chrétien[2]. »

1. *Compagnie*, au sens vieilli de commerce charnel, comme au vers 67 de *l'Abbesse*. On disait aussi *approche* au même sens : « Elles supplient.... Vostre Saincteté de pouuoir auoir approche des hommes hors mariage.... — Comment! dit le pape, de vous permettre *il peccato di lussuria?* ie me damnerois. » (BRANTÔME, tome IX, p. 476-477.)

— On l'a mescreu d'auoir esté paillard
Et qu'il auoit éu la compaignie
De quelque fille.
(*Recueil de poésies françoises*, tome X, p. 382.)

« Que nulz n'eust compaignie à aultrui femme ne à aultrui fille, se il ne vouloit perdre le poing ou la vie. » (JOINVILLE, *Histoire de Saint Louis*, § XCIII.) « Quand ie cognois quelz sont vostre eage et l'inclination de la secrete.... chaleur en quoy vous abundez, il ne me semble pas possible qu'il ne vous faille.... auoir compaignie d'homme. » (*Les Cent Nouvelles nouvelles*, p. 410; ibidem, p. 87, 90-93.) « Toute compaignie d'homme et de femme hors mariage est maudicte deuant Dieu. » (CALVIN, *Institution de la religion chrestienne*, Genève, 1561, p. 303.) « Autrefois, écrit Malherbe à Racan (tome IV, p. 7), on a cru que les anges avoient désiré la compagnie des femmes, et vous pouvez penser que les femmes n'auroient pas refusé aux anges ce qu'elles accordent assez volontairement aux hommes. »

2. Dans la nouvelle citée : « Ie suis ung angel du Createur, qui deuers toy m'enuoye toy annuncer.... qu'il veult par ung hoir de ta chair, c'est à sçauoir ta fille, l'Eglise son espouse reunir, reformer, et à son estat deu remettre. » Donnons aussi le début du conte de Frischlinus auquel nous avons renvoyé dans la notice : *Erat aedituus, cui nomen fuerat Omnismundus, qui servierat monialibus quibusdam; et cum semel prurigine carnis vexaretur, accepit arundinem, atque illa per caminum horribili voce denunciavit instar Spiritus :* « *O vos moniales, audite verbum Domini.* » *Sorores autem exterritae non respondebant quicquam aedituo. Postridiana nocte reveniente atque idem dicente, procidebant in facies suas sorores, Angelum de coelo esse ratae. Resumptis tandem animis surrexerunt atque cantaverunt :* « *O Angele Dei, dic nobis voluntatem Domini.* » *Tunc aedituus rursus ex arundine cantitavit :* « *Haec est voluntas Domini, ut Omnismundus rem veneream vobiscum exerceat.* » *Auditis vero his fluctuabat quid esset : Angelum enim ob id*

La chose fut tellement¹ prononcée,
Que dans le lit l'une et l'autre enfoncée
Ne laissa² pas de l'entendre fort bien. 70
La peur les tint un quart d'heure en silence.
La fille enfin met le nez hors des draps³,
Et puis, tirant sa mère par le bras,
Lui dit d'un ton tout rempli d'innocence⁴ :
« Mon Dieu ! maman, y faudra-t-il aller⁵ ? 75
Ma compagnie ? hélas ! qu'en veut-il faire ?
Je ne sais pas comment il faut parler⁶ ;
Ma cousine Anne⁷ est bien mieux son affaire⁸,
Et retiendroit⁹ bien mieux tous ses sermons.
— Sotte, tais-toi, lui repartit la mère, 80

*non credebant, quod eis ille nunc annunciaret ut omnibus hominibus sese prostituerent. Tandem matura deliberatione concilioque habito, exposuerunt mentem Angeli : ita quod œdituus dictus nomine Omnismundus earum inclinatione et concubitu frueretur, an uspiam (ut augurabantur) episcopus vel summus pontifex nascendus veniret....*

1. A si haute voix.
2. Sur cet accord, voyez ci-dessus, p. 59 et note 2.
3. « Le nez à l'air » (livre III, fable XVIII, vers 24). Voyez aussi la fable XVI du livre VII, vers 10.
4. Dans la nouvelle citée, la mère seule reçoit l'oracle, « l'angelicque nouuelle ». Il est beaucoup plus piquant de la faire entendre, comme ici, aux deux femmes, et de faire d'abord parler la fille.
5. Mon Dieu ! maman, il faudra y aller ?
(1668, 1669 Amsterdam et Leyde.)
6. Je ne sais rien dire : quel plaisir trouverait-il dans ma société ?
7. Il y a aussi une Anne, ou Nanette, très avisée, très experte, dans le conte intitulé *Comment l'esprit vient aux filles*, conte qui est à rapprocher de celui-ci, et particulièrement des vers suivants (80-84).
8. Voyez la fable XX du livre I, vers 6 et 12 ; et Molière, *le Misanthrope*, vers 246, et *le Tartuffe*, vers 480 :

Votre fille n'est point l'affaire d'un bigot.

9. Et retiendra. (1667 Cologne, 1668, 1669 Amsterdam et Leyde.)

C'est bien cela[1] ! va, va, pour ces leçons[2]
Il n'est besoin de tout l'esprit du monde[3] :
Dès la première[4], ou bien dès la seconde,
Ta cousine Anne en saura moins que toi[5].
— Oui? dit la fille; eh! mon Dieu! menez-moi :
Partons, bientôt nous[6] reviendrons au gîte.
— Tout doux, reprit la mère en souriant,
Il ne faut pas que nous allions si vite ;
Car que sait-on? le diable est bien méchant
Et bien trompeur[7]. Si c'étoit lui, ma fille,    90
Qui fût venu pour nous tendre des lacs[8] ?
As-tu pris garde? il parloit d'un ton cas[9],

1. Il s'agit bien de cela! de sermons!
2. Pour ses leçons. (1669 Amsterdam et Leyde.)
3. Comparez *le Faiseur d'oreilles*, vers 45 et la note :

  Philosopher ne faut pour cette affaire.

4.   On joue au joli jeu d'amour
  Plus souvent la nuit que le jour.
  Jamais femme n'en fut lassée.
  — Y fait-on bien de la façon?
  — Suffit d'y prendre une leçon,
  Pour être maîtresse passée.
  (MAUCROIX, *Œuvres diverses*, tome I, p. 239.)

5. « Ou bien dès la seconde » : rapprochez les vers 150-151 du *Diable en Enfer* :

  Cette leçon (*la première*) ne fut la plus aisée,
  Dont Alibech, non encor déniaisée, etc.

6. « Partons bientôt ; nous » : telle est la ponctuation de 1669 Paris, Amsterdam et Leyde, 1685, 1686, 1705, et du manuscrit de Conrart.

7. Dans *les Aveux indiscrets*, vers 65-66 :

  Plus d'une fille a forligné ; le diable
  Est bien subtil ; bien malins sont les gens ;

et dans *les Quiproquo*, vers 49 : « Le diable est bien habile. »

8. Frère Luce feindra d'éprouver la même crainte (vers 140). — Comparez, pour cette image, les vers 10-11 du *Faiseur* et la note.

9. D'un ton bas. (1667 Cologne, 1668.) Cette variante est un contresens. D'un ton cas, c'est-à-dire d'un ton cassé, rauque ; d'une

Comme je crois que parle la famille
De Lucifer[1]. Le fait mérite bien
Que, sans courir, ni précipiter rien,   95
Nous nous gardions de nous laisser surprendre.

voix de basse plutôt, et non d'une voix sourde, étouffée, puisqu'on vient de dire qu'il cornait à toute outrance (vers 56 et 68-70). Comparez Rabelais, le cinquième livre de *Pantagruel*, chapitre XXVII (tome III, p. 113) : « Que vous font elles pour lors (quand vous les battez)? — Bren. — Que dis tu? — Peds. — De quel son? — Cas. » Comme il s'agit de répondre à des coups par une grossièreté, *cas*, dans ce passage, veut dire évidemment « fort, bruyant ». Chez Regnier, *Dialogue de Cloris et Philis*, vers 208 :

.... D'une voix rauque et casse ainsi me respondit.

Chez Voltaire, *l'Enfant prodigue*, acte V, scène II :

L'un vous traînait sa voix de pédagogue,
L'autre braillait d'un ton cas, d'un air rogue.

Mais cet adjectif avait parfois le sens de « bas, étouffé », ce qui explique, sans la justifier, la variante que nous donnons en tête de la note, témoin ces quatre exemples, le premier emprunté à la nouvelle citée : « L'hermite, à voix humble et casse, les yeulx vers la terre enclinés, de Dieu salue la compaignie. » Plus bas, à la fin de la LXXII<sup>e</sup> nouvelle : « .... Voix casse, bien piteuse. »

Aultres manieres de chansons
Leans on chante à voix contrainctes,
Ayant casses et meschans sons.
  (Marot, *le Temple de Cupido*, tome I, p. 18.)

.... Auec la face basse
Luy dist ces mots en voix tremblante et casse.
  (G. Corrozet, *le Rossignol*, vers 47-48.)

On dit encore familièrement : « sonner cas » ou « sonner le cas », en parlant, par exemple, d'un vase ou d'une sonnette fêlés. Le mot n'est ni dans Nicot, ni dans Richelet, ni dans Furetière, ni dans les diverses éditions du Dictionnaire de l'Académie.

1. Dans le sens le plus étendu du mot *famille* (voyez tome I, p. 278 et note 12, 358 et note 19) : tous les diables, tous les démons, tous les esprits de ténèbres :

Peuple ayant queue, ayant cornes et griffes,
Si maints tableaux ne sont point apocryphes.
  (*Le Diable de Papefiguière*, vers 33-34.)

Comparez, chez du Bellay (tome II, p. 82), « la famille d'enfer ».

Si la frayeur t'avoit fait mal entendre....
Pour moi, j'avois l'esprit tout éperdu.
— Non, non, maman, j'ai fort bien entendu,
Dit la fillette. — Or bien, reprit la mère,      100
Puisque ainsi va, mettons-nous en prière. »

Le lendemain, tout le jour se passa
A raisonner, et par-ci, et par-là,
Sur cette voix, et sur cette rencontre[1].
La nuit venue, arrive le corneur[2] ;           105
Il leur cria[3] d'un ton à faire peur[4] :
« Femme incrédule, et qui vas à l'encontre
Des volontés de Dieu ton créateur[5],
Ne tarde plus, va-t'en trouver l'ermite,
Ou tu mourras. » La fillette reprit :           110
« Hé bien, maman ! l'avois-je pas bien dit ?
Mon Dieu ! partons ; allons rendre visite
A l'homme saint ; je crains tant votre mort
Que j'y courrois, et tout de mon plus fort[6],
S'il le falloit. — Allons donc, » dit la mère. 115

La belle mit son corset des bons jours[7],

— Lucifer, chef des infernales cours !
(*Ballade sur Escobar*, tome V *M.-L.*, p. 56.)

1. Sur cette aventure.
2. Voyez le vers 364 du conte précédent et la note.
3. Qui leur cria. (1667 Cologne, 1668, 1669 Amsterdam et Leyde, et manuscrit de Conrart.)
4. Comparez ci-dessus : « d'un ton cas » (vers 92 et la note). Cette fois-ci, il parle d'une voix encore plus forte, plus retentissante.
5. Il lui a déjà dit (vers 57) : « Créature de Dieu ».
6. Et de tout mon plus fort. (1667 Cologne.) Aussi vite que je pourrais. — Voyez ci-dessus, le vers 52 et la note.
7. Des beaux jours. (1667 Cologne.)

— Que d'une serge honnête elle ait son vêtement,

Son demi-ceint[1], ses pendants de velours,

Et ne porte le noir qu'aux bons jours seulement.
(Molière, *l'École des maris*, acte I, scène II, vers 117-118.)

Rapprochez l'expression courante : « les bonnes fêtes », pour « les grandes fêtes » (des Périers, tome I, p. 16) : « Triboulet.... estoit le plus fier du monde d'estre monté sur ung beau cheual caparassonné de ses couleurs, tenant sa marotte des bonnes festes »; *ibidem*, p. 156 : « Monsieur le curé..., ung iour de bonne feste, estoit monté en chayre pour sermonner »; et comparez Boileau, satire x, vers 318 : « parure des bons jours »; et « atour des dimanches », dans *la Jument du compère Pierre*, vers 110. — Chez Tallemant des Réaux (tome VI, p. 385) : « J'ai fait aujourd'hui mon bon jour », j'ai été me confesser.

1.         Sa robe prens, demy ceinct et surcot.
(Villon, *Ballade de la grosse Margot*.)

D'un demy ceinct tissu dessus les hanches ceincte....
(Ronsard, tome II, p. 97; *ibidem*, tome I, p. 248.)

Non, ma foi! j'ay encore un demy ceint, deux cottes.
(Regnier, satire xi, vers 254.)

Il vous donnera ceincture,
Demy ceinct ferré d'argent,
Rouge cotte, et la doublure
Plus que l'herbe verdoyant.
(Jacques Gohory, *la Ville et les Champs*, chanson, vers 21-24.)

— « Le grand luxe des femmes du peuple résidait dans le *demi-ceint* d'argent qui fut alors (au temps de Louis XIII) une large tresse de soie, décorée sur la moitié de son pourtour de plaques d'orfèvrerie ciselées ou émaillées. De simples chambrières ne reculaient pas à mettre trente et quarante écus à leur demi-ceint, sans préjudice de la chaîne, aussi d'argent, qui était pour tenir suspendu au flanc tout l'équipement d'une bonne ménagère : des clefs, des ciseaux, un couteau, une bourse, etc. » (J. Quicherat, *Histoire du costume en France*, 1875, p. 469-470.) Au temps de Charles VIII et de Louis XII, le *demi-ceint* « était posé sur la hanche gauche et noué à droite. Olivier de la Marche dit :

Un demy ceinct qui soit noir comme meure
Ma dame aura, pour son gentil corps ceindre,
Ferré tout d'or, du meilleur qui se treuue.
Ce demy ceinct ne doit le corps estreindre,
Mais soustenir le fais, et supporter
Des mysteres que dame doit porter.

Ces mystères sont l'épinglier ou pelote, le couteau», etc. (*ibidem*,

Sans se douter de ce qu'elle alloit faire :
Jeune fillette[1] a toujours soin de plaire[2].

Notre cagot[3] s'étoit mis aux aguets,     120
Et par un trou qu'il avoit fait exprès[4]
A sa cellule, il vouloit que ces femmes[5]
Le pussent voir, comme un brave soldat,
Le fouet en main, toujours en un état[6]
De pénitence, et de tirer des flammes[7]     125
Quelque défunt puni pour ses méfaits[8] ;

p. 336), les étuis, destinés à contenir, à dérober aux regards les objets les plus précieux dont se chargent les dames ; peut-être même, mais nous ne le croyons pas, est-il fait allusion à leurs grossesses. — Richelet parle de l'usage de cet ornement comme ancien, mais cependant comme existant encore de son temps. Ajoutons qu'il y avait des demi-ceints pour toutes les conditions : d'or ou d'argent, mais aussi argentés et dorés, de fer, de laiton, de cuivre, de plomb, d'étain, etc. — L'Académie n'a ce mot que dans la première édition de son Dictionnaire. — *Ses pendants de velours :* pendants de la ceinture, qui tombaient sur le devant du corps jusqu'au bas de la cotte ; pour les femmes riches, ces pendants étaient souvent des chapelets d'orfèvrerie.

1. Car jeune fille. (1667 Cologne.)
2. Souci de plaire. Non seulement les fillettes, mais le sexe en général, tout le sexe en use ainsi :

    Meuniers ou rois, il veut plaire à toute âme.
        (*La Mandragore*, vers 229.)

Ou, comme dit Tallemant des Réaux (tome X, p. 333), « toute femelle aime à être aimée. »

3. Même mot dans *les Cordeliers*, vers 231.
4. Ce vers manque dans l'édition de 1667 Cologne.
5. Que les femmes. (1668, 1669 Amsterdam et Leyde.)
6. Dans un état. (Manuscrit de Conrart.)
7. C'est-à-dire : « et en état, en train de tirer des flammes de l'enfer », etc. ; double régime indirect : un nom, puis un infinitif. — De flammes. (1705.)
8.     Quelque défunt expiant ses méfaits.
        (1668, 1669 Amsterdam et Leyde.)

— Dans la nouvelle citée : « Le bon hermite, faisant le guet

Faisant si bien, en frappant tout auprès[1],
Qu'on crût ouïr cinquante disciplines[2].
Il n'ouvrit pas à nos deux pèlerines[3]
Du premier coup; et pendant un moment        130
Chacune peut l'entrevoir s'escrimant[4]
Du saint outil. Enfin, la porte s'ouvre[5],
Mais ce ne fut d'un bon *Miserere*[6].
Le papelard[7] contrefait l'étonné.

quand la deceue vieille sa simple fille ameneroit, la veoit venir; si laisse son huys entreouuert, et en priere se va mettre enmy sa chambre, affin qu'en deuocion fust trouué. »

1. Tout auprès de lui, mais de façon à ne pas se toucher.

2.   Qu'on eût ouï cinquante disciplines.
                (1668, 1669 Amsterdam et Leyde.)

— C'est peut-être ici le lieu de rappeler l'admirable entrée en scène du Tartuffe de Molière, qui, voyant qu'on l'écoute, a bien soin de dire à son valet (vers 853) :

Laurent, serrez ma haire avec ma discipline.

3. *Pèlerines* est très piquant ici, et rappelle les pèlerinages dont il est parlé dans la note du vers 238 de *la Gageure*.

4. Même locution; « s'escrimer de », dans la fable II du livre XII, vers 5 :

.... L'un s'escrimoit du bec.

5.   Chacune peut l'entendre s'escrimant :
     Du saint hôtel enfin la porte s'ouvre.
                (1667 Cologne, 1668, 1669 Amsterdam et Leyde.)

6. Comme on dirait : mais ce ne fut d'un bon moment; ce ne fut pas sans avoir pris le temps de réciter un *Miserere*, le psaume L, que les moines récitaient en se donnant la discipline.

7. ....Ce n'est plus le passé qu'un badault papelard
   Le faisoit seurement à deux coups le liard.

(*La Complaincte de la mere Cardine*, dans le Recueil de poésies françoises, tome III, p. 295.)

....Ce tendron qui fut bien née,
Qui deust la grande matinée
Ceans dormir sous ses courtines,
Quoy? tu l'enuoyes à matines!
Veulx tu la faire papelarde?
        (Conte d'*Auberée de Compiegne*.)

Nous rencontrons ce même mot, qui est aussi chez Marot (tomes I,

c. xv]  DEUXIÈME PARTIE.  475

>   Tout en tremblant, la veuve lui découvre[1],   135
>   Non sans rougir, le cas comme il étoit.
>   A six pas d'eux la fillette attendoit
>   Le résultat, qui fut que notre ermite
>   Les renvoya, fit le bon hypocrite.
>   « Je crains, dit-il, les ruses du malin[2];   140
>   Dispensez-moi[3] : le sexe féminin
>   Ne doit avoir en ma cellule entrée.
>   Jamais de moi saint-père ne naîtra. »
>   La veuve dit, toute déconfortée[4] :

p. 187, II, p. 172), chez Rabelais (tomes I, p. 49, 358, III, p. 189), chez du Fail (tome II, p. 72) : « maistre papelard », etc., ci-dessous, vers 165; dans la fable xv du livre IV, vers 16 : « une voix papelarde »; et chez Gringore (tome I, p. 100, 101, 107, 112, 117, 118) : *papelardise*; dans la *Ballade des livres d'amour* (tome V M.-L., p. 60) : *papelardie*; de *pape* (pappare) *lard*, mangeur de lard : « Avec votre bonne chère et votre prestance..., je vous nommerois volontiers mon papelard. » (TALLEMANT DES RÉAUX, tome II, p. 448.) Voyez ci-dessus, p. 461 et note 3. On sait que *Papelardie* est un des personnages du *Roman de la Rose*. Comparez les noms de deux héros des Fables : *Rodilard* et *Laridon*; et « frere Lubin, vray crocquelardon », « le pape Urbain crocquelardon », chez Rabelais, tomes I, p. 6, 246, 366, III, 243; et « le cordelier, si subtil et affetté crocquelardon », chez Noël du Fail, tome II, p. 7. On disait aussi « guettelardon » (*la Cuisine papale*, 1560, *passim*); et « tirelardon » (*le Testament de Carmentrant à* VIII *personnaiges : c'est assavoir Carmentrant, Archiepot, Tyrelardon, Lechefroye*, etc., *s. l. n. d.*, in-8º, seizième siècle).

1. La mère lui découvre. (1667 Cologne, 1668, 1669 Amsterdam et Leyde, et manuscrit de Conrart.)
2. Du diable : c'est ainsi qu'il est appelé dans l'épître I de saint Jean, chapitre II, versets 13 et 14. Voyez ci-dessous, p. 486; le conte IX de la IVᵉ partie, vers 135; Marot (tome IV, p. 54) :

>   .... Du maling cauteleux et subtil
>   Deliure nous, o Pere !

et Remy Belleau (tome II, p. 37) : « Dieu reste seul,
>   Sur le maling, braue et victorieux. »

3. De cette dangereuse besogne.
4. Désolée, découragée.

>   Ie courus d'une course hastée

« Jamais de vous ! et pourquoi ne fera ? »  145
Elle ne put en tirer autre chose.
En s'en allant, la fillette disoit :
« Hélas ! maman, nos péchés en sont cause. »
La nuit revient[1], et l'une et l'autre étoit
Au premier somme[2], alors que l'hypocrite[3]  150
Et son cornet font bruire la maison[4].
Il leur cria, toujours du même ton[5] :
« Retournez voir Luce le saint ermite ;
Je l'ai changé[6] ; retournez dès demain. »
Les voilà donc derechef en chemin.  155

Pour ne tirer plus en long[7] cette histoire,
Il les reçut[8]. La mère s'en alla,
Seule, s'entend ; la fille demeura.

Reconforter cette deconfortée.<br>
(Ronsard, *Mascarades*, xiii, tome II, p. 174.)

« J'ai vu Mme de Saint-Géran : elle n'est nullement déconfortée. » (Mme de Sévigné, lettre du 25 septembre 1676, tome V, p. 77.) « Il pleuroit parfois et paroissoit fort déconforté. » (Tallemant des Réaux, tome VII, p. 343.) Voyez ci-dessus, p. 380 et note 6. « Il (ce verbe) commence à vieillir », dit l'Académie (1694).

1. La nuit revint. (1667 Cologne, 1668, 1669 Amsterdam et Leyde.)

2. Pour cette expression, voyez tome III, p. 122 et note 18 ; et *Joconde*, vers 411, *le Cocu*, vers 71, etc.

3. Quand l'hypocrite. (1667 Cologne ; faute évidente.)

4.     Et son cornet fait bruire la maison.
(Manuscrit de Conrart.)

5.     De son cornet fit bruire la maison.
Il leur cria, toujours d'un même ton.
(1667 Cologne, 1668, 1669 Amsterdam et Leyde.)

6. J'ai changé ses dispositions.

7. Au long. (1669 Amsterdam et Leyde.)

8. Il les reput. (1667 Cologne.) Cette grossière leçon (car ce n'est pas une faute d'impression, croyons-nous, mais plutôt une facétie de l'éditeur) n'est certainement pas de la Fontaine.

Tout doucement il vous l'apprivoisa ;
Lui prit d'abord son joli bras d'ivoire[1] :   160
Puis s'approcha, puis en vint[2] au baiser[3],
Puis aux beautés que l'on cache à la vue,
Puis le galant vous la mit toute nue,
Comme s'il eût voulu la baptiser[4].
O papelards[5], qu'on se trompe à vos mines !  165
Tant lui donna du retour de matines[6],

1. Semblable comparaison : « l'iuoire poli de ses bras », chez Remy Belleau (tome II, p. 20) ; « mains d'ivoire », dans l'épître à Mme de Fontanges (tome V *M.-L.*, p. 125) ; chez Brantôme, tome X, p. 466 : « gorge d'iuoire » ; chez Ronsard, tomes I, p. 179, 185, 286 : « sein d'iuoire », « doigts d'iuoire », II, p. 520, 531 : « epaules d'iuoire », I, p. 138 :

Ie vous puisse baiser à leures demi closes,
Et vous conter mon mal, et de mes bras iumeaux
Embrasser à souhait vostre iuoire et vos roses.

Voyez aussi Remy Belleau, déjà cité, tomes I, p. 24 : « front d'iuoire », p. 41 : « col d'iuoire », p. 245 : « hanche d'iuoire », II, p. 124 : « corps d'iuoire », p. 315 : « ventre d'iuoire », p. 97 : « poitrine d'iuoire » ; du Bellay, tome II, p. 47 : « cuisse, flanc, d'iuoire » ; et Jodelle, tome II, p. 89 :

Lors que le dieu guerrier de la belle Cyprine
Pressoit l'iuoire blanc, le sein, et la poitrine,
Sur le lict gemissant, etc.

2. S'en vint. (1669 Amsterdam et Leyde.)
3. Comparez les vers 67 et suivants du conte 1 de la IV<sup>e</sup> partie, où le père Bonaventure entre encore plus vite en train.
4. Comme aux temps de la primitive Église, où les néophytes étaient baptisés par immersion totale. Cette réflexion est empruntée à la XIV<sup>e</sup> des *Cent Nouvelles nouvelles* : « Quand damp hermite se treuue à part auec la belle fille, comme s'il la voulsist rebaptiser, toute nue la fit despoiller, et creez qu'il ne demoura pas vestu. »
5. Ci-dessus, vers 134 et la note.
6. « Le retour de matines, de bons coups. » (Oudin, *Curiosités françoises*, 1656, p. 260.) Comparez ci-dessus, p. 351, fin de la note 2. — Cette locution figurée vient, croyons-nous, de ce que les moines, au retour de matines, avaient l'habitude de se remettre au lit. Quant à être plus dispos après qu'avant, cela dépendait sans

Que maux de cœur vinrent premièrement,
Et maux de cœur chassés Dieu sait comment [1].
En fin finale [2], une certaine enflure

doute du tempérament de chacun, à moins que, comme frère Jean, dans Rabelais (tome I, p. 153), quelques-uns ne commençassent leurs matines « par boyre » et manger : « Matines ayant neuf leçons, plus matin se leuoient par raison. Plus aussi multiplioient en appetit et alteration », etc. (*Ibidem*, tome II, p. 80.) Voyez aussi *la Premiere leçon des matines ordinaires du grand abbé des Conardz de Rouen* (1537, in-4°), réimprimée à Paris en 1848 et en 1857, in-12. Remarquons cependant que la coutume de dire les matines le soir pour le lendemain matin était très répandue dans les couvents au dix-septième siècle, ce qui rend la locution encore plus claire (Bossuet, *Lettres à Mme d'Albert de Luynes, religieuse de l'abbaye de Jouarre*, lettre XXXIX). Non seulement, dans le relâchement des règles, on disait matines à toutes heures, mais parfois même par procuration (Boileau, *le Lutrin*, chant I). — Peut-être n'est-ce qu'une image un peu libre empruntée aux coups du bourdon qui sonnait matines. La meilleure explication sans doute est dans ces vers de l'élégie XI de Marot (tome II, p. 25-26) :

> O nuict heureuse, o doulce noire nuict,
> Ta noireté aux amants point ne nuyt;
> Plus tost endort les langues serpentines,
> Si que faingnant d'aller droit à matines,
> Plusieurs amants peuuent bien, ce me semble,
> En lieu secret se rencontrer ensemble.
> Les prebstres lors bien hault chantent et crient,
> Et les amants tout bas leurs dames prient....
> . . . . . . . Or pour nous resiouyr,
> Si vous voulez les matines ouyr
> Là où sçauez, il n'est chambre si bonne
> Ni si bon lict que du tout n'abandonne,
> Pour m'y trouuer, etc.

On disait revenir de matines, comme revenir du bal ou de l'assemblée, alors que la nuit noire « couure les amans de sa grand robe obscure », ainsi qu'il est dit dans la même élégie. Voyez ci-dessus, le second exemple de la note du vers 134.

1. Et maux de cœur causés Dieu sait comment.
(1667 Cologne, 1668, 1669 Amsterdam et Leyde.)

2. .... Et repurent, pour fin finalle,
De ce qui estoit appresté.
VILLON, *la Septiesme Repeue faicte auprez de Montfaulcon*, p. 219.)

La contraignit d'allonger sa ceinture[1],  170
Mais en cachette, et sans en avertir
Le forge-pape[2], encore moins la mère[3] ;
Elle craignoit qu'on ne la fît partir :
Le jeu d'amour commençoit à lui plaire[4].
Vous me direz : « D'où lui vint[5] tant d'esprit ? »
D'où ? de ce jeu[6] : c'est l'arbre de science[7].
Sept mois entiers la galande attendit ;
Elle allégua son peu d'expérience[8].

Dès que la mère eut indice certain

1.  Il lui fallut élargir sa ceinture.
       (*Les Lunettes*, vers 29.)

2. Voyez ci-dessus, vers 66. — Du verbe *forger* rapprochez les verbes *ouvrer*, *besogner*, ci-dessus p. 162 et note 6, p. 163 et note 2 ; et comparez le *Papæ fabricator* de Poge, cité dans la notice de ce conte, p. 455.

3. Et moins encor sa mère. (1667 Cologne.)

4.  Le jeu d'amour commençant à lui plaire.
       (1668, 1669 Amsterdam et Leyde.)

—  Tant ne fut nice (encor que nice fût)
    Madame Alix, que le jeu ne lui plût.
       (*Le Faiseur d'oreilles*, vers 43-44.)

5. D'où lui vient. (Manuscrit de Conrart.)

6.  Il fait venir l'esprit et la raison :
    Nous le voyons en mainte bestiole.
       (*Comment l'esprit vient aux filles*, vers 19-20.)

7. L'arbre de la science du bien et du mal, d'où pend le fruit défendu, la pomme tentatrice qui renferme en elle tant de choses, entre autres, l'envie de tout savoir et de tout faire. « *Scit enim Deus*, dit le serpent, *quod in quocumque die comederetis ex eo, aperientur oculi vestri ; et eritis sicut dii, scientes bonum et malum.* » *Vidit igitur mulier quod bonum esset lignum ad vescendum, et pulchrum oculis, aspectuque delectabile ; et tulit de fructu illius, et comedit ; deditque viro suo, qui comedit. Et aperti sunt oculi amborum*, etc. (*Genèse*, chapitre III, versets 5-7.)

8. Pour expliquer qu'elle restât malgré sa grossesse, qu'elle feignait d'ignorer et qu'elle dissimulait.

De sa grossesse¹, elle lui fit soudain                    180
Trousser bagage², et remercia l'hôte³.
Lui de sa part⁴ rendit grâce au Seigneur,
Qui soulageoit⁵ son pauvre serviteur.
Puis, au départ, il leur dit⁶ que sans faute,
Moyennant Dieu⁷, l'enfant viendroit à bien.              185
« Gardez pourtant, dame, de faire rien
Qui puisse nuire à votre géniture⁸.

1. De la grossesse. (Manuscrit de Conrart.)
2. Comme on dit : trousser son paquet. Cette locution est aussi dans *l'École des maris* de Molière, vers 552 :

> Prenez visée ailleurs et troussez-moi bagage ;

et dans *l'Eunuque* de la Fontaine, acte IV, scène III :

> Qu'est devenu Doris? — Il a troussé bagage.

Comparez le vers entier au vers 53 de la fable 1 du livre VIII :

> Je voudrois qu'à cet âge
> On sortît de la vie ainsi que d'un banquet,
> Remerciant son hôte, et qu'on fît son paquet.

3. Et remercier l'hôte. (1667 Cologne, 1668, 1669 Amsterdam et Leyde.)
4. De son côté : voyez *Joconde*, vers 431 et la note.
5. Débarrassait ; car il commençait à en avoir assez, comme frère Rustic dans *le Diable en enfer;* mais peut-être le poète joue-t-il sur ce verbe : comparez ci-dessus, p. 206 et note 4, le mot *soulagement*, soulagement des désirs, jouissance.
6. Il lui dit. (1667 Cologne, 1668, 1669 Amsterdam et Leyde.)
7. Voyez ci-dessus, p. 343 et note 4.
8. « Gardez qu'il aduienne mal du fruict qui est dessus vous. » (G Chappuys, *les Facetieuses Iournées*, fol. 89 r°.) — *Géniture*, terme familier employé plusieurs fois par notre poète : voyez tome II p. 291 et note 4 ; *la Mandragore*, vers 67 : « secrets pour avoir géniture » ; Montaigne (tome II, p. 104) : « Labienus ne peut souffrir cette perte, ni de suruiure à ceste sienne si chere geniture » ; Dorat (p. 14) : « geniture infantine » ; Marot (tome I, p. 84 et 221) : « royale geniture », chez lequel nous rencontrons aussi *geniteur* (tome III, p. 185, 218); et Ronsard, (tome I, p. 68) :

> Ie serois un serpent de farouche nature
> Si ie voulois trahir ma propre geniture.

Ayez grand soin de cette créature;
Car tout bonheur vous en arrivera :
Vous régnerez, serez la signora¹,                    190
Ferez monter aux grandeurs tous les vôtres,
Princes les uns et grands seigneurs les autres,
Vos cousins ducs, cardinaux vos neveux;
Places², châteaux, tant pour vous que pour eux,
Ne manqueront en aucune manière,                    195
Non plus que l'eau qui coule en la rivière³. »
Leur ayant fait cette prédiction,
Il leur donna sa bénédiction⁴.

La signora, de retour chez sa mère,
S'entretenoit⁵ jour et nuit du saint-père⁶,         200
Préparoit tout, lui faisoit des béguins⁷;

1. La maîtresse, celle qu'on appellera « la signora ».
2. Il s'agit ici de gouvernements de places, de villes. Voyez *l'Oraison*, vers 152.
   3.        Non plus que l'eau ne manque en la rivière.
                (1667 Cologne, 1668, 1669 Amsterdam et Leyde.)
—           Ne lui manquoient non plus que l'eau du puits.
                (*La Gageure*, vers 218.)
4. Ce vers a été omis dans le recueil de 1667 Cologne.
5. L'entretenoit. (1668, 1669 Amsterdam et Leyde.)
6. Ces vers rappellent ceux de *la Laitière et le Pot au lait*, où Perrette parle de son porc comme si elle le tenait déjà (tome II, p. 151 et note 17).
7. Petite coiffe qu'on met aux enfants, et qui s'attache sous leur menton avec une bride. Voyez l'*Ancien Théâtre françois*, tomes I, p. 55, 59, II, p. 62, VII, p. 54, IX, p. 97; etc. —Mme de Sévigné écrit, racontant la naissance de sa petite fille Marie-Blanche : « D'abord Hélène (la femme de chambre) me dit : « Madame, c'est un petit garçon. » Je le dis au Coadjuteur; et puis quand nous le regardâmes de plus près, nous trouvâmes que c'étoit une petite fille. Nous en sommes un peu honteuses, quand nous songeons que tout l'été *nous avons fait des béguins au saint-père*, et qu'après de si belles espérances :

Au demeurant¹ prenoit tous les matins
La couple d'œufs² ; attendoit en liesse³
Ce qui viendroit d'une telle grossesse.
Mais ce qui vint détruisit les châteaux,       205
Fit avorter les mitres, les chapeaux,
Et les grandeurs de toute la famille⁴ :
La signora mit au monde une fille.

   La signora met au monde une fille.

Je vous assure que cela rabaisse le caquet. » (Lettre au comte de Grignan du 19 novembre 1670, tome II, p. 14-15.) Elle fait une autre allusion à notre conte dans une lettre à sa fille du 22 novembre 1671 (tome II, p. 418) : « Mme de Louvigny est accouchée d'un fils : vous voyez bien, ma chère enfant, que vous en aurez un aussi. Vous vous y attendez d'une telle sorte que, comme vous dites, *la signora qui mit au monde une fille* ne fut pas plus attrapée que vous le seriez, si ce malheur vous arrivoit. »

 1. Ci-dessus, p. 460 et note 3.

 2. Pour avoir un garçon (*duos testiculos*) : superstition populaire, qui se trouve encore consignée dans certains manuels empiriques. Rapprochons de cette locution figurée ce passage du conte XII de Noël du Fail (tome I, p. 163) : « Allez tost luy querir d'aultres habits, tandis que ie la chaufferay, la pauurette.... La chambriere courut; mais la maistresse eut ses œufs de Pasques à toutes restes » ; et cette phrase de Tallemant des Réaux (tome VII, p. 224), qui explique bien notre vers : « En s'allant mettre au lit, il dit : « Apportez-moi deux œufs frais que je lui fasse un garçon du pre- « mier coup. » Rappelons aussi le titre équivoque d'un des recueils facétieux du comte de Caylus : *les Écosseuses ou les OEufs de Pasques*, Troyes (Paris), 1739, in-12.

 3. Attendant en liesse. (1667 Cologne.) — En joie : comparez le premier vers de la fable XII du livre VI : *le Soleil et les Grenouilles* :

  Aux noces d'un tyran, tout le peuple en liesse
  Noyoit son souci dans les pots.

—  Mon cueur garny de liesse ie sens.
  (Marot, *le Temple de Cupido*, tome I, p. 23.)

 4. Dans *la Laitière et le Pot au lait* déjà citée (vers 23) :

 Le lait tombe ; adieu veau, vache, cochon, couvée.

## XVI

### MAZET DE LAMPORECHIO.

#### NOUVELLE TIRÉE DE BOCCACE.

Ce conte n'est pas dans les premières éditions de la deuxième partie des contes (Paris, 1666, 1667); comme le précédent, il fut imprimé pour la première fois dans le recueil de Cologne, 1667, puis dans l'édition de Hollande de 1668, enfin par l'auteur dans l'édition de 1669 Paris; il est intitulé *le Muet de Boccace* dans le texte de 1667 Cologne, *le Muet* dans ceux de Hollande de 1668 et 1669.

Il se trouve dans les manuscrits de Conrart, à la Bibliothèque de l'Arsenal, n° 5418, p. 559-564.

Il a été emprunté par la Fontaine à la première nouvelle de la troisième journée du *Décaméron* dont voici le sommaire :

*Masetto da Lamporechio si fa mutolo et diviene hortolano d'uno munistero di donne, lequali tutte concorrono a giacersi con lui.*

« Maset de Lamporechio, contrefaisant du muet, deuint iardinier d'ung monastere de femmes, lesquelles coucherent toutes auecques luy. »

Un auteur inconnu du seizième siècle a mis en vers le récit de Boccace : *Il Bolognese, overo Masetto de Lampolechio* (sic), Florence, 1525, in-4°.

La Fontaine a suivi de très près son original.

M. Landau (p. 177) rapproche un conte de Francesco da Barberino, qui vivait vers la fin du treizième siècle, tiré d'un manuscrit du Vatican, imprimé sous ce titre : *Del Reggimento e de' costumi delle donne* (Rome, 1815, Milan, 1842, Bologne, 1875), p. 226-233 de l'édition de 1815. On rencontre là, comme dans Boccace, neuf religieuses, mais, au lieu d'un jardinier, trois jeunes gens, « trois suppôts de Satan », car « ce ne sont pas des créatures de chair et de sang, mais de véritables démons ».

Le conte de Frischlinus, que nous avons cité aux pages 454 et 467, a aussi une analogie lointaine avec celui-ci : c'est le portier du couvent qui remplit l'office de Mazet, mais après s'être fait passer pour un envoyé de Dieu. Les nonnes se réunissent en chapitre *:* *Convocatoque ædituo atque in conclavi servato, accessit primum virgo maxima, quæ, cum voci obediens Angeli indulgentiam accepisset (ut ita loquar), exeundo cecinit :* « *Lætata sum in his quæ dicta sunt mihi.* » *Accessit posthac quæ secundum dignitatis gradum obtinebat, ut ordo conditionum requirebat, quæ exeundo atque percepta indulgentia, jucunda voce promebat canticum hoc :* « *Te Deum laudamus.* » *Tertia autem exiens, psallebat :* « *Lætabatur justus in Domino.* » *Quarta vero cantabat :* « *Gaudeamus omnes.* » *Ædituus tandem, consumptis atque fractis viribus, dirupto conclavi exiit.* (*Facetiarum libri tres*, livre III, fol. 113).

Voyez aussi dans le recueil de Millot, *Histoire littéraire des troubadours* (Paris, 1774, in-8°), tome I, p. 8, ce que le comte Guillaume de Poitou, mort en 1127, narre de ses aventures avec Agnès et Ermalette : il joue auprès d'elles avec le même succès le rôle de muet; et, chez Hagen (tome I, p. 207-224), la nouvelle intitulée *Die halbe Birn*, la moitié de poire, histoire assez plaisante de Conrad de Würzbourg, qu'on peut aussi rapprocher de notre conte.

Bonifacio Vannozzi prétend (*Lettere miscellanee*, p. 580) que ce sujet se trouvait *in uno libro di novelle et di parlare gentile anteriore al Boccacio*, mais sans dire quel est ce livre.

Manni (p. 219) raconte qu'aux environs de Florence il a connu un couvent de femmes dans lequel servait un certain Mazetto de Lamporechio; mais il ne nous apprend pas si ce serviteur remplissait auprès des nonnes le même office que notre jardinier.

*Mazet*, comédie en deux actes, en vers, mêlée d'ariettes, par Anseaume, musique de Duni, a été représentée par les comédiens italiens, à Paris, le 24 septembre 1761. Il peut être intéressant de voir comment ce récit scabreux s'est adouci en passant sur le théâtre : « La scène, dit M. Moland (tome III, p. 80), est dans une maison de campagne habitée par une veuve et ses deux nièces. Mazet est un jeune paysan amoureux de Mlle Thérèse, l'une de ces nièces. Il feint d'être muet et se fait recevoir garçon jardinier. Les coquetteries du jardin sont tout ce qu'il y a de plus innocent au monde. Mazet compose un bouquet pour Thérèse; il demande par signes et à genoux la permission de le lui attacher à la ceinture. Il lui offre un nid de jeunes oiseaux. En voulant lui reprendre l'arrosoir, il lui baise la main, et Thérèse, affectant de la sévérité, lui dit : « Mazet, « Mazet, vous vous émancipez! » La veuve, éprise à son tour du faux muet, lui propose d'être son mari, et Mazet lâche un « J'en serais bien fâché ! » qui trahit tout le mystère. Grande rumeur qui finit par s'apaiser, et, pour conclusion, mariage de Mazet et de Thérèse. » Le *Dictionnaire dramatique* (tome II, p. 196) contient aussi une analyse de cette pièce.

Rappelons au sujet de *Mazet de Lamporechio* un événement, fort regrettable sans doute, sinistre même, mais qu'on ne peut s'empêcher de qualifier aussi de curieux : Il y a six ans, un jardinier, qui servait dans un couvent voisin de Marseille, tua la supérieure, et blessa grièvement une religieuse à coups de pistolet. Ce qu'on ne sait pas, ou ce qu'on a oublié peut-être, c'est que la cause première de ce crime fut la lecture ou l'audition de ce conte, qui avait tourné la tête de ce jardinier et l'avait déterminé à entrer dans ce couvent, et la seconde un service trop difficile, trop fatigant, qui la lui avait fait perdre : comparez, ci-dessous, les vers 50-56 et 73-86. C'est du moins ce que prétendit ce Mazet tragique qui, hâtons-nous de le dire, n'avait jamais eu dans ce couvent à vaquer qu'aux soins de l'if et du chèvrefeuille.

> Le voile[1] n'est le rempart le plus sûr
> Contre l'amour, ni le moins accessible[2] :
> Un bon mari, mieux que grille ni mur[3],
> Y pourvoira[4], si pourvoir est possible.
> C'est à mon sens une erreur trop visible         5
> A des parents, pour ne dire autrement,
> De présumer, après qu'une personne
> Bon gré, mal gré, s'est mise[5] en un couvent,

1. Le voile des religieuses.
2. Et le moins accessible. (1667 Cologne.)
3.   Et les soins défiants, les verrous et les grilles,
     Ne font pas la vertu des femmes et des filles.
                (MOLIÈRE, *l'École des maris*, vers 167-168.)

4. Même emploi de ce verbe dans *la Fiancée*, vers 795 : « Pourvoyez à la chose.... »

5. Bon gré, mal gré, est mise. (1667 Cologne, 1668, 1669 Amsterdam et Leyde.) L'hiatus seul n'a pas fait corriger *est mise* en *s'est mise*. Souvent en effet elle s'y mettait bien d'elle-même, et

Que Dieu prendra ce qu'ainsi l'on lui donne :
Abus, abus[1]! je tiens que le Malin[2]    10
N'a revenu plus clair et plus certain[3]
(Sauf toutefois l'assistance divine[4]).
Encore un coup, ne faut qu'on s'imagine
Que d'être pure et nette de péché
Soit privilège à la guimpe[5] attaché[6].    15
Nenni da[7], non; je prétends qu'au contraire

pour être plus libre : voyez ci-dessous, la note du vers 12. — *Convent*, ici et plus bas dans les éditions de 1667 Cologne, 1668, 1669 Amsterdam et Leyde, et dans le manuscrit de Conrart.

1. Erreur, comme il vient de le dire au vers 5; voyez le vers 3 de la fable III du livre VIII (tome II, p. 223 et note 5); le conte de *Nicaise*, vers 73, 116, etc.; et les *Lexiques de Malherbe* et *de Corneille*, au mot Abus.

2. Le Diable : ci-dessus, p. 475 et note 2.

3. Ni plus certain. (Manuscrit de Conrart.)

—           C'est où l'amour fait le mieux ses affaires.
                    (*Le Berceau*, vers 41.)

4. A moins toutefois que la personne en question ne soit assistée de Dieu. — La plupart des parents ne se faisaient aucune illusion lorsqu'ils mettaient leurs filles au couvent; ils savaient bien que la règle s'était beaucoup relâchée et qu'elles ne cesseraient pas d'être en communication avec le monde. Beaucoup même entraient d'elles-mêmes en religion parce qu'elles étaient trop resserrées dans leurs familles. Voyez, sans parler des nombreux mémoires, lettres, et histoires du temps, dans *les Aventures du baron de Fæneste* de d'Aubigné, le plaisant chapitre XII du livre IV, intitulé : *des Nonnains*.

5. La guimpe, linge blanc enveloppant la tête, le cou, la gorge et les épaules, des religieuses de toutes les observances. Voyez *les Lunettes*, vers 5-7, *le Tableau*, vers 99.

6.      Il est bien vray que tourel, voille ou guymple,
        Fort scapullaire, ou aultre habit de corps,
        Ne rend iamais homme ou femme plus simple,
        Mais rompt souuent l'union et accord,
        Mectant diuorce entre l'ame et le corps.

(Recueil de poésies françoises, tome VIII, p. 173 : *Priere d'une nonnain à un ieune adolescent*.)

7. Nennin dea. (1667 Cologne.) — Nenni dea. (Manuscrit de

Filles du monde ont toujours plus de peur
Que l'on ne donne atteinte à leur honneur;
La raison est qu'elles en ont affaire[1].
Moins d'ennemis attaquent leur pudeur; 20
Les autres n'ont pour un seul adversaire[2]:
Tentation, fille d'Oisiveté[3],
Ne manque pas d'agir de son côté;
Puis le Desir, enfant de la Contrainte[4].
Ma fille est nonne, *ergo*[5] c'est une sainte[6]: 25
Mal raisonner[7]. Des quatre parts les trois[8]

Conrart.) — Sur ces formes : *nenni* (qui est fréquent chez Marot, chez des Portes, chez Racan, etc.), ou *nennin da* ou *dea*, voyez Littré; et comparez *si dea*, ci-dessus, p. 159 et note 2.

1. A faire. (1669 Amsterdam et Leyde.) — Elles ont besoin de veiller sur lui, de le garder. Comparez, pour l'expression, les fables XI du livre II, vers 11, et XIX du livre VIII, vers 20; et, pour l'idée, *la Fiancée*, vers 785 et suivants :

.... Filles, maintenez-vous, etc.

2. *Aversaire*, dans le manuscrit de Conrart. — Elles en ont plusieurs.

....Nous avons des coquettes,
Non pas pour une, Dieu merci!
(*Le roi Candaule*, vers 150-151.)

Voyez aussi Molière, *la Princesse d'Élide*, acte II, scène I (tome IV, p. 168), et *les Femmes savantes*, acte II, scène III, vers 376 (tome IX, p. 185 et note 1).

3. Nous avons rencontré « Oisiveté, principe de tout vice », dans *la Fiancée*, vers 742. Rapprochez « Luxure fille d'Oyseuse », dans l'*Ancien Théâtre françois*, tome III, p. 44.

4. Gresset semble avoir résumé tout ce passage dans ces deux vers si connus :

Desir de fille est un feu qui dévore;
Desir de nonne est cent fois pis encore.
(*Ver-Vert*, chant II.)

5. Mot qui revenait sans cesse dans les disputes scolastiques.

6. Au contraire, « la nonnain est fragile », si nous en croyons Jodelle (sonnet XXIII, tome II, p. 144).

7. Mal raisonné. (1667 Cologne.)

8. Comparez la fable II du livre VII, vers 8 et 10.

En ont regret et se mordent les doigts;
Font souvent pis¹; au moins l'ai-je ouï dire,
Car pour ce point je parle sans savoir².
Boccace en fait certain conte pour rire,  30
Que j'ai rimé comme vous allez voir.

Un bon vieillard en un couvent de filles
Autrefois fut, labouroit le jardin³.
Elles étoient toutes assez gentilles⁴,
Et volontiers jasoient dès le matin.  35
Tant ne songeoient au service divin
Qu'à soi montrer ès parloirs⁵ aguimpées⁶
Bien blanchement⁷, comme droites poupées,

1. Même en font pis. (1667 Cologne, 1705.)
2. Ce vers, qui doit être une malice (voyez tome I, p. XLI-XLII), est omis dans le recueil de 1667 Cologne. — Tout ce préambule est imité de Boccace.
3. Labourant le jardin. (1667 Cologne.)
4. Même locution au vers 549 de *la Fiancée* : « filles.... toutes assez gentilles. »
5. Dans les parloirs : contraction de *en les*. Comparez ci-dessus, p. 223.
6. Voyez le conte IX de la I<sup>re</sup> partie, vers 4 et la note.

—     Qu'à se montrer au parloir aguimpées.
              (1668, 1669 Amsterdam et Leyde.)

L'Académie ne donne ni *aguimper*, ni *guimper*.

7. Bien ajustées dans leurs guimpes bien blanches.
Comparez *la Mandragore*, vers 224 :

    Bien blanchement et ce soir atournée;

et Rabelais (tome II, p. 454) : « ....Leurs guimples.... sauonnées de frays, bien blanches, et empesées. »

—    Ainsi qu'il est pour le monde et les cours
     Un art, un goût de modes et d'atours,
     Il est aussi des modes pour le voile;
     Il est un art de donner d'heureux tours
     A l'étamine, à la plus simple toile.
     Souvent l'essaim des folâtres amours,
     Essaim qui sait franchir grilles et tours,

Prête chacune à tenir coup[1] aux gens ;
Et n'étoit bruit qu'il se trouvât léans[2]          40
Fille qui n'eût de quoi rendre le change[3],

> Donne aux bandeaux une grâce piquante,
> Un air galant à la guimpe flottante :
> Enfin, avant de paroître au parloir,
> On doit au moins deux coups d'œil au miroir.
>
> (GRESSET, *Ver-Vert*, chant I.)

Dans quelques couvents même, à Longchamps, par exemple, les nonnes, peintes, fardées, se paraient au besoin de bijoux, de rubans, de dentelles. Elles pouvaient donner des repas, où les convives étaient assis à la même table, mais une moitié dans l'intérieur du couvent, l'autre moitié dans le parloir, séparés par la grille. Au carnaval, particulièrement en Italie, on permettait quelquefois aux recluses le plaisir du bal ; mais elles n'en jouissaient que des yeux : les invités dansaient dans le parloir, et les sœurs étaient les spectatrices de la fête. — Le bénédictin Chavigny, dans ses *Entretiens de la grille, ou le Moine au parloir* (Cologne, 1682, in-12, p. 24), parle d'une jeune religieuse qui, « plus coquette qu'à l'ordinaire, montra un jour ses tetons à la grille ». Voyez aussi la satire intitulée : *le Nouveau Parloir des nonnains* (Cologne, 1669, in-12). — Pour *droites poupées*, à la fin du vers, rapprochez l'expression : « droictes fées », dans le Recueil de poésies françoises, *l'Aduocat des dames*, tome XII, p. 10 ; *ibidem*, tome X, p. 270 :

> Or devez vous entendre ainsi
> Que i'estois droicte, bien taillée,
> Belle assez, aduenante aussi...;

et l'*Ancien Théâtre françois*, tome II, p. 39 : « Ce sont droictes dyablesses. »

1. Terme de jeu ; à tenir tête : on trouvait, avec elles, « à qui parler » (*le Tableau*, vers 241). — *Prête*, au singulier, se rapportant à « chacune », est bien le texte de nos anciennes éditions.

2. Et n'étoit jour qu'on ne trouvât léans.
(1668, 1669 Amsterdam et Leyde.)

— *Léans*, là dedans, tandis que *céans* signifie ici dedans, et s'emploie quand on est dans le lieu même. Ce mot, que nous rencontrons plusieurs fois chez Marot (tomes I, p. 18, II, p. 213, IV, p. 33, et *passim*), est aussi dans *la Mandragore*, vers 39, dans *Féronde*, vers 140, 176, 205, dans *le Psautier*, vers 30, etc.

3. Rendre à tout venant la monnaie de sa pièce : elles avaient « de quoi payer », comme Bartholomée (*le Calendrier*, vers 131) ; elles étaient toujours prêtes à « la riposte » (*Joconde*, vers 455).

Se renvoyant l'une à l'autre l'éteuf[1].

Huit sœurs étoient, et l'abbesse sont neuf[2].
Si mal d'accord que c'étoit chose étrange[3].
De la beauté, la plupart en avoient ;   45
De la jeunesse[4], elles en avoient toutes.

Comparez Brantôme (tomes VII, p. 161, IX, p. 84, et IV, p. 37) : « Ie luy dis' qu'il fist parler le Bernet, gentil soldat parmy nos bandes, et qui sçauoit bien parler et rendroit bien le change à l'autre » ; Chappuys, *les Facetieuses Iournées*, fol. 141 v° : « Sans penser au change qu'il leur rendroit » ; des Périers (tome I, p. 185) : « Pour ung coup qu'on leur baille, qu'elles en rendent deux » ; l'*Apologie pour Hérodote*, tome II, p. 122 ; la Bruyère, *des Femmes*, tome I, p. 175 ; *la Coupe enchantée*, vers 226 ; chez Coquillart (tome II, p. 185-186), « les dames

   Si coinctes, si polies (*nettes*), si frisques,
   Si propres pour trouuer replicques,
   Si usitées (*fines*, *adroites*) de leur babil, etc. » ;

et dans *le Nouveau Cabinet des muses gaillardes* (1665, in-12), p. 13 :

   Le change en nos douces langueurs,
   N'a lieu que d'amant à maîtresse.

1. Balle du jeu de longue paume. *Renvoyer l'éteuf*, au figuré, signifie rendre la pareille, comme *rendre le change*, mais vertement, avec vivacité : il y a donc gradation. Comparez la fable VII du livre IX, vers 39-40 (tome II, p. 393, et note 13) ; Brantôme, tome IX, p. 574, où le mot est également pris au figuré : « La dame se mit à plorer, ayant opinion que le roy auoit faict iouer ce ieu ; car il estoit coustumier de faire iouer ces esteufz » ; Tallemant des Réaux (tome VI, p. 174) : « ....Ah ! Madame, vous jouez donc de ces esteufs-là ? » ; et ce passage des *Aventures du baron de Fœneste* de d'Aubigné (p. 245) : « Pourquoi m'amuserai-je à vous conter les répliques et les dupliques... ? L'autre, qui estoit aussi fort que lui, lui ramena la boule, et eût fait bon voir l'escrime, etc. »

2. Tour elliptique : « Huit sœurs étaient et l'abbesse, qui fait neuf. »

3. C'est pourquoi elles étaient habituées, comme il vient d'être dit, à tenir tête aux gens et à riposter prestement. — Remarquons la malice du bonhomme, qui a l'air de s'étonner qu'une compagnie de femmes puisse ne pas vivre d'accord.

4.   Sa femme avoit de la jeunesse,
  De la beauté....   (*Joconde*, vers 40-41.)

En cettui¹ lieu beaux pères² fréquentoient³,
Comme on peut croire ; et tant bien supputoient⁴
Qu'il ne manquoit⁵ à tomber sur leurs routes.

Le bon vieillard jardinier⁶ dessus dit⁷,   50

1. Ci-dessus, p. 331 et note 2. — Comparez *le Tableau*, vers 54 :
   En ce lieu hantoient d'ordinaire
   Gens de cour, etc.

— « En cettui nostre pays, dit le Maçon (traduisant Boccace), il y eut et est encore un monastere de femmes », etc.

2. Voyez le vers 136 des *Cordeliers* et la note, à laquelle nous pouvons joindre ces deux citations :

   Tout par tout peres on les nomme,
   Et, de faict, plusieurs foys aduient
   Que ce nom tres bien leur conuient.
        (MAROT, tome IV, p. 32.)
   D'où vient cela qu'on vous nomme beaux peres?
   C'est qu'à l'ombre d'un ioly crucifix,
   Gaignez souuent des filles ou des filz
   En accointant vos sainctes belles meres.

(*Sermon*, déjà cité, *du Cordelier aux Soldats*, *ensemble la Responce*, etc., vers 93-96.)

3. Pour ce verbe, voyez p. 360 et note 3.

4. S'ajustoient. (1667 Cologne.) — Dans Mme de Sévigné (tome III, p. 398) : « Je voulois.... pouvoir supputer un peu juste votre retour. »

5. Qu'ils ne manquoient. (1667 Cologne, 1668, 1669 Amsterdam et Leyde, 1685, 1686, 1705.) Ce pluriel, qui est une faute d'impression conservée par la plupart des éditeurs modernes, a longtemps obscurci le sens de cette phrase. Avec le singulier, qui est la leçon du texte de 1669 Paris, donné par la Fontaine, le sens est très clair : les beaux pères calculaient si bien, s'arrangeaient de telle façon, que, dans leurs tournées, ce lieu, ce couvent, ne manquait jamais de tomber, c'est-à-dire de se rencontrer, sur leur route.

6. Pour cette apposition, comparez tome III, p. 51 et note 22. — « Le bon vieillard seruiteur. » (*L'Heptaméron*, p. 8.) « Le vieillard nautonnier. » (DU BELLAY, tome I, p. 156.) « Le vieillard cheualier. » (*Ibidem*, tome II, p. 184.)

7. « Ce bon cheualier amoureux dessus dict.... » (*Les Cent Nouvelles nouvelles*, p. 175.)

Près de ces sœurs perdoit presque l'esprit.
A leur caprice il ne pouvoit suffire ;
Toutes vouloient au vieillard commander,
Dont, ne pouvant entre elles s'accorder [1],
Il souffroit plus que l'on ne sauroit dire.        55
Force lui fut [2] de quitter la maison :
Il en sortit de la même façon
Qu'étoit entré là dedans le pauvre homme [3],
Sans croix ne pile [4], et n'ayant rien en somme
Qu'un vieil habit. Certain jeune garçon           60

1. Nouvel emploi de participe absolu à la façon des Latins : voyez le vers 248 de *la Fiancée* et la note.
2. Ci-dessus, p. 226 et note 7.
3. .... Je l'envoyrois ainsi qu'elle est venue.
(*La Servante justifiée*, vers 69.)
4. Sans croix ni pile. (1667 Cologne, 1668, 1669 Amsterdam et Leyde.) Comme on dit aujourd'hui « sans sou ni maille ». Pile, côté de la pièce de monnaie opposé à celui où était la croix. Du Cange pense que ce côté a été ainsi nommé de *pila*, sanctuaire, église, parce que les monnaies ont plusieurs fois porté l'effigie d'édifices sacrés. D'autres disent qu'il l'a été de *pila*, sorte d'instrument monétaire, trébuchet, dont on mettait la marque sur les monnaies.

— En cheuauchant sans croix ne pile....
(Villon, *Grand Testament*, xiiie huitain.)

.... Sans croix ne pile, sans argent ne maillette.
(*La Vie et Trespassement de Caillette*, dans le tome X du Recueil de poésies françoises, p. 384.)

Comme vray pelerin du mont
Sainct Michel, où les enfants vont
Le plus souuent sans croix ne pile....
(Ibidem, *le Testament de Ienin de Lesche*, p. 372 ;
voyez aussi tome XI, p. 108, 111.)

Tel est bien paré, frisque et gent
Qui ne sçait ne croix ne pile.
(Coquillart, tome II, p. 291.)

On disait aussi « sans croix » tout court : « Le pauure monde n'a plus croix. » (*Recueil de poésies*, déjà cité, tome VII, p. 75). — Semblable exemple de *ne* pour *ni* dans *la Mandragore*, vers 181 et 182, dans *le Diable de Papefiguière*, vers 179 ; etc.

De Lamporech[1], si j'ai bonne mémoire[2],
Dit au vieillard un beau jour[3] après boire[4],
Et raisonnant[5] sur le fait des nonnains,
Qu'il passeroit bien volontiers sa vie
Près de ces sœurs, et qu'il avoit envie      65
De leur[6] offrir son travail[7] et ses mains,
Sans demander récompense ni gages.
Le compagnon[8] ne visoit à l'argent :
Trop[9] bien croyoit, ces sœurs étant peu sages,

1. Lemporky. (1667 Cologne.) — Lamporecchio, charmant village près de Pistoia, en Toscane. Boïardo évoque le souvenir du conte de Boccace dans son *Orlando innamorato*, chant LXVII, stance XXXVII) :

*Costui ch'io dico a Lamporecchio nacque,*
*Ch'è famoso castel per quel Masetto.*

2. Même hémistiche dans la fable I du livre III, vers 29, dans *les Troqueurs*, vers 28 ; etc. Au vers 17 du *Gascon puni* : « Si j'ai mémoire. »

3. Certain jour. (1667 Cologne.)

4. Même locution : « après boire », dans une lettre de la Fontaine à M. Simon de Troye de février 1686 (tome III *M.-L*, p. 372). — « Après bon vin » (*la Gageure*, vers 1).

5. Et raisonnants. (1667 Cologne.) Tandis qu'ils raisonnaient. — Dans *la Gageure*, vers 250 : « Sur ce fait il raisonne. »

6. Leurs. (1667 Cologne ; faute évidente.)

7. Il y a certainement une équivoque dans l'esprit de Mazet. Dans le conte de Boccace, le jeu de mots sur labourage et jardinage revient plusieurs fois : ....*Se voi mi mettete costa entro, io vi lavoraro si l'horto che mai non vi fu cosi lavorato.* « Si vous me faites entrer ici dedans, je labourerai si bien votre jardin qu'il n'aura jamais été labouré de telle sorte », etc. : Mazet se parle à lui-même.

8. Au vers 8 du *Psautier* : « Mazet, le compagnon. » Voyez le conte précédent, vers 48 ; et *passim*.

9. Nous avons déjà rencontré (*les Cordeliers*, vers 111 et la note) *trop*, dans le sens archaïque de *très* ou *beaucoup*, mais renchérissant quelque peu sur ces deux derniers termes :

Aymant trop mieux porter, sans titre de guerrier,
L'oliuier sur le front qu'un chapeau de laurier.
(RONSARD, hymne VI du livre II.)

« Au premier avis que le hasard lui porta d'un siège impor-

Qu'il en pourroit croquer une[1] en passant, 70
Et puis une autre[2], et puis toute la troupe.
Nuto lui dit[3] (c'est le nom du vieillard) :
« Crois-moi, Mazet[4], mets-toi quelque autre part.
J'aimerois mieux être sans pain ni soupe
Que d'employer en ce lieu mon travail. 75
Les nonnes sont un étrange bétail[5] :
Qui n'a tâté[6] de cette marchandise[7]

tant, il (Condé) traverse trop promptement tout un grand pays et, d'une première vue, il découvre un passage assuré pour le secours. » (Bossuet, *Oraison funèbre de Louis de Bourbon*.)

— Trop croyoit-il, les sœurs étant peu sages.
(1667 Cologne.)

1. Obtenir ses faveurs. Voyez le *Pâté d'anguille*, vers 140-143 :

Les plus nouvelles sans manquer
Étoient pour lui les plus gentilles :
Par où le drôle en put croquer
Il en croqua;

*les Lunettes*, vers 143 : « un vrai croqueur de nonne »; Tallemant des Réaux, tome VI, p. 9 : « Mon mari m'a croquée »; tome VII, p. 112 : « En cet état, il la croqua »; et les passages des *Lettres* de la Palatine et des *Mémoires* de Saint-Simon cités par Walckenaer.

2. Comparez tome I, p. 140 : « tantôt l'une, et puis l'autre », et tome III, p. 163 et note 11 : « aujourd'hui l'une, et demain l'autre. »

3. Nuto reprit. (Manuscrit de Conrart.)

4. *Mazeau*, *Mazet*, un sot, un niais; ou un badin, qui aime à rire. On connaît bien le sens du féminin *masette* ou *mazette*. Voyez ci-dessous, le vers 106.

5. Quelques imitateurs, sot bétail, je l'avoue.
(Épître à Huet, tome V *M.-L.*, p. 177.)

— .... La femme est, comme on dit, mon maître,
Un certain animal difficile à connoître, etc.
(Molière, *Dépit amoureux*, acte IV, scène II, vers 1245-1246.)

6. Rapprochez l'expression « tâter d'un mets », au tome III, p. 136. Chez Brantôme (tome VIII, p. 95) : « Les plus clersvoyans, et qui s'entendent en ces choses, et qui en ont tasté, m'en sçauroyent bien que dire »; et chez Tallemant des Réaux (tome VII, p. 81), au propre : « Bien des gens tâtèrent de la présidente. »

7. Voyez un semblable emploi de ce mot, au figuré, dans les *Lettres de Mme de Sévigné*, tome III, p. 392 : « Il ne faut amener

Ne sait encor ce que c'est que tourment.
Je te le dis, laisse là ce couvent ;
Car d'espérer[1] les servir à leur guise[2],                    80
C'est un abus[3] : l'une voudra du mou,
L'autre du dur[4] ; par quoi[5] je te tiens fou,
D'autant plus fou que ces filles sont sottes.
Tu n'auras pas œuvre faite[6], entre nous ;

aucun page; c'est une marchandise de province qui n'est point bonne ici » ; et *ibidem*, tome X, p. 86 et 333.

1. Car de penser. (1667 Cologne.)
2. Rapprochez les vers 147-150 du *Tableau* :

    Il se trouva tout disposé
    Pour exécuter sans remise
    Les ordres des nonnains, les servant à leur guise
    Dans son office de Mazet.

3. Voyez ci-dessus, p. 486 et note 1. — Chez Boccace : *Le son tutte giovani, et parmi ch'elle habbiano il diavolo in corpo, che non si puo far cosa niuna al lor modo; anzi, quand' io lavorava alcuna volta l'horto, l'una diceva « pon qui questo », et l'altra « pon qui quello », et l'altra mi toglieva la zappa di mano, et diceva : « Questo non sta bene », et davammi tanta seccaggine, che io lasciava stare il lavorio, et uscivami dell' horto.*

4.          ....L'un demande du mou,
            L'autre du dur,

dit Gros-René dans le *Dépit amoureux*, acte IV, scène II, vers 1263-1264. « Aprez le dur veult on du mou. » (*Recueil de poésies françoises*, tome IX, p. 116.) « S'il veult du dur, il a du moul. » (Eustache Deschamps, cité par Littré.)

5. Partant. (1667 Cologne.)
6. C'est-à-dire : tu ne viendras jamais à bout de rien achever ni de contenter personne. « Tu n'auoys pas besongne faicte. » (DES PÉRIERS, tome I, p. 16.) « Ung homme qui ayme besongne faicte. » (*Ibidem*, tome II, p. 45.)

    J'auray bien du mal sans mentir,
    Ie n'ay pas besongue acheuée.

(*Ancien Théâtre françois*, tome VII, p. 427.) « Iamais n'eurent œuure laissée. » (*Ibidem*, tome IV, p. 264.) « Sainct Iehan, dit le mary, ils n'ont pas œuure laissée ! » ils n'ont pas été paresseux. (*Les Cent Nouvelles nouvelles*, p. 153.) — Même locution dans *l'Eunuque*, acte III, scène VI :

    ....Non que parlant d'amour il rencontre œuvre faite.

L'une voudra que tu plantes des choux, 85
L'autre voudra que ce soit des carottes. »
Mazet reprit : « Ce n'est pas là le point.
Vois-tu, Nuto, je ne suis qu'une bête ;
Mais dans ce lieu tu ne me verras point
Un mois entier sans qu'on m'y fasse fête[1]. 90
La raison est que je n'ai que vingt ans ;
Et, comme toi, je n'ai pas fait mon temps[2].
Je leur suis propre, et ne demande en somme
Que d'être admis[3]. » Dit alors le bon homme :
« Au factotum[4] tu n'as qu'à t'adresser ; 95
Allons-nous-en de ce pas[5] lui parler.

1. Comparez pour cette locution : « faire fête à quelqu'un », la fable XII du livre II, vers 13 ; les contes XIII de la III° partie, vers 114, et X de la IV°, vers 37.
2. Dans *l'Eunuque*, acte V, scène IV :
   Damis a fait son temps, d'autres fassent le leur.
3. Mme de Sévigné écrivait à sa fille le 6 mai 1676 (tome IV, p. 432-433) : « Mme du Gué la religieuse s'en va à Chelles ; elle y porte une grosse pension pour avoir toutes sortes de commodités : elle changera souvent de condition, à moins qu'un jeune garçon qui est leur médecin, et que je vis hier à Livry, ne l'oblige à s'y tenir. Ma chère, c'est un homme de vingt-huit ans, dont le visage est le plus beau et le plus charmant que j'aie jamais vu.... M. de Brissac l'a mis pour le reposer dans le beau milieu de l'abbaye de Chelles, dont Mme de Brissac, sa sœur, est abbesse. Il a un jardin de simples dans le couvent ; mais il ne me paroît rien moins que *Lumporechio*. Je crois que plusieurs bonnes sœurs le trouvent à leur gré et lui disent leurs maux ; mais je jurerois qu'il n'en guérira pas une que selon les règles d'Hippocrate. »
4. Au factoton. (Manuscrit de Conrart, ici et plus bas.) — A l'intendant, à l'économe, proprement à celui qui fait tout, qui est chargé de tout : voyez *l'Avare* de Molière, acte III, scène 1 (tome VII, p. 126).

....C'est le chappelain, le commis,
Le factotum de mon cousin (*l'abbé*).
(JODELLE, *l'Eugène*, acte I, scène III.)

5. Rapprochez *la Gageure*, vers 165 et la note.

## DEUXIÈME PARTIE.

— Allons, dit l'autre.... Il me vient une chose
Dedans l'esprit[1] ; je ferai le muet
Et l'idiot. — Je pense qu'en effet,
Reprit Nuto, cela peut être cause                              100
Que le pater[2] avec le factotum
N'auront de toi ni crainte ni soupçon. »

La chose alla comme ils l'avoient prévue.
Voilà Mazet, à qui pour bienvenue
L'on[3] fait bêcher la moitié du jardin.                        105
Il contrefait le sot et le badin[4],
Et cependant laboure comme un sire[5].

1. Dans *le Cocu*, vers 60 :

       Dedans l'esprit il me vint, etc.

2. Le directeur des nonnes, l'aumônier du couvent. Nous rencontrons le même mot chez du Fail, tome II, p. 127 ; et dans les contes VI, vers 188, et I, vers 95 de la IV<sup>e</sup> partie ·

       Le secret même encor se répéta
       Par le pater.

3. On. (1667 Cologne, 1668, et manuscrit de Conrart.)

4. Ce vers est omis dans l'édition de 1667 Cologne. — Chez Noël du Fail, *les Propos rusticques*, p. 59 : « contrefaire le muet, le ladre. » — *Badin*, de même origine que *badaud*, a ici le sens, aujourd'hui très peu usité, de niais, d'imbécile, diseur de balivernes : « Badin, sans beguin, masque ne farine. » (Du Fail, tome I, p. 189.) « Sottes et badines gesticulations. » (*Ibidem*, tome II, p. 48.) « O sot et badin que tu es! » (Larivey, *les Tromperies*, acte I, scène II.) « Quand ie tause auecques mon valet..., quand ie l'appelle un badin, un veau.... » (Montaigne, livre I, chapitre XXXVII, tome I, p. 333.) Voyez aussi les farces XI, XVI, XXVIII, etc., de l'*Ancien Théâtre françois* ; Regnier, satire XIV, vers 89 ; et le *Dépit amoureux* de Molière, acte I, scène II, vers 111. Dans certaines provinces on dit encore « bade, badise » pour *niaiserie*, *bêtise*, « bader, badiner » pour *dire des riens*, *s'amuser à des niaiseries*. — Rapprochez le vers 15 du *Muletier* et la note.

5. Comme un beau sire : « C'étoit un maître sire » (*le Faiseur*, vers 7). On dit de même : comme un ange (*la Jument du compère Pierre*, vers 4). — Ce vers est omis dans les textes de 1669 Amsterdam et Leyde.

Autour de lui les[1] nonnes alloient rire[2].

Un certain jour le compagnon dormant[3],
Ou bien feignant de dormir, il n'importe             110
(Boccace dit qu'il en faisoit semblant[4]),
Deux des nonnains le voyant de la sorte
Seul au jardin, car sur le haut du jour[5]
Nulle des sœurs ne faisoit long séjour
Hors le logis[6], le tout crainte du hâle[7] ;             115
De ces deux donc l'une approchant Mazet
Dit à sa sœur : « Dedans ce cabinet[8]

1. *Ces*, dans le manuscrit de Conrart.
2. *Il quale lavorando l'un di appresso l'altro, le monache incominciarono a dargli noia e a metterlo in novelle, come spesse volte aviene che altri fa de mutoli, et dicevangli le piu scelerate parole del mondo, non credendo da lui essere intese.* « Lequel (jardin) Mazet labourant un iour aprez l'aultre, les nonnains commencerent à le venir harseller et à le vouloir mettre en propos comme souuentes fois aduient qu'on fait aux muets, et luy disoient les plus folles paroles du monde, ne pensans estre entendues par luy. »
3.           Par un midi le compagnon dormant.
                (1667 Cologne, 1668, 1669 Amsterdam et Leyde,
                    et manuscrit de Conrart.)
— C'est également à l'heure de midi dans Boccace.
4. *Et lui che sembiante faceva di dormire.*
5.     Il entra dans Larisse hier sur le haut du jour.
            (MOLIÈRE, *Mélicerte*, 1666, vers 123, tome VI, p. 159 et
            note 2, note à laquelle on aurait pu ajouter l'exemple
            de la Fontaine.)
6. Hors le jardin. (Manuscrit de Conrart ; faute évidente.)
7. On nous a en effet laissé entendre qu'elles étaient coquettes (vers 37-38).
8. Le cabinet. (1667 Cologne, 1668, 1669 Amsterdam et Leyde.)
— Une petite cabane, un cabinet de verdure, une feuillée : voyez ci-après, vers 136-137. — « Je m'accoustai de la chamvriere d'un moine, qui me donna assignation dans le cavinet d'un grand jardin. » (D'AUBIGNÉ, *les Aventures du baron de Fæneste*, livre III, chapitre xv.) Voyez aussi Remy Belleau, tome II, p. 12, Noël du Fail,

Menons ce sot¹. » Mazet étoit beau mâle,
Et la galande à le considérer
Avoit pris goût² ; pourquoi³, sans différer,   120
Amour lui fit proposer cette affaire.
L'autre reprit⁴ : « Là dedans ? et quoi faire ?
— Quoi ? dit la sœur ; je ne sais, l'on verra⁵ ;
Ce que l'on fait alors qu'on en est là :

tome I, p. 212, *le Roman comique* de Scarron, livre I, chapitre xv, l'exemple de Marguerite de Navarre : « cabinets tout fleuris d'aubepins », cité par Littré ; et ces vers d'une chanson de Jodelle (tome II, p. 80) :

<blockquote>
Dans un cabinet bien verd,<br>
Que ià par mainte branchette<br>
Le iasmin auoit couuert<br>
De sa petite fueillette,<br>
Ie trouue cet obiet beau<br>
Qui sur sa chair grasselette<br>
N'auoit sous un long manteau<br>
Qu'un crespe pour chemisette.
</blockquote>

— Dans Boccace : *In questo capannetto, la dove egli fugge l'acqua.* « Dans ce cabinet où il se met à couvert de la pluie. » — Rapprochons le « pauillon d'arbres ployés, lieu tant beau et plaisant », qui, dans la xxᵉ nouvelle de *l'Heptaméron*, sert aux mêmes ébats amoureux ; et les « pavillons au bout du parc, vers le bout du jardin », de *la Fiancée*, vers 559, et des autres contes cités à la note de ce vers.

1.     ....On voit que c'est un trésor.
Les nonnains s'éclatent de rire.
Toutes deux commencent à dire,
Comme si toutes deux s'étoient donné le mot :
« Servons-nous de ce maître sot.... »
(*Le Tableau*, vers 127-131.)

2.     ....Telle pourtant prenoit
Goût à le voir, et des yeux le couvoit,
Lui sourioit, etc.   (*Le Psautier*, vers 25-27.)

Rapprochez aussi *l'Oraison de saint Julien*, vers 222-223.

3. C'est pourquoi. — Partant. (1667 Cologne, 1668, 1669 Amsterdam et Leyde ; même variante que plus haut, p. 495, note 5.)

4. L'autre répond. (1667 Cologne, 1668, 1669 Amsterdam et Leyde.)

5. On verra. (1667 Cologne, 1669 Amsterdam et Leyde.)

Ne dit-on pas qu'il se fait quelque chose[1]? 125
— Jésus! reprit l'autre sœur se signant[2],
Que dis-tu là? notre règle défend
De tels pensers[3]. S'il nous fait un enfant[4]?
Si l'on nous voit? Tu t'en vas être cause
De quelque mal. — On ne nous verra point, 130
Dit la première, et, quant à l'autre point[5],
C'est s'alarmer avant que le coup vienne[6] :
Usons du temps[7], sans nous tant mettre en peine[8],
Et sans prévoir les choses de si loin[9].
Nul n'est ici; nous avons tout à point : 135
L'heure, et le lieu, si touffu que la vue
N'y peut passer[10]; et puis sur l'avenue
Je suis d'avis qu'une fasse le guet,
Tandis que l'autre étant avec Mazet
A son bel aise[11] aura lieu de s'instruire : 140

1. Elle parle plus librement dans Boccace : *Io ho piu volte, a piu donne che a noi son venute, udito dire che tutte l'altre dolcezze del mondo sono una beffa a rispetto di quella, quando la femina usa con l'huomo; perche io m'ho piu volte messo in animo, poi che con altrui non posso, di volere con questo mutolo provare se cosi è....*
2. Se ceignant. (1669 Amsterdam et Leyde.)
3. Voyez ci-dessus, p. 439 et note 3.
4. Chez Boccace : *O! se noi ingravidassimo!*
5. Ce vers manque dans les recueils de 1667 Cologne, et de 1669 Amsterdam et Leyde.
6. Rapprochez le vers 21 du conte v de la I<sup>re</sup> partie :

    Avant le coup demandez la cédule.

7. Voyez *la Gageure*, vers 121-123.
8. Sans nous en mettre en peine. (Manuscrit de Conrart.)
9. Vers qui rappellent le dernier de la fable xii du livre VIII :

    ....Le moins prévoyant est toujours le plus sage.

10. *Penser*, dans le manuscrit de Conrart, faute évidente.
11. « ....Et sur le lict la couche..., et le surplus.... tout à son bel aise et loisir acheva. » (*Les Cent Nouvelles nouvelles*, nouvelle iv.) « Il rauageoit et pilloit à son bel aise.... » (Brantôme, tome I, p. 18.) *Ibidem*, tome IV, p. 358 : « ....Triomphant à son

Il est muet et n'en pourra rien dire.
— Soit fait, dit l'autre[1]; il faut à ton desir
Acquiescer, et te faire plaisir.
Je passerai, si tu veux, la première
Pour t'obliger : au moins à ton loisir[2]     145
Tu t'ébattras[3] puis après[4] de manière
Qu'il ne sera besoin d'y retourner[5].
Ce que j'en dis n'est que pour t'obliger[6].
— Je le vois bien, dit l'autre, plus sincère :
Tu ne voudrois sans cela commencer     150
Assurément, et tu serois honteuse[7]. »

bel aise. » « C'est un aise bien malheureux quand il est fondé sur le peché. » (*L'Heptaméron*, p. 289.) Chez Ronsard, tome II, p. 167 : « sentir un tel aise »; chez du Bellay, tome II, p. 63 : « pasmé de grand aise ». — *Aise*, aujourd'hui du féminin, a été longtemps d'un genre indécis. Nicot n'indique aucun genre. Richelet le dit masculin; Furetière et le Dictionnaire de Trévoux, incertain; l'Académie, féminin, dès la première édition de son Dictionnaire. Il est féminin au vers 326 du *Petit Chien;* et à la scène VI de l'acte IV de *l'Eunuque.*

1. Même locution elliptique dans la fable 1 du livre X, vers 30; et dans *le Diable en enfer*, vers 157. — Fais, fais, dit l'autre. (1667 Cologne, 1668, 1669 Amsterdam et Leyde.)

2. Tout à loisir. (1667 Cologne, 1669 Amsterdam et Leyde, et manuscrit de Conrart.)

3. Voyez p. 297, et note 6.

4. *Après, ensuite :* ci-dessus, p. 96 et note 1.

5. Pour cette locution familière, voyez le dernier vers du *Muletier* et la note.

6. Répétition qui montre que l'autre sœur n'a pu s'empêcher de faire une grimace.

7. « Ce combat plein de charité » (*la Fiancée du roi de Garbe*, vers 601) n'est pas dans Boccace. C'est celle qui a commencé le propos qui commence le jeu. — Walckenaer rétablit ici ces deux vers :

> Disant ces mots elle éveilla Mazet
> Qui se laissa mener au cabinet.

Ils sont omis dans le texte de 1669 Paris et dans la plupart des éditions suivantes, mais se trouvent dans le manuscrit de Conrart, dans les recueils de 1667 Cologne, et de 1668, 1669 Amsterdam et

Tant y resta¹ cette sœur scrupuleuse²,
Qu'à la fin l'autre, allant la dégager³,
De faction⁴ la fut faire changer.
Notre muet fait nouvelle partie :                155
Il s'en tira non si gaillardement⁵;
Cette sœur⁶ fut beaucoup plus mal lotie⁷;
Le pauvre gars acheva simplement
Trois fois le jeu, puis après il fit chasse⁸.
Les deux nonnains n'oublièrent la trace⁹        160

Leyde. La Fontaine, comme le remarque M. Marty-Laveaux, les aura supprimés à cause de leur ressemblance avec ceux-ci, qu'on a lus un peu plus haut :

De ces deux donc l'une approchant Mazet,
Dit à sa sœur : « Dedans ce cabinet.... »

1. Comparez pour ce tour le vers 64 du *Faiseur d'oreilles* et la note.

2. Voyez les vers 126-130, où cette sœur témoigne en effet des scrupules bien vite dissipés puisqu'elle passe la première. Rapprochez le vers 82 du *Cas de conscience* : « Anne, la scrupuleuse », et le vers 129 des *Cordeliers* où la même épithète est employée avec non moins d'ironie, mais dans un sens différent.

3. Alla la dégager. (1667 Cologne, 1669 Amsterdam et Leyde.)

4. Ce que Brantôme (*Dames galantes*, p. 426) appelle de « si belles factions ». Comme on relève une sentinelle. Comparez les vers 180 des *Rémois :*

De faction Simonette changea;

et 185 du *Tableau :*

Claude la débusqua, s'emparant du timon.

Emploi analogue du mot dans des Périers (tome II, p. 78) : « Compaignons d'armes en plusieurs factions », en plusieurs exploits amoureux.

5.          Gaillardement six postes se sont faites.
                           (*Le Berceau*, vers 146.)

6. Celle-ci. (Manuscrit de Conrart.)

7. Comparez *la Gageure*, vers 23 et la note.

8. Terme de jeu de paume : chasse morte, coup perdu; ou peut-être : « il prit chasse », s'en alla.

9. Au sens vieilli de voie, chemin. Rapprochez les exemples de Ronsard, Bossuet, Boileau, cités par Littré.

Du cabinet, non plus que du jardin ;
Il ne falloit leur montrer le chemin.
Mazet pourtant se ménagea de sorte
Qu'à sœur Agnès, quelques jours[1] ensuivant[2],
Il fit apprendre une semblable note          165
En un pressoir[3] tout au bout du couvent.
Sœur Angélique et sœur Claude suivirent,
L'une au dortoir, l'autre dans un cellier[4] ;
Tant qu'à la fin la cave et le grenier
Du fait[5] des sœurs maintes choses apprirent.   170
Point n'en resta que le sire Mazet
Ne régalât[6] au moins mal qu'il pouvoit[7].
L'abbesse aussi voulut entrer en danse[8] :

1. Quelque jour. (1669 Amsterdam et Leyde).
2. Terme de pratique, qui est aussi dans *le Psautier*, vers 135 : « le jour ensuivant ». Comparez *les Cent Nouvelles nouvelles*, p. 46 : « cinq ou six iours ensuiuans » ; *l'Heptaméron*, p. 83, 289, 323 : « la iournée ensuiuante », « la nuict ensuiuante » ; Chappuys, *les Facetieuses Iournées*, fol. 98 v°, 205 v°, 206 r° : « le soir, la nuit ensuiuant » ; Jodelle, tome II, p. 152 : « le iour de la Pentecoste ensuiuant » ; Saint-Gelais, tome I, p. 103 : « vostre chute et douleurs ensuiuantes » ; Dorat, p. 27 : « le tableau ensuiuant » ; et Ronsard, tome II, p. 266, et p. 372 :

   Toute tristesse a sa mort ensuiuie.

3. *Pressoir* est plaisant ici, bien qu'employé, peut-être, sans intention malicieuse. Rapprochez le vers 7 des *Lunettes* :

   ....Bref, toujours guimpe et guimpe sous la presse.

4. Dans le cellier. (1669 Amsterdam et Leyde.)
5. Autre emploi de ce mot, ci-dessus, vers 63.
6. Voyez le vers 50 du conte ix de cette II° partie, et la note.
7. Comparez les prouesses amoureuses d'un autre Mazet :

   Tenu dans tels repas pour un traiteur illustre,

aux vers 116 et suivants du *Tableau*. — Au livre I de *Psyché* (tome III *M.-L.*, p. 58) : « .... au moins mal qu'il leur fut possible ».

8. Voyez le vers 57 de *la Servante* et la note. — Elle cède à la tentation dans Boccace parce qu'elle l'aperçoit dormant dans le

Elle eut son droit[1], double et triple pitance[2] ;
De quoi[3] les sœurs jeûnèrent très longtemps.   175

jardin, par la chaleur d'un beau jour, à l'ombre d'un amandier. *Et havendogli il vento i panni davanti levati indietro, tutto stava scoperto. Laqual cosa riguardando la donna, et sola vedendosi, in quel medesimo appetito cadde che cadute erano le sue monacelle; et destato Masetto, seco nella sua camera nel meno; dove parecchi giorni, con gran querimonia dalle monache fatta, che l'hortolano non venia a lavorar l'horto, il tenne, provando et riprovando quella dolcezza laquale essa prima all' altre solea biasimare.*

1. Ce qui lui était dû en qualité d'abbesse. Comparez le « droit » des *Cordeliers*, ci-dessus, p. 182.

—           ....Une passa, puis une autre, et puis une ;
            Tant qu'à passer s'entre-pressant chacune,
            On vit enfin celle qui les gardoit
            Passer aussi : c'est en gros tout le conte.
                        (*L'Abbesse*, vers 48-51.)

2. Cette expression figurée est d'autant mieux à sa place ici que *pitance*, pitance de moine ou de nonne, s'appliquait particulièrement autrefois à la portion attribuée à chacun, pendant chaque repas, dans les communautés. — Même figure dans la xcii[e] des *Cent Nouvelles nouvelles* : « Au vuider de la chambre celle qui auoit sa pitance dist : « Ça, voisine, en yrons nous ? — « Voire, dit l'autre, s'en va l'on ainsi ? » et, plus bas, *picotin*, au même sens : « Elle ne se partiroit point qu'elle n'eust encore ung picotin. »

            En entrant en ung iardin
            Ie trouuay Guillot Martin
            Auecques s'amye Heleine,
            Qui vouloit pour son butin
            Son beau petit picotin,
            Non pas d'orge ne d'aveine.
                    (MAROT, *Chansons*, xxvi, tome II, p. 188.)

Voyez aussi Gringore, tome I, p. 201 ; Rabelais, tome II, p. 92 : « ....Éternellement y sera le petit picotin » ; Coquillart, tome II, p. 113, 273 : « bailler, rebailler le picotin », et tome I, p. 42 :

            La creature
            Prent tous les iours de son mary
            Le picotin à grant mesure.

3. Par suite de quoi. Rapprochez, pour un tour analogue, le vers 479 de *Joconde* et la note.

Mazet n'avoit faute de restaurants[1] ;
Mais restaurants ne sont pas grande affaire
A tant d'emploi[2]. Tant pressèrent le hère[3],
Qu'avec l'abbesse[4] un jour venant au choc :
« J'ai toujours ouï, ce dit-il, qu'un bon coq      180
N'en a que sept; au moins qu'on ne me laisse [5]
Toutes les neuf[6]. — Miracle ! dit l'abbesse ;
Venez, mes sœurs, nos jeûnes[7] ont tant fait
Que Mazet parle. » A l'entour du muet,
Non plus muet[8], toutes huit accoururent,      185

1. Voyez p. 253 et note 4, à laquelle nous pouvons joindre cet exemple de Rabelais (tome III, p. 84) : « tables.... foisonnantes de toute légitime espèce de restaurans ».

2. A tant d'emplois. (1669 Amsterdam et Leyde.)

3.             Un villageois, un hère, un misérable !
                    (*Le Faucon*, vers 168.)

Voyez aussi la fable v du livre I, vers 17, où le mot est également employé sans adjectif; *les Lunettes*, vers 152; le début du chapitre LIV du *Gargantua* de Rabelais, et des Periers, tome I, p. 145 : « Il auoit un reguard qu'il auoit faict nourrir petit, et luy auoit on couppé la queue, et pour ce on l'appeloit le here. » — *Le haire*, dans le manuscrit de Conrart. C'est aussi l'orthographe de Rabelais, de Brantôme, etc. — Et tant presser la haire. (1667 Cologne ; variante à remarquer, puisqu'elle exprime une idée toute différente.) — Elles le rendirent « si las, si atenué, et flac, qu'il en deuint hors d'aleine », comme dit Brantôme (tome IX, p. 61).

4. Avec l'abbesse. (1669 Amsterdam et Leyde.)

5.       N'en a que sept, ou moins; qu'on ne me laisse.
              (1668, 1669 Amsterdam et Leyde.)

6.       Lorsque je serai dans le chocq,
         Vous reconnoistrez qu'un bon coq
         Peut contenter plus d'une poule.
              (CHAVIGNY, *les Entretiens de la grille*, p. 89.)

Chez Boccace : *Io ho inteso che un gallo basta assai bene a dieci galline, ma che dieci huomini possono male o con fatica una femina sodisfare; dove a me ne conviene servir nove.*

7. *Jeûnes* est véritablement charmant.

8. Comparez pour le tour les vers 27-28 de la fable xi du livre X.

Tinrent chapitre, et sur l'heure conclurent
Qu'à l'avenir Mazet seroit choyé
Pour le plus sûr[1] ; car qu'il fût renvoyé[2],
Cela rendroit[3] la chose manifeste.
Le compagnon, bien nourri, bien payé,
Fit ce qu'il put, d'autres firent le reste.               190
Il les engea[4] de petits Mazillons,
Desquels on fit de petits moinillons[5] :
Ces moinillons[6] devinrent bientôt pères,
Comme les sœurs devinrent bientôt mères,
A leur regret, pleines d'humilité[7] :               195

1. Afin qu'il n'eût pas envie de s'en aller ni de les trahir.
2. Ce vers est omis dans le recueil de 1667 Cologne.
3. Cela rendoit. (Manuscrit de Conrart.)
4. Angea. (1667 Cologne.) — Il les chargea, leur fit faire souche de Mazillons : la Fontaine a rendu à ce verbe une de ses anciennes acceptions. Rapprochez le mot *engeance*, et ces passages de Montaigne, tome II, p. 79 : « l'affection que l'engendrant porte à son engeance » ; p. 85 : « engeance indigne de vie » ; tome III, p. 243 : « Ie ne connois non plus Venus sans Cupidon qu'une maternité sans engeance » ; ces vers de Remy Belleau (tome II, p. 235) :

> Pour mieulx faire eclore l'engeance,
> Hors l'œuf, de tes petits aiglons....

On disait aussi *désenger*, *désengeancer*, détruire l'enge ou l'engeance. — Sur l'étymologie, peu certaine, d'*enger* ou *anger*, voyez le *Dictionnaire de Littré* ; voyez aussi la scène 1 de l'acte I, de *Monsieur de Pourceaugnac* : « Votre père se moque-t-il de vouloir vous *anger* de son avocat de Limoges? », et la note 2 de la page 241 du tome VII de Molière : « Après avoir eu le sens neutre de *pousser*, *croître*, *provenir*, et le sens actif de *pourvoir* (un terrain du germe de....), laisser choir sa graine en terre, *fournir* (surtout en plantes), *doter* (de), ce verbe s'est pris ironiquement dans ce dernier sens, en parlant de choses mauvaises ou incommodes. L'Académie le dit « bas et populaire », dans la première édition de son Dictionnaire ; « vieux et familier » dans la dernière.

5. Voyez ci-dessus, p. 200 et note 3.
6. Les moinillons. (1667 Cologne.)
7. On voit que la Fontaine joue ici sur le nom de *pères* (titre des religieux) et de *mères* (mères abbesses ou religieuses professes), et

Mais jamais nom ne fut mieux mérité[1].

aussi sur les mots *regret, humilité*. Comparez : « père », « paternité », aux vers 188 et suivants de *Féronde :*

> Pater abbas avec juste sujet
> Appréhenda d'être père en effet, etc.

et ci-dessus, p. 491 et note 2.

1. Mais jamais rien ne fut mieux mérité.
(1668, 1669 Amsterdam et Leyde.)

— La fin du conte de Boccace est non moins plaisante : .... *Cosi adunque Masetto vecchio, padre et ricco, senza haver fatica di nutricar figliuoli et spesa di quegli, per lo suo advedimento havendo saputo la sua giovanezza bene adoperare, donde con una scure in collo partito s'era, se ne torno, etc.* « Ainsi doncques Maset desià vieulx s'en retourna, pere et riche, sans auoir la peine de nourrir ses enfans, au lieu d'où il estoit party auecques une coignée, ayant par son bon sens et entendement sceu employer tres bien sa ieunesse, etc. »


FIN DE LA DEUXIÈME PARTIE.

# APPENDICE

# APPENDICE.

## I. — Page 18.

(I<sup>re</sup> partie, conte 1.)

HISTOIRE DE JOCONDE, TRADUITE ET IMITÉE DE L'ARIOSTE.

    Beau sexe, à qui dès mon jeune âge
J'ai toujours rendu tant d'hommage,
Et vous amants qui respectez
La gloire des jeunes beautés,
Pardonnez si j'ose traduire
Une histoire qui vous peut nuire,
Et si j'expose aux yeux de tous
Ce qui vous doit mettre en courroux :
Bien loin de faire voir au monde
Le discours qu'on fait de Joconde
Comme rempli de vérité,
Je le soutiens mal inventé,
Faux, médisant et détestable,
Et même indigne de la fable.
Moi dont les plaintes et les vers
Ont fait voir à tout l'univers
Le respect que j'ai pour les dames
Et l'infortune de mes flammes,
Je sais trop ce que m'ont coûté
Mes amours et leur cruauté ;
Ainsi je vois comme des songes
Et l'Arioste et ses mensonges,
Et vous pouvez ainsi que moi
N'avoir pour eux jamais de foi.
Si quelque âme vindicative
Vouloit prendre l'affirmative
Pour détruire ce que je dis
Au mépris de quelque Philis,
Je le renvoie en Italie,

Où les maris ont la folie
De se montrer toujours jaloux
Et de vouloir sous des verroux
Tenir les volontés des femmes,
Comme si les brûlantes flammes
Ou de Vulcain ou de l'Amour
Se cachoient au creux d'une tour,
Comme si la fille d'Acrise
En avoit été moins surprise,
Et si l'on ne se moquoit pas
Des inutiles cadenas.
La vertu des femmes s'irrite
Par la précaution maudite
Que font naître les vains soupçons
De ces gens par delà les monts;
Et si quelques-uns ont pu croire
Que Joconde fût une histoire,
C'est en ce pays malheureux
Où c'est une histoire pour eux :
Elle est pour eux trop véritable,
Mais pour nous ce n'est qu'une fable,
Et s'il vous plaît de l'écouter,
Je m'en vais vous la raconter.

Astolfe, roi de Lombardie,
A qui son frère plein de vie
Laissa l'empire glorieux
Pour se faire religieux,
Naquit d'une forme si belle
Que Zeuxis et le grand Apelle
De leur docte et fameux pinceau
N'ont jamais rien fait de si beau,
Mais si sa grâce sans pareille
Étoit du monde la merveille,
Plus beau cent fois il se croyoit
Que le monde qui le voyoit.
Il n'estimoit rien sa couronne,
Ni les avantages que donne
Le royal éclat de son sang;
Il méprisoit ce premier rang
Qu'il tenoit entre tous les princes
Dans les Italiques provinces;
Il comptoit pour rien ses trésors
Au prix des charmes de son corps,
Que mille flatteuses louanges
Élevoient au-dessus des anges.

Entre plusieurs gens de sa cour,

# APPENDICE.

Le roi s'enquit de Fauste, un jour,
Si jamais il avoit vu naître,
Depuis qu'il se pouvoit connoître,
Rien qui fût comparable à lui ;
Et ce lui fut un grand ennui,
Quand Fauste, bannissant la crainte,
Lui tint ce langage sans feinte :
« Seigneur, je crois que le soleil
Ne voit rien qui vous soit pareil,
Si ce n'est mon frère Joconde
Qui n'a point de pareil au monde ;
Et s'il paroissoit devant vous,
Je crois qu'au jugement de tous
Il emporteroit la victoire. »
Le roi ne le voulut point croire,
Mais afin de mieux le savoir
Il se servit de son pouvoir,
Et d'un accent un peu sévère
Il dit qu'il vouloit voir ce frère.
Fauste avoit beau se tourmenter,
Il avoit beau représenter
Que son frère étoit un jeune homme
Nourri dans les plaisirs de Rome,
Qu'il n'en étoit jamais sorti,
Qu'il avoit choisi le parti
D'y passer doucement sa vie ;
Que de venir jusqu'à Pavie
C'étoit aller au Tanaïs ;
Qu'il n'aimoit rien que son pays,
Que sa fortune étoit honnête,
Qu'il ne se mettoit point en quête
Pour ramasser de plus grands biens,
Qu'il étoit trop content des siens,
Qu'avec eux il vivoit tranquille ;
D'ailleurs qu'il étoit difficile
De le tirer de sa maison
Où son cœur étoit en prison
Auprès de son aimable femme ;
Qu'ils n'étoient qu'un corps et qu'une âme,
Et que de séparer leurs corps
C'étoit leur donner mille morts.

Malgré ce discours raisonnable,
Le prince fut inexorable,
Et joignant à ses volontés
De grandes libéralités,
Pour ne le pas mettre en colère,
Fauste s'en va querir son frère.

Il part et fait tant de chemin
Qu'en peu de jours le mur romain
Et la maison qui l'a vu naître
A ses yeux se firent paroître.
Là, ce que la dextérité,
Pour vaincre une difficulté,
Au cœur d'un courtisan inspire,
Fauste se souvint de le dire,
Et sut par un discours flatteur
Surmonter son frère et sa sœur.

Le jour fut pris pour le voyage.
Joconde fait son équipage :
Il dresse un magnifique train,
Il choisit des chevaux de main ;
Mais toute sa magnificence
Parut surtout en la dépense
De ses riches habits dorés,
Car il sait que les gens parés
D'or, de plume et d'étoffe fine,
En ont souvent meilleure mine.
Deux ou trois nuits avant le jour
Qu'il falloit vaincre son amour
Pour prendre congé de sa femme,
En des termes tout pleins de flamme
Elle lui disoit : « Cher époux,
Comment pourrai-je être sans vous ?
Votre présence fait ma vie,
Et je sens qu'elle m'est ravie
En ce départ trop rigoureux
Qui nous va séparer tous deux.
Hélas ! par de cruels supplices
Je vais bien payer les délices
Que vous m'avez fait ressentir,
Et je dois bien me repentir
D'avoir trouvé si desirables
Ces biens charmants et peu durables :
Et que mon cœur seroit heureux
S'il pouvoit mourir avec eux ! »
A ces mots elle ouvroit la bouche,
Et de larmes baignant sa couche,
Ses sanglots, ses soupirs, ses pleurs
A l'envi montroient ses douleurs.
Joconde, son mari fidèle,
Pleuroit amèrement comme elle,
Mais il lui juroit mille fois
Qu'il reviendroit avant deux mois,
Et que son funeste voyage

## APPENDICE.

Ne dureroit pas davantage,
Quand, à dessein de l'engager,
Astolfe voudroit partager
Pour lui son propre diadème,
Son trône, et sa richesse extrême.
Joconde par tous ses discours
Ne pouvoit arrêter le cours
Des pleurs de sa femme affligée :
Le mal où son âme est plongée
Rend deux mois à passer si lents
Qu'ils sont pour elle deux mille ans,
Et le mari qui la console
Voudroit retenir sa parole ;
Mais, le repentir étant vain,
La dame se tira du sein
Une croix pleine de reliques,
Précieuse, et des plus antiques,
Qui fut de la sainte Sion
Rapportée en dévotion
Jadis à la ville de Rome
Par un pèlerin fort saint homme ;
Et cet homme saint et pieux
En fit un don à ses aïeux.
La jeune dame inconsolable
Lui fit ce présent agréable,
Pour être d'elle à l'avenir
Un aimable et doux souvenir ;
L'époux plein de tendresse et d'aise
Reçoit son présent et le baise,
Disant qu'elle seroit toujours
L'objet de ses chastes amours ;
Qu'il ne lui falloit point de gage
Pour conserver sa belle image
Jusques à ce dernier moment
Qui le mettroit au monument.
Enfin, la nuit, des nuits la pire,
Précédant l'adieu qu'il faut dire,
La dame se pâme à tous coups
Entre les bras de son époux,
Et de mille douleurs atteinte,
Elle n'épargne ni la plainte,
Ni les larmes, ni les soupirs,
Pour témoigner ses déplaisirs.
Joconde, une heure avant l'aurore,
Quitte sa femme qu'il adore ;
Et sitôt que l'adieu fut dit,
Elle va se remettre au lit.
L'époux, au sortir de la ville,

N'avoit guère fait plus d'un mille
Qu'il se souvint, pauvre insensé,
Sous son chevet d'avoir laissé
Cette croix que tant il révère,
Cet aimable et beau reliquaire,
Ce gage précieux et saint
Du lien sacré qui l'étreint.
« Hélas! disoit-il en soi-même,
Que pensera celle que j'aime,
Me voyant d'un cœur méprisant
Oublier ainsi son présent?
Malheureux, est-il quelque excuse
Pour faire qu'elle ne m'accuse
De n'avoir pas bien estimé
Un don si digne d'être aimé?
Après une telle conduite,
D'envoyer quelqu'un de ma suite,
Ce seroit aussi lui donner
Un sujet de me condamner :
Il vaut donc mieux aller moi-même. »
Lors il pria Fauste qui l'aime
Qu'il lui permît de retourner;
Et qu'avant qu'il fût au dîner,
Il le joindroit, en assurance.
Il marche en toute diligence;
Il arrive sans faire bruit;
Il monte, et pas un ne le suit.
Il trouve sa femme endormie,
Mais, par hasard, ou par magie,
Il trouve aussi fort endormi
Entre ses bras un jeune ami.
L'amour est un démon si traître
Qu'après tout il pourroit bien être
Qu'il auroit fait au pauvre époux
Ce tour pour le rendre jaloux;
Mais que le tout fût un mensonge,
Il ne le prit pas pour un songe,
Et Joconde, frottant ses yeux,
Afin de le connoître mieux,
Vit ou crut voir un domestique
Qu'entre tous il croyoit unique
Pour lui garder fidélité.
De vous dire l'extrémité
Où la chose porta Joconde,
Je le laisse à juger au monde,
Je veux dire ces bonnes gens
Versés en de tels accidents.
Deux ou trois fois il eut envie

De les priver tous deux de vie ;
Mais malgré lui l'amour vainqueur
Parla pour l'ingrate en son cœur,
Et la lui dépeignit si belle
Qu'il eut de la pitié pour elle.
Il crut qu'il étoit à propos
De ne point troubler son repos,
De peur qu'une surprise telle
Ne lui fût un peu trop cruelle.
Il descend, il monte à cheval,
Tellement pressé de son mal
Que son amour et sa colère
Le porte, en volant, à son frère.

Il étoit déjà si changé
Que, par son visage allongé,
Ses gens jugèrent à sa mine
Qu'il avoit l'âme fort chagrine ;
Mais pas un ne put deviner
Ce qui pouvoit le chagriner,
Si ce n'étoit que sa souffrance
Lui venoit déjà de l'absence.
Son frère, qui sait l'amitié
Qu'il a pour sa chaste moitié,
Crut qu'il avoit l'âme blessée
Pour l'avoir seule au lit laissée ;
Mais ce bon frère est dans l'erreur,
Car ce qui lui touche le cœur
Est de l'avoir abandonnée
Un peu trop bien accompagnée.
De cent maux Joconde touché
Tenoit l'œil en terre fiché ;
En vain son frère le console,
Il n'en tire aucune parole.
Toutes ses meilleures raisons
Sont pour Joconde des poisons
Dont il envenime son âme,
Surtout lui parlant de sa femme.
Il ne repose jour ni nuit,
Son déplaisir partout le suit :
Il ne goûte point les viandes,
Quoiqu'on lui serve les friandes.
Ses membres en sont décharnés ;
Sa douleur allonge son nez,
Creuse ses yeux, grossit ses lèvres ;
Et, sur le tout, de grosses fièvres,
Pour achever son fier destin,
Le viennent surprendre en chemin.

Enfin, ce n'est plus ce Joconde
Tant admiré de tout le monde :
Et Fauste, qui souffre en son cœur
De le voir mourir en langueur,
Se désespère quand il songe
Que le roi prendra pour mensonge
Tous les avantageux portraits
Qu'il avoit faits de ses attraits.

Enfin, les voilà dans Pavie.
Mais Fauste, n'ayant pas envie
Qu'Astolfe, pris à l'impourvu,
Se moquât de lui l'ayant vu,
Avoit écrit au roi son maître
L'état auquel il pouvoit être.
Plus Joconde fait de pitié,
Plus le roi lui fait d'amitié.
Après avoir fait tant de choses
Pour le voir en son teint de roses,
Il a le cœur trop satisfait
De le voir en son teint défait.
Un appartement il lui donne
Près de sa royale personne,
Et le visite à tout moment
Dans ce royal appartement.
Les bals, les festins, les musiques,
La chasse, et les fêtes publiques
Furent souvent faites pour lui ;
Mais il y languissoit d'ennui ;
Et partout son ingrate femme
Lui tourmentoit le corps et l'âme.

Devant sa chambre, où tout le jour
On lui venoit faire la cour,
Étoit la galerie antique
Où, rêveur et mélancolique,
Seul il se promenoit le soir,
Le cœur outré du désespoir
Où l'avoit plongé sa misère.
Un jour, en ce lieu solitaire,
Dans l'obscurité d'un recoin
Il considère avecque soin
Que le plancher et la muraille
Font une ouverture qui bâille
Et qui donne passage aux yeux.
Alors Joconde curieux
Par cette muraille fendue
Regarde et voit.... Dieux ! quelle vue !

Il voit ce qui touche son cœur
De ressentiment et d'horreur.
En une chambre fort secrète
Où la reine faisoit retraite,
Sans vouloir que ses confidents
Missent jamais le pied dedans,
Il voit un nain, un monstre infâme,
Faisant ce qu'avecque sa femme
Avoit à son dommage fait
Son jeune et bienheureux valet.
A ce spectacle épouvantable :
« Hélas ! dit-il, est-il croyable ?
Et vois-je bien ce que je vois ? »
En ce moment il pense à soi.
« Hé quoi ! cette reine adorable,
Dont l'époux est incomparable,
Reçoit un monstre dans son lit :
O dieux, dit-il, quel appétit !
Et moi, pour avoir vu ma femme
Encourir un bien moindre blâme
Avec un garçon des mieux faits,
J'ai mille fois fait son procès ! »
Le lendemain, à l'heure même,
D'un soin et d'une ardeur extrême,
Se transportant dessus les lieux,
Le même objet s'offre à ses yeux ;
Et tous les jours de la semaine
Il voit le nain avec la reine.
Mais son plus grand étonnement
Est que la reine à tout moment
Se plaint qu'il est un infidèle
Et qu'il n'a point d'amour pour elle ;
Jusque là qu'une fois le nain
Lui mit le poignard dans le sein,
Lorsque, par un second message
Ayant appelé ce volage,
La confidente qui sait tout
N'en put jamais venir à bout,
Parce que cet amant honnête
Perdoit un teston à la bête[1].

A ces ridicules objets
Joconde trouve des sujets
De consoler si bien son âme,
Que, ne songeant plus à sa femme,
Il revient à son premier point ;
Il reprend tout son embonpoint ;

1. Nom d'un jeu de cartes : voyez le *Dictionnaire de Richelet*.

Et se montrant le vrai Joconde,
Il est l'étonnement du monde.
Si le roi veut absolument
Savoir d'où vient ce changement,
Joconde pas moins ne desire
D'ouvrir son cœur et de lui dire.
Il veut qu'il sache le forfait,
Mais qu'il fasse comme il a fait :
Qu'il ne maltraite point la reine,
Qu'il dissimule bien sa haine;
Et, pour l'obliger par serment
A se taire éternellement,
Il veut que Sa Majesté jure,
La main sur la sainte Écriture,
Quoi qu'il voie ou qu'il lui soit dit
Qui lui fasse honte ou dépit,
Qu'il n'en tirera point vengeance,
Qu'il gardera bien le silence,
Et qu'enfin les auteurs du fait
Ne sauront jamais qu'il le sait.
Le roi, qui croit toute autre chose
Que ce qu'à voir on le dispose,
Promet et jure franchement.
Joconde lui dit librement
Le secret de sa propre histoire
Fâcheuse encore à sa mémoire,
Ce qu'il avoit trouvé chez lui,
Combien de douleur et d'ennui
Il avoit senti dans son âme
Du crime horrible de sa femme,
Et que, sans un prompt réconfort,
Il en seroit sans doute mort;
Qu'il avoit à son mal extrême
Trouvé remède au palais même,
Et que dans son sort rigoureux
Il n'étoit pas seul malheureux.
Ayant conté son aventure,
Il montre au roi par l'ouverture
Ce qu'on cherche et qu'on ne peut voir
Sans être au dernier désespoir.
Astolfe, au tourment qui l'assaille,
Veut contre l'antique muraille
Sur-le-champ s'écraser le front
Pour ne pas sentir cet affront;
Voyant ainsi souiller sa couche,
Il veut aux cris ouvrir la bouche;
Mais il fallut se faire effort
Et souffrir son malheureux sort,

Car il avoit d'un cœur facile
Juré sur la sainte Évangile.
Il n'ose donc se parjurer,
Mais il peut au moins murmurer :
« Que ferai-je, dit-il, Joconde,
Puisqu'à ma douleur sans seconde
Tu défends le ressentiment?
— Seigneur, ce dit-il hardiment,
Voyons si les femmes des autres
Seront chastes comme les nôtres,
Et, les courant de tout côté,
Rendons ce qu'on nous a prêté.
Nous avons tous deux tant de charmes
Qu'elles seront pour nous sans armes
Et ne résisteront jamais,
Puisqu'elles aiment les plus laids.
Mais à vos qualités aimables
Si leurs cœurs sont inexorables,
Il faut, grand prince, s'il vous plaît,
Qu'ils se rendent à l'intérêt.
Être absent, promener ses flammes,
Pratiquer de nouvelles dames,
Souvent étouffe en peu de jours
Les plus invincibles amours. »
Le roi loue un conseil si sage,
Et, sans retarder davantage,
Choisissant deux ou trois des siens,
Il sort des champs italiens.

Joconde et lui passent en France,
Travestis, et pleins de finance;
Après, suivant leurs errements,
Ils vont au pays des Flamands;
Puis ils passent en Angleterre;
Et partout ils portent la guerre
Au sexe amoureux et charmant
Dont ils triomphent aisément.
Celle-ci leur fait des avances,
Celle-là veut des récompenses;
Tantôt payeurs, tantôt payés,
Mais, d'ordinaire défrayés,
Souvent ils poursuivent les belles,
Souvent ils sont poursuivis d'elles.
Ils séjournent ici deux mois,
Ailleurs ils en séjournent trois.
Ils trouvent partout, hors en France,
Des coquettes en abondance,
Et le sexe, plein de pitié,

Les console de leur moitié.
Enfin lassés de cette vie,
De périls sans cesse suivie,
Le roi ne veut plus pour tous deux
Avoir qu'un objet amoureux :
« Puisque, dans le siècle où nous sommes,
Au sexe il faut au moins deux hommes,
Je t'aime mieux pour compagnon,
Ce dit-il, qu'un autre mignon.
Ainsi nous vivrons à notre aise
Sans qu'une aventure mauvaise
Vienne jamais mal à propos
Persécuter notre repos ;
Car nos femmes, quoique peu sages,
Pour nous ne seroient point volages,
Si pour arrêter leurs esprits
Les lois leur donnoient deux maris,
Et, les trouvant toujours fidèles,
Nous serions trop satisfaits d'elles. »
Joconde unit sa volonté
A celle de Sa Majesté.

Après avoir avec le prince
Couru de province en province,
Enfin le romain cavalier
Chez un espagnol hôtelier,
Logé sur le pont de Valence,
Trouve une fille en apparence
Fort pleine de civilité,
Mais surtout de rare beauté.
Elle étoit en cet âge tendre
Que les doctes les savent prendre.
Le père, d'enfants surchargé,
D'un âge caduc affligé,
Avoit été toute sa vie
Ennemi de la gueuserie ;
Et dans un pareil sentiment
On le résolut aisément
A ne pas refuser sa fille
Pour en décharger sa famille,
Puisque surtout on l'assuroit
Qu'en bonnes mains elle seroit.
La fille, comme fort bien née,
Fut assez tôt persuadée,
Et son âme sans se trahir
Ne pouvoit pas désobéir.
Elle se met donc en campagne
Pour courir avec eux l'Espagne,

Et tous marchent assez longtemps
Les uns des autres fort contents.
Enfin cette noble famille
Arrive aux portes de Séville;
Et le roi n'eut pas plus tôt pris
Le meilleur de tous les logis,
Qu'en sa compagnie ordinaire,
Suivant la méthode étrangère,
Il va pour voir les raretés
De cette reine des cités;
Et Fiamette, cette belle,
C'est ainsi que chacun l'appelle,
Demeure seule avec les gens
A la garder trop diligents.
Dans l'auberge étoit un jeune homme
Que « le Grec » tout le monde nomme,
Domestique de la maison;
Et ce Grec ou ce beau garçon
Avoit servi chez Fiamette
Et l'aimoit d'une amour secrète.
Ils se connurent aussitôt,
Mais tous deux ne se dirent mot,
De peur que tel qui les regarde
Ne s'en doutât, y prenant garde.
Enfin, quand il en vit le jour,
Le Grec, pressé de son amour,
L'interroge et la questionne
A qui des deux est sa personne,
De l'un ou de l'autre seigneur.
Elle lui découvre son cœur,
Lui racontant la chose nette :
« Hélas! ce dit-il, Fiamette,
Quand j'espérois vivre content
Avecque toi que j'aime tant,
Tu t'en vas, et mon cœur ignore
Si mes yeux te verront encore.
Cruelle, veux-tu rendre vains
Et ma conduite et mes desseins?
J'avois épargné, misérable,
Une somme considérable
De tous les présents que me font
Les gens qui viennent et qui vont,
Et je croyois en mariage
Te donner un vrai témoignage
De la flamme que j'ai pour toi,
Et ton cœur me manque de foi! »
A ce discours la fille émue
Tient sur le Grec toujours la vue;

Elle se tait et d'un regard
Elle lui dit qu'il vient trop tard.
Le garçon se plaint et soupire :
« Veux-tu que je meure en martyre?
Ce dit-il, au moins à loisir
Accorde-moi ce doux plaisir
De te pouvoir dire ma peine. »
Elle, qui n'est pas inhumaine,
Lui dit : « Mon cœur plein d'amitié
A pour tes feux tant de pitié
Qu'il feroit des choses plus grandes
Que celles que tu me demandes;
Mais on m'observe avec rigueur.
— Cruelle, dit-il, si ton cœur
Avoit pour moi quelque tendresse,
Tu ferois ce dont je te presse,
Et la nuit peut facilement
Cacher les larcins d'un amant.
— Comment le pourrai-je, dit-elle,
Moi qu'une fortune cruelle
Attache entre eux incessamment?
— Permets-moi, dit-il, seulement
De prendre soin de cette affaire. »
Quelque temps elle délibère ;
Mais enfin elle se résout
Pour son amant à vaincre tout,
Et le garçon lui fait comprendre
La manière qu'il s'y faut prendre.

O dieux! quelle ruse et quel tour
Ne nous enseigne point l'amour!
Et voit-on des têtes si fines
Que ses ressorts et ses machines
Ne prennent point à dépourvu
Par quelque effet qu'on n'a point vu?
Il faut surprendre ici deux âmes
Savantes sur le fait des femmes,
Et dans le métier qu'elles font
Qui les doivent connoître à fond.
La fille, aussi jeune que belle,
N'avoit point d'autre lit pour elle
Que le lit qu'Astolfe en chemin
Partageoit avec le Romain;
Et quand le roi tenoit sujette
Ainsi la jeune Fiamette,
C'étoit que le prince avoit peur
Qu'on n'attentât à son honneur :
Car d'une volonté sincère

Il avoit promis à son père
Qu'il garderoit en sûreté
La fille dans sa chasteté ;
Et les serments et les paroles
Chez les rois ne sont point frivoles.
Le Grec, qui songe au doux plaisir
De satisfaire son desir,
Ne peut trouver rien qui l'arrête
Pour parvenir à sa conquête.
Lorsqu'il croit que les deux amis
Profondément sont endormis,
Brûlé du feu qui le transporte,
Il vient doucement à la porte,
Il l'ouvre, et dans l'obscurité
Il se conduit à pas compté.
Il se soutient, et sur la terre
Il marche comme sur du verre ;
Il porte un bras devant ses yeux,
Et de l'autre il sonde les lieux,
Tant qu'il vient à la couche heureuse
Où reposoit son amoureuse.
De vous dire qu'en ce moment
Le cœur de l'un et l'autre amant
Fût dans un état bien tranquille,
C'est ce qui seroit inutile :
Mais le garçon ne se rend pas,
Il lève adroitement les draps,
Par les pieds il passe la tête,
Il se glisse et point ne s'arrête
Que la belle fille et le Grec
Ne se trouvassent bec à bec.
Là, sans en dire davantage,
Fut consommé le mariage,
Et le garçon, avant le jour,
Tout enivré de son amour,
Le cœur content et plein de joie,
S'en alla par la même voie.

Quand le soleil par ses clartés
Eut banni les obscurités
Pour redonner le jour au monde,
Le roi levé dit à Joconde :
« Cher ami, je trouve à propos
Que tu te donnes du repos.
Après tant et tant de merveilles,
Je crois qu'il faut que tu sommeilles,
Et que le lit par sa vertu
Remette ton cœur abattu. »

A cette douce raillerie,
Usant de même batterie,
Joconde répondit au roi :
« Autant que vous avez sur moi
D'avantage dans la naissance,
Autant vous l'avez en vaillance,
Et peu de gens, sans vous flatter,
Oseroient vous le disputer.
Mais ici ce qui fait ma peine
Est que votre promesse est vaine,
Et que le cœur d'un si grand roi
Manque de parole et de foi.
Croyez-vous avoir l'âme nette
De garder ainsi Fiamette?
Est-ce là cette chasteté
Dont vous aviez tant protesté
De vous rendre dépositaire,
Quand vous la prîtes de son père?
Au moins, Seigneur, je vous le dy,
C'est votre affaire et songez-y. »
Le roi d'une façon galante
Pousse cette guerre innocente :
Mais à force de répliquer
Son âme vient à se piquer,
Et pour la rendre satisfaite
Il a recours à Fiamette.
Voyant qu'Astolfe est en courroux,
La fille embrasse ses genoux,
Et d'une façon ingénue
Lui dit la chose toute nue.
Alors surpris d'étonnement,
Ils se turent pour un moment,
Se regardant sans se rien dire ;
Mais enfin, un éclat de rire
Les ayant pris, peu s'en fallut
Que le roi même n'en mourût.
Après avoir avecque peine
Repris le vent de leur haleine
Et séché les larmes du ris,
Ces inséparables amis
Se dirent ainsi l'un à l'autre :
« Dieux! quelle foiblesse est la nôtre!
Et n'est-ce pas être bien fous
De croire qu'un sexe pour nous,
Après une telle aventure,
Gardera sa foi toute pure?
Quand nous aurions cent fois plus d'yeux
Qu'on ne voit d'astres dans les cieux,

> Nous n'empêcherions pas nos femmes
> D'avoir d'illégitimes flammes,
> Et de prendre assez bien leur temps
> Pour rendre leurs desirs contents.
> Après tant de preuves secrètes
> Que du sexe nous avons faites,
> Si nous ne le connoissons pas,
> Nous avons tort, et, de ce pas,
> Sans nous amuser davantage
> A prolonger notre voyage,
> Allons nous rendre en nos maisons,
> Et par mille bonnes raisons
> Croyons qu'entre toutes les belles
> Nos femmes sont des plus fidèles. »
>
> Après avoir ainsi conclu,
> Sur-le-champ il fut résolu,
> Pour rendre la chose complète,
> Que le Grec et la Fiamette,
> En présence de cent témoins,
> En mariage seroient joints;
> Et le roi leur fit des largesses
> Qui les comblèrent de richesses,
> Dont ils lui dirent grand merci,
> Et l'histoire finit ainsi.

(*Les Œuvres* de feu M. Bouillon, *contenant l'histoire de Joconde, le Mari commode, etc.*, p. 3; Paris, Jean Guignard, 1663, in-12.)

## II. — Page 18.

(I<sup>re</sup> partie, conte 1.)

### DISSERTATION SUR LA JOCONDE [1].

#### *A Monsieur B***** [2]

MONSIEUR,

Votre gageure [3] est sans doute fort plaisante, et j'ai ri de tout

---

1. Nous renvoyons pour cette Dissertation aux commentaires des éditeurs de Boileau, et nous bornons par conséquent à un très petit nombre de notes.
2. Sans doute François le Vayer de Boutigny : voyez notre tome I, p. LXXXII, note 1.
3. « M. de Bouillon [a], secrétaire de feu M. le duc d'Orléans avoit déjà

[a] Il s'appelait en réalité « M. Bouillon », sans particule.

mon cœur de la bonne foi avec laquelle votre ami soutient une opinion aussi peu raisonnable que la sienne. Mais cela ne m'a point du tout surpris : ce n'est pas d'aujourd'hui que les plus méchants ouvrages ont trouvé de sincères protecteurs, et que des opiniâtres ont entrepris de combattre la raison à force ouverte. Et, pour ne vous point citer ici d'exemples du commun, il n'est pas que vous n'ayez ouï parler du goût bizarre de cet empereur[1] qui préféra les écrits d'un je ne sais quel poète aux ouvrages d'Homère, et qui ne vouloit pas que tous les hommes ensemble, pendant douze siècles, eussent eu le sens commun.

Le sentiment de votre ami a quelque chose d'aussi monstrueux. Et certainement quand je songe à la chaleur avec laquelle il va, le livre à la main, défendre la *Joconde* de M. Bouillon, il me semble voir Marfise, dans l'Arioste, puisque Arioste y a, qui veut faire confesser à tous les chevaliers errants que cette vieille qu'elle a en croupe est un chef-d'œuvre de beauté. Quoi qu'il en soit, s'il n'y prend garde, son opiniâtreté lui coûtera un peu cher; et quelque mauvais passe-temps qu'il y ait pour lui à perdre cent pistoles, je le plains encore plus de la perte qu'il va faire de sa réputation dans l'esprit des habiles gens.

Il a raison de dire qu'il n'y a point de comparaison entre les deux ouvrages dont vous êtes en dispute, puisqu'il n'y a point de comparaison entre un conte plaisant et une narration froide, entre une invention fleurie et enjouée et une traduction sèche et triste. Voilà en effet la proportion qui est entre ces deux ouvrages. M. de la Fontaine a pris à la vérité son sujet d'Arioste; mais en même temps il s'est rendu maître de sa matière : ce n'est point une copie qu'il ait tirée un trait après l'autre sur l'original; c'est un original qu'il a formé sur l'idée qu'Arioste lui a fournie. C'est ainsi que Virgile a imité Homère; Térence, Ménandre; et le Tasse, Vir-

traduit cet épisode; mais il s'étoit entièrement attaché à son texte, et n'avoit pas abandonné d'un pas l'Arioste. Ces deux manières différentes ont donné lieu à beaucoup de disputes : les uns prétendant que le conte étoit devenu meilleur par le changement qu'on y a fait; et les autres, au contraire, soutenant qu'il en étoit tellement défiguré, qu'il n'étoit pas connoissable. Beaucoup de gens ont pris parti dans cette contestation, et elle s'est tellement échauffée, qu'il s'est fait des gageures considérables en faveur de l'un et de l'autre. Mais il est à craindre qu'il n'arrive à ces deux pièces la même chose qui est arrivée à ces deux sonnets qui divisèrent le Parnasse en deux factions si célèbres, sous les noms de Jobelins et d'Uranins. Car, étant examinés de plus près, ils perdirent beaucoup de leur prix et de leur estime. »
(*Journal des Savants*, p. 39-40 du numéro cité ci-dessus, p. 3, note 1.)

1. L'empereur Adrien.

gile. Au contraire, on peut dire de M. Bouillon que c'est un valet timide, qui n'oseroit faire un pas sans le congé de son maître, et qui ne le quitte jamais que quand il ne le peut plus suivre. C'est un traducteur maigre et décharné; les plus belles fleurs que l'Arioste lui fournit deviennent sèches entre ses mains; et à tous moments quittant le françois pour s'attacher à l'italien, il n'est ni italien ni françois.

Voilà, à mon avis, ce qu'on doit penser de ces deux pièces. Mais je passe plus avant, et je soutiens que non seulement la nouvelle de M. de la Fontaine est infiniment meilleure que celle de M. Bouillon, mais qu'elle est même plus agréablement contée que celle d'Arioste. C'est beaucoup dire, sans doute; et je vois bien que par là je vais m'attirer sur les bras tous les amateurs de ce poète. C'est pourquoi vous trouverez bon que je n'avance pas cette opinion sans l'appuyer de quelques raisons.

Premièrement donc, je ne vois pas par quelle licence poétique Arioste a pu, dans un poème héroïque et sérieux, mêler une fable et un conte de vieille, pour ainsi dire, aussi burlesque qu'est l'histoire de Joconde. « Je sais bien, dit un poète, grand critique[1], qu'il y a beaucoup de choses permises aux poètes et aux peintres; qu'ils peuvent quelquefois donner carrière à leur imagination, et qu'il ne faut pas toujours les resserrer dans les bornes de la raison étroite et rigoureuse. Bien loin de leur vouloir ravir ce privilège, je le leur accorde pour eux, et je le demande pour moi. Ce n'est pas à dire toutefois qu'il leur soit permis pour cela de confondre toutes choses; de renfermer dans un même corps mille espèces différentes, aussi confuses que les rêveries d'un malade; de mêler ensemble des choses incompatibles; d'accoupler les oiseaux avec les serpents, les tigres avec les agneaux.... » Comme vous voyez, Monsieur, ce poète avoit fait le procès à Arioste, plus de mille ans avant qu'Arioste eût écrit. En effet, ce corps composé de mille espèces différentes, n'est-ce pas proprement l'image du poème de *Roland le furieux?* Qu'y a-t-il de plus grave et de plus héroïque que certains endroits de ce poème? Qu'y a-t-il de plus bas et de plus bouffon que d'autres? Et sans chercher si loin, peut-on rien voir de moins sérieux que l'histoire de Joconde et d'Astolfe? Les aventures de Buscon et de Lazarille ont-elles quelque chose de plus extravagant? Sans mentir, une telle bassesse est bien éloignée du goût de l'antiquité; et qu'auroit-on dit de Virgile, bon Dieu! si, à la descente d'Énée dans l'Italie, il lui avoit fait conter par un hôtelier l'histoire de Peau d'Ane, ou les contes de ma Mère l'Oie?

---

1. Horace, *Art poétique*, vers 9 et suivants.

Je dis les contes de ma Mère l'Oie, car l'histoire de Joconde n'est guère d'un autre rang. Que si Homère a été blâmé dans son *Odyssée*, qui est pourtant un ouvrage tout comique, comme l'a remarqué Aristote[1], si, dis-je, il a été repris par de fort habiles critiques pour avoir mêlé dans cet ouvrage l'histoire des compagnons d'Ulysse changés en pourceaux, comme étant indigne de la majesté de son sujet; que diroient ces critiques, s'ils voyoient celle de Joconde dans un poème héroïque? N'auroient-ils pas raison de s'écrier que, si cela est reçu, le bon sens ne doit plus avoir de juridiction sur les ouvrages d'esprit, et qu'il ne faut plus parler d'art ni de règles? Ainsi, Monsieur, quelque bonne que soit d'ailleurs la *Joconde* de l'Arioste, il faut tomber d'accord qu'elle n'est pas en son lieu.

Mais examinons un peu cette histoire en elle-même. Sans mentir, j'ai de la peine à souffrir le sérieux avec lequel Arioste écrit un conte si bouffon. Vous diriez que non seulement c'est une histoire très véritable, mais que c'est une chose très noble et très héroïque qu'il va raconter; et certes, s'il vouloit décrire les exploits d'un Alexandre ou d'un Charlemagne, il ne débuteroit pas plus gravement :

> Astolfo, re de' Longobardi, quello
> A cui lascio il fratel monaco il regno,
> Fu nella giovinezza sua si bello,
> Che mai poch' altri giunsero a quel segno.
> N' avria a fatica un tal fatto a pennello,
> Apelle, o Zeusi, o se v' è alcun piu degno[2].

Le bon messer Ludovico ne se souvenoit pas, ou plutôt ne se soucioit pas du précepte de son Horace :

> Versibus exponi tragicis res comica non vult[3].

Cependant il est certain que ce précepte est fondé sur la pure raison, et que, comme il n'y a rien de plus froid que de conter une chose grande en style bas, aussi n'y a-t-il rien de plus ridicule que de raconter une histoire comique et absurde en termes graves et sérieux, à moins que ce sérieux ne soit affecté tout exprès pour rendre la chose encore plus burlesque. Le secret donc, en contant une chose absurde, est de s'énoncer d'une telle manière que vous fassiez concevoir au lecteur que vous ne croyez pas vous-même la chose que vous lui contez : car alors il aide lui-même à

---

1. Aristote, *Poétique*, chapitre IV.
2. Chant XXVIII, stance 4.
3. *Art poétique*, vers 89.

se décevoir, et ne songe qu'à rire de la plaisanterie agréable d'un auteur qui se joue et ne lui parle pas tout de bon. Et cela est si véritable, qu'on dit même assez souvent des choses qui choquent directement la raison, et qui ne laissent pas néanmoins de passer, à cause qu'elles excitent à rire. Telle est cette hyperbole d'un ancien poëte comique pour se moquer d'un homme qui avoit une terre de fort petite étendue : « Il possédoit, dit ce poëte, une terre à la campagne, qui n'étoit pas plus grande qu'une épître de Lacédémonien[1]. » Y a-t-il rien, ajoute un ancien rhéteur[2], de plus absurde que cette pensée? Cependant elle ne laisse pas de passer pour vraisemblable, parce qu'elle touche la passion, je veux dire qu'elle excite à rire. Et n'est-ce pas en effet ce qui a rendu si agréables certaines lettres de Voiture, comme celles du brochet et de la berne[3], dont l'invention est absurde d'elle-même, mais dont il a caché les absurdités par l'enjouement de sa narration, et par la manière plaisante dont il dit toutes choses? C'est ce que M.D.L.F. a observé dans sa nouvelle : il a cru que, dans un conte comme celui de Joconde, il ne falloit pas badiner sérieusement. Il rapporte, à la vérité, des aventures extravagantes; mais il les donne pour telles : partout il rit et il joue; et si le lecteur lui veut faire un procès sur le peu de vraisemblance qu'il y a aux choses qu'il raconte, il ne va pas, comme Arioste, les appuyer par des raisons forcées et plus absurdes encore que la chose même, mais il s'en sauve en riant et en se jouant du lecteur; qui est la route qu'on doit tenir en ces rencontres :

....Ridiculum acri
Fortius et melius magnas plerumque secat res[4].

Ainsi, lorsque Joconde, par exemple, trouve sa femme couchée entre les bras d'un valet, il n'y a pas d'apparence que, dans la fureur, il n'éclate contre elle, ou du moins contre ce valet. Comment est-ce donc qu'Arioste sauve cela? il dit que la violence de l'amour ne lui permit pas de faire déplaisir à sa femme.

Ma dall' amor che porta, al suo dispetto,
All' ingrata moglie, gli fu interdetto[5].

Voilà, sans mentir, un amant bien parfait; et Céladon ni Silvandre[6]

1. Voyez Strabon, livre I, chapitre II, § 30.
2. Longin, *Traité du Sublime*, chapitre XXXI.
3. La 9ᵉ et la 143ᵉ (*OEuvres* de Voiture, Paris, 1691, in-12, tome I, p. 19 et 303).
4. Horace, livre I, satire X, vers 14-15.
5. Stance 22.
6. Personnages de l'*Astrée*.

ne sont jamais parvenus à ce haut degré de perfection. Si je ne me trompe, c'étoit bien plutôt là une raison, non seulement pour obliger Joconde à éclater, mais c'en étoit assez pour lui faire poignarder dans la rage sa femme, son valet et soi-même, puisqu'il n'y a point de passion plus tragique et plus violente que la jalousie qui naît d'une extrême amour. Et certainement, si les hommes les plus sages et les plus modérés ne sont pas maîtres d'eux-mêmes dans la chaleur de cette passion, et ne peuvent s'empêcher quelquefois de s'emporter jusqu'à l'excès pour des sujets fort légers, que devoit faire un jeune homme comme Joconde, dans les premiers accès d'une jalousie aussi bien fondée que la sienne? Étoit-il en état de garder encore des mesures avec une perfide pour qui il ne pouvoit plus avoir que des sentiments d'horreur et de mépris? M. D. L. F. a bien vu l'absurdité qui s'ensuivoit de là; il s'est donc bien gardé de faire, comme Arioste, Joconde amoureux d'une amour romanesque et extravagante; cela ne serviroit de rien, et une passion comme celle-là n'a point de rapport avec le caractère dont Joconde nous est dépeint, ni avec ses aventures amoureuses. Il l'a donc représenté seulement comme un homme persuadé à fond de la vertu et de l'honnêteté de sa femme. Ainsi, quand il vient à reconnoître l'infidélité de cette femme, il peut fort bien, par un sentiment d'honneur, comme le suppose M. D. L. F., n'en rien témoigner, puisqu'il n'y a rien qui fasse plus de tort à un homme d'honneur, en ces sortes de rencontres, que l'éclat.

> Tous deux dormoient. Dans cet abord, Joconde
> Voulut les envoyer dormir en l'autre monde :
>    Mais cependant il n'en fit rien;
>    Et mon avis est qu'il fit bien.
>    Le moins de bruit que l'on peut faire
>      En telle affaire
>    Est le plus sûr de la moitié.
>    Soit par prudence, ou par pitié,
>    Le Romain ne tua personne, etc.

Que si Arioste n'a supposé l'extrême amour de Joconde que pour fonder la maladie et la maigreur qui lui vint ensuite, cela n'étoit point nécessaire, puisque la seule pensée d'un affront n'est que trop suffisante pour faire tomber malade un homme de cœur. Ajoutez à toutes ces raisons que l'image d'un honnête homme, lâchement trahi par une ingrate qu'il aime, tel que Joconde nous est représenté dans l'Arioste, a quelque chose de tragique et qui ne vaut rien dans un conte pour rire : au lieu que la peinture d'un mari qui se résout à souffrir discrètement les plaisirs de sa femme, comme l'a dépeint M. D. L. F., n'a rien que de plaisant et d'agréable ; et c'est le sujet ordinaire de nos comédies.

Arioste n'a pas mieux réussi dans cet autre endroit où Joconde apprend au roi l'abandonnement de sa femme avec le plus laid monstre de la cour. Il n'est pas vraisemblable que le roi n'en témoigne rien. Que fait donc l'Arioste pour fonder cela ? Il dit que Joconde, avant que de découvrir ce secret au roi, le fit jurer sur le saint sacrement ou sur l'*Agnus Dei*[1] (ce sont ses termes) qu'il ne s'en ressentiroit point. Ne voilà-t-il pas une invention bien agréable ? Et le saint sacrement n'est-il pas là bien placé ? Il n'y a que la licence italienne qui puisse mettre une semblable impertinence à couvert; et de pareilles sottises ne se souffrent point en latin ni en françois. Mais comment est-ce qu'Arioste sauvera toutes les autres absurdités qui s'ensuivent de là ? Où est-ce que Joconde trouve si vite une hostie sacrée pour faire jurer le roi ? Et quelle apparence qu'un roi s'engage aussi légèrement à un simple gentilhomme, par un serment si exécrable ? Avouons que M. D. L. F. s'est bien plus sagement tiré de ce pas par la plaisanterie de Joconde qui propose au roi, pour le consoler de cet accident, l'exemple des rois et des Césars qui avoient souffert un semblable malheur avec une constance toute héroïque ; et peut-on en sortir plus agréablement qu'il ne fait par ces vers ?

> Mais bientôt il le prit en homme de courage,
> En galant homme, et, pour le faire court,
> En véritable homme de cour.

Ce trait ne vaut-il pas mieux lui seul que tout le sérieux de l'Arioste ? Ce n'est pas pourtant qu'Arioste n'ait cherché le plaisant autant qu'il a pu ; et on peut dire de lui ce que Quintilien dit de Démosthène : *Non displicuisse illi jocos, sed non contigisse*[2], qu'il ne fuyoit pas les bons mots, mais qu'il ne les trouvoit pas : car quelquefois de la plus haute gravité de son style il tombe dans des bassesses à peine dignes du burlesque. En effet, qu'y a-t-il de plus ridicule que cette longue généalogie qu'il fait du reliquaire que Joconde reçut de sa femme, en partant ? Cette raillerie contre la religion n'est-elle pas bien en son lieu ? Que peut-on voir de plus sale que cette métaphore ennuyeuse, prise de l'exercice des chevaux, de laquelle Astolfe et Joconde se servent pour se reprocher l'un à l'autre leur paillardise ? Que peut-on imaginer de plus froid que cette équivoque qu'il emploie à propos du retour de

---

1. Stances 40 et 44.
2. *Institution oratoire*, livre VI, chapitre III, § 2.

Joconde à Rome? On croyoit, dit-il, qu'il étoit allé à Rome, et il étoit allé à Corneto :

> Credeano che da lor si fosse tolto
> Per gire a Roma, e gito era a Corneto[1].

Si M. D. L. F. avoit mis une semblable sottise dans toute sa pièce, trouveroit-il grâce auprès de ses censeurs? et une impertinence de cette force n'auroit-elle pas été capable de décrier tout son ouvrage, quelques beautés qu'il eût eues d'ailleurs? Mais certes il ne falloit pas appréhender cela de lui. Un homme formé, comme je vois bien qu'il l'est, au goût de Térence et de Virgile, ne se laisse pas emporter à ces extravagances italiennes, et ne s'écarte pas ainsi de la route du bon sens. Tout ce qu'il dit est simple et naturel : et ce que j'estime surtout en lui, c'est une certaine naïveté de langage que peu de gens connoissent, et qui fait pourtant tout l'agrément du discours; c'est cette naïveté inimitable qui a été tant estimée dans les écrits d'Horace et de Térence, à laquelle ils se sont étudiés particulièrement, jusqu'à rompre pour cela la mesure de leurs vers comme a fait M. D. L. F. en beaucoup d'endroits. En effet, c'est ce *molle* et ce *facetum* qu'Horace[2] a attribués à Virgile, et qu'Apollon ne donne qu'à ses favoris. En voulez-vous des exemples?

> Marié depuis peu ; content, je n'en sais rien.
> Sa femme avoit de la jeunesse,
> De la beauté, de la délicatesse :
> Il ne tenoit qu'à lui qu'il ne s'en trouvât bien.

S'il eût dit simplement que Joconde vivoit content avec sa femme, son discours auroit été assez froid ; mais par ce doute où il s'embarrasse lui-même, et qui ne veut pourtant dire que la même chose, il enjoue sa narration, et occupe agréablement le lecteur. C'est ainsi qu'il faut juger de ces vers de Virgile dans une de ses églogues, à propos de Médée, à qui une fureur d'amour et de jalousie avoit fait tuer ses enfants :

> Crudelis mater magis, an puer improbus ille?
> Improbus ille puer, crudelis tu quoque, mater[3].

Il en est de même encore de cette réflexion que fait M. D. L. F. à propos de la désolation que fait paroître la femme de Joconde, quand son mari est prêt à partir :

> Vous autres, bonnes gens, eussiez cru que la dame
> Une heure après eût rendu l'âme ;
> Moi, qui sais ce que c'est que l'esprit d'une femme, etc.

1. Stance 24.
2. Livre I, satire x, vers 44. — 3. Églogue VIII, vers 49-50

Je pourrois vous montrer beaucoup d'endroits de la même force; mais cela ne serviroit de rien pour convaincre votre ami. Ces sortes de beautés sont de celles qu'il faut sentir, et qui ne se prouvent point. C'est ce je ne sais quoi qui nous charme, et sans lequel la beauté même n'auroit ni grâce ni beauté. Mais, après tout, c'est un je ne sais quoi ; et si votre ami est aveugle, je ne m'engage pas à lui faire voir clair ; et c'est aussi pourquoi vous me dispenserez, s'il vous plaît, de répondre à toutes les vaines objections qu'il vous a faites. Ce seroit combattre des fantômes qui s'évanouissent d'eux-mêmes ; et je n'ai pas entrepris de dissiper toutes les chimères qu'il est d'humeur à se former dans l'esprit.

Mais il y a deux difficultés, dites-vous, qui vous ont été proposées par un fort galant homme, et qui sont capables de vous embarrasser. La première regarde l'endroit où ce valet d'hôtellerie trouve le moyen de coucher avec la commune maîtresse d'Astolfe et de Joconde, au milieu de ses deux galants. Cette aventure, dit-on, paroît mieux fondée dans l'original, parce qu'elle se passe dans une hôtellerie où Astolfe et Joconde viennent d'arriver fraîchement, et d'où ils doivent partir le lendemain ; ce qui est une raison suffisante pour obliger ce valet à ne point perdre de temps, et à tenter ce moyen, quelque dangereux qu'il puisse être, pour jouir de sa maîtresse, parce que, s'il laisse échapper cette occasion, il ne la pourra plus recouvrer ; au lieu que, dans la nouvelle de M. de la Fontaine, tout ce mystère arrive chez un hôte où Astolfe et Joconde font un assez long séjour. Ainsi ce valet logeant avec celle qu'il aime, et étant avec elle tous les jours, vraisemblablement il pouvoit trouver d'autres voies plus sûres pour coucher avec elle, que celle dont il se sert.

A cela je réponds que si ce valet a recours à celle-ci, c'est qu'il n'en peut imaginer de meilleure, et qu'un gros brutal, tel qu'il nous est représenté par M. D. L. F., et tel qu'il devoit être en effet pour faire une entreprise comme celle-là, est fort capable de hasarder tout pour se satisfaire, et n'a pas toute la prudence que pourroit avoir un honnête homme. Il y auroit quelque chose à dire si M. D. L. F. nous l'avoit représenté comme un amoureux de roman, tel qu'il est dépeint dans Arioste, qui n'a pas pris garde que ces paroles de tendresse et de passion qu'il lui met dans la bouche sont fort bonnes pour un Tircis, mais ne conviennent pas trop bien à un muletier[1]. Je soutiens en second lieu que la même raison qui, dans Arioste, empêche tout un jour ce valet et cette fille de pouvoir exécuter leur volonté, cette même raison, dis-je, a pu subsis-

1. Stance 59.

ter plusieurs jours, et qu'ainsi, étant continuellement observés l'un et l'autre par les gens d'Astolfe et de Joconde, et par les autres valets de l'hôtellerie, il n'est pas dans leur pouvoir d'accomplir leur dessein, si ce n'est la nuit. Pourquoi donc, me direz-vous, M. D. L. F. n'a-t-il point exprimé cela? Je soutiens qu'il n'étoit point obligé de le faire, parce que cela se suppose aisément de soi-même, et que tout l'artifice de la narration consiste à ne marquer que les circonstances qui sont absolument nécessaires. Ainsi, par exemple, quand je dis qu'un tel est de retour de Rome, je n'ai que faire de dire qu'il y étoit allé, puisque cela s'ensuit de là nécessairement. De même, lorsque, dans la nouvelle de M. D. L. F., la fille dit au valet qu'elle ne lui peut pas accorder sa demande, parce que, si elle le faisoit, elle perdroit infailliblement l'anneau qu'Astolfe et Joconde lui avoient promis, il s'ensuit de là infailliblement qu'elle ne lui pouvoit accorder cette demande sans être découverte, autrement l'anneau n'auroit couru aucun risque.

Qu'étoit-il donc besoin que M. D. L. F. allât perdre en paroles inutiles le temps qui est si cher dans une narration? On me dira peut-être que M. D. L. F., après tout, n'avoit que faire de changer ici l'Arioste. Mais qui ne voit, au contraire, que par là il a évité une absurdité manifeste, c'est à savoir ce marché qu'Astolfe et Joconde font avec leur hôte, par lequel ce père vend sa fille à beaux deniers comptants[1]? En effet, ce marché n'a-t-il pas quelque chose de choquant ou plutôt d'horrible? Ajoutez que, dans la nouvelle de M. D. L. F., Astolfe et Joconde sont trompés bien plus plaisamment, parce qu'ils regardent tous deux cette fille qu'ils ont abusée comme une jeune innocente à qui ils ont donné, comme il dit,

La première leçon du plaisir amoureux,

au lieu que, dans Arioste, c'est une infâme qui va courir le pays avec eux[2], et qu'ils ne sauroient regarder que comme une garse publique.

Je viens à la seconde objection. Il n'est pas vraisemblable, vous a-t-on dit, que quand Astolfe et Joconde prennent résolution de courir ensemble le pays, le roi, dans la douleur où il est, soit le premier qui s'avise d'en faire la proposition, et il semble qu'Arioste ait mieux réussi de la faire faire par Joconde. Je dis que c'est tout le contraire, et qu'il n'y a point d'apparence qu'un simple gentilhomme fasse à un roi une proposition si étrange que celle d'abandonner son royaume, et d'aller exposer sa personne en des

---

1. Stance 53.
2. Stances 54 et suivantes.

pays éloignés, puisque même la seule pensée en est coupable ; au lieu qu'il peut fort bien tomber dans l'esprit d'un roi qui se voit sensiblement outragé en son honneur, et qui ne sauroit plus voir sa femme qu'avec chagrin, d'abandonner sa cour pour quelque temps, afin de s'ôter de devant les yeux un objet qui ne lui peut causer que de l'ennui.

Si je ne me trompe, Monsieur, voilà vos doutes assez bien résolus. Ce n'est pas pourtant que de là je veuille inférer que M. D. L. F. ait sauvé toutes les absurdités qui sont dans l'histoire de Joconde : il y auroit eu de l'absurdité à lui-même d'y penser. Ce seroit vouloir extravaguer sagement, puisqu'en effet toute cette histoire n'est autre chose qu'une extravagance assez ingénieuse, continuée depuis un bout jusqu'à l'autre. Ce que j'en dis n'est seulement que pour vous faire voir qu'aux endroits où il s'est écarté de l'Arioste, bien loin d'avoir fait de nouvelles fautes, il a rectifié celles de cet auteur. Après tout, néanmoins, il faut avouer que c'est à Arioste qu'il doit sa principale invention. Ce n'est pas que les choses qu'il a ajoutées de lui-même ne pussent entrer en parallèle avec tout ce qu'il y a de plus ingénieux dans l'histoire de Joconde. Telle est l'invention du livre blanc que nos deux aventuriers emportèrent pour mettre les noms de celles qui ne seroient pas rebelles à leurs vœux ; car cette badinerie me semble bien aussi agréable que tout le reste du conte. Il n'en faut pas moins dire de cette plaisante contestation qui s'émeut entre Astolfe et Joconde, pour le pucelage de leur commune maîtresse, qui n'étoit pourtant que les restes d'un valet ; mais, Monsieur, je ne veux point chicaner mal à propos. Donnons, si vous voulez, à Arioste toute la gloire de l'invention ; ne lui dénions pas le prix qui lui est justement dû pour l'élégance, la netteté et la brièveté inimitable avec laquelle il dit tant de choses en si peu de mots ; ne rabaissons point malicieusement, en faveur de notre nation, le plus ingénieux auteur des derniers siècles : mais que les grâces et les charmes de son esprit ne nous enchantent pas de telle sorte qu'ils nous empêchent de voir les fautes de jugement qu'il a faites en plusieurs endroits ; et quelque harmonie de vers dont il nous frappe l'oreille, confessons que M. D. L. F. ayant conté plus plaisamment une chose très plaisante, il a mieux compris l'idée et le caractère de la narration.

Après cela, Monsieur, je ne pense pas que vous voulussiez exiger de moi de vous marquer ici exactement tous les défauts qui sont dans la pièce de M. Bouillon. J'aimerois autant être condamné à faire l'analyse exacte d'une chanson du pont Neuf par les règles de la *Poétique* d'Aristote. Jamais style ne fut plus vicieux que le sien, et jamais style ne fut plus éloigné de celui de M. D. L. F. Ce n'est pas, Monsieur, que je veuille faire passer ici l'ouvrage de M. D. L. F. pour un ouvrage sans défauts ; je le tiens assez galant homme pour tomber d'accord lui-même des négligences qui s'y peuvent rencontrer : et où ne s'en rencontre-t-il point? Il suffit, pour moi, que le bon y passe infiniment le mauvais, et c'est assez pour faire un ouvrage excellent :

> Ergo[1] ubi plura nitent in carmine, non ego paucis
> Offendar maculis[2].

Il n'en est pas ainsi de M. Bouillon : c'est un auteur sec et aride ; toutes ses expressions sont rudes et forcées, il ne dit jamais rien qui ne puisse être mieux dit ; et, bien qu'il bronche à chaque ligne, son ouvrage est moins à blâmer pour les fautes qui y sont, que pour l'esprit et le génie qui n'y est pas. Je ne doute point que vos sentiments en cela ne soient d'accord avec les miens. Mais s'il vous semble que j'aille trop avant, je veux bien, pour l'amour de vous, faire un effort, et en examiner seulement une page :

> Astolfe, roi de Lombardie,
> A qui son frère plein de vie
> Laissa l'empire glorieux
> Pour se faire religieux,
> Naquit d'une forme si belle,
> Que Zeuxis et le grand Apelle,
> De leur docte et fameux pinceau,
> N'ont jamais rien fait de si beau.

Que dites-vous de cette longue période? N'est-ce pas bien entendre la manière de conter, qui doit être simple et coupée, que de commencer une narration en vers par un enchaînement de paroles à peine supportable dans l'exorde d'une oraison ?

> A qui son frère *plein de vie*....

*Plein de vie* est une cheville, d'autant plus qu'il n'est pas du texte. M. Bouillon l'a ajouté de sa grâce ; car il n'y a point en cela de beauté qui l'y ait contraint.

> Laissa l'empire *glorieux*....

Ne semble-t-il pas que, selon M. Bouillon, il y a un empire particulier des glorieux, comme il y a un empire des Ottomans et des Romains, et qu'il a dit l'empire glorieux comme un autre diroit l'empire ottoman? Ou bien il faut tomber d'accord que le mot de *glorieux* en cet endroit-là est une cheville, et une cheville grossière et ridicule.

---

1. Le texte est *Verum*, et non *Ergo* comme l'a écrit Boileau.
2. Horace, *Art poétique*, vers 351-352.

# APPENDICE. 539

*Pour se faire religieux....*

Cette manière de parler est basse et nullement poétique.

*Naquit d'une forme si belle....*

Pourquoi *naquit?* N'y a-t-il pas des gens qui naissent fort beaux et qui deviennent fort laids dans la suite du temps? et au contraire n'en voit-on pas qui viennent fort laids au monde, et que l'âge ensuite embellit?

*Que Zeuxis et le grand Apelle....*

On peut bien dire qu'Apelle étoit un grand peintre, mais qui a jamais dit le grand Apelle? Cette épithète de *grand* tout simple ne se donne jamais qu'à des conquérants et à nos saints. On peut bien appeler Cicéron un grand orateur, mais il seroit ridicule de dire le grand Cicéron, et cela auroit quelque chose d'enflé et de puéril. Mais qu'a fait ici le pauvre Zeuxis pour demeurer sans épithète, tandis qu'Apelle est *le grand* Apelle? Sans mentir, il est bien malheureux que la mesure du vers ne l'ait pas permis, car il auroit été du moins le brave Zeuxis.

> De leur docte et fameux pinceau,
> N'ont jamais rien fait de si beau.

Il a voulu exprimer ici la pensée de l'Arioste, que quand Zeuxis et Apelle auroient épuisé tous leurs efforts pour peindre une beauté douée de toutes les perfections, cette beauté n'auroit pas égalé celle d'Astolfe. Mais qu'il y a mal réussi! et que cette façon de parler est grossière! « N'ont jamais rien fait de si beau de leur pinceau. »

*Mais si sa grâce sans pareille....*

*Sans pareille* est là une cheville; et le poète n'a pas pu dire cela d'Astolfe, puisqu'il déclare dans la suite qu'il y avoit un homme au monde plus beau que lui, c'est à savoir Joconde.

*Étoit du monde la merveille....*

Cette transposition ne se peut souffrir.

> Ni les avantages que *donne*
> Le royal éclat de son sang....

Ne diriez-vous pas que le sang des Astolfes de Lombardie est ce qui donne ordinairement de l'éclat? Il falloit dire : « Ni les avantages que lui donnoit le royal éclat de son sang. »

*Dans les italiques provinces....*

Cette manière de parler sent le poème épique, où même elle ne seroit pas fort bonne, et ne vaut rien du tout dans un conte, où les façons de parler doivent être simples et naturelles.

Élevoient *au-dessus des anges*....

Pour parler françois, il falloit dire : « Élevoient au-dessus de ceux des anges. »

Au prix des charmes *de son corps*.

*De son corps* est dit bassement, et pour rimer. Il falloit dire *de sa beauté*.

Si jamais il avoit vu *naître*....

*Naître* est maintenant aussi peu nécessaire qu'il l'étoit tantôt.

*Rien qui fût comparable à lui*....

Ne voilà-t-il pas un joli vers ?

Sire, je crois que le soleil<br>
Ne voit rien qui vous soit pareil,<br>
Si ce n'est mon frère Joconde<br>
Qui n'a point de pareil au monde.

Le pauvre Bouillon s'est terriblement embarrassé dans ces termes de *pareil* et de *sans pareil*. Il a dit là-bas que la beauté d'Astolfe n'a point de pareille ; ici il dit que c'est la beauté de Joconde qui est sans pareille : de là il conclut que la beauté sans pareille du roi n'a de pareille que la beauté sans pareille de Joconde. Mais, sauf l'honneur de l'Arioste que M. Bouillon a suivi en cet endroit[1], je trouve ce compliment fort impertinent, puisqu'il n'est pas vraisemblable qu'un courtisan aille de but en blanc dire à un roi qui se pique d'être le plus bel homme de son siècle : « J'ai un frère plus beau que vous. » M. D. L. F. a bien fait d'éviter cela, et de dire simplement que ce courtisan prit cette occasion de louer la beauté de son frère, sans l'élever néanmoins au-dessus de celle du roi.

Comme vous voyez, Monsieur, il n'y a pas un vers où il n'y ait quelque chose à reprendre, et que Quintilius n'envoyât rebattre sur l'enclume[2].

Mais en voilà assez, et quelque résolution que j'aie prise d'examiner la page entière, vous trouverez bon que je me fasse grâce à moi-même, et que je ne passe pas plus avant. Et que seroit-ce, bon Dieu ! si j'allois rechercher toutes les impertinences de cet ouvrage, les mauvaises façons de parler, les rudesses, les incongruités

---

1. Stance 7.
2. Horace, *Art poétique*, vers 438-441.

les choses froides et platement dites qui s'y rencontrent partout ? Que dirions-nous de *ces murailles dont les ouvertures bâillent*, de ces *errements qu'Astolfe et Joconde suivent dans les pays flamands ?* Suivre des errements ! juste ciel ! quelle langue est-ce là ? Sans mentir, je suis honteux pour M. D. L. F. de voir qu'il ait pu être mis en parallèle avec un tel auteur, mais je suis encore plus honteux pour votre ami. Je le trouve bien hardi, sans doute, d'oser ainsi hasarder cent pistoles sur la foi de son jugement. S'il n'a point de meilleure caution, et qu'il fasse souvent de semblables gageures, il est au hasard de se ruiner.

Voilà, Monsieur, la manière d'agir ordinaire des demi-critiques, de ces gens, dis-je, qui, sous ombre d'un sens commun tourné pourtant à leur mode, prétendent avoir droit de juger souverainement de toutes choses, corrigent, disposent, réforment, louent, approuvent, condamnent tout au hasard. J'ai peur que votre ami ne soit un peu de ce nombre. Je lui pardonne cette haute estime qu'il fait de la pièce de M. Bouillon, je lui pardonne même d'avoir chargé sa mémoire de toutes les sottises de cet ouvrage ; mais je ne lui pardonne pas la confiance avec laquelle il se persuade que tout le monde confirmera son sentiment. Pense-t-il donc que trois des plus galants hommes de France aillent, de gaieté de cœur, se perdre d'estime dans l'esprit des habiles gens, pour lui faire gagner cent pistoles ? Et depuis Midas, d'impertinente mémoire, s'est-il trouvé personne qui ait rendu un jugement aussi absurde que celui qu'il attend d'eux ?

Mais, Monsieur, il me semble qu'il y a assez longtemps que je vous entretiens, et ma lettre pourroit à la fin passer pour une dissertation préméditée. Que voulez-vous ? c'est que votre gageure me tient au cœur, et j'ai été bien aise de vous justifier à vous-même le droit que vous avez sur les cent pistoles de votre ami. J'espère que cela servira à vous faire voir avec combien de passion je suis, etc.

(*OEuvres* de Boileau, édition Berriat-Saint-Prix, tome III, p. 3.)

## III. — Page 131.

(I<sup>re</sup> partie, conte xi.)

EXTRAIT DU *CANDELAIO* DE GIORDANO BRUNO NOLANO.

## ATTO QUINTO.

### PENULTIMA SCENA.

BARRA.

...., Che voglam[1] far di costui, del Domino magister?

SANGUINO.

Questo porta sua colpa su la fronte : non vedi ch'è stravestito? non vedi che quel mantello è stato rubbato a Tiburolo? non l'hai visto che fugge la corte?

MARCA.

E vero, ma apporta certe cause verisimili?

BARRA.

Per cio non deve dubitare d'andar priggione.

MAMPHURIO.

*Verum*, ma cascarro in derisione appo miei scolastici et di altri per i casi che mi sono aventati al dorso.

SANGUINO.

Intendete quel che vuol dir costui?

CORCOVIZZO.

Non l'intenderebbe Sansone[2].

SANGUINO.

Hor su, per abbreviarla, vedi, Magister, a che cosa ti vuoi resolvere : si volete voi venir priggione; over donar la bona mano alla compagnia di que' scudi che ti son rimasti dentro la giornea, per che (come dici) il mariolo ti tolse sol quelli ch' havevi in mano per cambiarli.

---

1. Nous gardons l'orthographe particulière de l'original, *voglam, meglo, cascarro, si,* au lieu de *se,* etc.
2. Samson, inventeur d'énigmes au chapitre xiv du livre des *Juges*.

###### MAMPHURIO.

*Minime*, io non ho altrimente veruno : quelli che havevo tutti mi furon tolti, *ita mehercle, per Iovem, per Altitonantem, vos sidera testor.*

###### SANGUINO.

Intendi quel che ti dico. Si non voi provar il stretto della vicaria, et non hai moneta, fa elettione d'una de le altre due : o prendi diece spalmate con questo ferro di correggia che vedi ; o ver a brache calate harrai un cavallo de cinquanta staffilate[1] : che per ogni modo tu non ti partirrai da noi senza penitenza di tui falli.

###### MAMPHURIO.

*Duobus propositis malis minus est tolerandum, sicut duobus propositis bonis melius est eligendum, dicit Peripateticorum princeps.*

###### ASCANIO.

Maestro, parlate che siate inteso, per che queste son gente sospette.

###### BARRA.

Puo essere che dica bene costui allhor che non vuol esser inteso ?

###### MAMPHURIO.

*Nil mali vobis imprecor.* Io non vi impreco male.

###### SANGUINO.

Pregatene ben quanto volete, che da noi non sarete essaudito.

###### CORCOVIZZO.

Elegetevi presto quel che vi piace, o vi legarremo meglo, et vi menarremo.

###### MAMPHURIO.

*Minus pudendum erit palma feriri, quam quod congerant in veteres flagella nates : id n[empe] puerile est.*

###### SANGUINO.

Che dite voi, che dite in vostra mal'hora ?

###### MAMPHURIO.

Vi offro la palma.

###### SANGUINO.

Toccala, Corcovizzo, da fermo.

###### CORCOVIZZO.

Io do Taf. Una.

###### MAMPHURIO.

Oime Iesus oph.

###### CORCOVIZZO.

Apri bene l'altra mano. Taf. Et due.

---

1. Tu recevras un cheval de cinquante coups, on te fera monter à cheval pour recevoir cinquante coups : plus loin, p. 544, 4ᵉ couplet, le supplice est décrit.

MAMPHURIO.

Oph oph, Iesus Maria.

CORCOVIZZO.

Stendi ben la mano, ti dico. Tienla dritta cossi. Taff et tre.

MAMPHURIO.

Oi oi oime uph oph oph oph, per amor della passion del nostro signor Iesus, *potius* fatemi alzar a cavallo, per che tanto dolor suffrir non posso nelle mani.

SANGUINO.

Horsu dunque, Barra, prendilo su le spalle; tu Marca, tienlo fermo per i piedi che non si possa movere; tu Corcovizzo, spuntagli le brache et tienle calate ben bene a basso; et lasciatelo striglar a me; et tu Maestro, conta le staffilate ad una ad una ch'io t'intenda, et guarda ben, che si farrai errore nel contare, che sarra bisogno di ricominciare : voi Ascanio, vedete et giudicate.

MARCA.

Tutto sta bene. Cominciatelo a spolverare et guardatevi di far male a i drappi che non han colpa.

SANGUINO.

Al nome di S. Scoppettella[1], conta, toff.

MAMPHURIO.

Tof, una. Tof, oh tre. Tof, oh oi, quattro : Toff, oime, oime, Tof, oi oime, Tef. O per amor de Dio sette.

SANGUINO.

Cominciamo da principio un' altra volta : vedete si dopo quattro son sette : dovevi dir cinque.

MAMPHURIO.

Oime che farro io? Erano *in rei veritate* sette.

SANGUINO.

Dovevi contarle ad una ad una. Hor su via [di] novo. Toff.

MAMPHURIO.

Toff, una. Toff, una. Toff, oime, due ; Toff, toff, toff, tre, quattro, toff, toff, cinque, oime toff, toff, sei ; o per l'honor di Dio toff, non piu, toff, toff, non piu, che voglamo toff, toff, veder nella giornea. Toff che vi sarran alquanti scudi.

SANGUINO.

Bisogna contar da capo, che ne ha lasciate molte, che non ha contate.

BARRA.

Perdonategli di gratia, Signor capitano, per che vuol far quell' altra elettione di pagar la strena.

---

1. Au nom de sainte Époussette.

# APPENDICE.

**SANGUINO.**
Lui non ha nulla.

**MAMPHURIO.**
*Ita ita* che adesso mi ricordo haver piu di quattro scudi.

**SANGUINO.**
Ponetelo abasso dunque, vedete che cosa vi è dentro la giornea.

**BARRA.**
Sangue di.... che vi son piu di sette de scudi.

**SANGUINO.**
Alzatelo, alzatelo di bel novo a cavallo, per la mentita ch' ha detta et falsi giuramenti ch' ha fatti : bisogna contarle, fargli contar settanta.

**MAMPHURIO.**
*Misericordia!* prendetevi gli scudi, la giornea, et tutto quanto quel che volete : *dimittam vobis.*

**SANGUINO.**
Horsu piglate quel che vi dona, et quel mantello anchora, che è giusto che sii restituito al povero padrone. Andiamone noi tutti : bona notte a voi, Ascanio mio.

**ASCANIO.**
Bona notte et mille bon' anni a V. S., Signor capitano, et buon pro faccia al mastro.

EXTRAIT DE *BONIFACE ET LE PÉDANT.*

## ACTE V.

### SCÈNE XXVI.

LA BARRE, LA FONTAINE, LA RIVIÈRE (*filous vêtus en sergents*), MAMPHURIUS, LA COQUE (*filou en commissaire*), ASCAGNE (*valet de Boniface*).

**LA BARRE.**
....Que ferons-nous de celui-ci, de ce prétendu Magister?

**LA COQUE.**
Pour lui, il porte sa condamnation sur soi : ne voyez-vous pas qu'il est travesti? ne savez-vous pas que ce manteau a été dérobé à l'un de vos compagnons? ne l'avons-nous pas trouvé fuyant la Justice?

**LA FONTAINE.**
Oui, mais il allègue quelques excuses vraisemblables.

**LA BARRE.**
On ne doit pas pour cela faire difficulté de le mener en prison.

MAMPHURIUS.

*Verum*, mais je serai la dérision de mes écoliers et des autres, pour les accidents qui me sont survenus.

LA COQUE.

Écoutez un peu ce qu'il veut dire.

LA RIVIÈRE.

Il faut être Maître Gonin pour le deviner.

LA COQUE.

Or sus, pour couper court, Maître, voyez à quoi vous aimez mieux vous résoudre : si vous voulez venir en prison, ou bien donner à la compagnie les écus qui sont restés dans votre gibecière, parce qu'ainsi que vous nous avez dit, le voleur vous a seulement emporté ceux que vous en aviez tirés pour changer son or.

MAMPHURIUS.

*Minime.* Je vous jure qu'il ne m'en est resté pas un, tout m'a été dérobé, *ita mehercle, per Jovem, per Altitonantem, vos sidera testor.*

LA COQUE.

Oyez ce que je vous dis : si vous ne voulez pas qu'on vous mène en prison, et qu'il soit vrai que vous n'ayez plus d'argent, choisissez l'un des deux, ou de recevoir dix férules avec cette courroie que voici, ou d'en avoir, bragues basses, cinquante coups de fouet; car cela est bien résolu que vous ne partirez point d'avec nous sans faire pénitence de vos fautes.

MAMPHURIUS.

*Duobus propositis malis minus est tolerandum, sicut duobus propositis bonis melius est eligendum, dicit Peripateticorum princeps.*

ASCAGNE.

Maître, parlez de façon qu'on vous entende, car ces gens-ci sont fort soupçonneux.

LA BARRE.

Se peut-il faire que celui-ci dise du bien de nous lorsqu'il ne veut pas qu'on l'entende?

MAMPHURIUS.

*Nil mali vobis imprecor.* Je ne vous desire point de mal.

LA COQUE.

Demande-nous tant de bien que tu voudras, tu ne seras pas exaucé.

LA RIVIÈRE.

Choisissez promptement ce que vous aimez le mieux; autrement nous vous allons lier et mener en prison.

MAMPHURIUS.

*Minus pudendum erit palma feriri, quam si congerant in veteres flagella nates : id enim puerile est.*

LA COQUE.

Que dites-vous? que dites-vous?

MAMPHURIUS.

Je vous présente la main.

LA COQUE

Frappez, la Rivière, frappez ferme

LA RIVIÈRE.

Çà, taf, une.

MAMPHURIUS.

Ouf, ouf.

LA RIVIÈRE.

Ouvrez bien l'autre. Taf, et deux.

MAMPHURIUS.

Aye, aye.

LA RIVIÈRE.

Tendez, tendez bien la main, vous dis-je, et la tenez bien droite. Taf, et trois.

MAMPHURIUS.

Aye, aye, ouf, ouf, pour l'honneur de Dieu, baillez-moi plutôt le fouet, car je ne saurois plus souffrir si grand mal aux mains.

LA COQUE.

Sus donc, la Barre, détachez-le; vous, la Fontaine, tenez-le ferme par les pieds, afin qu'il ne puisse remuer; vous, la Rivière, tirez-lui les chausses bas, bas, et me le laissez étriller; et vous, Maître, comptez les coups un à un, que je vous entende, et prenez bien garde de manquer au compte, car si vous y faillez, je recommencerai tout de nouveau; vous, Ascagne, voyez et jugez.

LA FONTAINE.

Tout va bien : commencez à l'époudrer, et prenez garde de frapper ses habits qui n'en peuvent mais.

LA COQUE.

Allons, compte. Tof.

MAMPHURIUS.

Un; tof; deux; tof, trois; tof, tof, aye, aye, cinq.

LA COQUE.

Recommençons une autre fois, et voyez si après trois il faut dire cinq.

MAMPHURIUS.

Hélas! que ferai-je? il y en avoit cinq, *in rei veritate*.

LA COQUE.

Vous les deviez compter l'un après l'autre. Or sus tout de nouveau, tof.

MAMPHURIUS.

Un, tof, tof, deux, trois, tof, tof, tof, tof, quatre, cinq, tof, tof, six. O pour l'honneur de Dieu, c'est assez : je veux voir dans ma gibecière s'il n'y a point encore quelques écus.

LA COQUE.

Il faut recompter encore une fois depuis le commencement, car il en a laissé beaucoup derrière qu'il n'a pas comptés.

LA BARRE.

Pardonnez-lui, de grâce, Monsieur, parce qu'il aime mieux payer le vin aux balayeurs.

LA COQUE.

Il se moque : il n'a rien.

MAMPHURIUS.

Si fait, si fait, *profecto*, je me souviens maintenant d'avoir encore plus de quatre écus.

LA COQUE.

Quoi? On vous fait donc venir la mémoire comme aux petits enfants, par les fesses[1]. Laissez-le, voyez un peu ce qu'il a dans sa bourse.

1. Ce trait a été ajouté par le traducteur.

### LA BARRE.

Vertu non pas de ma vie! il y a plus de sept écus.

### LA COQUE.

Reprenez-le, reprenez-le une autre fois : il faut qu'il soit puni pour avoir menti et pour les faux serments qu'il a faits.

### MAMPHURIUS.

Miséricorde! prenez mes écus, ma bourse, et tout ce que vous voudrez : *dimittam vobis.*

### LA COQUE.

Or sus, prenez donc ce qu'il vous donne, et son manteau aussi, car c'est la raison[1] qu'on le rende à son maître. Allons-nous-en tous : bon soir, Ascagne.

### ASCAGNE.

Bon soir, bon soir, Monsieur et votre compagnie, et prou fasse à vous[2], *Domine.*


## IV. — Page 174.

(II<sup>e</sup> partie, conte II.)

.... Il est notoire verité que, en la ville d'Ostellerie en Casteloigne, nagueres arriuerent plusieurs freres mineurs, qu'on dit de l'obseruance, eschassez et deboutez, par leur mauuais gouuernement et faincte deuocion, du royaume d'Espaigne. Et trouuerent fasson d'auoir accez et entrée deuers le seigneur de la dicte ville, qui desià ancien et chargé d'ans estoit; et tant firent, pour abreger, qu'il leur fonda et fit une tres belle eglise et conuent, et les maintint et entretint toute sa vie le mieulx qu'il put. Regna aprez son filz aisné, qui ne leur fit pas moins de biens que son bon pere. Et de faict ilz prospererent en peu d'ans si tres bien qu'ilz auoient suffisamment tout ce qu'on sçauroit demander par raison en ung conuent de mendians. Et affin que vous sçachiez qu'ilz ne furent pas oyseux pendant le temps qu'ilz acquisrent ces biens, ilz se misrent à prescher tant en la ville que par les villages voisins, et gaignerent tout le peuple, et tant firent qu'il n'estoit pas bon crestian qui ne s'estoit à eulx confessé, tant auoient grand bruyt et bon los de bien sçauoir remonstrer aux pecheurs leurs faultes. Mais qui que les louast et eust bien en grace, les femmes estoient du tout données à eulx, tant les auoient trouués sainctes gens, de grande charité, et de profunde deuocion.

1. Ci-dessus, p. 247 et note 3.
2. P. 136 et note 4.

Or entendez la deception mauuaise et horrible traison que ce faulx ypocrites pourchasserent à ceulx et celles qui tant de biens de iour en iour leur faisoient : ilz feirent entendre à toutes les femmes generalement de la ville qu'elles estoient tenues à Dieu de rendre le disme de tous leurs biens. « Comme au seigneur de telle chose et de telle, à vostre parroisse et curé de telle chose et de telle; et à nous, vous deuez rendre le disme du nombre des foiz que vous couchez charnellement auecques vos mariz. Nous ne prenons sur vous aultre disme, car, comme vous sçauez, nous ne portons point d'argent; et si n'en querons point, car il ne nous est rien des biens temporelz et transitoires de ce monde. Nous querons et demandons seullement les biens espirituelz. Le disme que nous deuez et que nous vous demandons, il n'est pas des biens temporelz: il est à cause du sainct sacrement que vous auez receu, qui est une chose diuine et espirituelle. Et de celuy n'appartient à nul receuoir le disme que à nous seullement, religieux de l'obseruance. » Les paoures simples femmes, qui mieulx cuydoient ces bons freres estre anges que hommes terriens, ne refuserent pas ce disme à paier. Il n'y eut celle qui ne le paia à son tour, de la plus haulte iusques à la moindre; mesmes la dame du seigneur n'en fust pas excusée. Ainsi furent toutes les femmes de la ville appaties à ces vaillans moynes; et n'y auoit celuy d'eulx qui n'eust à sa part de quinze à seize femmes le disme à receuoir; et à ceste occasion, Dieu scet les presens qu'ilz auoient d'elles, tout soubz umbre de deuocion.

Ceste maniere de faire dura beaucoup et longuement sans qu'elle vint à la congnoissance de ceulx qui se fussent bien passez de cest disme nouuel. Elle fut toutesfoiz en la fin descouuerte en la maniere qui s'ensuyt. Ung ieune homme nouuellement marié fut prié de soupper à l'ostel d'ung de ses parens, et luy et sa femme; et comme ilz retournoient de ce conuiue, passans par deuant l'eglise des bons cordeliers dessus dictz, la cloche de l'*Aue Maria* sonna tout à ce coup, et le bon homme s'enclina sur la terre pour dire ses deuocions, et sa femme luy dit : « S'il vous plaisoit, i'entreroye voluntiers dedans ceste eglise pour dire ung *Pater noster* et ung *Aue Maria*. — Que ferez vous là dedans à ceste heure? dit le mary; vous y reuiendrez bien quand il sera iour, demain ou une aultre foiz. — Ie vous requier, dit elle, que ie y aille; par ma foy, ie retourneray tantost. — Nostre dame, dit il, vous n'y entrerez ià maintenant. — Par ma foy, dit elle, c'est force, il m'y conuient aller; ie ne demoureray rien; si vous auez haste d'aller à l'ostel, allez tousiours deuant, ie vous suyuray tout à ceste heure. — Picquez, picquez deuant, dit il, vous n'y auez pas tant à faire;

si vous voulez dire *Pater noster* ou *Aue Maria*, il y a assez place à l'ostel, et vous vauldra autant là le dire que maintenant en ce moustier, où l'on ne voit goute. — A dya! dit elle, vous direz ce qu'il vous plaira; mais, par ma foy, il fault necessairement que i'entre ung petit dedans. — Et pourquoy? dit il; voulez vous aller coucher auecques les freres de leens? » Elle, qui cuydoit à la verité que son mary sceust bien qu'elle paioit le disme, lui respondit : « Nenny, ie n'y veil pas aller coucher, mais ie veil aller paier. — Quoy paier? dit il. — Vous le sçauez bien, dit elle, et si le demandez. — Que sçay ie bien? dit il; ie ne me mesle pas de vos debtes. — Au moins, dit elle, sçauez vous bien qu'il me fault paier le disme. — Quel disme? — Ha hay, dit elle, c'est ung iamais; et le disme de nuyt de vous et de moy; vous auez bon temps, il faut que ie le paie pour nous deux. — A qui le paiez vous? dit il. — A frere Eustace. Allez tousiours à l'ostel; si m'y laissez aller que i'en soye quitte: c'est si grand peché de ne le non point paier que ie ne suis iamais aise quand ie luy doy rien. — Il est meshuy trop tard, dit il, il est couché passé une heure. — Ma foy, ce dit elle, ie y ay esté ceste année beaucoup plus tard; puis qu'on veult paier on y entre à toutes heures. — Allons, allons, dit il, une nuyt n'y fait rien. »

Ainsi s'en retournerent le mary et la femme mal contens tous deux : la femme qu'on ne l'a pas laissée paier son disme; et le mary, qui se veoit ainsi deceu, estoit tout esprins d'ire et de maltalent, qui encores luy redoubloit sa peine qu'il ne l'osoit monstrer. A chef de piece toutesfoiz, ils se coucherent; le mary, qui estoit subtil, interrogea sa femme de longue main, si les aultres de la ville ne paioient pas aussi bien ce disme qu'elle fait. « Quoy donc? dit elle; par ma foy, si font : quel priuilege auroyent elles plus que moy? Nous sommes encores seize ou vingt qui le paions à frere Eustace. Ha! il est tant deuot! creez que ce luy est une grand peine et une bien meritoire pacience. Frere Bertholomeu en a autant ou plus, et, entre les aultres, Madame est de son nombre. Frere Iacques aussi en a beaucoup, et frere Anthoine aussi: il n'y a celuy d'eulx qui n'ayt son nombre. — Sainct Iehan, dist le mary, ilz n'ont pas œuure laissée; or cognois ie bien qu'ilz sont beaucoup plus deuotz qu'ilz ne semblent; et vrayement ie les veil auoir ceans pour trestous l'ung aprez l'aultre les festoier et oyr leurs bonnes deuises. Et pource que frere Eustace reçoit le disme de ceans, faictes que nous ayons demain bien à disner, car ie l'ameneray. — Tres voluntiers, dit elle; au moins ne me fauldra il pas aller en sa chambre pour paier : il le receura bien ceans. — Vous pictes bien, dit il; or dormons. » Mais creez qu'il n'en auoit garde, et si luy tardoit beaucop qu'il fust iour; et en lieu de dormir il pensa tout à son aise ce qu'il vouloit à lendemain executer.

Ce disner vint, et frere Eustace, qui ne sçauoit pas l'intention de son oste, fit assez bonne chere dessoubz son chaperon. Et quand il veoit son poinct, il prestoit ses yeulx à l'ostesse, sans espargner par dessoubz la table le gracieux ieu des piez, de quoy s'aperceuoit et donnoit tres bien garde l'oste sans en faire semblant, combien que ce fust à son preiudice. Aprez les graces, il appela frere Eustace, et luy dit qu'il luy vouloit monstrer une ymage de Nostre Dame et une belle oraison qui estoit en sa chambre; et il respondit qu'il le verroit voluntiers. Ilz entrerent dedans, et l'oste ferma l'huys, et puis saisit une grande hache, et dit à nostre cordelier : « Par la mort bieu, beau pere, vous ne saulterez iamais d'icy sinon les piez deuant, se vous ne confessez verité. — Helas! mon oste, dit frere Eustace, ie vous cry mercy! et que me demandez vous? — Ie vous demande, dit il, le disme du disme que vous auez prins sur ma femme. » Quand le cordelier oyt parler du disme, il se pensa bien que ses besoignes n'estoient pas bonnes; si ne sceut que respondre, sinon de crier mercy, et de s'excuser le plus beau qu'il pouoit : « Or, me dictes, dit l'oste, quel disme est ce que vous prenez sur ma femme et sur les aultres? » Le paouure cordelier estoit tant efferré qu'il ne sçauoit parler, et ne respondoit mot. « Dictes moy, dit l'oste, la chose comment elle va : par ma foy ie vous lairray aller, et ne vous feray ià mal; si non ie vous tuerray tout roide. » Quand l'aultre se vit asseuré, il ayma mieulx confesser verité, et son peché et celuy de ses compaignons, et eschapper, que le celer et tenir clos, et estre en dangier de perdre sa vie; si dit : « Mon oste, ie vous cry mercy, ie vous diray verité. Il est vray que mes compaignons et moy auons fait acroire à toutes les femmes de ceste ville qu'elles doiuent le disme des foiz que vous couchez auec elles; elles nous ont creuz, si le paient et ieunes et vieilles; puisqu'elles sont mariées, il n'en y a pas une qui en soit excusée; Madame mesmes le paie comme les aultres, ses deux niepces aussi, et generalement nulle n'en est exemptée. — Ha dya, dit l'oste, puis que Monseigneur et tant de gens de bien le paient, ie n'en doy pas estre quitte, combien que ie m'en passasse bien. Or vous en allez, beau pere, par tel fin que vous me quitterez le disme que ma femme vous doibt. » L'aultre ne fut oncques si ioyeulx que quand il se fut sauué dehors; si dit que iamais n'en demanderoit rien, comme non fit il, ainsi que vous orrez.

Quand l'oste du cordelier fut bien informé de sa femme et de son dismeur de cest nouvel disme, il s'en vint à son seigneur et lui

compta tout du long le cas du disme, comme il est touché cy
dessus. Pensez qu'il fut bien esbahy, et dit : « Oncques ne me
pleurent ces papelars, et si me iugeoit bien le cueur qu'ilz n'estoient pas telz par dedans qu'ilz se moustroient par debors. Ha
maudictes gens qu'ilz sont! maudicte soit l'heure qu'oncques Monseigneur mon pere, à qui Dieu pardoint, les accoincta ! Or sommes
nous par eulx gastez et deshonorez. Et encores feront ilz pis, s'ils
durent longuement. Qu'est il de faire ? — Par ma foy, Monseigneur, dit l'aultre, s'il vous plaist et semble bon, vous assemblerez
tous vos subiectz de ceste ville : la chose leur touche comme à vous;
si leur declarez ceste aduenture, et puis aurez aduis auec eulx de
pourueoir au remede, combien que ce soit tard. » Monseigneur le
voulut ; si manda tous ses subiectz mariez tant seullement, et ilz vindrent vers luy ; et en la grand sale de son ostel, il leur declara
tout au long la cause pourquoy il les auoit assemblez. Si Monseigneur fut bien esbahy de prinsault, quand il sceut premier ces
nouuelles, aussi furent toutes ces bonnes gens qui là estoient. Les
uns disoient : « Il les fault tuer » ; les aultres : « Il les fault pendre » ;
les aultres : « noyer ». Les aultres disoient qu'ilz ne pourroient croire
que ce fust verité, et qu'ilz sont trop deuotz et de saincte vie.
Ainsi dirent longuement les unz d'ung et les aultres d'aultre. « Ie
vous diray, dit le seigneur : nous manderons icy nos femmes,
et ung tel maistre Iehan fera une petite collacion, laquelle enfin
cherra à parler des dismes, et leur demandera au nom de nous tous
s'elles s'en acquictent, car nous voulons qu'elles soyent paiées ;
nous orrons leur response. » Et aprez aduis sur cela, ilz s'accorderent tous au conseil et à l'opinion de Monseigneur.

Si furent toutes les femmes mariées de la ville mandées ; si
vindrent en la sale où tous leurs mariz estoient. Monseigneur
mesmes fit venir Madame, qui fut toute esbahye de veoir l'assemblée de ce peuple. Ung sergent de par Monseigneur commenda
faire silence. Et maistre Iehan se mist ung peu au dessus des
aultres, et commença sa petite collacion comme il s'ensuyt :
« Mes dames et Mes damoiselles, i'ay la charge de par Monseigneur
qui cy est et ceulx de son conseil, vous dire en bref la cause pourquoy vous estes icy mandées. Il est vray que Monseigneur, son
conseil et son peuple qui cy est, ont tenu à ceste heure ung petit
chapitre du fait de leurs consciences ; la cause si est qu'ilz ont volunté, Dieu deuant, dedans bref temps de faire une belle procession et deuote à la louange de Nostre Seigneur Ihesu Christ et de sa
glorieuse mere, et à icelluy iour se mettre trestous en bon estat,
affin qu'ilz soient mieulx exaulsiez en leurs deuotes prieres et que
les œuures qu'ilz feront soyent à celuy iour à Dieu plus agreables.

Vous sçauez assez que, la mercy Dieu, nous n'auons eu nulles guerres en nostre temps, et noz voisins en ont esté terriblement persecutez, et de pestilence et de famine. Quand les aultres en ont esté exanimez, nous auons peu dire, et encores disons, que Dieu nous en a preseruez. C'est bien raison que nous congnoissons que ce vient non pas de nos propres vertuz, mais de la seulle large et liberale grace de nostre benoist Redempteur, qui huche, appelle, et inuite au son des deuotes prieres qui se font en nostre eglise parochiale, et où nous aioustons tres grand foy et tenons ferme deuocion. Le deuot conuent des cordeliers de ceste ville nous a beaucoup valu et vault à la conseruation des biens dessus dictz. Au surplus nous voulons sçauoir de vous si vous acquictez à faire ce à quoy vous estes tenues ; et combien que nous tenons assez estre en vostre memoire l'obligacion qu'auez à l'eglise, il ne vous desplaira pas pour plus grand seureté si ie vous en touche aucuns des plus gros poincts. Quatre foiz l'an, c'est assauoir à quatre nataulx, vous deuez confesser du moins à quelque ung prestre ou religieux ayant sa puissance ; et si à chaqu'une foiz receuiez vostre Createur, ce seroit tres bien fait ; deux foiz ou une foiz l'an du moins le deuez vous faire. Allez à l'offrande tous les dimanches, et à chacune messe ; celles qui en ont la puissance, paiez leaulment les dismes à Dieu, comme de fruiz, de poules, d'aigneaulx, de cochons, et aultres telz usages accoustumez. Vous deuez aussi ung aultre disme aux deuotz religieux du conuent de sainct Françoys, que nous voulons expressement qu'il soit paié : c'est celuy qui plus nous touche au cueur, et dont nous desirons plus l'entretenance ; et pourtant s'il y a nulle de vous qui en ait fait son deuoir aultrement que bien, soit ou par sa negligence ou par faulte de le demander, de le paier s'auance. Vous sçauez que ces bons religieux ne peuuent venir en vos ostelz querir leur disme, ce leur seroit trop grand peine et trop grand destourbier ; il doit bien suffire s'ilz prenent la peine de le receuoir. Veelà partie de ce que ie vous ay à dire ; reste à sçauoir celles qui ont paié et celles qui doiuent. » Maistre Iehan n'eut pas sitost finé son dire que plus de vingt femmes, toutes à une voix, commencerent à crier : « I'ay paié, moy ; i'ay paié, moy ; ie ne doy rien ; ne moy, ne moy ! » D'aultre costé dirent ung cent d'aultres, et generalement toutes, qu'elles ne deuoient rien ; mesmes saillirent auant quatre ou six belles ieunes femmes qui dirent qu'elles auoient si bien paié qu'on leur deuoit sur le temps aduenir, à l'une quatre foiz, à l'aultre six, à l'aultre dix. Il y auoit aussi d'aultre costé ie ne sçay quantes vieilles qui ne disoient mot ; et maistre Iehan leur demanda s'elles auoient bien paié leur disme, et elles respondirent qu'elles auoient faict traicté auec les cordeliers. « Comment, dit il, ne paiez vous pas? vous deuriez semondre et contraindre les aultres de ce faire, et vous mesmes faictes la faulte! — Dya, ce dit l'une, ce n'est pas par moy ; ie me suis plusieurs foiz presentée de faire mon deuoir, mais mon confesseur n'y veult iamais entendre; il dit tousiours qu'il n'a loisir. — Sainct Iehan, dirent les aultres vieilles, nous auons converty par traicté faict auec eulx le disme que deuons, en toile, en drap, en coussins, en orilliers, et en aultres telles bagues, et ce par leur conseil et aduertissement, car nous aimerions mieulx à paier comme les aultres. — Nostre Dame, dist maistre Iehan, il n'y a point de mal, c'est tres bien faict.... Elles s'en peuuent doncques bien aller quand leur plaira, Monseigneur? dit maistre Iehan. — Oy, dit il; mais quoy que soit, que ce disme ne soye pas oublyé. »

Quand elles furent toutes hors de la sale, l'huys fut serré; si n'y eut celuy des desmourez qui ne regardast son compagnon. « Or ça, dit Monseigneur, qu'est il de faire? Nous sommes acertenez de la traison que ces ribaulx moynes nous ont faicte par la deposition de l'un d'eulx et par noz femmes; il ne nous fault plus de tesmoings. » Aprez plusieurs et diuerses opinions, la finale et derreniere resolucion si fut, qu'ilz yront bouter le feu au conuent, et brulleront et moynes et moustier. Si descendirent en bas en la ville, et vindrent au monastere; et osterent hors le *Corpus domini*, et aucuns aultres reliquaires, et l'enuoyerent en la parroisse; et puis, sans plus enquerre, bouterent le feu en diuers lieux leens, et ne s'en partirent tant que tout fut consumé, et moynes, et conuers, et eglise, et dortoir, et le surplus des edifices, dont il y auoit foison leens. Ainsi acheterent bien cherement les paoures cordeliers le disme non accoustumé qu'ilz misrent sus. Dieu mesmes, qui n'en pouoit mais, en eut bien sa maison brullée.

(*Les Cent Nouvelles nouvelles*, nouvelle XXXII.)

## V. — Page 220.

(II<sup>e</sup> partie, conte IV.)

Dans la ville de Cachmir, il y avoit un marchand fort riche, possédant une femme très belle, laquelle avoit pour amant un peintre parfait en son art. Ces deux personnes avoient conçu l'un pour l'autre une inclination incroyable, qui étoit entretenue par une fréquente visite, sans perdre les occasions qui leur étoient présentées. Un jour la femme dit au peintre : « Vous me faites la faveur de me venir voir, et je voudrois que ce fût avec moins de peine, sans vous inquiéter à contrefaire votre voix, à jeter des pierres, à siffler, à cracher, et faire semblables signes. Faites par votre art quelque invention qui nous serve de signal. — Je veux peindre, dit le peintre, un voile de deux couleurs, dont la blancheur de l'un surpasse l'éclat de l'étoile qui reluit dans l'eau, et la noirceur de l'autre fasse honte aux cheveux des Mores; et lorsque vous me verrez sortir avec ces voiles, vous saurez ce qu'ils signifient. »

Le valet du peintre, qui n'étoit pas moins amoureux de cette femme que son maître, étant dans un cabinet proche celui du peintre, ouït cette proposition, dont il fut fort aise, espérant en faire son profit. Comme de fait, un jour que le peintre étoit allé faire quelque portrait où il fut retenu une bonne partie du jour, son drôle de valet prend le voile d'assignation, ayant bien remarqué l'endroit où son maître le tenoit, va passer devant le logis de la femme, qui étoit à la fenêtre avec impatience de voir son bien-aimé. Elle ne l'eut pas plus tôt aperçu (au moins le croyoit-elle, trompée par ce signal), que sans considérer ni le visage, ni le geste, ni la parole de ce compagnon, elle descend et lui fait goûter toutes les douceurs qu'on peut espérer en telles entrevues. Le drôle ayant contenté sa passion, s'en retourne, et remet le voile où il l'avoit pris.

Le peintre étant de retour, avec un ardent desir de revoir sa maîtresse, prend le voile, et va trouver la galande, qui fut étonnée de le voir revenir sur ses pas, néanmoins ne laissa pas de le recevoir avec les caresses ordinaires, en lui demandant la cause d'un retour si subit. Le jeune homme, se doutant de l'affaire, ne dit mot, mais sortant tout en colère, alla trouver son valet, et lui fit payer chèrement le plaisir qu'il avoit reçu, après lui avoir fait confesser la vérité; et puis, considérant combien légèrement cette femme s'étoit abandonnée, la quitta.

(*Livre des lumières ou la Conduite des Rois*, composé par le sage Pilpay Indien, Paris, M.DC.XLIV, in-12, p. 167-169.)

## VI. — Page 237.

(II<sup>e</sup> partie, conte v.)

Biaux tres douls sire sainct Iulien,
Ie vos requier à iointes mains
Que nous soyons bien hebergiez,
    Seùrement
Receus et veus liement,
Couchiez et peus nectement,
    Par ta priere ;
Et de nostre oste bone chiere,
Des seruans, de la chambeliere,
    Et de l'ostesse.
Bonne viande leccheresse,
Bon vin digne pour chanter messe,
    Net, fort et friant,
Fin, fres, feruant et fremiant,
Et qu'il soit beu en souzriant.
    Riens ne nous faille :
Blainche nappe, blainche touaille,
Bon pain legier et fresche paille
    Pour nos lis faire.
Nos cheualx ayent bon repaire,
Bon foign menu qui souef flaire,
Estable chaulde, bonne riuiere ;
Et si hayent bonne laitiere,
Haute deuant, basse darriere.
Et si hayens planté d'auoir,
Nulz n'ait enuie de nostre auoir.
Et encor henuit au couchier
Le blanc lit garni tout entier
De cuureteste et d'orillier
    Et d'autre chouse
Que courtoisie nommer n'ouse.
Qui vouldra dormir, si se dorme,
Et qui vouldra, si se deporte
    A son plaisir.
Et le bien matin au leuer,
La messe preste pour Dieu prier
Qu'aidier nous veulle et consoiller.
Sire sainct Iulien, bon ostel
    Et bon merchier !

Dictes amen que ainssin soit.
*Pater noster* et *Aue Maria*.

(Bibliothèque nationale, ms., *Fonds français*, 15103, fol. 140 v°-141.)

## VII. — Page 276.

(II<sup>e</sup> partie, conte vi.)

.... Et le maistre, voyant que sa femme estoit aussi contente d'estre trompée que luy de la tromper, delibera de la contenter souuent, et gagna si bien cette chambriere, qu'elle ne pleuroit plus pour auoir les innocens. Il continua cette vie longuement, sans que sa femme s'en aperceut, tant que les grandes neiges vindrent. Et tout ainsi que le tapissier auoit donné les innocens à sa chambriere sur l'herbe en son iardin, il luy en voulut donner sur la neige. Et ung matin, auant que personne feut esueillé en sa maison, la mena tout en chemise faire le crucifix sur la neige, et, en se iouant tous deux à se bailler de la neige l'ung à l'aultre, n'oublierent le ieu des innocens. Ce qu'aduisa une de leurs voisines qui s'étoit mise à la fenestre, qui regardoit tout droit sur le iardin, pour veoir quel temps il faisoit, et, voyant cette vilenie, fut si courroucée, qu'elle delibera de le dire à sa bonne commere, afin qu'elle ne se laissast plus tromper d'ung si mauuais mary, ni seruir d'une si mechante garse. Le tapissier, aprez auoir fait tous ses beaux ieux, regarda autour de luy si personne ne l'auoit veu, et aduisa sa voisine à la fenestre, dont il fut fort marry; mais luy, qui sçauoit donner couleur à toute tapisserie, pensa si bien colorer ce faict, que sa commere seroit aussi bien trompée que sa femme, et, si tost qu'il fut recouché, fit leuer du lit sa femme, en chemise, et la mena au iardin, où il auoit mené sa chambriere, et se ioua longtemps auec elle auec de la neige, comme il auoit faict auec l'aultre, et puis luy bailla les innocens ainsi qu'à sa chambriere, et aprez s'en allerent tous deux coucher. Quand cette bonne femme alla à la messe, sa voisine et bonne amie ne faillit de s'y trouuer, et, du grand zele qu'elle auoit, luy pria, sans lui en vouloir dire dauantage, qu'elle voulust chasser sa chambriere, et que c'estoit une tres mauuaise et dangereuse garse; ce qu'elle ne voulut faire, sans sçauoir pour quoy la voisine l'auoit en si mauuaise estime : qui enfin luy conta comme elle l'auoit veue au matin en son iardin auec son mary. La bonne femme se print bien fort à rire, en luy disant : « Helas! ma commere, mamie, c'estoit moy. — Comment, ma commere! dit l'aultre, elle estoit tout en chemise, au matin, enuiron les cinq heures. » La bonne femme lui respondit : « Par ma foy! ma commere c'estoit moy. » L'aultre, continuant son propos : « Ils se bailloient, dit elle, de la neige l'ung à l'aultre, puis aux tetins, puis en aultre lieu, aussi priuement qu'il estoit possible. » La bonne femme lui dit : « Hé, hé, ma commere, c'estoit moy. — Voire, ma commere, ce dit l'aultre, mais ie les ai veus sur la neige faire telle chose, et telle qui me semble n'estre belle ne honneste. — Ma commere, dit l'aultre, ie le vous ai dit, et ie le dis encore, que c'estoit moy et non aultre qui ai fait tout ce que vous me dites; mais mon mary et moy iouons ainsi priuement. Ie vous prie, ne vous en scandalisez point : vous sçauez que nous deuons complaire à nos maris. » Ainsi s'en retourna la commere plus desireuse d'auoir un tel mary, qu'elle n'estoit à venir demander celuy de sa bonne commere. Et quand le tapissier fut retourné, sa femme luy fit le conte tout au long de sa commere. « Or, regardez, mamie, respondit le tapissier, si vous n'estiez femme de bien et de bon entendement, longtemps y a que nous fussions separés l'ung de l'aultre; mais i'espere que Dieu nous conseruera en notre bonne amitié à sa gloire et à notre contentement. — Amen, mon amy! dit la bonne femme, i'espere que, de mon costé, vous n'y trouuerez iamais faulte. »

(*L'Heptaméron*, nouvelle XLV.)

## VIII. — Page 295.

(II<sup>e</sup> partie, conte VII.)

Dans la *Clizia* de Machiavel on fait endosser à un jeune domestique, nommé Siro, les habits de Clizia, et Nicomacco, qui veut abuser d'elle, est joué d'importance. Voici, avec quelques adoucissements, les deux premières scènes du cinquième acte :

DORIA, *seule*. (C'est la servante.)

Je n'ai jamais tant ri, et je crois ne jamais tant rire qu'on a ri cette nuit dans la maison, où, en vérité, on n'a fait que rire.... Nous avons passé la nuit à calculer le temps, et nous disions :

# APPENDICE.

Voilà Nicomacco qui entre dans la chambre.... il se couche; il combat en brave.... Mais voilà Monsieur qui sort avec Damone (son voisin, dont il a loué tout exprès la maison); je veux me cacher là et rire encore mon saoul.

DAMONE.

Que diable s'est-il passé cette nuit? Comment a été la chose? Tu ne dis rien? Quel remue-ménage, de s'habiller, d'ouvrir les portes, de se lever, de se coucher, que jamais ce n'était fini! Moi qui couchais dans la chambre du rez-de-chaussée, je n'ai pu dormir, tant et si bien que je me suis levé de dépit, et voici que je te vois sortir tout troublé. Tu ne dis mot; on te croirait mort; que diable as-tu?

NICOMACCO.

Ah! frère, je ne sais où fuir, où disparaître, où cacher la grande honte dans laquelle je suis tombé. Je suis déshonoré pour jamais; pas de remède; ma femme, mon fils, mes parents, je n'oserai plus paraître devant eux. J'ai cherché mon déshonneur, et ma femme m'a aidé à le trouver; mon affaire est faite!...

DAMONE.

Qu'est-il donc arrivé? pourquoi ne pas le dire?

NICOMACCO.

Uh! uh! uh! J'en ai plus de chagrin que je ne pourrais dire.

DAMONE.

Tu pleures comme un enfant! quelle femme est-ce donc? pourquoi ne pas me conter cela?

NICOMACCO.

Tu sais ce dont nous étions convenus, et comme quoi j'entrai dans la chambre, au lieu et place de Pirro (l'époux de Clizia que Nicomacco a décidé à lui céder sa place), qui s'était établi sur le canapé pour y faire son somme. Il n'y avait pas de lumière, et je me couchai à côté de la jeune épouse.

DAMONE.

Ensuite?

NICOMACCO.

.... Quand tout à coup je reçus un coup de genou, mais un coup qui m'a enfoncé une côte.... Uh! uh! uh! Alors j'eus recours aux supplications, et sais-tu que tout soudain voici la mâtine qui rassemble les jambes et m'allonge une grêle de coups de pied, tellement que, sans la couverture du lit qui me retint, j'allais danser une contredanse dans l'espace, les quatre fers en l'air.... Je lui tournai le dos, en attendant qu'elle revînt à d'autres sentiments. Tout déconfit, tant par la douleur que par l'affront, je commençais à sommeiller un peu, quand tout à coup je me sens porter une botte au flanc, avec cinq ou six coups de pied de damné dans le derrière.... On apporte la lumière, et qui vois-je, au lieu de Clizia? Siro, mon domestique, tout debout, sur le lit, à me narguer.

(*Essai sur Machiavel*, par Paul Deltuf, chapitre II, p. 87-89, Paris, 1867, in-8°.)

## IX. — Page 328.

(II<sup>e</sup> partie, conte VIII.)

Sainte Élisabeth conçut nonobstant sa stérilité et sa vieillesse. L'histoire s'en voit au premier chapitre de saint Luc, et voici la broderie qu'y a faite saint Vincent Ferrier en son sermon de saint Jean-Baptiste :

« Zacharias ergo veniens de oratione mutus, intravit domum suam et non potuit loqui uxori, nec petere debitum verbo, sed signis. Et admirans Elisabeth dicebat : « Hay, hay, hay, Do-« mine! benedictus Deus! quid habetis? quid accidit vobis? » nihil sciens de annuntiatione Angeli. Et cepit eam inter brachia. Cogitate qualiter Elisabeth antiqua mirabatur. Sed finaliter videns voluntatem viri sui consensit.

« Nota hic quod ex quo sunt in matrimonio, unus debet alteri consentire, sive sint juvenes, sive senes; nec debet alter se excusare aliqua ficta devotione; alias damnat se, et alium. Ideo Apostolus : « Uxori vir debitum reddat, similiter et uxor viro. » (*Epistola prima ad Corinthios*, caput VII, 3.)

« Nota hic de illa muliere devota quæ, quando vir exigebat debitum, semper inveniebat excusationes. Si in Dominica : « Hay, « sancta mater Dei! hodie quæ est dies resurrectionis Domini, « vultis talia facere! » Si die Lunæ, dicebat : « Hay! hodie debet « homo rogare pro mortuis. » Si die Martis : « Hodie Ecclesia « facit pro Angelis. » Si feria quarta : « Hodie Christus fuit ven-« ditus. » Si feria quinta : « Hay, Domine! quia hodie Christus « ascendit in cœlum. » Si feria sexta : « Quia hodie Christus fuit « passus pro nobis. » Si sabbatho : « Hodie, quæ est dies Virginis « Mariæ, quia tali die in ipsa sola remansit fides. »

« Videns vir quod ipsa semper inveniebat excusationes, vocavit ancillam, dicens : « De sero venias ad me ut dormias mecum. »

Respondit : « Libenter, mi domine. » Quod videns mulier voluit se ponere in lecto ; et vir noluit : « Non, domina, oretis pro nobis « peccatoribus. » Et nunquam ex tunc voluit uxorem cognoscere ; ita abhorruit eam, sed adamavit captivam. Ipse peccabat mortaliter, et damnabat se ex culpa uxoris.

« Ideo sancta Elisabeth, licet esset devota, sancta, et antiqua, ex quo requirebatur a viro consensit, et concepit ab eo. Transactis tribus mensibus venter intumuit, et dicebat ipsa : « Hay, misera ! « quid est hoc ? numquid essem hydropica ? » Finaliter cognovit quod erat gravida. De hoc sancta Elisabeth multum verecundabatur, in tantum quod dicit Lucas (caput 1, 24) quod occultavit se mensibus quinque. Cogito ego quod fecit sibi amplas hopulandas sive vestes, ut absconderet partum, timens ne gentes dicerent : « Ecce, licet sit devota, tamen adhuc vacat libidini ! »

(La Monnoie, Glossaire des *Noei Borguignon* de Gui Barôzai, Dijon, 1720, in-4°, p. 153-155.)

## X. — Page 367.

(II<sup>e</sup> partie, conte x.)

Un ieune homme natif de Paris, aprez auoir hanté les uniuersitez de çà et de là les monts, se retira en sa ville, où il fut un temps sans se marier, se trouuant bien à son gré ainsi qu'il estoit, n'ayant point faulte de telle sorte de plaisirs qu'il souhaittoit, et mesme de femmes, encores qu'il ne s'en trouue point à Paris de malheur ! Desquelles ayant congneu les ruses et finesses en tant de pays, et les ayant luy mesme employées à son profit et usaige, il ne se soucioit pas trop d'espouser femme, craignant ce maudit et commun mal de cocuage ; et n'eust esté l'enuie qu'il auoit de se veoir pere, et d'auoir un heritier descendant de luy, il fust volontiers demeuré garson perpetuel. Mais luy, qui estoit homme de discours, pensa bien qu'il falloit passer par là (ie dy par mariage), et qu'autant valloit y entrer de bonne heure comme attendre plus tard, se proposant qu'il ne faut pas se garder tant qu'on soit usé pour prendre femme, car il n'est rien qui ouure la porte plus grande à Cocuage que l'impuissance du mary. Et puis il auoit reduict en memoire et par escript les ruses plus singulieres que les femmes inuentent pour auoir leur plaisir. Il sçauoit les allées et les venues que font les vieilles par les maisons, soubz ombre de porter du fil, de la toile, des ouurages, des petits chiens. Il sçauoit comme les femmes font les malades, comme elles vont en vendanges, comme elles parlent à leurs amis qui viennent en masque, comme elles s'entrefont faueur soubz ombre de parentage. Et auec cela il auoit leu Boccace et Celestine.

Et de tout cela deliberoit de se faire sage, faisant les desseins en soy mesme : « Ie feray le meilleur deuoir que ie pourray, pour ne porter point les cornes. Au demeurant, ce qui doibt aduenir viendra. » Et de ceste empeincte se signa de la main droite, en se recommandant à Dieu.

Adonc entre les filles de Paris dont il estoit à mesme, il en choisit une à son gré, la mieux conditionnée, du meilleur esprit et la plus accomplie. Et n'y faillit de gueres, car il la print ieune, belle, riche et bien apparentée; laquelle il espouse, et la meine en sa maison paternelle.

Or il tenoit une femme auec soy assez agée, qui auoit esté sa nourrice, et qui de tout temps demeuroit en la maison, appelée dame Pernette, aduisée et accorte femme, laquelle il presente à sa ieune espouse d'entrée de mesnage, luy disant : « Mamie, ie suis bien tenu à ceste femme icy, c'est ma mere nourrice; elle ha fait de grandz seruices à mes pere et mere, et à moy aprez eulx. Ie la vous baille pour vous faire compagnie, elle sçait du bien et de l'honneur : vous vous en trouuerez bien. » Puis en particulier il enchargea à dame Pernette de se tenir prez de sa femme et de ne l'abandonner, sus les peines qu'il luy dit, et en quelque lieu qu'elle allast. Laquelle luy promit seurement qu'elle le feroit.

Et cy diray en passant qu'il y ha un meschant prouerbe, ie ne sçay qui l'ha inuenté, mais il est bien commun : *Casta quam nemo rogauit.* Ie ne dy pas qu'il soit vray, ie m'en rapporte à ce qu'il en est; mais ie dy bien qu'il n'est point de belle femme qui n'ayt esté priée, ou qui ne le soit tost ou tard. « Ah! ie ne suis donc pas belle? » dira ceste cy. « Ny moy donc aussi? » dira ceste là. Et bien i'en suis content, ie ne veulx point de noise. Tant y ha qu'une femme bien aprise se garde bien de dire qu'elle ayt esté priée, principalement à son mary : car, s'il est fin, il pensera de sa femme que, si elle n'eust donné occasion et audience, elle n'eust pas esté requise.

Pour venir à mon compte, il aduint qu'entre ceulx qui hantoyent en la maison de monsieur le marié (n'attendez pas que ie le vous nomme) y auoit un ieune aduocat appelé le sieur de Beaufort, lequel estoit du pays de Berry, hantant la barre pour uśiter et praticquer ce qu'il auoit veu aux estudes, auquel monsieur faisoit grande familiarité et bonne chere, parce qu'ilz s'entre estoyent veuz aux uniuersitez, et mesmes auoyent esté compaignons d'armes en plusieurs factions.

Ce Beaufort n'estoit pas surnommé, car il estoit beau, adroit et de bonne grace. Et pour ce la dame luy faisoit bon œil, et luy à elle, tant qu'en moins de rien, par frequens messages des yeulx, ilz s'entredonnerent signe de leurs mutuelles volentez. Or le mary, sçachant que c'estoit de viure, ne se monstroit point auoir de froid aux piedz, mesmement à la nouueauté, ne se deffiant pas grandement d'une si grande ieunesse qui estoit en sa femme, ne de l'honnesteté de son amy, et se contentant de la garde que faisoit dame Pernette.

Beaufort, qui de son costé entendoit le tour du baston, voyant la grande priuaulté que luy faisoit le mary, et le gracieulx accueil que luy faisoit la ieune femme, auec une affection, ce luy sembloit, bien plus ouuerte qu'à nul aultre, comme il estoit vray, trouue aisement l'occasion, en deuisant auec elle, de la conduire au propos d'aymer, d'autant qu'elle auoit esté nourrie en maison d'apport, et qu'elle sçauoit suiure et entretenir toutes sortes de bons propos. A laquelle Beaufort, de fil en aiguille, se print à dire telles paroles :

« Madame, il est assez aisé aux dames d'esprit et de vertu à congnoistre le bon vouloir d'un seruiteur, car elles ont tousiours le cueur des hommes, encores qu'elles ne vueillent. Pour ce n'est besoin de vous faire entendre plus expressement l'affection et l'honneur que ie porte à l'infinité de vos graces, lesquelles sont accompagnées d'une telle gentillesse d'esprit qu'homme n'y sçauroit aspirer qui ne soit bien né, et qui n'ayt le cueur en bon lieu : car les choses precieuses ne se desirent que des gentilz courages, qui m'est grande occasion de louer la fortune, laquelle m'ha esté si fauorable de me presenter un si digne et si vertueux subiect, pour auoir moyen de mettre en euidence l'inclination que i'ay aux choses de prix et de valeur. Et combien que ie soys l'un des moindres de ceulx desquelz vous meritez le seruice, ie me tiens pourtant asseuré que voz grandes perfections, lesquelles i'admire, seront cause d'augmenter en moy les choses qui sont requises à bien seruir; car, quant au cueur, ie l'ay si bon et si affectionné enuers vous, qu'il est impossible de plus, lequel i'espere vous faire congnoistre si euidemment, que vous ne serez iamais mal contente de m'auoir donné l'occasion de vous demeurer perpetuellement seruiteur. »

La ieune dame, qui estoit honneste et bien apprise, oyant ces propos d'affection, eust bien voulu son intention aussi facile à executer comme à penser. Laquelle, d'une parolle feminine, assez asseurée pourtant, selon l'age d'elle, auquel communement les femmes ont une crainte accompagnée d'une honte honneste, luy va respondre ainsi :

« Monsieur, quand bien i'aurois voulenté d'aymer, si n'aurois ie pas encores eu le loisir de songer à faire un aultre amy que celuy que i'ay espousé, lequel m'aime tant et me traicte si bien qu'il me garde de penser en aultre qu'en luy. Dauantage, quand la fortune deuroit venir sus moy pour mettre mon cueur en deux partz, i'estime tant de vostre vertu et de vostre bon cueur que vous ne voudriez estre la premiere cause de me faire faire chose qui fust à mon desauantage. Quant aux graces que vous m'attribuez, ie laisse cela à part, ne les recongnoissant point en moy, et les rendz au lieu dont elles viennent, qui est à vous. Mais, pour mes aultres deffenses, voudriez vous bien faire ce tort à celuy qui se fie tant en vous, qui vous faict si bonne chere ? Il me semble qu'un amour si noble que le vostre ne sçauroit donner lieu à une telle intention que celle là. Et puis, vous voyez les incommoditez assez grandes pour vous diuertir d'une telle entreprise, quand vous l'auriez. Ie suis tousiours accompagnée d'une garde, laquelle, quand ie voudrois faire mal, tient l'œil sus moy si continuel, que ie ne luy sçaurois rien desrober. »

Beaufort se tint bien ayse quand il ouit ceste response, et principalement quand il sentit que la dame se fondoit en raisons dont les premieres estoient un peu fortes, mais par les dernieres la ieune dame les rabatoit elle mesme. Auxquelles Beaufort respondit sommairement :

« Les trois poinctz que vous m'alleguez, Madame, ie les auois bien preueuz et pourpensez ; mais vous sçauez que les deux despendent de votre bonne voulenté, et le tiers gist en diligence et bon aduis. Car, quant au premier, puisque l'amour est une vertu, laquelle cherche les espritz de gentile nature, il vous fault penser que quelque iour vous aymerez tost ou tard ; laquelle chose deuant estre, mieulx vault que de bonne heure vous receuiez le seruice de celuy qui vous ayme comme sa propre vie que d'attendre plus longuement à obeir au Seigneur, qui ha puissance de vous faire payer l'usure du passé, et vous rendre entre les mains de quelque homme dissimulé qui ne prenne pas vostre honneur en si bonne garde comme il merite. Quant au second, c'est un poinct qui ha esté vuidé, long temps ha, en l'endroit de ceulx qui sçauent que c'est que d'aymer ; car, pour l'affection que ie vous porte, tant s'en fault que ie face tort à celuy que vous auez espousé, que plustost ie luy fay honneur quand i'ayme de si bon cueur ce qu'il ayme. Il n'y ha point plus grand signe que deux cueurs soient bien d'accord, sinon quand ilz ayment une mesme chose. Vous entendez bien que, si nous estions ennemys luy et moy, ou si nous n'auions point de familiarité l'un à l'aultre, ie n'aurois pas l'opportunité de vous veoir, ny de vous parler si souuent. Ainsi, le bon vouloir que i'ay vers luy, estant cause de la grand amour que ie vous porte, ne doibt pas estre cause que vous me laissiez mourir en vous aymant. Quant au tiers, vous sçauez, Madame, qu'à cueur vaillant rien impossible. Aduisez donc que c'est qui pourroit eschapper à deux cueurs soumis à l'amour, lequel est un seigneur qui faict si bien valloir ses subiectz ! »

Pour abreger, Beaufort luy compta si honnestement son cas qu'honnestement elle ne l'eust sceu refuser. Et demeurerent les affaires en tel point que la ieune dame fut vaincue d'une force volontaire, si qu'il ne restoit plus qu'à trouuer quelque bonne opportunité de mettre leur entreprise à execution. Ilz aduiserent de moyens uns et aultres; mais quand ce venoit à les faire bons, dame Pernette gastoit tout, car elle auoit deux yeulx qui valloyent bien tous ceulx du gardien de la fille d'Inache. Et puis d'user des finesses que Beaufort auoit aultres fois faictes, il n'y auoit ordre, car le mary les sçauoit toutes par cueur. Toutesfois il s'ingenia tant qu'il en aduisa une qui luy sembla assez bonne : ce fut que, sçachant bien qu'en toutes bonnes entreprises d'amour, il y fault un tiers, il se descouure à un sien amy, ieune homme marchand de draps de soye, et encores non marié, demeurant en une maison que son pere luy auoit n'ha gueres laissée au bout du pont Nostre Dame; et mesme estoit bien congneu du mary.

Un iour de Toussaintz, comme il auoit esté aduisé entre les parties, la ieune femme que le dieu d'amours conduisoit, partit de sa maison sus l'heure du sermor, pour aller ouir un docteur qui preschoit à Saint Iehan en Greue, et qui auoit grand presse; et le mary demeura en sa maison pour quelque sien affaire. Ainsi que la dame passoit par deuant la maison du sire Henry, ainsi s'appeloit le marchand, voicy qu'il luy fut getté, selon que le mistere auoit esté dressé, un plein seau d'eau, qui luy couurit toute la personne, et fut getté si à poinct que tous ceulx qui le virent cuiderent bien que ce fust par inconuenient. « O! las, dit-elle, dame Pernette, ie suis diffamée! Et que feroy-ie? » Le plus viste fut qu'elle se getta dedans la maison du sire Henry et dit à dame Pernette : « Mamie, courez vistement me querir ma robe fourrée d'agneaulx crespés; ie vous attendray icy chez le sire Henry. » La vieille y va, et la ieune dame monte en hault, où elle trouua un fort beau feu que son amy luy auoit fait aprester, lequel ne luy donna pas le loisir de se deuestir, qu'il la gette sus un lict qui estoit là auprez du feu, là où pensez qu'ilz ne perdirent point temps, et si eurent assez bon loisir de bien faire auant que la vieille fust allée et venue, et prins robe, chapperon, collet, et tous les aultres chefz d'accoustremens.

Le mary, qui estoit en la maison, entendit que dame Pernette estoit en la chambre de deuant, laquelle faisoit son affaire sans luy en dire rien, de peur qu'il se faschast d'auenture. Il vient et trouue la bonne Pernette, et commence à luy dire : « Que faictes vous icy? Où est ma femme? » Dame Pernette luy compte ce qui luy estoit aduenu, et qu'elle estoit venue querir des habillemens pour elle. « O! de par le diable! dit-il en fongnant, voilà un tour de finesse qui n'estoit point encor en mon papier; ie les sçauois tous, fors celuy là. Ie suis bien accoustré! Il ne fault qu'une meschante heure pour faire un homme cocu! Allez vous en à elle, de par Dieu! ie luy enuoyeray le reste par le garson. »

Dame Pernette y va, mais il n'estoit plus temps, car Beaufort auoit faict une partie de ses affaires, et se sauua par un huis derriere, selon l'aduertissement qu'il eut par celuy qui faisoit le guet pour veoir venir dame Pernette, laquelle, quand elle fut venue, n'y congneut rien; car, combien que la ieune dame fust un petit en couleur, elle pensa que ce fust de la chaleur du feu. Aussi estoit ce, mais c'estoit d'un feu qui ne s'estaint pas pour l'eau de la riuiere.

(BONAVENTURE DES PÉRIERS, *Nouuelles Recreations et Ioyeulx Deuis*, nouuelle XVI.)

## XI. — Page 376.

(II<sup>e</sup> partie, conte XII.)

« Ie te veulx, dist frere Ian, enseigner un expedient, moyenant lequel iamais ta femme ne te fera coqu sans ton sceu et ton consentement. — Ie t'en prie, dist Panurge, couillon velouté. Or diz, mon amy. — Prens, dist frere Iean, l'anneau de Hans Carüel, grand lapidaire du roy de Melinde. Hans Carüel estoit home docte, expert, studieux, home de bien, de bon sens, de bon iugement, debonnaire, charitable, aulmosnier, philosophe; ioyeulx au reste, bon compaignon, et raillart, si oncques en feut; ventru quelque peu, branslant de teste, et aulcunement mal aisé de sa persone.

Sus ses vieulx iours il espousa la fille du baillif Concordat, ieune, belle, frisque, guallante, aduenante, gratieuse par trop enuers ses voisins et seruiteurs. Dont aduint en succession de quelques hebdomades qu'il en deuint ialous, comme un tigre ; et entra en soubson qu'elle se faisoit tabourer les fesses d'ailleurs. Pour à laquelle chose obuier luy faisoit tout plein de beaulx comptes touchant les desolations aduenues par adultere ; luy lisoit souuent la legende des preudes femmes ; la preschoit de pudicité, luy feist un liure des louanges de fidelité coningale, detestant fort et ferme la meschanceté des ribauldes mariées ; et luy donna un beau carcan tout couuert de sapphyrs orientaulx. Ce non obstant, il la voioyt tant deliberée, et de bonne chere auecques ses voisins, que de plus en plus croissoit sa ialousie. Une nuyct entre les aultres estant auecques elle couché en telles passions, songea qu'il parloit au diable et qu'il luy comptoit ses doleances. Le diable le reconfortoit, et luy mist un anneau on maistre doigt, disant : « Ie te
« donne cestuy anneau : tandis que l'auras on doigt, ta femme ne
« sera d'aultruy charnellement congneue sans ton sceu et consente-
« ment. — Grand mercy, dist Hans Carüel, Monsieur le diable. Ie
« renye Mahom, si iamais on me l'oste du doigt. » Le diable disparut : Hans Carüel tout ioyeulx s'esueigla, et trouua qu'il auoit le doigt on comment a nom? de sa femme. Ie oubliois à compter comment sa femme le sentant reculloit le cul arriere, comme disant : « Ouy, nenny, ce n'est ce qu'il y fault mettre » ; et lors sembloit à Hans Carüel qu'on luy voulust desrobber son anneau. N'est ce remede infallible? A cestuy exemple faiz, si me croys, que continuellement tu ayes l'anneau de ta femme on doigt. »

(RABELAIS, chapitre xxvIII du tiers livre, tome II, p. 141-142, de l'édition de M. Marty-Laveaux.)

## XII. — Page 376.

(II<sup>e</sup> partie, conte xII.)

Fu gia un pittor (non mi ricordo il nome)
Che dipingere il Diavolo solea
Con bel viso, begli occhi, e belle chiome;

Ne pie d'augel, ne corna gli facea ;

Ne facea si leggiadro, ne si adorno
L'Angel da Dio mandato in Galilea.

Il Diavol, riputandosi gran scorno,
Se fosse in cortesia da costui vinto,
Gli apparve in sogno un poco innanzi il giorno;

E gli disse in parlar breve e succinto,
Chi egli era, e che venia per render merto
Dell' averlo si bel sempre dipinto :

Pero lo richiedesse, e fosse certo
Di subito ottener le sue dimande,
E d'aver piu che non se gli era offerto.

Il meschin, ch' avea moglie d'ammirande
Bellezze, e ne vivea geloso, e n'era
Sempre in sospetto, ed in angustia grande,

Prego che gli mostrasse la maniera
Che s'avesse a tener, perche il marito
Potesse star sicur della mogliera.

Par che 'l Diavolo allor gli ponga in dito
Un anello, e ponendolo gli dica,
Finche cel tenghi, esser non puoi tradito.

Lieto che omai la sua senza fatica
Potre guardar, si sveglia il Mastro, e truova
Che il dito alla mogliere ha nella fica.

Questo anel tenga in dito, e non lo muova
Mai chi non vuol ricevere vergogna
Dalla sua donna ; e appena anco gli giova,
Pur ch' ella voglia, e farlo si dispogna.

(L'Arioste, fin de sa v<sup>e</sup> satire.)

## XIII. — Page 377.

(II<sup>e</sup> partie, conte xii.)

**ANNULUS PHILETÆ.**

Nuptam sibi puellam
Senex Chloen Philetas,

Timens dolos amantum,
Servabat inquietus.
Omnem pavebat auram,
Crebrisque conjugalem
Votis deum fatigans,
Domestici rogabat
Custos foret pudoris.
Non sprevit invocantem,
Sic in quiete visus
Uxoris ad tenellæ
Noctu latus cubantem
Hymen senem monere :
« Huc, inquit, huc, amice,
Tui misertus adsum :
Hunc annulum capesse,
Quo firmiter retento,
Fidam Chloen habebis. »
Vix hæc Hymen locutus,
Promptam manum Philetas
Tetendit, annuloque
Sese ratus potiri,
Uxoriam bonus vir
Rimam, sopore pulso,
Se repperit tenere.

(Imitation reproduite dans Poge, à l'endroit cité, et dans le *Menagiana*, tome I, p. 370, de l'édition de 1715, in-12.)

## XIV. — Page 384.

(II<sup>e</sup> partie, conte XIII.)

....Ne recevant aucunes nouvelles de leurs inhumaines, ils recommencèrent d'aller et de revenir cent fois le jour devant leurs fenêtres, y passèrent des nuits entières, et ne virent non plus sortir personne de leur maison que si elle eût été inhabitée.

Un jour que ces amants désespérés étoient dans une église, ils y virent entrer la nouvelle mariée (Virginie). Don Rodrigue s'alla mettre à genoux à côté d'elle à la barbe d'un vieux écuyer qui l'avoit amenée. Il se plaignit en peu de paroles, elle s'excusa de même, et enfin elle dit à don Rodrigue que son mari n'alloit point à Valladolid, encore qu'il parlât tous les jours d'y aller; qu'elle mouroit d'impatience de se voir avec lui en particulier, et qu'elle ne savoit qu'un moyen de la satisfaire, qui dépendoit entièrement de don Pèdre. « Mon mari, ajouta-t-elle, dort d'un profond sommeil, et nous ne nous parlons point depuis quatre ou cinq jours, pour une petite querelle que nous avons eue, qui n'est pas prête de finir. J'ai disposé ma cousine Violante à se mettre en ma place; mais elle est fort malade, et comme il n'y a qu'elle et don Pèdre qui soient confidents de notre amour, et que je n'en voudrois pas davantage quand il y iroit de la vie, il faut qu'il nous serve au défaut d'elle, s'il vous aime assez pour cela, et qu'il couche auprès de mon mari endormi. Il paroit d'abord quelque chose de périlleux dans une telle entreprise; mais à bien considérer que mon mari et moi sommes en froideur, comme je vous ai déjà dit, et qu'il ne s'éveille pas facilement, je ne doute point qu'elle ne réussisse comme je me le figure, et c'est là tout ce que je puis faire pour vous. »

Ce bienheureux stratagème d'amour, que don Rodrigue souhaitoit d'apprendre avec tant de chaleur, le refroidit beaucoup quand il l'eut appris : non seulement il douta si son cousin accepteroit le dangereux personnage qu'il avoit à jouer dans cette pièce hors des règles, mais il douta aussi s'il lui en devoit faire la proposition. Sa maîtresse demeura ferme dans la sienne, en se séparant de son galant, mal satisfait, lui protesta que la proposition qu'elle lui faisoit n'étant pas bien reçue ou exécutée de la manière qu'elle le vouloit, qu'il n'y avoit plus rien à espérer auprès d'elle, et même qu'elle lui permettroit de l'oublier, quoiqu'en un autre temps elle eût aussitôt consenti à sa mort. Le temps et le lieu ne permirent pas à don Rodrigue de parler plus longtemps avec sa dame; elle s'en retourna chez elle, et don Rodrigue rejoignit son camarade, qui ne put tirer une parole de lui, tant il étoit fâché d'avoir à lui faire une prière si déraisonnable, ou d'avoir à vivre sans la jouissance d'un bien que l'on estime toujours plus devant que de le posséder, qu'après que l'on l'a possédé. Enfin s'étant enfermé dans une chambre, don Rodrigue, après s'en être défendu, fit la proposition extravagante à don Pèdre, en y apportant tous les tempéraments qui la pouvoient rendre recevable.

Don Pèdre crut d'abord qu'il se moquoit, mais son cousin lui protestant le contraire fort sérieusement, et lui en faisant des serments, après lesquels il n'en devoit plus douter, il voulut tourner la chose en raillerie, et lui dit qu'il étoit fort obligé à sa maîtresse de lui avoir préparé une si bonne fortune avec une jolie demoiselle, et que c'étoit sans doute un effet de la reconnoissance de Violante, qui n'étant pas en état de le récompenser des services qu'il lui avoit rendus, parce qu'elle étoit malade, et étant pressée de sa dette, s'en déchargeoit sur le mari de sa cousine, qui lui feroit passer une nuit agréablement. Il dit quantité de choses pareilles, et plaisanta longtemps, tant bien que mal ; mais don Rodrigue n'étoit pas en état d'y prendre plaisir, et il parut si affligé à son cousin, qu'il lui fit pitié, et lui fit craindre les suites dangereuses que pouvoit avoir son désespoir.

Don Pèdre étoit fort hardi de son naturel, grand aventurier, et homme à tout entreprendre pour une aventure extravagante ; il aimoit tendrement don Rodrigue, si bien que tout cela joint ensemble le porta à vouloir bien tenir la place de la belle Virginie, au péril de tout ce que son mari jaloux lui pouvoit faire. Ayant donc pris sa résolution, il embrassa son cousin, et lui redonna la vie en lui apprenant ce qu'il vouloit hasarder pour lui faire posséder sa maîtresse. « Vous ne me serez pas, ajouta-t-il, si obligé que vous pensez de ce que je ferai pour vous ; je m'y porte comme à une action d'honneur, en laquelle je prétends en acquérir autant que si je m'étois signalé en brèche. »

On fit savoir à Virginie qu'on acceptoit le parti, elle donna l'heure pour le soir même ; les deux cousins s'y trouvèrent, furent introduits avec le moindre bruit que l'on put, et don Pèdre fut obligé par la belle dame à quitter tous ses habits devant elle, ne voulant pas que ses ordres fussent transgressés en la moindre partie. Don Pèdre n'étant plus qu'en linge blanc, elle le conduisit elle-même à pas comptés, et avec toute la circonspection imaginable, jusqu'auprès du lit périlleux, et en ayant entr'ouvert les rideaux, y fit entrer le hardi don Pèdre, qui peut-être se repentoit alors de l'être trop, et qui sans doute ne se jeta pas au milieu du lit. Elle s'en retourna, ferma la porte de la chambre, ce qui déplut infiniment à don Pèdre, et alla retrouver don Rodrigue, à qui je crois qu'elle paya en galante femme tout ce qu'elle lui devoit, ou du moins ce qu'il en voulut prendre.

Don Pèdre cependant étoit dans un état bien différent de celui de son cousin, qui se jetoit sans doute à corps perdu dans les bras d'une fort belle dame qui étoit couchée avec lui, tandis que ce trop charitable parent ne craignoit rien tant que ceux d'un très vilain homme, qui pour son grand malheur se trouvoit être un fort mauvais coucheur. Il considéra lors, mais trop tard, sa folle témérité, de la façon qu'il devoit faire devant que de l'entreprendre. Il se blâma, se dit à soi-même qu'il étoit un fou, et reconnut que l'offense qu'il faisoit à un mari étoit de celles qui sont irrémissibles, quand lui-même en auroit été le juge.

Ces tristes réflexions furent troublées, et ses justes craintes augmentées par un grand vilain bras que lui jeta au cou le compagnon de sa couche, s'approchant de lui et proférant quelques paroles mal articulées, comme on fait en rêvant, et comme s'il eût voulu embrasser sa femme. Don Pèdre, tout effrayé, prit le plus adroitement qu'il put ce bras qui l'accabloit plus qu'un fardeau bien pesant, et le détourna de dessus son cou, prenant bien garde de lui faire mal, et cela fait avec toute la précaution imaginable, il se rangea sur le bord du lit, le corps si en dehors, qu'il avoit bien de la peine à s'y tenir, maudissant sa vie et ne se prenant qu'à soi-même de s'être mis en un tel péril pour servir à la passion de deux amants qui n'étoient pas sages. A peine commençoit-il à respirer, que le mauvais coucheur lui porta ses jambes dans les siennes, et cette dernière action, aussi bien que la première, le fit devenir pâle comme un mort. Enfin, l'un s'approchant toujours, l'autre s'en éloignant, le jour vint dans le temps que le malheureux don Pèdre ne pouvoit plus tenir contre son homme, qu'on peut dire qui le poussoit à bout.

Il se leva le plus doucement qu'il put, et alla pour ouvrir la porte, qu'il trouva fermée à clef, autre malheur plus rude que les précédents : comme il tâchoit en vain de l'ouvrir, elle s'ouvrit tout d'un coup et lui pensa casser le nez. Virginie entra brusquement dans la chambre, et lui demanda assez haut où il alloit si vite. Don Pèdre la conjura d'une voix basse de parler plus bas, lui demanda si elle avoit perdu l'esprit, de hasarder ainsi d'éveiller son mari, et la pria de le laisser sortir. « Comment sortir ! lui répondit tout haut la dame. Je veux que mon mari voie avec qui il a dormi cette nuit, afin qu'il connoisse ce que lui a produit sa jalousie, et ce que je suis capable de faire. » Cela dit, hardie comme une lionne, elle prit par le bras don Pèdre, lors si troublé, qu'il n'eut pas la force de se défaire de sa main, ouvrit les volets des fenêtres sans quitter prise, et le traînant jusqu'auprès du lit, en ouvrit les rideaux, disant tout haut : « Voyez, monsieur le jaloux, avec qui vous avez couché. »

Don Pèdre porta les yeux égarés dans le lit redoutable, et au lieu d'un vilain homme barbu, vit sa charmante Violante, qui avoit couché auprès de lui, et non pas le jaloux mari de Virginie, qui étoit allé à la campagne il y avoit plus de huit jours. Les deux belles cousines l'accablèrent de railleries ; jamais homme d'esprit ne se défendit plus mal et ne parut plus honteux. Violante, qui étoit fort enjouée et qui disoit les choses plaisamment, pensa faire étouffer de rire sa cousine, en lui exagérant les frayeurs qu'elle avoit faites à don Pèdre toutes les fois que, faisant semblant de rêver, elle s'étoit approchée de lui. Don Pèdre fut longtemps à dérougir et à se remettre de sa confusion. Enfin, Virginie eut pitié de lui et le laissa seul avec sa cousine, avec laquelle il avoit sans doute des affaires importantes à démêler, car il fut enfermé avec elle jusqu'à midi.

(SCARRON, *Nouvelles tragi-comiques*, tome I, p. 36-45, Amsterdam, 1752, in-12.)

## XV. — Page 454.

(II<sup>e</sup> partie, conte xv.)

Assez prez d'ung gros et bon village assis sur la riuiere d'Ouches auoit et encores a une montaigne où ung hermite tel que Dieu scet faisoit sa residence, lequel, soubz umbre du doulx manteau d'ypocrisie, faisoit des choses merueilleuses qui pas ne vindrent à congnoissance ne en la voix publicque du peuple, iusques ad ce que Dieu plus ne vouloit son tres damnable abus permettre ne souffrir. Ce sainct hermite, qui de son coup à la mort se tiroit, n'estoit pas moins luxurieux que ung vieil cinge est malicieux; mais la maniere du conduire estoit si tres subtile qu'il fault dire qu'elle passoit les termes des engins communs. Veecy qu'il fit.

Il regarda qu'entre aultres femmes et belles filles ses voisines, la plus digne d'estre aimée et desirée estoit la fille à une simple femme veufue, tres deuote et bien aulmosniere; si va conclure en soy, si son sens ne lui fault, qu'il en cheuira bien. Ung soir, enuiron la mynuyt, qu'il faisoit noir et rude temps, il descendit de sa montaigne et vint à ce village, et tant passa de voies et sentiers que soubz le toit de la mere à la fille, sans estre oy, seul se trouua. L'ostel n'estoit pas si grand, ne si pou de luy hanté tout en deuocion, qu'il ne sceust bien les engins. Si va faire un pertuys en une paroy non gueres espesse, à l'endroict de laquelle estoit le lict de cette simple veufue; et prent ung long baston percé et creux dont estoit hourdé, et, sans la veufuette esueiller, auprez de son oreille l'arresta, et dit en assez basse voix par trois foiz : « Escoute moy, femme de Dieu; ie suis ung angel du Createur, qui deuers toy m'enuoye toy annuncer et commender, par les haulx biens qu'il a voulu en toy enter, qu'il veult par ung hoir de ta chair, c'est assauoir ta fille, l'Eglise son espouse reunir, reformer, et à son estat deu remettre. Et veecy la fasson : tu t'en yras en la montaigne deuers le sainct hermite, et ta fille luy meneras, et bien au long luy compteras ce que à present Dieu par moy te commende. Il congnoistra ta fille, et d'eulx viendra ung filz eleu de Dieu et destiné au sainct siege de Romme, qui tant de bien fera que à sainct Pierre et à sainct Pol le pourra l'on bien comparer. Atant m'en vois; obey à Dieu. » La simple femme, tres esbahye, surprinse aussi et à demy rauye, cuida vrayement et de faict que Dieu luy enuoiast ce message; si dit bien en soy mesmes qu'elle ne desobeira pas; si se rendort une grand piece aprez, non pas trop fermement, attendant et beaucoup desirant le iour. Et entretant le bon hermite prend le chemin deuers son reclusage en la montaigne.

Ce tres desiré iour à chef de piece fut annuncé par les raiz du soleil, qui, malgré les voirrieres des fenestres, vindrent descendre enmy la chambre, firent mere et fille bien à haste leuer. Quand prestes furent et sur piez mises, et leur pou de mesnage mis à poinct, la bonne mere si demande à sa fille s'elle n'a rien oy en ceste nuyt, et elle luy respond : « Certes, mere, nenny. — Ce n'est pas à toy, dit elle, aussi que de prinsault ce doulx message s'adresse, combien qu'il te touche beaucoup. » Lors luy va dire tout au long l'angelicque nouuelle que en ceste nuyt Dieu luy manda; demande aussi qu'elle en veut dire. La bonne fille, comme sa mere simple et deuote, respond : « Dieu soit loué; ce qu'il vous plaist, ma mere, soit faict. — C'est tres bien dit, respond la mere. Or en allons à la montaigne à la semonce du bon angel deuers le sainct preudomme. »

Le bon hermite, faisant le guet quand la deceue vieille sa simple fille ameneroit, la veoit venir; si laisse son huys entreouuert, et en priere se va mettre enmy sa chambre, affin qu'en deuocion fust trouué. Et comme il desiroit il aduint, car la bonne femme et sa fille, voyant l'huys entreouuert, sans demander quoy ne comment, dedans entrerent. Et, comme elles parceurent l'hermite en contemplacion, comme s'il fust Dieu l'honorerent. L'hermite, à voix humble et casse, les yeulx vers la terre enclinez, de Dieu salue la compaignie. Et la vieillotte, desirant qu'il sceust l'occasion qui l'amenoit, le tire à part et luy va dire de bout en bout tout le faict, qu'il sçauoit trop mieulx qu'elle. Et, comme en grand reuerence faisoit son rapport, le bon hermite gettoit ses yeulx en hault, ioignoit les mains au ciel; et la vieille ploroit, tant auoit et ioye et pitié. Quand ce rapport fut au long acheué, dont la vieillotte attendoit la responne, celuy qui la doibt faire ne se haste pas. Au fort, à chef de piece, quand il parla, ce fut : « Dieu soit loué! Mais, mamye, dit il, vous semble il à la verité et à vostre entendement, que ce que droict cy vous me dictes ne soit point fantosme ou illusion? Que vous en iuge le cueur? Sçachez que la chose est grande. — Certainement, beau pere, i'entendiz la voix qui ceste ioieuse nouuelle apporta aussi plainement que ie faiz vous, et creez que ie ne dormoye pas. — Or bien, dit il, non pas que ie veille contredire au vouloir de mon Createur, si me semble il que vous et moy dormions encores sur ce faict; et, s'il vous appert de rechef, vous reuiendrez icy vers moy, et Dieu nous donnera bon conseil et aduis. On ne doibt pas trop legierement croire, ma bonne mere; le dyable, aucunes foiz enuieux d'aultruy, bien treuue tant de cautelles et se transforme en angel de lumiere. Creez, ma mere, que ce n'est pas pou de chose de ce faict cy; et si ie mectz ung pou de refus, ce n'est pas merueille: n'ay ie pas à Dieu voué chasteté? Et vous m'apportez la rompture de par luy. Retournez en vostre maison, et priez Dieu, et au surplus demain nous verrons que ce sera; et à Dieu soiez. »

Aprez ung grand tas d'agyos, se part la compaignie de l'hermite, et vindrent à l'ostel deuisant. Pour abreger, nostre hermite à l'heure accoustumée et deue, fourny du baston creux en lieu de crochette[1], reuint à l'oreille de la simple femme, disant les propres motz, ou en substance, de la nuyt precedente; et, ce faict, vistement retourne en son manoir. La vieille, de ioye emprise, cuidant Dieu tenir par les piez, leue de haulte heure, à sa fille racompte ses nouuelles sans doubte, confermans la vision de l'aultre nuyt passée. Il n'est que d'abreger : « Or allons deuers le sainct homme. » Elles s'en vont, et il les veoit approcher, si va prendre son breuiaire, et son seruice à recommancer, et en cet estat deuant l'huys de sa maisonnette se fait des bonnes femmes saluer. Si la vieille hier luy fist ung grand prologue de sa vision, celuy de maintenant n'est de rien moindre, dont le preudomme se signe et esmerueille, disant : « Et vray Dieu, qu'est ce cy? Fay de moy tout ce qu'il plaist, combien que, si n'estoit ta large grace, ie ne suys pas digne d'executer ung si grand œuure. — Or regardez, beau pere, dit lors la bonne femme, vous voiez bien que c'est à certes quand de rechef à moy s'est apparu l'angel. — En verité, mamye, ceste matiere m'est si haulte et si tres difficile et non accoustumée que ie n'en sçay bailler, dit l'hermite, que doubtiue response. Non mye, affin que vous entendez sainement, qu'en attendant la tierce apparicion ie veille que vous tentez Dieu; mais on dit de coustume : « A la tierce foiz va « la luycte »; si vous prie et requier qu'encores se peust passer ceste nuyt sans aultre chose faire, attendant sur ce faict la grace de Dieu; et, si par misericorde il nous demonstre ennuyt comme les aultres precedentes, nous ferons tant qu'il en sera loué. »

1. Petite crosse.

Ce ne fut pas du bon gré de la bonne vieille qu'on tarda tant d'obeyr à Dieu, mais au fond l'hermite fut creu comme le plus sage. Comme elle fut couchée, ou parfond pensement des nouuelles qui en teste luy reuient, l'ypocrite peruers, de sa montaigne descendu, luy mect son baston creux à l'oreille, en luy commendant de par Dieu, comme son angel, une foiz pour toutes, qu'elle meine sa fille à l'hermite pour la cause que dicte est. Elle n'oblya pas tantost qu'il fut iour ceste charge : car, aprez les graces à Dieu de par elle et sa fille rendues, se mettent à chemin par deuers l'hermitage, où l'hermite leur vient au deuant, qui de Dieu les salue et beneist. Et la bonne mere, trop plus que nulle aultre ioyeuse, ne luy cela gueres sa nouuelle apparicion, dont l'hermite, qui par la main la tient, en sa chapelle les conuoye, et la fille les suyt, et leans font les tres deuotes oraisons à Dieu le tout puissant, qui ce tres hault mistere leur a daigné monstrer. Aprez ung pou de sermon que fit l'hermite touchant songes, visions, apparicions et reuelacions, qui souuent aux gens aduiennent, il cheut en propos de toucher leur matiere pour laquelle estoient assemblés. Et pensez que l'hermite les prescha bien et en bonne deuocion, Dieu le scet : « Puisque Dieu veult et commende que ie fasse lignée papale, voire et le daigne reueler non pas une foiz ou deux seullement, mais bien la tierce d'abundance, il fault croire, dire et conclure que c'est ung hault bien qui de ce faict en ensuyura. Si m'est aduis que mieulx on ne peut faire que d'abreger l'execution en lieu de ce que trop, espoir, i'ai differé de baillier foy à la saincte apparicion. — Vous dictes bien, beau pere ; comment vous plaist-il faire ? respond la vieille. — Vous laisserez ceans vostre belle fille, dit l'hermite, et elle et moy en oraisons nous mettrons, et aprez au surplus ferons ce que Dieu nous apprendra. »

La bonne vieille fut contente, si fut sa fille pour obeir. Quand damp hermite se treuue à part auec la belle fille, comme s'il la voulsist rebaptiser, toute nue la fit despoiller ; et creez qu'il ne demoura pas vestu. Qu'en vauldroit le long compte ? Il la tint tant et si longuement auec luy, en lieu d'aultre clerc, tant ala aussi et vint à l'ostel d'elle, pour la doubte des gens, que le ventre luy commença à bourser, dont elle fut si tres ioyeuse qu'on ne vous le sçauroit dire. Mais, si la fille s'esioissoit de sa portée, la mere d'elle en auoit à cent doubles ; et le mauldit bigot faignoit aussi s'en esioir, mais il en enrageoit tout vif. Cette paouure mere abusée, cuidant de vray que sa belle fille deust faire ung tres beau filz pour le temps aduenir de Dieu, eleu pape de Romme, ne se peut tenir que à sa plus priuée voisine ne le comptast, qui aussi esbahye en fut comme si cornes luy venissent, non pas toutesfoiz qu'elle ne se doubtast de tromperie. Elle ne cela pas longuement aux aultres voisins et voisines comment la fille d'une telle est grosse, par les œuures du sainct hermite, d'ung filz qui doibt estre pape de Romme. « Et ce que i'en sçay, dit elle, la mere d'elle le m'a dit, à qui Dieu l'a voulu reueler. » Ceste nouuelle fut tantost espandue par les villes voisines. Et en ce temps pendant la fille acoucha, qui à la bonne heure d'une belle fille se deliura, dont elle fut tres esmerueillée et courroucée, et sa tres simple mere et les voisines aussi, qui attendoient vrayement le sainct Pere aduenir receuoir. La nouuelle de ce cas ne fut pas moins tost sceue que celle precedente; et entre aultres l'hermite en fut des premiers seruy et aduerty, qui tantost s'en fuyt en aultre pays, ne sçay quel, une aultre femme ou fille deceuoir, ou ès desers d'Egipte de cueur contrit la penitence de son peché satisfaire. Quoy que soit ou fust, la paouure fille fut deshonorée, dont ce fut grand dommage, car belle, gente et bonne estoit.

(*Les Cent Nouvelles nouvelles*, nouvelle XIV.)

# TABLE DES MATIÈRES

## CONTENUES DANS LE QUATRIEME VOLUME.

Avertissement.................................... 1

### CONTES ET NOUVELLES.

#### PREMIÈRE PARTIE.

| | | |
|---|---|---|
| Avertissement de la Fontaine...................... | | 3 |
| Préface.......................................... | | 7 |
| Conte I. | Joconde, nouvelle tirée de l'Arioste......... | 17 |
| Conte II. | Richard Minutolo, nouvelle tirée de Boccace.. | 63 |
| Conte III. | Le Cocu battu et content, nouvelle tirée de Boccace.......................... | 83 |
| Conte IV. | Le Mari confesseur, conte tiré des *Cent Nouvelles nouvelles*........................ | 99 |
| Conte V. | Conte d'une chose arrivée à Château-Thierry. | 108 |
| Conte VI. | Conte tiré d'Athénée....................... | 113 |
| Conte VII. | Conte tiré d'Athénée....................... | 117 |
| Conte VIII. | Autre conte tiré d'Athénée................. | 120 |
| Conte IX. | Conte de ***.............................. | 124 |
| Conte X. | Conte du Juge de Mesle.................... | 126 |
| Conte XI. | Conte d'un paysan qui avoit offensé son seigneur..................................... | 131 |

## DEUXIÈME PARTIE.

| | | |
|---|---|---|
| Préface......................................... | | 145 |
| Conte I. | Le Faiseur d'oreilles et le Raccommodeur de moules, conte tiré des *Cent Nouvelles nouvelles* et d'un conte de Boccace.......... | 153 |
| Conte II. | Les Cordeliers de Catalogne, nouvelle tirée des *Cent Nouvelles nouvelles*................. | 174 |
| Conte III. | Le Berceau, nouvelle tirée de Boccace....... | 202 |
| Conte IV. | Le Muletier, nouvelle tirée de Boccace....... | 219 |
| Conte V. | L'Oraison de saint Julien, nouvelle tirée de Boccace............................... | 235 |
| Conte VI. | La Servante justifiée, nouvelle tirée des Contes de la reine de Navarre................... | 276 |
| Conte VII. | La Gageure des trois commères, où sont deux nouvelles tirées de Boccace............... | 292 |
| Conte VIII. | Le Calendrier des Vieillards, nouvelle tirée de Boccace............................... | 327 |
| Conte IX. | A Femme avare Galant escroc, nouvelle tirée de Boccace............................ | 355 |
| Conte X. | On ne s'avise jamais de tout, conte tiré des *Cent Nouvelles nouvelles*................... | 366 |
| Conte XI. | Le Villageois qui cherche son veau, conte tiré des *Cent Nouvelles nouvelles*............... | 373 |
| Conte XII. | L'Anneau d'Hans Carvel, conte tiré de R..... | 376 |
| Conte XIII. | Le Gascon puni, nouvelle................... | 384 |
| Conte XIV. | La Fiancée du roi de Garbe, nouvelle....... | 393 |
| Conte XV. | L'Ermite, nouvelle tirée de Boccace.......... | 453 |
| Conte XVI. | Mazet de Lamporechio, nouvelle tirée de Boccace.................................. | 483 |
| Appendice...................................... | | 509 |

FIN DE LA TABLE DES MATIÈRES.

PARIS. — IMPRIMERIE A. LAHURE
Rue de Fleurus, 9

www.ingramcontent.com/pod-product-compliance
Lightning Source LLC
Chambersburg PA
CBHW070329240426
43665CB00045B/1239